Das Überlegungsgleichgewicht als Lebensform

Michael W. Schmidt

Das Überlegungsgleichgewicht als Lebensform

Versuch zu einem vertieften Verständnis der durch John Rawls bekannt gewordenen Rechtfertigungsmethode

TUTA SUB AEGIDE PALLAS · 1683 ·

BRILL
MENTIS

Gedruckt mit freundlicher Unterstützung der Geschwister Boehringer Ingelheim Stiftung für Geisteswissenschaften in Ingelheim am Rhein

Umschlagabbildung:
Paul Klee, *Der Seiltänzer* (1923). National Gallery of Art, Washington D.C. / wikimedia.org

Bibliografische Information der Deutschen Nationalbibliothek

Die Deutsche Nationalbibliothek verzeichnet diese Publikation in der Deutschen Nationalbibliografie; detaillierte bibliografische Daten sind im Internet über http://dnb.d-nb.de abrufbar.

Die vorliegende Arbeit ist eine von der KIT-Fakultät für Geistes- und Sozialwissenschaften des Karlsruher Instituts für Technologie (KIT) genehmigte Dissertation. Tag der mündlichen Prüfung: 1. Oktober 2020.

www.mentis.de

Einbandgestaltung: Anna Braungart, Tübingen
Herstellung: Brill Deutschland GmbH, Paderborn

ISBN 978-3-95743-250-6 (hardback)
ISBN 978-3-96975-250-0 (e-book)

Für Gisela, Kundry und Alva

Inhalt

DRITTER TEIL
Vorläufige Synthese

Abstract in English

The objective of this thesis – *Reflective Equilibrium as a Form of Life* – is to contribute to the deepening of understanding of the *method of reflective equilibrium* – a method of internal epistemic justification.

In the first part of the study, four paradigmatic conceptions of the method will be analyzed in order to carve out a conceptual core: The ones by John Rawls – who coined the name of the method – Norman Daniels, Michael DePaul and Catherine Elgin. I will argue that the conceptual core of the method contains four elementary rules:

1) A minimalistic fallibilism,
2) a moderate holism,
3) a minimalistic rationality, and
4) a weak foundationalism.

Compliance with these rules is necessary and jointly sufficient for any epistemic procedure of justification to be in accordance with the method of reflective equilibrium.

The second part of the study is intended to answer some of the open questions concerning this definition of the conceptual core of the method.

It will be argued that the a minimalistic fallibilism, as a very central element of the method, is justified since there is no belief whose truth is transparent to an epistemic agent. Even if it were the case that such beliefs exist, there would be attractive options of retreat which provide a quasi-universal justification of minimalistic fallibilism. It will also be argued that all alternative methods of justification are either compatible with the method of reflective equilibrium or are not justified.

While a metajustification of the method – understood as a justification of the method employing the method itself – is on the one hand not completely satisfactory, as it presupposes the acceptance of the method before it is justified, it is epistemically acceptable on the other hand, since it allows for a critical inquiry and is open-ended.

It will be pointed out that a moderate foundationalism can be justified by the method for some specific area of inquiry insofar as basic beliefs can be identified. Yet, the default-position of the method is only a weak foundationalism (often also termed »coherentism«).

With regard to the possibility of a formal interpretation of the method with which one could specify key terms used in the definition of the conceptual core, I will sketch general ways such a formalization might take. However, I will argue that the informal interpretation of the method has priority over any formal interpretation.

In the third and concluding part of the study, I will present the claim that one should interpret the method of reflective equilibrium as a *form of life*. This means that the method is at least implicitly accepted by some epistemic agents: they have developed a disposition and ability to act according to the method. This interpretation of the method can be related to the notion of *critical thinking*, which, as a civic virtue and educational ideal, is subject of empirical research and practical application. A possible misunderstanding with respect to the method of reflective equilibrium as a form of life should be avoided: To interpret the method as a form of life does not indicate that it must be a comprehensive form of life. Acknowledging it in private life is optional. According to the proposed understanding of the method it is primarily a public and political form of life.

Vorwort

Ursprünglich entstand meine Faszination für die Methode des Überlegungsgleichgewichts im Rahmen der Frage, wie man Menschenrechte adäquat begründen kann. Ob die Methode hierzu brauchbar ist, habe ich in meiner Magisterarbeit untersucht – und obgleich ich die Frage dort vorerst positiv beantworten konnte, blieben viele Fragen bezüglich der Methode selbst offen. Diese offenen Fragen zumindest teilweise zu beantworten, ist das Ziel der vorliegenden Arbeit.

Aus sprachkritischen Gründen – ich möchte, dass sich in dieser Arbeit alle Personen angesprochen fühlen und repräsentiert sehen können – missfällt es mir allein das generische Maskulinum zu nutzen. Gleichzeitig scheint es mir für diese Problematik zurzeit noch keine optimale Lösung zu geben, weswegen ich als Verlegenheitslösung sowohl das generische Femininum verwende als auch das generische Maskulinum und Neutrum. Ich hoffe, dass dies dem Verständnis nicht abträglich ist und vielleicht sogar auf konstruktive Weise für die Thematik sensibilisiert.

Mein erster Dank geht an die zwei Betreuer meiner Arbeit: Prof. Dr. Michael Schefczyk und Prof. Dr. Hans-Peter Schütt. Sie haben diese Arbeit durch ihre Betreuungszusage erst ermöglicht und standen mir stets mit gutem Rat und voller Unterstützung zur Seite. Ich habe viel von ihnen gelernt – sowohl im Akademischen als auch im Persönlichen.

Ebenso danken, möchte ich denen, welche die Entwicklung der Arbeit tief beeinflusst haben: Zuerst Viktor Schubert, meinem guten Freund und Sparringspartner – im Philosophischen sowie im Sportlichen; Prof. Dr. Claus Beisbart, Prof. Dr. Georg Brun und meiner Kommilitonin Dr. Tanja Rechnitzer, an deren Workshops in Bern ich teilnehmen durfte; den Organisatorinnen und Teilnehmerinnen des Doktoranden-Workshops der *Gesellschaft für Analytische Philosophie* am 14.–15. November 2014 in Bonn (insbesondere Prof. Dr. Gerhard Ernst und Dr. Erik Stei, deren ausführliches Beratungsgespräch einen neuen Fokus in meine Arbeit brachte); den Studierenden meiner Seminare am *Karlsruher Institut für Technologie* (KIT); den Teilnehmenden des »Sidgwick-Panels« der *ISUS-Konferenz* 2018 in Karlsruhe (besonders Dorothee Bleisch, die das Panel mit mir organisiert hat).

Dank gebührt auch jenen, die mich mit Gesprächen, Kommentaren und Korrekturen zu einzelnen Kapiteln dieser Arbeit bereichert und unterstützt haben und bisher noch ungenannt geblieben sind: Prof. Dr. Gregor Betz, Dr. Inga Bones, Claudia Brändle, Prof. Dr. Roger Crisp, Simeon Imhoff, Dr. Tobias Kronenberg, Dr. Hans-Jürgen Link, Richard Lohse, Ellen Ostrom,

Dr. Michael Poznic, Iria und Marisa Röder-Sorge, meinem Vater Hartmut Schmidt, Dr. Christoph Schmidt-Petri, sowie Prof. Dr. Christian Seidel.

Ich möchte auch den Personen und Institutionen danken, die diese Arbeit in finanzieller Hinsicht ermöglicht haben: Peter Zoche und dem *Fraunhofer Institut für System- und Innovationsforschung* (ISI), die mir nach der Rückkehr von einer ereignisreichen Reise durch meine Anstellung als wissenschaftliche Hilfskraft ermöglicht haben, das Vorhaben anzugehen; Herrn Schütt und dem Institut für Philosophie des KIT für die Unterstützung zweier Konferenzteilnahmen; der Friedrich-Ebert-Stiftung, deren finanzielle und ideelle Förderung ich nur weiterempfehlen kann; Michael Schefczyk für meine Anstellung als wissenschaftlicher Mitarbeiter und die inspirierende Zeit im Projektteam der ISUS-Konferenz; der Geschwister Boehringer Ingelheim Stiftung für Geisteswissenschaften für eine Förderung der Drucklegung, sowie meinen Eltern Gisela und Hartmut Schmidt.

Herrn Dr. Michael Kienecker und Herrn Dr. Stephan Kopsieker vom mentis Verlag möchte ich für die Aufnahme ins Verlagsprogramm sowie die äußerst unterstützende und freundliche Zusammenarbeit Dank sagen.

Dankbar bin ich – vor allem – für die Menschen, denen ich in Freundschaft und Liebe verbunden sein darf. Ohne sie hätte ich sicherlich nicht die Kraft gehabt, mich dieser Arbeit zu widmen. Ich hoffe, dass ich ihnen besser durch mein Tun, als durch meine Worte zeigen kann, was sie mir bedeuten.

ERSTER TEIL

Was ist ein Überlegungsgleichgewicht?

KAPITEL 1

Warum könnte es sinnvoll sein, sich mit einer Methode der Rechtfertigung zu befassen? – Eine kursorische Einführung ins Thema

> Da wir […] unsere Vernunft benutzen, um sie selbst zu beschreiben, und da die Vernunft sich selbst nicht transparent ist, können wir unsere Vernunft, so wie alles andere auch, falsch beschreiben. Das Streben nach einem Überlegungsgleichgewicht ist in diesem wie in allen anderen Fällen ohne Ende.
> John Rawls, *Politischer Liberalismus*, 177.

> Die Begründung aber, die Rechtfertigung der Evidenz kommt zu einem Ende; das Ende aber ist es nicht, dass uns gewisse Sätze unmittelbar als wahr einleuchten, also eine Art *Sehen* unsererseits, sondern unser *Handeln*, welches am Grunde unseres Sprachspiels liegt.
> Ludwig Wittgenstein, *Über Gewissheit*, § 204

In dieser Arbeit wird untersucht, was ein *Überlegungsgleichgewicht* eigentlich ist. Als Lexikoneintrag würde vielleicht Folgendes genügen:

> Der Ausdruck bezeichnet einen Zustand, der über eine gleichnamige Methode der Rechtfertigung erreicht werden soll, die in der akademischen Philosophie eine Rolle spielt und die im Bereich der Erkenntnistheorie angesiedelt werden kann. Nicht ausschließlich, aber vor allem im Bereich der Moralphilosophie, gibt es einen häufigen Bezug auf die Methode.

Worum geht es also? Eine *Methode* versucht – nicht nur etymologisch gesehen – einen Weg zu einem Ziel aufzuzeigen.[1] Und das verfolgte Ziel wäre

---

1 Das Wort »Methode« lässt sich auf das altgriechische »μέθοδος« zurückführen, wobei der zweite Bestandteil des Wortes (ὁδός) mit »Weg« übersetzt wird und der erste (μετά) unter anderem mit »nach«. Dementsprechend übersetzen lässt sich das altgriechische Wort insgesamt auch als »Nachgang im Verfolgen eines Ziels im geregelten Verfahren.« Ritter 1980, 1304.

© BRILL MENTIS, 2022 | DOI:10.30965/9783969752500_002

hier die *Rechtfertigung* von Überzeugungen, die genau dann vorliegen würde, wenn sich die zugehörigen Überzeugungen in einem Zustand des »Gleichgewichts« befinden und miteinander »harmonieren«. Man kann also zwischen einem Zustand trennen, der als Überlegungsgleichgewicht bezeichnet wird und in dem Überzeugungen gerechtfertigt sind, und einer Methode des Überlegungsgleichgewichts, die zu diesem Zustand führt.[2] In dieser Arbeit wird die *Methode des Überlegungsgleichgewichts* untersucht – aber dazu muss man natürlich auch ein Verständnis des Zustands der Rechtfertigung erlangen, der mit ihr angestrebt wird.

Rechtfertigung spielt in der Philosophie vor allem eine Rolle, wenn es um *Erkenntnis* und *Wissen* geht. Was genau man unter diesen Worten zu verstehen hat, ist allerdings alles andere als klar. Und auch der knappe fiktive Lexikonartikel zu Beginn befriedigt nur bedingt, da er jede Menge legitimer Fragen evoziert. Indem ich die Beziehung zwischen Rechtfertigung, Wissen und Erkenntnis im Folgenden ein wenig genauer erörtere, möchte ich in diesem Einleitungskapitel erstens für die weitere Untersuchung notwendiges Hintergrundwissen einführen und zweitens aufzeigen, wie man ein Interesse an der ausführlichen Untersuchung einer Rechtfertigungsmethode überhaupt motivieren kann; warum das Lesen der weiteren Seiten also spannend und gewinnbringend ist. Eine ausführliche Übersicht über die weitere Arbeit folgt mit dem zweiten Kapitel.

* * *

Wenn ich mich in einer schwierigen Situation befinde, vielleicht in einem scheinbaren moralischen Dilemma, das mich unschlüssig und unsicher macht, dann liegt der Wunsch nahe, herauszufinden, was man denn in einer solchen Situation eigentlich tun sollte. Wenn ich aus einer unschuldigen Neugierde untersuche, wie viele Punkte der kleine Marienkäfer hat, der auf meiner Hand spaziert, dann möchte ich herausfinden, was genau eigentlich der Fall ist. Das sind Fälle, in denen man nach Erkenntnis strebt. In dem ersten Fall nach moralischer Erkenntnis, also der Antwort auf die Frage: »Was soll ich tun?« In dem zweiten Fall handelt es sich um Naturerkenntnis – etwa empirisches Wissen um die physikalische, biologische oder chemische Gestaltung der uns umgebenden Welt. Ein weiteres Erkenntnisinteresse

---

2 Vgl. auch Tersman 1993, 45ff. Sowohl Zustand als auch Methode werden oft einfach mit dem Ausdruck »Überlegungsgleichgewicht« bezeichnet – auch ich werde die Methode manchmal kurz als »Überlegungsgleichgewicht« bezeichnen. Aus dem Kontext sollte man entnehmen können, was von beidem gemeint ist.

könnte auch an sozialen Fakten, Menschen und »beseelten« Lebewesen, Kunst sowie an mathematischen oder logischen »Tatsachen« bestehen; oder an dem Zusammenspiel meines eigenen Körpers und meiner höchst eigenen Psyche – gemäß der antiken Inschrift am Tempel des Apollon von Delphi: »Erkenne Dich selbst.«

Oft handelt es sich bei der angestrebten Erkenntnis um sogenanntes *propositionales Wissen*, das in Aussagesätzen ausgedrückt werden kann. Daneben gibt es noch andere Arten von Wissen, etwa ein Wissen, wie gehandelt wird – ein *Know-how*; im Deutschen bietet sich in einem weiten Sinn auch das Wort »Kunst« hierfür an – und diese Art von Wissen zu vernachlässigen wäre eine absurd intellektualistische Haltung.[3] Es ist eine Sache zu wissen, wie die Schrittfolge des *Langsamen Walzers* schematisch dargestellt wird und abstrakt definiert ist, eine andere Sache ist es ihn als Paar elegant tanzen zu können. Und für diese elementare Form des Wissens (manche sprechen hier allerdings lieber nur von »Fähigkeit«) ist das propositionale Wissen – zumindest auf den ersten Blick – weder notwendig noch hinreichend. So lernen wir beispielsweise Sprechen, noch weit bevor es uns möglich ist, Regeln der Sprache sprachlich auszudrücken und zu reflektieren. An dem Beispiel des Sprechens lässt sich aber erahnen, dass, auch wenn das propositionale Wissen für die Praxis oft nicht zwingend erforderlich ist, es doch oftmals äußerst hilfreich und für eine »wahre Meisterschaft« vielleicht auch unerlässlich ist. Auch wenn es letztlich darum geht tatsächlich richtig zu handeln, ist die Verbindung mit dem propositionalen und insbesondere theoretisch-abstrakten Wissen – wenn man für den Augenblick mögliche Probleme bei einer scharfen Trennung der Begriffe außer Acht lässt – genau das, was oftmals angestrebt wird oder gar angestrebt werden sollte. Mit den Worten von Johann Gottfried von Herder:

> »Kunst kommt von Können oder von Kennen her (nosse aut posse), vielleicht von beiden, wenigstens muß sie beides in gehörigem Grad verbinden. Wer kennt, ohne zu können, ist ein Theorist, dem man in Sachen des Könnens kaum trauet; wer kann ohne zu kennen, ist ein bloßer Praktiker oder Handwerker; der echte Künstler verbindet beides.«[4]

Wie gelangt man aber nun zu angestrebten Erkenntnissen oder im Speziellen zu Wissen? Für das *Know-how* gilt – zumindest dem Volksmund nach – dass

---

3 Vgl. Herder, *Kalligone*; vgl. Sayre-McCord 1996. Es gibt jedoch auch die (selbstverständlich legitime) Position des epistemischen Intellektualismus (so bezeichnet gemäß Gilbert Ryles *The Concept of Mind*) nachdem sich *knowing-how* oder *knowing-where* auf *knowing that* – also propositionales Wissen – reduzieren lässt. Vgl. Ryle 1949.

4 Herder, *Kalligone*, 125.

die Übung den Meister macht. Wenn es um propositionales Wissen geht, fällt uns in alltäglichen Fällen die Antwort oft auch nicht schwer: Wenn ich etwa wissen möchte, welche Augenfarbe meine Gesprächspartnerin hat, dann kann ich einen tiefen Blick in ihre Augen riskieren. Wenn ich das aber für zu aufdringlich und nicht angebracht halte oder mir nicht ganz sicher bin, wäre eine andere Möglichkeit, danach zu fragen. Auch hier handelt es sich um zwei verschiedene Arten von Wissen: Das eine basiert in gewisser Weise auf meiner Sinneswahrnehmung, das andere auf dem Zeugnis einer anderen Person. Das Zeugnis könnte natürlich falsch sein, obwohl die Wahrscheinlichkeit – einem verbreiteten (und hoffentlich bald überholten) Stereotyp zufolge – dafür niedriger liegt, als wenn die Frage dem Alter gegolten hätte; doch auch die Sinne sind nicht vor Täuschungen sicher, genauso wie man sich über den richtigen sprachlichen Ausdruck in Bezug auf farbliche Nuancen und Erscheinungen streiten kann.

Ein gutes Beispiel für die Problematik, dass auch die uns so verlässlich erscheinenden Sinne nicht vor Täuschungen gefeit sind, war zu Beginn des Jahres 2015 ein verblüffendes Phänomen, dass im Internet unter der Überschrift (beziehungsweise mit dem *Hashtag*) *Dressgate* oder *The Dress* für Furore sorgte: Bei der unter ungünstigen Lichtverhältnissen aufgenommenen Fotografie eines Abendkleides wurde dessen Farbgestaltung von vielen Menschen als weiß-gold, von anderen aber als schwarz-blau wahrgenommen, wobei letzteres der tatsächlichen Farbgebung des Kleids entspricht. Eine plausible wissenschaftliche Erklärung ist, dass das Gehirn bei vielen Menschen aufgrund des grellen Bildhintergrunds eine Farbkorrektur aktiviert, die in diesem Fall täuscht.[5]

Damit ist schon eines der zentralen Probleme des Wissens angedeutet: nämlich, dass es wohl selten so etwas wie Gewissheit über das gibt, was wir meinen zu wissen. Dennoch gehen wir im Alltäglichen – auch wenn die prinzipielle Möglichkeit einer Täuschung (selbst)kritisch eingeräumt wird – von vielen Dingen aus, die wir tatsächlich wissen. Und dabei handelt es sich nicht nur um Dinge der höchstpersönlichen Umgebung, sondern auch ganz allgemeine Aussagen, wie etwa, dass alle Menschen sterblich sind, dass die Erde eine Art unvollkommener Kugel ist oder dass bestimmte Naturgesetze gelten, wie etwa die Gravitation, die sich in Formeln ausdrücken lassen und Geschehnisse und Reaktionen in unserer Umgebung berechenbar und vorhersagbar machen.

---

5 Im Gegensatz zu anderen bekannten optischen Täuschungen in Bezug auf Farben, gibt es hier einen erheblichen Dissens der Betrachter in Bezug auf die korrekte Farbgebung. Vgl. Brainard / Hurlbert 2015.

In der europäischen Kultur ist das Streben nach Wissen und auch die Frage, wie dieses Streben am besten betrieben wird, tief verbunden mit der Philosophie und der Wissenschaft. Die ersten Philosophen, die so genannt wurden und sich selbst so bezeichneten, waren Naturphilosophen, die systematisch versuchten, Wissen über die Welt zu erhalten und sich damit von der mythischen Welterklärung abwendeten. Philosophie ist nun aber eine in höchstem Maß reflexive Beschäftigung, so dass auch die Beschäftigung mit dem, wie wir zu Wissen gelangen und was Wissen überhaupt ist, in den Fokus der philosophischen Erkundung rückt.

Ein Blick nun zuerst auf die Frage nach dem Begriff des Wissens: Nach einem Verständnis, das in Platons Dialogen diskutiert wird und das bis in die Gegenwart paradigmatisch ist, liegt Wissen dann vor, wenn man erstens eine eindeutige Überzeugung von einem Sachverhalt hat, zweitens diese Überzeugung, in dem Sinn »wahr« ist, dass der Sachverhalt auch tatsächlich der Fall ist, und man drittens nicht einfach zufälligerweise richtig geraten hat, sondern auch gute Gründe für eine richtige Überzeugung anführen kann. Seine Meinung zu begründen, also adäquate Argumente dafür anzuführen, dass die Meinung auch wahr ist, das ist ein Versuch der Rechtfertigung. Man spricht daher auch von der Analyse des Wissens als »gerechtfertigter, wahrer Überzeugung«. Im Jahr 1963 wurde von Edmund L. Gettier ein dreiseitiger Aufsatz mit dem Titel *Is Justified True Belief Knowledge?* veröffentlicht, der deutlich macht, dass man nicht in allen Fällen zugestehen würde, dass jemand, der begründet eine wahre Überzeugung vertreten hat, tatsächlich auch etwas gewusst hat.[6]

Hier eines der beiden Beispiele, die Gettier anführt: Nehmen wir an, Smith, der sich für einen Job beworben hat, erfährt von dem Vorstandvorsitzenden unter der Hand, dass sein Mitbewerber Jones die Stelle erhalten wird. Außerdem hat Smith bei einer Gelegenheit zufällig mitbekommen, dass Jones genau zehn Münzen in seiner Geldbörse hat. Nun hat er – mittels logischer Schlüsse – durchaus »gerechtfertigter Weise« auch die Überzeugung, dass der Mann, der den Job bekommen wird, zehn Münzen in seiner Geldbörse hat. Wie der Zufall es will, bekommt Smith aber den Job und zufälligerweise – und ohne, dass er sich dessen bewusst ist – hat auch er genau zehn Münzen in seiner Geldbörse. Nun hat Smith zwar die in Betracht gezogene formale Bedingung für Wissen erfüllt (nämlich: eine wahre begründete Überzeugung zu haben) doch wir würden natürlich nicht sagen, er habe gewusst, dass der Mann der den Job bekommt, zehn Münzen in seiner Geldbörse hat: denn er

6 Vgl. Gettier 1963.

ging in seinen Überlegungen ja stets von Jones aus.[7] Dass man in diesem Sinne gerechtfertigter Weise eine wahre Überzeugung hat, reicht also noch nicht dafür aus, auch ein Wissen zuzusprechen – diese Einsicht beschäftigte in der Folge die Erkenntnistheorie.[8]

Eine Lösung für dieses Problem, die Alvin Goldman vier Jahre später in Betracht zog, war, dass man für die Zuschreibung von empirischem Wissen nicht etwa eine wahre Überzeugung benötigt, für die man selbst eine explizite Rechtfertigung angeben kann, sondern dass eine andere Bedingung erfüllt sein muss: nämlich, dass das, was den Aussagesatz, von dem ich überzeugt bin, wahr macht, auch genau das ist, was mich dazu führt, von ihm überzeugt zu sein.[9] Wenn ich also meine, einen guten Freund von mir im Theater zu erkennen und er tatsächlich auch dort ist (und es sich also nicht etwa um eine Halluzination oder einen Doppelgänger handelt), wäre meine wahre Überzeugung, dass dem so ist, genau dann Wissen, wenn es einen kausalen Zusammenhang zwischen meiner Überzeugung und seiner Anwesenheit gibt – etwa, wenn meine Überzeugung auf einer Wahrnehmung meines Freundes beruht: dass ich ihn also sehe oder seine Stimme höre. Beruht meine Überzeugung aber zum Teil auch auf logischen Schlüssen – etwa, wenn mir Lavagestein unter Zuhilfenahme von wissenschaftlichen Theorien anzeigt, dass sich hier in Vorzeit ein Vulkanausbruch zugetragen hat, und ich bilde dementsprechend solch eine Überzeugung aus – so dürfen die damit zusammenhängenden Schlüsse oder meine eigene Rekonstruktion der Kausalereignisse zumindest keine groben Fehler enthalten.[10]

Die kausale Verknüpfung von Tatsachen und zugehörigen wahren Überzeugungen ist in dem Beispiel Gettiers etwa ganz klar nicht der Fall. Denn in dem Gedankenexperiment kommt man ja gerade aufgrund der falschen Annahme über Tatsachen zufälligerweise doch zu einer wahren Überzeugung. Damit kann diese Theorie Goldmans besser unser intuitives Urteil darüber, was Wissen ist, erklären.

Doch auch für die kausale Analyse des Wissens lassen sich Gegenbeispiele konstruieren – eines wird von Goldman verwendet, um eine Revision seiner Theorie durch ihn selbst zu erläutern: Henry fährt in einem Auto übers Land und versucht seinem Jungen spielerisch beizubringen, welche Dinge es dort typischerweise gibt: »Da ist eine Scheune«, sagt er beispielsweise und ist auch

---

7 Vgl. Gettier 1963, 121f.

8 Laut Alvin Goldman hatte bereits Bertrand Russell 1912 in *The Problems of Philosophy* auf diesen Punkt hingewiesen, der von Gettier erneut zur Diskussion gestellt wurde. Vgl. Goldman 1967, 375.

9 Vgl. Goldman 1967.

10 Vgl. Goldman 1967, 363.

davon überzeugt, da er eine sieht. Bei dem Objekt, auf das er zeigt, handelt es sich auch tatsächlich um eine Scheune. Weiß Henry also, dass es eine Scheune ist? Im Normalfall schon, nun fährt er aber gerade durch eine Gegend, in der es von Scheunenattrappen aus Pappmaché wimmelt. Nur durch puren Zufall hat er in diesem Moment auf die einzig richtige Scheune in der ganzen Umgebung gezeigt. Die relevante Information hinzugenommen, dass es durchaus möglich gewesen wäre, dass Henry einer Scheunenattrappe auf den Leim gegangen wäre, würden wir wohl kaum sagen wollen, dass Henry wusste, dass es sich bei dieser Scheune tatsächlich um eine handelte. Dies konnte Goldmans alte kausale Theorie des Wissens jedoch nicht erklären, denn die Kausalkette wird in diesem Beispiel korrekt durch Henry rekonstruiert.[11] Ein unverantwortliches oder irrationales epistemisches Verhalten müssen wir Henry für das Gedankenexperiment auch nicht unterstellen, denn wir würden ihm selbst dann kein Wissen zuschreiben wollen, wenn man gar nicht vernünftiger Weise von ihm verlangen kann, dass er die Information hätte einholen müssen, dass es in diesem Landstrich Scheunenattrappen gibt. Seine auf Wahrnehmung beruhende Überzeugung ist in diesem Fall einfach generell nicht verlässlich, weil sie ihn nicht zuverlässig zwischen Attrappe und echter Scheune unterscheiden lässt (zumindest wenn wir annehmen, dass die Attrappen gut gemacht sind) – in diesem Umfeld ist unser Wahrnehmungsapparat ähnlich ungeeignet wie in Bezug auf sehr weit entfernte oder sehr nahe Objekte, sehr kleine oder sehr große Objekte, Objekte unter Wasser oder – um auf das vorige Beispiel des Internetphämnomens *Dressgate* zu verweisen – unter ungünstigen Beleuchtungsverhältnissen. Erneute Anpassungsleistungen scheinen also notwendig für eine Theorie des Wissensbegriffs.

An der vorigen Feststellung greift eine vielversprechende Lösungsstrategie an, nämlich der *Reliabilismus*, der im Anschluss unter anderem von Alvin Goldman vertreten wurde: Um von Wissen sprechen zu können muss dem Reliabilismus zufolge eine wahre Überzeugung durch einen verlässlichen kognitiven Mechanismus gewonnen werden, der nicht nur tatsächlich wahre Überzeugungen produziert, sondern auch in relevanten kontrafaktischen Situationen, und damit eben in zuverlässiger Weise. Zumindest sollte der Mechanismus in der Lage sein, in solchen relevanten kontrafaktischen Situationen, falsche Überzeugungen verlässlich zu unterbinden.[12]

Als ein Prototyp für epistemisch verlässliche Mechanismen werden von Goldman erneut Wahrnehmungsprozesse oder -mechanismen unter günstigen Randbedingungen gesehen. Ein Wahrnehmungsprozess sei verlässlich genau

11 Vgl. Goldman 1976, 772f.

12 Vgl. Goldman 1976, 771.

in dem Umfang, in dem gegensätzliche Eigenschaften der Umwelt auch zu unterschiedlichen Wahrnehmungszuständen führen, welche wiederum zumeist wahre Überzeugungen und Unterscheidungen beim epistemischen Akteur hervorrufen. Diese Interpretation fällt für Goldman mit einer alten Bedeutung des englischen Ausdrucks »knowledge« zusammen, der oft übersehen werde, nämlich die Bedeutung im Sinne von »etwas von etwas anderem unterscheiden (können)«.[13] Sein Vorschlag ist, um zu »wissen« muss man unterscheiden können zwischen möglichen relevanten Alternativen. Allerdings nicht zwischen allen logisch denkbar möglichen Alternativen (man könnte auch sagen: *möglichen Welten*). Nehmen wir das Scheunen-Attrappen-Beispiel mit Henry: Dort ist die Möglichkeit einer Scheunen-Attrappe relevant, da wir – von einer externen Warte aus – die Information haben, dass sie existieren. Kann Henry also nicht verlässlich zwischen Attrappe und Scheune unterscheiden, hat er auch kein Wissen darüber, ob er eine Scheune sieht – selbst dann, wenn er eine sieht und deswegen davon überzeugt ist eine zu sehen. Die Existenz eines arglistigen Dämons, der uns über die Außenwelt täuscht und auf diese Art auch falsche visuelle Reize aufzwingt, muss Henry anscheinend aber nicht ausschließen können; man könnte argumentieren: weil wir keine Informationen darüber haben, dass dieser Dämon existiert – diese Unterscheidungsfähigkeit ist damit nicht relevant. Dies ist zumindest Goldmans Position, da es ansonsten fast nichts geben könnte, was wir nach seiner Theorie wissen und dies sieht er bei anderen Theorien definitiv als Problem an.[14] Dennoch bleibt aber die Frage offen: Wann genau ist eigentlich eine mögliche Täuschung derart relevant, dass man zuverlässig, kontrafaktisch, zwischen ihr und einer wahren Überzeugungen unterscheiden können muss? Würden wir weiter bestreiten, dass Henry weiß, dass er eine Scheune sieht, wenn es auf der ganzen Welt nur irgendwo eine einzige Scheunenattrappe geben würde, die er nicht von einer echten Scheune unterscheiden kann?[15] Auch der Reliabilismus sieht sich also mit Problemen – diesem und weiteren – konfrontiert.[16] Was genau Wissen ist, bleibt also auch bei einem Antwortversuch in dieser Gangart eine knifflige Frage, die zumindest bis jetzt noch nicht in einem allgemeinen Konsens aufgegangen wäre. Die Analyse des Wissensbegriffes ist weiterhin ein aktuelles philosophisches Problem.

---

13 Vgl. Goldman 1976, 771f.

14 Vgl. Goldman 1976, 774ff.

15 Vgl. auch Goldman 1976, 775.

16 Vgl. Goldman 1976, 775–778; für eine Übersicht möglicher Probleme vgl. Ernst 2016, 121–135.

Bei all den Problemen mit dem Begriff des Wissens wird offenbar, dass es bei dessen Analyse aus historischer Sicht nur wenige konstante Elemente gibt, die allgemein akzeptiert werden – ein recht unumstrittener Kandidat wäre etwa, dass eine wahre Überzeugung für Wissen notwendig ist. Andere Elemente der traditionellen Wissensanalyse scheinen wesentlich hinterfragbarer: etwa scheint beim *Reliabelismus* einfach die Bedingung der propositionalen Rechtfertigung zu entfallen, ohne dass dies offensichtlich gleich zu einem Problem führen würde. Dass eine derartige explizite Rechtfertigung durch das wissende Subjekt selbst keine notwendige Bedingung für Wissen ist, sondern eine von außen als verlässlich beurteilte Beziehung,[17] wird als *Externalismus* verstanden. Man kann hier von Externalismus sprechen, weil hier die in Frage stehende Überzeugung nicht vom Subjekt selbst durch Gründe gerechtfertigt werden muss, sondern von einem externen Standpunkt aus – von einem unabhängigen Beobachter – als eine Überzeugung gerechtfertigt werden könnte, die verlässlich zustande gekommen ist. In diesem Sinne ist der Reliabilismus Goldmans ein epistemischer Externalismus.

Ein alltägliches Beispiel für eine Einstellung, die für den erkenntnistheoretischen Externalismus spricht, ist etwa, wenn man auch einem Kleinstkind Wissen zuschreibt. Wer hier bestreiten möchte, dass Kleinstkinder schon etwas wissen können, weil sie eben noch nicht zusammenhängend reden und Gründe anführen können, der muss sich fragen lassen, wie er das Phänomen erklären möchte, wenn das Kind einen Ball zurückhaben möchte, während man diesen hinter dem Rücken versteckt hält – ist das nicht genau das Phänomen, das einem zu zeigen scheint, dass es durchaus versteht, dass es um ein ganz bestimmtes Objekt geht, und dass es genau »weiß«, dass der Ball nicht einfach verschwunden ist? Gründe anführen oder seine Überzeugung rechtfertigen, kann das Kind in diesem Stadium noch nicht, auch wenn es seiner Überzeugung durchaus schon Ausdruck verleihen kann. Oder wie steht es mit einem aufgeregten Dackel, der, wenn die Leine aus dem Schrank hervorgeholt wird, genau »weiß«, dass dies ein sicheres Zeichen fürs »Gassi gehen« ist?[18] Schreiben wir dem Schimpansen »Santino« im schwedischen Furovik Wissen zu, wenn er vor der Öffnung des Zoos aus Mauerstücken Wurfgeschosse herstellt und sie an passenden Orten lagert, um sie auf die erst später

---

17 Diese Beziehung zwischen der Überzeugung und der Wahrheit der Überzeugung wird zum Teil auch »Rechtfertigung« genannt. Man muss also zwischen einer expliziten Rechtfertigung unterscheiden, die für einen epistemischen Akteur intern ist und einer impliziten, die extern ist. Wenn ich allgemein nur von »Rechtfertigung« schreibe, beziehe ich mich auf die interne explizite Form.

18 Diese Beispiele stammen von Gerhard Ernst. Vgl. Ernst 2016, 114f.

eintreffenden Besucher schmeißen zu können?[19] Ein *Externalismus* ist auch aus anderen Gründen plausibel, etwa weil, wie Goldman klarstellt, es durchaus so ist, dass wir viele der Dinge, von denen wir in Anspruch nehmen, dass wir sie wissen, ursprünglich auf eine Weise gelernt und gerechtfertigt wurden, an die wir uns nun nicht mehr erinnern. So etwa, wenn wir den Geburtstag Abraham Lincolns zwar »wissen«, aber nicht mehr rekonstruieren können, dass dieses Wissen aus bestimmten Lexikoneinträgen stammt, die man aus externer Sicht als verlässlich anzusehen bereit wäre.[20]

Welchen Wert hat also die philosophische Beschäftigung mit einer Methode der Rechtfertigung angesichts der Tatsache, dass nicht alle plausiblen Theorien des Wissens eine explizite Rechtfertigung für notwendig erachten? Welchen Sinn hat es, sich mit Methoden und Theorien der Rechtfertigung auseinanderzusetzen, bei denen die Rechtfertigung intern sein muss – man also explizit und bewusst Gründe für eine Überzeugung angibt?

Erstens ist es auch weiterhin eine legitime Position, eine interne Rechtfertigung als Voraussetzung für Wissen anzusehen. Aber der erkenntnistheoretische *Internalismus* ist keine unumstrittene Position und sieht sich selbst unter starkem Rechtfertigungsdruck.

Es gibt allerdings zweitens auch die Position, dass Wissen nicht der einzige epistemische Wert ist.[21] Man kann durchaus Positionen vertreten, nach denen es keinen epistemischen Wertemonismus gibt, sondern ein Wertepluralismus existiert – also dass man im Rahmen der Suche nach Erkenntnis mehrere Dinge final erreichen möchte. Eine dieser Positionen sieht in der expliziten internen Rechtfertigung durch einen epistemischen Akteur ein unabdingbares Mittel, uns einen weiteren finalen Wert der Erkenntnis zu sichern: Dieser epistemische Wert kann als *Verstehen* oder *Verständnis* (im Englischen *understanding*) bezeichnet werden.[22] Ich möchte vorschlagen, diesen Ausdruck wie folgt zu gebrauchen: Wir verstehen im epistemischen Sinne etwas genau dann, wenn wir es in ein kohärentes Überzeugungssystem einfügen können, in dem sich die jeweiligen legitimen Überzeugungen gegenseitig bestmöglich stützen und gerechtfertigt sind und dabei tatsächlich auch eine gewisse Menge an wahren oder korrekten Überzeugungen oder Wissen vorhanden ist. Doch was spricht

---

19 Vgl. Osvath 2009.

20 Goldman 1967, 370.

21 Oftmals wird sogar vertreten, dass wir im Bereich der Erkenntnis nur nach wahren Überzeugungen streben – dies wäre ein epistemischer Wertemonismus in Bezug auf Wahrheit.

22 Vgl. auch Baumberger / Beisbart / Brun 2017, 3f. Wie genau »Verstehen« oder »Verständnis« verstanden werden sollte, ist natürlich eine umstrittene Frage. Es gibt mehrere konkurrierende Theorien hierzu. Vgl. Gordon 2019. Meine Verwendung des Ausdrucks sollte mit den meisten von ihnen kompatibel sein.

dafür, in einem solchen Verstehen ein eigenständiges Ziel der Erkenntnis zu sehen? Ein Verständnis eines Sachgebiets zu erlangen ist – so könnte man anführen – vielleicht gerade deshalb bereichernd und sinnvoll, weil es den Einsatz der Eigenschaften des Menschen verlangt, die uns als Menschen – oder, vielleicht besser, als »vernünftige Lebewesen« beziehungsweise als Person – auszeichnet: nämlich das Angeben von rationalen Gründen.[23]

Es gibt natürlich drittens auch Gründe dafür, der expliziten Rechtfertigung einen von bestimmten Zielen (wie etwa wahren Überzeugungen oder Wissen) abhängigen instrumentellen Wert zuzuerkennen.[24] Denn auch wenn Rechtfertigung nicht notwendig für basales Wissen sein sollte, könnte es beispielsweise durchaus zur Mehrung oder Verfeinerung unseres Wissens beitragen:[25] Generell scheint es tatsächlich so zu sein – wenn man den Blick vom reinen Begriff des Wissens und seinen Problemen etwas abwendet und sich fragt, wie man systematisch denn zu »Wissen« über unsere Welt gelangt – dass einem im persönlichen Leben die Idee des Externalismus nur bedingt weiterhilft. Die Ideen des erkenntnistheoretischen Externalismus spielen zumindest in direkter Weise keine große Rolle, wenn es darum geht, für sich selbst oder in einer Diskussion ein bestimmtes »Wissen« erst bewusst zu erarbeiten, eine Überzeugung zu vertreten oder sich zwischen alternativen Positionen zu entscheiden: hier kommt es immer – sofern es überhaupt auf Wissen ankommt – auf eine Form des intern beziehungsweise explizit begründeten Wissensanspruchs an. Selbst wenn eine Überzeugung aus einer externen Perspektive bestmöglich gerechtfertigt ist, müssten wir uns selbst eine Rechtfertigung dafür geben können, wenn wir uns fragen, welche Überzeugung wir als wahr annehmen sollen.

Die explizite und propositionale Rechtfertigung ist natürlich nicht nur notwendig für eine Frage, die man sich selbst »beantworten« will, sondern vor allem auch bei Streitfragen, also Fragen, die man mit oder gegenüber anderen Menschen klären will.

---

23 Rainer Forst spricht in diesem Zusammenhang etwa vom Menschen als einem *Rechtfertigungswesen*. Vgl. Forst 2007, 9.

24 Wahre Überzeugungen oder Wissen sind ihrerseits wahrscheinlich ebenso instrumentell wertvoll, etwa für unser Wohlbefinden, was nicht ausschließt, dass sie auch um ihrer selbst willen angestrebt werden sollten.

25 Man könnte auch trennen zwischen einem basalen, einfachen Wissen und einem komplexen höheren Wissen, für das im Gegensatz zu grundlegendem Wissen durchaus ein Verstehen beziehungsweise eine gelungene Rechtfertigung notwendig ist. Wissenschaftliches Wissen würde dann etwa zu diesem »höheren Wissen« zählen. Ernest Sosa etwa spricht in diesem Zusammenhang von »animal knowledge« und »reflective knowledge«. Vgl. Sosa 2009.

Eine meiner Motivationen zur Untersuchung einer Methode der Rechtfertigung, die ich hier transparent machen will, ist neben der Bedeutung der Begründung und Rechtfertigung für einen selbst, zur Erreichung eines Verstehens als epistemischem Wert und bei der Beantwortung von tatsächlichen Fragen des Lebens – sozusagen einer Form der Rechtfertigung und Entscheidungsfindung als Lebenskunst – die Bedeutung für den öffentlichen Rechtfertigungs- und Entscheidungsfindungsdiskurs. Denn wie etwa kann man allgemeine Regeln, die ja doch zur Lösung vieler Probleme notwendig sind, im Streitfall nicht nur einfach durchsetzen, sondern erstens für sich kritisch rechtfertigen (also zu einer rationalen Entscheidung gelangen) und dann in einem zweiten Schritt auch öffentlich rechtfertigen und damit für eine ganze Personengruppe? Eine solche Rechtfertigung, die über eine machtpolitische Durchsetzung hinausgeht und damit eine Internalisierung verlangt – ein »Wissen« um die Geltung der Regeln – ist für die Stabilität von Gesellschaft notwendig oder zumindest förderlich. Denn nur dann kann ein Bürger die gesellschaftlichen Regeln, die er nicht vollkommen teilt, nicht als Zwang empfinden, wenn er Gründe für die Regeln genannt bekommt, die er prinzipiell akzeptiert und teilt. Auch wenn er nicht allen Elementen des Schlusses zustimmen muss und weiterhin anderer Meinung ist, was die richtigen politischen Regeln sind – solange die Regeln auf einem Weg zustande gekommen sind, den er akzeptiert und solange mit den Regeln Ziele verfolgt werden, die er ebenso teilt, kann ein politischer Pluralismus befürwortet werden, der bisweilen im Konkreten zu Ergebnissen gelangt, die man selbst nicht teilt.

Im Politischen kann eine gelungene Rechtfertigung also zu sozialem Frieden und Stabilität beitragen – eventuell ist sie sogar notwendig dafür, dass man vernünftigerweise mit den gesellschaftlichen Verhältnissen Frieden schließen kann. Doch wann ist eine derart politische oder öffentliche Rechtfertigung gelungen und wann genügt sie nicht den Anforderungen? Wie sollte man vorgehen, um im demokratischen Forum etwas zu rechtfertigen? Hier scheint, genau wie im außerpolitischen Kontext, zumindest keine Beliebigkeit zu herrschen.

Eine mögliche Antwort, die zurzeit vor allem in der Praktischen Philosophie vertreten wird, ist: man sollte mittels vernünftiger Überlegung versuchen ein Gleichgewicht zwischen relevanten abstrakten Theorien und konkreten Überzeugungen und Handlungen – beziehungsweise zwischen Theorie und Praxis – herstellen. Man sollte ein sogenanntes *reflective equilibrium* herstellen. Dieser bildhaft ästhetisierende Ausdruck – der im Deutschen nun eben zumeist mit *Überlegungsgleichgewicht* übersetzt wird – wurde von John Rawls eingeführt, um damit das Ziel seiner Rechtfertigungsmethode zu bezeichnen, die sowohl in seinem berühmtem Werk *Eine Theorie der Gerechtigkeit* als auch seinen weiteren Werken eine zentrale erkenntnistheoretische Rolle spielt.

Ein einmal hergestelltes Überlegungsgleichgewicht ist bei Rawls aber nicht endgültig, es handelt sich eher um ein fragiles Gleichgewicht: Durch neue Erfahrungen und Überzeugungen kann sich das Gleichgewicht auflösen und es notwendig machen, dass man eingreift und erneut nach Balance sucht. Der »Denker als Seiltänzer«[26] ist, bildlich gesprochen, davon bedroht vom moralischen Hochseil zu fallen, wenn er etwa auf der einen Seite ein wohlüberlegtes Urteil fasst, das eine bestimmte Handlungsweise moralisch bewertet und vorschreibt, was jedoch nicht mit den Anweisungen zu vereinbaren ist, die sich aus moralischen Regeln und Theorien ergeben, an denen er auf der anderen Seite festhält.

Der Versuch im Konflikt eine Balance zu finden, bedeutet nun – und hier ist das Bild sehr aussagestark –, dass man auf der Suche nach einer neuen Gewichtung, nach Anpassung, den Blick auf beide Seiten richtet: alle Seiten eines Konflikts können stets einer Revision unterzogen werden. Jemand, der versucht ein Überlegungsgleichgewicht herzustellen, kann als Ziel also keinen festen statischen Zustand erreichen, sondern muss sich mit diesem dynamischen Prozess der Rechtfertigung abfinden. Ein nächster Schritt auf dem Hochseil könnte dazu führen, dass man strauchelt – aber einfach stehen zu bleiben schützt nicht vorm Fall!

Dabei ist eine Methode der Rechtfertigung, die in diesem Sinn versucht eine ganzheitliche Balance zu finden – wie Wolfgang Stegmüller bemerkt – unabhängig von moralischen Fragestellungen, mit der die Methode des Überlegungsgleichgewichts aufgrund des etymologischen Ursprungs oft verbunden wird, »abstrakt und allgemein genug« um auch in anderen Bereichen angewandt zu werden.[27]

---

26 Vgl. Arnswald / Weiberg 2001. Vgl. Nietzsche, *Also sprach Zarathustra.*

27 Vgl. Stegmüller 1986, 149f.

KAPITEL 2

Ausblick: Was einen im Weiteren erwartet

Zu Beginn – im ersten, hauptsächlich analytischen Teil dieser Arbeit – möchte ich das Überlegungsgleichgewicht genauer vorstellen. Das ist an sich schon kein einfaches Unterfangen, weil John Rawls das Konzept vage gehalten hat und die verschiedenen weiteren Interpretinnen und Interpreten der Methode zu teils sehr unterschiedlichen Ergebnissen gelangt sind. Vielleicht könnte man sogar behaupten, dass das Überlegungsgleichgewicht zurzeit mehr ein Schlagwort als ein wohldefiniertes Konzept ist. Viele Philosophinnen und Philosophen berufen sich also auf die Methode des Überlegungsgleichgewichts oder kritisieren sie, obwohl die Frage, wie genau sie zu verstehen sei, nicht hinreichend beantwortet ist. Ob etwas – und wenn ja was – vor dem Hintergrund der existierenden paradigmatischen Interpretationen als Kern der Methode ausgemacht werden kann, ist Gegenstand der Untersuchung im ersten Teil der vorliegenden Arbeit. Dabei versuche ich die Methode bei der Untersuchung selbst anzuwenden – so wie insgesamt in dieser Arbeit versucht wird, ein *Überlegungsgleichgewicht des Überlegungsgleichgewichts* herzustellen oder sich diesem idealen Zustand in gewisser Weise anzunähern beziehungsweise zu testen, ob dies überhaupt ein gangbarer Weg sein könnte.

Wenn es darum geht den konzeptionellen Kern des Überlegungsgleichgewichts herauszuarbeiten, muss untersucht werden, wie der Ausdruck »Überlegungsgleichgewicht« in relevanten Kontexten verwandt wird. Hierbei werden natürlich systematische Fragen berührt und aufgeworfen – ich versuche gelegentlich auch auf Antwort- und Interpretationsmöglichkeiten wertend hinzuweisen – die systematische Kritik des Konzepts soll dabei aber noch nicht im Zentrum stehen. Der erste Teil der vorliegenden Arbeit besteht also hauptsächlich aus einer zwar durchaus kritischen Theorie des Sprachgebrauchs des Ausdrucks »Überlegungsgleichgewicht« in relevanten Kontexten, jedoch noch nicht in einer umfassenden systematischen Kritik des Begriffs. Der relevante Kontext ist in diesem Fall die akademische Debatte. John Rawls und Norman Daniels – der Rawls' Konzept maßgeblich weiterentwickelt hat – nehmen hierbei die Rolle des Startpunkts ein (**Kapitel 3**).

Die Untersuchung des Überlegungsgleichgewichts ist aufgrund der der Rezeption und der Bedeutung von Rawls' Werk nicht nur aus pragmatischem oder systematisch-theoretischem Interesse heraus interessant, sondern durchaus auch aus einem ideengeschichtlichen. Aber ist es möglich eine Ideengeschichte des Überlegungsgleichgewichts zu erzählen? Diese Frage ist

 | DOI:10.30965/9783969752500_003

zum jetzigen Zeitpunkt schwierig zu beantworten: Eine umfassende Ideengeschichte bedürfte erst einer akzeptablen (vorläufigen) Definition des Überlegungsgleichgewichtes – die ja erst noch erarbeitet werden soll – und würde aller Voraussicht nach den Rahmen dieser Arbeit deutlich sprengen. Was aber in **Kapitel 4** dennoch angerissen wird, ist die Untersuchung der Ideengeschichte der Methode in Rawls' eigenem Denken und dessen ideengeschichtliche Verweise, die für die weitere Interpretation auch systematisch nützlich sein können.

Danach folgt in **Kapitel 5** eine ausführliche Diskussion zweier gehaltvoller Interpretationen der Methode durch eine Philosophin und einen Philosophen, die sie explizit befürworten: Michael DePaul, vor allem aus dem Blickwinkel der Moralphilosophie in seinem Werk *Balance and Refinement* (1993) und Catherine Elgin vor allem aus dem Blickwinkel der Epistemologie und Wissenschaftstheorie in ihren Werken *Considered Judgement* (1996) sowie *True Enough* (2017). Diese Besprechung soll die Grundlage für eine fundierte Arbeitsdefinition des Überlegungsgleichgewichtkonzepts im folgenden Kapitel bieten.

Ich werde in **Kapitel 6** dafür argumentieren, dass es mindestens vier notwendige – und gemeinsam auch hinreichende – Regelelemente der Methode gibt. Wenn sie erfüllt werden, handelt man in Bezug auf die Methode des Überlegungsgleichgewichts regelgedeckt. Es handelt sich dabei um:

1) Einen minimalistischen Fallibilismus,
2) einen moderaten Holismus,
3) eine minimalistische Rationalität, und
4) einen schwachen Fundamentalismus.

Dies ist also die kritische Antwort auf die Frage, welchen konzeptionellen Kern man in Bezug auf Überlegungsgleichgewichtsidee und den entsprechenden philosophischen Sprachgebrauch man ausmachen kann: Die Theorie der Überlegungsgleichgewichtsidee und des Sprachgebrauchs des Überlegungsgleichgewichtsausdrucks werden dabei aneinander angepasst, wobei einzelne normative Revisionen auch am Sprachgebrauch vorgenommen werden können.

Der zweite Teil dieses Buchs dient der Untersuchung, ob die Methode des Überlegungsgleichgewichts auch nach gebührender Überlegung und Berücksichtigung möglicher Alternativen als plausibel zu betrachten ist und wie sich die damit zusammenhängenden Ideen mit einigen weiteren Hintergrundüberzeugungen vertragen. Das was zu Beginn der Untersuchung als Bonus gewährt wurde – also das Zugeständnis, dass eine Methode, auf die viele Experten sich beziehen, eine gewisse Anfangsplausibilität verdient hat und beachtet werden sollte – soll nun systematisch und kritisch überprüft werden. Einige – wenn auch nicht alle – der drängenden Fragen, die bei dem Bestimmungsversuch des ersten Teils formuliert wurden, sollen auf diese Weise systematisch beantwortet werden: **Kapitel** 7 fasst dies nochmals einleitend zusammen.

Eine erste Untersuchung in **Kapitel 8** gilt dem minimalistischen Fallibilismus als zentralem Element der Methode. Es wird dafür argumentiert, dass dieser als globale epistemische These gerechtfertigt ist oder zumindest attraktive Rückzugsoptionen für die Vertreterinnen und Vertreter der Methode bereitstehen, nach denen dieser quasi-universal gerechtfertigt ist. Die zweite Untersuchung in diesem Kapitel gilt alternativen Methoden, die in der Philosophie vorgeschlagen werden. Die Untersuchung von Alternativen ist ein zentrales Merkmal der Überlegungsgleichgewichtsmethode bereits bei John Rawls. Die begrenzte Untersuchungskapazität legt einem hier, wie auch andernorts, natürlich Begrenzungen auf, so dass eine Auswahl stattfinden muss. Als exemplarischer Referenzpunkt dient in diesem Buch ein Vorschlag von Sem de Maagt (*Reflective equilibrium and moral objectivity*, 2017), der als Alternative zur Methode des Überlegungsgleichgewichts in der Moralphilosophie eine Transzendentalphilosophie vorschlägt. Ich werde dafür argumentieren, dass die Methodik, die de Maagt vorschlägt, entweder als inakzeptabel betrachtet werden muss, weil sie einen starken Fundamentalismus zur Folge hätte, oder aber als eine Form der Überlegungsgleichgewichtsmethode rekonstruiert werden muss. Ich werde dafür argumentieren – wenn auch nicht ausführlich – dass andere vorgeschlagene Alternativen nach eben diesem Muster zu behandeln sind.

In **Kapitel 9** wird die Frage untersucht, ob man es mit einer zirkulären Grundproblematik zu tun hat, wenn mithilfe der Methode des Überlegungsgleichgewichts die Methode des Überlegungsgleichgewichts selbst hinterfragt und gerechtfertigt wird: Dies mutet zumindest prima facie nach einer *petitio principii* an, also der Voraussetzung der erst zu begründenden These. Tatsächlich möchte ich diese Problematik als eine solche ernst nehmen und versuchen einen Lösungsansatz vorzuschlagen: Nach diesem sollte die Methode des Überlegungsgleichgewichts letztlich als *Lebensform* angesehen werden sollte, also als einen kulturell und sozial fundierten Startpunkt, der zu Beginn aller Untersuchung nur auf diese Weise unser kritisch-methodisches Vorgehen anleitet.[1]

---

1 Der Ausdruck »Lebensform« soll hier ganz naiv und ohne großen theoretischen Hintergrund verstanden werden im Sinne von »einer gelebten menschlichen Kultur«. Er ist lose bei Wittgenstein entlehnt ohne, dass ich einen Anspruch darauf erheben möchte, eine korrekte Interpretation von Wittgenstein anzubieten. Man kann den Ausdruck selbstverständlich auch versuchen genauer zu fassen und systematisch zu erweitern Vgl. etwa Jaeggi 2014.

Allerdings wäre die Methode des Überlegungsgleichgewichts eine Lebensform, die eine Kritik mit offenem Ausgang an sich selbst zulässt. Es zumindest prinzipiell möglich, durch die Anwendung der Methode auf sich selbst zu dem Schluss zu gelangen, dass die Methode fallengelassen werden sollte, genauso, wie sie im Erfolgsfall eine tiefere Rechtfertigung der Methode als nur die kulturelle Setzung bereithält.

In **Kapitel 10** versuche ich aufzuzeigen, in welcher Beziehung die Methode des Überlegungsgleichgewichts zum *moderaten epistemischen Fundamentalismus* steht (dieser Begriff, sowie die zu ihm gehörigen Begriffe des *schwachen Fundamentalismus* und *starken Fundamentalismus*, werden in Abschnitt 3.2. eingeführt). Die Antwort, für die ich argumentieren werde, ist eine Art Kontextualismus: Je nach Kontext ist das Paradigma des moderaten Fundamentalismus mit der Methode des Überlegungsgleichgewichts vereinbar oder auch nicht. Im letzten Abschnitt des 10. Kapitels werde ich dafür argumentieren, dass auf der höchsten Ebene einer Untersuchung jedoch stets das Paradigma des schwachen Fundamentalismus angemessen ist. Solange es noch keine Meta-Ebenen im Untersuchungsbereich gibt – zum Start der Untersuchung einer Frage – ist also der schwache Fundamentalismus die »Default-Einstellung« der Methode des Überlegungsgleichgewichts.

In **Kapitel 11** möchte ich zu Abschluss des zweiten Teils versuchen eine Antwort auf die Frage finden, inwiefern die Methode des Überlegungsgleichgewicht formal gefasst werden kann und, damit einhergehend, einige zentrale Begriffe aus der vorgeschlagenen Definition des konzeptionellen Kerns präzisiert werden können. Hierzu werde ich aufzeigen, welche generellen Richtungen eine Formalisierung der Methode nehmen könnte. Ich werde allerdings auch dafür argumentieren, dass die informale Fassung der Methode und die Anwendung durch Personen einen Vorrang vor jeder formalen Fassung der Methode – und eventueller Anwendung durch Maschinen – hat. Problematisch für eine komplett formale Fassung der Methode ist etwa, wie man überprüft, ob alle beachtenswerten Überzeugungen und Argumente berücksichtigt worden sind. Vielleicht könnte man mit dem Blick auf dieses Problem behaupten, dass Untersuchungen immer auch ein kreatives Element haben, das sich schwer formalisieren lässt – vielleicht ist dies ein guter Grund dafür, dass Philosophie eine enge Verbindung zu Kunst und Dichtung hat.

Der dritte synthetische Teil des Buchs unternimmt den Versuch, die bisherigen Ergebnisse in einer plausiblen Interpretation des Überlegungsgleichgewichts zusammenzufassen: ich möchte diese Konzeption als das *Überlegungsgleichgewicht als Lebensform* bezeichnen.

In **Kapitel 12** wird näher erläutert, warum die Methode des Überlegungsgleichgewichts als Lebensform verstanden werden sollte und warum genau dies besonders plausibel ist. Ich werde ebenso dafür argumentieren, dass es in Bezug auf die Interpretation der Methode als Lebensform eine starke Analogie zum Konzept des *Critcal Thinking* gibt – einer Form der informalen Logik, die als Bildungsideal theoretisch erforscht und in Praxis gelehrt wird. Abschließend wird versucht ein mögliches Missverständnis auszuräumen: Dass die Methode als Lebensform interpretiert wird, soll keinesfalls bedeuten, dass sie als eine allumfassende Lebensform akzeptiert werden muss. Sie sollte vor allem als eine öffentliche und politische Lebensform verstanden werden.

KAPITEL 3

John Rawls und Norman Daniels

Hier startet die ausführliche Untersuchung darüber, wie der Ausdruck »Überlegungsgleichgewicht« gebraucht wird, als ein erster Schritt des Versuchs auf die Frage eine Antwort zu geben, als was die Methode des Überlegungsgleichgewichts überhaupt verstanden werden sollte.

Das Überlegungsgleichgewicht ist ein philosophischer Fachbegriff und wenn es darum geht, die Verwendung des Ausdrucks »Überlegungsgleichgewicht« zu analysieren, dann ist ein sozusagen natürlicher Startpunkt die Philosophie von John Rawls, in welcher das Wort nicht nur erstmals in Erscheinung tritt, sondern das damit bezeichnete Konzept auch eine prominente systematische Rolle einnimmt.

Der Begriff des Überlegungsgleichgewichts bleibt bei Rawls trotz seiner bedeutenden Funktion im Vagen, was Norman Daniels – der einst bei ihm studierte – in der Folge dazu veranlasst hat, sich mit einer genaueren Analyse der Rechtfertigungsmethode hinter dem Ausdruck »Überlegungsgleichgewicht« zu beschäftigen. Rawls Idee und dessen weitere Interpretation mittels Daniels begrifflicher Ausdifferenzierung derselben bilden also die Grundlage für eine Untersuchung der vielen weiteren Verwendungsweisen des Ausdrucks »Überlegungsgleichgewicht«, die anhand von zwei ausführlichen Beispielen, vor allen im Kapitel 5 analytisch betrachtet werden, bevor in Kapitel 6 der Versuch einer vorläufigen Definition in Angriff genommen wird.[1]

3.1 Der Hintergrund von Rawls' *Theorie der Gerechtigkeit*

Rawls beschäftigte sich schon in seinem Frühwerk mit der Fragestellung, wie man im Bereich des ethischen Räsonierens methodisch vorgehen sollte, um zu Erkenntnis zu erlangen.[2] Der Ausdruck »Überlegungsgleichgewicht« selbst, wird jedoch erstmals in Rawls' erstem Hauptwerk *A Theory of Justice* von 1971

---

1 Den Abschnitten 3.2., 3.3., und 3.4. dieses Kapitels liegen Textabschnitte meiner Magisterarbeit zugrunde, die gründlich überarbeitet wurden. Vgl. Schmidt 2013. Ich danke außerdem den Teilnehmerinnen und Teilnehmern meines Seminars »John Rawls Methode in *Eine Theorie der Gerechtigkeit*« vom Wintersemester 2018 / 2019 am Karlsruher Institut für Technologie für anregende Diskussionen und Denkanstöße, die hier eingeflossen sind.

2 Seine Dissertation von 1950 trägt dementsprechend auch den Titel: *A Study in the Grounds of Ethical Knowledge: Considered with Reference to Judgments on the Moral Worth of Character.*

 | DOI:10.30965/9783969752500_004

eingeführt (in Deutsch dann *Eine Theorie der Gerechtigkeit*),[3] und ist damit eingebettet in eine Theorie der Politischen Philosophie.[4]

Dass Rawls sich mit einer substanziell normativen Theorie der Gerechtigkeit beschäftigt und uns eine Anleitung an die Hand gibt, wie der Bereich des sozialen Lebens grundlegend ausgestaltet sein sollte, war einer der Hauptgründe, warum sein Werk zum Zeitpunkt des Erscheinens als revolutionär wahrgenommen wurde. Die Philosophie war seit Ende des Zweiten Weltkriegs im englischsprachigen Raum vor allem von sprachanalystischen Untersuchungen beherrscht, die genuin moralische Fragen oft ausklammerten – oder moralische Aussagen als Ergebnis einer Untersuchung zumindest als *nonkognitivistisch* klassifizierten, also als nicht-wahrheitsfähig. Moralische Aussagen waren damit in dieselbe Kategorie »verbannt« wie Aufforderungen und Gefühlsäußerungen, für die man nicht unbedingt rational argumentieren muss, sondern die man vielleicht eher effektiv durchsetzen oder verbreiten möchte. Dies war Erbe vor allem auch des *Logischen Empirismus*, der durch die emigrierten Mitglieder des Wiener Kreises in der englischsprachigen Philosophie richtungsweisend wurde und insgesamt als eine der Gründerbewegungen der sogenannten analytischen Philosophie gelten kann: Der Fokus des Logischen Empirismus (oft auch als *Logischer Positivismus* bezeichnet) war erkenntnistheoretisch und wissenschaftsphilosophisch und versuchte mittels Rückgriff auf empirische Beobachtungen und logische Verknüpfungen die wissenschaftliche Methode zu beschreiben. Außerdem sollte eine wissenschaftliche Untersuchung mit Hilfe dieser Theorie von unwissenschaftlichen Untersuchungen, wie etwa der Astrologie, unterschieden werden können. Da moralische und normative Tatsachen zumindest nicht in der gleichen Weise empirisch zugänglich sind wie etwa physische Objekte, fiel die Moral in einen Bereich, in dem wissenschaftliche Aussagen sinnlos zu werden drohten. Bestenfalls konnte man vor dem Hintergrund dieser Stoßrichtung Moralphilosophie eben nonkognitivistisch betreiben – als eine Untersuchung von Äußerungen die Wünsche und Forderungen beinhalten. Die Moralphilosophie der ersten Hälfte des 20. Jahrhunderts war demnach auch mehr mit der metaethischen Untersuchung

---

Die Kerngedanken, die später das Überlegungsgleichgewicht ausmachen, können hier schon erkannt werden – dieser Faden wird im ideengeschichtlichen Kapitel 4 wieder aufgenommen.

3 Nachfolgend werde ich auch abkürzend von Rawls' *Theorie* oder seiner *Theorie der Gerechtigkeit* schreiben, womit dieses Werk gemeint ist.

4 Nach Andrius Gališanka verwendete Rawls den Ausdruck »equilibrium of reflection« und »reflective equilibrium« bereits 1962 in seinen Vorlesungen und 1965 im Entwurf von *A Theory of Justice*, der unter Kollegen und Studierenden von Rawls zirkulierte. Vgl. Gališanka 2013, 111; vgl. Gališanka 2019, 147, 237.

beschäftigt, wie moralische Aussagen korrekt zu verstehen sind, als solche selbst aufzustellen.[5]

Moralische und politische Probleme hörten selbstverständlich jedoch nicht auf zu existieren und nahmen gerade in der Entstehungszeit von Rawls' *Theorie* eine besondere Dringlichkeit an: Man denke an den Vietnamkrieg (1955–1975), der zu einer Politisierung ganzer Fakultäten führte, da die Professorinnen und Professoren mittelbar darüber zu entscheiden hatten, ob ihre Studenten jeweils an der Universität verbleiben konnten oder einberufen wurden. Oder man denke an das *Civil Rights Movement* (1954–1968), das für die Beachtung der elementaren Grundrechte der afroamerikanische Bevölkerung der Vereinigten Staaten kämpfte.[6] Auch die politische Debatte um die Einführung der beiden UN-Pakte (der *Internationale Pakt über wirtschaftliche, soziale und kulturelle Rechte* sowie der *Internationale Pakt über bürgerliche und politische Rechte*) fällt in diese Zeit.

Rawls' Werk konnte – gerade, weil ein zeithistorischer Bedarf an genuin normativen Antworten auf politische und moralische Fragen bestand – die Rezeption binden und Diskussionsstränge anstoßen. So ist die immer wiederkehrende Erzählung zu verstehen, nach der Rawls mit seiner *Theorie* die politische Philosophie oder gar die normative Moralphilosophie insgesamt gerettet habe.[7] Das Überlegungsgleichgewicht selbst, ist dabei allerdings ein Element, das auf der Ebene des Metaethischen (der moralischen Erkenntnistheorie) oder vielleicht sogar eher der allgemeinen Erkenntnistheorie angesiedelt ist. Ein Element eines Gedankensystems, wie dem von Rawls *Theorie der Gerechtigkeit*, ist oft dann besser zu verstehen, wenn man es als Teil des Ganzen betrachtet. Deshalb versuche ich die wichtigsten Eckpunkte dieses Werks von Rawls im Zusammenhang mit der Idee des Überlegungsgleichgewichts im folgenden Abschnitt 3.2. darzustellen. Es folgen relevante Erläuterungen, Verbesserungen und Revisionen der Idee des Überlegungsgleichgewichts durch Rawls und Norman Daniels (der sich eng auf Rawls bezieht) in den restlichen Abschnitten des dritten Kapitels.

---

5 Für eine differenziertere und kritische Betrachtung dieser »Standarderzählung« über die Moralphilosophie des Logischen Empirismus siehe Siegetsleitner 2010 & 2014. Zu dessen Einfluss auf Rawls vgl. auch Botti 2019 und Gališanka 2019.

6 Vgl. Pogge 1994, 27–30; vgl. Mandle / Reidy 2015, xix; vgl. Gališanka 2019, 3.

7 Vgl. etwa Sandel 2015, 335; vgl. Daniels 1996, xf.; vgl. Botti 2019, 164.

3.2 Das Überlegungsgleichgewicht in Rawls' *Theorie*

Rawls geht es bei seiner Untersuchung der Gerechtigkeit nicht um den Begriff der Gerechtigkeit im Allgemeinen, sondern um eine dezidiert politische Verwendung des Ausdrucks: und zwar darum, welche Art Gesellschaft als gerecht bezeichnet werden kann. Und auch dies muss weiter eingegrenzt werden, denn Rawls untersucht nicht, inwieweit eine Gesellschaft, ein Staat beispielsweise, insgesamt – also hinsichtlich aller möglichen Umstände – als gerecht bezeichnet werden kann, sondern nur, inwiefern er den Mindestanforderungen der Gerechtigkeit genügt: Es geht also nicht um die Frage, wie ein ideales Gemeinwesen auszusehen hätte, das in allen Politikbereichen stets den »richtigen« Prinzipien, Regeln und Überzeugungen folgt und diese auch »richtig« umsetzt, sondern darum, ab wann man davon sprechen kann, dass eine Gesellschaft gerecht verfasst ist.

Rawls möchte in *Eine Theorie der Gerechtigkeit* explizit Prinzipien der Gerechtigkeit rechtfertigen, auf denen die *Grundstruktur* (*basic structure*) der Gesellschaft aufbauen muss: Damit ist auf abstrakter Ebene der rechtliche Grundrahmen gemeint, also etwa eine geschriebene und interpretierte Verfassung, aber auch die anerkannten sozialen Institutionen – etwa das, was eine »Ehe« auszeichnet und wie diese behandelt wird –, sowie die Art und Weise, wie »die Früchte und Lasten der gesellschaftlichen Zusammenarbeit« verteilt werden.[8]

Hierzu nutzt Rawls das in der europäischen Kultur seit der frühen Neuzeit präsente Paradigma des *Gesellschaftsvertrags* in der Traditionslinie von Hobbes, Locke und Rousseau. Kant kann auch zu dieser Reihe von *kontraktualistischen* Denkern gezählt werden und spielt mit seiner Moralphilosophie explizit eine impulsgebende Rolle für Rawls. Bei den auf der Idee des Gesellschaftsvertrags basierenden Theorien der Politischen Philosophie, auch *Vertragstheorien* genannt, wird ein hypothetischer vorstaatlicher *Naturzustand* modelliert, um

8 Vgl. Rawls 1979, 21. Früchte der Zusammenarbeit gibt es, weil eine Gesellschaft nach Rawls ein Projekt zum gegenseitigen Vorteil ist, darauf basierend, dass man durch Arbeitsteilung pro Kopf mehr Grundgüter produzieren kann. Deren Verteilung ist problematisch, weil die Güter dann doch endlich sind und man davon ausgehen muss, dass jeder lieber mehr als weniger davon hätte. Die Lasten sind einerseits natürlich die des Arbeitsaufwands, aber auch die Einschränkungen und Pflichten, die durch die Regeln entstehen, die die Arbeitsteilung ermöglichen. Auch wenn es hier vordergründig, um die Produktionssteigerung von Gütern zu gehen scheint: die Daseinsberechtigung der Gesellschaft liegt darin, die Voraussetzungen für jeden Einzelnen bei dem zu verbessern, was er als ein gutes Leben ansieht. Man sieht: Rawls' Prinzipien der Gerechtigkeit sollen beispielsweise nicht für ein Katastrophenszenario gelten, in dem nicht genug Grundgüter für alle vorrätig sind, sondern ein gewisser Wohlstand vorhanden ist.

die Frage zu beantworten, ob und welche bindenden Grundprinzipien für eine erst zu verfassende Gesellschaft die Zustimmung von bisher ungebundenen Personen finden würden und daher als legitim gerechtfertigt seien. Der Naturzustand ist etwa bei Hobbes oder bei Locke vor allem durch das Fehlen eines funktionierenden staatlichen Gewaltmonopols gekennzeichnet. Bei Hobbes werden keine allgemein akzeptierten Rechte angenommen was im Krieg aller gegen alle resultiert (also der berechtigten ständigen Angst vor Übergriffen, die das eigene Leben gefährden) – dieser Zustand ist klarerweise zu überwinden. Bei Locke werden demgegenüber zwar anerkannte *Naturrechte* angenommen, doch ohne geregelte Rechtsprechung und mit parteiischer Selbstjustiz, die überkompensiert, mündet auch dies in einen Zustand der Unsicherheit und Angst. Was der Gesellschaft nach dieser Idee also Legitimität verleiht, ist die Zustimmung zur Verfassung einer Gesellschaft, die jeder Einzelne im *Naturzustand* vernünftiger Weise vertraglich erteilen kann, weil hierdurch für jeden ein besseres Leben erst ermöglicht wird.[9]

Die angenommene Ausgangssituation, in der die Einigung auf einen Gesellschaftsvertrag erfolgen soll, weicht bei Rawls nun aber innovativ von der Tradition ab. Es handelt sich nicht um einen Naturzustand, bei dem es möglich ist Personen einzeln zu identifizieren – als talentiert oder unbegabt, als schwach oder stark, als arm oder reich. Rawls nimmt sich in einer liberalen Weise der von Rousseau geäußerten Kritik an, nach der eine derartige Situation für Vertragsverhandlungen keine faire Ausgangslage sei.[10] Deshalb versucht er eine faire Ausgangssituation zu konstruieren, den sogenannten *Urzustand* (im Englischen *original position* statt *state of nature* bei den klassischen Vertragstheorien), der dadurch charakterisiert ist, dass den Akteuren vor Vertragsabschluss durch den sogenannten *Schleier des Nichtwissens* (*veil of ingnorance*) keine Informationen über ihre eigene Person zugänglich ist:

> »Zu den wesentlichen Eigenschaften dieser Situation gehört, daß niemand seine Stellung in der Gesellschaft kennt, seine Klasse oder seinen Status, ebenso wenig sein Los bei der Verteilung natürlicher Gaben wie Intelligenz oder Körperkraft. Ich nehme sogar an, daß die Beteiligten ihre Vorstellung vom Guten und ihre besonderen psychologischen Neigungen nicht kennen. Die Grundsätze der Gerechtigkeit werden hinter einem Schleier des Nichtwissens festgelegt.«[11]

---

9 Vgl. Hobbes, *Leviathan*; vgl. Locke, *Über die Regierung*. Vgl. Rawls 2012, insbes. 81–99, 165–214.

10 Vgl. Rousseau, *Abhandlung über den Ursprung und die Grundlagen der Ungleichheit unter den Menschen*, insbes. *Einleitung* und *Zweiter Teil*. Vgl. Rawls 2012, insbes. 215ff., 285, 301ff.

11 Rawls 1979, 29; vgl. Rawls 1979, 34–39, 140–220.

Die Personen im Rawlsschen Urzustand haben also keinerlei Informationen darüber, was sie von anderen Personen unterscheidet. Sie wissen lediglich, dass sie ganz sicher bestimmte Eigenschaften haben werden, die alle Personen haben: Also etwa, dass sie bestimmte physische und psychische Bedürfnisse haben, Interessen und langfristige Pläne verfolgen, von denen sie aber nicht wissen, welche es sind. Ebenso wenig wissen sie über die anderen kontingenten Eigenschaften ihrer Person – ob sie Frau oder ein Mann sind, vielseitig begabt oder insgesamt eher untalentiert, ob man Menschen im Allgemeinen eher zugetan ist und sich mit ihnen freuen kann oder sich als neidischer Misanthrop entpuppt, ob man religiös ist oder Agnostiker und so weiter.

Trotz des Schleiers des Nichtwissens weiß man im Urzustand einiges. Man weiß, dass man als Person mit einem beliebigen Lebensplan auf die Sicherung der Grundbedürfnisse angewiesen ist – egal wer man ist – und für seinen Lebensplan bestimmte Güter benötigt, und zwar besser mehr als weniger – egal welchen Plan man hat (wer letztlich ein asketisches Leben führen will, benötigt diese Güter vielleicht nicht alle, aber hätte die Möglichkeit sie zu nutzen). Rawls stellt uns diese fundamental wichtigen Güter, die er *Grundgüter* (*basic goods*) nennt, nicht als etwas rein Materielles vor – beispielsweise repräsentiert durch Geld – denn das wichtigste Grundgut etwa sei Selbstachtung, ohne die alle Lebenspläne ihren Sinn verlören. Rawls argumentiert, dass es eine gesellschaftliche Basis für Selbstachtung gibt (nämlich die Achtung durch andere) und dass es sich deswegen um ein Grundgut handelt, dass (zumindest teilweise) durch die Gesellschaft bereitgestellt wird. Ein Lebensplan wird vor allem dann gut funktionieren, wenn man ihn selbst entwickeln, anpassen und revidieren kann – daher gibt es ein damit verbundenes höherrangiges Interesse, die Fähigkeit zu erhalten, einen Lebensplan selbst (man könnte sagen autonom) zu entwickeln und zu verfolgen – wozu sicherlich Bildung notwendig ist, die ebenfalls als Grundgut betrachtet werden muss. Doch auch der Zugang zu Dienstleistungen und materiellen Ressourcen – teilweise repräsentiert durch Geld – wird eine gewisse Rolle spielen und in die Reihe der Grundgüter zählen. Dies wissen die Personen im Urzustand trotz des Schleiers des Nichtwissens. Sie haben außerdem weitere allgemeine Kenntnisse über ökonomische, soziale und naturwissenschaftliche Theorien, soweit diese relativ unstrittig sind.[12]

In diesem Urzustand sollen sich die Personen nun zwischen mehreren in der Philosophie propagierten Gerechtigkeitsprinzipien auswählen, die dann Geltung erlangen sollen – dabei wissen sie, dass sie später eine der realen Personen in der auf diese Weise bestimmten Gesellschaft sein werden. Die

12 Vgl. Rawls 1979, 15, 67, 111–115, 479–486.

Funktion des Urzustandes wird nun deutlich: Durch seine Einschränkungen erzwingt er – nach einem bestimmten Verständnis – einen *moralischen Blickwinkel* der sich darin befindenden Personen: Da man nicht weiß, wer mit welchen Eigenschaften man sein wird, muss man sich jeweils in alle möglichen Mitglieder der Gesellschaft versetzen, denn es könnte sowohl sein, dass man ein besonders vorteilhaftes Los zieht, als auch, dass man mit schwierigen Bedingungen zu kämpfen hat. Die unparteiliche Einnahme der Perspektive der anderen beteiligten Personen sowie die darauffolgende Beachtung ihrer vernünftigen Interessen ist in vielen moralischen Konzeptionen ein zentrales Element.[13] Daraus ergibt sich auch, dass die Entscheidung im Urzustand darüber, welche Prinzipien der Gerechtigkeit gewählt werden, nicht durch Faktoren bestimmt werden, von denen wir oft meinen, dass sie moralisch irrelevant sind. Die Situation ist etwa deswegen als fair zu bezeichnen, weil niemand die Prinzipien vorschlagen kann, die allein zu seinen Gunsten zurechtgeschneidert wären.[14] Letztlich sind die Überlegungen der Personen im Urzustand damit auch stets die gleichen, da stets von jedem jede denkbare Perspektiven eingenommen wird und sich daher auch die Informationen und Interessen gleichen: es reicht also, wenn eine Person die Entscheidung trifft. Eine einstimmige Entscheidung ist garantiert.[15]

Eines der Prinzipien, die im Urzustand von Rawls zur Annahme vorgelegt werden, ist aus einer Interpretation der ethischen Theorie des *Utilitarismus* abgeleitet und besagt – in der nach Rawls als klassisch anzusehenden Form bei Jeremy Bentham, Henry Sidgwick, Francis Ysidro Edgeworth und Arthur Cecil Pigou –[16] dass die Summe des Wohlergehens (man könnte auch sagen: des Glücks oder des Nutzens) aller Personen (oder aller Lebewesen, die Wohlergehen empfinden können) möglichst zu maximieren ist. Zwar wird von Rawls nicht nur dieser klassische Utilitarismus, sondern auch der Utilitarismus mit Ziel der Durchschnittsnutzenmaximierung in Betracht gezogen, jedoch werden beide daraus abgeleitete Prinzipien im Urzustand verworfen. Rawls argumentiert hierfür ausführlich. Doch besonders wichtig in der Argumentation ist der Vorwurf, dass der Utilitarismus nicht ernst nehme, dass Personen voneinander getrennt seien. Wenn die Maximierung der Nutzensumme durch Prinzipien der Gerechtigkeit für manche Menschen eine starke Belastung bedeutet, dann kann sie die erreichte größere Summe an

13 Vgl. Rawls 1979, 561. Man kann diese Idee der Unparteilichkeit etwa in Zusammenhang mit der weltweit verbreiteten *Goldenen Regel* betrachten. Vgl. Parfit 2011, 321–342.

14 Aus dieser ursprünglichen Entscheidungssituation der Fairness stammt auch der Name den Rawls seinen Gerechtigkeitsprinzipien geben möchte: *Justice as Fairness*.

15 Vgl. Rawls 1979, 162f.

16 Vgl. Rawls 1979, 51.

Grundgütern für die Gesellschaft insgesamt persönlich nicht entschädigen – plausibel scheint ein derartiger Ausgleich vielmehr nur in Bezug auf einzelne Personen, beispielsweise wenn das größere Glück in der *eigenen* Zukunft, das *eigene* augenblickliche oder vergangene Leid durchaus übertrumpft (man denke an den schmerzvollen Zahnarztbesuch, der aber aus mittel- und langfristiger Perspektive als heilsam und daher als rational anzusehen ist). Eine Person kann sich als eine ganze betrachten, obwohl sie zu verschiedenen Zeitpunkten existiert. Es gibt aber kein Wesen, dass in analoger Form vom Gesamtnutzen profitiert. Folgender anfänglich ins Spiel gebrachte Punkt, ist daher schon einer dieses zentralen Arguments:

> »Auf den ersten Blick erscheint es kaum naheliegend, daß Menschen, die sich als Gleiche sehen und ihre Ansprüche gegeneinander geltend machen können, sich auf einen Grundsatz einigen sollten, der einigen geringere Lebenschancen auferlegt, nur weil die Summe der Vorteile für die anderen größer ist. Da jeder einzelne seine Interessen – die Möglichkeit seiner Vorstellung vom Guten nachzugehen – schützen möchte, gibt es für niemanden einen Grund, sich selbst mit einem dauernden Verlust zufrieden zu geben, um insgesamt mehr Befriedigung hervorzubringen. Ohne starke und beständige altruistische Motive würde kein vernünftiger Mensch eine Grundstruktur akzeptieren, nur weil sie die Summe der Annehmlichkeiten für alle zusammen erhöht – ohne Rücksicht auf ihre dauernden Wirkungen auf seine eigenen Grundrechte und Interessen.«[17]

Das Argument, dass Personen in Bezug auf so etwas wie Wohlergehen (oder andere realisierte Werte wie Erkenntnis oder Autonomie)[18] als getrennt voneinander zu betrachten sind, spricht – im ganz allgemeinen philosophischen Kontext – erst einmal prima facie gegen den Utilitarismus. Dies schließt jedoch selbstverständlich nicht aus, dass die Argumente für den Utilitarismus letztlich doch überwiegen oder das Argument der Getrenntheit der Personen selbst erfolgreich angegriffen werden kann. Im Urzustand jedoch, der ja auf eine bestimmte Art sehr begrenzt definiert ist (bestimmte Personen mit bestimmten Interessen und bestimmten Informationen) und in dem im Idealfall deduktiv nach *rational choice*-Manier geschlossen werden kann, wirkt diese Argumentation gegen den Utilitarismus entscheidend. Zumindest, falls es bessere Alternativprinzipien gibt, die das Risiko, einer Maximierung

---

17 Rawls 1979, 31.; vgl. insb. Rawls 1979, 40–46, 186–220.

18 Liebe und Freundschaft als Wert (etwa einer konsequentialistischen Ethik) als etwas zu bezeichnen, was Personen getrennt voneinander realisieren, wäre merkwürdig. Hier wäre als kleinste Einheit der Realisierung des Werts wahrscheinlich die Beziehungskonstellation und nicht eine einzelne Person plausibel, was mit einer Ablehnung der allgemeinen Aggregation dennoch vereinbar sein dürfte.

des Nutzens zum Opfer zu fallen, ausschließen und kein gleichwertiges oder größeres Risiko im Gegenzug einführen.[19]

Auch ein zweiter Alternativvorschlag für Prinzipien der Gerechtigkeit – von Rawls in der Tradition von Sidgwick als *Intuitionismus* bezeichnet – nach der mehrere voneinander unabhängige Prinzipien gelten sollen, sei im Urzustand unannehmbar: Nimmt man an, dass es nur voneinander unabhängige Prinzipien gibt, die alle prima facie ihre Geltung haben und im Konfliktfall zwischen ihnen nach reiner Intuition[20] für das eine oder gegen das andere Prinzip entschieden werden muss, so kann man nicht davon ausgehen, dass es eine geteilte eindeutige Bestimmung von Vorrangregeln gibt – und ohne geteilte Vorrangregeln, weiß man nicht, was im Konfliktfall zweier Prinzipien zu tun ist oder streitet sich darüber, ohne die Möglichkeit zu einer versöhnenden Argumentation ergreifen zu können. Eine stabile, allseits akzeptierte Gesellschaft scheint damit undenkbar, was ebenfalls ein unannehmbares Risiko für die Interessen der Personen im Urzustand darstellt.[21]

Rawls präsentiert als eine diesen beiden Gerechtigkeitsvorstellungen überlegene Lösung ein Prinzipienpaar, das sich in einer lexikalischen Ordnung befindet: Das heißt, dass das erste Prinzip dem zweiten in der Weise vorangestellt ist, dass das zweite erst dann zur Anwendung kommt, wenn den Bedingungen des ersten voll und ganz genüge geleistet wurde.[22] Nach dem zweiten, untergeordnete Prinzip sind soziale und wirtschaftliche Ungleichheiten, etwa durch Reichtum oder politische Vormacht nur dann als gerechtfertigt zu bezeichnen, wenn erstens Ämter und Positionen allen Bürgerinnen und Bürgern gleichermaßen offenstehen und zweitens die Ungleichheiten zum größtmöglichen Vorteil gerade der schwächsten Mitglieder der

---

19 Rawls unterstellt den Personen im Urzustand eine gewisse Vorsicht (seine Kritiker würden sagen: Risikoaversion). Diese ist dadurch begründet, dass man zwar durch mehr Grundgüter, die Verfolgung des eigenen Lebensplans (oder später – ab *Politischer Liberalismus* – die *Konzeption des Guten*, die man vertritt) besser sichern kann – was eine graduelle Verbesserung ist (wiewohl es hier auch einen abnehmenden Grenznutzen geben dürfte) – aber ab einem gewissen Mangel an Grundgütern, der eigene Lebensplan existentiell bedroht ist, weshalb ein Risiko unter diese Schwelle zu fallen stärker gewichtet werden muss als ein möglicher Gewinn. Vgl. Rawls 1979, insbes. §28 (192–201) & §29 (201–210).

20 Der Ausdruck »Intuition« wird teils sehr unterschiedlich gebraucht – Rawls selbst legt sich zwar nicht auf eine bestimmte Lesart fest, doch da der Intuitionismus im Urzustand beachtet wird, kann man davon ausgehen, dass Intuitionen zumindest nicht unfehlbar oder unbezweifelbar wahr sind.

21 Vgl. Rawls 1979, 52–65. Er führt als Beispiel für einen *Intuitionismus* die Philosophie von W. D. Ross an (*The Right and the Good*).

22 Eine endgültige Formulierung der beiden Prinzipien findet sich in Rawls 1979, 336f.

Gesellschaft sind. Der erste Teil des zweiten Prinzips ist dem zweiten ebenfalls lexikalisch vorgeordnet. Der zweite Teil des zweiten Prinzips wird auch *Unterschiedsprinzip* oder *Differenzprinzip* (*difference principle*) genannt und ist vielleicht das bekannteste Merkmal von Rawls' Prinzipien der Gerechtigkeit – vor allem weil es gerade aus angloamerikanischer Sicht sehr egalitär ist und Unterschiede bei der Verteilung von Grundgütern nur dann zulässt, wenn die schlechtestgestellte Personengruppe tatsächlich ansonsten noch schlechter gestellt wäre. Eine ungleiche Verteilung scheint für Rawls also genau dann legitim und notwendig, wenn dadurch die Produktion von Gütern in einer Gesellschaft auf eine Weise gesteigert werden kann, durch die es möglich ist, die Schlechtestgestellten besser mit Grundgütern auszustatten, als wenn es eine strikte Gleichverteilung (und damit keine Leistungsanreize) gäbe – es muss dann allerdings auch entsprechend dem Differenzprinzip verteilt werden. Doch auch eine derart gerechtfertigte Ungleichheit ist wegen der lexikalischen Ordnung der Prinzipien nicht zu akzeptieren, wenn sie die Chancengleichheit auf Ämter und Positionen gefährdet oder das erste Prinzip der Gerechtigkeit aushebelt. Das erste vorgeordnete Prinzip besagt, dass gewisse Grundrechte (und damit auch Grundpflichten) gewahrt werden müssen und diese für alle in gleicher Form gelten. Es handelt sich dabei um eine Liste von Freiheitsrechten in Form von Abwehrrechten gegen den Staat und andere Personen, Teilnahmerechten in Bezug auf den politischen Prozess und sozialen Teilhaberechten, wie wir sie aus rechtstaatlichen liberalen Demokratien oder von den Menschenrechten her kennen. Gewährt werden Rechte wie Meinungs- und Versammlungsfreiheit, die mit den höherwertigen Interessen der Personen im Urzustand, überhaupt erst einen Lebensplan oder eine Konzeption des Guten ausbilden und kritisch verfolgen zu können, eng zusammenhängen. Wichtig ist für Rawls aber nicht nur deren rein formale Geltung, sondern der faire Wert dieser Rechte – wer etwa das Recht auf politische Teilnahme oder politische Vereinigungsfreiheit hat, muss auch ein positives Teilhaberecht auf Bildung und öffentliche Finanzierung politischer Parteien haben, damit das politische Teilnahmerecht oder das negative Recht auf Vereinigungsfreiheit tatsächlich wahrgenommen werden kann.[23]

An dieser Stelle ist nun eine äußerst wichtige kritische Frage zu beantworten: Ist der Urzustand als fiktives, aber bindendes Szenario zur Entscheidung zwischen alternativen Prinzipien der Gerechtigkeit eigentlich überhaupt selbst gerechtfertigt? Und wenn ja, auf welche Weise? Oder anders gefragt:

23 Hier gibt es selbstverständlich wieder Kritik an Rawls, vor allem von libertärer Seite, welche *positive Rechte* (vor allem *soziale Teilhaberechte*) kritisch sieht. Vgl. Rawls 1979, 82, 253, insb. 255. Vgl. etwa Nozick 1974.

Warum sollte ein irrealer Vertrag aus einem derart abstrakten Gedankenexperiment, irgendeine rechtfertigende oder legitimierende Kraft für tatsächliche Regeln einer real existierenden Gesellschaft haben? Bei den klassischen Vertragstheorien mit einem Naturzustand, bei dem es keinen Schleier des Nichtwissens gibt, liegt eine mögliche Antwort noch auf der Hand: Der hypothetische Vertrag sollte eingehalten werden, weil er im aufgeklärten Eigeninteresse der Bürgerinnen und Bürger liegt – sie, als vollinformierte Personen, würden ihn unterschreiben, würde über die Grundstruktur des Staates tatsächlich verhandelt. Diese Antwort kann aber mit Blick auf den Urzustand nicht gegeben werden: Zwar liegt es im Interesse der Personen im Urzustand, den Vertrag zu unterschreiben, aber die Bürgerinnen und Bürger sind im tatsächlichen Leben nicht von einem Schleier des Nichtwissens umhüllt: Wenn sie etwa wissen, dass sie nicht zu den schlechtestgestellten Personen zählen werden – und wenn sie egoistisch motiviert sind – liegt es nicht in ihrem Interesse, genau den Rawlsschen Vertragsentwurf zu unterschreiben. Der Vertrag, den Rawls uns anbietet, ist nicht notwendiger Weise ein Vertrag, der in unserem aufgeklärten Eigeninteresse liegt, sondern ein Vertrag, den wir aus moralischen Gründen eingehen sollten.

Rawls beantwortet die Frage, wie der Urzustand selbst gerechtfertigt ist, dann auch eben mit dem Verweis auf das Überlegungsgleichgewicht, das erreicht worden ist und führt den Ausdruck an dieser Stelle zum ersten Mal ein.[24] Zur Rechtfertigung der Charakterisierung des Urzustands müsse man prüfen, ob die Grundsätze – die Prinzipien der Gerechtigkeit – die in ihm gewählt würden, unseren wohlüberlegten moralischen Urteilen oder Überzeugungen über Gerechtigkeit entsprechen oder sie auf annehmbare Weise erweitern. Im Konfliktfall sollen sowohl die Prinzipien als auch unsere wohlüberlegten Urteile solange revidiert werden können, bis man zu einer Übereinstimmung gelange:[25]

> »Man kann ja feststellen, ob die Anwendung dieser Grundsätze [der im Urzustand ausgewählten Prinzipien der Gerechtigkeit] uns zu denselben Urteilen über die Grundstruktur der Gesellschaft führen würde, die wir jetzt intuitiv und mit größter Überzeugung fällen; oder ob in solchen Fällen, in denen wir jetzt mit Zweifel und Zögern urteilen, diese Grundsätze eine Lösung liefern, der wir uns nach Überlegung anschließen können. Es gibt ja Fragen, bei denen wir das bestimmte Gefühl haben, die Antwort müsse so und so lauten. Beispielsweise

24 Die wichtigsten Abschnitte in Rawls Theorie der Gerechtigkeit in Bezug auf das Überlegungsgleichgewicht sind §4 *Der Urzustand und die Rechtfertigung* und §6 *Einige Bemerkungen zur Theorie der Moral*, deren Inhalt hier nur pointiert wiedergegeben werden kann.

25 Vgl. Rawls 1979, 37.

sind wir sicher, daß religiöse Unduldsamkeit und rassische Benachteiligung ungerecht sind. Wir glauben diese Fragen sorgfältig untersucht zu haben und zu einem unparteiischen Urteil gelangt zu sein, das wohl kaum durch ungebührliche Berücksichtigung unserer eigenen Interessen verfälscht sein dürfte. Diese Überzeugungen sind für uns vorläufige Fixpunkte, denen jede Gerechtigkeitsvorstellung entsprechen muß. Doch wir sind viel weniger sicher, was die richtige Verteilung von Reichtum und Macht ist. Hier suchen wir vielleicht nach einer Methode, die unsere Zweifel auflöst. Wir können also eine Konkretisierung des Urzustands daran prüfen, wie weit sich ihre Grundsätze mit unseren festen Überzeugungen vertragen und wie weit sie uns da, wo es nötig ist, Anleitung geben.

Bei der Suche nach der bevorzugten Konkretisierung dieser Situation gehen wir von beiden Enden her vor. Zunächst beschreiben wir sie so, daß sie allgemein akzeptierten und möglichst schwachen Bedingungen genügt. Dann prüfen wir, ob diese Bedingungen so stark sind, daß aus ihnen ein nicht-triviales System von Grundsätzen folgt. Wenn nicht, suchen wir weitere, ebenso vernünftige Voraussetzungen. Wenn das gelingt und die sich ergebenden Grundsätze unseren wohlüberlegten Gerechtigkeitsvorstellungen [considered convictions of justice] entsprechen, ist es gut. Doch wahrscheinlich wird es Abweichungen geben. Dann können wir zweierlei tun. Wir können entweder die Konkretisierung des Urzustands oder unsere gegenwärtigen Urteile abändern, denn auch unsere vorläufigen Fixpunkte können ja revidiert werden. Wir gehen hin und her, einmal ändern wir die Bedingungen für die Vertragssituation, ein andermal geben wir unsere Urteile auf und passen sie den Grundsätzen an; so, glaube ich, gelangen wir schließlich zu einer Konkretisierung des Urzustands, die sowohl vernünftigen Bedingungen genügt als auch zu Grundsätzen führt, die mit unseren – gebührend bereinigten – wohlüberlegten Urteilen [considered judgements] übereinstimmen. Diesen Zustand nenne ich Überlegungs-Gleichgewicht [reflective equilibrium]. Es ist ein Gleichgewicht, weil schließlich unsere Grundsätze und unsere Urteile übereinstimmen; und es ist ein Gleichgewicht der Überlegung [it is reflective], weil wir wissen, welchen Grundsätzen unsere Urteile entsprechen, und aus welchen Voraussetzungen diese abgeleitet sind. Für den Augenblick ist alles in Ordnung. Doch das Gleichgewicht ist nicht notwendig stabil. Neue Erwägungen bezüglich der Bedingungen für die Vertragssituation können es umstürzen, ebenso Einzelfälle, die uns zur Änderung unserer Urteile veranlassen. Doch vorläufig haben wir getan, was wir können, um unsere Vorstellungen von der sozialen Gerechtigkeit zu vereinheitlichen und zu rechtfertigen.«[26]

Das Überlegungsgleichgewicht selbst ist damit also erst einmal ein Zustand. Und zwar ein epistemischer Zustand, in dem sich erstens Prinzipien befinden, die man akzeptiert, weil sie in einer bestimmten Ausgestaltung des Urzustands gewählt würden, und zweitens Urteile, die wohlüberlegt sind. Hinzukommt, dass diese Prinzipien und Urteile dann in dem Sinne übereinstimmen, dass die

26 Rawls 1979, 37f.

Überzeugungen aus den Prinzipien abgeleitet werden können und beide durch den Gleichgewichtszustand, in dem sie sich befinden – durch die wechselseitige Stützung – für einen epistemischen Akteur gerechtfertigt sind.[27]

Rawls stellt dem Überlegungsgleichgewicht aber auch ein Verfahren an die Seite, das man als epistemischer Akteur anwenden soll, um zu diesem Zustand der Rechtfertigung zu gelangen. Der Zustand des Überlegungsgleichgewichts wird durch das empfohlene Verfahren außerdem noch genauer charakterisiert. Man soll – bei dem, was man die Methode des Überlegungsgleichgewichts nennen kann – im Konfliktfall (also, wenn keine Übereinstimmung zwischen Prinzipien und Urteilen herrscht) sowohl die Urteile revidieren können als auch die Prinzipien (indem man die Ausgestaltung des Urzustands abändert) und durch wechselseitige Anpassungen in Richtung des Gleichgewichts zielen. Das wiederum bedeutet für den Zustand des Überlegungsgleichgewichts, dass seine Elemente nicht hierarchisch geordnet sind und dass es sich um ein fragiles Gleichgewicht handelt: Denn sollten neue Urteile auftreten (oder Urteile abgeändert werden) so dass wieder ein Konflikt entsteht, muss dies erneut einen Anpassungsprozess mit dem Ziel eines Gleichgewichts auslösen. Die Idee des epistemischen Zustands des Überlegungsgleichgewichts ist also mit der dazugehörigen dynamischen Rechtfertigungsmethode, die keine endgültige Lösung – keine *Letztbegründung* – liefern kann, immanent verknüpft.

Zwar schreibt Rawls unmittelbar folgend auf die erste Beschreibung des Überlegungsgleichgewichts, dass er die Prozedur des Anpassungs- oder Gleichgewichtsprozesses nicht explizit durchlaufen werde, sondern uns nur etwas präsentieren werde, dass als dessen Resultat aufgefasst werden könne – also eine Theorie die bestimmte Prinzipien und Urteile in einem Überlegungsgleichgewichts vereint.[28] Doch kann man davon ausgehen, dass Rawls selbst die Methode des Überlegungsgleichgewichts tatsächlich auch angewandt hat, um das Resultat zu erreichen. Man kann zumindest einen solchen Anpassungs- oder Gleichgewichtsprozess durchaus an manchen Stellen seiner *Theorie der Gerechtigkeit* rekonstruieren, da Rawls mithilfe von präsentierten Gegenargumenten seine Position zuweilen abändert und verfeinert (was natürlich auch reines Stilmittel sein kann).[29]

27 Vgl. auch Rawls 1979, 39.

28 Vgl. Rawls 1979, 38.

29 Es gibt mehrere Formulierungen der von Rawls vorgeschlagenen Prinzipien der Gerechtigkeit, die mit der Zeit verbessert und konkretisiert werden. Vgl. Rawls 1979, 81–86., 104, 282f. 336f. Und im Abschnitt über den Schleier des Nichtwissens schreibt Rawls etwa: »[...] Hier liefert der Schleier des Nichtwissens nicht das gewünschte Ergebnis. Um also mit der Frage der Gerechtigkeit zwischen den Generationen zurechtzukommen, ändere ich

Dass ein Urteil, das man fällt, wohlüberlegt ist, heißt nach Rawls erstens, dass man sich als Person mit moralischem Empfinden – unter anderem mit einem ausgebildeten Gerechtigkeitssinn – recht sicher ist, dass das Urteil tatsächlich wahr oder korrekt ist (Rawls spricht ja von vorläufigen Fixpunkten, an denen man sich, mit Blick auf erwägenswerte Prinzipen, grob orientieren kann). Ein zweites Kriterium, das ein Urteil erfüllen muss, um wohlüberlegt zu sein, ist, dass es nicht unter Umständen gebildet wurde oder vertreten wird, bei denen man gewöhnlicher Weise mit der Ausbildung von falschen Überzeugungen rechnet, etwa unter Zeitdruck, bei Angst, wenn man Richter in eigener Sache wäre, bei einem Drogenrausch oder einem Wutanfall:

> »Bisher habe ich noch gar nichts über wohlüberlegte Urteile gesagt. Nun, wie schon angedeutet, kommen sie in Form jener Urteile ins Spiel, in denen sich unsere moralischen Fähigkeiten am ehesten unverfälscht entfalten. Man kann also vernünftig entscheiden, welche unsrer Urteile wir in Betracht ziehen sollen und welche nicht. Man könnte zum Beispiel die Urteile weglassen, die zögernd oder mit wenig Vertrauen gefällt werden, ebenso diejenigen, die unter Verwirrung oder mit Angst oder im Hinblick auf eigene Vor- und Nachteile zustandekommen. Bei allen diesen Urteilen besteht die Gefahr des Irrtums oder des ungebührlichen Einflusses unserer eigenen Interessen. Wohlabgewogene Urteile [considered judgements] sind einfach solche, die unter Bedingungen gefällt werden, die den Gerechtigkeitssinn zur Geltung kommen lassen, unter denen also die gewöhnlichen Entschuldigungen und Erklärungen für Irrtümer nicht gelten. Von dem Urteilenden wird also angenommen, er habe die Fähigkeit, die Möglichkeit und die Absicht, zu einer richtigen Entscheidung zu kommen (oder wenigstens nicht die gegenteilige Absicht). Des weiteren sind die Grundsätze [criteria], die diese Urteile bestimmen nicht willkürlich. Vielmehr sind sie von derselben Art wie die Kriterien eines jeden wohlabgewogenen Urteils. Und betrachtet man den Gerechtigkeitssinn als geistige Fähigkeit, zu der Gedankenarbeit gehört, so sind die entsprechenden Urteile diejenigen, die unter Bedingungen zustandekommen, die für das Denken und Urteilen überhaupt günstig sind.«[30]

An dieser Stelle ist eine kurze begriffliche Klärung sinnvoll: Im Zusammenhang mit dem Überlegungsgleichgewicht spricht Rawls zwar meist von *»wohlüberlegten Urteilen«* (*»considered judgements«*), doch er spricht an anderen Stellen in

---

die Motivationsannahme ab und füge eine weitere Einschränkung hinzu (Abschnitt 22).« Rawls 1979, 163.

30 Rawls 1979, 67f. Ein nützlicher späterer Vergleich von Rawls ist der mit den Urteilen, die Richter oder Schiedsrichter treffen sollen: »Die Positionen von Richtern, Schiedsrichtern und Unparteiischen sind so angelegt, daß sie Bedingungen umfassen, die zum Einsatz der richterlichen Tugenden – unter anderem Vorurteilslosigkeit und Umsicht – anregen, so daß ihre Entscheidungen, soweit das im jeweiligen Fall möglich ist, als Annährungen an wohlerwogene Urteile gesehen werden können.« Rawls 2006, 60.

ebenderselben Weise auch von »*wohlüberlegten Überzeugungen*« (»*considered convictions*« oder »*beliefs*«).[31] Das spricht für eine Interpretation, in der keine großen begrifflichen Unterschiede mit diesen Ausdrücken gemacht werden und sie damit letztlich synonym gebraucht werden. Unabhängig davon, ob ein Unterschied zwischen Urteilen und Überzeugungen im Allgemeinen plausibel gemacht werden kann, werde ich werde im Folgenden die Ausdrücke »Urteil« und »Überzeugung« im Zusammenhang mit dem Überlegungsgleichgewicht bei Rawls also synonym verwenden. Damit gehe ich davon aus, dass ein Urteil für Rawls, genau wie eine Überzeugung, eine propositionale Einstellung ausdrückt – nämlich, dass man etwas für wahr oder korrekt hält – beispielsweise die Aussage »aus Gründen der Gerechtigkeit sollten die von Rawls vorgeschlagenen Prinzipien die Grundstruktur einer wohlhabenden Gesellschaft bestimmen«, »Sklaverei ist ungerecht« oder »es ist moralisch geboten, dem Mann, der hier gerade gestürzt ist, jetzt zu helfen«.[32] Hinzukommt, wie aus diesen Beispielen ersichtlich, dass sich die Überzeugungen auf unterschiedlichen Abstraktionsebenen befinden können: der Inhalt der Überzeugungen kann sich auf moralische Prinzipien beziehen, auf moralische Regeln oder auf ganz partikulare an Ort und Zeit gebundene Handlungen.[33]

Zusammengefasst kann nun die Frage, wie die Ausgestaltung des Urzustand eigentlich gerechtfertigt wird – vorläufig – wie folgt beantwortet werden: Da aus dem Urzustand Prinzipien abgeleitet werden können, deren Folgerungen wiederum mit unseren Überzeugungen über gerechtfertigte Regelungen und Handlungen übereinstimmen, plausibilisiert ihn das zu einem gewissen Grad selbst.

Aber dann – so etwa die Kritik von Richard M. Hare – scheint der Urzustand manipuliert. Rawls scheint den Urzustand nur deshalb so ausgestaltet zu haben, weil auf diese Weise die Anforderungen eines eng gefassten Überlegungsgleichgewichts zwischen unseren Urteilen über Gerechtigkeit und seinen Prinzipien erfüllt werden, weshalb uns der Urzustand eine zusätzliche und unterstützende Rechtfertigung unabhängig davon nur vorgaukle.[34] Rawls selbst scheint diese Kritik an manchen Stellen auch zu bestätigen – etwa, wenn er schreibt:

---

31 Vgl. für »considered convictions« Rawls 1999, 17f., 216, 220, 280f., 392, 507f.; vgl. für »considered beliefs« Rawls 1999, 448.

32 Vgl. Schwitzgebel 2015.

33 Explizit macht dies Rawls dies ab *The Independence of Moral Theory*. Vgl. Rawls 1974; vgl. Daniels 1979, 258 (Fußnote 3).

34 Vgl. Hare 1975, 84, 86, 91.

»Wir möchten den Urzustand so bestimmen, daß die gewünschte Lösung herauskommt.«[35]

Man könnte diese Kritik noch weiter ausführen und argumentieren, dass Rawls dann bestenfalls eine Art moralischer Anthropologie betreibe, indem er lediglich unsere wohlüberlegten aber kontingenten und kulturell geprägten moralischen Urteile über spezifische Situationen systematisiere. Eine solche Verfeinerung von Vorurteilen sei aber keine Rechtfertigung moralischer Urteile.[36]

Das Überlegungsgleichgewicht in Rawls' Theorie ist jedoch weitaus komplexer. Es gibt eine zweite Argumentationslinie, die zur Anerkennung des Urzustands als mögliches Mittel zur Gewinnung von gerechtfertigten Prinzipien führt und die Rawls deutlich aufzeigt:[37] Die Elemente des *Urzustands*, etwa die Beschränkungen, die mit dem *Schleier des Nichtwissens* gegeben sind, werden dadurch plausibel gemacht, dass in der *Theorie der Gerechtigkeit* bestimmte theoretische Überlegungen zum Wesen moralischer Grundsätze besprochen werden: Etwa, dass sie für alle Personen im gleichen Maß gelten müssen oder dass eben Unparteilichkeit eine gewisse Rolle spielt, aber man sich zwischen bestimmten Formen der Unparteilichkeit entscheiden muss – etwa zwischen dem Gedankenexperiment eines *idealen mitfühlenden Beobachters*, der zur Rechtfertigung des klassischen Utilitarismus herangezogen werden kann oder dem Urzustand mit dem Schleier des Nichtwissens.[38] Das wiederum führt dazu, dass eine bestimmte Theorie darüber, was jemanden als Person auszeichnet und welche Interessen Personen als Personen haben, ebenfalls Bedeutung erlangt, und so fort.

Tatsächlich erfüllt der Urzustand damit hauptsächlich folgende wichtige Funktion: Er dient als greifbarer Startpunkt, der zu all den *Hintergrund-theorien* führt, die Rawls in seine *Theorie der Gerechtigkeit* eingearbeitet hat – die vom Seitenumfang her den Großteil dieses Werks ausmachen – und ihren Zusammenhang enthüllt.[39] Wenn man auf den Urzustand Bezug nimmt – so könnte man sagen – nimmt man eigentlich Bezug auf das Netz an derartigen

35 Rawls 1979, 165. Vgl. Daniels 1979, insb. 261, 264–267.

36 Vgl. Daniels 1996, 6, 47f.; vgl. Hare 1975, 86. Vgl. hierzu auch Rawls 1950, 293ff.

37 Rawls hatte diese zweite Argumentationslinie zur Rechtfertigung des Urzustands bereits direkt vor der ersten Erwähnung des Überlegungsgleichgewichts, die vorhin zitiert worden war, erwähnt und skizziert. Vgl. Rawls 1971, 34–37.

38 Vgl. Rawls 1979, 211–220.

39 Der Ausdruck »Hintergrundtheorie« (»background theory«) stammt dabei von Norman Daniels. Vgl. Abschnitt 3.3. der vorliegenden Arbeit.

Hintergrundtheorien, die die Komplexität der Theorie und damit ihr kritisches Potential gegenüber den Anfangsurteilen steigern:

> »Wir wollen sagen, bestimmte Gerechtigkeitsgrundsätze seien gerechtfertigt, weil man sich in einem anfänglichen Zustand der Gleichheit auf sie einigen würde. Ich habe den rein hypothetischen Charakter dieses Urzustands betont. So liegt die Frage nahe, warum, wenn diese Vereinbarung nie wirklich getroffen wird, diese moralischen oder sonstigen Grundsätze von irgendwelchem Interesse sein sollen. Die Antwort ist, daß wir die der Beschreibung des Urzustands zugrundeliegenden Bedingungen tatsächlich akzeptieren. Und wenn nicht, dann kann uns vielleicht philosophische Überlegung dazu bringen. Für jede Seite [aspect] der Vertragssituation lassen sich Gründe anführen. Was wir tun werden, läuft also darauf hinaus, daß eine Anzahl von Bedingungen für die Grundsätze, die wir nach reiflicher Überlegung [due consideration] als vernünftig anzuerkennen bereit sind, in einer einzigen Vorstellung zusammengefaßt werden. Diese Bedingungen spiegeln das wider, was wir als Einschränkungen für faire Regelungen der gesellschaftlichen Zusammenarbeit anzusehen bereit sind. In einer möglichen Betrachtungsweise ist also der Gedanke des Urzustands ein Darstellungsmittel, das die Bedeutung dieser Bedingungen zusammenfaßt und beim Ziehen von Folgerungen behilflich ist. Andererseits handelt es sich auch um eine intuitive Vorstellung, die ihre eigene Präzisierung nahelegt und uns zu einer deutlicheren Bestimmung des Standpunktes drängt, von dem aus wir moralische Beziehungen am besten verstehen können. Wir brauchen eine Vorstellung, die uns unser Ziel aus der Ferne sehen läßt; das soll für uns die intuitive Vorstellung vom Urzustand leisten.«[40]

Die Hintergrundtheorien, zu denen man über den Urzustand geführt wird, selbst sind wieder gerechtfertigt durch ihre Übereinstimmung mit weiteren wohlüberlegten Urteilen, so dass das Gleichgewicht, das Rawls nutzt, um seine Prinzipien der Gerechtigkeit zu rechtfertigen, auch als System vieler verbundener Überlegungsgleichgewichte verstanden werden kann.

Der Einbezug von Hintergrundtheorien ändert den Charakter des Überlegungsgleichgewichts erheblich. Rawls unterscheidet explizit in seinem Aufsatz *The Independence of Moral Theory*,[41] zwischen *engen Überlegungsgleichgewichten* und *weiten Überlegungsgleichgewichten*. Damit stellt er sich der Annahme entgegen, dass die Methode, wenn man sie richtig versteht und anwendet, als konservatives Verfahren zu interpretieren ist, bei dem, abgesehen von geringfügigen Anpassungen, lediglich die praktizierten moralischen Urteile systematisiert werden – dies war ja ein Teil des Vorwurfs von Hare. Dem wird eben dadurch zuvorgekommen, dass man nach Rawls – in der Philosophie zumindest – stets an einem *weiten Überlegungsgleichgewicht*

40 Rawls 1979, 39.

41 Vgl. Rawls 1974.

interessiert sein sollte: es geht darum wohlüberlegte Urteile aus einer ganzen Bandbreite des menschlichen Lebens mit Prinzipien und Theorien auf allen denkbaren »Abstraktionsstufen« in Einklang zu bringen. Es geht darum Überzeugungen aus verschiedenen Gegenstandsbereichen, die aufeinander einwirken, in einem kohärenten System zu vereinigen, was auch zu Revisionen einer etablierten Praxis oder kulturell verwurzelten Normen führen kann. Die Idee des weiten Überlegungsgleichgewichts war – ohne dass hier der Begriff genutzt wurde – auch schon in Rawls' Theorie der Gerechtigkeit enthalten:

> »Es gibt aber verschiedene Deutungen des Überlegungs-Gleichgewichts. Der Begriff hängt davon ab, ob man nur solche Beschreibungen vorgelegt bekommen soll, die den vorhandenen Urteilen, von kleineren Abweichungen abgesehen, mehr oder weniger entsprechen, oder ob man sämtliche Beschreibungen vorgelegt bekommt, denen man seine Urteile sinnvollerweise anpassen würde und dazu alle beachtenswerten philosophischen Argumente zu ihren Gunsten. Im ersten Falle würde man den Gerechtigkeitssinn eines Menschen mehr oder weniger so beschreiben, wie er ist, und nur gewisse Unregelmäßigkeiten ausgleichen; im zweiten Falle kann (aber muß nicht) der Gerechtigkeitssinn des Betreffenden grundlegend verändert werden. In der Moralphilosophie interessiert man sich offensichtlich für die zweite Art des Überlegungs-Gleichgewichts.«[42]

Man kann dies allerdings auf zweierlei Weise deuten:

1. Man versucht dann ein weites Überlegungsgleichgewicht herzustellen (verwendet die »Methode des weiten Überlegungsgleichgewichts«), wenn man nicht nur seine konkreten Urteile zu einem bestimmten Gebiet (beispielsweise »Gerechtigkeit«) mit den erwogenen Prinzipien dieses Gebiets in Einklang bringt, sondern wenn man darüber hinaus relevante Überzeugungen und Prinzipien außerhalb des engen Untersuchungsbereichs berücksichtigt, – also Hintergrundtheorien einbezieht – welche die erwogenen Überzeugungen und Prinzipien im Untersuchungsgebiet stützen oder schwächen. Dies ist der Einbezug von dem, was Rawls als »Argumente zu Gunsten« von erwogenen Prinzipien bezeichnet.
2. Man versucht dann ein weites Überlegungsgleichgewicht herzustellen, wenn man nicht nur seine eigenen Überzeugungen in den Gleichgewichtsprozess einbringt, sondern auch die Überzeugungen anderer Personen (die man allerdings selbst bewertet) – vor allem einbezogen werden sollten die Meinungen von Experten im jeweiligen Untersuchungsgebiet. In Fragen der Gerechtigkeit beispielsweise, die von bedeutenden Philosophinnen und Philosophen vorgeschlagenen Konzepte und damit zusammenhängenden Prinzipien. Es sollten aber

42 Rawls 1979, 68f.; vgl. auch Daniels 1979, 257 (Fußnote 2).

auch die Überzeugungen von epistemischen Peers berücksichtigt werden – beispielsweise die wohlüberlegten politischen Überzeugungen von anderen vernünftigen Bürgern, wenn es um Prinzipien der Gerechtigkeit geht.

In Rawls' Werk kann man Bestätigung für beide Positionen finden.[43] Das deutet daraufhin, dass beides bei einem weitem Überlegungsgleichgewicht vorliegen muss: Sowohl der Einbezug relevanter Hintergrundtheorien als auch der Einbezug der in der Debatte vorgebrachten alternativen Prinzipien und Überzeugungen – gegenseitig ausschließen würden sich diese Interpretationen jedenfalls nicht. Man könnten auch versuchen einen internen Zusammenhang aufzuzeigen: Ein Zusammenhang würde etwa dann bestehen, wenn man eine epistemische Meta-Überzeugung – im Sinne der ersten Interpretation – in die Untersuchung einbringt, nach der die eigenen Überzeugungen als schwach zu betrachten sind, solange man sie nicht in Beziehung zu leicht verfügbaren und beachtenswerten Überzeugungen anderer Personen (etwa denen von Experten) gesetzt hat. Das heißt nicht, dass die eigenen Überzeugungen stets an Expertenüberzeugungen angepasst werden müssen, sondern dass diese Überzeugungen anderer Personen erst einmal wahrgenommen und bewertet werden müssen und im Konfliktfall abgewägt werden muss, ob die eigenen Überzeugungen im Zusammenhang plausibel bleiben oder angepasst werden müssen. Falls sich die hinzugezogenen Überzeugungen und die eigenen stützen, ist im Normalfall eine Stärkung der Kohärenz gewonnen worden. Wenn man einen derartigen Zusammenhang der beiden Interpretationen akzeptiert, wäre die erste Interpretation darüber, was ein weites Überlegungsgleichgewicht ausmacht, der zweiten vorgeordnet.

Das Resultat eines gelungenen Gleichgewichtsvorgangs scheint also ein angemessen weites, möglichst zusammenhängendes System von Überzeugungen zu sein, die sich wechselseitig bestmöglich stützen. Und Überzeugungen wären nach Rawls genau dann gerechtfertigt, wenn sie sich in einem solchen kohärenten Überzeugungssystem befinden.[44]

Aber – so eine Kritik – sind dann nicht alle möglichen Überzeugungen unterschiedslos gerechtfertigt, da sich für jede beliebige Überzeugung mindestens

---

43 Vgl. Rawls 1974, 7f.; »[…] we should give some weight to the considered convictions of other reasonable citizens« Rawls 1995, 144; vgl. Rawls 1995, 141 (Fußnote 16); vgl. Rawls 2006, 61f; vgl. Daniels 1996, 145.

44 Auch die »weite« Konzeption der Methode bleibt aber – und hier könnte Hares Kritik bestehen bleiben – von den Überzeugungen des untersuchenden Subjekts abhängig, so dass man sie »subjektivistisch« nennen könnte. Das man einen solchen Subjektivismus vertritt, heißt aber nicht, dass man nicht auch die Existenz einer objektiv gültigen moralischen Wahrheit oder Realität vertreten könnte.

ein kohärentes weites Überzeugungssystem denken lässt? Von einem rein logischen Gesichtspunkt her, sollte es keine größeren Probleme machen, zur Stützung einer beliebigen Überzeugung, eine entsprechende Menge weiterer Überzeugungen zu konstruieren – so dass eine kohärentes System an Überzeugungen, Prinzipien und Hintergrundüberzeugungen gegeben wäre und jede beliebige Überzeugung mittels der Methode des Überlegungsgleichgewichts gerechtfertigt werden könnte, was die Methode selbst höchst suspekt machen würde.[45]

Als Antwort hierauf lässt sich erwidern, dass es Rawls um bestimmte Überzeugungen geht, die in Übereinstimmung gebracht werden müssen, um gerechtfertigt zu sein: Erstens sollen sie, das wurde schon angesprochen – wohlüberlegt sein, und zweitens – und das ist hier wichtig als Klarstellung – sind es Überzeugungen, die wir tatsächlich vertreten oder für plausibel halten. In gewisser Weise impliziert, dass ein Urteil wohlüberlegt ist, natürlich schon, dass es für plausibel gehalten wird. Der zweite Punkt ist aber aus systematischen Gründen, die eine terminologische Unterscheidung nach sich ziehen können, besonders wichtig, weshalb ich ihn betonen möchte. Und um Missverständnisse zu vermeiden, möchte ich im Folgenden klären, wie Rawls' Konzeption der Rechtfertigung vor diesem Hintergrund epistemologisch zu klassifizieren ist:

Oft wird die Idee des Überlegungsgleichgewichts von Rawls im Sinne eines *epistemischen Kohärentismus* interpretiert und dementsprechend als kohärentistische Rechtfertigungsmethode bezeichnet. Ob dem so ist, hängt aber davon ab, was man unter Kohärentismus versteht. Ich möchte nun eine in der Epistemologie verbreitete Terminologie zu Rate ziehen, mit der man diese Frage vorläufig klären kann und auf die ich mich im Folgenden oft beziehen werde – diese Terminologie stammt von Laurence BonJour und wird in seinem Buch *The Structure of Empirical Knowledge* vorgeschlagen, in dem er eine Kohärenztheorie der Rechtfertigung vertritt (die er in späteren Arbeiten allerdings zu Gunsten eines Rechfertigungsfundamentalismus aufgegeben hat).[46]

Der *epistemische Kohärentismus* wird bei BonJour als Alternative zum *epistemischen Fundamentalismus* betrachtet, die zusammen als einzig brauchbare Lösungen für das *Problem des infiniten Regresses der Rechtfertigung* in

45 Ausgenommen vielleicht widersprüchliche Überzeugungen. Das Phänomen, dass es fast immer möglich ist, beliebige Aussagen in einen kohärenten Zusammenhang zu bringen, ist vor allem auch in Zusammenhang mit sogenannten *Verschwörungstheorien* interessant, deren Vertreter viele ihrer eigenen Überzeugungen aber nicht angemessen zu respektieren scheinen, sondern rücksichtslos anpassen.

46 Vgl. BonJour 1985.

Frage kommen (sieht man einmal davon, ab dass dieser Regress auch einfach akzeptiert werden könnte oder man eine skeptische Position einnehmen könnte, nach der jeder Anspruch auf Rechtfertigung dogmatisch wäre). Der infinite Regress der Rechtfertigung entsteht, wenn man annimmt, dass jede Überzeugung allein dadurch gerechtfertigt werden kann, dass man eine andere Überzeugung zu ihrer Stützung anführt, die dann aber ebenso gerechtfertigt werden muss.

Der epistemische Fundamentalismus löst den Regress dadurch auf, dass er bestimmte *Grundüberzeugungen* (*basic beliefs*) postuliert, die selbst schon eine Rechtfertigung besitzen, die eben nicht auf der Stützung durch andere Überzeugungen beruht. Auf diese Weise wird der Regress durch die Grundüberzeugungen gestoppt, die nun ihren Rechtfertigungsstatus durch logische Schlüsse an weitere Überzeugungen weitergeben können, die dann, im Erfolgsfall, ebenso gerechtfertigt sind. Die Rechtfertigung besteht beim epistemischen Fundamentalismus also im Aufzeigen der korrekten inferenziellen Beziehung von Überzeugungen zu Grundüberzeugungen. Der Kohärentismus demgegenüber geht davon aus, dass es keine Grundüberzeugungen gibt, sondern tatsächlich Überzeugungen nur durch jeweils andere Überzeugungen gerechtfertigt werden können. Der drohende infinite Regress wird durch eine gewisse Zirkularität abgewendet: Wenn Überzeugungen sich etwa wechselseitig stützen können, dann ist es auch ohne eine unendliche Menge an Überzeugungen prinzipiell möglich, für jede gerechtfertigte Überzeugung eine passende stützende Überzeugung zu finden, die zur Rechtfertigung herangezogen werden kann. Da Rawls beim Überlegungsgleichgewicht davon ausgeht, dass Prinzipien und wohlüberlegte Urteile sich wechselseitig plausibilisieren sollen und beide durch die daraus folgende Übereinstimmung (falls es die bestmögliche Plausibilisierung und damit bestmögliche Übereinstimmung ist) gerechtfertigt werden, scheint er also eine klassische Kohärenztheorie der Rechtfertigung zu vertreten. Bevor man diesem Urteil aber zustimmt, sollte man mit BonJour den epistemischen Fundamentalismus differenzierter betrachten – nach ihm gibt es drei Formen des Fundamentalismus, die sich in wichtigen Punkten voneinander unterscheiden:[47]

1. Im sogenannten *starken Fundamentalismus* (*strong foundationalism*) wird angenommen, dass man auf Grundüberzeugungen aufbauen kann, die als *unfehlbar* (*infallible*) zu betrachten sind. Die Grundüberzeugungen – und alle aus ihnen korrekt abgeleiteten Überzeugungen – sind also zwingend wahr, wodurch man gesichertes Wissen erlangen kann. Diese Form des Fundamentalismus wird beispielsweise oftmals Descartes und dessen

47 Vgl. BonJour 1985, 26–32 (§ 2.2 *The varieties of foundationalism*).

»*cogito, ergo sum*-Argument« in den *Meditationen* zugeschrieben. Der starke Fundamentalismus scheint unvereinbar zu sein, mit der Methode des Überlegungsgleichgewichts, weil hier eine hierarchische Beziehung zwischen Grundüberzeugungen und abgeleiteten Überzeugungen herrscht, die ein für alle Mal gültig ist und keinesfalls ein dynamisches Abwägen von Überzeugungen oder Hin- und Hergehen zwischen Theorie und wohlüberlegten Urteilen.

2. Viel öfter vertreten (und plausibler) wäre nach BonJour allerdings der sogenannte moderate Fundamentalismus (*moderate foundationalism*), nach dem Grundüberzeugungen mit einer ganz eigenen Rechtfertigung durchaus existieren, aber keinesfalls einen unfehlbaren Zugang zur Wahrheit bereithalten. Zu denken wäre klassischerweise an Überzeugungen, die aufgrund von Sinneswahrnehmungen entstehen – niemand würde behaupten, dass uns die Wahrnehmung nicht täuschen kann, aber unter normalen Umständen, ist sie verlässlich. Bei einer wahren Wahrnehmungsüberzeugung kann der Regress der Rechtfertigung also stoppen, auch wenn keine weitere Überzeugung zur Stützung angeführt werden kann. Auch Wissen liegt dann vor, weil es sich um eine wahre Überzeugung handelt, die extern beziehungsweise in der hierfür richtigen Weise gerechtfertigt ist. BonJour setzt generell für seine Untersuchungen eine Korrespondenztheorie der Wahrheit voraus, nach der eine Überzeugung dann wahr ist, wenn ihr propositionaler Gehalt mit »der Realität« korrespondiert, es also tatsächlich genau so der Fall ist, wie ausgesagt wird. Er trennt damit die Theorie der Wahrheit von der der Rechtfertigung. Beim moderaten Fundamentalismus scheint nun – allerdings weniger unausweichlich als beim starken Fundamentalismus – ein anderes Rechtfertigungsschema vorzuherrschen, als das der Methode des Überlegungsgleichgewichts, da Rechtfertigung immer noch linear von Grundüberzeugungen ausgeht und nicht wechselseitig oder zirkulär gestaltet ist.[48]

3. Die dritte Variation des Fundamentalismus ist der sogenannte *schwache Fundamentalismus* (*weak foundationalism*), der in gewisser Weise Elemente des Kohärentismus mit Elementen des Fundamentalismus in jeweils abgeschwächter Form vereint: Dem schwachen Fundamentalismus zufolge werden keine Grundüberzeugungen in dem Sinn angenommen, dass diese ohne Stützung durch andere Überzeugungen

48 Tatsächlich werde ich aber in späteren Abschnitten eine mögliche Vereinbarkeit des moderaten Fundamentalismus mit der Methode des Überlegungsgleichgewichts untersuchen, vgl. die Abschnitte 4.2.4., 4.3., 6.1. und Kapitel 10.

bereits gerechtfertigt sind – insofern kann Rechtfertigung also nur über eine gewisse Zirkularität wie beim Kohärentismus entstehen. Anders aber, als bei einem ganz reinen Kohärentismus, kann nur dann adäquate Rechtfertigung entstehen, wenn die Überzeugungen, die sich gegenseitig stützen, Überzeugungen sind, die eine gewisse *Anfangsplausibilität* (oder *anfängliche Glaubhaftigkeit* oder *Glaubwürdigkeit*, im Englischen *initial credibility*) hatten oder durch solche anfänglich glaubwürdigen Überzeugungen gestützt werden. Daher scheinen die Überzeugungen mit Anfangsplausibilität in gewisser Weise die Rolle der Grundüberzeugungen zu übernehmen – allerdings wären sie isoliert und ohne wechselseitige Stützung durch andere Überzeugungen noch nicht als gerechtfertigt zu bezeichnen. Wie Anfangsplausibilität nun selbst entsteht, könnte problematisiert werden oder zu einer weiteren Differenzierung verschiedener Arten des schwachen Fundamentalismus führen. Der Einfachheit halber möchte ich hier aber annehmen, dass das eine Anfangsplausibilität hat, was wir prima facie – man könnte in einem naiven Sinn auch sagen: intuitiv – für wahr oder wahrscheinlich halten. Man startet also mit dem, was man tatsächlich für wahr hält, und versucht dann die Überzeugungen – mittels Anpassungen, Revisionen und Ergänzungen, wo notwendig – kohärent zu einem Überzeugungssystem zusammenzufassen. Abweichend von BonJour möchte ich vorschlagen offenzulassen, ob eine derartige interne Rechtefertigung von anfangs plausiblen Überzeugungen im Sinn des schwachen Fundamentalismus hinreichend für Wissen ist.[49]

Ist nun die Methode des Überlegungsgleichgewichts eine Methode des Kohärentismus oder eine schwach fundamentalistische Methode in der eben vorgestellten Terminologie? Die vorgeschlagene Antwort auf den Kritikpunkt, dass sich zu jeder beliebigen Überzeugung ein kohärentes System denken lässt, war schwach fundamentalistisch geprägt: es geht nicht um beliebige Überzeugungen, sondern um welche, die man auch für plausibel hält. Rawls' eigene Ausführungen hierzu, unterstützen dies: die wohlüberlegten Urteile besitzen nach Rawls nämlich eine anfängliche Glaubwürdigkeit (»initial credibility«)[50] – damit sollten wir davon ausgehen, dass die Methode des

49 Letztlich möchte ich vertreten, dass es sich bei einer Rechtfertigung durch den *moderaten* und einer durch den *schwachen Fundamentalismus* um zwei verschiede Formen der Rechtfertigung handelt: eine externe (moderater Fundamentalismus), die hinreichend für Wissen ist, und eine interne (schwacher Fundamentalismus), die nicht hinreichend für Wissen, aber notwendig für Verstehen ist.

50 Das entsprechende Zitat lautet: »One tries to see how people would fit their various convictions into one coherent scheme, each considered conviction [...] having a certain

Überlegungsgleichgewichts eine schwach fundamentalistische Methode ist. Oftmals wird aber »Kohärentismus« genau in der Weise verstanden, wie eben der »schwache Fundamentalismus« charakterisiert wurde: Natürlich gehe es nicht um die kohärente Zusammenfassung von beliebigen Überzeugungen, sondern um eine Systematisierung, die von Überzeugungen ausgeht, die wir tatsächlich vertreten.[51] Daher möchte ich im Folgenden auch zwischen einem außergewöhnlichen »reinen Kohärentismus« und dem gängigen »Kohärentismus« trennen, wobei letzterer synonym ist mit »schwacher Fundamentalismus« (oder zumindest eine Teilmenge von diesem ist). Dies birgt zwar einiges Verwirrungspotenzial, ist meiner Ansicht nach aber die bestmögliche Rekonstruktion des tatsächlichen Sprachgebrauchs in der Philosophie (der seinerseits einfach nicht eindeutig ist).

3.3 Daniels' Schema des weiten Überlegungsgleichgewichts

Die Idee des weiten Überlegungsgleichgewichts wurde von Norman Daniels weiter präzisiert. Wegweisend sind hier vor allem seine Aufsätze *Wide Reflective Equilibrium and Theory Acceptance in Ethics* von 1979 und *Reflective Equilibrium and Archimedean Points* von 1980, die gemeinsam mit seinen weiteren wichtigen Arbeiten zum Überlegungsgleichgewicht als je eigene Kapitel Eingang in seine Monografie *Justice and Justification. Reflective Equilibrium in Theory and Practice* (1996) gefunden haben.

Daniels definiert die Methode als den Versuch der kohärenten Konstruktion eines *Tripels* (also – in mathematischer Terminologie – einer wohlgeordneten Zusammenfassung) dreier unterschiedlicher Überzeugungsarten, die eine Person hat. Dadurch, dass bei Daniels also der Fokus auf den Überzeugungen einer bestimmten Person liegt, stimmt seine Beschreibung der Methode auf jeden Fall mit der ersten der vorher angebotenen Deutungen des weiten Überlegungsgleichgewichts überein (in der die »Weite« durch die Einbeziehung

initial credibility.« Rawls 1974, 8. Zwar wird »initial credibility« teilweise auch so verwandt, dass dies das Merkmal einer epistemischer Grundüberzeugung ist (vgl. etwa Abschnitt 5.1.2. der vorliegenden Arbeit) doch in Kontext von Rawls Zitat möchte ich vorschlagen zu interpretieren, dass mit der anfänglichen Glaubwürdigkeit keine externalistische Verlässlichkeit gemeint ist.

51 BonJour etwa gesteht zu, dass sein eigener als Kohärentismus bezeichneter Ansatz auch als schwacher Fundamentalismus bezeichnet werden könnte. Vgl. Bon Jour 1985, 232f. (Endnote 16). Ein Beispiel für eine Verwendung des Ausdrucks »Kohärentismus« im beschriebenen Sinn wäre etwa Brink 1989, der allerdings mit BonJour vertraut ist. Vgl. auch Elgin 2014, 254.

relevanter Hintergrundtheorien erreicht wird), ohne dass dadurch die zweite Deutung ausgeschlossen würde (also dass alternative Theoriekonzeptionen und Überzeugungen anderer Personen, soweit sie relevant und zugänglich sind, in den Abwägungsprozess einbezogen werden sollten).[52] Die drei Überzeugungsarten, die in den Gleichgewichtsprozess nach Daniels einbezogen werden sollen, sind: Die Menge gefällter *wohlüberlegter Urteile* einer Person; die Menge der von dieser Person vertretenen *Prinzipien*; und die Menge der von dieser Person vertretenen relevanten *Hintergrundtheorien*:

> »The method of wide reflective equilibrium is an attempt to produce coherence in an ordered triple of sets of beliefs held by a particular person, namely, (a) a set of considered moral judgments, (b) a set of moral principles, and (c) a set of relevant background theories.«[53]

Daniels beschreibt auch anschaulich, wie der Prozess zur Herstellung eines Überlegungsgleichgewichts typischer Weise aussieht: Zu Beginn der Untersuchung sollen die moralischen Startüberzeugungen der Person »gefiltert« werden um, durch Ausschluss von Urteilen, die unter ungünstigen Bedingungen getroffen wurden, zu wohlüberlegten moralischen Urteilen zu gelangen. Danach sollten mehrere mögliche Prinzipien, unabhängig davon, ob man sie selber aufgestellt hat oder zurzeit vertritt, daraufhin überprüft werden, wie sie mit diesen Überzeugungen zusammenpassen würden; also beispielweise ob sich aus einem bestimmten Prinzip mehr und wichtigere Überzeugungen ableiten und daher erklären lassen würden als aus den anderen.[54] Hiermit bezieht Daniels also auch die eben erwähnte zweite Deutung von Rawls Beschreibung des weiten Überlegungsgleichgewichts ein, nach der eben ein weites Überlegungsgleichgewicht nur dann besteht, wenn, neben dem prima facie passend erscheinenden Prinzip, andere relevante alternative Prinzipien, die auch von anderen Personen entwickelt sein können – also etwa die Prinzipien, die aus der philosophischen Tradition abgeleitet werden können – in den Gleichgewichtsprozess inkludiert werden.[55] Es sei nämlich gerade eben

---

52 Vgl. den vorigen Abschnitt 3.2. der vorliegenden Arbeit.

53 Daniels 1979, 258.

54 Vgl. Daniels 1979, 258.

55 Dass Daniels davon spricht, dass es sich bei den Prinzipien im Überlegungsgleichgewicht um Überzeugungen einer Person handelt, muss man dann – so meine Interpretation – so verstehen, dass alternativen Prinzipien, die man nicht selbst aufgestellt haben muss aber in Erwägung zieht, zumindest selbst epistemisch bewertet werden müssen von der fraglichen Person: Es besteht kein Problem darin, ein Prinzip, dass mir erst von jemand anderem vorgeschlagen wird, nach eingehender Beschäftigung selbst als mehr oder weniger plausibel auszuzeichnen.

nicht der Fall, dass wir uns mit dem erstbesten Prinzip, das bestmöglich passend erscheint, arrangieren sollen, sondern alle in Betracht zu ziehenden Prinzipien sollen anhand von philosophischer Argumentation kritisch untersucht werden, so dass am Ende auch eines der alternativen Prinzipien am plausibelsten erscheinen und einen Platz im Tripel des Überlegungsgleichgewichts erhalten kann. Die philosophische Argumentation, die hierzu führen kann, beruhe dabei selbst auf den vertretenen Hintergrundtheorien und ist damit also auch selbst Teil des resultierenden Überlegungsgleichgewichts. Es ist natürlich auch möglich, dass man unabhängig von Hintergrundtheorien schon ein bestimmtes Prinzip selbst für sehr überzeugend hält und dementsprechend wohlüberlegte Urteile oder auch Hintergrundtheorien eher an dieses Prinzip anpasst, als es selbst abzuändern. Wenn viel für eine bestimmte Hintergrundtheorie spricht und diese darüber hinaus gestützt wird durch sehr glaubhafte zusätzliche Überzeugungen, kann auch diese ein bestimmendes Element im Gleichgewichtsprozess werden. Man könnte sogar fordern, dass für jede Hintergrundtheorie ein eigenes weites Überlegungsgleichgewicht zu konstruieren sei – allerdings könnte dies bedeuten, dass man gezwungen wäre ein vollständiges System aller Überzeugungen zu rekonstruieren, da bei den Hintergrundtheorien der Hintergrundtheorien ebenso verfahren werden müsste. An dieser Stelle wäre also die Frage der Praktikabilität der so verstandenen Methode zu beantworten – doch Daniels stellt eine solche Forderung für Hintergrundtheorien zumindest nicht explizit auf. Er verweist vielmehr darauf, dass die Hintergrundtheorien relevant sein müssen, ohne allerdings genau zu erläutern, wie man diese Relevanz bestimmen kann.

Durch ein »Hin- und Hergehen« zwischen den drei Elementen der Methode, bei dem überall gleichermaßen Anpassungen, Revisionen und Ergänzungen vorgenommen werden können, gelangen wir, Daniels zufolge, im Erfolgsfall schließlich zu einem weiten Überlegungsgleichgewicht:

> »We do *not* simply settle for the best fit of principles with judgments, however, which would give us only a *narrow* equilibrium. [...] Instead, we advance philosophical arguments intended to bring out the relative strengths and weaknesses of the alternative sets of principles (or competing moral conceptions). These arguments can be construed as inferences from some set of relevant background theories (I use the term loosely). Assume that some particular set of arguments wins and that the moral agent is persuaded that some set of principles is more acceptable than the others (and, perhaps, than the conception that might have emerged in narrow equilibrium). We can imagine the agent working back and forth, making adjustments to his considered judgments, his moral principles, and his background theories. In this way he arrives at an equilibrium point that consists of the ordered triple (a), (b), (c).«[56]

56 Daniels 1979, 258f.

Dabei möchte Daniels betonen, dass es – auch wenn er den Prozess sequenziell beschrieben hat – keinen epistemischen Vorrang einer dieser Überzeugungsarten beziehungsweise eine Hierarchie unter ihnen gibt und auch die tatsächliche Theoriebildung nicht in dieser Abfolge vollzogen werden muss.[57]

Daniels erkennt in dem beschriebenen Vorgehen eine Analogie zur Rechtfertigung von Theorien in der Naturwissenschaft (es geht ihm explizit – auch bei der Verwendung der Methode in der Ethik – in erster Linie um die abstrakte Rechtfertigung von Theorieentscheidungen).[58] Rawls selbst hatte eine solche Analogie durch entsprechende Verweise ebenso stark gemacht.[59] Daniels stellt aber in diesem Zusammenhang sofort klar, dass man den Vergleich zum naturwissenschaftlichen Vorgehen nicht überstrapazieren sollte: Denn wohlüberlegte Urteile im Bereich des Moralischen sind prima facie zumindest schlecht mit dem gleichzusetzen, was man unter naturwissenschaftlichen *Beobachtungssätzen* verstehen kann. Moralische Urteile scheinen weniger offensichtlich akzeptabel, denn von einem vernünftigen Menschen erwarten wir, dass er in einem moralischen Streit bereit ist, für seine Position und für sein Handeln Gründe anzuführen. Anders scheint die Lage für Daniels bei Beobachtungssätzen zu stehen. Nehmen wir als einfaches Beispiel die Aussage »Der Apfel dort ist aber leuchtend rot«, bei dem auf kritische Nachfrage, warum man der Überzeugung ist, der Apfel sei rot, das Insistieren »Er sieht wirklich rot aus!« (und vielleicht zusätzlich: »... Und alle sagen das, wenn sie ihn richtig ansehen.«) in gewisser Weise akzeptabel wäre. Bei den meisten moralischen Urteilen sind wir nicht dazu bereit, eine solche Aussage zu akzeptieren und erwarten eine argumentative Erklärung – eben das Anführen von vernünftigen Gründen.[60] Ob nun in allen Fällen so eindeutig der Unterschied zwischen moralischen wohlüberlegten Urteilen und (auf Sinnesreizen basierender) Beobachtung unterschieden werden kann, ist durch dieses Beispiel noch nicht eindeutig belegt. Denn man kann sich sicher auch den umgekehrten Fall vorstellen, in dem man erstaunt darüber ist, wenn bestimmte moralische Urteile nicht intuitiv geteilt werden – etwa wenn die Versklavung von Zivilisten, ein Völkermord, ein brutaler tätlicher Angriff auf eine harmlose Person nicht spontan verurteilt werden oder wenn man beim Anblick eines Ertrinkenden nicht zu der Überzeugung kommt, man sei in der Verpflichtung etwas zu seiner Rettung zu unternehmen, falls dies keine unangemessenen Risiken beinhaltet – und würde die Frage nach Gründen oder das Anführen von Gründen hier zu einem gewissen Grad vielleicht sogar für

57 Vgl. Daniels 1979, 259 (Fußnote 5).
58 Vgl. Daniels 1979, 257.
59 Vgl. die Abschnitte 4.1., 4.2.1., 3.2.4. und 4.2.5. der vorliegenden Arbeit.
60 Vgl. Daniels 1979, 271; vgl. Rawls 1979, 523f.

inadäquat halten. Oder man könnte sich auch im Fall von Beobachtungssätzen vor Augen führen, dass es durchaus nicht immer völlig unsinnig ist, auf eine kritische Frage zur Rechtfertigung der entsprechenden Überzeugung anzuführen, dass in der momentanen Situation zumindest nichts für eine optische Täuschung spricht. Nach Daniels impliziert das Beispiel mit der Farbaussage jedoch eine höhere Theorieabhängigkeit moralischer wohlüberlegter Urteile. Ein moderater Fundamentalismus mit Wahrnehmungsüberzeugungen als Grundüberzeugungen scheint ihm zufolge also durchaus plausibler als ein moderater Fundamentalismus mit moralischen Grundüberzeugungen. Das Überlegungsgleichgewicht von Rawls und Daniels wäre demnach also deswegen ein schwach fundamentalistisches oder kohärentistisches Gleichgewicht, weil in ihm moralische und politische Urteile eine zentrale nicht reduzierbare Rolle spielen.[61]

Dass die Methode des Überlegungsgleichgewichts bei Rawls oder Daniels möglicherweise eine ganz spezifische Ausformung hat, da sie im Bereich der Moralphilosophie oder auch der Politischen Philosophie angewandt wird, heißt aber nicht, dass alle ihre Elemente ausschließlich *moralische* Urteile, Prinzipien oder Hintergrundtheorien sind – nichtmoralische Urteile und Theorien spielen selbstverständlich eine Rolle: Etwa wenn überprüft werden soll, ob moralische Prinzipien, wie Rawls Prinzipien der Gerechtigkeit, überhaupt von real lebenden Menschen befolgt werden können. Wenn man die (moralische) Hintergrundtheorie vertritt, dass ein Sollen ein Können impliziert, wäre dies zumindest ganz immanent wichtig. Daniels spricht in diesem Zusammenhang von *Machbarkeits-Tests* (*feasibility testing, feasibility test*), die in den Überlegungsgleichgewichtsprozess bei moralischen oder politischen Fragen inkludiert werden müssen.[62]

Für Daniels ist darüber hinaus besonders wichtig, dass einige der Urteile, die das Gleichgewicht konstituieren, sich wenigstens von den moralischen Urteilen unterscheiden, welche die im Gleichgewicht ausgewiesenen zentralen Prinzipien direkt stützen: Bei Rawls etwa die Prinzipien der Gerechtigkeit. Der Gedanke dahinter ist folgender: Wenn alle Überzeugungen im Gleichgewicht nur solche sind, die direkt aus den Prinzipien der Gerechtigkeit abgeleitet werden können und diese auf diese Weise stützen, dann haben wir letztlich doch nur ein enges Überlegungsgleichgewicht, und andere Elemente, wie Hintergrundtheorien – oder bei Rawls: der Urzustand – hätten keine

61 Mehr zu dieser Problematik der Vergleichbarkeit von Beobachtungssätzen und moralische Überzeugungen in den Abschnitten 4.2.5. und 5.1.2. und Kapitel 10 der vorliegenden Arbeit.

62 Vgl. Daniels 1979, 260, 266; vgl. Daniels 1980a, 88f.

korrigierende oder zusätzlich stützende Kraft. Letztlich sei dann der Einwand von Hare doch stichhaltig, was eben verhindert werden müsse. Daniels nennt dies die *Auflage der Unabhängigkeit* (*independence constraint*). Nach Daniels erfüllt Rawls die Auflage – zumindest verstoße er nicht offensichtlich dagegen.[63] Allerdings stellt sich die Frage, ob die Forderung nach unabhängiger Stützung tatsächlich notwendig ist. Tatsächlich relevant ist, dass die Theorien der Hintergrundebene sich inhaltlich von dem Prinzip oder den Prinzipien des Teilgleichgewichts unterscheiden. Ist dies gegeben, so könnte man den Standpunkt vertreten, dass selbst wenn zur Stützung der Hintergrundtheorie nur Urteile herangezogen werden, die sich mit dem Prinzip im Teilgleichgewicht in Übereinstimmung befinden, diese jedoch die inhaltlich zu unterscheidenden Hintergrundtheorien auf unterschiedliche Weise stützen müssen. Auch sollten Hintergrundtheorien nicht nur untereinander konsistent sein, sondern sich gegenseitig plausibilisieren. Sie stützen sich daher auf dieser Ebene, wenn ein weites Überlegungsgleichgewicht vorliegt, im Idealfall selbstständig.[64]

Mit der Idee des weiten Überlegungsgleichgewichts, bei dem die Hintergrundtheorien eine wichtige Rolle spielen und unabhängig gestützt sind, erhofft sich Daniels eine größere Chance auf Beilegung ethischer Dissense. Diese Dissense scheinen bisweilen in dem Sinne tief, dass sie rational nicht lösbar sind, solange sich die Beteiligten auf ihre jeweils eigenen Urteile und Prinzipien berufen. Sobald jedoch mit dem weiten Überlegungsgleichgewicht Hintergrundtheorien ins Spiel kommen, auf die sich die Urteile und Prinzipien ja beziehen müssen, gibt es automatisch Raum für eine weitere Analyse und Kritik. Nach Daniels besteht dadurch eine neue Chance darauf, dass die Beteiligten ihre moralischen Differenzen klären und beilegen können: sobald sie sich auf der Ebene der Hintergrundtheorien annähern, könnte dies im Folgenden auch auf Seiten der Prinzipien und Urteile rational vollzogen werden. Ein Beispiel, das Daniels hierfür unter anderem präsentiert, betrifft die Wahl des Gedankenexperiments, das die Prinzipien der Gerechtigkeit bei Rawls stützt. Wie bereits angesprochen spielt bei der Argumentation für den Urzustand eine Rolle, dass Rawls Personen als getrennt voneinander betrachtet, was durchaus umstritten ist. Im Zuge utilitaristischer Theorien etwa, bei denen das Wohlergehen einzelner Personen aggregiert werden soll, werden interpersonelle Grenzen als weniger strikt verstanden. Dementsprechend wird von utilitaristischer Seite aus auch eine andere Fiktion zur Wahl der Gerechtigkeitsprinzipien favorisiert,

63 Vgl. Daniels 1979, 259ff.; vgl. Daniels 1980a, 85–89, insbes. 89–100.

64 Dafür, dass Daniels' Auflage der Unabhängigkeit zumindest nicht als Kernelement der Methode des Überlegungsgleichgewichts angesehen werden sollte, wird in Abschnitt 6.2.4. der vorliegenden Arbeit argumentiert.

etwa der unparteiische mitfühlende Beobachter. Wer hat nun recht? Nach Daniels kann man die Frage besser beantworten, wenn man nicht nur den Blick auf resultierende Prinzipien und wohlüberlegte Urteile richtet, sondern Hintergrundtheorien zum Personenkonzept betrachtet: Was sagt einem die Philosophie des Geistes hierzu? Gibt es interessante und relevante Ergebnisse aus der Psychologie oder der Neurologie? Es gibt keine Garantie dafür, dass hier Einigkeit herrscht, aber wenn sie herrscht, könnte das dazu führen, dass eine der Seiten im Streit Anpassungen vornimmt, die zu einer Aufhebung des Dissenses führen können. Eine Garantie hierfür gibt es aber auch bei Konsens in Bezug auf relevante Hintergrundtheorien nicht, da Anpassungen stets in alle Richtungen vorgenommen werden können und stets weitere Hintergrundtheorien hinzugezogen werden können.[65]

In Bezug auf die von Daniels erhoffte Möglichkeit der Aufhebung von ethischen Dissensen sei von Vorteil, dass die Methode des Überlegungsgleichgewichts sich in Bezug auf die allermeisten Hintergrundannahmen, Prinzipien und Überzeugungen neutral verhalte: So etwa gegenüber der Frage, was unter Objektivität im Bereich des Ethischen verstanden werden soll. Daniels unterscheidet hierzu zwei bedeutsame Konzepte, einmal dasjenige, das von einer objektiv existierenden moralischen Wahrheit ausgeht, also ein moralischer Realismus analog zum Realismus bezüglich objektiver Naturtatsachen, und ein zweites, dass eine moralische Objektivität dann anerkennt, wenn es eine intersubjektive Übereinstimmung in ethischen Fragen gibt.

Der Vorwurf, dass Rawls' Methode keine objektive moralische Wahrheit zulasse oder einen Subjektivismus impliziere, der Wahrheit mit Konsens oder Übereinstimmung im Überlegungsgleichgewicht gleichsetze – sei nicht stichhaltig. Die Methode des Überlegungsgleichgewichts sei mit dem metaethischen Standpunkt objektiver moralischer Wahrheit nicht nur vereinbar, sondern sie scheint nach Daniels auch für sie auch brauchbar. So führe etwa, wenn man davon ausgehe, dass es objektive moralische Wahrheiten gebe, die Analogie des weiten Überlegungsgleichgewichts zum Vorgehen in den Naturwissenschaften dazu, dass man durch die zunehmende Konvergenz auf bestimmte weite Überlegungsgleichgewichte (ähnlich wie bei der Entwicklung in den einzelnen Wissenschaften wie der Physik oder der Chemie) zumindest ein Anzeichen dafür erhält, dass man den moralischen Wahrheiten, so diese denn existieren, nähergekommen ist. Dies gilt aber nur, wenn man die Konvergenz im Rahmen des Überlegungsgleichgewichts tatsächlich auch am besten dadurch erklären kann, dass man sich der Wahrheit annähert und andere Effekte – ein vertretenes Beispiel wären etwa evolutionär Bedingte Dispositionen, die aber

65 Vgl. Daniels 1979, 261ff. (insbes. 263).

mit der moralischen Wahrheit nicht zu tun hätten – ausschließen kann. Konvergenz durch die Methode des Überlegungsgleichgewichts allein sichere also nicht, dass man wahre Überzeugungen erhalten hat oder sich diesen annähert. Das heißt nun aber im Umkehrschluss, dass auch durch einen bestehenden ethischen Dissens und divergierende unterschiedliche Überlegungsgleichgewichte, die vertreten werden, keinesfalls ausgeschlossen wäre, dass es im objektiven Sinn wahre moralische Überzeugungen geben kann:

> »In short, divergence among wide reflective equilibria does not imply that there are no such things as objective moral truth; [...] nor does convergence imply that we have found them; nor need ›moral truth‹ be replaced by ›adopted in wide equilibrium‹. How we will be motivated, or warranted, in treating the facts of divergence or convergence depends on the kinds of explanation we can give for it. This result should not surprise us, wide reflective equilibrium embodies coherence constraints on theory -acceptance or justification, not on truth.«[66]

> »My remarks on objectivity are admittedly quite speculative; indeed, I think it a virtue of the method of reflective equilibrium that it leaves open metaethical considerations of this kind.«[67]

Tatsächlich hofft Daniels darauf, dass eine zunehmende Konvergenz in Bezug auf moralische Überzeugungen durch die Nutzung der Methode des Überlegungsgleichgewichts eintreten wird und dass wir mit zunehmendem Fortschritt der ethischen Wissenschaft auch Argumente dafür erhalten werden, warum diese Konvergenz als eine Annäherung an die Wahrheit verstanden werden kann – doch die Argumente für diese Hoffnung bleiben schwach.[68] Festhalten kann man, selbst wenn man diese Hoffnung teilt, allerdings Folgendes: Wenn Konvergenz oder zunehmende intersubjektive Übereinstimmung der Überzeugungen von Personen in weiten Überlegungsgleichgewichten eine Rolle für die Akzeptanz der Methode spielt, dann reicht es offensichtlich nicht aus, das Überlegungsgleichgewicht (oder die Anpassungsprozesse mit dem Ziel eines Gleichgewichts) einer einzelnen Person zu analysieren. Personengruppen werden relevant und in Bezug auf Prinzipien der Gerechtigkeit selbstverständlich die möglichen Überzeugungssysteme der Mitglieder der entsprechenden Gesellschaft.

Hier setzt eine wichtige kritische Frage an, die an Rawls' Rechtfertigung in der *Theorie der Gerechtigkeit* zu stellen ist: Wer ist eigentlich einbezogen

---

66 Daniels 1979, 277; vgl. Daniels 1979, 268–282.

67 Daniels 1979, 282.

68 Vgl. Abschnitt 5.1.2. und 5.1.4. in der vorliegenden Arbeit wo Daniels' Argumentation im Detail wieder aufgenommen und kritisch betrachtet wird.

in das weite Überlegungsgleichgewicht: Auf wessen wohlüberlegte Urteile wird Rücksicht genommen und wessen Hintergrundannahmen sind berücksichtigt? Rawls schreibt an einer Stelle explizit, dass er sich nur auf die wohlüberlegten Urteile von sich und seinem – in dem Fall von ihm imaginierten – Leser beziehen will. Rawls Publikum sind wahrscheinlich zum Großteil akademisch gebildete Personen.[69] Doch selbst in diesem eingeschränkten Rezipientenkreis werden selbstverständlich sehr unterschiedliche normative Vorstellungen vertreten: unterschiedliche Lebensstile, unterschiedliche moralische Praxen sowie – nicht zuletzt – Theorien. Wie kann Rawls diese in dem von ihm vorgeschlagenen weiten Überlegungsgleichgewicht zusammenführen? Als Theorie der Gerechtigkeit, die Prinzipien für die Grundstruktur einer Gesellschaft rechtfertigt, bezieht sich Rawls' Werk natürlich auch auf seine eigene Bezugsgesellschaft, die Vereinigten Staaten von Amerika. Hier stellt sich die Frage eventuell sogar noch dringlicher – sind die wohlüberlegten Urteile von Rawls repräsentativ für alle US-Amerikaner? Kann der Utilitarist oder der evangelikale Christ also beispielsweise am Rawlschen Überlegungsgleichgewicht teilhaben, obwohl Rawls gegen den Utilitarismus und utilitaristische Überzeugungen argumentiert und der Bibel keine herausragende Stellung in der Begründung für seine Prinzipien der Gerechtigkeit zuweist? Rawls kann sie nicht einfach ignorieren, weil sie – gerade aus Sicht des Urzustands – beachtenswerte Bürgerinnen und Bürger sind (und darüber hinaus ganze Bevölkerungsgruppen repräsentieren). Wie kann Rawls über die Methode des Überlegungsgleichgewichts ihrer legitimen Forderung entgegenkommen, dass auch ihnen gegenüber, diejenigen Prinzipen gerechtfertigt werden, die die Grundstruktur ihrer Gesellschaft bestimmen?

3.4 Das politische Überlegungsgleichgewicht

Dass in modernen heterogenen Gesellschaften die unterschiedlichsten Überzeugungen – mit Rawls Worten – auf allen Abstraktionsstufen vertreten werden, ist ein Faktum, das seine Arbeit nach der *Theorie der Gerechtigkeit* bestimmt hat. Er hat Antworten auf die Frage präsentiert, wie die Methode des Überlegungsgleichgewichts mit dem Ziel der Rechtfertigung von

69 Vgl. Rawls 1979, 70; Rawls hat allerdings wahrscheinlich nicht nur die akademische Leserschaft vor Augen, sondern alle vernünftigen, moralisch erwachsenen Personen – da er in seiner Dissertation explizit die elitäre Position kritisiert, in der Ethik nur Überzeugungen von Moralphilosophinnen und -philosophen als wohlüberlegte Überzeugungen zuzulassen. Vgl. Abschnitt 4.1. der vorliegenden Arbeit.

Gerechtigkeitsprinzipien in einer durch weltanschauliche Vielfalt bestimmten Gesellschaft zu verstehen und anzuwenden ist. Zusammengefasst wird dies vor allem in dem 1993 erschienenen *Political Liberalism* (die deutsche Übersetzung, *Politischer Liberalismus*, stammt von 1998) und dem 2001 kurz vor seinem Tod erschienenen *Justice as Fairness. A Restatement* (*Gerechtigkeit als Fairneß. Ein Neuentwurf*, 2003). In diesen Werken nimmt Rawls Klarstellungen vor, aber durchaus auch Revisionen an seiner Theorie und seiner Rechtfertigungsmethode. Diese Revisionen betreffen vor allem, die

> »[...] in *A Theory of Justice* verwendete unrealistische Idee einer wohlgeordneten Gesellschaft. Es ist ein wesentliches Merkmal der mit der Konzeption der Gerechtigkeit als Fairneß verbundenen Idee einer wohlgeordneten Gesellschaft, daß alle Bürger in ihr dieser Konzeption auf Grundlage einer – wie ich jetzt sage – umfassenden philosophischen Lehre zustimmen. Sie erkennen deren beide Gerechtigkeitsgrundsätze an, weil sie in dieser Lehre begründet liegen. Ebenso bejahen in der wohlgeordneten Gesellschaft des Utilitarismus die Bürger allgemein diese Auffassung als eine umfassende philosophische Lehre und erkennen auf dieser Grundlage das Nutzenprinzip [als gesellschaftlich ordnendes Grundprinzip] an. Auch wenn die Unterscheidung zwischen einer politischen Konzeption und einer umfassenden philosophischen Lehre in *A Theory of Justice* nicht erörtert wird, scheint mir klar zu sein, daß die Konzeption der Gerechtigkeit als Fairneß und der Utilitarismus im Text als umfassende oder teilweise umfassende Lehren betrachtet werden.«[70]

Rawls spielt auf verschiedene Hintergrundtheorien an, die der Argumentation zugunsten des Urzustands zu Grunde lagen – so etwa seine Theorie des Guten und des Glücks, das er in der erfolgreichen Durchführung eines autonom gefassten Lebensplanes erkannte und dabei durch Kant inspiriert eine Kongruenz zwischen den Forderungen der Gerechtigkeit und des Guten sah.[71] Sobald eine Lehre oder Theorie substantielle Aussagen über das tätigt, was als gutes Leben anzusehen ist, oder als moralisch richtig und falsch im privaten – also nicht im politischen – Kontext, dann bezeichnet er sie nun als *umfassende Lehre* (*comprehensive doctrine*), bei der es aufgrund der Vielfalt rivalisierender und nicht vereinbarer umfassender Lehren, die tatsächlich vertreten werden, wenig Hoffnung auf eine allgemeine Zustimmung gibt, was eben einige Elemente des Überlegungsgleichgewichts aus seiner *Theorie der Gerechtigkeit* problematisch macht und dadurch deren Rechtfertigungsleistung insgesamt gefährdet.

70 Rawls 2003, 12.

71 Vgl. Daniels 1996, 148, 150, 155ff.; vgl. Rawls 1979, § 86 (614–626).

Doch das Problem besteht nun nicht nur darin, dass die Rechtfertigung der zwei Gerechtigkeitsprinzipien sich einerseits auf eine spezielle umfassende Lehre stützt, die, als solche, Aussagen darüber trifft, was als gutes und gelungenes Leben anzusehen ist, und sich andererseits in realen Gesellschaften wie den Vereinigten Staaten von Amerika zufälligerweise auch ein Pluralismus beobachten lässt, der eine Einigung auf eine solche umfassende Lehre unrealistisch macht – das Problem reicht noch tiefer: Es ist die auf den Prinzipien der Gerechtigkeit basierende Grundstruktur selbst, welche nach Rawls durch die garantierten Freiheitsrechte zwangsläufig zur Ausbildung eines solchen Pluralismus führt – zur mannigfachen Bildung von etwas, was man Überzeugungsgemeinschaften nennen könnte, und deren umfassenden Lehren man deshalb, so unterschiedlich und unvereinbar sie im Einzelnen sein mögen, zugestehen muss, dass sie vernünftig sein können. Vernünftig in dem Sinne, dass sie die Prinzipien der Gerechtigkeit anerkennen und sich innerhalb des damit festgelegten Rahmens entwickeln und bewegen und daher eben den damit einhergehenden Pluralismus auch akzeptieren. Ohne Zwang und Gewalt entsteht in einer freiheitlichen Ordnung, wie sie von Rawls Prinzipien der Gerechtigkeit etabliert werden würde, ein solcher Pluralismus von selbst – so die These. Das ernste Problem, dem sich Rawls bei der Modifikation seiner Theorie der Gerechtigkeit zu widmen hat, ist also das von ihm so bezeichnete *Faktum des vernünftigen Pluralismus*:

> »Eine moderne demokratische Gesellschaft ist nicht einfach durch einen Pluralismus umfassender, religiöser, philosophischer und moralischer Lehren gekennzeichnet, sondern durch einen Pluralismus zwar einander ausschließender, aber gleichwohl vernünftiger umfassender Lehren. Keine dieser Lehren wird von Bürgern allgemein bejaht. Und es ist nicht zu erwarten, daß eine von ihnen (oder irgendeine andere vernünftige Lehre) in absehbarer Zeit von allen oder fast allen Bürgern bejaht wird. Der politische Liberalismus geht davon aus, daß eine Pluralität vernünftiger und dennoch einander ausschließender umfassender Lehren das natürliche Ergebnis des Gebrauchs der menschlichen Vernunft innerhalb des Rahmens der freien Institutionen einer konstitutionellen Demokratie ist. Der politische Liberalismus nimmt auch an, daß eine vernünftige umfassende Lehre die wesentlichen Merkmale einer demokratischen Ordnung nicht ablehnt. Natürlich kann es in einer Gesellschaft auch unvernünftige und irrationale und sogar irrsinnige umfassende Lehren geben. Was sie betrifft, besteht das Problem darin, sie so einzudämmen, daß sie nicht die Einheit und Gerechtigkeit der Gesellschaft untergraben.«[72]

Eine Erklärung für die These, dass in liberalen Demokratien von selbst ein vernünftiger Pluralismus entsteht, besteht nach Rawls in allgemeinen

72 Rawls 2003, 12f.; vgl. Rawls 2003, 127–132.

Schwierigkeiten bei der Beurteilung von umfassenden Lehren; beziehungsweise von Theorien, die die Frage nach dem guten Leben beantworten und daher äußert komplex sind. Rawls spricht in diesem Zusammenhang von den *Bürden des Urteilens*. Diese Bürden bestehen ausdrücklich auch dann, wenn man idealisierend davon ausgehen würde, dass die Bürgerinnen und Bürger beste epistemische Absichten haben und sich tatsächlich auch epistemisch verantwortlich verhalten.[73] Rawls analysiert unterschiedliche Schwierigkeiten, die selbst unter idealen Bedingungen zu einem vernünftigen Pluralismus an Überzeugungen führen würden und die in den Bürden des Urteilens zusammengefasst werden (für die Liste wird von Rawls keine Vollständigkeit beansprucht):[74]

1. Überzeugungen – empirische wie wissenschaftliche (oder moralische) – können konfligieren und einander widersprechen. Man kann sich darüber uneinig sein welche man zu Beginn der Untersuchung als wahr oder korrekt betrachten soll. Außerdem ist ihr inferenzieller Zusammenhang komplex. Es gibt daher Raum für unterschiedliche Einschätzungen und vernünftige Bewertungen bei einer Untersuchung.
2. Die Gewichtung von Überzeugungen kann selbst dann differieren, wenn man sich zu Beginn der Untersuchung darüber einig ist, welche Überzeugungen korrekt und welche Erwägungen relevant sind. Das kann letztlich dann zur Akzeptanz von unterschiedlichen Überzeugungssytemen führen.
3. Letztlich sind – in einem gewissen Umfang – alle unsere Begriffe vage und müssen interpretiert werden, wobei stets Raum für epistemisch vernünftige Differenzen besteht.
4. Einschätzungen und Gewichtungen im Rahmen von epistemischen Untersuchungen hängen von der Lebenserfahrung und Perspektive des jeweiligen epistemischen Akteurs ab – und die sind in jedem Fall einzigartig.
5. Es scheint – vor allem in normativ moralischen Bereich – Konflikte zu geben, bei denen unvereinbare Positionen über unterschiedliche Arten von Erwägungen gestützt werden, was ein Abwägen und eine darauf aufbauende Gesamtbewertung erschwert.
6. Akzeptierte Werte und Prinzipien können in Konflikt miteinander geraten (man denke etwa an Probleme bei der Grenzziehung der Meinungsfreiheit). Wie beispielsweise die Menschenrechte untereinander hierarchisch geordnet sind, um im Konfliktfall eindeutige Vorschriften zu erhalten,

73 Vgl. Rawls 2003, 128f.

74 Vgl. Rawls 2003, 130f. Im Folgenden paraphrasiere und interpretiere ich Rawls.

beruht auf der Anerkennung von Prioritäten, die schwer zu beurteilen sind. Anpassungen können unterschiedlich vorgenommen werden, ohne dass man einen klaren epistemischen Fehler erkennen könnte.

Dass die Bürden des Urteilens von den Mitgliedern einer liberalen Gesellschaft akzeptiert werden, ist wichtig, damit sie sich trotz der Differenzen als epistemisch Gleichwertige begreifen können und die Andersartigkeit der Überzeugungen aufrichtig akzeptiert werden kann:

> »Wenn wir diese sechs Quellen [des vernünftigen Pluralismus] nennen – diese Bürden des Urteilens –, leugnen wir natürlich nicht, daß Vorurteile und Befangenheiten, Eigen- und Gruppeninteressen, Blindheit und Halsstarrigkeit ihre nur allzu bekannte Rolle im politischen Leben spielen. Diese Quellen für unvernünftige Meinungsverschiedenheiten stehen jedoch im deutlichen Kontrast zu denen, die damit verträglich sind, daß jeder uneingeschränkt vernünftig ist.
>
> Religiöse und philosophische Lehren bringen einzeln und zusammengenommen ganzheitliche Ansichten über die Welt und das Leben miteinander zum Ausdruck. Unsere individuellen und gemeinschaftlichen Standpunkte, intellektuellen Affinitäten und affektiven Zuneigungen sind, insbesondere in einer freien Gesellschaft, zu vielfältig, als daß diese Lehren als Grundlage einer dauerhaften und begründeten politischen Übereinkunft dienen könnten. Von verschiedenen Standpunkten aus lassen sich verschiedene vernünftige Weltanschauungen ausarbeiten, und die Verschiedenartigkeit ergibt sich zum Teil aus den verschiedenen Perspektiven. Es ist unrealistisch anzunehmen – schlimmer noch, es führt zu gegenseitigen Verdächtigungen und Feindschaften –, daß alle unsere Differenzen ausschließlich in Unwissenheit und Verdrehtheiten wurzeln oder andernfalls im Kampf um Macht, Status oder wirtschaftlichen Gewinn.
>
> […] Viele unserer wichtigsten Urteile müssen wir unter Bedingungen treffen, die, auch wenn eine freie Diskussion möglich war, nicht erwarten lassen, daß alle gewissenhaften und völlig vernünftigen Personen zu denselben Ergebnissen gelangen werden. Einige umstrittene vernünftige Urteile (besonders wichtig diejenigen, die zu den umfassenden Lehren der Menschen gehören) mögen wahr sein, andere falsch; es ist denkbar, daß alle falsch sind. Diese Bürden des Urteilens sind für die demokratische Idee der Toleranz von größter Bedeutung.«[75]

Rawls verbindet mit den Bürden des Urteilens also epistemische mit moralischen Erwägungen: Die Bürden des Urteilens sollten erstens aus epistemischen Gründen anerkennt werden, aber zweitens auch deswegen, weil eine solche Anerkennung eine aufrichtige Toleranz gegenüber Andersdenkenden stärkt so zur Stabilität der Gesellschaft beiträgt.[76]

Man kann zum besseren epistemischen Verständnis der Bürden des Urteilens versuchen, das Schema des Überlegungsgleichgewicht heranzuziehen: Die

---

75 Rawls 2003, 131f.

76 Vgl. auch Blake 2015.

Bürden des Urteilens wären dann zu verstehen als Schwierigkeiten sich als Gesellschaft auf gemeinsame Anpassungen im Zuge eines umfassenden Gleichgewichtsprozesses zu einigen, und zwar aus genuin epistemischen Gründen. Etwa weil man sich vor dem Hintergrund von einander widersprechenden Überzeugungen erst einmal in einer umfassender Weise auf gemeinsam akzeptierte Überzeugungen einigen müsste (Punkt 1). Doch selbst bei einem umfassenden Konsens in Bezug auf diese Überzeugungen, müsste man sich auch auf die Gewichtung der einzelnen Überzeugungen einigen – also wie stark man von etwas überzeugt ist (etwa auf einer Skala zwischen 1 und 0) – um dieselben Anpassungen im Gleichgewichtsprozess zu befürworten (Punkt 2), was angesichts der notwendig unterschiedlichen Perspektiven und Lebenserfahrungen unrealistisch ist (Punkt 4). Dies gilt zu einem gewissen Grad für alle Untersuchungsbereiche (Punkt 3), aber in einem höheren Maß für moralische Fragen (Punkte 5 und 6). Dies liegt vielleicht daran, dass in Bezug auf Überzeugungen über die physische Welt, die auf einem verlässlichen Wahrnehmungsmechanismus basieren können, die Faktenlage eindeutiger ist und die Perspektive eines anderen einfacher eingenommen werden kann (Stichwort: intersubjektive Überprüfung von Beobachtungssätzen), so dass der vernünftige Dissens im Rahmen etwa der in diesem Sinn empirischen Wissenschaften kleiner ist, als im Moralischen, auf dessen Gebiet sich umfassende Lehren bewegen müssen. Allerdings würde es sich dann nur um einen graduellen Unterschied handeln.[77]

Aus allen Punkten der Bürden des Urteilens zusammengenommen scheint auch zu folgen: Je komplizierter ein Überlegungsgleichgewicht wird, je mehr es umfasst – und umfassende Lehren versuchen, auf viele oder alle Fragen des Lebens eine Antwort zu geben – desto unterschiedlicher können selbst bei Anwendung der Methode des Überlegungsgleichgewichts die Resultate ausfallen, die durch eine unterschiedliche Gewichtung entstehen.[78] Allerdings sind die Bürden des Urteilens und ihre Verfasstheit, sowie die Art des daraus resultierenden vernünftigen Pluralismus, selbst theoretische Überzeugungen, die innerhalb eines Überlegungsgleichgewichts gerechtfertigt werden müssen – sozusagen als epistemische Hintergrundtheorie.[79]

Die Hoffnung auf Rechtfertigung durch ein einziges moralisch umfassendes weites Überlegungsgleichgewicht, das alle Bürger teilen, muss nach Rawls'

---

77 Mehr zum möglichen Unterschied zwischen moralischen Überzeugungen und Überzeugungen, die sich auf Sinnesreizungen zurückbeziehen lassen in den Abschnitten 3.2.4. und 4.2.5. sowie in Kapitel 10.

78 Vgl. Daniels 1996, 8.

79 Vgl. Daniels 1996, 158.

Verständnis der Bürden des Urteilens aufgegeben werden. Dass die Prinzipien der Gerechtigkeit also aus einer bestimmten vernünftigen umfassenden Lehre abgeleitet werden können, ist noch nicht hinreichend für eine Rechtfertigung, die alle vernünftigen Mitglieder der Gesellschaft akzeptieren können. Genau das scheint aber notwendig dafür, dass die Grundstruktur der Gesellschaft, die Rawls als gerechtfertigt auszeichnen möchte, auch als stabil gedacht werden kann. Damit eine solche Gesellschaft, die einen vernünftigen Pluralismus produziert, als stabil gedacht werden kann, muss dringend die Möglichkeit einer Rechtfertigung der sie konstituierenden Prinzipien gefunden werden, die Anhänger aller unterschiedlichen und unvereinbaren vernünftigen umfassenden Lehren akzeptieren können.[80]

Ein rein machtpolitischer Kompromiss über die Anerkennung politischer Prinzipien, ein sogenannter *modus vivendi*, der bei einer Verschiebung der Machtbalance von der stärkeren Partei wieder aufgekündigt würde und daher eben nicht auf einer (epistemisch) akzeptierten Rechtfertigung beruht, wäre selbst bei einem vorhandenen dauerhaften Mächtegleichgewicht nicht in der gewünschten Form stabil. Denn Rawls geht ja davon aus, dass die Personen innerhalb einer auf seinen Prinzipien etablierten Gesellschaft auch motiviert sein müssen, gerecht zu handeln – nur das Wissen um die allgemeine Akzeptanz der Gerechtigkeitsprinzipien und der allgemein geteilte Wunsch nach ihnen zu handeln, schafft gegenseitiges Vertrauen und dadurch die Art Stabilität, die allein von den Personen im Urzustand akzeptiert werden kann und um die sich Rawls daher sorgt.[81]

In welcher Weise ist also das Rechtfertigungsschema des weiten Überlegungsgleichgewichts, in dem die Prinzipien der Gerechtigkeit gerechtfertigt werden sollen, zu modifizieren, wenn in Bezug auf bestimmte relevante Hintergrundtheorien – nämlich die einzelnen umfassenden Lehren – eine Uneinigkeit herrscht, von der man ausgehen muss, dass sie bestehen bleibt und nicht ohne ungerechtfertigte Gewalt aufgelöst werden kann?[82]

Rawls Lösungsansatz für dieses Problem ist es, den Rechtfertigungsrahmen für die Prinzipien der Gerechtigkeit als einen rein »politischen« zu betrachten, aus dem umstrittene Überzeugungen, die ausschließlich Elemente von bestimmten umfassenden Lehren sind, ausgeschlossen werden. Das weite Überlegungsgleichgewicht, in dem die Prinzipien der Gerechtigkeit gerechtfertigt werden, besteht weiterhin aus unseren wohlüberlegten Urteilen über Gerechtigkeitsfragen, dem Urzustand und den Argumenten für den

80 Vgl. Rawls 2003, 74f., 108.

81 Vgl. Rawls 2003, 236f.

82 Vgl. Rawls 2003, 107f.

Urzustand – also weiterhin aus Hintergrundtheorien – sowie den aus dem Urzustand abgeleiteten Prinzipien. Allerdings sollen alle Überzeugungen – egal ob Prinzipien, wohlüberlegte Urteile oder Hintergrundtheorie – nun rein politisch verstanden werden, was auch heißt, dass sie nur auf politische Fragen der Gerechtigkeit (und nicht etwa des »guten Lebens«) bezogen sind. Konkret bedeutet das, dass Rawls einige Hintergrundtheorien aus seiner *Theorie der Gerechtigkeit* ersetzen muss, da sie hauptsächlich Elemente seiner eigenen umfassenden Lehre sind: Etwa, dass die Personen im Urzustand davon ausgehen können, dass sie als gutes Leben erachten würden, wenn sie mit einigem Erfolg einen autonom gefassten Lebensplan verfolgen können – Rawls dortige Hintergrundtheorie »des Guten«. Das mag zwar für viele Menschen durchaus eine plausible und brauchbare Theorie des guten Lebens sein, aber wir müssen angesichts des vernünftigen Pluralismus von einem vernünftigen Dissens in dieser Frage ausgehen. Das weite Überlegungsgleichgewicht, in dem Prinzipien der Gerechtigkeit gerechtfertigt werden, muss nach Rawls also auf die politische Sphäre beschränkt sein, weshalb man – etwa wie Daniels – auch von einem *politischen Überlegungsgleichgewicht* sprechen kann.[83] Da das politische Überlegungsgleichgewicht – wenn es gelingt eines aufzustellen – keine Elemente einer bestimmten umfassenden Lehre enthält, ist es neutral gegenüber allen vernünftigen umfassenden Lehren und kann von allen umfassenden Lehren daher auch akzeptiert werden.

Doch selbst wenn vor dem Hintergrund des vernünftigen Pluralismus ein rein politisches Überlegungsgleichgewicht nicht inakzeptabel wäre, muss man noch die konkreten Gründe anführen, aus denen heraus vernünftige umfassende Lehren es dann auch tatsächlich als Rechtfertigungsrahmen akzeptieren würden. Oder anders gefragt – kann Rawls einen Ersatz für seine strittigen Hintergrundtheorien aus der Theorie der Gerechtigkeit finden, den alle vernünftigen umfassenden Lehren akzeptieren können und die daher dann als rein politische Hintergrundtheorien durchgehen würden, mit Hilfe derer die Prinzipien der Gerechtigkeit gerechtfertigt werden können? Rawls Ersatz für die Hintergrundtheorie des guten Lebens ist – nach meiner Interpretation – folgende Idee: Jede vernünftige umfassende Lehre müsste doch zustimmen, dass eine notwendige Bedingung für ein gutes Leben ist, dass man als Person die Fähigkeit entwickelt, sich autonom für eine bestimmte umfassende Lehre zu entscheiden oder autonom eine solche auszuformen, zu bejahen und gemäß dieser umfassenden Lehre zu handeln und zu leben. Rawls spricht in diesem Zusammenhang von der Fähigkeit eine *Konzeption des Guten* frei zu

83 Vgl. Daniels 1996, 149, 164.

entwickeln und verfolgen zu können.[84] Dies ist eine der moralischen Fähigkeiten, in Bezug auf die die Personen im Urzustand höherrangiges Interesse haben, sie zu entwickeln und deren Grundlagen (beispielsweise Bildung) man daher durch die Prinzipien der Gerechtigkeit sichern muss. Man könnte dies die Hintergrundtheorie der freien Wahl oder autonomen Entscheidung für eine Konzeption des Guten nennen. Sie kann sowohl von diversen religiösen, als auch von diversen philosophischen Lehren oder Weltanschauungen akzeptiert werden und ist in dem Sinn rein *politisch* zu verstehen oder anders ausgedrückt – zu einem gewissen Grad – weltanschaulich neutral. Dennoch ist sie ebenso substantiell wie die frühere Hintergrundtheorie des guten Lebens (mit der sie strukturell sehr große Ähnlichkeit hat):[85] Auch die neue »rein politische« Hintergrundtheorie führt dazu, dass die Personen im Urzustand sich der Relevanz von Grundgütern bewusst sind und Rawls Prinzipien der Gerechtigkeit befürworten würden: denn, allein der darin enthaltene Rechtekatalog ist adäquat, um diese Fähigkeit zu sichern (vom Recht auf körperliche Unversehrtheit bis hin zur freien Entfaltung der Person und Bildungsrechten, die wichtig sind für eine autonome Entscheidung). Und auch für das Differenzprinzip kann mit dieser Hintergrundtheorie ebenso gut argumentiert werden, wie mit der Hintergrundtheorie, die noch in der *Theorie der Gerechtigkeit* angeboten wurde.

Damit wäre die tatsächliche argumentative Rechtfertigung einer Gerechtigkeitskonzeption in der demokratischen Öffentlichkeit über das politische Überlegungsgleichgewicht – Rawls spricht in diesem Zusammenhang dann auch vom *öffentlichen Vernunftgebrauch* – aber erst einmal auch nur eine politische Rechtfertigung und keine umfassende. Die mehr oder weniger

84 Vgl. Rawls 2003, 85, 98f. 151f.

85 Letztlich könnte man sagen, Rawls ersetzt die Rede von einem guten, gelungenen Leben, das im erfolgreichen Verfolgen eines autonomen Lebensplans liegt, durch die Rede von der Notwendigkeit für ein gutes Leben, eine autonom bejahte Konzeption des Guten erfolgreich zu verfolgen. Trotz der Ähnlichkeit wird im zweiten Fall keine Aussage darüber getroffen, was ein gutes Leben auszeichnet – der eigene Lebensplan muss darin keine Rolle spielen, etwa, wenn man einer Religiösen Doktrin folgen würde, nach der ein gutes Leben auszeichnet, dass man Gottes Geboten folgt. Oder als Utilitarist annimmt, dass ein gutes Leben darin bestünde, möglichst viel Glück insgesamt hervorzubringen. Eine autonome Wahl der Religion oder der Annahme des Utilitarismus wäre aber auch in diesem zweiten Fall notwendig, sonst könnte auch Rawls politische Hintergrundtheorie nicht überzeugen. Für diese Position müsste die Religion oder der Utilitarist also eine interne Rechtfertigung besitzen. Insofern ist die »politische« Hintergrundtheorie also nicht komplett neutral in Bezug auf umfassende Lehren – aber sie scheint ausreichend neutral dafür zu sein, um mit dem Faktum des vernünftigen Pluralismus kompatibel zu sein.

umfassende Lehre des Guten, die jede Person für sich vertritt (oder der Theorie zufolge zumindest von der Fähigkeit her vertreten kann), besteht aus einem davon zu unterscheidenden weiteren Überzeugungssystem (das sich eventuell für bestimmte Personen auch in einem weiten Überlegungsgleichgewicht befindet).[86] Die Frage ist nun also, wie das politische Überlegungsgleichgewicht und das Überzeugungssystem der umfassenden Lehre zusammenhängen. Nur wenn das politische Überlegungsgleichgewicht gut durch eine umfassende Lehre begründet wird, sind die darin gerechtfertigten Überzeugungen und Prinzipien für eine Person, die einer derartigen umfassenden Lehre anhängt, auch wirklich voll gerechtfertigt und motivierend.

Jede vernünftige umfassende Lehre rechtfertigt nach Rawls das politische Überlegungsgleichgewicht – und damit seine in gewisser Weise nun »freistehende« Auffassung der Gerechtigkeit – auf ihre eigene Art und Weise als eine Art *Modul*, in dem wohlüberlegte politische Urteile, die Hintergrundtheorien, der Urzustand und die Prinzipien als Komponenten zusammengefasst sind und das in die umfassende Lehre aus internen Gründen inkorporiert werden kann. Jede vernünftige umfassende Lehre beinhaltet also gewissermaßen als einen genuinen Teil von sich dieses politische Modul der Rechtfertigung. Die unterschiedlichen vernünftigen umfassenden Lehren, überschneiden sich also dann mindestens in diesem einen Punkt: Dass sie alle für die politische Argumentation und Rechtfertigung in der Öffentlichkeit – für die politische Sphäre – die Nutzung dieses politischen Moduls und damit ein bestimmtes allgemein geteiltes politisches Vokabular vorsehen. Man könnte auch sagen, das Modul bietet das Vokabular, das bei einem politischen Streit genutzt werden muss, denn da es möglich sein muss, die Grundstruktur der Gesellschaft vor jedem Mitglied zu rechtfertigen, kann niemand sich bei einem solchen Streit nur auf die von ihm vertretene umfassende Lehre beziehen. Dass also in einer

86 Daniels geht explizit davon aus, dass sich die umfassenden Lehren der jeweiligen vernünftigen Personen auch in einem weiten Überlegungsgleichgewicht befinden müssten. Rawls kann man an einigen Stellen vielleicht ebenso interpretieren. Ich sehe keinen Grund dafür, dies zu verlangen, da dies beispielsweise epistemisch stark fundamentalistisch verfasste Lehren (ich denke etwa an die großen Weltreligionen) ausschließen könnte, obwohl diese gleichwohl auf der politischen Ebene im epistemischen ein nicht-stark-fundamentalistisches Überlegungsgleichgewicht als politisches Rechtfertigungsmodul durchaus akzeptieren können und damit vernünftig wären. Daher spreche ich bei den umfassenden Lehren nur von »Überzeugungssystemen«. Damit möchte ich nicht ausschließen, dass solche umfassende Lehren (die großen Weltreligionen) nicht auch auf Überlegungsgleichgewichten basieren können, wenn sie dies selbst so betrachten wollen, und dass eine solche Verfasstheit von umfassenden Lehren vielleicht unproblematischer wäre, als wenn sie stark fundamentalistisch verfasst sind. Vgl. Daniels 1996, 149, 164f.; vgl. Rawls 2003, 75; vgl. Rawls 1995, 141 (Fußnote 16).

stabilen und gerechten Gesellschaft nicht nur deren Grundprinzipien geteilt werden müssen, sondern auch der Inhalt und die Form ihrer Rechtfertigung, erkennt man dann, wenn man sich vor Augen hält, dass Differenzen über die Ausgestaltung und Interpretation der Verfassung in einer konstitutionellen Demokratie angelegt sind und man eine gemeinsame Sprache sprechen muss, wenn man die strittigen Fragen gütlich lösen will. Rawls beschreibt diese Übereinstimmung von ansonsten inkompatiblen umfassenden Lehren als einen *übergreifenden Konsens* (*overlapping consenus*) auf eine bestimmte Konzeption des öffentlichen Vernunftgebrauchs und dessen Kernideen.[87] Dieser Konsens, in Rawls' Theorie bestehend aus dem politischen Modul der Rechtfertigung, ist also streng von einem machtpolitischen *modus vivendi* zu unterscheiden. Er ist inhaltlich durch jede einzige umfassende Lehre, sei sie religiös oder philosophisch, bestens begründet und beschränkt sich auf den Bereich des Politischen und lässt damit substantielle weitere Fragen aus – nur in diesem Sinne ist zu verstehen, dass Rawls Liberalismus nun ein *politischer* Liberalismus sei (im Gegensatz zu einem *metaphysisch* begründeten Liberalismus, der selbst eine umfassende Lehre ist).[88]

> »Der öffentliche Vernunftgebrauch – die öffentlich vorgetragenen Argumente der Bürger über wesentliche Verfassungsinhalte und grundlegende Fragen der Gerechtigkeit – wird jetzt am besten durch eine politische Konzeption geleitet, deren Grundsätze und Werte alle Bürger bejahen können […]. Diese politische Konzeption wäre sozusagen politisch und nicht metaphysisch.
>
> Der politische Liberalismus zielt demnach auf eine Konzeption politischer Gerechtigkeit als freistehende Auffassung. Er bietet keine spezifische metaphysische oder erkenntnistheoretische Lehre, die über das hinausginge, was von der politischen Konzeption selbst vorausgesetzt wird. Als Darstellung politischer Werte bestreitet eine freistehende politische Konzeption nicht, daß es andere Werte gibt, die etwa auf das persönliche, familiäre und gemeinschaftliche Leben Anwendung finden; auch behauptet sie nicht, daß politische Werte von anderen Werten losgelöst oder ohne Verbindung mit ihnen wären. Ein Ziel liegt […] darin, den Bereich des Politischen und die auf ihn bezogene Gerechtigkeitskonzeption so zu beschreiben, daß seine Institutionen die Unterstützung eines übergreifenden Konsenses gewinnen können. Wenn dies erreicht ist, können die Bürger selbst im Rahmen der Ausübung ihrer Gedanken- und Gewissensfreiheit mit Blick auf ihre umfassenden Lehren die politische Konzeption als abgeleitet

87 Zu solchen Kernideen, innerhalb eines übergreifenden Konsenses (der Ausdruck »Kernidee« stammt nicht von Rawls, sondern von mir) könnte man im Zusammenhang mit konkret existierenden liberalen Demokratien etwa die *Menschenwürde* zählen, eng verbunden mit *Autonomie* sowie *Freiheit, Gleichheit, Solidarität.*

88 Vgl. Rawls 2003, 75, 77.

> von oder übereinstimmend oder zumindest vereinbar mit ihren sonstigen Werten betrachten.«[89]
>
> »Um einen gängigen Ausdruck zu verwenden: Die politische Konzeption ist ein Modul, ein wesentlicher Bestandteil, der sich in verschiedene vernünftige umfassende Lehren, die in der von ihr geordneten Gesellschaft Bestand haben, einfügt und von ihnen unterstützt wird.«[90]

Da die Inkludierung des Moduls in die umfassenden Lehren jeweils durch diese selbst auf ihre ganz eigene Art und Weise begründet wird, muss man nach Rawls davon ausgehen, dass einige Überzeugungsgemeinschaften die moralischen Prinzipien und Überzeugungen im politische Modul als Gegenstand moralischer Wahrheit sehen könnten und andere hingegen als rein menschliche Konstruktion (solange diese dennoch als objektiv gültig verstanden werden können) – damit wäre das politische Überlegungsgleichgewicht auch neutral (aber auch offen) gegenüber vielen Positionen, die hierzu in der moralischen Epistemologie vertreten werden.[91]

Man kann dies an Beispielen anschaulich machen: Jemand, der beispielsweise von der Existenz moralischer Wahrheiten überzeugt ist, könnte die Idee eines vernünftigen Pluralismus deswegen befürworten, weil er davon ausgeht, dass sich die Heterogenität der umfassenden Lehren in einer freien Gesellschaft mit der Zeit durch allgemeinen moralischen Fortschritt von selbst reduziert und auf die moralischen Wahrheiten hin konvergiere. Diesem Ziel sei, dieser vernünftigen umfassenden Lehre zufolge, dabei aber gerade förderlich, dass alle Menschen möglichst frei und autonom über ihr Leben entscheiden können und eine Vielfalt an Konzeptionen des Guten vertreten werden kann (man denke an die Argumentation John Stuart Mills zur Meinungsfreiheit). Eine andere Person, die davon überzeugt ist, dass Gott die Wahrheit gegenüber Propheten oder in heiligen Schriften enthüllt hat könnte die Idee des vernünftigen Pluralismus vertreten, da sich nach ihrer Überzeugung gerade der wahre Glaube nicht erzwingen lasse und sich durch Gottes Güte durchsetze, wenn die Menschen nur frei und offen sind und damit die Möglichkeit haben ihn vorbehaltslos kennenzulernen.[92] Man muss an dieser Stelle allerdings klarstellen, dass wie auch immer die freistehende Konzeption durch die umfassenden Lehren begründet wird, es eine Begründung sein muss, die eine Funktionsweise des Moduls als Rahmen für die Herstellung oder Bewahrung eines Überlegungsgleichgewichts stützt. Denn der öffentliche Prozess muss

89 Rawls 2003, 75f.

90 Rawls 2003, 78; vgl. Rawls 2003, 77f.

91 Rawls 2003, 193–216, insb. 212f.; vgl. Daniels 1996, 149.

92 Vgl. Daniels 1996, 155ff.; vgl. Rawls 2003, 219–265, insb. 232ff.

genau in der Weise Abwägungsvorgänge und Argumentationsvorgänge auf der Basis öffentlich anerkannter Überzeugungen zulassen, wie sie durch die Methode des weiten Überlegungsgleichgewichts vorgegeben wird.

Wenn nun aber ganz von der internen Begründung der umfassenden Lehren abhängt, ob die Etablierung eines politischen frei stehenden Moduls beziehungsweise eines politischen Überlegungsgleichgewichts vorliegt, wie kann man sich dieser Etablierung dann sicher sein und wie kann man gut begründet hoffen, dass eine gerechte Gesellschaft auch stabil sein würde? In Bezug auf einzelne Personen war das Argument bereits in der *Theorie der Gerechtigkeit*, dass die Grundstruktur der Gesellschaft dafür Sorge tragen kann, dass der Gerechtigkeitssinn, zu dem alle Personen befähigt sind, von jeder Person auch tatsächlich voll entwickelt wird, so dass sie zumindest zum Großteil auch intrinsisch motiviert ist gerecht zu handeln, da sie die gerechten Grundlagen der Gesellschaft versteht, sich nach ihren Anforderungen richten und sie bewahren möchte. Rawls empirische These in Bezug auf Überzeugungsgemeinschaften ist, dass deren freie Existenz innerhalb eines freiheitlichen institutionellen Rahmens dazu führt, dass sie dazu neigen die Rechtfertigung dieses Rahmens in ihre umfassende Lehre – oder im realistischeren und einfacheren Fall, in eine nur teilweise umfassend Lehre – zu inkorporieren, und zwar selbst dann, wenn die Lehre ursprünglich keine eigene Rechtfertigung für diesen Rahmen leisten konnte oder ihm sogar ablehnend gegenüberstand. Für diese empirische These, die selbstverständlich auch empirisch zu überprüfen wäre, führt er ein historisches Argument an: Die auch religiös fundierten Bürgerkriege zur Zeit der Reformation, etwa der *Dreißigjährige Krieg*, endeten bezogen auf die Duldung unvereinbarer umfassender Lehren – Katholizismus und Protestantismus – mit einem *modus vivendi*, der nur durch eine Machtbalance, also ein andauerndes militärisches Patt, Stabilität erhalten konnte, da die Alternative, eine Weiterführung des vernichtenden Kriegs ohne ein absehbares Ende, verworfen wurde. Doch das Faktum des praktizierten Pluralismus – das Aufblühen der Gesellschaften, die nun durch eine erzwungene Toleranz geprägt waren – machte in der Folge (vielleicht anders als es im Sinne der Lehren Luthers oder Calvins war) nach Rawls möglich, dass sich die Überzeugung von und das Verständnis für die modernen Gewissens- und Gedankenfreiheit entwickeln konnte und legte damit die Grundlage für den späteren Liberalismus.[93]

Bei aller Einigkeit, die vernünftige umfassende Lehren durch einen übergreifenden Konsens erzielen können, muss man davon ausgehen, dass einzelne ihrer Unterschiede sich auch in ihrem Verhältnis zur freistehenden Konzeption

93 Vgl. Rawls 2003, 21f., 231–238, 249–261; vgl. Daniels 1996, 150f., 165f.

der Gerechtigkeit bemerkbar machen. Ein Problem für die »politisierte« Konzeption ist also, dass es durch das Fehlen eines generell geteilten weiten Überlegungsgleichgewichts eine Diskrepanz geben kann, zwischen der rechtlich normativen Ebene, die durch die Prinzipien der Gerechtigkeit hergestellt wird, und der allgemein moralischen Ebene der umfassenden Lehren. Wie müssen Konflikte zwischen den beiden Ebenen entschieden werden? Für den normativen Bereich, der durch das politische Überlegungsgleichgewicht abgedeckt ist – für den Bereich des *Rechten* –, ist zur Lösung von derartigen Konflikten gemäß Rawls ein Vorrang gegenüber dem Bereich einzuräumen, der von den umfassenden Lehren ansonsten abgedeckt wird – dem Bereich des *Guten* (*priority of right*). Da beide Bereiche als moralisch-normativ zu verstehen sind, könnte man auch von einem Vorrang des »politisch Guten« vor dem »allgemeinen Guten« sprechen, den Rawls postuliert. Allerdings ist auch dann noch davon auszugehen, dass die Grenze zwischen der umfassenden und der politischen Sphäre, in der die normativen Anforderungen der Prinzipien der Gerechtigkeit absoluten Vorrang beanspruchen, von unterschiedlichen umfassenden Lehren anders interpretiert wird. Man kann sich etwa vorstellen, dass einige religiöse Überzeugungsgemeinschaften im Bezug auf die Akzeptanz eines bestimmten sexuellen Verhaltens oder der Familienpolitik sich nicht einig sind, was politisch normiert wird und was nicht. Der Vorrang des Rechten löst also noch nicht alle Interpretationsprobleme eindeutig. Die Bestimmung der Grenzen des Politischen gehört damit immer zu den Spannungen, die eine wohlgeordnete Gesellschaft auszuhalten hat und die sie versuchen muss, eben so weit es geht, mit den Mitteln des öffentlichen Vernunftgebrauchs aufzulösen.[94]

Daher hängt für den Frieden und die Stabilität der Gesellschaft viel davon ab, ob das Wissen über und Verständnis für die politische Position der einzelnen relevanten Überzeugungsgemeinschaften gesellschaftlich verbreitet ist: Kann ich mir sicher sein, dass meine Mitbürgerinnen und Mitbürger den übergreifenden Konsens – unser gemeinsames politisches Vokabular, mit dem wir Streitfragen gütlich beilegen wollen – aufrichtig akzeptieren? In dem Sinne kann es hilfreich sein, wenn innerhalb des öffentlichen Vernunftgebrauchs, der sich eigentlich auf Überzeugungen innerhalb des übergreifenden Konsenses rekurrieren sollte, von Zeit zu Zeit auch dargelegt wird, auf welche Weise die einzelnen Überzeugungsgemeinschaften eigentlich das politische Modul für sich rechtfertigen. Rawls deutet in diesem Zusammenhang ein Beispiel an: Als Martin Luther King als Vertreter der afroamerikanischen Bürgerrechtsbewegung gegen systematische Diskriminierung argumentierte, verwendete

94 Vgl. Rawls 2003, 266–311 (5. Vorlesung); vgl. Daniels 1996, 150, 158.

er dabei oft das Vokabular eines christlichen Gläubigen, also einer bestimmten umfassenden Lehre. Zu diesem Zeitpunkt war diese über den übergreifenden Konsens hinausgehende Argumentation allerdings sinnvoll, da sie erstens mit den Werten und Überzeugungen des herrschenden Konsenses verknüpft war und zweitens darlegte, wie eine bestimmte Überzeugungsgemeinschaft für sich Elemente des politischen Moduls rechtfertigt und welche Schlüsse sie daraus zieht. Schlüsse, zu denen man auch ohne die Nutzung von Vokabular dieser einen oder überhaupt einer umfassenden Lehre hätte gelangen können und die daher übersetzbar in die Sprache des öffentlichen Vernunftgebrauchs sind. Luther Kings Beiträge waren also doppelt wertvoll: Weil man sie als Argumente im geteilten politischen Vokabular reformulieren konnte und weil man erkennen konnte, dass – und auf welche Weise – christliche Anhänger der Bürgerrechtsbewegung eine Art übergreifenden Konsens anerkennen.[95]

In der Selbstreflexion, also in Bezug auf die Rolle der Philosophie selbst, bezieht Rawls' *Politischer Liberalismus* nach Daniels damit eine klare Stellung: Politische Philosophie in diesem Sinn kann nicht dazu dienen, gegenüber allen und jedem eine Konzeption der Gerechtigkeit mittels eines philosophischen Arguments zu rechtfertigen – die Existenz unvernünftiger Lehren wird angenommen und für eine vollständige Rechtfertigung ist man auf (auch philosophische) umfassende Lehren angewiesen. Doch politische Philosophie kann durchaus eine Rolle in dem Prozess politischer Streitigkeiten, Kämpfe und Reformen spielen: als Darstellungsmittel des Rahmens und um die Anpassung der umfassenden Lehren an den übergreifenden Konsens zu sichern, zu bestärken und dadurch versöhnend zu wirken.[96]

Zusammenfassend lässt sich sagen, dass auch der Gleichgewichtspunkt eines politischen Überlegungsgleichgewichts den momentanen Zustand eines Systems auszeichnet, in dem Prinzipien der Gerechtigkeit (vorläufig) in einem geordneten, widerspruchsfreien und stützenden Verhältnis zu relevanten Hintergrundtheorien und wohlüberlegten moralischen Urteilen stehen. Neu kommt jedoch zu dem bisherigen Schema des weiten Überlegungsgleichgewichts zwingend hinzu, dass die Prinzipien, die moralischen Überzeugungen sowie auch die relevanten Hintergrundtheorien ein politisches frei stehendes Modul formen, das von umfassenden Lehren, die ihrerseits von einer ausreichenden Anzahl von Überzeugungsgemeinschaften aus der Bezugspopulation vertreten werden, als vorrangig anerkannt wird. Die Methode des politischen Überlegungsgleichgewichts ist ein übergreifender methodischer Konsens, wie der öffentliche Vernunftgebrauch vollzogen werden soll und

95 Vgl. Rawls 2003, 50ff., 354 (Fußnote 36), 357f. (Fußnote 39).

96 Vgl. Rawls 2006, 22f.; vgl. Daniels 1996, 167.

versucht als Ziel die Existenz oder Möglichkeit eines solchen harmonisierenden Gleichgewichtspunkts zu erörtern und darzustellen. Die Rechtfertigung der Methode des politischen Überlegungsgleichgewichts – des politischen Moduls mit bestimmten Prinzipien, Überzeugungen und Hintergrundtheorien – wird von den einzelnen vernünftigen Überzeugungsgemeinschaften geleistet, die das Modul auf ihre eigene Art und Weise in ihre umfassende Lehre inkludieren.

Es scheint durchaus möglich das politische Überlegungsgleichgewicht rein politisch zu rechtfertigen – damit ist gemeint, aus epistemischen Gründen, die im Raum des öffentlichen Vernunftgebrauchs vorgetragen werden und auf Vokabular zurückgreifen, das Teil des übergreifenden Konsenses ist. Möchte man allerdings auch im privaten das Überlegungsgleichgewicht als epistemische Methode verwenden, werden die Prinzipien, Überzeugungen und Hintergrundtheorien des politischen Überlegungsgleichgewichts auch an den weitergehenden Überzeugungen und Hintergrundtheorien zu messen sein – dies fällt allerdings in die Rechtfertigung des Moduls durch eine umfassende Lehre und wird von Rawls zumindest nicht näher untersucht.

3.5 Generelles und volles Überlegungsgleichgewicht

Zumindest für den Rahmen der Rechtfertigung von Prinzipien der Gerechtigkeit postuliert Rawls also nun einen epistemischen Zielzustand –bisher wurde er als das politische Überlegungsgleichgewicht vorgestellt –, der eine genuin soziale Verwendung der entsprechenden Rechtfertigungsmethode impliziert und weniger eine individuelle.

Dass hier nun die soziale Verwendung der Methode betont wird, soll nicht heißen, dass nicht schon die allgemeinere Idee des weiten Überlegungsgleichgewichts eine soziale Komponente methodisch beinhaltet: nämlich die Berücksichtigung von Theorien und Überzeugungen anderer Menschen, die für die Untersuchung relevant sein können und beachtet werden müssen. Trotz dieser sozialen Komponente kann die Methode des weiten Überlegungsgleichgewichts prinzipiell aber auch durch eine einzelne Person ausgeführt werden.[97]

---

97 Vgl. Abschnitt 3.2. der vorliegenden Arbeit; vgl. Rawls 2006, 62. Alice Baderin scheint mir in diesem Zusammenhang die soziale Komponente der Methode des weiten Überlegungsgleichgewichts zu verkennen, denn nach ihrem Schema müsste aufgrund des Inputs (zumindest auf Seiten der wohlüberlegten Urteile) anderer Personen, die bei dem Gleichgewichtsprozess gewichtet und verarbeitet werden, die Methode des weiten Überlegungsgleichgewichts bereits als mindestens *schwach öffentlich* (*moderately public*)

Dass es um eine soziale, gemeinschaftliche Verwendung der Rechtfertigungsmethode im öffentlichen Vernunftgebrauch geht, wird durch die begrifflichen Unterscheidungen bestätigt, die Rawls fällt: Rawls selbst verwendet zwar den Ausdruck »politisches Überlegungsgleichgewicht« nicht, er differenziert aber stattdessen explizit zwischen zwei weiteren Formen des Überlegungsgleichgewichts: Erstens, dem *generellen Überlegungsgleichgewicht* (*general reflective equilibrium*) und zweitens, dem *vollen Überlegungsgleichgewicht* (*full reflective equilibrium*).

Als »generelles Überlegungsgleichgewicht« möchte Rawls einen Zustand bezeichnen, bei dem ein Überzeugungssystem erstens von den rationalen Mitgliedern einer bestimmten Gruppe (in den wichtigsten Punkten) akzeptiert wird und das zweitens kohärent ist.[98]

Als »volles Überlegungsgleichgewicht« möchte Rawls darauf aufbauend einen Zustand bezeichnen, in dem ein generelles Überlegungsgleichgewicht zugleich ein weites Überlegungsgleichgewicht ist und damit sowohl alle relevanten Hintergrundtheorien sowie alternativen Überzeugungen und Argumente berücksichtig worden sind, die der entsprechenden Personengruppe zugänglich sind.[99]

Wenn ein generelles Überlegungsgleichgewicht zugleich als weites Überlegungsgleichgewicht ausgezeichnet werden kann, kann man nach Rawls also von einem vollen Überlegungsgleichgewicht sprechen – sowie man dementsprechend auch von der Methode des vollen Überlegungsgleichgewichts sprechen könnte, wenn eine Personengruppe gemeinsam auf die Erstellung oder Erhaltung eines vollen Überlegungsgleichgewichts über den öffentlichen Vernunftgebrauch unter Beachtung der Regeln für ein weites Überlegungsgleichgewicht hinwirkt. Dazu müsste sich die Personengruppe offensichtlich – eine neue Schwierigkeit im Bereich des Überlegungsgleichgewichts – auf einen Modus verständigen, nach dem man bestmöglich eine wirksame Einigung auf Anpassungsvorgänge bei Überzeugungskonflikten findet: denn dass die gleichen (oder insgesamt gleichwirksamen) Anpassungen von allen relevanten Personen vollzogen werden müssen, scheint durch die Charakterisierung des generellen Überlegungsgleichgewichts notwendig.

> »Eine wohlgeordnete Gesellschaft ist eine, die von einer öffentlichen Gerechtigkeitskonzeption wirksam regiert wird. Denken wir uns, jeder Bürger einer solchen Gesellschaft habe den Zustand eines weiten (also nicht nur des engen)

---

gelten – sie beschreibt die Methode des weiten Überlegungsgleichgewichts aber hauptsächlich als eine (rein) individualistische. Vgl. Baderin 2017, 5, 7, 13ff.

98 Vgl. Rawls 2006, 62; vgl. Rawls 1995, 141 (Fußnote 16).

99 Vgl. Rawls 2006, 62; vgl. Rawls 1995, 141 (Fußnote 16).

> Überlegungsgleichgewichts erreicht. Doch da die Bürger einsehen, daß sie dieselbe öffentliche Konzeption der politischen Gerechtigkeit bejahen, ist das Überlegungsgleichgewicht zugleich generell: ein und dieselbe Konzeption wird von den wohlerwogenen Urteilen aller bejaht. Damit haben die Bürger ein generelles und ein weites Überlegungsgleichgewicht erreicht, so daß wir von einem vollen Überlegungsgleichgewicht sprechen können. [...] In einer solchen Gesellschaft gibt es nicht nur einen öffentlichen Standpunkt, von dem aus alle Bürger über ihre Ansprüche befinden können, sondern außerdem wird dieser Standpunkt allgemein als einer anerkannt, der von ihnen allen im Zustand des vollen Überlegungsgleichgewichts bejaht wird.«[100]

In *Reply to Habermas* fügte Rawls der weitgehend textgleichen Passage außerdem noch an:

> »This [full reflective] equilibrium is fully intersubjective: that is, each citizen has taken into account the reasoning and arguments of every other citizen.«[101]

Rawls sieht eine gelungene Rechtfertigung im öffentlichen Vernunftgebrauch also genau dann gegeben, wenn ein volles intersubjektives Überlegungsgleichgewicht erreicht worden ist. Man muss sich dabei aber bewusst halten, dass dieses geteilte Überlegungsgleichgewicht beschränkt ist auf die politische Sphäre – es ist nicht in dem Sinne generell, dass es sich auch auf umfassende Lehren erstrecken würde: Das volle Überlegungsgleichgewicht entspricht – so zumindest meine Interpretation – dem übergreifenden Konsens, auf den sich die umfassenden Lehren einigen können und damit dem tatsächlich akzeptierten freistehenden politischen Modul (bestehend aus: den Prinzipien der Gerechtigkeit, den wohlüberlegten politischen Urteilen sowie den relevanten politischen Hintergrundtheorien und dem systematischen Zusammenhang dieser Elemente).[102]

Man könnte Rawls vielleicht auch dahingehend interpretieren, dass das weite Überlegungsgleichgewicht, das mit dem generellen verbunden ist, ein (moralisch) umfassendes ist und das generelle dadurch erst ein volles wird. Diese Deutung ist meines Erachtens unplausibel, weil Rawls schreibt, dass das erreichte weite Überlegungsgleichgewicht *zugleich* generell sei: Wenn es aber ein umfassendes weites Überlegungsgleichgewicht wäre, das zugleich generell wäre, wäre die Konzeption der Gerechtigkeit nicht politisch, sondern selbst umfassend, was Rawls ja seit der Politisierung seines Liberalismus vermeiden möchte. Außerdem halte ich die damit verbundene Anforderung an

100 Rawls 2006, 62.

101 Rawls 1995, 141 (Fußnote 16).

102 Vgl. Rawls 1995, 144f.

umfassende Lehren (dass sie nämlich die Methode des Überlegungsgleichgewichts auch für sich in allen epistemischen Aspekten nutzen müssen) für zu stark, weshalb ich das volle Überlegungsgleichgewicht bei Rawls (zwar auch aus exegetischen, aber auf jeden Fall aus systematischen Gründen) auf die dargelegte Weise interpretiere. Ich denke dementsprechend auch, dass man die weiten Überlegungsgleichgewichte, in Bezug auf die Rawls uns im Zitat bittet uns vorzustellen, dass die Personen der Gesellschaft sie erreicht haben, als rein politische Überlegungsgleichgewichte interpretieren sollte. Die mögliche Gegeninterpretation wäre: es sind umfassende Überlegungsgleichgewichte, die *nur zu einem Teil* – nämlich im Politischen – *zugleich* generell sind. Daniels' Position hierzu scheint mir uneindeutig (außer, dass er voraussetzt, dass die vernünftigen umfassenden Lehren auf Überlegungsgleichgewichten beruhen):

> »Ultimately, people are justified in accepting justice as fairness if it is acceptable in the different wide reflective equilibria they can achieve. If there is general acceptance in this way of the module [...], Rawls says that we have ›general‹ reflective equilibrium [...]. It is obvious that general reflective equilibrium is not itself a shared wide reflective equilibrium – except for the overlap on the module.«[103]

In Bezug auf die Frage, wie man ein Vorgehen gemäß der Methode des vollen Überlegungsgleichgewichts verstehen sollte, scheint mir die korrekte Antwort auf die Interpretationsfrage unbedeutend zu sein – mein Vorschlag wäre mit beiden Antworten kompatibel. Man sollte allerdings über diese Interpretationsschwierigkeit hinaus ein »volles Überlegungsgleichgewicht« bei Rawls nicht mit der von ihm verwirrender Weise in *Reply to Habermas* so bezeichneten »vollen Rechtfertigung« verwechseln: Die *volle Rechtfertigung* (*full justification*) einer politischen Gerechtigkeitskonzeption bestehe gerade mit Fokus auf eine Einzelperson dann, wenn diese durch ihre umfassende Lehre gerechtfertigt ist. Die sozial geteilte politische Rechtfertigung bezeichnet er dort dagegen als *öffentliche Rechtfertigung* (*public justification*).[104]

Wenn man das politische Überlegungsgleichgewicht, der Klarheit halber, wie folgt verstehen möchte als »ein weites Überlegungsgleichgewicht, das ausschließlich aus politischen Überzeugungen, Prinzipien und Hintergrundtheorien besteht«, kann dies in Verhältnis zur Rawlschen Terminologie des generellen und vollen Überlegungsgleichgewichts gesetzt werden. Ein politisches Überlegungsgleichgewicht wäre dann eine notwendige (aber nicht hinreichende) Bedingung für ein volles Überlegungsgleichgewicht.

103 Daniels 1996, 149.
104 Vgl. Rawls 1995, 141–145.

Und ein politisches Überlegungsgleichgewicht wäre genau dann ein volles Überlegungsgleichgewicht, wenn es zusätzlich ein in einem übergreifenden Konsens tatsächlich sozial etabliertes Überlegungsgleichgewicht – ein generelles Überlegungsgleichgewicht – ist.

Man sollte darüber hinaus allerdings klarstellen, wie man die zugehörigen Methoden, zu den eben definierten Überlegungsgleichgewichtszuständen verstehen sollte.[105] Die *Methode des politischen Überlegungsgleichgewichts* etwa, könnte verstanden werden als eine individuelle Methode, in der ein Akteur – beispielsweise eine Philosophin – versucht ein politisches Überlegungsgleichgewicht herzustellen, das in einem übergreifenden Konsens angenommen werden könnte. Die *Methode des vollen Überlegungsgleichgewichts* könnte dann als eine genuin soziale verstanden werden, in dem Akteure – beispielsweise wieder die Philosophin – versuchen, einer Öffentlichkeit aus anderen berechtigten Akteuren gegenüber bestimmte Anpassungen im politischen Überzeugungssystem als Vorschlag mit dem Ziel zu unterbreiten, ein politisches Überlegungsgleichgewicht herzustellen, das auch ein volles ist, und diese Vorschläge von den anderen Akteuren angenommen und abgelehnt werden müssen. Im ersten Fall – der Methode des politischen Überlegungsgleichgewichts – unternimmt eine einzelne Person im Sinne der Methode Anpassungsleistungen mit dem Ziel des Überlegungsgleichgewichts, das als volles akzeptiert werden kann, im zweiten Fall – der Methode des vollen Überlegungsgleichgewichts – kann eine einzelne Person nur derartige Anpassungsvorschläge in den öffentlichen Raum stellen, die dann von den anderen Akteuren erst nachvollzogen und akzeptiert werden müssen, damit aus dem vorgeschlagenen politischen Überlegungsgleichgewicht auch ein volles wird. Denn ein rein politisches Überlegungsgleichgewicht gibt uns – mit Rawls Worten – nur eine *pro tanto Rechtfertigung*. Für eine (volle) *öffentliche Rechtfertigung* benötigen wir das volle Überlegungsgleichgewicht.[106] Es ist allerdings – zumindest nicht direkt – die Aufgabe derjenigen, die im Rahmen der Methode des vollen Überlegungsgleichgewichts einen Vorschlag zur Anpassung präsentiert, die allgemeine Akzeptanz dieses Vorschlags – und damit einer bestimmten Interpretation des politischen Moduls – sicherzustellen. Dies ist in jedem Fall etwas, dass nur gemeinsam und in Abhängigkeit mit den anderen Akteuren (und dem Hintergrund ihrer umfassenden Lehren) getan werden kann. Man kann daher als einzelner Akteur innerhalb der Methode des vollen Überlegungsgleichgewichts nicht sicherstellen,

105 Vgl. auch Baderin 2017, insb. 5–10 (man könnte die Tabelle Baderins auf Seite 5, vielleicht um die Kategorie »Ziel der Methode« ergänzen).

106 Vgl. Rawls 1995, 141–145.

dass andere einen sinnvollen Vorschlag, der zu einem politischen und vollen Überlegungsgleichgewicht führen könnte, auch tatsächlich akzeptieren. Zwar kann man Sorge dafür tragen, dass die Akzeptanz eines Vorschlags nicht erschwert wird, indem man sorgfältig versucht andere mögliche Perspektiven einzunehmen und alternative Interpretationen zu berücksichtigen – was als Teil der Methode sowohl des politischen als auch des vollen Überlegungsgleichgewichts verstanden werden sollte – doch gesichert erreichen kann man als einzelne Person methodisch nur ein politisches Überlegungsgleichgewicht, das man der Methode des vollen Überlegungsgleichgewichts nach im öffentlichen Raum zu präsentieren hat, wenn es gute Chancen hat, als volles anerkannt zu werden. Man könnte auch annehmen, dass die Methode des vollen Überlegungsgleichgewichts einen als Akteur verpflichtet konstruktive Kritik zu üben, wenn man einem Anpassungs- oder Interpretationsvorschlag nicht zustimmt.

Außerdem könnte man die politische Öffentlichkeit, in der verschiedene Akteure sich als Teilnehmer des öffentlichen Vernunftgebrauchs zusammenfinden und interagieren, selbst als einen epistemischen Akteur denken. Gruppen von epistemischen Akteuren könnten, wenn sie sich auf gemeinsame Regeln einigen, wie gemeinsame epistemische Entscheidungen zu vollziehen sind (etwa Aussagen zu bewerten sind und Uneinigkeiten zu lösen sind), einen kollektiven epistemischen Akteur schaffen. Man denke an eine verfassunggebende Versammlung, ein Parlament oder ein Gericht, die eben alle auch als eine Art kollektiver epistemischer Akteur agieren müssen.

Dadurch, dass das volle Überlegungsgleichgewicht (zumindest teilweise) als ein sozial verfasster epistemischer Zustand verstanden werden muss, und die zugehörige Methode in diesem Zusammenhang ebenso als eine soziale anzusehen ist, ergibt sich Raum für neue Kritik an der Methode: Man könnte sich etwa fragen, wie es – beispielsweise angesichts der Bürden des Urteilens – sein kann, dass wir uns bei den politischen Überzeugungen (in Form von wohlüberlegten Urteilen, Prinzipien und Hintergrundtheorien) auf einen übergreifenden Konsens überhaupt einigen können, und damit die Grundlage eines solchen liberalen Rechtfertigungsmodells hinterfragen. Gilt hier nicht auch, dass wir mit einem vernünftigen Pluralismus, einem vernünftigen Dissens, zu rechnen haben und wir uns statt eines unrealistischen Rechtfertigungsmoduls lieber mit einem auf die rein prozedurale Demokratie festgelegten modus vivendi zufriedengeben?[107] Eine Antwort, die Rawls hierauf geben könnte, wäre vielleicht, dass wir tatsächlich davon ausgehen müssen, dass auch in dem,

107 Ich danke Claudia Brändle, Simeon Imhoff und Hans-Jürgen Link für Diskussionen zu diesem Thema.

was wir als einen übergreifenden Konsens betrachten – oder zumindest als den Rumpf eines beginnenden übergreifenden Konsenses (wenn wir uns in der nicht-idealen Theorie bewegen würden) – einen gewissen Grad an vernünftigem Dissens annehmen müssten.[108] Dieser Grad an vernünftigem Dissens wäre nach Rawls Auffassung aber weitaus geringer, als in Bezug auf umfassende Lehren. Wie ließe sich das erklären?

Erstens müssen in den übergreifenden Konsens Überlegungen eingehen, die auszeichnen was als wissenschaftliche Methode und Tatsachen überhaupt akzeptiert werden soll. Dabei wird sich nicht vermeiden lassen, einen vernünftigen Dissens in einem gewissen Rahmen auch innerhalb von wissenschaftlichen Hintergrundtheorien zuzulassen.[109] Das gilt sowohl für eine formale Wissenschaft wie die Mathematik, als – noch mehr – für die Physik oder gar eine Sozialwissenschaft wie die Ökonomie. Nun sind ökonomische Theorien jedoch höchst relevant für die Frage, welche ökonomische Verfassung oder Gesetzgebung etwa vor dem Hintergrund der Prinzipien der Gerechtigkeit vertreten werden soll. Ob und in welchem Maß beispielsweise Enteignungen zulässig sind, wäre wenigstens zum Teil auch von den ökonomischen Hintergrundtheorien abhängig. Im gleichen Maß sind wohl pädagogische und psychologische Theorien relevant für eine Ausgestaltung etwa des Schul- und Bildungswesens einer Gesellschaft. Selbst wenn wir also einen perfekten Konsens in Bezug auf die Prinzipien der Gerechtigkeit haben, ist in Bezug auf die Ausgestaltung der Grundstruktur der Gesellschaft ein vernünftiger Dissens – und damit Parteipolitik oder agonale Basisdemokratie – möglich. Solange man dem politischen Gegner bei Niederlagen in derartigen Konflikten eine vernünftige divergierende Überzeugung unterstellt, und die darauf basierende Politik geteilte Ziele verfolgt (auf die man sich einigen kann, weil es bei deren Begründung einen recht robusten Konsens gibt), sind solche Niederlagen akzeptabel. Sie sind zumindest weitaus akzeptabler, als wenn auch die Ziele der Politik, aufgrund eines vernünftigen Dissenses, andere als die eigenen wären.

Zweitens ist es nicht völlig unplausibel, dass wir in Bezug auf grundlegende politische Urteile (Rawls Beispiel: »Sklaverei ist ungerecht«, oder – einige andere Beispiele: »Völkermord ist abscheulich«, »Du sollst nicht (ohne guten Grund) töten«, »Auf diese friedlichen Demonstranten darf nicht geschossen werden«) – also in der Sphäre des Rechten – eine größere Einigkeit vorfinden,

108 Rawls und Daniels erwarten beispielsweise eine vernünftige Spannung bei der Bestimmung der Grenze zwischen dem Politischen und dem Bereich der umfassenden Lehren durch die umfassenden Lehren selbst. Vgl. Daniels 1996, 158f., 171–174.

109 Mehr hierzu unter anderem in Abschnitt 4.2.4.

als in spezielleren Fragen des guten Lebens (»Du sollst deinen Partner nie anlügen«). Auch die Gewichtung von Überzeugungen – die ja in den Bürden des Urteilens allgemein als Problem identifiziert wird – kann bei grundlegenden politischen Fragen unter Bürgern durchaus ähnlich ausgeprägt sein: es geht ja stets um sehr fundamentale Fragen. Die These wäre dann: In der Sphäre des Rechten besteht mehr Einigkeit als in der umfassenden Sphäre des Guten, aber Dissens ist – beispielsweise selbst bei einem ansonst perfekten Konsens (einer idealisierenden Annahme) – noch über den vernünftigen Dissens in den Wissenschaften oder wissenschaftlichen Beurteilung von Tatsachen gegeben.[110]

Das Überlegungsgleichgewicht wird in seiner sozial verfassten Form – aber wahrscheinlich auch schon in der persönlichen – daher sicherlich fast nie erreicht und bleibt ein Ideal, das angestrebt wird. Und selbst wenn es im Politischen zu einem bestimmten Zeitpunkt einmal erreicht würde, wäre man nicht sicher, ob der Prozess des Einbringens von Überzeugungen und abwägenden Argumenten im nächsten Moment wieder aufgegriffen wird, weshalb der diskursive Raum des öffentlichen Vernunftgebrauchs stets offen bleibt. Wenn man dies akzeptiert, akzeptiert man auch, dass öffentliche Rechtfertigung ein Ideal ist, das angestrebt werden sollte, aber wahrscheinlich nicht erreicht werden kann. Rawls und Daniels scheinen also davon auszugehen, dass auch schon eine Annäherung an diese Ideale ausreicht, damit eine reale Gesellschaft, die auf einem nicht-idealen öffentlichen Vernunftgebrauch gründet, stabil sein kann: Welcher Grad an Perfektion erreicht sein muss, ist eine kontingente empirische Frage – wir wissen nur: er sollte so hoch wie möglich sein. Gesteht man zu, dass dies eine realistische Annahme ist, ist vielleicht der möglichen Kritik an der Idee des vollen Überlegungsgleichgewichts, die auf die Möglichkeit von tiefen Dissensen zwischen vernünftigen Bürgern aufgrund etwa der Bürden des Urteilens auch in der Sphäre des Rechten oder Außermoralischen hinweist, etwas die Kraft genommen worden.

Dass die Methode des Überlegungsgleichgewichts, wie eben erwähnt, selbst im idealen Fall auf keinen stabilen Zustand hinausläuft, ist wichtig für das Verständnis des vollen Überlegungsgleichgewichts und der zugehörigen Methode: Eine Rechtfertigung muss aus praktischen Gründen – damit eine Entscheidung gefällt und gehandelt werden kann – zwar irgendwann enden, doch dies ist im

110 Man müsste hierfür (ebenso wie in Bezug auf umfassende Lehren) annehmen, dass die Personen im Urzustand nicht wissen, welche wissenschaftliche Theorie (etwa innerhalb der Ökonomie) sie vertreten werden. Im Urzustand kann man sich also auf nur wissenschaftliche Positionen beziehen, die relativ unstrittig sind (etwa, dass Leistungsanreize zu einer Steigerung der Produktion führen können). Dies ist ausdrücklich die Position von Rawls. Vgl. Rawls 2006, 326.

Rahmen des Überlegungsgleichgewichts nach Rawls immer nur ein vorläufiges Ende, das dann erreicht wird, wenn man nach gebührendem Nachdenken begründet annehmen kann, dass im Hinblick auf einen zeitlichen Rahmen alle relevanten Überzeugungen gegeneinander abgewogen und systematisiert wurden (also sozusagen, aufgrund einer epistemisch-ökonomischen Metaüberzeugung über die hinreichende Vollständigkeit der Überlegungen und die Dringlichkeit einer Entscheidung, die selbst ein Teil des Überlegungsgleichgewichts ist). Diese Annahme kann, auch wenn die Rechtfertigung damit vorläufig ausgesetzt wurde, stets wiederum begründet in Zweifel gezogen werden. Damit endet die Methode des Überlegungsgleichgewicht – auch die des vollen Überlegungsgleichgewichts im Politischen – niemals ganz, so wie auch die deliberative Demokratie stets diskursiv bleibt und nie etwas völlig abschließend klärt, auch wenn irgendwann ein vorläufiges Ende gefunden werden muss, damit man politisch handeln kann. Auch mit Blick auf die Frage, wann der richtige Zeitpunkt ist, eine Debatte vorläufig zu beenden, kann man Schwierigkeiten für eine Einigkeit im öffentlichen Vernunftgebrauch erkennen. Doch auch dies wären Spannungen, die eine reale Gesellschaft, die zu einem hohen Grad auf einem rawlsschen vollen Überlegungsgleichgewicht aufbaut, wahrscheinlich aushalten muss, aber vielleicht auch aushalten kann.[111]

Als Beispiel für etwas, dass dem Ideal des öffentlichen Vernunftgebrauchs in der Realität manchmal nahekommt, führt Rawls den Argumentationsprozess an, der von Richterinnen und Richtern in Verfassungsgerichten – etwa dem *Supreme Court* der Vereinigten Staaten – bei ihrer Urteilsfindung genutzt wird.[112] Gerichte insgesamt – das verdeutlicht die *Justitia* mit Waage und Augenbinde als Symbol des Rechtswesens und der Gerechtigkeit seit der Neuzeit – haben mit ihrer Pflicht zur unparteiischen Abwägung von Indizien und Werten eine große Affinität zu so etwas, wie der Methode des vollen Überlegungsgleichgewichts als einem Ideal.[113] In Bezug auf die mögliche Wirkungsweise des vollen Überlegungsgleichgewichts als Methode in realen Gesellschaften, sollte man aber vielleicht abschließend den Blick auch auf alltäglichere Prozesse des öffentlichen Vernunftgebrauchs richten, welche die öffentliche Meinung längerfristig dennoch beeinflussen: Politische Diskussionen unter Freunden, der Feuilletonbeitrag sowie die kritische Feuilletonlektüre oder die Teilnahme an einer Demonstration sollten ebenso als Akte des öffentlichen Vernunftgebrauchs angesehen werden können. Auch wenn die

111 Vgl. Rawls 2003, 177; vgl. Rawls 2006 208ff.

112 Vgl. Rawls 2003, 33–345 (6. Vorlesung, § 6); vgl. Rawls 1979, 561; vgl. Rawls 2006, 60.

113 Das Abwägen passt zur Idee des Überlegungsgleichgewichts in jedweder Form, die Augenbinde zum Urzustand und der Idee der Unparteilichkeit.

Vereinigten Staaten keine Gesellschaft sind, deren Grundstruktur durch die Rawlsschen Prinzipien gerechtfertigt sind, könnte man einen beginnenden übergreifenden Konsens und damit die implizite sowie unvollkommene Nutzung der Methode des vollen Überlegungsgleichgewichts zu einem gewissen Grad darin erkennen, dass der Widerspruch zwischen der »selbstevidenten Wahrheit«, dass alle Menschen gleich sind, und der Diskriminierung der afroamerikanischen Bevölkerung, die durch das Ende der Sklaverei und der Segregation beileibe nicht aufgehoben wurde, in zunehmendem Maße durch Argumente geleitet verringert wurde. Einen ähnlichen Prozess könnte man mit Blick auf die Bundesrepublik oder andere liberale Länder bei der zunehmenden rechtlichen Gleichstellung (sowie Entkriminalisierung und Entschädigung) Homosexueller erkennen. Die Methode des vollen Überlegungsgleichgewichts wäre dann, in Bezug auf unvollkommene Gesellschaften und einen unvollkommenen öffentlichen Vernunftgebrauch, etwas, bei dem wir davon ausgehen müssen, dass die Wirksamkeit eines guten Arguments und der dadurch entschiedene Abwägungs- und Anpassungsprozess manchmal ganze Dekaden politischer Auseinandersetzung benötigt. Ob eine solche Sichtweise das Gewicht von öffentlicher Argumentation für historische Entwicklungen jedoch nicht überbewertet, müsste natürlich auch empirisch untersucht werden.[114]

---

114 Und selbst wenn das empirische Urteil die These zu einem gewissen Grad bestätigt, dass wir von der Wirkmacht eines unvollkommenen öffentlichen Vernunftgebrauchs ausgehen könnten, kann man sich mit Blick auf Verwerfungen der aktuellen politischen Kultur die Frage stellen, ob der übergreifende Konsens nicht eher im Abnehmen begriffen ist.

KAPITEL 4

Eine Ideengeschichte des Überlegungsgleichgewichts?

Den generellen historischen Hintergrund von Rawls' *Eine Theorie der Gerechtigkeit* hatte ich bereits angerissen (Abschnitt 3.1.). Doch wie ist nun die Idee des Überlegungsgleichgewichts als besonderes Element dieser Theorie historisch eingebettet? Diese Frage ist zweifelsohne ideengeschichtlich relevant, da das Überlegungsgleichgewicht ein Konzept ist, auf das sich viele zeitgenössische Denkerinnen und Denker beziehen. Die historische Einbettung ist aber auch systematisch interessant, weil sie Bezüge zu anderen Konzepten herstellt. Eine ideengeschichtliche Untersuchung der Idee des rawlsschen Überlegungsgleichgewichts könnte an dieser Stelle allerdings mehrere Formen annehmen:

1. Man könnte anreißen, wie sich die Idee des Überlegungsgleichgewichts in Rawls' eigenem Werk entwickelt und konkretisiert hat. Denn schon bevor sich Rawls des Ausdrucks »Überlegungsgleichgewicht« bedient hat, hatte er zur Methodologie des moralischen und politischen Philosophierens geforscht. Findet man in seinen frühen Werken neue Informationen zur Interpretation der Überlegungsgleichgewichtsidee?
2. Man könnte diejenigen Bezüge der Überlegungsgleichgewichtsidee zu anderen philosophischen Konzepten untersuchen, auf die Rawls selbst explizit verweist. Wen bringt er aus welchen Gründen in Verbindung mit seiner Konzeption der Rechtfertigung?
3. Man könnte systematisch in der Geschichte der Philosophie nach Konzeptionen der Rechtfertigung suchen, die der Methode des Überlegungsgleichgewichts ähnlich sind oder ihr entsprechen. Welche Denkerinnen und Denker haben in der Philosophiegeschichte die Methode des Überlegungsgleichgewichts verwandt, vorgeschlagen oder untersucht?

Ausgeschlossen werden muss an dieser Stelle die dritte Option, und dies vor allem aus einem systematischen Grund: Was genau nun ein Überlegungsgleichgewicht ausmacht, soll hier ja erst weiter erarbeitet und konkretisiert werden. Rawls' und Daniels' Darstellungen der Methode lassen viele Fragen offen und es existieren weitere bedeutende Überlegungsgleichgewichtskonzeptionen, insbesondere die von Catherine Elgin und Michael DePaul, die hier noch exemplarisch behandelt werden. Was alle vertretenen Überlegungsgleichgewichtskonzeptionen gemeinsam haben könnten, ist also eine

 | DOI:10.30965/9783969752500_005

offene Frage, deren Beantwortung notwendig ist, um nach ähnlichen Rechtfertigungskonzeptionen in der Geschichte der Philosophie suchen zu können.

Allerdings sollen die beiden ersten Punkte im Folgenden, wenn auch nicht erschöpfend dargestellt, so jedoch skizziert werden – denn dies ist auch dann möglich, wenn man viele offene Fragen bezüglich der Überlegungsgleichgewichtsidee noch nicht beantworten kann.

4.1 Die Ursprünge der Methode bei Rawls

Vor der Veröffentlichung von *A Theory of Justice* 1971 hat Rawls lediglich eine überschaubare Anzahl an Texten veröffentlicht, die für das Interesse am Überlegungsgleichgewicht zweifelsfrei interessant sind. Zu nennen sind hier insbesondere seine Dissertation aus dem Jahr 1950 (Princeton) unter dem Titel *A Study in the Grounds of Ethical Knowledge: Considered with Reference To Judgments on the Moral Worth of Character*,[1] sowie der Aufsatz *Outline of a Decision Procedure for Ethics*,[2] der ein Jahr nach der Dissertation veröffentlicht wurde und bestimmte Aspekte aus der Doktorarbeit zusammenzufasst. Der Aufsatz wird zwar aufgrund seiner Zugänglichkeit öfter rezipiert als Rawls' Dissertation, ist aber weniger detailliert was methodische Fragen angeht und geht inhaltlich in diesem Bereich auch nicht wesentlich über die Dissertation hinaus, weswegen ich im Folgenden hauptsächlich die Dissertation von Rawls behandeln möchte.[3]

Der Titel von Rawls Dissertation legt bereits sehr nahe, dass hier Elemente zu finden sein müssen, die später für die Idee des Überlegungsgleichgewichts eine Rolle gespielt haben – verweist er doch (zumindest auch) auf die Untersuchung oder den Vorschlag einer Methode der Rechtfertigung oder Erkenntnis im moralphilosophischen Bereich. Tatsächlich besteht Rawls' Dissertation

---

1 Vgl. Rawls 1950.

2 Vgl. Rawls 1951.

3 Untersuchenswert wären allerdings mehrere unveröffentlichte Texte: Etwa ein Aufsatz von Rawls unter dem Titel *A Brief Inquiry into the Nature and Function of Ethical Theory* aus dem Jahr 1946 (als Rawls ein »first year graduate student« war) – dieser Aufsatz scheint nach der Zusammenfassung von David A. Reidy eine Vorstufe zur Dissertation gewesen zu sein und wäre vor allem wegen der dort präsentierten Analogie der philosophischen Methode zu einer »Denkmaschine« (»reasoning maschine«) interessant – hierzu mehr in Kapitel 11 der vorliegenden Arbeit. Vgl. Reidy 2014, 12–18. Zwei weitere Aufsätze, die zu untersuchen wären und ebenfalls unveröffentlicht sind, haben die Titel *The Origin of Ethical Reflection* (1949) und *Nature of Ethical Thought* (letzterer zumindest teilweise textgleich mit *Section 1* von Rawls' Dissertation). Vgl. Botti 2019, 107ff. Vgl. Gališanka 2019, 45–64.

zu einem großen Teil aus einer ausführlichen Diskussion einer moralphilosophischen Methodik.

Das Ziel Rawls' Doktorarbeit ist es, eine Methode dafür aufzuzeigen, wie ethische Prinzipien, die unser Handeln anleiten können, entdeckt und als gültig ausgezeichnet werden:

> »The present essay is an attempt to state the manner in which ethical principles are discovered and validated«.[4]

Dies, freilich dann als normatives Unterfangen verstanden, sei nach Rawls deswegen wichtig, weil zwei Formen des Umgangs mit Moral die Demokratie bedrohten:

Die erste Form hatte ich bereits im Zusammenhang mit dem ideengeschichtlichen Hintergrund von *Eine Theorie der Gerechtigkeit* angerissen: Es handelt sich um die in der englischsprachigen Philosophie seinerzeit vorherrschende Position des logischen Empirismus bzw. »Positivismus«, nach der ethische Urteile nicht wahrheitsfähig sind und daher nonkognitivistisch als Wünsche, Aufforderungen oder Präferenzen zu deuten seien. Das kann einer rationalen Diskussion und Kritik ethischer Prinzipien den Boden entziehen, insofern vor diesem Hintergrund normative Untersuchungen als sinnlose Unterfangen betrachtet werden, die den Charakter moralischer Äußerungen missverstehen.

Die zweite gefährliche Auffassung von Moral sei die eines dogmatischen und autoritären Abbruchs zugunsten einer bestimmten Institution: Etwa zugunsten des Staats, der Partei, der Tradition oder der Kirche. Auch eine blinde Delegation der kritischen Auseinandersetzung an Algorithmen (eine mechanische Methode), würde Rawls wohl als eine Form des Autoritarismus betrachten.[5]

Die beiden Formen des Umgang mit Moral (Nonkognitivismus und Autoritarismus) verbindet nach Rawls, dass mit ihnen keine sinnvolle öffentliche Diskussion und vor allem – was Rawls an mehreren Stellen betont – keine rationale Kritik und Reform der (moralischen) Grundlagen einer Gesellschaft möglich ist: Das Lebenselixier einer demokratischen Ordnung sei durch beide Auffassungen bedroht.

> »Now what is the effect of the two views? Plainly we all have to make decisions, and plainly we need some guide. Therefore the effect of negating rational argument is to usher in other only too well-known techniques of guiding choices and deciding social policy. The result is to encourage in social life just those elements

4 Rawls 1950, 1.

5 Vgl. Rawls 1950, 11, 68f. Siehe auch Kapitel 11 der vorliegenden Arbeit.

which, in democratic countries, we have tried to get rid of: the authoritarian, the arbitrary and the irrational.«[6]

Die Form der rationalen Diskussion ethischer Prinzipien, die Rawls befürwortet und die er den beiden anderen Positionen gegenüberstellt, wird von ihm zuallererst als ein *fallibilistischer* Ansatz charakterisiert, der stets die Möglichkeit des Irrtums zugestehe und letztlich in den gemeinsamen moralischen Überzeugungen freier und vernünftiger Personen begründet sei:

> »The view of moral authority, as adopted in the present essay, is that it can finally be located only in the collective sense of right of free and intelligent men and women. Even then, such an authority is not final, or infallible. The appeal to it is in the nature of a test of right.
>
> Those principles of law and morals are finally authoritative which reasonable men can willingly adopt as their own, and because they feel them to be right and just after the widest inquiry has been made on the questions involved. Needless to say, it is possible even here to make mistakes. It is a maxim of wisdom, and a part of humility, to admit that we can all, singly and together, fall in error.«[7]

Doch wie sieht das methodische Vorgehen, das Rawls vorschlägt genau aus? Die Methode kann in zwei Elemente eingeteilt werden, die man sich wahrscheinlich nach Rawls auch als zeitlich aufeinander folgende Phasen denken kann:[8]

Das erste Element der Methode (Beschrieben in Teil I seiner Dissertation) dient der »Entdeckung« von ethischen Prinzipien, die unsere alltäglichen moralischen Commonsense-Urteile explizieren. Das soll heißen, dass eine Person, die das »entdeckte« Prinzip anwendet, um zu moralischen Urteilen zu gelangen, in den meisten Fällen dieselben Urteile treffen sollte, die normalerweise von vernünftigen und freien Menschen in diesen Fällen getroffen werden. Er verweist explizit auf ein sprachanalytisches Vorgehen und die »analytische Schule«.[9] Ausgehend von unseren alltäglichen Urteilen können wir dann induktiv[10] zu derartigen Kandidaten für überprüfenswerte ethische Prinzipien

---

6 Rawls 1950, 7. Vgl. auch Botti 2019, 108f.

7 Rawls 1950, 8. Vgl. Rawls 1950, 9. Vgl. auch Botti 2019, 108f.

8 So auch die Deutung von Mäkinen & Kakkuri-Knuuttila 2013, 8, 12ff.

9 Diese sieht er paradigmatisch von Russell repräsentiert. Vgl. Rawls 1950, 72. An anderer Stelle bezieht er sich explizit auf die »Cambridge school of analysis«, die er durch Moore und Wittgenstein repräsentiert sieht, nach denen es hilfreich für die Untersuchung der Bedeutung eines Begriffs sei, seine Verwendung in der alltäglichen Sprache zu studieren. Eine Gleichsetzung der Bedeutung mit dem Gebrauch lehnt Rawls dabei explizit ab. Vgl. Rawls 1950 249.

10 Rawls bezeichnet dies als ein Vorgehen gemäß der »inductive logic« und der »canons of evidence«; er bezieht sich umfangreich auf Rudolf Carnap. Vgl. Rawls 1950, 14. Vgl. auch Gališanka 2019, insbes. 45–62.

gelangen – Rawls spricht davon, dass wir die Urteile sozusagen heuristisch nutzen und sieht eine gewisse Analogie zu Daten in der Naturwissenschaft – er will jedoch explizit ethische Untersuchungen nicht mit naturwissenschaftlichen Untersuchungen gleichsetzen.[11] Rawls schränkt aber auf zweierlei Weise die Klasse der moralischen Urteile ein, welche bei der Untersuchung berücksichtigt und von den ethischen Prinzipien expliziert werden sollen:

1. Erstens – und hier geht Rawls deutlich weiter als in *A Theory of Justice* – sollen nur die Urteile kompetenter Moralbeurteiler expliziert werden. Diese Einschränkung soll aber äußerst weitmaschig sein und auf keinen Fall Personen auf ungerechtfertigte diskriminierende Weise als kompetenten Moralbeurteiler ausschließen (also beispielsweise auf Grund von rassistischen oder sexistischen oder klassenbehafteten Vorurteilen).[12] In der Geschichte der Ethik habe diese Frage eine besondere Rolle gespielt, da oft auf die Urteile bestimmter weiser Personen verwiesen wurde – etwa auch bei den *Oxford Intuitionists*:[13] Diese beriefen sich darauf, dass »wir« bestimmte Intuitionen teilten, meinten damit aber nur ihren akademischen Umkreis. Dies ist eine übermäßige und daher verfälschende Einschränkung nach Rawls. Nach Rawls Ansicht müssen wir die Urteile aller fähigen gewöhnlichen Menschen (mit oder ohne akademischen Hintergrund) als Urteile ansehen, die wir berücksichtigen müssen. Berücksichtigt werden müssen also insbesondere die moralischen Urteile des sogenannten Commonsense.[14] Doch welcher gewöhnliche Mensch ist auch »fähig« im Sinne der moralischen Urteilsbildung? Hier stellt Rawls mehrere Bedingungen auf:[15]
    a. Die Person muss eine gewisse intellektuelle und emotionale Reife entwickelt haben (man müsse aber davon ausgehen, dass die Mehrheit aller Erwachsenen diese Reife tatsächlich entwickelt haben).[16]

---

11 Wenn man diesen Passagen und dem Teil III der Dissertation weniger Gewicht gibt kann dies zu gegensätzlichen Deutungen von Rawls' Methode als einem moderaten Fundamentalismus führen, was meiner Ansicht nach falsch ist. Ein Beispiel für eine solche Deutung ist Mäkinen & Kakkuri-Knuuttila 2013. Ich komme hierauf im Weiteren nochmals zurück.

12 Vgl. insbesondere Rawls 1950, 30–44 (Part I, Section 3, »Whose Judgements?«).

13 Rawls bezieht sich beispielhaft auf E. F. Carritts *Ethical and Political Thinking*, vgl. Rawls 1950, 31.

14 Dies ist vor allem auch interessant für die Deutung von Rawls späterem Werk – insbesondere von *A Theory of Justice* – wo er auch von den Urteilen von »dem Leser und dem Verfasser« spricht. Damit meint er dann also ganz sicherlich nicht nur seine akademischen Leserinnen und Leser, sondern jede vernünftige Person, der wir im Alltäglichen begegnen können. Vgl. Rawls 1979, 70.

15 Vgl. Rawls 1950, insbesondere 32–36.

16 Vgl. Rawls 1950, 32f.

b. Die Personen müssen über ein gewisses empirisches Wissen über die Welt verfügen (wenn etwa bestimmtes Faktenwissen fehlt, könnte dies verfälschende Auswirkungen auf konkrete moralische Urteile haben).[17]

c. Die Personen müssen in einem bestimmten Sinn die Tugend der Vernunft besitzen: Das soll heißen, dass sie disponiert sind, tatsächlich nach Wahrheit zu streben und dabei intellektuell integer zu bleiben: »A resonable man will admit the evidence even when it goes against his interests. A reasonable man is therefore an intellectually honest man«[18] Selbstverständlich gehören zu den Standards intellektueller Integrität auch die Disposition rationale Schlüsse zu ziehen (also dass man sich einen unliebsamen Fakt, nicht einfach wegrationalisiert), es gehe nach Rawls hier aber weniger um die bewusste Befolgung logischer Prinzipien (was eine große Anzahl von Personen ausschließen würde), sondern um das regelgedeckte Handeln – als Bild böte sich nach Rawls eher die aufrechte Suche nach Wahrheit bei einem Gerichtsverfahren an.[19]

d. Eine vierte abschließende Bedingung besteht darin, dass die Personen, deren moralisches Urteil man berücksichtigen muss, eine gewisse Fähigkeit zur Empathie entwickelt haben müssen (»a certain amount of sensitivity for the feelings and interests of other people«[20]). Kritisch hinterfragen könnte man diese Bedingung, indem man anführt, dass dies schon mit der ersten Bedingung (der moralischen und intellektuellen Reife) und der zweiten Bedingung (dem Wissen über die Welt) abgedeckt wäre. Rawls Antwort hierauf könnte sein, dass es sich hier ebenso wie bei der dritten Bedingung eher um eine Tugend handelt: es geht darum eine bestimmte Disposition zu haben und tatsächlich in bestimmten Situationen bestimmte Gefühle entwickeln zu können – dies wäre allerdings in erster Linie aus epistemischer Sicht interessant.[21] Obwohl es sich laut Rawls bei dem »vernünftigen Menschen«, dessen moralische Urteile berücksichtigt werden müssen, um ein Ideal handelt, sollten wir doch annehmen, dass die meisten Menschen diesem Ideal zumindest größtenteils ausreichend nahekommen;

17 Vgl. Rawls 1950, 33f.
18 Rawls 1950, 35.
19 Vgl. Rawls 1950, 36.
20 Rawls 1950, 37.
21 Vgl. Rawls 1950, 37f.

und wir erwarten eine solche ausreichende Erfüllung des Ideals auch von jedermann.[22] Ganz explizit möchte Rawls verhindern, dass Menschen allein aufgrund ihres sozialen Status, ihrer Klasse, Nationalität, Hautfarbe, Weltanschauung, Religion oder etwas Ähnlichem von der Menge vernünftiger Personen ausgeschlossen werden könnten – es soll alleine an Eigenschaften gemessen werden, die menschliche Wesen überall erfüllen können.[23] Das Ideal und auch der Standard ausreichender Erfüllung sei selbstverständlich vage und wir müssen uns bei der Beurteilung, ob der Standard erreicht ist ebenso auf spontane Urteile berufen.[24]

2. Zweitens handelt es sich zu einem großen Teil um die Einschränkungen, die später auch bei den *wohlüberlegten Urteilen* (*considered judgements*) im Rahmen des Überlegungsgleichgewichts in Rawls Theorie vorgenommen werden: Es sollen nur die Urteile berücksichtigt werden, die man unparteiisch trifft und bei denen man in einer Stimmung ist, die nicht zu Verzerrungen des Urteils führt – also wenn man etwa sehr erregt ist, die eine gewisse Stabilität haben und ausreichend bestimmt sind.[25] Insgesamt kann man von der Ausdrucksweise her schon recht konkret einen Bezug zu den bekannten wohlüberlegten Urteilen aus Rawls' späterem Werk finden – etwa bei folgender Stelle: »[...] ultimately I wish to say that certain common judgements reflect the considered and thoughtful opinion of reasonable men, and that, as such, they have some weight.«[26] Im Unterschied zu den wohlgeordneten Urteilen im Überlegungsgleichgewicht sollen diese rationalen Urteile allerdings keinesfalls bereits von ethischen Theorien oder Prinzipien beeinflusst sein – sie sollen dementsprechend »spontan« sein, was eine Zirkularität vermeide.[27] Beim Überlegungsgleichgewicht hingegen scheint es zumindest möglich, dass

22 Vgl. Rawls 1950, 39f.

23 Vgl. Rawls 1950 41f. Allerdings gesteht Rawls die Möglichkeit ein, dass bestimmten Kulturen oder Gesellschaften (etwa einer abgeschiedenen Insel – man könnte an die isolierten Stämme der Andamanen denken) das Wissen über die Welt oder bestimmte Praktiken kritischen Denkens in einer Weise fehlen, die den normalen Mitgliedern dieser Gesellschaft ihre potentielle Entwicklung zu vernünftigen Personen in einer Weise verwehrt, die es notwendig macht diesen Personen abzusprechen rationale moralische Urteile zu haben. Diese Position ist selbstverständlich – auch von Rawls eigener Position her – kritisch hinterfragbar, wenn auch – prima facie – nicht völlig absurd.

24 Vgl. Rawls 1950, 41f.

25 Vgl. insbesondere Rawls 1950, 45–60 (Part I, Section 4, »Which Judgements?«).

26 Rawls 1950, 43f.

27 Vgl. insbesondere Rawls 1950, 44–49. Etwa: »It would be an obvious circularity to verify a theory by judgements which the theory itself had in part determined.«

auch die anfänglichen Urteile bereits durch vertretene Prinzipien (die auch wohlüberlegte Urteile sein können) beeinflusst werden.[28] Diese vordergründige Spannung zwischen den vorgeschlagenen Methoden, kann allerdings durch weitere Textpassagen, in denen einem engen Zirkel ein weiter, umfassender – und dadurch akzeptabler – gegenübergestellt wird, zu einem gewissen Grad relativiert werden.[29] Ein weiterer wichtiger Unterschied zur *Theorie der Gerechtigkeit*, besteht darin, dass die rationalen moralischen Urteile (neben der Auflage, dass sie spontan sein sollen) auch in einem interpersonellen Sinn stabil sein sollen. Das heißt, dass sie nicht nur eine gewisse Zeit überdauern sollen, sondern, dass es auch einen gewissen Konsens in Bezug auf sie gibt (also, dass die meisten Moralbeurteiler sie teilen).[30]

Man könnte versucht sein anzunehmen, dass Rawls hier angesichts dessen, dass induktiv gewonnen Prinzipien, welche die eben spezifizierten rationalen moralischen Urteile explizieren sollen, erkenntnistheoretisch einen szientistischen moderaten Fundamentalismus vertritt.[31] Denn unterstellt er damit nicht zumindest implizit, dass das Gewicht der Rechtfertigung allein auf den moralischen Urteilen lastet und moralische Prinzipien nur dann gerechtfertigt sind, wenn sie solche Urteile auch tatsächlich explizieren können?

Das Fundament der Rechtfertigung bestünde, wenn man dieser Deutung Rawls' Dissertation folgen wollte, in den rationalen moralischen Urteilen, die zwar nicht unfehlbar wären und im Lichte anderer Urteile korrigiert werden könnten, die Prinzipien besäßen dann jedoch lediglich eine abgeleitete Rechtfertigung. Ein solcher Verdacht wird von Rawls' Terminologie an manchen Stellen bestärkt – etwa, wenn er die Rolle der Stabilität moralischer Urteile

28 Im weiteren Verlauf wird deutlich, dass Rawls auch in seiner Dissertation davon ausgeht, dass die rationalen Urteile letztlich mit den gerechtfertigten Prinzipien übereinstimmen sollen und auch von ihnen beeinflusst werden können. Eventuell ist das Verbot eines »Zirkels« an dieser Stelle also dadurch zu erklären, dass Rawls eine phasenhafte Abfolge vor Augen hat, bei der die zu rechtfertigenden Kandidaten für ethische Prinzipien erst heuristisch »entdeckt« werden müssen. Ein solches Vorgehen sieht er in *A Theory of Justice* nicht als methodisch gezwungen an. Wahrscheinlich wendet er sich gegen die Vorstellung Urteile *allein* dadurch zu rechtfertigen, dass sie bereits aus einem Prinzip abgeleitet werden können.

29 Vgl. Rawls 1950, 84: Der Verweis auf die notwendige Weite des Vorgehens, kann bereits als Hinweis auf die Idee des weiten Überlegungsgleichgewichts gesehen werden kann. Abgelehnt wird also m. E. nur ein *zu enger* Zirkel.

30 Vgl. Rawls 1950, 49–52. Dies ist von der Idee des *übergreifenden Konsenses* zu unterscheiden, da dieser nicht direkt bestimmt, welche Urteile wohlüberlegt sind, sondern vielmehr auf das Bestehen konsensualer Urteile angewiesen ist.

31 Vgl. Abschnitt 3.2. der vorliegenden Arbeit.

mit derjenigen der Gleichförmigkeit physischer Ereignisse in den Naturwissenschaften vergleicht.[32] Eindeutig in diese Richtung weist auch folgende Passage, in der Rawls anscheinend den rationalen moralischen Urteilen die Rolle zuerkennt, die *Grundüberzeugungen* (*basic beliefs*) im moderarten Fundamentalismus haben – nämlich, dass sie bereits hinreichend für Wissen sein können:

> »[…] whether the common sense moral judgements are knowledge depends on their general reliability; and in view of numerous preceding comments, my opinion is that they are. This in no way detracts from the fact that we may know more when we can explicate and justify them. Thus we may say that there is the ethical knowledge of the professional moralist – knowledge of the principles and their justification; and there is moral knowledge – the rational judgements of reasonable men. The difference is, of course, great; but it would be more than foolish to deny the title of knowledge to the rational judgements of every day.«[33]

Die Deutung von Rawls' Position als einseitigen moderaten Fundamentalismus wird jedoch fraglich, wenn man hinzuzieht, dass er an anderer Stelle gerade die Unterschiede zwischen den Naturwissenschaften und der Ethik hervorhebt sowie das zweite Element seiner Methode berücksichtigt.[34] Das zweite Element von Rawls' Methode wird erst in Teil III seiner Dissertation erläutert.[35] Mit dem zweiten Element der Methode versucht Rawls eine

32 »Stability amongst the patterns of common sense moral appraisal serves the same part for ethical theory, that unchanging patterns of physical events serve for physical theory.« Rawls 1950, 50. Vgl. Rawls 1950, 19, 48, 58, 102. In früheren Aufsätzen vertrat Rawls anscheinend eine starke Analogie zu den Naturwissenschaften. Vgl. Reidy 2014, 12–18; vgl. Gališanka 2019, insb. 45–62.

33 Eine mögliche weitere Interpretation, wonach es sich hier nicht um einen moderaten Fundamentalismus handelt, wäre, dass Rawls zwischen moralischem und ethischem Wissen trennt: Menschen ohne Rechtfertigung ethischer Prinzipien, die ihre moralischen Urteile plausibilisieren, hätten kein ethisches Wissen – hier sind die Urteile keine Grundüberzeugungen – aber sie hätten moralisches Wissen. Ob solch eine Trennung konsistent sein kann, wenn ethische Prinzipien notwendig sind, um rationale Urteile auch umfassend korrigieren zu können, wäre eine Frage, zu deren Verneinung ich tendiere.

34 Ethik unterscheide sich nach Rawls von den Naturwissenschaften vor allem dadurch, dass rationale Urteile bei einem Konflikt mit ethischen Prinzipien eher verworfen werden können, als etwa Messergebnisse bei Naturwissenschaften. Vgl. Rawls 1950, 92–95, 242, 293ff. Dafür, dass seine Position in der Dissertation letztlich nicht auf einen einseitigen moderaten Fundamentalismus hinausläuft (und sich eventuell gegenüber ersten Ansätzen in früheren Arbeiten weiterentwickelt hat), argumentiere ich im Folgenden. Vgl. auch Reidy 2014, 12–23; vgl. auch Mandle 2014, 130. Eine Gegenposition scheint Gališanka zu vertreten: vgl. Gališanka 2019, etwa 67–70.

35 Rawls führt im Teil II seiner Dissertation beispielhaft aus, wie das erste Element methodisch zu realisieren ist: Hierzu untersucht er einige unserer Commonsense-Urteile

Antwort auf die Frage geben zu können, wie die durch das erste Element gewonnenen Prinzipien zu rechtfertigen seien. Hierzu nennt er mehrere notwendige Bedingungen:[36]

1. Dass die Prinzipien unsere rationalen moralischen Urteile explizieren ist eine notwendige Bedingung und plausibilisiert zu einem gewissen Grad eben schon die Prinzipien. Ähnlich wie in der Wissenschaft Theorien dadurch eine Bestätigung erlangen, dass sie tatsächlich eintretende Ereignisse vorhersagen können (Perspektive in die Zukunft) oder vergangene Ereignisse (hier eben moralische Urteile) explizieren können (Perspektive in die Vergangenheit oder Gegenwart). Dies trägt dazu bei, dass man Gründe dafür hat anzunehmen, einen gewissen Untersuchungsbereich verstehen zu können – und dieses Verstehen sei ein Ziel der Untersuchung: »[...] the proper end of inquiry is to understand the order within the domain under investigation, and the test as to whether this order is understood is how well the theories and laws actually put forward are capable of explaining and predicting the facts within it. Successful explanation and prediction is taken as evidence that we understand.«[37] Man könnte, wie bereits angesprochen versucht sein, Rawls an diesen Stellen einen szientistischen moderaten Bottom-up-Fundamentalismus zu unterstellen, in dem den rationalen Urteilen die alleinige rechtfertigende Kraft zugesprochen wird. Die Prinzipien wären also dann nur mittels der Urteile gerechtfertigt, die ihrerseits bereits gerechtfertigt wären, aber noch systematisiert werden müssten. Man sollte sich mit diesem Urteil aber zurückhalten, bis die anderen Bedingungen der Rechtfertigung erwogen wurden.
2. Die endeckten und akzeptierten Prinzipien sollten außerdem auf andere akzeptierte Prinzipien zurückzuführen sein (wobei an keiner Stelle Unfehlbarkeit angenommen wird). Da dies ansonsten in einen unendlichen Regress führen würde, kann dies aber nicht für Prinzipien der höchsten Ebene gelten.[38]

---

zum moralischen Wert des Charakters einer Person und versucht zu zeigen, dass diese sich durch ein übergeordnetes Prinzip explizieren lassen: dem Prinzip »Geeignete Mittel für geeignete Ziele« (»appropiate means to appropriate ends«) Dieses übergeordnete Prinzip soll in Teil III gerechtfertigt werden. Vgl. Rawls 1950, 108.

36 Ich teile diese Bedingungen in drei einzelne auf – Rawls selbst, etwa in seinem späteren Aufsatz *Outline of a Decision Procecdure for Ethics*, der diese Bedingungen knapp zusammenfasst, spricht von vier Bedingungen. Vgl. Rawls 1951, 187ff.

37 Rawls 1950, 234. Bezüglich des *Verstehens* (*understanding*) als Ziel einer Untersuchung vgl. Rawls 1950, 287.

38 Vgl. Rawls 1950, 261, 271.

3. Folgende Bedingung muss daher für Prinzipien der höchsten Ebene im Weiteren erfüllt sein: Erstens sollten diese Prinzipien nach Rawls intuitiv von vernünftigen Personen akzeptiert werden und hätten durch einen solchen Konsens dann auch eine gewisse eigene Plausibilität.[39] Die Prinzipien müssen sich aber vor allem zweitens allen denkbaren Argumenten stellen und philosophischer Kritik ausgesetzt werden. Nur wenn die Gegenargumente ausgeräumt werden können – wenn dann eine argumentative und kohärente Gesamtbalance zugunsten des Prinzips entsteht – ist das Prinzip gerechtfertigt und damit, auch die dadurch explizierten Prinzipien niedriger Stufe und alle damit zusammenhängenden Maximen und Urteile.[40] Hierbei ist es nach Rawls wichtig zu beachten, dass dieser Prozess es ermöglicht ungerechtfertigte Vorurteile als solche zu erkennen und korrigieren zu können. Rawls Methode ist also eine inhärent kritische Methode und die Fähigkeit zur Kritik und zur Reform wird von ihm an mehreren Stellen betont.[41]

Dass diese notwendigen Bedingungen erfüllt sind, ist nach Rawls hinreichend dafür, dass ein finaler Test der Rechtfertigung bestanden wurde – was nicht heißt, dass nun Irrtum ausgeschlossen ist, sondern nur, dass die ethische Untersuchung vorläufig enden kann.[42]

Wenn man Rawls Bedingungen für den erfolgreichen Abschluss einer ethischen Untersuchung nach gerechtfertigten moralischen Prinzipien betrachtet, kann man erkennen, dass hier bereits wichtige Merkmale des späteren Überlegungsgleichgewichts beschrieben werden. Vor allem an

39 Hier könnte man nun andererseits versucht sein, Rawls einen moderaten Top-Down-Fundamentalismus unterstellen. Etwa wenn Rawls bei der Erkenntnis der Prinzipien eine Analogie zur erkennenden Wahrnehmung zieht (vgl. Rawls 1950, 273–278, aber auch 279ff. & 289). Da man jedoch, wie vorhin besprochen, auch gute Gründe hätte, ihm einen moderaten Bottom-Up-Fundamentalismus zu unterstellen, spricht dies meiner Ansicht nach dafür, dass Rawls gar keinen moderaten Fundamentalismus befürwortet, sondern einen generellen schwachen Fundamentalismus. Diese Interpretation wird durch den zweiten Teil der Bedingung der Rechtfertigung höchster Prinzipien unterstützt. Vgl. Rawls 1950, 271f, 282ff., 285, Eine alternative Interpretation wäre, dass Rawls sowohl rationale Urteile als auch akzeptierte Prinzipien als epistemische Grundüberzeugungen ansieht.

40 Vgl. Rawls 1950, 271–299 (Part III, Section 7), inbesondere 292–299.

41 Vgl. Rawls 1950, 257–270 (Part III, Section 6), insbesondere 265–269; 271–299 (Part III, Section 7), insbesondere 287ff.

42 Vgl. Rawls 1950, 238. Hinzukommt die Bedingung, dass die theoretischen Prinzipien unser Handeln in schwierigen Situationen anleiten können sollen. Vgl. Rawls 1950, 29. Insgesamt scheint Rawls hier auch stark von (einer Interpretation von) Sidgwicks *The Methods of Ethics* beeinflusst. Das gilt sowohl für die Entdeckung der zu rechtfertigenden Prinzipien als auch für die Rechtfertigung der Prinzipien selbst. Vgl. Abschnitt 4.2.3. der vorliegenden Arbeit.

folgenden Stellen wird dies nochmals deutlich (ich zitiere sie ausführlich, da der Text noch nicht verbreitet zugänglich ist):

> »[...] where does the real [final] test [of justification] lie: in physics we know a theory must be modified if it conflicts with a law, but is it true in ethics that we must modify a principle if it conflicts with common sense, or that common sense is wrong, and that it should be modified?
>
> This objection raises difficult questions and I shall try to answer it by considering several different points:
>
> i. The first point necessary to bear in mind is that although there is an analogy between the data of physics and the data of ethics in their respective relations to theories and principles, there are two points of difference. In physics the empirical laws are decisive. Those laws must be explained and a theory is mistaken, or at least requires modification, if it cannot explain them. On the other hand, ethics is not an empirical but a normative science, and while we may begin by seeking to explicate common sense judgements, we may in the end decide that some of them are mistaken, and recommend, on various grounds, that they be changed. We can modify our daily judgements, because they may be thought of as being determined by principles, and we may, by adopting a principle, decide to alter them in accordance with it. In brief, morality, like the law, may be reformed; whereas there is no sense in speaking of reforming the laws of nature. Therefore it makes perfectly good sense to speak of altering, or reforming, our common sense judgements in the light of principles which appear sound on criticism and reflection, and the possibility that the principles may be the ground, or provide the reason, for such reform, must be kept in mind. The crucial question is not whether it is possible to urge a reform in common sense judgements, but, when are we justified in doing so?
>
> ii. It should be pointed out that unless we provided for the possibility that our common sense judgements could be reformed in the light of ethical principles, ethics would be identical with the sociology of morals. It would be the empirical study of those principles which explicate the morality of a given group. Now one obvious result of this doctrine is that it cannot provide us with a norm or criterion for reform. Durkheim and Levy-Bruhl, who represent this view in its classic clarity, are forced to accept a conservative view of ethics, and ended, despite numerous denials, in asserting the validity of the actual moral code. The study of what norms are in actual use does not tell us, as such, what norms ought to be used. For this reason explication is here understood not as an empirical inquiry, but as a heuristic device which is likely to yield justifiable principles.
>
> iii. The important question, then, is as follows: under what conditions are we justified in urging a reform in common sense judgements? To answer this question, I shall consider those circumstances under which it is said that we know that »P« is a valid principle, or that »P« is a correct judgement (in a particular case).
>
> In the first part I said that we are said to know that »P« is a valid principle whenever »P« is a valid principle, when we can give reasons to show that »P« is a valid principle, and when we can say why these reasons are valid reasons. These conditions are fulfilled, or evidenced to be fulfilled when the following conditions are satisfied: (i) »P« explicates all of our common sense judgements

> in the sense in which we have defined common sense judgement (that is as rational judgement of reasonable men); (ii) »P« exhibits a capacity to get itself accepted after criticism and reflection. Thus »P« is supported, or evidenced to be valid, both by its ability to explicate common sense, and by its ability to gain allegiance. Now suppose the »P« is not a principle but a judgement in a particular case. »P« is said to be known, or evidenced to be valid when: (i) we feel certain about it; (ii) when it is explicable by a principle which shows a capacity to get accepted; and (iii) when it is explicable by a principle which can explicate all the other judgement about which we feel certain. Whenever these conditions are met we are said to know that a principle, or a judgement, is valid since the foregoing has provided the reasons for saying why these conditions are justifying reasons. Therefore as long as there is mutual reinforcement between common sense judgements and principles, there is no practical problem of reform. We may all be wrong, but that is simply a logical possibility until some actual conflict occurs between the enumerated criteria for saying that we know.«[43]

Zwar schreibt Rawls nicht explizit, dass die Rechtfertigung moralischer Aussagen gerade in der wechselseitigen Bestätigung moralischer Prinzipien und der Urteile besteht – im Kern ist der »zirkuläre Charakter« der Methode des Überlegungsgleichgewichts aber hier schon deutlich angelegt. Auch die Ausweitung zum weiten Überlegungsgleichgewicht findet bereits statt: Denn damit ein höchstes moralisches Prinzip als gerechtfertigt betrachtet werden kann, muss es erst eine Prüfung durch eine umfassende und kritische philosophische Argumentation bestehen.

Die systematische Einschätzung, dass wir es hier bereits mit den Hauptkomponenten des Rawlschen Überlegungsgleichgewichts zu tun haben, wird unabhängig voneinander in zwei Sammelbandbeiträgen geteilt von John Mandle und David A. Reidy:

> »So, to summarize: the ›data‹ from which Rawls proposes that we construct an ethical theory, consist in the stable judgements that reasonable men and women would make, under favorable circumstances, about which they are most confident after reflection and criticism. However, even these judgements are subject to revision in light of the development of the theory. By constructing principles in this way, Rawls hopes to rescue ethical knowledge from the challenge of dogmatism and skepticism. In addition, the construction of principles this way can help to provide ›criteria to evaluate difficult and doubtful cases wherein there is, as yet, no recognized solution.‹ (SGEK [Rawls's dissertation], 298). Together, these elements constitute the core of what Rawls would later identify as ›reflective equilibrium‹. The approach that he defended and utilized throughout his career.«[44]

43 Rawls 1950, 293ff.

44 Mandle 2014, 130.

> »Here [in Rawls's dissertation] lies, I suggest, the root of Ralws's idea of reflective equilibrium. An explication of competent moral judgement that is effectively regulative within a person (because it draws her allegiance and so belongs to her internalized self-understanding) brings her particular judgements and more abstract theoretical beliefs in line. An explication widely shared by persons in this way brings them, at least with respect to the relevant particular judgements and more abstract theoretical beliefs, in line with another. Persons so aligned and knowing publicly that they are so aligned with one another this way achieve mutually intelligible and justifiable relations with one another as rational social beings. That is, they are justified or aligned, to one another. Of course, persons make competent moral judgements across many domains – in particular, the domains over which the four exercises of reason, two theoretical and two practical, range. Persons possessed of a shared and effectively regulative explication of competent judgement across all these domains are fully justified, or aligned to another as rational beings. They share as persons a fully intelligible and mutually acceptable or at least reasonable social world. Rawls would eventually characterize these relations in terms of wide, full, general reflective equilibrium. When this state is reached, further inquiry into justifications lacks point or purpose. There is no further test available to us.«[45]

Auch Thomas Pogge teilt diese Annahme, wenn er sich in der – von Rawls selbst durchgesehenen – Biografie Rawls' zur Dissertation äußert:

> »Rawls' Doktorarbeit ging über das Wesen von Charakterbeurteilungen. Ihr Grundgedanke einer Kohärenztheorie ähnelt seiner späteren Idee eines Überlegungsgleichgewichts: Auch ohne festes Fundament von selbstevidenten Urteilen können wir doch unsere Vormeinungen kritisch überprüfen, indem wir sie in einen systematischen Zusammenhang miteinander zu bringen versuchen.«[46]

In seiner Dissertation beschreibt Rawls allerdings genauer als in seinen späteren Werken, wie im Konfliktfall zwischen partikularen Urteilen und abstrakten Prinzipien im Gleichgewichtsprozess gewichtet werden sollte – ob eher das Prinzip abzuändern sei oder das Urteil. Er geht hier ganz eindeutig über das hinaus, was er in seiner *Theorie der Gerechtigkeit* oder späteren Werken zur tatsächlichen Vorgehen gemäß der Methode des Überlegungsgleichgewichts sagt: Dort begnügt er sich mit der Verweis, dass nach Erwägung aller relevanten Argumente und Überzeugungen meistens klar sei, was wir bereit sind abzuändern und was wir bewahren wollen.

In Bezug auf methodische Anpassungen und Revisionen im Konfliktfall hebt Rawls vier Szenarien des Gleichgewichtsprozesses beispielhaft hervor

45 Reidy 2014, 22f.

46 Pogge 1994, 20f; vgl. Pogge 1994, 37.

(zwei mit Fokus auf moralische Prinzipien und zwei mit Fokus auf partikulare Urteile):

1. Ein erstes Szenario besteht in folgendem Fall: Man findet ein moralisches Prinzip äußerst einleuchtend, das Prinzip kann aber so gut wie keine tatsächlichen moralischen Urteile explizieren und steht vielleicht sogar im Widerspruch zu einigen rationalen moralischen Urteilen. Dieses Szenario ist nach Rawls unrealistisch, da wir wahrscheinlich Prinzipien nur dann als plausibel ansehen, wenn sie eine gewisse erklärende Kraft besitzen. Er schließt zwar nicht kategorisch aus, dass wir ein Prinzip ganz ohne Unterstützung plausibel finden, hält für dieses Szenario aber keinen Anpassungsrat parat.[47]

   »[I]f it turns out that although a principle seems valid on direct inspection and shows a capacity to gain acceptance, it is incapable of explicating any of our common sense judgements, then it would seem to be invalid. It would fail to meet an important test: namely, the ability to explicate, if not all, at least a good portion of, our common sense judgements. This conflict of criteria is, however, improbable. The intuitiveness of a principle on inspection is, no doubt, largely a function of its ability to explicate our judgments in particular cases, because when we inspect a principle we think it over and apply it to particular cases. Therefore it seems reasonable to believe that this particular conflict of criteria will not happen.«[48]

2. Ein zweites Szenario hält Rawls für wahrscheinlicher: Ein erwogenes Prinzip kann tatsächlich viele oder fast alle unserer moralischen Urteile erklären, wird aber selbst für unplausibel eingeschätzt. In diesem Fall spricht sich Rawls dafür aus, dass das Prinzip – soweit keine weiteren Argumente dagegensprechen und es kein Alternativprinzip gibt, das ähnlich erklärungsstark ist – akzeptiert werden sollte:

   »More probable, it seems to me, is the following situation: a principle is able to explicate a large number of common sense judgements and yet shows an inability to get itself accepted. In this case I am inclined to urge that the principle is evidenced to be valid even though is cannot gain recognition on the grounds that people are not always clear as to the reasons for their judgements, and that there is often an understandable hesitation about committing oneself to a principle, which is broadly applicable, rather than to a single judgement in a particular case.«[49]

---

47 Dies könnte in Rawls' Ablehnung rein intuitionistischer Moralphilosophie begründet liegen. Vgl. Bevir / Gališanka 2012, 704f.

48 Rawls 1950, 295.

49 Rawls 1950, 295f.

3. Das dritte Szenario nimmt am meisten Raum ein und scheint daher für Rawls das wichtigste zu sein. Es handelt von der Möglichkeit radikaler Reform unserer moralischen Urteile. Die Möglichkeit zur Reform unseres Moralempfindens scheint für Rawls vor allem schon aus einer politischen Perspektive bedeutend gewesen zu sein. Selbst sehr starke moralische Überzeugungen müssen revidiert werden, wenn einige Bedingungen erfüllt sind – etwa ein moralisches Prinzip ihnen widerspricht, das selbst akzeptabel ist:

»[W]ith respect to the judgements in particular cases: here the most likely, and most interesting case, is the following conflict. Our judgement appears to us intuitively certain, and yet it is not explicable by a principle which has the capacity to gain acceptance, and further, it is contradictory to a principle which is able to explicate all of, or most of, our other judgements. In such case the need to reform is evidenced to a high degree. If further it should turn out that the judgement in question looses its intuitive character once its isolated status is pointed out, and should it, in addition, be evidenced that there is some reason for doubting the rationality of the judgement, that is, the appropriateness of classifying as a rational judgement of reasonable men, then we are justified in urging its modification. We have shown it to be contradictory to those principles which explicate all of, or most of, our other certain judgements, and we have shown that it tends to lose the intuitive certainty in the light of criticism and reflection, and that there is doubt as to the appropriateness of considering it a reasonable judgement. Thus, we show that a common sense judgement ought to be reformed, or modified, whenever it fails to meet those testes which we apply to a judgement in order to determine whether we can say that we know it. It follows then that we recommend, with good reason, a reform in a class of common sense judgements, respecting a particular type of case , whenever the following conditions are satisfied: (i) the class of judgements are not explicable by a principle able to gain acceptance; (ii) the judgements are contradictory to a principle (or principles) which is (are) able to gain acceptance; and (iii) the judgements conflict with principles which can explicate a large body of our common sense judgements; and (iv) the judgements lose their intuitive character in the face of evidence to this effect; and (v) there is reason to doubt the rationality of the judgements. The case for reform will be stronger or weaker according to the extent to which all of these criteria are satisfied. The problem of reform is similar to the problem of knowledge: they are both matters of degree; i.e. of meeting specified criteria wherein there can be a more and less, and only in a few cases where all of the criteria are satisfied, we do know for certain whether or not reform is justified. Thus we can say of both principles, and judgements in particular cases, that we are said to know them to the extent that the reasons given for them satisfy the forgoing criteria, and we are said to know them to be invalid (and so a suitable object of reform) to the extent that they fail to satisfy those criteria.

Thus it is clear that to urge reform is nothing more than to criticize principles and judgements which are evidenced to be invalid. Thus, accepting the negatives of the test for knowing as the test for reform, seems reasonable.

[...] It is easy to see from the foregoing that we cannot have any grounds for urging reform unless there are at least some principles and judgements which can be evidenced to be valid. Reasonable criticism presupposes a certain measure of stable and established ethical knowledge. But in this respect ethics is not different from any other inquiry.«[50]

4. Das letzte Szenario ist ein einfaches Szenario: Akzeptierte und erklärungsstarke Prinzipien schreiben Urteile in Bereichen vor, in denen wir noch keine besonders starken moralischen Überzeugungen ausgeprägt haben oder in denen unser rationales moralisches Empfinden unsicher ist. In solchen Situationen kann Moralphilosophie unser Handeln anleiten und besonders hilfreich sein:

»It should be noted, however, that ethics is not concerned solely with reform; but also with providing criteria to evaluate difficult and doubtful cases wherein there is, as yet, no recognized solution. In such cases it is easier for the moralist to contribute to the solution of the problem: the offered principles do not have to show themselves over against an already accepted, and perhaps traditional, opinion. Thus, in such instances, the most strongly evidenced judgement should be adopted, and this can more easily be done, than in other cases, since there is no fixed opinion competing with it. The manner in which ethical principles may function to resolve new problems exhibits clearly how principles may guide judgements in particular cases.«[51]

Mit diesen Ausführungen eröffnet sich ein detaillierteres Verständnis der Methode des Überlegungsgleichgewichts über den frühen Rawls selbst.[52] Die Szenarien sind dabei, so möchte ich vorschlagen, nicht als eine starre Anleitung zu sehen, sondern als Beschreibungen von typischen Problemsituationen und Lösungsansätzen, die im Rahmen der Methode des Überlegungsgleichgewichts vorkommen.

Wie bereits erwähnt, geht Rawls in seinem 1951 erschienenen Aufsatz *Outline of a Decision Procedure in Ethics* was die methodischen Fragen angeht nicht über das hinaus, was er in seiner Dissertation bereits ausführlicher dargestellt hatte. Zwar gibt es in diesem Aufsatz, neue normative Fragestellungen – etwa welche Prinzipien für *gerechte Handlungen* (*just actions*) gelten –, doch diese Fragen werden der Prüfung seiner in der Dissertation entwickelten Methode

50 Rawls 1950, 296ff.

51 Rawls 1950, 298.

52 Ob dies nicht nur in systematischer Hinsicht interessant ist, sondern auch für die korrekte Interpretation der Methode beim späteren Rawls exemplarisch ist, ist eine spannende exegetische Frage, die ich hier allerdings nicht verfolgen möchte.

unterstellt, die nochmals verkürzt zusammengefasst wird.[53] Terminologisch gibt es allerdings eine Entwicklung in Richtung des Vokabulars, das für das Rawlsche Überlegungsgleichgewicht einschlägig ist: Aus *rationalen Urteilen* (*rational judgements*) werden die *wohlüberlegten Urteile* (*considered judgements*) (kompetenter Moralbeurteiler) – allerdings immer noch mit den weitergehenden Einschränkungen, etwa in Bezug auf den Konsens in Bezug auf diese Urteile, den es unter kompetenten Moralbeurteilern zu geben habe.[54]

4.2 Verweise von Rawls

Die Verweise von Rawls in Bezug auf das Überlegungsgleichgewicht zu untersuchen, ist erstens aus systematischer Sicht von Interesse, aber zweitens auch deshalb, weil diese bisher noch nicht ausgiebig erforscht wurden.

Eine Ausnahme bei der Rezeption von Rawls Verweisen bildet der oft erwähnte Verweis auf Nelson Goodman und sein Werk *Tatsache, Fiktion, Voraussage* (*Fact, Fiction, and Forecast*). Fast standardgemäß wird betont, dass die Ursprünge von Rawls Methode dort liegen.[55] Rawls selbst verweist auch als erstes und in besonderem Maß auf Goodman. Daher beginnt die folgende Untersuchung mit einer Betrachtung dieses Verweises. Danach werden die Verweise gemäß der ideengeschichtlichen Chronologie untersucht, was zufälliger Weise auch der Reihenfolge entspricht, in der sie in *Eine Theorie der Gerechtigkeit* vorzufinden sind: Konkret untersucht werden die Verweise auf Aristoteles, Henry Sidgwick, Willard Van Orman Quine und Morton White. Diese Verweise sind direkt, ausführlich und inhaltlich gehaltvoll. Es gibt auch einige kleinere Verweise, etwa, dass Rawls Methodik ein sokratisches Element der Kritik habe, oder dass es eine Ähnlichkeit zu John Stuart Mills

53 Vgl. vor allem Rawls 1951, 187ff. Dass Rawls die Methode aus seiner Dissertation und aus *Outline of a Decision Procedure for Ethics* als die Methode des Überlegungsgleichgewichts verstanden wissen wollte, kann man durch eine Fußnote im Abschnitt 9 (Kapitel 1) der *Theorie der Gerechtigkeit* (in dem es hauptsächlich um das Überlegungsgleichgewicht geht) bestätigt sehen. Er schreibt dort: »In diesem Abschnitt folge ich den allgemeinen Gesichtspunkten von »Outline of a [Decision] Procedure for Ethics« […].« Rawls 1979, 66, Fußnote 24. In der Erstveröffentlichung 1971 war noch angefügt, dass der Vergleich mit der Linguistik allerdings neu sei. Vgl. Rawls 1971, 46.

54 Vgl. Rawls 1951, 182f.

55 Selbst Daniels schreibt den Ursprung der Methode im entsprechenden Eintrag der *Stanford Encyclopedia of Philosophy* Goodman zu: »[…] the origins of reflective equilibrium (minus the name) lie in mid-twentieth century discussions about the justification of inductive logic […]«, Daniels 2018. Vgl. zum Befund, dass die Methode oftmals Goodman zugeschrieben wird auch Botti 2019, 89, 98f.

Beweisführung gebe, doch diese Verweise gibt Rawls eher *en passent*. Da sie weniger ausführlich und genau sind, werden sie der Übersichtlichkeit wegen hier nicht weiter behandelt.[56] Ebenso wird hier mit Blick auf Rawls' Gesamtwerk keine Vollständigkeit in Anspruch genommen – es könnte also direkte Verweise von Rawls auf Philosophinnen und Philosophen bezüglich des Überlegungsgleichgewichts geben, die hier unbeachtet geblieben sind. Doch da der Hintergrund der ideengeschichtlichen Untersuchungen in dieser Arbeit vor allem ein »systematischer« ist, ist eine solche Unvollständigkeit zweitrangig.

4.2.1 *Nelson Goodman*

Dass Rawls in Bezug auf das Überlegungsgleichgewicht auf Nelson Goodman verweist, erfreut sich, wie bereits betont, einer breiten Rezeption. Das liegt erstens daran, dass Rawls den Verweis genau an der Stelle in Abschnitt 4 seiner *Theorie der Gerechtigkeit* tätigt, an der er auch den Ausdruck »Überlegungsgleichgewicht« zum ersten Mal einführt. Zweitens dürfte es aber auch daran liegen, dass der Verweis sehr genau ist und man nach Lektüre des Texts von Goodman klar verstehen kann, in welchen Formulierungen Rawls die Idee des Überlegungsgleichgewichts erkennt.

Die Idee des Überlegungsgleichgewichts sei – so schreibt Rawls – nicht nur auf den Bereich des ethischen Räsonierens begrenzt, sondern auch im Bereich der Logik und Sprachphilosophie gebräuchlich:

> »Die wechselseitige Anpassung von Grundsätzen und überlegten Urteilen ist nicht auf die Moralphilosophie beschränkt. Siehe Nelson Goodman, *Fact, Fiction, and Forecast* Cambridge, Mass., Harvard University Press, 1955 [...] [dt. *Tatsache, Fiktion, Voraussage*], S. 65–68, wo sich entsprechende Bemerkungen über die Rechtfertigung der Grundsätze des deduktiven und induktiven Schließens finden.«[57]

---

56 Zu Sokrates: »Man tut also nach meiner Auffassung besser daran, die Theorie der Moral ganz wie irgendeine andere Theorie zu betrachten, wobei ihre sokratischen Seiten gebührend zu berücksichtigen sind (Abschnitt 10).« Rawls 1979, 627. Zu J. S. Mill: »Die Entscheidung der Menschen im Urzustand hängt [...] von einer Abwägung verschiedener Gesichtspunkte ab. In diesem Sinne greift die Theorie der Gerechtigkeit an ihrem Grunde auf die Intuition zurück. Doch wenn die Bilanz gezogen wird, können die Gründe völlig eindeutig für eine Möglichkeit sprechen. Es könnte sein, daß die maßgebenden Gründe durch die Beschreibung des Urzustands so zerlegt und analysiert worden sind, daß eine Gerechtigkeitsvorstellung den anderen eindeutig vorzuziehen ist. Diese Argumentation für sie ist, genau genommen, kein Beweis, jedenfalls noch nicht; doch es können, mit Mills Worten, Überlegungen sein, die dem Verstand zur Entscheidung genügen. (*Utilitarianism* (1863), Kap. 1, Par. 5)« Rawls 1979, 147.

57 Rawls 1979, 38.

Nelson Goodman stellt sich im dritten Kapitel seines Buchs, auf das verwiesen wird, gleichzeitig mit der Frage, auf welche Weise *irreale Bedingungssätze* eigentlich zu verstehen seien, dem von ihm erstmals präsentierten *Neuen Rätsel der Induktion*.[58] Mit dem sozusagen »alten« Problem des induktiven Schließens, also dem Schließen von wiederholbaren Einzelbeobachtungen auf ein allgemeines Gesetz, hatte sich schon im 18. Jahrhundert der britische Empirist David Hume beschäftigt: Wann ist ein solcher Schluss, der sich ja auch auf zukünftige, noch nicht beobachtete Ereignisse bezieht, eigentlich gerechtfertigt? Und wie kann man wissen, dass ein induktiv gewonnenes »Naturgesetz« tatsächlich gültig ist? Die zweite Frage wird von Goodman, in Anlehnung an Hume, als verfehlt abgewiesen, da die Antwort hierauf trivial sei – man kann sich der Gültigkeit einer induktiv gewonnenen Regel wegen unseres fehlenden Wissens über die Zukunft offenkundig nicht sicher sein – man beobachtet zwei Ereignisse und verbindet sie geistig, eine tatsächliche Verknüpfung beobachtet man jedoch nicht.[59] Doch auf die erste Frage hat Goodman eine verblüffend einfach anmutende Antwort: Ein induktiver Schluss, oder eine Prognose, die sich aufbauend auf einen solchen Schluss ergibt, ist genau dann gerechtfertigt, wenn der induktive Schluss den anerkannten Regeln des induktiven Schließens genügt. Er zieht eine Analogie zu deduktiven Schlüssen – also zu Schlüssen, die auf das Widerspruchsverbot aufbauen, beispielsweise komplexe mathematische Beweise – bei denen für gewöhnlich niemand an ihrer Gültigkeit zweifle, insofern sie sich mit den wohlbekannten ausformulierten Regeln des deduktiven Schließens deckten.[60] Doch wenn die einzelnen Schlüsse durch Übereinstimmung mit den anerkannten Regeln gerechtfertigt sind, wie werden dann diese Regeln ihrerseits gerechtfertigt? Mit der Antwort auf diese Frage – hier bezogen auf deduktive Schlüsse, wobei gleiches explizit auch für die induktiven gelte – erhalten wir Goodmans Konzept der Rechtfertigung, dass Rawls als Überlegungsgleichgewichtsvorgang zu interpretieren scheint:

> »Die Regeln des deduktiven Schließens werden gerechtfertigt durch ihre Übereinstimmung mit der anerkannten Praxis der Deduktion. Ihre Gültigkeit beruht auf der Übereinstimmung mit den speziellen deduktiven Schlüssen, die wir tatsächlich ziehen und anerkennen. Wenn eine Regel zu unannehmbaren Schlüssen führt, so läßt man sie als ungültig fallen. Die Rechtfertigung

58 So auch der Titel des Kapitels. Vgl. Goodman 1988, 79f. Zu Rawls Beschäftigung in seiner Dissertation mit dieser Thematik: vgl. etwa Rawls 1950, 73. Den folgenden Ausführungen in Abschnitt 4.2.1. liegt eine überarbeitete Version eines Abschnitts aus meiner Magisterarbeit zugrunde. Vgl. Schmidt 2013, 22–35.

59 Vgl. Goodman 1988, 84f. Vgl. hierzu auch Kelly / McGrath 2010, 329–234.

60 Vgl. Goodman 1988, 85f.

allgemeiner Regeln leitet sich also von Urteilen her, die einzelne deduktiven Schlüsse verwerfen oder anerkennen.

Das sieht eindeutig zirkulär aus. Ich sagte, deduktive Schlüsse würden aufgrund ihrer Übereinstimmung mit gültigen allgemeinen Regeln gerechtfertigt, und allgemeine Regeln würden gerechtfertigt aufgrund ihrer Übereinstimmung mit gültigen Schlüssen. Doch das ist ein guter Zirkel. Es ist eben so, daß sowohl Regeln als auch die einzelnen Schlüsse gerechtfertigt werden, indem sie miteinander in Übereinstimmung gebracht werden. Eine Regel wird abgeändert, wenn sie zu einem Schluß führt, den wir nicht anzuerkennen bereit sind; ein Schluß wird verworfen, wenn er eine Regel verletzt, die wir nicht abzuändern bereit sind. Der Vorgang der Rechtfertigung besteht in feinen gegenseitigen Abstimmungen zwischen Regeln und anerkannten Schlüssen; die erzielte Übereinstimmung ist die einzige Rechtfertigung, derer die einen wie die anderen bedürfen.«[61]

Aus diesem Ansatz heraus entwickelt Goodman nun eine Reformulierung der ursprünglichen Fragestellung: Welcher akzeptable Regelvorschlag für induktives Schließen steht in einem Gleichgewicht zu denjenigen induktiven Schlüssen, die wir tatsächlich anerkennen? Die Suche nach einem Überlegungsgleichgewicht in dieser Frage gestaltet sich nach Goodman ähnlich wie die Suche nach einer Definition eines im Sprachgebrauch verankerten Worts, welche zwar den normalen Gebrauch umfassen soll, ihn allerdings in Einzelfällen auch abändern oder erweitern kann, so wie eine akzeptierte Definition davon, was denn ein Fisch sei, Wale von der Gattung ausschließt.[62]

Er startet mit einer im Grunde anfangs plausibel klingenden Definition, wie sie im Rahmen des logischen Empirismus von Carl Gustav Hempel vorgeschlagen wurde. In dieser Definition wird versucht einen gültigen induktiven Schluss als eine Beziehung zwischen zwei Aussagen aufzufassen: ein gültiger induktiver Schluss bestehe aus einer Hypothese und einer Datenaussage, von der man behaupten kann, dass diese die Hypothese bestätige. Eine wahre Datenaussage bestätigt die Hypothese genau dann, wenn sie sich aus dieser logisch folgern lässt. Doch dies sei noch zu allgemein und damit zu ungenau formuliert, Goodman zeigt wie die syntaktisch-formale Darstellung der Hypothese weiter verfeinert werden muss.[63] So müsse etwa die Hypothese als *Allsatz* formuliert werden, wie etwa »Alles Kupfer leitet Strom«, wobei eine bestätigende Datenaussage wäre »Dieses Stück Kupfer leitet Strom«. Ansonsten wäre der Schluss von der Datenaussage »Karlsruhe liegt am Rhein«

---

61 Goodman 1988,86f. (in der engischen Ausgabe von 1955, Seite 67).

62 Vgl. Goodman 1988, 89f.

63 Vgl. Goodman 1988, 89–96.

auf die Hypothesen-Aussage »Karlsruhe liegt am Rhein und das Glasmännlein lebt im Schwarzwald« ein gültiger induktiver Schluss.

Doch nach Goodman gibt es weitere ernste Schwierigkeiten mit diesem auf den ersten Blick akzeptabel erscheinenden Regelvorschlag, eben das »neue Rätsel der Induktion«, welches nicht mehr durch eine solche syntaktische Umformulierung der Hypothesenform zu lösen sei: Während es mit der anerkannten Praxis des induktiven Schließens vereinbar ist, von einem Stück Kupfer, das Strom leitet, zu behaupten es bestätige die Hypothese, dass alles Kupfer Strom leitet, ist es dagegen intuitiv nicht nachvollziehbar, wenn von der Tatsache, dass ein Zuhörer eines beliebigen naturwissenschaftlichen Fachvortrags einen Rückwärtssalto schlagen kann, behauptet würde, es bestätige die Hypothese, dass alle Zuhörer dieses Vortrags akrobatisch begabt sind. Oder allgemeiner, dass dies für alle Rezipienten von naturwissenschaftlichen Vorträgen gelte. Wir würden im echten Leben einen solchen Schluss nicht ziehen: Wir würden durch die Fakten keine gesetzesartige Beziehung konstruieren und auch wenn weitere Zuhörer dieses einen Vortrags akrobatische Kunststücke bringen könnten, nicht davon ausgehen, dass die nächste Person, die das Vortragszimmer betritt, ebenso dazu fähig sein müsste. Doch von der Struktur her unterscheiden sich die beiden Beispiele nicht, woran kann man also einen Unterschied zwischen einer gesetzesartigen Hypothese und einer zufälligen festmachen?[64]

Man kann versuchen die unterschiedliche Behandlung durch das Hintergrundwissen zu erklären, dass wir besitzen: Wir halten es für wahr, dass Gegenstände aus demselben Material die gleiche Fähigkeit zur Stromleitung besitzen und unser Wissen über die soziale Organisation eines naturwissenschaftlichen Fachvortrags sagt uns, dass die akrobatische Begabung der Zuhörerschaft völlig kontingent ist. Doch bei dieser Verbindung mit Hintergrundwissen ist problematisch, dass dieses selbst als Hypothese reformuliert werden muss, nach Goodman wird die Frage, was eine gesetzesartige Hypothese von anderen unterscheidet, also hierdurch lediglich auf eine höhere Ebene verlagert und muss dennoch beantwortet werden.[65] Er führt ein weiteres abstrakteres Beispiel an, sein berühmtes Gedankenexperiment mit den Smaragden, das die Ernsthaftigkeit der Problematik nochmals verdeutlicht: Nehmen wir an, wir finden mehrere Smaragde und untersuchen sie. Dabei stellen wir fest, dass sie grün sind. Jeder grüne Smaragd bestätigt die Hypothese, dass alle Smaragde grün sind. Doch man könnte auch sagen, dass alle diese Smaragde *grot* seien – »grot« (im Englischen »grue«) ist ein von Goodman erfundenes Prädikat, das auf alle Gegenstände zutrifft, die vor einem bestimmten

64 Vgl. Goodman 1988, 97, 101, 107ff.

65 Goodman 1988, 100ff.

Zeitpunkt, beispielsweise heute, untersucht werden und dabei grün sind und auf alle Gegenstände, die nach diesem Zeitpunkt, also ab morgen, untersucht werden und rot sind. Die absurd anmutende Hypothese, dass einerseits alle Smaragde, die man bis heute untersucht, grün sind, und dass andererseits diejenigen die man morgen ausfindig macht, rot sind, wird nach der bisherigen Definition für regelkonformes induktives Schließen ebenso gut bestätigt, wie die entgegenstehende Hypothese, die wir tatsächlich unterstützen. Rein formal gibt es durch die untersuchten grünen Smaragde keinen Grund, die Hypothese, dass alle Smaragde grün seien, der Hypothese, dass alle Smaragde *grot* seien, irgendwie vorzuziehen.[66]

Das führt zu einem Widerspruch: Es führt dazu, dass man anscheinend sowohl voraussagen kann, dass die ab morgen untersuchten Smaragde alle grün sind, als auch dass sie rot sind; und das, obwohl uns – wie Goodman sagt – »[...] durchaus klar ist, welche der beiden miteinander unverträglichen Voraussagen wirklich bestätigt wird«.[67] Der bisherige Versuch eine Regel für gültige induktive Schlusse zu definieren hat uns damit vor Ergebnisse gestellt, die nicht mit der Praxis des induktiven Schließens übereinstimmen und außerdem zu Widersprüchen geführt – daher ist es wohl nicht angebracht auf der Suche nach einem Überlegungsgleichgewicht an dieser Stelle des Konflikts zwischen den Ebenen von »Theorie und Praxis« die induktive Schlusspraxis an eine solche Regel anzupassen, was im Umkehrschluss heißt, dass nach einer besseren Definition gesucht werden muss. Goodman hält einen Strategiewechsel für angemessen:

> »Unsere Fehlschläge scheinen mir zu lehren, daß man gesetzesartige oder fortsetzbare Hypothesen nicht rein syntaktisch charakterisieren kann, ja nicht einmal aufgrund ihrer völlig allgemeinen Bedeutung in irgendeinem Sinne. Unsere einzige Hoffnung liegt in einem abermaligen Neuüberdenken des Problems und der Suche nach einem neuen Ansatz. [...]«[68]

> »Das Problem der Bestätigung oder der berechtigten Fortsetzung ist das Problem der Definition einer bestimmten Beziehung zwischen Daten- oder Basissätzen einerseits und Hypothesen, Voraussagen und Fortsetzungen andererseits. Da zahlreiche verschiedenartige Ansätze uns keine Lösung gebracht haben, sollten wir uns fragen, ob wir nicht unsere Aufgabe immer noch irgendwie falsch auffassen. Ich glaube, das ist der Fall: Wir haben die Beschreibung des gewünschten Ergebnisses mit einer viel zu beschränkten Beschreibung der dazu erlaubten Mittel verwechselt. [...]«[69]

66 Vgl. Goodman 1988, 98f.

67 Goodman 1988, 99.

68 Goodman 1988, 109.

69 Goodman 1988, 110.

Im neuen Lösungsansatz wird ein regelgültiger induktiver Schluss nicht nur durch ein bestimmtes Verhältnis von Beobachtungsaussagen zu Hypothesen charakterisiert, sondern auch durch ihr Verhältnis zu bereits tatsächlich getätigten Voraussagen und deren Ergebnissen. Dabei möchte Goodman keinesfalls den verkürzten Fehlschluss ziehen, diejenigen induktiven Schlüsse seien gerechtfertigt, die in der Vergangenheit eben zutreffende Vorhersagen geleistet hätten, da man bei ihnen annehmen könne, dass dies in der Zukunft nun auch der Fall sei – dies wäre ein »schlechter« Zirkelschluss, denn man würde zur Beantwortung der Frage, wann induktive Schlüsse gerechtfertigt sind, einen induktiven Schluss heranziehen, ohne selbstverständlich dabei klären zu können, ob dieser selbst gerechtfertigt ist.[70] Hiervon unterscheide sich die Herstellung eines Überlegungsgleichgewichts, von Goodman ja auch »ein guter Zirkel« genannt, dadurch, dass die Ebenen von Theorie und Praxis sich nicht per Definition beinhalten oder gar »blind« aufeinander verweisen können, so dass stets geprüft werden muss, ob inhaltliche Anpassungen vorgenommen werden sollten. Goodmans Pointe ist es vielmehr, dass die tatsächlich getätigten Induktionen in einer gewissen Weise von der Regel für gültige Induktionen berücksichtigt werden, um auf diese Weise der Ebene der durchaus auch fehlerbehafteten Induktionspraxis näher zu kommen, ohne dass dadurch das eigene Gehalt und das kritische Potenzial abhandenkommt: Das Ziel ist es ja, sowohl tatsächlich fortgesetzte Hypothesen durch die Regel auszuscheiden, die eigentlich nicht berechtigt fortsetzbar wären, als auch solche durch die Regel einzubinden, die zwar tatsächlich niemand gebraucht, die aber berechtigt fortsetzbar wären.[71] Bei der Lösung dieser Aufgabe möchte Goodman nun jedoch nicht mehr so tun, als habe man keine Kenntnis von der tatsächlichen Praxis – er möchte nicht weiter »[...] mit leerem Kopf an das Problem herangehen [...].«[72] Dafür muss Goodman zuerst definieren, welche unserer faktischen Handlungen zur Menge der getätigten Induktionen zu zählen sind. Er spricht von einer tatsächlich fortgesetzten Hypothese genau dann, wenn »[...] sie nach Prüfung und Verifikation einiger Anwendungsfälle angenommen wird, ehe die übrigen geprüft worden sind.«[73] Hinzukommt die gewöhnliche Einschränkung, dass die Hypothese zu dem Zeitpunkt der Fortsetzung nicht durch Daten widerlegt sein darf, ihre Voraussagen also bisher stets zutrafen. Hierbei ist nicht nötig zu wissen, ob diese Induktion gerechtfertigt war beziehungsweise ob die Hypothese eine gesetzesartige

70 Vgl. Goodman 1988, 110f.

71 Goodman 1988, 119.

72 Goodman 1988, 112.

73 Goodman 1988, 114.

ist.[74] Der Ansatz zur Lösung des Problems, dass sowohl die Hypothese »Alle Smaragde sind grün« als auch die Hypothese »Alle Smaragde sind grot« durch die Datenlage gleich gut bestätigt sind, liegt nun nach Goodman darin, dass wir zur Entscheidung zwischen den beiden widersprechenden Voraussagen darauf zurückgreifen können, dass das Prädikat »grün« in der tatsächlichen Induktionspraxis bereits erfolgreich verwandt wird, das missliebige Gegenstück jedoch nicht:

> »Die Antwort scheint mir zu sein, daß man die Bilanz der bisherigen Fortsetzungen der beiden Prädikate betrachten muss. Bei »grün«, das auf ältere und viel zahlreichere Fortsetzungen verweisen kann als »grot«, fällt sie eindrucksvoller aus. Das Prädikat »grün«, so wollen wir sagen, ist wesentlich besser verankert als das Prädikat »grot«.«[75]

Die Hypothese mit dem besser verankerten Prädikat verdrängt diejenige mit dem schlechter verankerten. Dabei kommt es Goodman nicht auf den in der Normalsprache jeweils verwendeten Ausdruck an, sondern auf die von dem Prädikat bezeichnete Klasse. Genauso wie die gerechtfertigte Fortsetzung von Hypothesen mit neuen Prädikaten möglich ist, wenn sie nicht in Konkurrenz zu Hypothesen mit altbewährten stehen.[76] Nach einer Reihe von Verfeinerungen liefert die Regel für gültige Induktionen folgende (weiter vorläufige) Definitionen als Ergebnis:

> »Eine Hypothese ist fortsetzbar, genau dann, wenn sie gestützt, unwiderlegt und nicht ausgeschöpft ist und alle zu ihr im Gegensatz stehenden Hypothesen verdrängt sind.; sie ist nicht fortsetzbar genau dann, wenn sie und eine gegensätzliche Hypothese gestützt, unwiderlegt, nicht ausgeschöpft und nicht verdrängt sind; und sie ist unfortsetzbar genau dann, wenn sie nicht gestützt, widerlegt, ausgeschöpft oder verdrängt ist.«[77]

Von dieser Regel behauptet Goodman, dass sie nun recht wirksam sei, was sich dadurch auszeichne, dass man mit ihrer Hilfe in Zweifelsfällen der Induktionspraxis zu Entscheidungen kommen könne und auch die berechtigte kreative Schöpfung von Hypothesen mit neuen Prädikaten einschließe. Erweitert wird sie von Goodman durch die Einbindung von Hintergrundtheorien, die ebenfalls als Hypothesen formuliert werden müssen und die Einfluss darauf haben können, welche Voraussagen schließlich zu einem bestimmten Zeitpunkt

74 Vgl. Goodman 1988, 114–119.
75 Goodman 1988, 121.
76 Vgl. Goodman 1988, 123f.
77 Goodman 1988, 137.

gerechtfertigt sind: Wenn man einen Sack voll Murmeln untersuche, und durch die Datenlage berechtigt voraussagen könne, dass weitere Murmeln aus diesem Sack auch alle rot sein werden, könne der Grad der Berechtigung dieser Hypothese dadurch erhöht werden, dass es eine sogenannte Oberhypothese gebe, die aufgrund von Untersuchungsergebnissen berechtigt voraussagt, dass alle Säcke voll Murmeln aus dem Stapel, aus dem der fragliche Sack Murmeln stammt, Murmeln nur mit einer Farbe beinhalteten. Ebenso wie eine gegensätzliche Oberhypothese, dass also alle Säcke aus diesem Stapel Murmeln mit unterschiedlichen Farben beinhalten, den Grad der Berechtigung der Ursprungshypothese senkt.[78] Der Zusammenhang mit diesem ›Hintergrundwissen‹ spielt aber keine Hauptrolle in Goodmans Theorie:

> »[...] es ist schon darauf hingewiesen worden, daß die Erklärung unterschiedlicher Gesetzesartigkeit von Hypothesen gewisse »Hintergrundhypothesen« berücksichtigen muß. Doch gewöhnlich wird die grundlegende Tatsache übersehen, daß deren Wirkung von ihrer Fortsetzbarkeit abhängt; daher habe ich hier diesen Gesichtspunkt betont.«[79]

Außerdem scheinen die hiermit verbundenen Fragen äußert komplex:

> »Man könnte sich über den Nutzen und die Folgen einer noch weiteren Ausdehnung der Betrachtungen Gedanken machen [...] doch dem möchte ich hier nicht nachgehen. Die Komplikationen sind bereits so viele, daß sie kaum zu bewältigen sind; der Grad der Fortsetzbarkeit einer Hypothese hängt von zahlreichen positiven und negativen Oberhypothesen mit verschiedener Fortsetzbarkeit, Spezifität und Stützung der Daten ab.
>
> Die Bestimmung der Fortsetzbarkeit einer Hypothese, die ganz methodisch alle diese Faktoren berücksichtigt, könnte eine abschreckende Aufgabe sein; doch in der Praxis braucht man nur selten alle diese Schritte zu durchlaufen. Hat man zwei gegensätzliche Hypothesen tatsächlich im Sinn, so weiß man gewöhnlich recht gut, was man braucht, damit ihre Fortsetzbarkeit in erheblichem Maße unterschiedlich wird [...] Ich habe lediglich einige Möglichkeiten untersucht, die uns ein neuer Ansatz bei der Behandlung eines schwierigen Problems bietet.«[80]

Es ist sicherlich nicht falsch Goodmans Vorgehen in *Tatsache, Fiktion, Voraussage* dahingehend zu interpretieren, dass er die von ihm vorgeschlagene Methode der Rechtfertigung selbst in Bezug auf das *Neue Rätsel der Induktion* anwendet, auch wenn er dies nicht explizit schreibt:[81] Die Ebene der

78 Vgl. Goodman 1988, 137, 148–151.
79 Goodman 1988, 147.
80 Goodman 1988, 151.
81 Vgl. Brun 2017; vgl. Hahn 2000, 84f.

praktischen Urteile – des Gebrauchs der Sprache in Hinblick auf das Induktive Schließen – dient als ein Element, das theoretischen Definitionsvorschlägen (mit Zwischenschritten) als einem anderem Element gegenübersteht – da es hier Anfangs zwischen den etablierten Definitionsvorschlägen und den praktischen Urteilen kein Gleichgewicht, keine Übereinstimmung, gibt, führt Goodman im Sinne der Methode Anpassungen durch, die zu einem Gleichgewicht der theoretischen Überzeugungen mit denen der Praxis führen sollen. Zwar passt Goodman tatsächlich allein die theoretischen Überzeugungen an, was jedoch als kontingent dargestellt wird. Die Lösung Goodmans für das *Neue Rätsel der Induktion*, also sein Vorschlag für eine Regel für das induktive Schließen, ähnelt – hier ist ein gewisses Potenzial für Verwirrung vorhanden – in gewisser Weise dabei selbst der Methodik des Überlegungsgleichgewichts, da innerhalb der Regel erneut auf die Praxis der tatsächlich getätigten Voraussagen rekurriert wird. Hinzu kommt die Einbindung der fortsetzbaren Hypothesen in ein Netz von in der Praxis akzeptierten Hypothesen. Bei Goodmans Vorgehen selbst und bei seiner Definition für induktives Schließen spielt neben der Übereinstimmung tatsächlich getätigter Urteile – also einem gewissen schwachen Fundamentalismus – mit theoretischen Urteilen (»Theorien« oder »Hypothesen«), auch das Element der Hintergrundtheorien (»Oberhypothesen«) eine Rolle. Somit kann man Goodmans vorgeschlagene Methodik als eine alternative Formulierung der Methode des weiten Überlegungsgleichgewichts verstehen, womit der Verweis von Rawls – und die entsprechende bestätigende Rezeption –inhaltlich durchaus gerechtfertigt ist.

Bevor man nun mit Blick auf die Veröffentlichung von Goodmans Vorschlag im Jahr 1950 davon spricht, dass die Ideengeschichte eines Überlegungsgleichgewichts bei ihm und nicht mit Rawls Etikettierung in *Eine Theorie der Gerechtigkeit* von 1971 starten sollte, müsste man Gründe dafür anführen, dass in Rawls' Dissertation (ebenfalls 1950) entscheidende Elemente der Überlegungsgleichgewichtsidee noch nicht anzutreffen sind. Dies bezweifle ich mit Blick auf die bisherige Untersuchung. Um hier neutral zu argumentieren, wäre es aber angebracht auszuzeichnen, was eigentlich als Kern der Methode anzusehen ist.[82]

4.2.2 *Aristoteles*

Abschnitt 9 des ersten Kapitels von *Eine Theorie der Gerechtigkeit*, ist die zweite wichtige Stelle des Werks, an der Rawls vertieft über das Konzept des Überlegungsgleichgewichts schreibt. Er wendet sich hier unter anderem gegen

82 Diese Aufgabe wird in Abschnitt 6 der vorliegenden Arbeit in Angriff genommen. Vgl. auch Abschnitt 4.1. der vorliegenden Arbeit.

die Annahme, dass brauchbare moralische Theorien auf ein gesichertes und unbezweifelbares Fundament gestellt werden könnten:

> »Auf jeden Fall ist es unmöglich, eine inhaltliche Theorie der Gerechtigkeit allein auf der Grundlage logischer Wahrheiten und Definitionen zu errichten. Die Analyse moralischer Begriffe und das a priori, sei es noch so traditionell verstanden, sind eine zu schmale Grundlage. Die Theorie der Moral muss die Freiheit haben, nach Belieben kontingente Annahmen und allgemeine Tatsachen heranzuziehen. Nur so lassen sich unsere wohlerwogenen Urteile im Überlegungs-Gleichgewicht analysieren. Das ist die Auffassung der meisten klassischen englischen Autoren bis Sidgwick. Ich sehe keinen Grund, davon abzuweichen.[83]

Direkt im Anschluss an diese Passage, erläutert Rawls in einer Fußnote weiter:

> »Die Auffassung scheint mir im wesentlichen auf das Verfahren des Aristoteles in der Nikomachischen Ethik zurückzugehen. Siehe W. F. R. Hardie, Aristotle's Ethical Theory [...], Kapitel 3, insbes. S. 37–45.«[84]

Auf welche Passagen Rawls in Artistoteles' Nikomachischer Ethik Bezug nimmt, führt er leider nicht an und kann nur unter Hinzunahme der erwähnten Sekundärliteratur erschlossen werden.

Wenn man das Kapitel und den hervorgehobenen Ausschnitt aus Hardies *Aristotle's Ethical Theory* untersucht, kann man zwei methodische Aspekte erkennen, auf die Rawls anscheinend verweisen wollte:

1. Auf dem Weg hin zu ersten ethischen Prinzipien gehe man gemäß Aristoteles *dialektisch* vor, was heißt, dass man verbreitete wohlüberlegte Urteile als Ausgangspunkte seiner Erwägungen nimmt.
2. Bei politischen und damit auch ethischen Untersuchungen gehe man aber sowohl induktiv vor – man bewegt sich von wohlüberlegten Urteilen hin zu ersten Prinzipien – als auch deduktiv (beziehungsweise *demonstrativ*) – also ausgehend von ersten Prinzipien hin zu bestimmten Urteilen.

Dass Aristoteles in seinen ethischen Untersuchungen dialektisch vorgeht, sei nach Hardie unumstritten. Das bedeutet, dass Aristoteles in seiner Argumentation von verbreiteten Meinungen (*endoxa*) – sowohl von Laien wie auch von Philosophen – ausgeht. Nach Aristoteles seien solche Meinungen nie völlig verfehlt und zumindest in manchen, wenn nicht in vielen Hinsichten korrekt. Diese Meinungen müssten aber systematisch erfasst werden,

83 Rawls 1979, 70f.
84 Rawls 1979, 71.

wobei auch Konflikte zwischen ihnen offenbar würden, weshalb sie bereinigt oder verfeinert und durch Prinzipien einheitlich zusammengefasst werden müssten – dies alles zählt zur *dialektischen Untersuchung* und *Argumentation* (*dialectic treatment / argumentation*).[85]

Hardy wendet sich aber gegen die Interpretation, dass Aristoteles' ethische Untersuchungen ganz und gar rein dialektisch wären. Erstens verwende Aristoteles nicht nur verbreitete Meinungen in seiner Argumentation – seien es Meinungen des Commonsense oder Expertenmeinungen, wie etwa Positionen des Platonismus – sondern gehe durchaus auch von Überzeugungen aus, die aus seiner ganz eigenen Theorie und Systematik stammen und verweise auf unabhängige Fakten.[86] Zweitens träte zu dem dialektischen Element der Argumentation eben ein demonstratives Element hinzu: Sobald wir unabhängige ethische Prinzipien gewonnen haben, gebe es ein eigenständiges ethisches Untersuchungsgebiet, in dem man »wissenschaftlich« von ersten Prinzipien her argumentieren könne.[87]

Hardie zitiert zur Bestätigung eine Passage aus der *Topik* des Aristoteles (Buch 1. Kapitel 2, 101 a34-b4) und erläutert:

> »We learn from this passage that every special science, or independent ›method‹ has its own proper first principles; and that, in the case of any science, the dialectical examination of *endoxa* may be useful in the process of arriving at a formulation of first principles. It is implied that, when this process has been completed, a systematic exposition of the science, starting from its first principles, can begin. It is true that in this passage ethics, or politics, is not mentioned as an example of a special science. But this gap, if it needs filling, is filled in the *Rhetoric*.«[88]

Dass Rawls sich nicht mit einer rein *dialektischen* Methode im Sinne des Aristoteles begnügen würde, kann man auch an einer anderen Stelle bestätigt finden: Zum Schluss seiner (deutlich vor Hardies Buch erschienener) Doktorarbeit zitiert Rawls eine Passage aus der *Nikomachischen Ethik*, die von Hardie ebenfalls zitiert wird, um das dialektische Vorgehen bei Aristoteles beispielhaft zu verdeutlichen. In der deutschen Übersetzung lautet die Passage:

> »Auch hier müssen wir wie sonst die Ansichten, die einen Schein von Richtigkeit haben, hersetzen und zuerst die Zweifel über sie vortragen, um dann entweder womöglich alles, was bezüglich der gedachten Affekte annehmbar erscheint, nachzuweisen, oder doch das meiste und Wichtigste davon. Denn wenn die

85 Vgl. Hardie 1980, 37ff.
86 Vgl. Hardie 1980, 39f.
87 Vgl. Hardie 1980, 40ff. Vgl. auch Crisp 2002, 68.
88 Hardie 1980, 41.

Schwierigkeiten gelöst sind und das Annehmbare übrigbleibt, hat die Untersuchung das Ihrige getan.«[89]

Rawls nimmt diese Stelle zum Anlass, zu betonen, dass solch ein Vorgehen zwar den ersten Teil seiner Methode beschreibt, aber ein weiterer Teil ergänzt werden muss. Hier allerdings geht es dann nicht (nur) darum, demonstrativ aus den ersten Prinzipien zu schließen, sondern darum die Prinzipien unabhängig von einer induktiven Stützung zu rechtfertigen – was, wie im Abschnitt zu den Ursprüngen des Überlegungsgleichgewichts bei Rawls dargelegt wurde, vor allem auch durch das Aufzeigen einer Übereinstimmung der Prinzipien mit zusätzlichen relevanten Hintergrundüberzeugungen erreicht werden kann:

»This text [the cited passage from Aristotle] is, in many ways, an apt description of the method here adopted.

Consider: I held that an examination of ethical theories shows that one of the things they attempt to do is to explicate common sense, that is to uncover those principles which if a reasonable man understood and applied them, would cause him to judge in conformity with common sense. Explication, however is not thought of as the final end of ethical theory, but as a heuristic device which is expected to yield justifiable principles. To justify the principles gained by explication, it is necessary both to examine the nature of justification, and then to show that the principles are justified in terms of this procedure.«[90]

Mit Blick auf das Überlegungsgleichgewicht scheinen diese Erläuterungen vor allem dazu zu dienen, aufzuzeigen, dass es neben einem bottom-up-Prozess (*dialektisches* Vorgehen) und dem top-down-Prozess (*demonstrativen* Vorgehen) auch um eine Einbindung in ein umfassendes Netz an Überzeugungen geht – um die »weite Zirkularität« des Überlegungsgleichgewichts.

Vielleicht ist es aber auch möglich, das dialektische Verfahren selbst in einer ähnlich weitgefassten Weise zu interpretieren. Der Versuch von Jukka Mäkinen und Marja-Liisa Kakkuri-Knuuttila, eine Verbindung des Überlegungsgleichgewichts mit der Methodik des Aristoteles zu plausibilisieren, geht in diese Richtung: Auch sie beziehen sich auf die von Hardie und Rawls zitierte Stelle aus der *Nikomachischen Ethik* zur Dialektik. Nach ihnen steht die Passage beispielhaft für den aus der antiken astronomischen Diskussion um die Laufbahn der Himmelskörper bekannten methodischen Ansatz der *Rettung der*

89 Aristoteles, *Nikomachische Ethik*, 1145b2–7.

90 Rawls 1950, 345.

Phänomene (*saving the appearances*) vom aristotelischen Standpunkt aus.[91] Die aristotelische Methode der *Rettung der Phänomene* bestehe dabei aus vier Schritten, die im Erfolgsfall zu einem Überlegungsgleichgewicht führten, weswegen der Verweis von Rawls auf Aristoteles von ihnen als durchaus gerechtfertigt betrachtet wird:

1. In einem ersten Schritt (»Collecting ethical data«) werden die achtbaren Meinungen (»reputable opinions«) glaubwürdiger Personen gesammelt. Wichtig ist, dass es sich bei diesen Meinungen – ganz analog zu Rawls wohlüberlegten Urteilen – auch um Überzeugungen ganz abstrakter Art handeln kann.
2. Dann werden diese achtbaren Meinungen – sowie mit ihnen inferenziell verbundene weitere Überzeugungen – in einem zweiten Schritt (»Critical scrutiny of the ethical data«) kritisch auf Konsistenz überprüft, was mit dem Versuch einer genaueren Begriffsfassung zur Auflösung von Konflikten einhergehen kann.
3. In einem dritten Schritt (»Generating the solution«), der eng mit dem zweiten Schritt zusammenhängt, werden Anpassungen oder Ergänzungen mit dem Ziel einer bestmöglichen Lösung der verbleibenden Inkonsistenzen oder Konflikte unternommen, was die Formulierung von (ethischen) Prinzipien beinhaltet.
4. Im letzten vierten Schritt (»Justification«) wird untersucht, ob der ausgearbeitete Lösungsvorschlag alle oder die meisten oder zumindest die wichtigsten verbleibenden achtbaren Meinungen abdeckt und daher insgesamt als gerechtfertigt betrachtet werden kann.[92]

Es gibt also durchaus mehrere Ansätze eine Verbindung des Überlegungsgleichgewichts zur Methode der (politischen oder ethischen) Untersuchung bei Aristoteles zu rekonstruieren. Ein Unterschied zwischen den beiden Methoden könnte darin bestehen, dass wohlüberlegte Urteile anders zu interpretieren sind als achtbare Meinungen – zumindest ab *Eine Theorie der*

---

91 Es gibt nach Mäkinen und Kakkuri-Knuuttila mehrere methodische Varianten der *Rettung der Phänomene*, die voneinander zu unterscheiden seien: Der instrumentalistische Ansatz verstehe unter den Phänomenen bzw. Erscheinungen intersubjektive Beobachtungen (also etwa die unregelmäßigen Bewegungen der Objekte am Sternenhimmel, die deswegen »zu retten« sind, weil sie mit den übrigen kosmologischen Überzeugungen in Einklang gebracht werden müssen). Dieser Ansatz sei von Pierre Duhem wieder aufgenommen worden. Bei Aristoteles' Ansatz würden Phänomene jedoch durchaus auch als (u. a. moralische) Überzeugungen verstanden. Vgl. Mäkinen / Kakkuri-Knuuttila 2013, 16.

92 Vgl. Mäkinen / Kakkuri-Knuutlila 2013, 16–20; vgl. ebenso Nussbaum 2000.

Gerechtigkeit scheinen die wohlüberlegten Urteile in erster Linie diejenigen eines bestimmten epistemischen Akteurs zu sein.[93]

Letztlich führen diese Überlegungen zur *Nikomachischen Ethik* aber auch wieder an einen Punkt, an dem Rawls' Verweis ansetzte: Dass moralische Prinzipien nicht aus einem feststehenden Fundament gewonnen werden können und es sich bei dem wissenschaftlichen Prozess ihrer Anwendung und Rechtfertigung um etwas Dynamisches handelt – um einen Prozess, der keine definitive Beweisführung erlaubt, welche die Frage endgültig und mit Gewissheit beantwortet.

4.2.3 *Henry Sidgwick*

Nach Rawls ist – wie bereits im vorigen Abschnitt zitiert – die Mehrheit der englischsprachigen Moralphilosophen bis hin zu Sidgwick der Auffassung gewesen, dass unsere wohlerwogenen Urteile im Überlegungsgleichgewicht zu analysieren seien.[94] Direkt nach dem Verweis in der zugehörigen Fußnote auf Aristoteles, als den ersten Philosophen, der die Methode verwende, folgt ein ausführlichere Erläuterung in Bezug auf Sidgwick:

> »[...] Sidgwick stellte sich die Geschichte der Moralphilosophie als eine Folge von Versuchen vor, »in aller Ausführlichkeit und Deutlichkeit jene grundlegenden Intuitionen der Vernunft« darzustellen, »durch deren wissenschaftliche Anwendung das gemeinsame moralische Denken der Menschheit gleichzeitig systematisiert und berichtigt werden kann« (*The Methods of Ethics*, [...] S. 373f.). Sidgwick geht davon aus, daß philosophische Überlegungen zu Änderungen unserer wohlbedachten Urteile führen, und obwohl es in seiner Lehre Elemente des erkenntnistheoretischen Intuitionismus gibt, wird ihnen doch nicht sehr viel Gewicht beigemessen, wenn sie nicht durch systematische Betrachtungen gestützt werden. Eine Analyse von Sidgwicks Methodologie gibt J. B. Schneewind, »First Principles and Common Sense Morality in Sidgwick's Ethics«, Archiv für Geschichte der Philosophie, 45 (1963).«[95]

Es gibt zumindest zwei Interpretationsmöglichkeiten, wie man Rawls Verweis und Erläuterungen verstehen kann:

---

93 Der frühe Rawls – etwa aus der Zeit bis zur *Outline* – der eindeutiger einen umfassenderen Kreis von Personen bestimmt, deren Überzeugungen zu berücksichtigen sind, hat also scheinbar einen stärkeren aristotelischen methodischen Einschlag als der spätere Rawls (wenn man vom Spezialfall des vollen Überlegungsgleichgewichts absieht, das wieder aristotelisch interpretiert werden könnte).

94 Vgl. Rawls 1979, 70.

95 Rawls 1979, 71. Nach Schneewinds eigenem Zeugnis brachte ein Rat von Rawls ihn zum Studium der Philosophie Sidgwicks. Vgl. Botti 2019, 164.

1. Rawls nimmt an, dass Sidgwick innerhalb der normativen Ethik ein kohärentistisches beziehungsweise schwach fundamentalistisches epistemisches Vorgehen befürwortet, das der Methode des Überlegungsgleichgewichts entspricht.
2. Rawls nimmt an, dass Sidgwick seine moralphilosophische Untersuchung ganz allgemein an der Methode des Überlegungsgleichgewichts orientiert – dies lässt die Möglichkeit offen, dass Sidgwick auf metaethischer Ebene befürwortet, dass die Untersuchung im normativen Bereich der Ethik in einer moderat fundamentalistischen Weise auf Grundüberzeugungen zurückgreifen muss.

Die zweite Möglichkeit den Verweis zu verstehen wird oft übersehen. Man sollte sie aber in Betracht ziehen, da prominent und gut begründet vertreten wird, dass Sidgwick eben ein moderat fundamentalistisches Vorgehen befürwortet, das zumeist als unvereinbar mit der als kohärentistisch verstandenen Methode des Überlegungsgleichgewichts gesehen wird.

Dass das Vorgehen in Sidgwicks *The Methods of Ethics* oftmals so interpretiert wird, liegt daran, dass man nach Sidgwick bei der Suche nach einem ethischen Entscheidungsverfahren, mit dem man bestimmen kann, welche Handlungen als richtig oder geboten anzusehen sind, auf selbstevidente ethische Axiome zurückgreifen müsse, was er (epistemisch) als *Philosophischen Intuitionismus* bezeichnet. Die ethischen Entscheidungsverfahren bezeichnet er als »Methoden der Ethik«:[96]

> »[A] ›Method of Ethics‹ is [...] any rational procedure by which we determine what individual human beings ›ought‹ – or what is ›right‹ for them to do or to seek to realize by voluntary action.«[97]

Er untersucht dabei drei Entscheidungsverfahren: Den *Utilitarismus*, den ethischen *Intuitionismus* (der die Prinzipien des Commonsense umfasst, aber nicht systematisiert – also etwa »Du sollst nicht lügen!«, »Du sollst nicht töten!«, usw.) und den ethischen *Egoismus*.

Bei dem von ihm ausgemachten Axiomen handelt sich um das *Prinzip der Gerechtigkeit* (*principle of justice*), nach dem moralische Gebote für alle

96 Man kann unterscheiden zwischen a) dem Entscheidungsverfahren, das eine Handlung bestimmt, die aus ethischen Gründen auszuführen ist, und b) dem Prinzip, dass eine Handlung moralisch gut macht. Die »Methoden« die Sidgwick untersucht – der *Utilitarismus* etwa – können beide Aspekte (dann als *komplette ethische Theorie*) vereinen und tun dies nach Sidgwick auch. Ich danke Michael Schefczyk, Christoph-Schmidt-Petri und Christian Seidel für Diskussionen zu Sidgwick und Rawls im Rahmen eines Forschungsseminars.

97 Sidgwick, *The Methods of Ethics*, 1.

Personen im gleichen Maße gelten, sofern die Randbedingungen dieselben sind, das *Prinzip der Klugheit* (*principle of prudence*), nach dem ein zukünftiges größeres Glück einem kleineren jetzigen Glück nicht allein wegen seiner zeitlichen Ferne nicht vorgezogen werden sollte, und das *Prinzip des Wohlwollens* (*principle of benevolence*), nach dem man nicht nur das eigene Wohl, sondern das aller fühlenden Wesen gleichermaßen – also das Wohl generell – befördern sollte.[98]

Zum Schluss seiner Untersuchung meint Sidgwick zwar mit Hilfe der Axiome aufzeigen zu können, dass der sogenannte *Intuitionismus* unhaltbar ist und als Grundlage zur Klärung von Widersprüchen und Unklarheiten der intuitionistischen Commonsense-Prinzipien den *Utilitarismus* benötigt, der durch die Axiome gedeckt ist; der ethische *Egoismus* jedoch – als Moraltheorie, die entscheiden soll, wie wir handeln – wäre ebenso von den Axiomen gedeckt und mit den Urteilen des Commonsense vereinbar. Die Untersuchung Sidgwicks endet also in gewisser Weise in der Aporie, denn zwei miteinander unvereinbare ethische Entscheidungsverfahren – der *Utilitarismus* und der ethische *Egoismus* – scheinen beide durch letzte ethische Prinzipien beziehungsweise selbstevidente Axiome gerechtfertigt.

Wie kommt nun Rawls darauf, dass Sidgwick – der bei der Rechtfertigung der Entscheidungsverfahren auf selbstevidente Axiome zurückgreift – ein Beispiel für einen Philosophen ist, der die Methode des Überlegungsgleichgewichts angewandt hat?

Eine Möglichkeit – gemäß der ersten Interpretation von Rawls' Verweis – ist, auf die bedeutende Rolle zu verweisen, die die moralischen Urteile des Commonsense in der Rechtfertigung bei Sidgwick spielen. Denn erstens scheint es Sidgwick sehr wichtig zu sein, dass die potentiellen Kandidaten für das richtige ethische Entscheidungsverfahren – oder allgemeiner noch, dass die korrekte moralische Theorie – die meisten und wichtigsten unserer tatsächlichen moralischen Urteile explizieren kann. Er nimmt an, dass die Regeln des Commonsense (also, dass der *Intuitionismus*) zum großen Teil die moralischen korrekten Handlungen empfehlen. Sie tun dies nur nicht immer und zur Korrektur und im Konfliktfall muss man auf das übergeordnete Prinzip des *Utilitarismus* (bzw. alternativ des *Egoismus*) zurückgreifen. Doch allgemein sind die Urteile des moralischen Commonsense nicht nur korrekt, sondern spiegeln die implizite Weisheit jahrtausendealter moralischer Kultur wider (ein Gedanke, der bereits bei Rawls angesprochen wurde und den er vielleicht Sidgwick verdankt). Die Rechtfertigung des

98 Vgl. Sidgwick, *The Methods of Ethics*; 380ff., zu Übersetzungsvariationen der Axiome: Vgl. Dufner 2012; vgl. Rawls 2012, 539–595.

korrekten Auswahlprinzips – oder allgemeiner, der korrekten moralischen Theorie – ergibt sich nach dieser Deutung also auch aus der Fähigkeit, die meisten moralischen Urteile des Commonsense zu explizieren. Zweitens ist zudem der Fall, dass auch die Axiome, von der die andere Richtung der Rechtfertigung ausgeht, nicht infallibel sind und kritisiert werden müssen: Es gibt nach Sidgwick einen Test mit vier Bedingungen, die erfüllt sein müssen, damit man ein Axiom als »selbstevident« akzeptieren kann – auch sie bedürfen also in gewisser Hinsicht einer Rechtfertigung.[99] Hierzu zieht Rawls explizit in seiner Dissertation Stellung: Dort beschreibt er Sidgwicks Versuch in den *Methods of Ethics*, sich dagegen zu schützen, der Selbstevidenz einen zu hohen Raum einzuräumen – man könnte hier sagen, dass Rawls damit meint, dass er eben keinen moderaten Fundamentalismus (und ganz sicher keinen starken Fundamentalismus) vertritt:

> »There can be no doubt that many writers have appealed to intuitions which were admittedly private, and for which they claimed, if not infallibility, at least a high degree of credibility. But on the other hand, the better writers have, I think, tried to guard against it. [Footnote No.3:] For example note the care in Sidwick's discussions, Methods of Ethics, at 338–343 and 379–389.«[100]

Prima facie kann man also durchaus begründet die Meinung vertreten, dass Sidgwick ein kohärentistisches (beziehungsweise schwach fundamentalistisches) Vorgehen empfiehlt, bei der die Urteile aller Abstraktionsebenen, ohne dass es eine fundamentale epistemische Hierarchie gibt, in Einklang gebracht werden müssen. So könnte man auch einige Stellen aus der Interpretation Schneewinds verstehen, auf die von Rawls verwiesen wurde. Etwa, wenn Schneewind über Sidgwicks Werk schreibt:

> »We [according to Sidgwick] must find a principle which has no exceptions or limits, which holds unconditionally in absolutely every case. It must be a principle which we – the plain man, the Intuitionist – are prepared to accept as the principle that governs the limitations and exceptions involved in common sense principles.«[101]

> »[...] the utilitarian principle is [for Sidgwick] not valid by definition. It is valid, because it is demanded by our actual moral principles. (cf. *ME* 420) In a world that was very different from ours, in which very different moral principles were

99 Vgl. Sidgwick, *The Methods of Ethics*, 338–343.

100 Vgl. Rawls 1950, 260.

101 Schneewind 1963, 149.

commonly accepted, some other principle might be the independent first principle.«[102]

»Sidgwick can see no rational way of proving one of these principles [utilitarianism or egoism] to the exclusion of the other. But the fact that he feels this to be an insoluble problem is significant. It shows how heavily he relies on the arguments I have presented, and how little weight he is prepared to put on intuition unsupported by such arguments.«[103]

Vereinbar mit dieser Interpretation wäre auch folgende zentrale Passage, in der Sidgwick zur Beschreibung seines epistemischen Vorgehens – des *Philosophischen Intuitionismus* – ansetzt. Es ist die Passage von der Rawls einen Ausschnitt in seinem Verweis zitiert hatte:

»[...] we conceive it as the aim of a philosopher, as such, to do somewhat more than define and formulate the common moral opinions of mankind. His function is to tell men what they ought to think, rather than what they do think: he is expected to transcend Common Sense in his premises, and he is allowed a certain divergence from Common Sense in his conclusions. It is true that the limits of this deviation are firmly, though indefinitely fixed: the truth of a philosopher's premises will always be tested by the acceptability of his conclusions: if in any important point he be bound in flagrant conflict with common opinion, his method is likely to be declared invalid. Still, though he is expected to establish and concatenate at least the main part of the commonly accepted moral rules, he is not necessarily bound to take them as the basis on which his own system is constructed. Rather we should expect that the history of Moral Philosophy – so far at least as those whom we may call orthodox thinkers are concerned – would be a history of attempts to enunciate in full breadth and clearness, those primary intuitions of Reason, by the scientific application of which the common moral thought of mankind may be at once systematized and corrected.«[104]

Man kann an dieser Passage allerdings erkennen, dass Sidgwick auch anders interpretiert werden könnte. Er wendet sich dort zwar klarer Weise gegen einen moderaten *bottom-up*-Fundamentalismus, in dem die moralischen Commonsense-Urteile die Grundüberzeugungen sind, aber sie ist – prima facie – sowohl mit der kohärentistischen Lesart vereinbar, als auch mit einer Lesart, die hier einen moderaten *top-down*-Fundamentalismus erkennt. Die kohärentistische Interpretation von Sidgwick ist demnach auch äußerst umstritten. Peter Singer etwa greift Rawls ganz explizit wegen seines Verweises auf Sidgwick im Zusammenhang mit dem Überlegungsgleichgewicht

102 Schneewind 1963, 150.

103 Schneewind 1963, 155. Dies entspricht dem Text in Rawls' Verweis fast wörtlich.

104 Sidgwick, *The Methods of Ethics*, 373f.

scharf an:[105] Sowohl die kohärentistische Interpretation von Sidgwick – die Singer Rawls einfach unterstellt – sei verfehlt als auch – in Zusammenhang damit – die Zuschreibung das Sidgwick die Methode des Überlegungsgleichgewichts verwendet habe. Denn Sidgwicks Vorgehen sei eben klar moderat fundamentalistisch aufgebaut – die Axiome dienen laut Singer dabei als Grundüberzeugungen, die allein die Rechtfertigungslast tragen. Zwar betone Sidgwick, dass die durch die Axiome gerechtfertigten Methoden – der *Utilitarismus* vor allem, aber auch der *Egoismus* – letztlich mit vielen Prinzipien und Urteilen des Common Sense vereinbar seien und diese erklären könnten: Man solle dies jedoch nicht als Teil der Rechtfertigung selbst sehen, sondern nur als ein Argument, das normale Menschen vom Utilitarismus überzeugen könne. Singer nennt ein solches Argument ein *ad-hominem-Argument*, das zwar eben bestimmte Menschen überzeugen könne, aber keine genuine Rechtfertigungskraft besitze. Da Singer das Überlegungsgleichgewicht als rein kohärentistische Methode ansieht, in der es in keiner Form Platz für die Grundüberzeugungen des moderaten Fundamentalismus gibt und er darüber hinaus – klarerweise ungerechtfertigt – annimmt, die Methode sei nicht nur als eine Kohärenztheorie der Rechtfertigung, sondern auch der Wahrheit zu interpretieren und verneine daher moralische Objektivität, ist es nachvollziehbar, dass er Rawls' Verweis als unbegründet und falsch abweist.[106]

Singer revidierte sein Urteil allerdings zu einem gewissen Grad, nachdem er die weitere Debatte zur Methode des Überlegungsgleichgewichts verfolgt hatte, in der vor allem das weite Überlegungsgleichgewicht als Standardinterpretation akzeptiert worden ist. Wenn die Methode des weiten Überlegungsgleichgewichts Revisionen in einem sehr radikalen Maß zulasse – so, dass sehr viele oder alle Überzeugungen, die nicht von einem höheren Prinzip abgeleitet werden können, als unplausibel abgewertet werden können (etwa weil wir durch die Evolution bestimmte, aus moralischer Sicht unbegründete,

---

105 Es ist fraglich, ob Schneewind selbst eine solche Position vertreten wollte. Vgl auch Schneewind 1977; vgl. Sverdlik 1985, 546. Kritik an der Zuschreibung der Methode des Überlegungsgleichgewichts kommt auch –mit anderen Argumenten – von weitern Philosophen: Vgl. etwa Crisp 2002, 68f. und Skelton 2010. Die kohärentistische Interpretation Sidgwicks im Bereich der normativen Ethik unterstützen etwa Brink 1994 und Sverdlik 1985.

106 Vgl. Singer 1974, insbes. 498–501, 503ff., 507f, vgl. Sidgwick, *The Methods of Ethics*, Book III, insbes. Chapter XI, 2, and Chapter XIII. Dass die Commonsense-Überzeugungen auch dazu dienlich sind, die Prinzipien geeigneter ethischer Entscheidungsverfahren und Theorien zu entdecken, ignoriert Singer.

moralische Überzeugungen in konkreten Situationen fest verankert haben) – dann sei die Methode akzeptabel, da mit einem moderaten Fundamentalismus vereinbar:

> »Admittedly, it is possible to interpret the model of reflective equilibrium so that it takes into account any grounds for objecting to our intuitions, including those that I have put forward. Norman Daniels has argued persuasively for this ›wide‹ interpretation of reflective equilibrium. If the interpretation is truly wide enough to countenance the rejection of all our ordinary moral beliefs, then I have no objection to it.«[107]

Man könne dann zwar rein theoretisch auch sagen, dass Sidgwick sie verwendet habe, dies sei jedoch trivial, weil die Methode des Überlegungsgleichgewicht dann alle möglichen zur Auswahl stehenden moralischen Methoden umfasse:

> »[...] whether wide reflective equilibrium and foundationalism can be distinguished depends on the substance of ›the acceptable moral theory‹ and on what the philosophical arguments allow us to conclude. Without knowing which moral theory is acceptable and whether there are philosophical arguments that reveal which moral judgements are objectively true, we cannot exclude the possibility that, once we have found the soundest moral theory and the best philosophical arguments, we will be able to demonstrate that none, or virtually none, of our existing moral judgements are credible; such that we can confidently reject all, or virtually all, of our current moral judgements, and replace them with the judgements that follow from the moral theory. [...] In that case, the distinction between wide reflective equilibrium and foundationalism has narrowed to a vanishing point. It would then be true, but trivial, that when we do normative ethics, there is no alternative to the method of reflective equilibrium. There would be no alternative because wide reflective equilibrium is so wide that it includes all possible methods, including foundationalism.«[108]

---

107 Singer 2005, 347. Vgl. etwa Daniels 1979, 257. Die reine Ablehnung aller konkreten moralischen wohlüberlegten Urteile (Urteile über Einzelfälle oder prima-facie-Regeln) würde allerdings noch nicht automatisch zu einem moderaten Fundamentalismus führen, sondern nur zu einem »bereinigten« weiten Überlegungsgleichgewicht ohne *basic beliefs*. Dass einige Überzeugungen Grundüberzeugungen sind, die ohne Stützung durch andere Überzeugungen bereits eine volle Rechtfertigung aufweisen und daher auch – falls wahr – schon hinreichend für Wissen sind und ihre Rechtfertigung übertragen können, wäre ein Standpunkt, für den erst noch gesondert argumentiert werden müsste. Diesen Punkt übergeht Singer. Er könnte aber dafür argumentieren, dass Sidgwick hierzu zusätzlich Gründe anführt.

108 Singer / de Lazari-Radek 2014, 112f.

Singer hat, meines Erachtens, einerseits recht, wenn er zugesteht, dass Sidgwick die Methode des Überlegungsgleichgewichts auch dann angewandt haben könnte, wenn man seine Interpretation Sidgwicks zugrunde legt und wenn er aufzeigt, dass die kohärentistische Interpretation Sidgwicks mit erheblichen Einwänden konfrontiert ist. Er hat jedoch unrecht, wenn er meint, dass das Überlegungsgleichgewicht als Methode dann trivial sei, wenn sie vereinbar sei mit dem moderaten Fundamentalismus – etwa dadurch, dass Sidgwick mit der Methode des Überlegungsgleichgewichts auf der metaethischen Ebene tatsächlich für einen moderaten Fundamentalismus im Bereich der normativen Ethik argumentiert haben könnte. Also wenn durch die Überzeugungen im Überlegungsgleichgewicht gerechtfertigt ist, in seinem Sub-Bereich der Untersuchung (in diesem Fall: die normative Ethik), anders zu verfahren als im Meta-Bereich (in diesem Fall: die metaethische Erkenntnistheorie). Denn selbst dann gibt es mindestens zwei Gründe, warum die Zuschreibung, Sidgwick habe die Methode des Überlegungsgleichgewichts auf diese Weise gebraucht, nicht trivial ist:[109]

1. Es gibt eine weitere denkbare Methode der Rechtfertigung: den starken Fundamentalismus, nachdem man bestimmte Überzeugungen als unfehlbar und gewiss betrachten kann. Das Überlegungsgleichgewicht ist jedoch eine fallibele Methode, bei der man stets anzunehmen hat, dass auch gerechtfertigte Überzeugungen falsch sein können und revidierbar sind. Beide Methoden sind inkompatibel und daher ist die Entscheidung nicht trivial.
2. Singer selbst betont an einigen Stellen, dass Sidgwick – obwohl er von selbstevidenten Axiomen spricht – keine infallibilistische Position vertritt, sondern eine fallibilistische. Somit ist der Hinweis darauf, dass Sidgwick eine fallibilistische Methode verwendet auch aus interpretatorischer Sicht angebracht und informativ.

Ich werde im Verlauf der vorliegenden Arbeit auf einige der angesprochenen Punkte zurückkommen: Auf den Fallibilismus, der mit der Methode des Überlegungsgleichgewichts angenommen wird (Kapitel 6 und 8), als auch die Frage, inwiefern und auf welche Weise die Methode mit dem moderaten epistemischen Fundamentalismus vereinbar ist (Kapitel 10).

Man muss zugestehen, dass eine Interpretation Sidgwicks *Methods of Ethics*, die wie die von Singer einen moderaten Fundamentalismus als Rechtfertigungsmethode Sidgwicks aufzeigt, durchaus plausibel scheint. Doch selbst wenn dies der Fall ist, heißt das noch nicht, dass Rawls' Verweis unhaltbar ist.

---

109 Für eine ausführliche Diskussion dieser Fragen möchte ich auf einen Aufsatz von mir verweisen: Vgl. Schmidt 2021.

Rawls könnte Sidgwick auch anders – auf die zweite angedeutete Weise – interpretiert haben.

Ob Rawls aber den Verweis auf Sidgwick gemäß der zweiten Interpretation verstanden wissen wollte, ist eine offene Frage. Einige Gründe, die für die erste und gegen die zweite Interpretation des Verweises sprechen, habe ich im Vorigen bereits angeführt. Folgendes ließe sich für die zweite Interpretation anführen: In seinem Verweis führt Rawls aus, dass Sidgwick davon ausgehe, dass »[...] philosophische Überlegungen zu Änderungen unserer wohlbedachten Urteile führen [...]«. Dass Rawls nur Änderungen an unseren wohlüberlegten Urteilen anspricht und Sidgwick mit einer Passage zitiert, in der das Ziel, ist die moralischen Urteile der Menschheit zu korrigieren – also den moralischen Commonsense zu reformieren – könnte darauf hindeuten, dass er durchaus radikale Revisionen an den konkreteren Überzeugungen in Rahmen von Sidgwicks Werk als zulässig erkennen würde und dass die abstraktesten Prinzipien, die ethischen Axiome, bei Sidgwick revisionsbeständigere Grundüberzeugungen im Sinne des moderaten Fundamentalismus sind.[110] Diese Annahme verträgt sich zwar schlecht mit dem, was Rawls über die Ausformung des Überlegungsgleichgewichts in seinem Werk sagt, aber das heißt nicht, dass ein anderer Theoretiker – etwa Sidgwick – mit derselben Methode, aber anderen Überzeugungen, nicht zu anderen (erst einmal) gerechtfertigten Ergebnissen kommen könnte. An anderer Stelle bestätigt Rawls explizit, dass es mit der Methode des Überlegungsgleichgewichts prinzipiell möglich ist, sehr radikale Überzeugungswechsel zu rechtfertigen, die sich beispielsweise auf erste »selbstevidente« Prinzipien stützen können – wobei er allerdings offenlässt, ob man diese selbstevidenten Überzeugungen als Grundüberzeugungen im Sinne des moderaten Fundamentalismus verstehen kann:

> »I note in passing that one's moral conception may turn out to be based on self-evident first principles. The procedure of reflective equilibrium does not, by itself, exclude this possibility, however unlikely it may be. For in the course of achieving this state, it is possible that first principles should be formulated that seem so compelling that they lead us to revise all previous and subsequent judgments inconsistent with them. Reflective equilibrium requires only that the agent makes these revisions with conviction and confidence and continues to affirm these principles.«[111]

Folgende Passage aus Rawls veröffentlichten Vorlesungen zur Geschichte der Politischen Philosophie kann mit einiger Anstrengung auch auf diese Weise

110 Rawls 1979, 71.

111 Rawls 1974, 8.

gedeutet werden. Rawls verwendet dort zwar nicht den Ausdruck des Überlegungsgleichgewichts, aber er benutzt Vokabular, dass in diesem Zusammenhang einschlägig ist:

> »[...] Das utilitaristische Prinzip harmonisiert und systematisiert die Urteile des Common sense und paßt sie in kohärenter Weise an. (Siehe beispielsweise die Erörterung idealer Werte im 14. Kapitel des III. Buchs und die Schlußfolgerung [S. 406f.], [vorige eckige Klammer im Originaltext – die bibiografischen Angaben beziehen sich auf Sidgwick, *The Methods of Ethics*] außer dem Nutzenprinzip gebe es kein Prinzip, das diese Urteile in eine Ordnung bringen könne.) Zugleich korrigiert dieses Prinzip unsere vorreflexiven Urteile, und somit ist auch das Kriterium aus § 2 (5.c, VIII) erfüllt. Sidgwick nimmt an, daß unsere vorreflexiven Urteile (oder zumindest einige von ihnen) eine gewisse vorläufige Gültigkeit haben. Daß es dem Nutzenprinzip gelingt, Ordnung in sie zu bringen, sei daher eine weitere Bestätigung dieses Prinzips. (Siehe IV. Buch, 2. Kapitel, S. 419–422.)«[112]

Sidgwick selbst schreibt:

> »[...] If systematic reflection upon the morality of Common Sense thus exhibits the Utilitarian principle as that to which Common Sense naturally appeals for that further development of its system which this same reflection shows to be necessary, the proof of Utilitarianism seems as complete as it can be made.«[113]

Insgesamt spricht meines Erachtens jedoch mehr dafür, dass Rawls tatsächlich eine kohärentistische Interpretation von Sidgwick vornimmt. Wenn man das Überlegungsgleichgewicht stets als ein weites Überlegungsgleichgewicht versteht, ist es aber unabhängig davon, ob diese Interpretation korrekt ist oder nicht, möglich und adäquat Sidgwick die generelle Verwendung der Methode zuschreiben. Die Frage, wie sich ein methodisch moderater Fundamentalismus zur Methode des weiten Überlegungsgleichgewicht verhält, bedarf allerdings einer Klärung.

Abschließend könnte man eine weitere Analogie zwischen Rawls' Verwendung des Überlegungsgleichgewichts und dem Vorgehen Sidgwicks darin erkennen, dass beide drei rivalisierende traditionelle Theoriefamilien argumentativ miteinander vergleichen: Rawls die kantisch inspirierten Prinzipien der Gerechtigkeit mit dem Utilitarismus und dem Intuitionismus, Sidgwick den Utilitarismus mit dem ethischen Egoismus und ebenfalls dem Intuitionismus.[114] Die Bezugnahme auf die philosophische Tradition, als

112 Rawls 2012, 561.

113 Sidgwick, *The Methods of Ethics*, 422.

114 Vgl. auch Audard 2015.

Quelle für beachtens- und untersuchenswerte Auffassungen, könnte man somit durchaus als konstitutives Element der Methode des Überlegungsgleichgewichts verstehen.

4.2.4 *Willard Van Orman Quine*

Dass sich Rawls intensiv mit Wissenschaftstheorie und Erkenntnistheorie auseinandergesetzt hat, konnte man bereits an der Untersuchung seiner Dissertation erkennen, in der er unter anderem stark von der Philosophie des *Logischen Empirismus* beeinflusst war. Folgerichtig zu diesem Interesse hat Rawls die Fortentwicklung und Überwindung einiger Ansätze des *Logischen Empirismus* unter anderem durch Willard Van Orman Quine gewürdigt.[115]

Die Ideen Quines stehen dabei im Zusammenhang mit den bereits behandelten Ideen Goodmans sowie denen Morton Whites (auf den Rawls ebenso im Zusammenhang mit dem Überlegungsgleichgewicht verweist, was im folgenden Abschnitt näher behandelt wird). Die kritischen Ideen dieser drei Philosophen, die – neben anderen, aber auf hervorragende Weise – den *Logischen Empirismus* sozusagen weiterentwickelten, sind nicht nur zeitgleich oder im selben Diskursrahmen, sondern tatsächlich auch miteinander entstanden, da sie hierzu im direkten brieflichen Austausch standen: Was von diesen drei Philosophen in Frage gestellt wurde, war hauptsächlich die Dichotomie zwischen analytischen und synthetischen Aussagen: Also zwischen Aussagen, die allein durch die Bedeutung logisch zwingend wahr sein sollen (»Alle Jungesellen sind unverheiratet«) und empirisch wahren und damit rein kontingent wahren Aussagen, die rein empirisch überprüft werden können (»Alle Junggesellen sind sorglos«).

White initiierte 1947 einen Briefwechsel mit Quine, der die Probleme der Unterscheidung zwischen analytischen und synthetischen Aussagen zum Gegenstand hatte und in den Goodman als dritter Korrespondent einbezogen wurde (alle drei hatten sich überdies zu diesem Thema mit Alfred Tarski ausgetauscht). Dieser Briefwechsel resultierte letztlich, von Quines Seite aus, nachdem White die Diskussion bereits in einem Aufsatz zusammengefasst veröffentlichte, in seinem berühmten Aufsatz aus dem Jahr 1951 *Two Dogmas of Empiricism.*[116] In diesem wies er neben der Unterscheidung zwischen analytischen und synthetischen Aussagen als einem unbegründeten Dogma des Empirismus, auch (als zweites Dogma) einen Reduktionismus auf einzelne atomistisch überprüfbare Aussagen über die physische Welt zurück.

---

115 Vgl. auch Gališanka 2019, insbes. 45–62 und 137–149.

116 Vgl. Quine 1980. 128 (Fußnote 7); vgl. Goodman / Quine / White 1999; vgl. Isaacson 2004, 234f.; vgl. Cohnitz / Rossberg 2016.

Demgegenüber steht dann zwangsläufig ein Rechtfertigungsholismus, nach dem Aussagen nur im Zusammenhang mit dem Rest des Überzeugungssystems gerechtfertigt werden können. Zwar hatte beispielsweise schon Carnap festgestellt, dass etwa auch analytische Aussagen verworfen werden könnten, dies aber dann als Wechsel des Sprachrahmens charakterisiert, der selbst eine unrechtfertigbare Setzung sei. Hier greift Quines Kritik an seinem Freund und Lehrer Carnap ein, nach der auch ein solcher Sprachwechsel durch dieselben Gründe gerechtfertigt werden kann, durch die auch die synthetischen Sätze gerechtfertigt oder in Zweifel gezogen werden.[117] In gewisser Weise könnte man sagen, auch auf der Meta-Ebene der Entscheidung für eine Sprache, wird argumentiert und es sind dabei alle Überzeugungen ohne Unterschied zugelassen (egal worauf sie sich letztlich beziehen – zum Beispiel auf Sinnesreize im Sinne Quines). Dies kann man gut mit der Idee vereinbaren, dass etwas wie die Methode des Überlegungsgleichgewichts als allgemeine Methode der Rechtfertigung auch auf den höchsten Metastufen der Erkenntnisversuchs einzusetzen ist.

Zum selben Zeitpunkt, in dem sich Quine, Goodman und White mit ihren kritischen Fragen bezüglich der analytisch-synthetisch-Unterscheidung austauschten, versuchte auch Rawls die Wissenschaftstheorie des *Logischen Empirismus* weiterzuentwickeln und auf die Ethik zu übertragen, ohne dabei einen nonkognitivistischen Standpunkt einzunehmen, der von Vertretern des Logischen Empirismus bevorzugt wurde, wenn sie sich mit Moral und Ethik wissenschaftlich auseinandersetzen wollten, wie etwa Alfred Jules Ayers *Emotivsimus*.[118] Rawls arbeitete zeitgleich also an etwas, das in gewisser Weise ebenso an einem Dogma des *Logischen Empirismus* rührte – dass moralische Aussagen nicht als wahrheitsfähiges Element einer wissenschaftlichen Untersuchung angesehen werden können – wobei er die generelle empirische Ausrichtung dieser Denkschule teilte.[119] Verwiesen hat Rawls allerdings zwei Jahrzehnte später im Zusammenhang mit dem Überlegungsgleichgewicht in seiner *Theorie der Gerechtigkeit* nicht auf Quines *Two Dogmas of Empiricism*, sondern auf dessen jüngere Veröffentlichungen, die Rawls' methodologischen Ansichten beeinflusst hätten:

---

117 Vgl. Quine 1951; vgl. Carnap 1950; vgl. Hylton 2018. Siehe auch die Abschnitte 5.2.1. und 8.1.2. der vorliegenden Arbeit.

118 Vgl. auch Gališanka 2019, insbes. 45–62. Vgl. aber erneut Siegetsleitner 2010 & 2014 für eine differenzierte Betrachtung der Moralphilosophie im *Wiener Kreis*.

119 Einen ähnlichen Ansatz vertrat zu dieser Zeit Curt John Ducasse, der von Rawls rezipiert und explizit als Quelle genannt wurde. Vgl. Gališanka 2019, 51ff. Zum Ausdruck »Dogma« in diesem Zusammenhang: vgl. auch Botti 2019, 125, 153.

»Die hier vertretene [methodologische] Auffassung stimmt mit der Analyse in Abschnitt 9 [der *Theorie der Gerechtigkeit*] überein, die sich an »Outline [of a Decision Procedure] for Ethics« (1951) anschließt. Sie hat jedoch den Begriff der Rechtfertigung verwertet [»But it has benefited from the conception of justification [...]»], der sich bei W. V. Quine, *Word and Object* (Cambridge M. I. T. Press, 1960), Kap. 1 und an anderen Stellen findet. Siehe auch Quines *Ontological Relativity and Other Essays* (New York, Columbia University Press, 1969) Essay 4.«[120]

Da Rawls in diesem Fall keine genauen Seitenangaben gibt, muss man interpretieren welchen Aspekt er genau aus dem ersten Kapitel von *Wort und Gegenstand* oder dem vierten Essay aus *Ontologische Relativität*, nämlich *Existenz und Quantifikation*, mit seiner methodischen Auffassung – der Idee des Überlegungsgleichgewichts – verbinden wollte.

Auf was genau im ersten Kapitel von *Wort und Gegenstand* könnte sich Rawls also bezogen haben? Es finden sich dort jede Menge von Stellen, die Aspekte dessen beleuchten, was bis jetzt als die Methode des Überlegungsgleichgewichts vorgestellt wurde – von daher ist dieser Verweis sehr aufschlussreich.

Gleich zu Beginn des ersten Abschnitts unter dem Titel *Alltägliche Dinge* zuerst, wendet sich Quine gegen die Idee zum Ausgangspunkt von wissenschaftlichen Untersuchungen allein eine ideale Sprache zu nehmen. Er empfiehlt dagegen Untersuchungen mit einer allgemeinen Bezugnahme auf unsere alltäglichen Überzeugungen zu starten. Im Zuge der Weiterentwicklung unserer Überzeugungen können sich dann aber auch formale Sprachen ergeben, mit denen wir durchaus arbeiten können. Verfehlt wäre es sozusagen eine bereinigte ideale und formale Sprache im Sinne einer *prima philosophia* als grundlegend anzusehen:

»Es gibt gar keinen Grund, weshalb man die Vorgeschichte der alltäglichen Rede von physikalischen Dingen im Hinblick auf Sinneswahrnehmung oder Reizauslöser nicht untersuchen sollte. Ein Irrtum stellt sich erst dann ein, wenn man darin nach einem Unterbau der Begriffsbildung oder der Sprache sucht. Keine Begriffsbildung von Belang ist von der Sprache zu trennen, und unsere übliche Sprache der physikalischen Dinge ist schon in etwa so grundlegend, wie es die Sprache überhaupt nur sein kann.

Neurath hat die Wissenschaft einmal mit einem Schiff verglichen, das wir, wenn erforderlich, nur Planke um Planke umbauen können, während wir darin auf hoher See bleiben. Philosoph und Wissenschaftler sitzen im selben Boot. Falls wir zu einem besseren Verständnis unserer gewöhnlichen Rede von physikalischen Dingen gelangen, dann nicht dadurch, daß wir sie auf ein Idiom

120 Rawls 1979 628; vgl. Rawls 1971, 579.

zurückführen, mit dem wir besser vertraut sind – ein solches Idiom gibt es nämlich nicht.«[121]

Die Metapher Otto Neuraths von der wissenschaftlichen Untersuchung als einem Boot zusammenhängender Überzeugungen auf hoher See, das beim Umbau weiterhin bestmöglich zusammenhalten muss, wenn wir nicht untergehen wollen, passt exzellent zu Rawls' Methode des Überlegungsgleichgewichts, die in hohem Maß auf die Kohärenz unserer – auch alltäglichen – Überzeugungen im Gleichgewichtszustand rekurriert und die oft als kohärentistische Methode der Rechtfertigung bezeichnet wird. Man kann davon ausgehen, dass Rawls durch seinen Verweis unter anderem diesem Zusammenhang herstellen wollte.[122]

Wenn Quine schreibt, dass man von der natürlichen Sprache – unseren Commonsense-Überzeugungen – ausgehen muss, dann soll das nicht heißen, dass diese Überzeugungen alle Grundüberzeugungen im Sinne eines Fundamentalismus wären, sondern nur, dass die Untersuchung einfach hier starten muss, was einschließt, dass die anfänglich für plausibel erachteten Überzeugungen – Rawls würde vielleicht von wohlüberlegten Urteilen sprechen – im Verlauf der Untersuchung revidiert werden können:

> »Es gibt allerdings einige Philosophen, die diesen Gedankengang zu weit treiben und die Alltagssprache als sakrosankt betrachten. Die Alltagssprache wird von ihnen so verherrlicht, daß eine ihrer hervorstechenden Eigenschaften ausgeschlossen wird: ihre Neigung, sich stets weiterzuentwickeln. Die Sprachneubildungen der Wissenschaft sind selbst nichts anderes als selbstbewußt gewordene Sprachentwicklung, wie die Wissenschaft ja auch selbstbewußter Common sense ist. Die Philosophie wiederum ist, was wesentliche Merkmale

---

121 Quine 1980, 20; vgl. Neurath 1932, 206.

122 Daniele Botti bestätigt dies: »It is worth noting […] that in his personal copy of W. V. O. Quine, From a Logical Point of View, 78–9, presumably read by Rawls in 1955, Rawls underlined the following passage: ›to talk about the world we must already impose upon the world some conceptual scheme peculiar to our own special language. Yet we must not leap to the fatalistic conclusion that we are stuck with the conceptual scheme that we grew up in. We can change it bit by bit, plank by plank, though meanwhile there is nothing to carry us along but the evolving conceptual scheme itself. The philosopher's task was well compared by Neurath to that of a mariner who must rebuild his ship on the open sea.‹ The name of Neurath is also circled by Rawls. […] In his personal copy of W. V. O. Quine, Word and Object, 4, presumably read by Rawls in 1961, Rawls underlines this sentence: ›Analyze theory-building how we will, we all must start in the middle.‹ And comments on a side: ›Contra Descartes (to reconstruct from the ground up) or contra to judge from the outside (from some Archimedean point). We begin from the system of thought we have; this we do not choose, but improve.‹« Botti 2019, 97. Vgl. Botti 2019, 154.

> iheres Zwecks und ihrer Methode anlangt, in ihrem Streben nach größerer Klarheit von guter und schlechter Wissenschaft nicht zu unterscheiden.«[123]

Änderungen und Kritik an unseren alltäglichen Überzeugungen, ist also nur dann möglich, wenn wir sie als vorläufige Startpunkte unserer Untersuchung nehmen, die im Verlauf der Untersuchung jederzeit abgelegt werden können – etwa bei Inkonsistenzen oder wenn eine Vereinfachung im Sinne eines besseren Verständnisses möglich ist:

> »Unser Schiff bleibt flott; denn bei jeder Änderung bleibt der größere Teil intakt. Unsere Wörter bleiben leidlich sinnvoll, denn der Wandel unserer Theorie geht kontinuierlich vor sich. Wir biegen den Sprachgebrauch so allmählich zurecht, dass ein Bruch vermieden wird. [...] [N]ur mit Bezug auf ein theoretisches System, das seinerseits auf der einstweiligen Anerkennung von Gegenständen beruht, können wir einen kohärenten Anfang machen und die Gegenstände in Frage stellen. Auch wenn es im Hinblick auf den Abschluß keine Begrenzungen gibt, so sind wir doch, was den Anfang betrifft, Einschränkungen unterworfen. Um Wittgensteins Bild an die Stelle von Neuraths zu setzen: Wir können unsere Leiter erst dann wegstoßen, wenn wir auf ihr emporgestiegen sind.«[124]

Eine weiteres Element von Quines Theorie, das mit dem Überlegungsgleichgewicht verknüpft werden kann, ist der bescheidene Holismus, den Quine in Abschnitt 3 (*Ein Satz belebt den anderen*) vertritt.[125] Nach Quine bilden unsere Sätze, die miteinander verknüpft sind, ein Gewebe, das an den Rändern mit der Empirie, das heißt den Sinnesreizen, verbunden sind und im inneren des entstandenen Feldes durch logische Überzeugungen verknüpft werden, die

123 Quine 1980, 21.

124 Quine 1980, 22. Vgl. auch Abschnitt 9.2. der vorliegenden Arbeit.

125 Bescheiden, oder moderat, ist der vertretene Holismus, weil sich Quine von einem übertriebenen Holismus, den er noch in *Two Dogmas of Empiricism* vertreten hatte, abgrenzt. Nach diesem war die Bestätigung einer Theorie nicht etwa durch einzelne Aussagen möglich, sondern nur in Zusammenhang mit allen anderen Überzeugungen im *Netz der Überzeugungen*, so dass letztlich immer die Wissenschaft bzw. das entsprechende Überzeugungssystem insgesamt überprüft werde müsse. Bei dem gemäßigten Holismus wird stattdessen nur erwartet, dass die unmittelbar implizierten empirischen Beobachtungen einer Theorie in die Bestätigung und (im Konfliktfall) und die Revisionsüberlegungen einbezogen werden müssen, was nicht unbedingt die Einbeziehung aller Überzeugungen aus dem Netz der Überzeugungen nach sich ziehen muss. Das Verhältnis des moderaten zum starken Holismus und zu der Ablehnung eines Reduktionismus ist jedoch nicht ohne Spannungen, so dass Quines konsequente Ablehnung eines Reduktionismus für einige Interpreten letztlich doch für einen starken Holismus spricht. Ein Holismus der Bedeutung hängt für Quine dabei mit dem Holismus der Bestätigung oder Rechtfertigung zusammen bzw. wird mit diesem identifiziert. Vgl. De Rose / Lepore 2004; vgl. Keil 2002, 67ff.

zwar dadurch zentral und besonders feststehend sind, aber eben auch nicht unabänderbar. Prinzipiell ist jede Überzeugung im Konfliktfall abänderbar. Sowohl die Reize als auch die innere Logik üben Kräfte aus, die das Feld dynamisch testen und bei Bedarf modifizieren oder erweitern. Dieses dynamische Gewebe, eine Metapher, die man durchaus mit dem Überzeugungssystem in Verbindung bringen kann, das in ein Überlegungsgleichgewicht gebracht werden muss, wurde von Quine an anderer Stelle auch als *Netz der Überzeugungen* (*web of belief*) bezeichnet:[126]

> »Aus der Verknüpfung von Sätzen mit Sätzen ergibt sich ein gewaltiges Gebilde aus Wörtern, das – vor allem als Ganzes – mit nichtverbalen Reizen auf mannigfaltige Weise verbunden ist. Diese Verbindungen haften (für jeden einzelnen) an separaten Sätzen, doch diese selben Sätzen sind dann wiederum so miteinander verknüpft, daß sich die nichtverbalen Verankerungen unter Umständen dehnen oder unter der Spannung nachgeben können. Es leuchtet ein, daß dieses Gebilde aus untereinander verbundenen Sätzen ein einziges, zusammenhängendes Gewebe ergibt, das alle Wissenschaften, ja alles, was wir jemals über die Welt sagen, einschließt; denn zumindest die logischen Sätze – und sicher noch viele hausbackenere Sätze – stehen zu allen Themen in Beziehung und sorgen auf diese Weise für Verbindungen.«[127]

Doch wie genau sollte man bei der wissenschaftlichen Untersuchung unserer Alltagssprache, der über die Sätze miteinander verknüpften Commonsense-Gegenstände, vorgehen? Wie genau sollte man in welchen Konstellationen das Netz der Überzeugungen im Konfliktfall abändern? Hierzu äußert sich Quine ebenfalls im ersten Kapitel von Wort und Gegenstand in den abschließenden Abschnitten 5 (*Belege*) und 6 (*Setzungen und Wahrheit*), was plausibel macht, dass Rawls sich auf das gesamte Kapitel bezogen hat.

Quine zeigt dort auf, wann wir uns überhaupt damit abgeben, Belege für eine bestimmte Überzeugung anzuführen, also was einen Konfliktfall überhaupt erst einmal auszeichnet. Dies passiert genau dann, wenn wir uns einer Überzeugung nicht sicher sind, weil eine alternative Überzeugung, die nicht mit der ersten vereinbar ist, ebenso im Raum steht. Etwa, wenn wir aus einem fahrenden Auto bei einem Objekt nicht eindeutig unterscheiden können, ob es ein Stein oder ein zerknülltes Papier ist. Belege könne man in diesem Fall sammeln, wenn man an den entsprechenden Ort zurückkehrt und das Objekt in näheren Augenschein nimmt – Quine würde hier von einem »starken Reiz« sprechen – oder, wenn das nicht geht, wenn man andere relevante Hintergrundüberzeugungen, etwa über die Wahrscheinlichkeit von zerknüllten

---

126 Vgl. Quine 1980, 35f.; vgl. Quine / Ullian 1970.

127 Quine 1980, 35f.

Papieren an diesem Ort, in die Überlegungen einbezieht. In vielen Fällen sind, nach Quine, Belege eher in dieser indirekten Art gegeben oder überwiegen gar das, was augenscheinlich der Fall zu sein scheint. Belege anzuführen, die im Netz der Überzeugungen an verschiedensten Orten sein können und sie zu gewichten, sei das rationale Vorgehen bei diesen Problemen zu einer Entscheidung zu kommen – also eine der Überzeugungen als gerechtfertigt auszuzeichnen und die alternativen als ungerechtfertigt – die Parallelen zur Metapher des Überlegungsgleichgewichts sind offensichtlich:

> »[...] [I]m allgemeinen geht es bei Belegen [...] um eine Frage des Schwerpunkts. Gewöhnlich ist das Ausschlaggebende für uns eine delikate Gewichtung verschiedener Kräfte, die – von kaum relevanten Reizen ausgehend – über das Gewebe der Sätze übertragen werden. Manchmal liegt das [...] daran, daß [...] starke Reize [...] einfach nicht zugänglich sind, oder daran, daß einem ziemlich starken Reiz viele schwächere Reize auf der anderen Seite dieses Gewebes gegenüberstehen und in die entgegengesetzte Richtung ziehen.«[128]

Egal ob es sich letztlich um eine Überzeugung handelt, die durch einen direkten Reiz ausgelöst wird, oder um eine eher theoretische und damit indirekte Überzeugung, beide sind prinzipiell revidierbar. Sofern wir eine Theorie haben, die uns Vorhersagen erlaubt, sind bei Nichteintreffen der Vorhersage also – ganz analog wie zwischen Rawls Prinzipien und wohlüberlegten Urteilen – sowohl die Theorie als auch die Beobachtung revidierbar. Das mag bei den vor allem physikalisch orientierten Überzeugungen Quines schwieriger scheinen als bei den dezidiert moralischen von Rawls, doch für die Frage, ob es eine prinzipielle Revidierbarkeit gibt, spielt dies keine Rolle. Je nach Kontext wird die Revidierbarkeit lediglich unterschiedlich akzentuiert:

> »Im Extremfall kann die Theorie aus so fest konditionierten Verbindungen zwischen Sätzen bestehen, daß sie auch den Fehlschlag von ein oder zwei Vorhersagen aushält. Wir befinden uns dann in einer solchen Lage, daß wir das Nichtzutreffen der Vorhersage durch einen Beobachtungsfehler oder als Ergebnis einer unerklärten Störung entschuldigen. Wenn es zum Äußersten kommt, wedelt also der Schwanz mit dem Hund.«[129]

Die Frage bleibt, wie Belege gewichtet werden sollten. In anderen Worten: nach welchen Regeln zwischen den alternativen und rivalisierenden »Geweben« von Überzeugungen, die im Konfliktfall zur Auswahl stehen, da Belege für sie

128 Quine 1980, 45f.
129 Quine 1980, 46f.

angeführt werden können, ausgewählt werden sollte. Nach Quine gibt neben der Wahrscheinlichkeit das Kriterium der Einfachheit den Ausschlag. Jedoch zu analysieren und darzustellen, wann das Kriterium genau erfüllt ist, sei schwierig:

> »Aufgrund der eben gemachten Bemerkungen könnte es den Anschein haben, als sei das Aussieben von Belegen eine merkwürdig passive Angelegenheit – sofern man einmal von dem Bemühen absieht, hilfreiche Reize aufzufangen: Wir versuchen bloß, uns für das darauffolgende Wechselspiel kettenförmig verknüpfter Reizungen möglichst empfänglich zu stimmen. Welches bewußte Verfahren schlägt man aber nun ein, wenn man sich gegenüber der gegenseitigen Belebung von Sätzen nicht einfach passiv verhalten will. Die Suche, wenn sie bewußt erfolgt, scheint immer der einfachsten Geschichte zu gelten. Doch ist es leichter, diese vermeintliche Qualität der Einfachheit zu empfinden, als sie zu beschreiben. Vielleicht ist unser vielgepriesener Sinn für Einfachheit bzw. für die wahrscheinlichste Erklärung vielfach nicht mehr als ein Gefühl der Überzeugung, das der blinden Resultante des Wechselspiels zwischen verschiedenen starken, kettenförmig verknüpften Reizen anhaftet.«[130]

An dieser Stelle scheint es, dass Quine das prima facie zumindest vage erscheinende Kriterium der Einfachheit mit dem ebenso erst einmal vage erscheinenden Kriterium der Wahrscheinlichkeit gleichsetzt. An anderer Stelle jedoch, gesteht Quine ein, dass es einen Vorrang gibt, wenn eine Theorie besser bestätigt ist, als eine andere, beziehungsweise, wenn andere Überzeugungen in unserem Denksystem, ein fragliches System besser stützen und daher wahrscheinlicher machen. Tatsächlich gibt die Einfachheit für Quine bei der Auswahl zwischen alternativ möglichen Theorien, die sich beide mit der relevanten Erfahrung belegen lassen, in der Praxis aber den hauptsächlichen Ausschlag zur Empfehlung einer der Theorien und damit alternativer Überzeugungssysteme:

> »Einfachheit ist kein Desiderat, das auf der gleichen Stufe steht wie die Übereinstimmung mit der Beobachtung. Die Beobachtung dient dazu, Hypothesen zu testen, nachdem man sie sich zu eigen gemacht hat; die Einfachheit bestimmt, welche man zum Test annimmt. Die entscheidende Beobachtung läßt allerdings gewöhnlich lange auf sich warten oder ist unmöglich, und insoweit zumindest ist die Einfachheit letztlich die ausschlaggebende Instanz.«[131]

---

130 Quine 1980, 47.

131 Quine 1980, 48f. Immer wieder wurde auch versucht Goodmans *grot*-(*grue*)-Paradox mit Verweis darauf zu lösen, dass »grün« ein einfacheres Prädikat als »grot« sei – was von Goodman jedoch stets zurückgewiesen wurde. Vgl. Abschnitt 4.21. der vorliegenden Arbeit. Vgl. Quine 1975, 157–189.

Eine solche Praxis sieht Quine auch beim statistischen Schließen gerechtfertigt:

> »So schwierig es auch immer noch sein mag, anwendbare Maßstäbe der Einfachheit zu formulieren, so treten sie doch immer deutlicher in Erscheinung. Es gehört zu den Aufgaben des Wissenschaftlers von Stichproben ausgehend zu verallgemeinern oder zu extrapolieren und so zu Gesetzen zu gelangen, die mehr Phänomene erfassen, als überprüft worden sind, und soweit er es erkennen kann, dient ihm gerade die Einfachheit als Richtschnur seines Extrapolierens. Auch dem statistischen Schließen ist die Einfachheit wesentlich. Werden die Daten des Wissenschaftlers durch Punkte in einem Diagramm dargestellt und das Gesetz durch eine Kurve, die durch diese Punkte geht, dann zeichnet er eine so glatte und einfache Kurve wie er nur kann. Ja, um die Sache zu vereinfachen, tut er den Punkten sogar ein wenig Gewalt an, wobei er sich auf die Ungenauigkeit der Messung beruft. Kann er noch eine einfachere Kurve herausbekommen, indem er ein paar der eingezeichneten Punkte überhaupt ausläßt, so versucht er, ihnen gesondert Rechnung zu tragen.«

Hierzu muss man allerdings sagen, dass beispielsweise die Erwägung in Bezug auf die Ungenauigkeit der Messung doch als Erwägung der Plausibilität bestimmter Überzeugungen verstanden werden kann. Da komplexere Theorien, die sich aus mehreren Elementen zusammensetzen, insgesamt unwahrscheinlicher sind (sofern die Elemente eine Wahrscheinlichkeit unter 1 zugewiesen bekommen) als ansonsten identische Theorien mit weniger Elementen, ist allerdings verständlich, wenn Quine eine enge Ankopplung der Einfachheit an die Wahrscheinlichkeit suggeriert. Daraus zu folgern, dass stets zwischen zwei rivalisierenden Theorien die weniger komplexe auch plausibler ist, wäre aber verfehlt.

Quine nennt außer der Einfachheit zwei weitere Kriterien zur Auswahl zwischen alternativen Theorien: 1. Die Vertrautheit oder den Grad des Konservativismus und 2. Die Vereinbarkeit mit dem »Satz vom Grunde« beziehungsweise dem *Satz vom zureichenden Grund*.[132]

Unter der Vertrautheit versteht Quine, dass wir, wenn wir die Auswahl zwischen verschiedenen gestützten Überzeugungssystemen haben, danach streben, möglichst wenige Änderungen an unseren bisherigen »ererbten« Überzeugungen zuzulassen. Wir verhalten uns demnach, wo es uns möglich ist, konservativ, sowohl bei dem Aufstellen neuer Hypothesen als auch bei der Abänderung bisheriger Hypothesen und Überzeugungen:

> »Vertrautheit des Prinzips ist das, worum es uns geht, wenn wir uns bemühen Neues durch alte Gesetze zu »erklären«; so z. B. wenn wir eine Hypothese über Moleküle zurechtdrechseln, um die Phänomene der Hitze, der Kapillarität und

---

132 Vgl. Quine 1980 49ff.

der Oberflächenspannung unter die wohlvertrauten alten Gesetze der Mechanik zu bringen. Die Vertrautheit des Prinzips spielt auch eine Rolle, wenn wir durch »unerwartete Beobachtungen« (d. h. letzten Endes durch einen unliebsamen Konflikt zwischen Sinneskonditionierungen, wie sie durch die gegenseitige Belebung der Sätze vermittelt werden) dazu veranlaßt werden, eine alte Theorie zu revidieren. Die Vertrautheit des Prinzips tritt dann so in Erscheinung, daß sie die geringstmögliche Revision begünstigt.«[133]

Nach Quine ist das Prinzip der Vertrautheit jedoch im Konfliktfall mit dem Prinzip der Einfachheit, dem Prinzip der Einfachheit untergeordnet:

»Man bedenke [...] den wichtigen normativen Unterschied zwischen Einfachheit und Konservatisvismus. Immer wenn man weiß, daß Einfachheit und Konservativismus zu entgegengesetzten Vorgehensweisen raten, ist das Urteil jeder bewußten Methodologie auf seiten der Einfachheit.«[134]

Nach Quine spielt, wie bereits erwähnt, auch der »Satz vom Grunde«, der bereits von Spinoza und Leibniz formuliert wurde, eine Rolle. In Quines Interpretation nimmt man gemäß diesem an, dass es für jede Tatsache einen Grund gibt, der sie erklärt. Für die Frage der Theorieentscheidung heißt das, dass man versucht, dass alle relevanten Beobachtungen und Überzeugungen von einer entsprechenden Theorie möglichst behandelt werden sollten und man tunlichst unbegründete Sonderfälle vermeidet. Der *Satz vom zureichenden Grund* muss nach Quines Auffassung allerdings nicht gesondert beachtet werden, da man ihn im Einfachheitskriterium beinhaltet sehen kann – schließlich sind Theorien mit Ausnahmen in der Regel komplexer als Theorien ohne Ausnahmen (zumal sich deren Wahrscheinlichkeit durch eine zusätzliche Annahme ebenfalls verringern dürfte):[135]

»Dank der unscharfen Grenzen des Einfachheitsgedankens läßt sich dieses Prinzip [des zureichenden Grunds] jedoch plausibel unter die Forderungen der Einfachheit subsumieren.«[136]

An die hier aufgeworfenen Fragen nach Kriterien der Theorieentscheidung oder rationalen Abänderung der Überzeugung innerhalb des Überlegungsgleichgewichts, die zu Interpretationsfragen der Methode führen, wird in Kapitel 6 und 11 der vorliegenden Arbeit angeknüpft.

133 Quine 1980, 50.
134 Quine 1980 50.
135 Vgl. Melamed / Lin 2018.
136 Quine 1980, 51.

Wenn Rawls die Ausführungen Quines hierzu mit der Methode des Überlegungsgleichgewichts verknüpft wissen wollte, wäre dies etwas, was über Rawls eigene explizite Ausführungen deutlich hinausgeht. Allerdings spielt bei Rawls eigener Argumentation die Einfachheit ebenso eine Rolle, wie auch der Beginn mit der Untersuchung mit »ererbten« Überzeugungen, die dann jedoch im Zuge der Untersuchung durch den Wettbewerb mit alternativen Überzeugungen hinterfragt werden. Rawls gibt der Forderung nach Einfachheit, etwa in seiner *Theorie der Gerechtigkeit*, allerdings nur dann Raum, wenn die Belege, die zwischen zwei oder mehreren Theorien oder Überzeugungen »auswählen« sollen, sich mehr oder weniger die Waage halten.[137] Norman Daniels verbindet Einfachheit explizit mit Konservativismus, allerdings ohne näher dafür zu argumentieren:

> »[...] aside from worries about universalizability and generalizability, philosophers have not helped us to understand what factors actually do constrain the considerations people cite as reasons, or treat as ›relevant‹ and ›important,‹ in moral reasoning and argument. A likely suggestion is that these features of moral reasoning depend on the content of underlying level III theories [background theories] and level II principle selectors [in the original position], or on properties of the level I [narrow reflective equilibrium] and IV constraints [feasibility test]. An adequate moral psychology, in other words, would have to incorporate features of what I am calling ›wide equilibrium.‹ Understanding these features of moral argument more clearly might lead to a better grasp of what constitutes evidence for and against moral judgments and principles. This result should not be surprising: as in science, judgments about the plausibility and acceptability of various claims are the complex result of the whole system of interconnected theories already found acceptable. My guess – I cannot undertake to confirm it here – is that the type of coherence constraint that operates in the moral and nonmoral cases functions to produce many similarities: we should find methodological conservatism in both; we will find that ›simplicity‹ judgments in both really depend on determining how little we have to change in the interconnected background theories already accepted (not on more formal measures of simplicity); and we will find in both that apparently ›intuitive‹ judgments about how ›interesting,‹ ›important,‹ and ›relevant‹ puzzles or facts are, are really guided by underlying theory.«[138]

Zum Stichwort Konservativismus ist aus Rawlsscher Sicht allerdings zu sagen, dass Rawls sich explizit gegen eine konservative Deutung des Überlegungsgleichgewichts in dem Sinne wendet, dass dies radikale (aber rationale) Überzeugungswechsel verhindern würde. Es ist nach Rawls außerdem durchaus möglich, dass ein sehr glaubhaftes Prinzip den Vorzug vor sehr vielen anderen

137 Vgl. etwa Rawls 1979, 191f.

138 Daniels 1979, 262; vgl. ebenso Rawls 2006, 61. Vgl. auch Tersman 1993, 80–93.

aber damit inkompatiblen Überzeugungen erhält und auf diese Weise die Mehrheit der Überzeugungen an eine Minderheit der Überzeugungen angepasst werden muss, wenn die Minderheit einen höheren Überzeugungsgrad hat.[139] Diese Deutung wird von Daniels geteilt, was bei dem Verständnis dessen, was er als methodischen Konservativismus bezeichnet, zu berücksichtigen ist. Das spricht zusammenfassend dafür, dass bei Rawls und Daniels entweder Konservativismus nur als nachgeordnetes Kriterium zur Entscheidung zwischen zwei Theorien dienen kann – nämlich dann, wenn zwei inkompatible Alternativen ansonsten in etwa gleich gut begründet scheinen – oder Konservativismus in einer speziellen Weise verstanden werden muss – beispielsweise wäre es denkbar, dass sie einen Konservativismus befürworten, der versucht in Bezug auf das eigene um Hintergrundtheorien erweiterte Überzeugungssystem den höchstmöglichen Plausibilitätsgrad zu bewahren.[140] Dieselbe Auflage zur Klarstellung gilt ebenso in Bezug auf Einfachheit als Entscheidungskriterium, wobei auch unklar ist, ob nach Rawls Einfachheit unter Konservativismus zu subsumieren wäre oder wie ein Konflikt durch diese zwei Kriterien zu entscheiden wäre.

Zur Bedeutung des *Satzes vom zureichenden Grund* gibt es – zumindest meines Wissens – keinen expliziten Bezug von Seiten Rawls oder Daniels zur Methode des Überlegungsgleichgewichts, aber wenn dieser nicht metaphysisch verstanden wird, sondern als methodische Prämisse, die unter Umständen wie von Quine suggeriert, unter die Idee der Einfachheit subsumiert werden kann, dann scheint er zumindest in dieser Form vereinbar mit der von Rawls und Daniels vorgestellten Methodik zu sein.

Zurück zu Quine: Dieser sieht die wissenschaftliche Untersuchungsmethode, die sich an den vagen Kriterien der Einfachheit und des Konservatismismus orientiert, als einziges und imperfektes Instrument zur Rechtfertigung von Überzeugungen als wahr oder falsch und überdies eben dadurch auch als Schiedsrichter in eigener Sache:[141]

> »Mit aller Sorgfalt Vermutungen darüber anzustellen, wie es sich mit der Realität verhält, das ist das Geschäft der Wissenschaftler im weitesten Sinn, und dazu gehört auch die Frage nach dem, was es gibt, was real ist. Die Frage, woher wir wissen, was es gibt, ist nichts als ein Bestandteil der in §5 kurz erwogenen Frage nach den Belegen für die Wahrheit über die Welt. Der letzte Schiedsrichter in dieser Sache ist die sogenannte wissenschaftliche Methode, so amorph sie auch sein mag.

139 Vgl. Rawls 1974, 7f. Vgl. auch Abschnitt 3.3. der vorliegenden Arbeit.
140 Vgl. Rawls 2006, 61f. Vgl. auch Kapitel 6 und 11 der vorliegenden Arbeit.
141 Vgl. Quine 1980, 54–58.

> »Wissenschaftliche Methode« heißt, (wie wir in §5 andeutungsweise gesehen haben), sich durch Sinnesreize leiten zu lassen, Einfachheit – in einem bestimmten Sinne – zu schätzen und eine Schwäche fürs Hergebrachte zu haben. Aus der umfangreichen Literatur zur wissenschaftlichen Methode könnte man ein detaillierteres Korpus kanonischer Vorschriften zusammenstellen, obgleichhin bezweifelt wird, daß die Sache definitiv zum Abschluß gebracht werden kann. Wie auch immer die wissenschaftliche Methode im einzelnen aussehen mag, sie bringt jedenfalls Theorien hervor, deren Verbindung mit allen möglichen Oberflächenreizungen einzig und allein in der wissenschaftlichen Methode selbst besteht, ohne daß es irgendwelche unabhängigen Prüfinstanzen gibt, durch die sie gestützt würden. In diesem Sinne ist sie der letzte Schiedsrichter der Wahrheit.«[142]

Dass die Zuschreibung von Wahrheit durch die bestmögliche Übereinstimmung mit dem Netz von Überzeugungen gerechtfertigt wird, das durch die wissenschaftliche Methode erhalten wurde, heißt aber keinesfalls dass die Wahrheit an sich über einen solchen kohärenten Zusammenhang definiert werden muss, beziehungsweise, dass Sätze genau dann wahr seien, wenn sie sich relativ zu bestimmten Überzeugungen verhalten. Man kann prinzipiell auch, wenn man Kohärenz in einem Netz von Überzeugungen als Kriterium der Rechtfertigung ansieht, Korrespondenz mit der Realität als Wahrheitskriterium annehmen.[143]

> »Zielen wir jetzt so niedrig, uns mit einem relativistischen Wahrheitsbegriff zufriedenzugeben – wonach die Aussagen jeder Theorie als wahr relativ zu dieser Theorie beurteilt werden –, ohne eine Kritik von oben zuzulassen? Keineswegs. Hier kommt uns die Überlegung zu Hilfe, daß wir unsere eigene Wissenschaft als Ganzes ernst nehmen, also unsere eigene besondere Welttheorie bzw. das gesamte lockere Gewebe von Quasitheorien – wie immer es zu beschreiben ist. Selbst wenn wir mitten im Philosophieren begriffen sind, behalten und verwenden wir – anders als Descartes – unsere augenblicklichen Überzeugungen, bis wir sie hier und da aufgrund dessen, was wir vage »wissenschaftliche Methode« genannt haben, verbessern. Innerhalb unserer unaufhörlich in Entwicklung begriffenen Gesamttheorie urteilen wir über Wahrheit so ernsthaft und absolut, wie es immer nur möglich ist. Daß dabei immer noch ein Spielraum für Korrekturen bleibt, versteht sich von selbst.«[144]

Dass die Wahrheit einer Aussage letztlich nur vorläufig über die wissenschaftliche Methode gerechtfertigt werden kann, passt zu Rawls und Daniels' Charakterisierung der Methode des Überlegungsgleichgewichts als allgemeine

142 Quine 1980, 54.

143 Vgl. Quine 1980, 56ff.

144 Quine 1980, 57f.

Rechtfertigungsmethode. Ebenso wie die Möglichkeit, trotz Kohärenzmethode der Rechtfertigung (beziehungsweise einer schwach fundamentalistischen Methode) einer Korrespondenztheorie der Wahrheit zuzustimmen – im Physikalischen ebenso wie im Moralischen.

Ein weiteres wichtiges Element der wissenschaftlichen Methode ist nach Quine, dass diese keine mit deduktiver Eindeutigkeit bestimmten Ergebnisse liefert, sondern unter Umständen mehrere rivalisierende, aber gleichfalls gerechtfertigte Ergebnisse denkbar sind – möglich ist also ein vernünftiger Pluralismus von wissenschaftlichen Theorien. In anderen Worten, Quine verweist auf die Unterbestimmtheit wissenschaftlicher Theorien durch die relevanten Tatsachen. Diese Unterbestimmtheit erschließt sich auch aus dem bisher schon angerissenen Holismus Quines:[145]

> »Wir haben [...] keinen Grund zur Annahme, daß die Oberflächenreizungen des Menschen – selbst wenn man sie in die Ewigkeit hinein berücksichtigt – eine bestimmte Systematisierung zulassen, die, wissenschaftlich gesehen, besser oder einfacher ist als alle möglichen Alternativen. Es erscheint vielmehr wahrscheinlicher – wenn auch nur aufgrund von Symmetrien und Dualitäten –, daß zahllose alternative Theorien Anspruch auf den ersten Platz haben würden. Die wissenschaftliche Methode ist zwar der Weg zur Wahrheit, aber sie gewährt noch nicht einmal im Prinzip eine eindeutige Definition der Wahrheit.«[146]

Man könnte versuchen die Unterbestimmtheit, die Quine postuliert, auf unterschiedliche Gründe zurückzuführen und dadurch in Subgruppen zu differenzieren. Nach Roger Gibson kann man auf diese Weise drei verschiedene Arten der Unterbestimmtheit erhalten, die allesamt mit der Annahme des Holismus verknüpft sind:

1. Eine Art der Unterbestimmtheit resultiert dadurch, dass wir nur auf vergangene und gegenwärtige Beobachtungen und Überzeugungen zurückgreifen können und zukünftige – eventuell konfligierende, die Änderungen notwendig machen können – noch nicht einbezogen werden können.
2. Zweitens existiert eine Art Unterbestimmtheit auch dann noch, wenn wir auch auf alle zukünftigen Beobachtungen und Überzeugungen zurückgreifen können, da wir uns nicht sicher sein können, in unsere Überlegungen tatsächlich alle relevanten Beobachtungen einbezogen zu haben, beziehungsweise, dass wir für Hypothesen relevante

145 Vgl. Quine 1980 52f.
146 Quine 1980 55.

Überzeugungen übersehen haben könnten, selbst wenn wir prinzipiell auf sie zugreifen können.

3. Eine dritte noch allgemeinere Unterbestimmtheit existiert dadurch, dass – selbst wenn alle relevanten, vergangenen und zukünftigen Beobachtungen und Überzeugungen beachtet werden, die Kriterien der theoretischen Begriffe in Bezug auf Beobachtungen oder Überzeugungen so dehnbar und bruchstückhaft sind, dass mehrere gleich gut gestützte, aber miteinander inkompatible, Theorien existieren können.[147]

Die ersten beiden Arten der Unterbestimmtheit sind klarerweise ebenfalls bei dem Versuch ein Überlegungsgleichgewicht zu erstellen gegeben. Nach Gibson ist aber vor allem die dritte und allgemeinste Art der Unterbestimmtheit die entscheidende für Quine und die Debattenteilnehmer und theoretisch am interessantesten. Auch diese dritte Art der Unterbestimmtheit kann man mit dem Überlegungsgleichgewicht verbinden. Bei Rawls selbst tritt eine generelle Unterbestimmtheit der Theorie durch die wohlüberlegten Urteile und Hintergrundtheorien vor allem ab der Revision seines bisherigen Werks in *Politischer Liberalismus* in Erscheinung. In einer demokratischen und freien Gesellschaft muss man aufgrund der *Bürden des Urteilens* selbst bei Offenlegung aller übrigen Tatsachen davon ausgehen, dass sich ein Pluralismus an allumfassenden Konzeptionen eines guten Lebens ergibt, die jedoch trotz ihrer Inkompatibilität gleichwohl vernünftig sein können. Der vernünftige Dissens trotz Konsenses über die »Faktenlage«, ist also ebenso eine Art Unterbestimmtheit. Allerdings zählt Rawls bei näherer Erläuterung der Bürden des Urteilens eher praktische epistemische Probleme auf, als dass er eine prinzipielle Unterbestimmtheit, wie die von Quine postuliert. Dies geschieht bei Rawls vielleicht bewusst aus Gründen einer metaphysischen Neutralität, die versucht zu vermeiden sich auf innerhalb der Philosophie umstrittene Positionen festzulegen.[148] Wenn man Quine allerdings folgt, kann man dessen Gründe zu den Bürden des Urteilens zählen und erhält einen starken prinzipiellen Grund für das *Faktum des vernünftigen Pluralismus*.

Erwähnt werden sollte, dass es auch außerhalb der ausdrücklich das Überlegungsgleichgewicht und die Methodik behandelnden Passagen in *Eine Theorie der Gerechtigkeit* einen weiteren Verweis von Rawls in Bezug auf das Überlegungsgleichgewicht auf Quines *Wort und Gegenstand* gibt, und zwar auf

147 Vgl. Gibson 2004, 15.

148 Vgl. Rawls 2003, 127–132. Davon unberührt bleibt die Möglichkeit einer zunehmenden Konvergenz moralischer Urteile durch den Gebrauch der Methode des Überlegungsgleichgewichts, die – vorausgesetzt, es ist die beste Erklärung – als eine Annäherung an moralische Wahrheiten verstanden werden könnte. Vgl. Rawls 1974, 9, 21; vgl. Daniels 1979, 273–282.

eine Passage des Abschnitts 53 (*Das geordnete Paar als philosophisches Paradigma*) aus Kapitel VII (*Ontische Entscheidungen*). Rawls selbst faßt Quines Idee zusammen, dass eine Erklärung dann gut ist, wenn sie problematische Dinge des fraglichen Konzepts auf andere, neue und weniger problembehaftete Weise darstellen kann und auf diese Weise eine informative Definition gibt, und übernimmt das prägnante Motto Quines hierzu »*Explizieren heißt Eliminieren*«. Insofern kann das Überlegungsgleichgewicht nach Rawls dabei dienen, über Erklärungen Probleme zu lösen beziehungsweise nach dem Dictum Wittgensteins »aufzulösen«, indem unklare Begriffe durch klarere ersetzt werden:[149]

> »Für unsere gegenwärtigen Zwecke stelle ich mich auf den Standpunkt, daß man unter einer guten Analyse am besten die Angabe eines befriedigenden Ersatzes versteht, der bestimmte Anforderungen erfüllt und bestimmte Unklarheiten und Verwirrungen vermeidet. Mit anderen Worten: Explikation ist Elimination. Man fängt an mit einem Begriff, der irgendwie unbefriedigend ausdrückt, aber doch unentbehrlich ist. Eine Explikation erfüllt den gleichen Zweck wie er, aber auf andere, verhältnismäßig problemlose Weise.« [Weiter in der zugehörigen Fußnote 25] »Ich folge hier W. V. Quine, *Word and Object* (Cambridge, Mass. M.I.T. Press 1960) S. 257–262.« [Weiter im Text] »Wenn also die Theorie der Gerechtigkeit als Fairneß oder, allgemeiner, des Rechten als Fairneß unseren wohlerwogenen Urteilen im Überlegungs-Gleichgewicht entspricht, und uns alles zu sagen ermöglicht, was wir nach reiflicher Überlegung sagen möchten, dann bietet sie eine Möglichkeit, gewohnte Redeweisen durch andere zu ersetzen. In diesem Sinne kann man sagen, die Theorie der Gerechtigkeit oder des Rechten als Fairneß liefere eine Definition oder Explikation der Begriffe der Gerechtigkeit und des Rechten.«[150]

In Bezug auf den Essay 4 von *Ontologischer Relativismus*, auf den Rawls ebenso im Zusammenhang mit der Idee des Überlegungsgleichgewichts verwiesen hatte, sieht man sich allerdings mit einem Rätsel konfrontiert. Quines vierter Essay unter dem Titel *Existenz und Quantifikation* behandelt hauptsächlich ontologische Fragen zur Prädikatenlogik. Der direkte Zusammenhang mit der Methode des Überlegungsgleichgewichts – die vom Standpunkt Rawls' aus, erst einmal eine Neutralität gegenüber ontologischen Fragen etwa der Moral zu bewahren versucht – bleibt dabei unklar. Möglich wäre ein erneuter Bezug auf Quines These der Unterbestimmtheit, beziehungsweise der Unbestimmtheit der Übersetzung, die an einigen Stellen des Aufsatzes erwähnt wird.[151] Unplausibel scheint, dass Rawls die Argumentationsweise Quines *in* diesem

149 Vgl. Quine 1980, 448–451.
150 Rawls 1979, 132f.
151 Vgl. Quine 1975, 142, 146.

Aufsatz als Bezugspunkt gedacht hatte, da sie nicht als besonders exemplarisch ins Auge sticht. Folglich ist eine ernstzunehmende Möglichkeit – wenn auch eine spekulative –, dass es sich um einen Druckfehler handelt, der auch in späteren Ausgaben nicht revidiert wurde: Hat Rawls beispielsweise vielleicht Essay 3 unter dem Titel *Naturalisierte Erkenntnistheorie* oder Essay 5 unter dem Titel *Natürliche Arten* gemeint?[152] In beiden Aufsätzen wird in Bezug auf das methodische Paradigma beispielsweise auf die Schiff-Metapher Neuraths verwiesen und dargelegt, dass es durchaus legitim ist, zirkulär in dem Sinne vorzugehen, dass man die wissenschaftliche Methode mit Hilfe dessen untersucht, was man bereit ist als wissenschaftliche Praxis anzuerkennen.[153]

Letztlich ist aber bereits deutlich geworden, dass man viele epistemische Grundideen Quines – zumindest prima facie – in Verbindung mit Rawls Idee des Überlegungsgleichgewichts bringen kann. Und gerade, dass Rawls – entgegen seiner sonstigen Gewohnheit – keine besonders genauen Stellenangeben macht, spricht dafür, dass er eine Vielzahl von Aspekten von Quines Theorie (wenn auch nicht dessen systematische Philosophie als Ganze) mit seiner Erkenntnistheorie verbunden sehen wollte.

4.2.5 *Morton White*

Ein Punkt, der die Position Quines von der von Rawls unterscheidet, ist, dass Quine als Gegenstandsgebiet philosophisch-methodischer Untersuchungen vor allem die Wissenschaften sieht: »Philosohpy of science is philosophy enough« – so das Stichwort. Zwar verwendet Quine einen weiten Wissenschaftsbegriff (nicht wie sonst oft im Englischen, wo mit »science« eigentlich »Naturwissenschaften« gemeint sind), doch auf die normative Ebene moralischer Aussagen dehnt sich auch dieser Wissenschaftsbegriff zumindest in Quines eigenen Untersuchungen definitiv nicht aus. An einigen Stellen spricht er sich explizit gegen die wissenschaftliche Untersuchung moralischer Aussagen aus.[154] Rawls jedoch betreibt normative Moralphilosopohie und Politische Philosophie die zum Gegenstandsbereich normative moralische Aussagen hat. Hier kommt Morton White ins Spiel, der historisch und inhaltlich, wie bereits angerissen, eng mit Quine und Goodman verknüpft ist. White selbst fasst seine Position, das wissenschaftlich holistische Untersuchung auch auf andere kulturelle Bereiche, wie etwa Moral, Politik oder auch Kunst, auszudehnen sei, an einer Stelle in einem neueren Werk prägnant zusammen:

---

152 Die Nummerierung der Aufsätze entspricht bei der deutschen Übersetzung der englischen Ausgabe von 1969, auf die Rawls verweist. Vgl. Quine 1969.

153 Vgl. Quine 1975, 116f., 174f.

154 Vgl. Quine 1981, 55–67; vgl. Quine 1998; vgl. Keil 2002, 12, 35.

»I agree with most of Quine's characterization of the way in which natural scientists warp their heritage, but I do not think as Quine does that philosophy of natural science is philosophy enough – a restrictive view that, I believe, is a remnant of the positivism or empiricism against which he reacted in ›Two Dogmas‹. So while I agree with him that natural science is a cultural institution whose workings a philosopher may study, I think that the philosopher may study other institutions, most notably morality, and I treat moral thinking holistically. I believe that our scientific heritage contains not only beliefs of logic and natural science but moral beliefs as well, since I believe that a moral judge tries to organize a flux consisting of feelings of moral obligation as well as of sensory experiences. John Rawls adopts a similar view in his work on justice; and I believe that Goodman engages in pragmatic holistic thinking in his philosophy of art and that it also goes on in the philosophy of history and the philosophy of law. In my view, we may distinguish different disciplines associated with various elements of culture on the basis of their different vocabularies and substantive statements, but not by saying that we use fundamentally different methods in supporting those statements.«[155]

Rawls, auf den sich White (im Jahr 2002) ja selbst wiederum auch exemplarisch bezieht, scheint diese Position inhaltlich zu teilen und verweist an derselben Stelle, an der er auf Quine verweist, ebenso auf White:

»Eine ausdrückliche Erweiterung dieser Konzeption auf das moralische Denken und Urteilen findet sich bei Morton White, Toward Reunion of Philosophy (Cambridge, Havard University Press, 1956) Teil 3, insbes. S. 254–258, 263, 266 f.«[156]

An dieser Stelle steht der Leser erneut vor der Frage, ob die Literaturangabe tatsächlich korrekt ist: Die entsprechenden Seiten befinden sich nicht in Teil III sondern IV des Buchs. Plausibel scheint mir hier erneut ein kleiner Fehler, so dass ich im Folgenden hauptsächlich auf den Inhalt fokussieren werde, auf den die genauen Seitenangaben verweisen und davon ausgehe, dass Rawls eigentlich Teil IV angeben wollte.[157]

Whites Grundanliegen in *Towards Reunion in Philosophy* ist es, die philosophischen Entwicklungen und Bewegungen nachzuzeichnen, die mit der Überwindung eines »absoluten Idealimus« zu Beginn des 20. Jahrhunderts

---

155 White 2002, 3.

156 Rawls 1979, 628 (Fußnote 33). Zum Einfluss von White auf Rawls siehe auch Botti 2019, 113–117.

157 Gegen die Möglichkeit, dass Rawls auf Teil III *und* die entsprechenden Seiten verweisen wollte, spricht, dass er im Verweisungszusammenhang das Wort »insbesondere« verwendet, was eine genauere Bestimmung suggeriert und nicht eine Erweiterung. Siehe hierzu auch Rawls' Sprachgebrauch beim Verweis auf Hardies Interpretation von Aristoteles Methodologie, Abschnitt 4.2.2. der vorliegenden Arbeit.

entstanden sind – also die *sprachanalytische Philosophie*, den *Logischen Positivismus* und den *Pragmatismus*, sowie die Fortentwicklung oder Überwindung dieser Ansätze. Dies verbindet White mit einer systematischen Kritik und einem eigenen systematischen Vorschlag, den Rawls mit der Idee des Überlegungsgleichgewichts in Zusammenhang bringt.

Trotz aller Unterschiede zwischen den einzelnen Positionen, die von den Protagonisten dieser philosophischen Bewegungen vertreten werden, erkennt White eine zunehmende Konvergenz in bestimmten methodischen Punkten:[158]

> »[...] today [1956] these originally diverging streams of post-idealistic philosophy show signs of converging through the efforts of those who are seriously occupied with the living problems of philosophy, and in spite of the scholastics in all camps who are bound by formula and prejudice. I have in mind the increased use of pragmatic language by some of our positivistically trained logicians, as well as the increased use of the words ›role‹, ›function‹, and ›job‹ that emanates from England under the influence of the later Wittgentsein and others; I have in mind the abandonment of platonism and cartesianism on all sides.«[159]

Eine zunehmende Konvergenz zwischen verschiedenen Denkerinnen und Denkern kann – wenn wir dies als Resultat von bewussten, reflektiven Entscheidungen der unterschiedlichen Akteure ansehen (beispielsweise aufgrund einer Untersuchung mittels der Methode des Überlegungsgleichgewichts) – auf die zunehmende Objektivität des Resultats und ein adäquates Herangehen hindeuten. So zumindest ist die Hoffnung Daniels auf zunehmende Konvergenz im Moralischen durch die Nutzung der Methode des Überlegungsgleichgewichts zu verstehen. Eine ähnliche Hoffnung verbindet White mit der resultierenden zunehmenden Konvergenz in Bezug auf die philosophische Methode selbst:

> »I do not fix on these signs of *rapproachment* out of any ambassadorial interest in cozy philosophical collaboration – for good as that might be, it would be worthless without mutual understanding – but in the hope that convergence is indicative of and conductive to philosophical progress.«[160]

Hiermit zusammen hängt für White auch eine Vereinigung der Philosophie hinsichtlich verschiedener Teildisziplinen, die vorher methodisch strikt voneinander getrennt behandelt wurden: Vereint wird in gewisser Weise die

158 Vgl. White 1956, ix.
159 White 1956, ix.
160 White 1956, ix.

Logik, die Erkenntnistheorie und die Ethik. Die Trennung zwischen Logik und Erkenntnistheorie ist mit der Aufgabe der Unterscheidung zwischen synthetischen Urteilen und analytischen Urteilen gefallen. White versucht nun aufzuzeigen, dass die Trennung – zumindest im Allgemeinen – auch zur Ethik aufgehoben werden kann, weshalb auch die Dichotomie zwischen kognitivistischen und nonkognitivistischen Untersuchungsgegenständen aufgegeben werden sollte:

> »[...] I offer a philosophy that does justice to differences without exaggerating them, and that sees reflective thinking as a process in which we cannot distinguish radically between different methods of discovering what is, what must be, and what should be.«[161]

> »[...] we abandon the effort to install a trichonomy of methods corresponding to moral principles, scientific principles, and logical principles, and in the remaining chapters we shall try to show the triune nature of ethics, science, and logic.«[162]

Die Verweise von Rawls beziehen sich auf Stellen, in denen White seine so gewonnene Methode, insbesondere mit Blick auf ethische Untersuchungen, vorstellt, charakterisiert und rechtfertigt, warum der Untersuchungsbereich der ebenso von Quine propagierten Methode, ausgeweitet werden sollte:

> »[...] we see logic, empirical science, and ethics operating simultaneously in ethical argument. For there [...] at least one premise is a moral principle that links an ›empirical predicate‹ with an ›ethical predicate‹, other premises are purely empirical assertions, and the conclusion is reached by means of a principle of formal logic which may also be construed as premise of the argument. Our conclusion is one in which we assert that an action is right or the best thing to do under the circumstances. But now what if the conclusion is unacceptable? What if the whole machinery of logic, ethics, and empirical science that has been applied to our problem produces a conclusion that we find unacceptable simply because we do not feel that the course of action is right or we do feel it is hideously wrong? Clearly, from a deductive point of view we are at liberty to do several things: to disregard our feelings and impulses, to reject the moral principle, to reject the factual statement, to reject the logical principle; and some have gone so far as to reject the entire structure of rational argument under such circumstances, as Ivan Karamazov rejects truth itself when he says: ›If the suffering of children serves to complete the sum of suffering necessary for the acquisition of truth, I affirm from now onwards that truth is not worth such a price.‹«[163]

---

161 White 1956, xi.
162 White 1956, 247.
163 White 1956, 255.

Dass aber moralische Überzeugungen gleichbehandelt werden sollen, wie Überzeugungen, die sich auf Logik oder Sinnesreizungen beziehen, postuliert White an dieser Stelle eher, als dass er es begründet:

> »The view of Pierre Duhem, that scientific explanation and prediction puts to the test a whole body of beliefs, rather than the one which is ostensibly under test alone, may be generalized so that not only other scientific principles but also the logic and mathematics we use in our explanatory and predictive reasoning are implicated. But this view, most recently advocated by Quine, is usually limited to the case where (1) a system of scientific discourse is related to (2) sensory experience. When we study the logic of ethical argument, however, we must broaden our linguistic structure so that it includes ethical statements, and broaden the other element in the situation beyond sensory experience to include moral feelings of approval, revulsion, loathing, etc., towards actions. Then we may say just as Duhem's view, when pushed to the extreme, makes it difficult to maintain a radical separation between the analytic and the synthetic and the method of establishing local as opposed to empirical truth, so the view we have advocated will break down the remaining dualism between logic-*cum*-empirical science and ethics. Logical principles can, of course, be distinguished from others because they contain only logical constants and variables essentially; moral principles can be can be distinguished through appearances of the word ›ought‹ and others; and different branches of empirical sciences will also be syntactically distinguishable from each other. But a radical epistemological difference of kind can not be drawn.«[164]

Ein Argument, das White zur Stützung dieser These aufzugreifen scheint, ist, dass diese Art und Weise die wissenschaftliche Methode auszudehnen mit der tatsächlichen Art und Weise übereinstimmt, wie wir moralisch in Konfliktsituationen versuchen zu entscheiden. In derartigen Situationen versuchen wir meist nicht, eine entsprechende Meinung gegenüber einer anderen konfligierenden Meinung durchzusetzen – sei es mit Mitteln der Rhetorik, Autosuggestion oder einer Art Werbepsychologie – sondern wir versuchen Gründe anzuführen, die letztlich im Verbund für oder gegen eine der zur Frage stehenden moralischen Prinzipien und Handlungsalternativen sprechen:

> »The pattern of surrendering a moral principle is very similar to the surrender of an isolated physical principle when everything else is held constant. One exception after another eats away at the principle, and the same commitment to logical consistency forces its rejection as forces us to reject physical theories that go against observation. We come to forge our own positive ethical principles in a similar way; they are the principles which together with our other beliefs systematically organize our elementary moral convictions. I repeat that whether you construe them as ›rules‹ in the ›metalanguage‹ or as premises within the

164 White 1956, 255f.

›object-language‹ of ethics has little bearing on the actual method of rejecting and accepting moral principles. […]

The resulting picture is that of the scientist bringing a system of logical and scientific theory to experience and that of the moralist bringing a combination of logic, scientific theory, and moral principle to bear on his moral problems. By traditional standards it involves a breakdown of the epistemological differences between the logical, the physical, and the ethical. By positivistic standards it involves a breakdown of the semantic walls between the analytic, the synthetic, and the emotive.

I do not mean, of course, that every human being who engages in reflective thinking actually is conscious of putting this enormous system or framework to the test whenever he says that the sun is shining. I mean rather that thinking under certain circumstances, notably when a person is faced with a problem or a crisis, often follows the pattern drawn. The fact that the ordinary man and the scientist can, from a logical point of view, remove inconsistency by revising beliefs other than that one which is ostensibly under test suggests that the philosopher should enlarge his portrait of reflective thinking. Stated more accurately, a philosopher can propose a procedure which the rational man would do well to adopt in a time of crisis.«[165]

White betont, dass dies zur Folge hat, dass man durch Annahme dieser Methode auch für die Ethik, fordert, stets alle beteiligten Überzeugungen im Konfliktfall kritisch zu begutachten und nicht nur stets eine besondere Überzeugung, die zuerst ins Blickfeld der Kritik geraten ist. Es gilt ebenso, dass alle Überzeugungen revidierbar sind. Dies steht auch bei White im Zusammenhang mit der Bedeutung eines Ausdrucks, die nicht mehr unabhängig vom Netz oder System der Überzeugungen gedacht werden kann, das letztlich in diesem Holismus auch die Bedeutung bestimmt – also eine Abwendung von der Idee der einfachen Synonymie. In dem Netz der Überzeugungen haben nach White aber nicht nur, wie bei Quine, Überzeugungen in Zusammenhang mit Sinnesreizungen einen Platz außen am Netz und Logik und Mathematik einen Platz im Inneren – was Revisionen innen durch die vielfache Verknüpfung der Elemente im Inneren für diese seltener macht und für die Elemente am äußeren Rand wahrscheinlicher – nach White sind die Plätze außen auch von Überzeugungen belegt, die mit moralischen Gefühlen in Kontakt sind:[166]

»Once we abandon the notion of meaning conceived as hypostatic intension and the notion of nonnatural quality, we abandon a very influential and very traditional way of distinguishing between logic, physics and ethics. We may continue to recognize them as disciplines whose sentences make use of very different vocabularies, but it is only when we view them in action, in the process

165 White 1956, 257f.

166 Vgl. White 1956, 258, 262f..

of collectively helping us say what will be and what should be, that we can see interesting similarities and differences in individual cases. Some statements are on the front line, directly exposed to experience, and others are well to the rear and likely to fall, if ever, only after very penetrating thrust. Some of them are more exposed to the viscissitudes [sic] of moral feeling. But all of them are subject to revision, all of them *capable* of being rejected in the event of a conflict with reports of experience or feeling or any other beliefs we hold sufficiently firmly. Once we view ethics, science, and logic in this way we recognize their seperateness and their federal union. We do not *insist* in reducing any two of them to a third, but neither do we think of them as function autonomously.«[167]

Die Methode ethischer Untersuchungen unterscheidet sich damit noch etwa von der Erkenntnistheorie, da sich die ethischen Überzeugungen und Urteile nach White auf moralische Gefühle beziehen lassen, wohingegen auf Seiten der Erkenntnistheorie Sinneswahrnehmungen diese Rolle einnehmen. Doch die Methodik sei dadurch nicht grundsätzlich verschieden, sondern in dem Sinne gleich, dass eine cartesische Sicherheit ausgeschlossen wird, beziehungsweise ein Fallibilismus auch gegenüber gerechtfertigten Überzeugungen eingenommen wird.

In einem seiner späteren Werke, aus dem ich zu Beginn des Abschnitts bereits zitiert habe – in *A Philosophy of Culture* (2002) –, greift White erneut die Frage auf, aus welchen Gründen die wissenschaftliche Methode auf ethische Fragestellungen ausgeweitet werden sollte, was Quine noch in gewisser Weise ausgeschlossen hatte. Um dies genauer zu begründen, versucht White in einem ersten Schritt noch einmal das Verhältnis von Quines Ansatz zur Empirie zu beleuchten.

Wie bereits beschrieben, nimmt Quine an, dass es im Netz der Überzeugungen besondere Überzeugungen gibt, die mit den physischen Reizungen unserer Sinne zusammenhängen, beziehungsweise bei Auftritt von entsprechenden Reizen im Verbund mit unserem Netz an Überzeugungen bestätigt werden. Diese Überzeugungen am Rande unseres Netzes an Überzeugungen haben methodisch für Quine in gewisser Weise eine Sonderstellung, weil sie sozusagen die Teststelle zur Welt sind, es sind sozusagen Beobachtungs- oder Protokollsätze, die für oder gegen Theorien angeführt werden können. Dabei vermeidet es Quine jedoch, diese Überzeugungen deswegen auszuzeichnen, weil sie einen vermeintlich sicheren mentalen Gehalt hätten. Er greift stattdessen auf ein behavioristisches und damit öffentlich beobachtbares Merkmal zurück, um jene besonderen Überzeugungen auszuzeichnen, die mit der Welt am meisten in Kontakt stehen: Er will genau jene Sätze dazurechnen,

167 White 1956, 263.

die von allen, oder zumindest von fast allen, kompetenten Sprechern der Sprache bejaht werden, wenn sie in einer Situation sind, in der ihre Sinne (prinzipiell) die gleichen Reize beziehungsweise Stimuli empfangen können. Wenn nun also in einer bestimmten Situation eine Giraffe anwesend ist, normale Beleuchtungsverhältnisse und andere Randbedingungen herrschen und beliebige Menschen, die in der Szene anwesend sind, den geäußerten Satz »Sieh mal, eine Giraffe« ohne zusätzliche Annahmen bejahen, dann handelt es sich für Quine um einen Beobachtungs- beziehungsweise Protokollsatz, der jedoch selbstverständlich weiter revisionsfähig ist:[168]

> »[...] according to Quine, all speakers who understand the language are disposed to return the same verdict on an observation sentence when given the same concurrent stimulation. Upon having their nerve endings stimulated, they tend quickly to assent or to dissent from ›That's a rabbit‹ if they understand that sentence. Thus their verdict does not hinge on what Quine calls collateral information that would in his view taint the observationality of the sentence if it played a part in bringing about the verdict.«[169]

Wenn man Quine soweit folgen möchte, bietet sich eine Ansatzmöglichkeit für Whites Argumentation. Denn warum sollte nicht ein bestimmter öffentlich zugänglicher Stimulus dafür sorgen, dass alle kompetenten Mitglieder einer Sprachgemeinschaft den moralisch wertenden Satz »Das ist abscheulich« bejahen? Ein Beispiel dafür wäre vielleicht, wenn man beobachtet wie ein wehrloser behinderter Mensch geschlagen wird.[170] So wie Quine zwischen (a), dem wissenschaftlich Denkendem, (b), dem Netz an Überzeugungen, das die Sinneserfahrung organisiert und (c), den Sinneserfahrungen selbst unterscheiden kann, so könne White zwischen (a') dem moralischen Denker, (b') der Konjunktion von logischen, deskriptiven und moralischen Überzeugungen, die den Fluß aus Sinneserfahrung und Gefühlen moralischer Verpflichtung organisiert, und (c') diesen Sinneserfahrungen und Gefühlen selbst unterscheiden.[171] In moralischer Argumentation wäre es nach White also legitim, ein moralisches Prinzip abzulehnen, wenn dessen Folgerungen nicht zu den Überzeugungen passen, die man aufgrund seiner moralischen Gefühle hat (selbstverständlich steht es einem im Sinne des Holismus auch frei die empirischen Überzeugungen in dem entsprechenden Zusammenhang zu bestreiten oder die logischen Prinzipien). Dies ist analog zum Fall in dem ein Wissenschaftler eine Theorie verwirft, weil ein »widerspenstiger« Beobachtungssatz

168 Vgl. White 2002, 155ff.
169 White 2002, 157.
170 Vgl. White 2002 160f.; vgl. ursprünglich Quine 1998.
171 White 2002, 157f.

ihren Vorhersagen entgegensteht. Und analog zum Fall physischer Gegenstände würde White behaupten, dass man, wenn etwas moralisch geboten ist, auch eine moralische Verpflichtung verspürt. Kritisch kann hier natürlich angemerkt werden, dass wir eine wissenschaftliche Erklärung dafür geben können, warum ein grauer Tisch auch grau wahrgenommen wird, nämlich wenn wir auf den optischen Wahrnehmungsmechanismus und die damit zusammenhängende neuronale Aktivität verweisen, die wiederum mit der Wahrnehmung und der Überzeugung in Zusammenhang gebracht werden kann. Das »moralische Organ«, das zu moralischen Gefühlen führt ist weniger bekannt. Dies ist sicherlich ein Grund dafür, dass Quine etwa in seinem Aufsatz *On the Nature of Moral Values* davon ausgeht, dass man in moralischen Fragen eine Theorie eben nicht dadurch testen kann, dass bestimmte vorhergesagte Beobachtungssätze eintreten oder nicht und daher im Gegensatz zur Wissenschaft, in der die Korrespondenztheorie der Wahrheit gelte in der Ethik nur die Kohärenztheorie der Wahrheit gelte.[172]

Dies ist aber kritisch zu sehen: Einerseits, weil – wie ich aus meiner Sicht betonen möchte – die fehlende Erklärung höchstens plausibel macht, dass es *wahrscheinlich* keinen zuverlässigen Wahrnehmungsmechanismus in moralischen Fragen in Bezug auf moralische Tatsachen gibt, was zwar in der Ethik einen moderaten externalistischen Fundamentalismus vor ernste Probleme stellen würde, aber keinesfalls eine Korrespondenztheorie der Wahrheit im Moralischen ausschließt. Auch wenn es keinen zuverlässigen Mechanismus moralischer Gefühle gibt, könnten moralische Überzeugungen genau dann wahr sein, wenn sie mit den moralischen Tatsachen oder der moralischen Realität korrespondieren. Die Theorie der Wahrheit kann von der Theorie der Rechtfertigung getrennt werden. Und wenn man Rechtfertigung insgesamt kohärentistisch betrachtet, wäre auch die kohärentistische Rechtfertigung von moralischen Aussagen kein Problem. Hier stellt sich die Frage, ob Quine nun in der Wissenschaft eine kohärentistische (schwach fundamentalistische) Rechtfertigung befürwortet oder eine moderat fundamentalistische. Wenn es eine kohärentistische Rechtfertigung ist – wie etwa der Verweis auf Neuraths Schiff-Metapher suggeriert (man kann die Metapher natürlich auch moderat fundamentalistisch deuten – nur ein starker Fundamentalismus, ein sicherer Hafen, ist definitiv ausgeschlossen) – dann wäre selbst die Zuschreibung einer Kohärenztheorie der Wahrheit für die Ethik kein Grund, dort eine andere Rechtfertigungsmethode zu vermuten als in der Wissenschaft, solange man zugesteht, dass ethische Theorien dadurch gestützt werden können, dass sie mit ethischen Überzeugungen im Einklang

172 Vgl. White 2002, 160, 165f.; vgl. Quine 1981, 55–67.

stehen und umgekehrt.[173] Probleme ergeben sich eigentlich nur, wenn man einen moderaten Fundamentalismus etwa bei den Naturwissenschaften annimmt und einen schwachen Fundamentalismus (bestenfalls) in der Ethik: Denn dann stellt sich die Frage, können ethische Überzeugungen stärker sein als konfligierende Beobachtungssätze oder damit zusammenhänge Überzeugungen? Dies scheint ein Problem zu sein, das Quine beschäftigt, weil im Netz der Überzeugungen ja keine Überzeugung vor Anpassungen geschützt ist.[174] Aber auch dann, wenn man dieses Ergebnis zu vermeiden sucht, könnte man die Ethik als Wissenschaft retten, wenn man ihr ein eigenes Untersuchungsgebiet zugesteht, in dem Aussagen zwar gleichrangig (schwach fundamentalistisch) behandelt werden, aber gegenüber anderen Aussagen – etwa Beobachtungssätzen – in dem Sinne epistemisch untergeordnet wären, dass sie hier keine Revisionen auslösen können.

Andererseits – und dieses Argument führt White im Folgenden an – scheinen einige moralische Sätze doch zumindest in bestimmten Situationen genau die Kriterien zu erfüllen die Quine bei physischen Beobachtungssätzen anlegt – also dass sie bei einem öffentlich zugänglichen Reiz von allen kompetenten Sprechern einer Sprachgemeinschaft bejaht werden: Würde nicht jeder Mensch – um ein anderes Beispiel zu nehmen –sofort zustimmen, wenn man eine Tat verurteilen und verhindern würde, bei der ein kleines Kind oder Baby – oder auch ein erwachsener Mensch gegen seinen Willen – nur aus Sadismus heraus gequält wird?

An dieser Stelle versucht Quine nun dafür zu argumentieren, dass es Probleme bei Whites Annahme gibt, moralische Sätze könnten Quines eigenes Kriterium für Beobachtungssätze erfüllen:

> »He [Quine] says that an observation sentence is what he calls an occasion sentence – true on some occasions, false on others – that elicits the same verdict from all witnesses who know the language; and despite some later conciliatory remarks about how being observational is a matter of degree, he seems to deny that the occasion senctence ›That's outrageous‹, when uttered by a man who sees someone beating a handicapped person is a observation sentence.«[175]

173 Es folgt kein »Anything goes« – Astrologie etwa könnte man immer noch als Wissenschaft diskreditieren, weil sie Vorhersagen macht, die durch Beobachtungssätze gestützt oder widerlegt werden könnten.

174 Vgl. Quine 1998. Es ist aber gar nicht so einfach sich den Konflikt zwischen moralisch normativen Aussagen und physikalisch deskriptiven Aussagen und Überzeugungen vorzustellen – handelt es sich um ein Scheinproblem?

175 White 2002, 160f. Vgl. Quine 1998 sowie Quine 1981, 55–67.

Quine führt zwei Argumente an: Das erste Argument richtet sich dagegen, dass es ein unrealistisches Szenario sei, dass alle kompetenten Sprecher einer Sprache (es kann sich auch um eine Fachsprache – etwa die der Physiker handeln, die dann aber selbst am Standard der allgemeinen Sprache zu messen ist) sich in gleicher Weise moralisch wertend äußern beziehungsweise gleiche moralische Äußerungen in derselben Situation bejahten. Hiergegen argumentiert White, dass auch Quine zugesteht, dass es eine gewisse Anzahl an abweichenden Sprechern geben kann (etwa farbblinde Personen) die vom Konsens abweichen, ohne dass dies den Status des Satzes als Beobachtungssatz zwingend aufheben müsste. Vor diesem Hintergrund scheint es nicht unrealistisch sich bestimmte Situationen vorzustellen – etwa das Beispiel, das White anführt – in dem sich fast alle kompetenten Sprecher der Bestätigung des moralisch wertenden Satzes einig sind:

> »But is it unrealistic to say that *most* speakers in my community and in Quine's are disposed to assent to ›That's outrageous‹ under those circumstances? Since I believe most speakers in Quine's and my linguistic community are so disposed, I believe the assumption is realistic if we are as liberal in our standards of observationality as Quine is when he relies on the responses of most speakers to ›That's a rabbit‹ or, of speakers in his community of veteran physicists, to ›That's a condenser‹. If we weaken the requirement for observationality in this way, I submit that Quine's best case assumption is not all that unrealistic.«[176]

Das zweite damit verbundene Argument Quines bezieht sich darauf, dass nach seinem Kriterium für einen Beobachtungssatz gilt, dass die Zustimmung zu ihm im fraglichen Szenario nicht von starken Zusatzinformationen (»collateral information«) abhängt. Anschaulich machen kann man diese Bedingung durch den Vergleich des Satzes »Es regnet« mit dem Satz »Das ist ein Junggeselle« – dem ersten werden beinahe alle kompetenten Sprecher ohne Zusatzinformationen zustimmen können, wenn ihre Sinne in typischer Weise durch Regen gereizt werden. Bei dem Junggesellen sieht dies anders aus, denn auch wenn jeder den entsprechenden Herrn sehen kann, benötigt man weitere Informationen, um den entsprechenden Satz bestätigen zu können, was ihn als Beobachtungssatz disqualifiziert. Nach Quine gibt es einen solchen Unterschied auch zwischen »Es regnet« und »Das ist abscheulich«, auch wenn er zugesteht, dass in einer Skala »Das ist abscheulich« zwischen »Es regnet« und »Das ist ein Junggeselle« liegen würde.[177] Quine behauptet nun, dass bei moralischen Sätzen nicht sichergestellt sei, dass, selbst wenn es

---

176 White 2002, 163.

177 Vgl. White 2002, 161.

nahezu vollständige Zustimmung für sie in bestimmten Situationen gibt, diese Zustimmung nicht letztlich darauf zurückzuführen ist, dass einige Personen Zusatzinformationen nutzen. Etwa wenn ein Heuchler moralisch wirken will, und in das Urteil einstimmt, aber dies nur deswegen tut, weil er damit meint, sich damit öffentlich als moralisch darstellen zu können, obwohl er selbst rein gar keine moralische Wertung der Situation vornimmt. Doch wie kann man dies von einem Konsens unterscheiden, der auch ohne die Nutzung von Zusatzinformation besteht, ohne die behavioristische Grundannahme aufzugeben, vor der man nur nach dem beobachtbaren Verhalten her urteilen kann? Etwa wenn man bemerkt, dass zwar in bestimmten Situationen nahezu alle dem Satz »Das ist abscheulich« zustimmen, dass es aber mindestens eine andere Situation gibt, in denen einige diesem Satz zustimmen, andere aber nicht. Das lässt nämlich darauf schließen, dass es die Zustimmung in der zweiten Situation nicht auf Grundlage des für alle offen Wahrnehmbaren – den direkten Sinnesreizungen – basiert, sondern aufgrund von Zusatzinformationen, die einige Personen haben, einige Personen aber nicht. Nach Quine ist dies nun offensichtlich im Moralischen der Fall, da wir zwar – eventuell – in einigen Situationen einen Konsens haben, in vielen anderen aber definitiv nicht – man könnte auf das auch von Rawls postulierte Faktum des vernünftigen Pluralismus im Bereich der umfassenden Moral verweisen. Das derart gestaltete Argument – nach dem es aus einem Konsens bei manchen Sätzen aber Dissens bei anderen, ungültig sei die Existenz moralischer Beobachtungssätze nach dem Quineschen Kriterium zu postulieren – kann sich nun nach White jedoch auch gegen die Beobachtungssätze wenden, die Quine als solche akzeptiert. Und zwar, nach White, weil auch Wissenschaftler oftmals Zusatzannahmen hinzuziehen und dabei in bestimmten Situationen klare Kandidaten für Beobachtungssätze bestätigen, die Nichtwissenschaftler auf Grund der für sie nicht zugänglichen Informationen nicht bestätigen. White fasst dies (mit etwas Augenzwinkern) in einem Beispiel zusammen:

> »[...] I reply that Quine's second arrow [against the claim that there are moral observational sentences] may just as well be directed against the observationality of ›That's green‹. Suppose Helmholtz uttered this sentence while pointing to a leaf and with agreement of all other eyewitnesses of the leaf's color. Now suppose Ångström and his friends instead look at a leaf through optical instruments and that the Ångströmites are disposed to say ›That's green‹ in unison as soon as their instruments register that the light coming from the leaf has a wavelength of 5,461 anstrom units, which they know to be the wavelength of green. In that case, Ångström and his friends would be diposed to assent to ›That's green‹ on the basis of information that Helmholtz and his friends do not have; therefore Quine's second arrow may as legitimately be directed at the observationality of the sentence ›That's green‹ as it is directed by him at the observationality of

›That's outrageous‹. After all, the Ångströmites are disposed to apply ›true‹ to that sentence because they have collateral information that Helholtzians do not have.«[178]

Das Beispiel mit den Wissenschaftlern ist meiner Ansicht nach allerdings unglücklich gewählt, weil diese nur in verkürzter Sprechweise tatsächlich den Satz »Dies ist grün« bestätigen würden. Würde man beispielsweise nachfragen: »Haben sie den Sinneseindruck von etwas Grünem?« würden sie antworten: »Nein, ich meinte, ich sehe anhand der Messdaten, dass wir ein Objekt haben, das grünes Licht reflektieren muss.« Der Wissenschaftler würde auch zugestehen, dass wir daraus eine Vorhersage ableiten können, wirklich etwas Grünes zu sehen, wenn wir das Objekt unter normalen Bedingungen betrachten können und dass wir irgendwo in unserem Netz der Überzeugungen Anpassungen vornehmen müssen, wenn diese Vorhersage nicht zutreffen sollte. Man könnte im Sinne Whites vielleicht eher argumentieren, dass es ebenso gut sein könnte, dass der beobachtete Pluralismus bei der Zustimmung zu moralischen Sätzen selbst erst durch Zusatzannahmen entsteht – eigentlich würden nahezu alle Menschen dieselben moralischen Wertungen beim bloßen »Hinsehen« treffen, diese Disposition würde – dieser Argumentation zufolge – jedoch durch kulturelle Dogmen verzerrt, die aus den ein oder anderen Gründen existieren. Dies wäre zumindest nicht auszuschließen, die Frage ist jedoch, wie gut solch eine Erklärung durch andere Überzeugungen gestützt werden kann. Bei einem Satz wie »Dies ist grün« brauchen wir solche Erklärungen in weitaus geringerem Umfang – es fällt einem schwer, Beispiele zu finden, bei denen tatsächlich hier ein Dissens der Überzeugungen aufgezeigt werden kann und wenn es ihn gibt, lassen sich einfache Erklärungen finden, die man empirisch gut testen kann: Liegt eine Farbblindheit vor, gab es Ursachen für Halluzinationen? Wie eine moralische Farbenblindheit nachgewiesen werden könnte, ist unklarer und die kulturell verzerrenden Dogmen dürften, trotz aller kultureller Prägung, die wir sicherlich haben, in dieser extremen Form als beste Erklärung nur schwierig als Position zu rechtfertigen sein (es geht ja schließlich um offenbare moralische Tatsachen, die einem Ritual gleich weggedeutet werden müssten). Mit White könnte man nun versuchen sich auf den Standpunkt zurückzuziehen, dass es sich also dennoch nur um eine graduelle Unterscheidung handeln würde, doch die graduelle Unterscheidung bestätigt zumindest die Position, dass es sich um einen radikalen und natürlichen Unterschied zwischen moralischen

178 White 2002, 164.

und physischen »Beobachtungssätzen« handelt, wahrscheinlich zu dem Grad, in dem es den graduellen Unterschied gibt.[179]

Letztlich ist es selbstverständlich eine empirische Annahme von Quine, dass es ohne (illegitime oder umfassende) Zusatzannahmen im Bereich der Moral keine nahezu vollständige Einigung bei moralisch wertenden Sätzen gibt, die in einer bestimmten moralisch relevanten Situation geäußert werden. Die Einigung, der Konsens beim moralischen Urteil, ist dabei außerdem eher heuristisch zu interpretieren, denn es geht Quine ja darum, dass der Konsens anzeigt, dass bestimmte Überzeugungen auf Grundlage von physikalischen Tatsachen entstehen, die wiederum unsere Sinne reizen und über unseren zuverlässigen Wahrnehmungsmechanismus in Sinneseindrücke umgesetzt werden. Der Konsens plausibilisiert diese (graduell starke) Verankerung bestimmter Sätze in der Welt – welche Wörter oder Ein-Wort-Sätze man auch immer nutzen mag, um die Sinneseindrücke zu begreifen. Die Beobachtungsnähe eines Satzes wie »Sieh an, etwas Rotes« bedeutet dann, dass es auch kulturübergreifend einen solchen Satz gibt – mit anderen Worten – bei dem in genau der Situation der Reizung unserer Sinne durch etwas Rotes zugestimmt wird. Und dass man derartige beobachtungsnahe Sätze – die man dann verkürzt Beobachtungssätze nennen kann – auch als erstes beim Versuch, eine radikale Erstübersetzung zu starten, lernen wird, da sie im bloßen Zusammenhang mit einer bestimmten Situation beziehungsweise bestimmten Reizen gelernt werden können. Der Pluralismus im Moralischen – inter- wie intrakulturell – ist hier ein wirkliches Problem, wenn man Quines Rahmen teilt und moralische Beobachtungssätze postulieren will.[180] Doch selbst wenn Quine darin letztlich Recht hätte, dass

---

179 Vgl. White 2002, 165f.

180 Vgl. Quine 1980, 83–91 (§10 *Beobachtungssätze*); problematisch scheint mir daher das Urteil von Olaf L. Müller, wenn dieser zwar moralische Beobachtungssätze im Sinne Whites ablehnt (da sie auf Emotionen basierten, es kein emotionales Sinnesorgan gäbe und eine Rückführung der Emotionen auf Sinneseindrücke nicht über Quine hinausgehe und bestenfalls Sätze innerhalb des Netzes an Überzeugungen charakterisiere und nicht Beobachtungssätze am Rand des Netzes), aber dafür argumentiert, es gäbe moralische Beobachtungssätze, die daran zu erkennen seien, dass (in allen möglichen Reizsituationen) innerhalb *bestimmten* Kulturen oder Gruppen ein nahezu perfekter Konsens existiere, bestimmten moralischen Sätzen zuzustimmen, unabhängig davon, dass andere Kulturen oder Gruppen eine »andere Moral« vertreten. Dass andere Gruppen oder Kulturen die als moralisch wertend übersetzten Sätze (wenn es um eine Kultur mit anderer Sprache geht) in den gleichen Reizsituationen ganz anders verwenden, deutet eher darauf, dass es sich hauptsächlich um Konventionen handelt, die als Zusatzannahmen zur sinnlichen Reizung gelten können (also Dinge, die man sich anhand früherer Reizungen in Erinnerung ruft und in Zusammenhang setzt) aber eben nicht, dass man tatsächlich sehr unmittelbar »sieht« oder »den Eindruck hat« dass etwas unmoralisch oder moralisch gut ist. Ich möchte hier nicht ausschließen, dass es

es (gemäß seinen Kriterien) keine moralischen Beobachtungssätze gibt, heißt das – wie ich im Vorigen ausgeführt habe – keineswegs, dass man moralische Überzeugungen nicht im Netz der Überzeugungen versuchen kann zu rechtfertigen und auf diese Weise eben wissenschaftlich Ethik zu betreiben; doch diesen Ausweg möchte White nicht einschlagen.[181]

White ist interessanterweise der einzige der behandelten Philosophen, auf den Rawls im Zusammenhang mit dem Überlegungsgleichgewicht verwiesen hat, der – meinem Wissen nach – in seinen späteren Veröffentlichungen wiederum explizit affirmativ Stellung zur Methode des Überlegungsgleichgewichts genommen hat:

> »While the natural scientist tries to work a manageable structure into a flux of sensory experiences, I believe the moralist tries to work a manageable structure into a flux composed of both sensory experiences and feelings of moral obligation. And while doing so, the moralist may warp her heritage – which includes moral statements as well as logical statements and factual statements that she believes with different degrees of confidence – to fit her sensory and emotional promptings. I think Rawls does something like this when he seeks to arrive at what he calls reflective equilibrium; certainly Goodman does when he moves back and forth from rules of inference to accepted inferences in an effort to arrive at such an equilibrium.«[182]

White widmet Rawls' Gerechtigkeitstheorie ein eigenes Kapitel in *A Philosophy of Culture*. Dort erklärt er auch genauer, warum er denkt, dass die Methode des Überlegungsgleichgewichts eine Beschreibung genau der Methode ist, die mit den Anforderungen seines eigenen *Holistischen Pragmatismus* (*holistic pragmatism*) vereinbar ist.[183] Auch wenn diese Vereinbarkeit insgesamt gegeben ist, muss man zumindest mit Blick auf Whites Theorie der moralischen Beobachtungssätze in Zusammenhang mit der Methode des Überlegungsgleichgewichts eine Kritik üben: Ein Unterschied zwischen der Methode von Rawls und Whites vorgeschlagener Methodik im Bereich des Ethischen ist, dass White als Basis der moralischen Untersuchung moralische Gefühle sieht, die mehr oder weniger verlässlich mit moralischen Tatsachen zusammenhängen, während Rawls sich zwar auch auf unseren teils

---

moralische Beobachtungssätze (dem Kriterien Quines nach) geben kann, doch wenn es sie gibt, brauchen wir einen *interkulturellen* Konsens bei diesen Sätzen (oder müssen den Dissens als »falschen Überbau« oder »andere Lebenswelt« erklären können). Vgl. Müller 2002.

181 Man kann sich also fragen, ob White einen moderaten Fundamentalismus im Bereich der Moral vertreten möchte. Vgl. White 2002, 173f.

182 White 2002, 6.

183 Vgl. White 2002, 153–177, insb. 170–177.

emotionalen Gerechtigkeitssinn und damit zusammenhängende moralische Überzeugungen bezieht,[184] jedoch deren Zusammenhang mit gegebenenfalls vorhandenen moralischen Tatsachen offenlässt. Rawls spricht nicht von Beobachtungssätzen als fundierendes Element seiner Methode. Der Bezugspunkt von Rawls scheint dabei erst einmal unverfänglicher zu sein, denn Überzeugungen können mit anderen Überzeugungen in ein Gleichgewicht gebracht und auf Konsistenz und Kohärenz geprüft werden, wohingegen White erst einmal erklären muss, wie es von moralischen Tatsachen in verlässlicher Weise zu moralischen Gefühlen und Überzeugungen kommt. Dies ist zwar durchaus nicht im Vorhinein zum Scheitern verurteilt und White kann versuchen dies in ähnlicher Weise zu erklären, wie Quine im Zusammenhang mit Überzeugungen und Sinnesreizen (ob dies erfolgreich ist, kann an dieser Stelle offengelassen werden). Allerdings bezieht White damit innerhalb der Metaethik eine bestimmte Position bezüglich moralischer Intuitionen und Realität, was nahelegt, dass Rawls Charakterisierung der Methode allgemeiner und neutraler ist. Rawls Überlegungsgleichgewicht kann also Whites speziellere Methode umfassen, wenn Whites Argumentation stichhaltig ist – umgekehrt legt man sich mit Whites Methode aber auf bestimmte substanzielle ethische Thesen fest. Bevor man sich an die Lösung der Frage setzt, ob White mit seinen Thesen recht hat, ist es also von Vorteil erst einmal nur Rawls Charakterisierung der Untersuchungsmethode zu akzeptieren, weil man dann ein größeres kritisches Potential hat und man sozusagen »nichts verliert«, auch wenn Whites Position sich am Ende als die plausibelste herausstellen sollte.[185] Auch White ist der Unterschied zwischen Rawls Methode des Überlegungsgleichgewichts und seiner Methode auf Grundlage moralischer Beobachtungssätze zu einem gewissen Grad aufgefallen, ohne dass er jedoch daraus explizit den Schluss ziehen würde, den ich eben versucht habe, plausibel zu machen:

> »However, we may note a difference between the theory Rawls defends and simpler theories that serve as illustrations in primarily epistemological discussions. At the beginning of this chapter, when I laid bare the structure of a miniature moral theory, I presented several premises and a logically deduced conclusion. Pointing out that a moral sentence may serve as a checkpoint of a moral-cum-descriptive-conjunction, I said that my illustrative argument contained

184 Rawls schreibt hierzu: »Ich möchte betonen, daß eine Theorie der Gerechtigkeit jedenfalls in ihren Anfangsstadien eben dies ist: eine Theorie. Sie ist eine Theorie der moralischen Gefühle (um einen Ausdruck des 18. Jahrhunderts, zu gebrauchen), sie legt die Grundsätze dar, denen unsere moralischen Fähigkeiten folgen, oder genauer: unser Gerechtigkeitssinn.« Rawls 1979, 70.

185 Zur Vereinbarkeit der Methodiken von White und Rawls siehe auch White 2002, 178–187, insbesondere 181 (Fußnote 3). Vgl. auch Kapitel 10 der vorliegenden Arbeit.

an unspoken logical truth, a moral principle, and factual statements in the Duhemian conjunction tested. By contrast, Rawls does not talk very much about sensory reports or reports of feelings of obligation, even though I think he might say that his theory is ultimately supported by them. Instead he operates as a philosophically oriented scientist would, building a moral theory and making epistemological comments on them without trying to anchor his theory in occasional sentences. [...] instead of speaking of observation setences and feeling sentences as checkpoints, he says that what he calls ›considered judgements‹ confirm the theory he espouses.«[186]

4.3 Gewonnene Erkenntnisse und Fragen

Aus ideengeschichtlicher Sicht ist es interessant, wie stark die Idee des Überlegungsgleichgewichts von einer kritischen Beschäftigung mit der Erkenntnis- und Wissenschaftstheorie des Logischen Empirismus geprägt wurde. Dies ist sowohl bei Rawls eigenen methodischen Untersuchungen um die Jahrhundertmitte der Fall als auch bei der weiteren Verfeinerung der Methode, die durch die Arbeiten Goodmans, Quines und Whites bereichert wurden. Insgesamt kann man die Methode des Überlegungsgleichgewichts somit als das Produkt eines aktuellen Trends der jungen Nachkriegsphilosophie sehen. Welche Rolle das Trio Goodman, Quine und White tatsächlich für die Entwicklung oder Weiterentwicklung der Überlegungsgleichgewichtsidee bei Rawls spielten, ist nicht leicht einzuschätzen: Ich hatte bei der Untersuchung von Rawls Dissertation eine Interpretation gestützt, nach der die Grundzüge der Methode – so wie sie später in *Eine Theorie der Gerechtigkeit* vorgestellt wird – bereits enthalten sind. Goodman, Quine und White haben demzufolge Rawls methodische Ansichten mit weiteren und tiefgreifenden Argumenten gestützt: Die Ablehnung der Unterscheidung zwischen analytischen und synthetischen Urteilen stützt das Grundprinzip der Rechtfertigung als Übereinstimmung und Anpassung von Überzeugungen aneinander, ohne dass unzweifelhafte Fixpunkte existieren, an denen die anderen Überzeugungen stets hierarchisch ausgerichtet werden könnten. Ebenso stützt die Ablehnung eines Reduktionismus ein holistisches Vorgehen bei einem solchen

186 White 2002, 171f. Da moralische Beobachtungssätze, so wie White sie an Quine angelehnt darstellt, einen Zustimmungskonsens aller vernünftigen Personen erfordern, könnte man dies mit der Stellung der moralischen Prinzipien aus Rawls Dissertation in Verbindung setzen, der auch einen großen Wert auf einen spontanen kulturumfassenden Konsens legte, aber ab *Eine Theorie der Gerechtigkeit* auf eine starken Konsensbedingung für bestimmte Elemente seiner Methode verzichtete. Der Konsens ist dort zwar nicht aus methodischen aber aus pragmatischen Gründen allerdings weiter von Bedeutung.

Rechtfertigungsprozess sowie die Einbeziehung von Hintergrundtheorien, so dass ein weites klar vor einem engen Überlegungsgleichgewicht vorgezogen wird. Die Hemmungen ein Vorgehen, das ohne klares Fundament in gewisser Weise als zirkulär betrachtet werden kann, offensiv zu propagieren, sind durch die Argumente für diese Positionen für Rawls offensichtlich schwächer geworden. Unterschiede zu den Positionen Quines und Whites zumindest sind aber vorhanden: Kann man normative Ethik kognitivistisch wissenschaftlich betreiben? Können moralische Urteile eine analoge Rolle wie Beobachtungssätze in naturwissenschaftlichem Kontext spielen? Die erste Frage wird von Rawls bejaht, die zweite umgangen. Mit welchen Argumenten diese Fragen zu beantworten (oder zu umgehen) sind, lässt Rawls größtenteils offen. Die Vagheit von Rawls Ausführungen in seiner Dissertation, die einen zwischen einem moderat fundamentalistischen und einem schwach fundamentalistischen Vorgehen nicht klar unterscheiden lassen können, ist vielleicht auch dadurch begründet, dass Rawls dort noch methodisch verschiedene voneinander getrennte Phasen erkennt: Zuerst eine heuristische Phase, bei der Prinzipien entdeckt werden, die unsere wohlmoralischen Urteile erklären können, und dann eine Phase, in der die Prinzipien selbst gerechtfertigt werden. Dass es eine gewisse Unklarheit darüber gibt, ob es sich bei der Beziehung zwischen Prinzipien und den moralischen Urteilen nur um eine rein heuristische Beziehung handeln könnte und die Rechtfertigung der Prinzipien von der Beziehung zu moralischen Alltagsüberzeugungen unabhängig sein könnte, oder ob es die für die Methode des Überlegungsgleichgewichts typische – eher schwach fundamentalistisch einzuordnende – wechselseitige Stützung gibt, könnte auf einen Einfluss von Sidgwick zurückzuführen sein, bei dem eben genau diese Frage auch zu verschiedenen Interpretationen führt.[187] Zumindest hier ist Rawls aber ab *Eine Theorie der Gerechtigkeit* klar und positioniert sich eindeutig schwach fundamentalistisch (beziehungsweise kohärentistisch).

Was für Erkenntnisse und Fragen kann man aus diesen Informationen für eine systematische Untersuchung des Konzepts ziehen? Meines Erachtens folgende Punkte:

1. Die Ablehnung einer Unterscheidung zwischen analytischen und synthetischen Aussagen scheint für die Methode des Überlegungsgleichgewichts aus historischer Sicht bedeutend zu sein. Der systematische Grund dafür ist die durch die Methode – in Rawls' oder Goodmans Fassung – vorausgesetzte Revidierbarkeit aller Überzeugen und ganzheitliche Perspektive und damit die scheinbare Ablehnung von einzelnen Aussagen und Überzeugungen die *a priori* oder analytisch wahr

187 Vgl. Brink 1994, 194.

sind. Es stellt sich die Frage, ob die prinzipielle Revidierbarkeit aller Überzeugungen auf die – durchaus auch umstrittenen – Positionen Quines, Goodmans oder Whites zurückgreifen muss oder ob es davon unabhängige Argumente gibt, welche diese Voraussetzung der Methode systematisch weiter stützen. (Dies wird in Kapitel 8 der vorliegenden Arbeit aufgegriffen.)[188]

2. Nach Rawls ist das Überlegungsgleichgewicht als eine Methode anzusehen, die im wissenschaftlichen Erforschen und Hinterfragen angelegt ist. Dass das Überlegungsgleichgewicht nicht nur als eine Methode innerhalb der Moralphilosophie zu betrachten ist, ist dabei durchaus eine verbreitete und bekannte Position.[189] Unklar ist dennoch, in welchen Untersuchungsbereichen die Methode auf welche Weise eingesetzt werden kann oder welche Bereiche der menschlichen Kultur sich mit ihr bearbeiten lassen. Wenn dies offene Fragen sind, scheinen sie zumindest keine trivialen Fragen zu sein. Dies wurde bei der Gegenüberstellung der Positionen von White und Quine klar. Selbst wenn man Ethik mit der Methode des Überlegungsgleichgewichts betreiben kann, stellt sich die Frage, ob man sie auf die prinzipiell gleiche Weise betreiben kann wie etwa Naturwissenschaft. Hat es Auswirkungen, wenn wir zwischen Beobachtungssätzen im Sinne der Naturwissenschaft und moralischen Urteilen unterscheiden wollen – auch wenn man akzeptiert, dass sowohl Überzeugungen auf Grundlage von Sinnesreizungen und moralischer Emotionen prinzipiell im gleichen Netz der Überzeugungen abgewägt werden können? Hieran schließt sich folgende Frage an, die im Zusammenhang mit Rawls' Behauptung, dass Sidgwick die Methode des Überlegungsgleichgewichts verwendet habe, eine Rolle spielt: Nehmen wir an, in Bezug auf die Erkenntnis von physikalischen Tatsachen wäre

---

188 Interessant ist in diesem Zusammenhang eine Aussage, die Rawls in der Einleitung von *Eine Theorie der Gerechtigkeit* trifft: »[Ich lernte] von Burton Dreben der mir W. V. Quines Auffassung erklärte und mich davon überzeugte, daß die Begriffe der Bedeutung und der Analytizität für die Theorie der Moral, wie ich sie auffasse, keine wesentliche Rolle spielen. Ihre Bedeutung für andere philosophische Probleme braucht hier nicht erörtert zu werden; ich habe jedenfalls versucht, die Theorie der Gerechtigkeit von ihnen unabhängig zu machen. Damit bin ich mit einigen Abänderungen dem Gesichtspunkt meiner Arbeit »Outline [of a Decision Procedure] for Ethics« gefolgt.« Rawls 1979, 15. Diese Position wird von ihm allerdings nicht explizit gerechtfertigt. In späteren Abschnitten schreibt er lediglich, dass Definitionen und Bedeutungsuntersuchungen methodologisch nicht in dem Sinne vorgeordnet sein sollen, dass sie sicheres Wissen generierten oder die gesamte weitere Untersuchung erübrigen könnten. Vgl. Rawls 1979, 70f.

189 Vgl. etwa Stegmüller 1986.

ein moderater Fundamentalismus gerechtfertigt, in Bezug auf ethische Tatsachen (so es welche gibt) nicht (da es dort kein Analogon zum zuverlässigen Wahrnehmungsmechanismus gebe) – wäre die Methode des Überlegungsgleichgewichts sowohl mit dem schwachen als auch dem moderaten Fundamentalismus vereinbar und wenn ja, unterscheidet sich das Vorgehen der methodischen Untersuchung in den Bereichen? (Diese Fragen werden in Kapitel 10 der vorliegenden Arbeit aufgegriffen.)

3. Rawls hat im Verlauf der Entwicklung seiner Konzeption der Methode die Bedingungen reduziert, die Überzeugungen erfüllen müssen, damit sie Eingang in den Gleichgewichtsprozess finden: War es zu Beginn noch notwendig, dass es sich um Überzeugungen handelte, die von allen gebildeten, empathiefähigen und rationalen Personen geteilt werden (oder es zumindest einen breiten Konsens gibt),[190] ist später nur noch notwendig, dass sie »wohlüberlegt« sind – was zwar heißt, dass sie von einer (moralisch kompetenten Person) ohne parteiliche Interessen und mit emotionaler Stabilität gefällt werden (und – so zumindest kann man Rawls an anderen Stellen auch interpretieren – dass man sie nach einer gründlichen Reflektion beibehält; doch dann kann man in gewisser Weise ja davon ausgehen, dass sie eben schon Eingang in den Gleichgewichtsprozess gefunden haben). Dass die Urteile, um wohlerwogene Urteile zu sein, von allen moralisch kompetenten Personen geteilt werden müssen, wird aber fallengelassen.[191] Ebenso wie die noch recht ausführlichen Spezifizierungen, wann jemand als kompetenter Moralbeurteiler gelten kann. Warum ist dies der Fall? Rawls selbst gibt keine explizite Auskunft zu dieser Revision, so dass man nach plausiblen Gründen suchen muss.

---

190 Vgl. Rawls 1950, 49–52; vgl. Rawls 1951, 182f. (Punkt vi). Vgl. Abschnitt 4.1. der vorliegenden Arbeit. Vgl. auch DePaul 1993, 220 (Endnote 41).

191 Man muss allerdings sagen, dass sich das Element des notwendigen Konsenses für Rawls auf andere Weise bis zum *Politischen Liberalismus* durchzieht – nicht methodisch geboten sondern bezogen auf die Hoffnung dass es einen bestimmten Grundstock an Überzeugungen einfach gibt, von denen aus man hinreichend gemeinsam argumentieren kann: zuerst moralisch gedeutet, dann politisch gewendet (mit der Hoffnung auf eine Konvergenz in der Zukunft). Eine Interpretation, die vertreten werden könnte, wäre daher vielleicht, dass es sich also nur um eine Akzentverschiebung handelt: In Rawls Dissertation würde er demnach andeuten, dass wohlüberlegte Urteile zumeist tatsächlich geteilt werden, wohingegen er vor allem ab *Political Liberalism* auf einen übergreifenden Konsens als politisches Modul fokussiert. Ich sehe hier jedoch einen substanziellen Unterschied, da es in der Doktorarbeit und der *Outline* eine notwendige Bedingung für wohlüberlegte Urteile ist, dass sie (in einem erheblichen Umfang) geteilt werden – was implizit schon in *A Theory of Justice* und explizit in *Political Liberalism* durch die Bürden des Urteilens als unplausibel anzusehen ist.

Ein Grund, den ich für beachtenswert halte, ist folgender: Welchen Einschränkungen die beachtenswerten Überzeugungen im Gleichgewichtsprozess unterliegen (in Bezug auf die Überzeugung selbst oder das epistemische Subjekt, das sie vertritt), ist etwas, was selbst gerechtfertigt werden sollte, und zwar im Rahmen eines Überlegungsgleichgewichtsprozesses. Es gibt keinen gut begründeten Zwang, hier schon eine Antwort zu Beginn der Untersuchung vorauszusetzen: also die Einschränkungen bestimmter Überzeugungen im Prozess der Rechtfertigung ebendieser Einschränkungen schon anzuwenden – dies ist durchaus möglich, aber setzt erst einmal die kritiklose Annahme ebendieser Einschränkungen voraus. Daher ist es besser keine Vorentscheidung vorauszusetzen: Dies ermöglicht erstens eine breitere Zustimmung für die Anwendung der Kernmethode und zweitens – dies ist vielleicht der wichtigere Grund – verschafft sie dem Untersuchenden ein größeres kritisches Potential, weil weniger Bedingungen zu Beginn der Untersuchung einfach akzeptiert werden müssen. Dies ist besonders dann wichtig, wenn es um kontroverse Bedingungen geht – wie etwa die, dass moralische Überzeugungen nur dann in einem Überlegungsgleichgewicht beachtet werden müssen, wenn nahezu alle sie teilen. Wenn dies – unabhängig davon, ob es Rawls' eigene Begründung für die Revision war – eine gute Begründung für eine solche Revision ist, sollte es aber auch auf die wohlüberlegten Urteile selbst übertragen werden. Damit möchte ich nicht sagen, dass diese Einschränkungen (auf die Überzeugungen bestimmter Personen oder auf wohlüberlegte Urteile) prinzipiell falsch oder inadäquat wären. Als hintergrundtheoretisches oder metaepistemisches Element eines Überlegungsgleichgewichts können sie durchaus gerechtfertigt sein. Aber sie wären dann kein konstituierendes Element der Methode, sondern nur ein kontingentes Element. (Dieser Punkt wird in Kapitel 6 der vorliegenden Arbeit wieder aufgegriffen.)

KAPITEL 5

Eine Denkerin und ein Denker des Überlegungsgleichgewichts

Wenn man herausfinden will, was ein Überlegungsgleichgewicht im Kern eigentlich auszeichnet, dann muss man – zumindest nach jetzigem Stand der Untersuchung – die wohlüberlegten Urteile darüber berücksichtigen, was als die Methode des Überlegungsgleichgewichts bezeichnet werden sollte. Da das Überlegungsgleichgewicht ein philosophischer Fachbegriff geworden ist, muss man also versuchen, die Verwendung des Ausdrucks in der relevanten Sprachgemeinschaft zu rekonstruieren. Es reicht nicht aus, nur Rawls' Verwendung des Ausdrucks zu untersuchen.

In den meisten Bereichen – ganz sicher in der Philosophie – gehören zu einer solchen Sprachgemeinschaft eine erhebliche Anzahl von Menschen und Gruppen, die teilweise mit demselben Ausdruck Unterschiedliches bezeichnen – im besten Fall unterschiedliche Konzeptionen, die einen konzeptionellen Kern teilen.[1] Im schlechtesten Fall werden mit dem selben Ausdruck Begriffe bezeichnet, die nichts gemeinsam haben, weswegen die Gefahr besteht, dass man substantiell aneinander vorbei redet, wenn dieser Umstand nicht aufgedeckt wird.

Der Versuch einen konzeptionellen Kern der Methode des Überlegungsgleichgewichts aufzudecken soll im Weiteren unternommen werden, weswegen zuerst – zumindest beispielhaft – untersucht werden muss, wie weitere Denkerinnen und Denker, die sich intensiv mit der Idee des Überlegungsgleichgewichts auseinandergesetzt haben, den Ausdruck tatsächlich verwenden.

Ich werde mich im Folgenden darauf beschränken zwei weitere paradigmatische Fassungen des Überlegungsgleichgewichtsthemas genauer zu untersuchen: Die in Michael DePauls *Balance and Refinement* von 1993 sowie die in Catherine Elgins *Considered Judgement* (1996) und *True Enough* (2017). Dabei werden auch die klassischen Kritiken an der Methode des Überlegungsgleichgewichts von Richard Brandt und Stephen Stich vorgestellt und diskutiert und von mir im Verlauf der weiteren Arbeit durch weitere Positionen angereichert, so dass ein fachlicher Diskussionsstand ausreichend kenntlich

1 Wenn man die terminologische Einteilung in Konzept (bzw. konzeptionellen Kern) und Konzeptionen, die unter anderem von Rawls vorgeschlagen wurde, im naiven Sinn erst einmal nutzen darf.

© BRILL MENTIS, 2022 | DOI:10.30965/9783969752500_006

werden sollte. Auch wenn es sich hier nicht um die einzigen Monografien handelt, die sich explizit dem Thema des Überlegungsgleichgewichts zentral widmen – zu nennen ist etwa Folke Tersman, *Reflective Equilibrium. An Essay in Moral Epistemology* aus dem Jahr 1993 und Susanne Hahns *Überlegungsgleichgewicht(e)* aus dem Jahr 2000 – so fassen die dort angerissenen Diskussionen doch einen Großteil dessen zusammen, was konzeptionell mit dem Überlegungsgleichgewicht zusammenhängen könnte.[2]

5.1 *Balance and Refinement*: Michael DePaul

DePaul versucht in seiner Monografie *Balance and Refinement* die – nach seiner Ansicht – herkömmliche Praxis der Untersuchungen in der akademischen Moralphilosophie zu kritisieren und zu verbessern. Das mechanistische Paradigma, an dem sich die meisten zeitgenössischen Untersuchungen in diesem Bereich methodisch orientierten, sei dabei eben das weite Überlegungsgleichgewicht, das er in der Traditionslinie von Goodman, Rawls und Daniels verortet.[3]

DePaul selbst spricht sich gegen die Interpretation des weiten Überlegungsgleichgewichts in Sinne von Rawls oder Daniels aus, da seiner Ansicht nach, die Ebene der Lebenserfahrung von beiden ungenügend berücksichtigt werde. Nach ihm sind nämlich genau die prägenden Erfahrungen von einer ethischen Untersuchungsmethode zwingend zu beachten, die unsere moralische Urteilsfähigkeit beeinflussen. Bei der ethischen Untersuchung gehe es also nicht nur um das Abwägen von Überzeugungen, sondern – durch die Suche nach prägenden Erfahrungen und damit moralischer Reife – um eine Art Lebensform. Berücksichtigt man diesen Aspekt, den er als »Verfeinerung« bezeichnet,[4] und versucht ihn in die Methodologie einzubinden, gelange man zu einer antimechanistischen Methode, die er eben »Balance und Verfeinerung« nennt und die er verteidigen möchte.

Da die Methode, neben der Schärfung und Verfeinerung unseres moralischen Urteils, weiterhin zu einem großen Teil aus dem klassischen weiten Überlegungsgleichgewicht, also der Systematisierung unsrer Urteile in einem

2 Eine umfassendere Analyse und die Einbeziehung noch weiterer Texte wäre zwar in gewisser Weise wünschenswert, weil die Untersuchung an Detail gewinnen würde, es würde sie aber auch unübersichtlicher machen und hätte die Grenzen des Vorhabens gesprengt. Wo es sich herausstellt, dass eine Erweiterung notwendig gewesen wäre, so muss sie selbstverständlich nachgeholt werden.

3 Vgl. DePaul 1993,1–10, 13, 213f., 216.

4 Vgl. DePaul 1993, 9f.

umfassenden Zusammenhang, bestehe, verteidigt DePaul in den ersten zwei Teilen seines Werks auch die Methode des weiten Überlegungsgleichgewichts in einer – wie er es nennt – »radikalen« Ausformung.

Die Verteidigung eines verbesserten weiten Überlegungsgleichgewichts als der einzig akzeptablen moralischen Untersuchungsmethode beruht bei DePaul auf einer grundlegenden Annahme über epistemische Werte: Wenn man versucht moralische Erkenntnis zu erlangen, gehe es nämlich um zwei verschiedene epistemische Teilwerte (»values«):[5]

1. Ziel moralischer Untersuchungen bleiben wahre Überzeugungen, die jedoch alleine noch nicht zu moralischem Wissen führen – denn eine richtig auf gut Glück geratene Lösung eines moralischen Problems ist, ganz wie bei der allgemeinen Frage nach Wissen, nicht als moralisches Wissen zu bezeichnen. Man möchte also auf verlässliche Weise zu wahren Überzeugungen kommen, beziehungsweise externalistisch gerechtfertigte wahre Überzeugungen haben (DePaul schreibt in diesem Zusammenhang von *warranted beliefs* und dem zugehörigen epistemischen Status *warrant* – Fachtermini, die schwer ins Deutsche zu übersetzen sind)[6]. Dies zu leisten, sei aber nur ein epistemischer Externalismus imstande und könne von einer internen Perspektive nicht methodisch gesichert werden.
2. Das zweite epistemische Ziel zu erreichen, sei jedoch eine internalistische Aufgabe: Denn unabhängig von zuverlässig gebildeten wahren Überzeugungen, wollen wir ebenso durch moralische Untersuchungen erreichen, dass unsere Überzeugungen rational sind. Das beinhaltet, dass eine Untersuchungsmethode auf rationale Weise zu einem Resultat führt. Das zweite epistemische Ziel sind aus DePauls Sicht also rationale Überzeugungen, die entsprechend gewonnen wurden. Allerdings sind rationale Überzeugungen nicht immer auch wahr. Zur Verdeutlichung führt DePaul die Zeichentrickfigur *Mr. Magoo* an: ein älterer, dickköpfiger Herr, der stark kurzsichtig ist, dies aber nicht einsieht und sich daher, alle Dinge ständig verwechselnd oder fehlinterpretierend, ein völlig falsches Bild der Welt macht, wobei – das ist der Witz an der Figur – sich durch eine Reihe glücklicher Umstände die Situationen so auflösen, dass er scheinbar passendes Feedback zu seinen Handlungen bekommt

5 Vgl. DePaul 1993, 5ff.

6 *Warrant* sei der Status, der Überzeugungen zukommt, wenn es sich nicht nur um bloße wahre Überzeugungen handle, sondern um Überzeugungen, bei denen man von Wissen sprechen kann. Vgl. DePaul 1993, 62, 67, 74. Zur Begründung der Entscheidung sich des Ausdrucks »warrant« anstelle von »(external) justification« zu bedienen vgl. DePaul 1993, 225.

und sein Weltbild rationaler Weise nicht erschüttert wird: *Mr. Magoo* hat also alles in allem ein mehr oder weniger rationales Weltbild – alle Erfahrung gibt ihm aus seiner Sicht ja letztendlich recht und bestätigt seine Überzeugungen – doch wir als Zuschauer wissen, dass er falsche Überzeugungen hat.

Als epistemische Akteure wollen wir beide Teilziele – und damit letztlich *rationales moralisches Wissen* – erreichen:

> »For a start, we must distinguish between *rational* belief and *warranted* belief. To say that a belief is rational is to say that the believer has done all that she can, as determined from her own point of view, to insure that the belief is true. Rationality is, therefore, a more subjective epistemological notion, its application being determined largely, if not entirely, by features *internal* to the believer. Warrant is a more *external* concept, most easily identified by noting its connection with knowledge: Warrant is the positive epistemic status that plays the central part in distinguishing knowledge from mere true belief. [...] The first thing to see is that we want our moral beliefs to be *both* warranted and rational. [...] The second thing to note is that warrant and rationality can come apart for one engaged in moral inquiry just as they do for Mr Magoo.«[7]

Dass eine internalistische Methode wie das Überlegungsgleichgewicht – beziehungsweise *Balance and Refinement* – nur eines dieser Teilziele (nämlich rationale Überzeugungen) sichern kann, heiße nun aber nicht, dass man sie nicht akzeptieren könne. Sofern es die einzige Methode ist, die dieses erste Teilziel sichert und zumindest ebenso gut wie alle Alternativen die Möglichkeit eröffne, auch das zweite Teilziel (verlässliche wahre Überzeugungen) zu erreichen, sei sie akzeptabel, da damit die Chance auf rationales moralisches Wissen bestmöglich gewahrt sei. Ob von einem epistemischen Akteur rationales moralisches Wissen erlangt werde, hänge einfach auch von der Konstitution des Akteurs ab, welcher die Methode verwende. Hat dieser seine moralische Urteilsfähigkeit im Sinne von *Balance and Refinement* kultiviert, hat er zumindest seinen Teil zu einer adäquaten Konstitution beigetragen:[8]

> »I intend to show that one method of inquiry, the *method of balance and refinement,* which is an extrapolation from traditional coherence methods, can do enough to be considered adequate, while still falling short of guaranteeing true moral beliefs, and hence, moral knowledge to every inquirer. [...] There is a tendency to think that a method of inquiry must do all the epistemological work, but this is a mistake. The method a person employs has a proper role in accounting for the epistemological status of the beliefs she eventually comes to

7 DePaul 1993, 5f., vgl. DePaul 1993, 66.
8 Vgl. DePaul 1993, 6f.

hold, and the person has a proper role. I maintain that whether or not a person's moral beliefs are warranted is determined largely by the contribution made by the person. [...] I explain how it is possible that the right kind of person following a coherence method would come to hold warranted moral beliefs. [...] The method takes an inquirer by rational steps to a system of moral beliefs that it is rational for her to accept, and if the inquirer plays her part, her moral beliefs will be warranted, which puts her in a position to know.«[9]

5.1.1 *Zwei Standardeinwände gegen die Methode*

Bevor das Überlegungsgleichgewicht – beziehungsweise später *Balance and Refinement* – als einzige Methode ausgezeichnet werden kann, mit der verlässliche und rationale Überzeugungen und möglicherweise moralisches Wissen möglich sei, geht DePaul auf die zwei schwerwiegendsten Standardeinwände gegen sie ein, die nach seiner Ansicht zu einigen Verbesserungen an der Interpretation des weiten Überlegungsgleichgewichts führen müssen.

Er sieht zwar auch einige kleinere Probleme der Methode des Überlegungsgleichgewichts in der Fassung von Rawls oder Daniels – etwa den »Filtertungsprozess« um zu wohlüberlegten Urteilen zu gelangen (beziehungsweise die Idee der wohlüberlegten Urteile selbst)[10] oder Daniels' *Auflage der Unabhängigkeit* (*independence constraint*)[11] – doch, falls man diesen Kritiken gerecht werden möchte, könne man relativ einfach alternative Positionen im

---

9 DePaul 1993, 6f. DePaul meint, man könne ihm eventuell vorhalten, bei der Fortentwicklung der Methode des Überlegungsgleichgewichts den epistemischen Akteur ungerechtfertigterweise nur als ein Individuum konzipiert zu haben, doch sehe er nicht, wie man die Methode für eine Gruppe an Untersuchenden operationalisieren kann, wenn man nicht zuerst versteht, wie sie für eine Einzelperson funktioniere. Vgl. DePaul 1993, 23, vgl. auch Hahn 2000, 124f.

10 DePaul argumentiert – ähnlich, wie ich es (mit anderem Fokus) in Kapitel 6 auch tun werde – dass eine solche Filterung selbst auf eine Argumentation (im Rahmen eines epistemischen Überlegungsgleichgewichts) zurückgreifen muss, um gerechtfertigt zu sein. Vgl. DePaul 1993, 17f., 218 (Endnote 15).

11 Gemäß der *Auflage der Unabhängigkeit* sollten die wohlüberlegten Urteile, welche die Hintergrundtheorien stützen, verschieden sein von denen, welche die moralischen Prinzipien stützen. Dies ist nach Daniels notwendig, um einen kritischen Blick auf die Prinzipien behalten zu können, sie quasi an Urteilen zu testen, die nichts direkt mit der Rechtfertigung der Prinzipien zu tun haben, sondern nur indirekt über die Hintergrundtheorien – sie sollen keine zufälligen Generalisierungen sein (vgl. Abschnitt3.3.). DePaul äußert eine ähnliche Kritik wie ich an Daniels' Auflage, nämlich, dass durch die distinkten Hintergrundtheorien schon eine kritische Ebene gegeben ist, die das enge Gleichgewicht zwischen Urteilen und Prinzipien auflösen kann, auch wenn die Hintergrundtheorien in gewisser Weise auf die gleichen Urteile zurückgreifen. Sollten bei der Konstruktion der Hintergrundtheorien nur auf die Urteile zurückgegriffen werden, so handele es sich ohnehin nicht mehr um ein Verfahren gemäß des Überlegungsgleichgewichts. Sollte allerdings der Einbezug von Hintergrundtheorien zu keinen Revisionen

Rahmen der Methode formulieren weswegen es sich nur um Nebenprobleme handle.

Die zwei schwerwiegenderen Einwände gegen das Überlegungsgleichgewicht basierten nun beide auf der Kritik, dass die Methode nicht dazu im Stande sei, einen Kontakt mit der moralischen Realität oder objektiv wahren moralischen Tatsachen zu sichern, sofern man diese als unabhängig von Methoden der Rechtfertigung versteht, also eine eigenständige moralische Realität oder Objektivität akzeptiert. Die generelle Position oder Befürchtung, dass die Überlegungsgleichgewichtsmethode keinen festen Kontakt mit der moralischen Realität oder Objektivität sicherstellen könne, nimmt nach DePaul zwei Formen an, die er unterschiedlich benennt und nacheinander behandelt:

a) Es fehlen (die richtigen) epistemischen Grundüberzeugungen: Bestritten wird, dass die wohlüberlegten Urteile (oder andere Überzeugungen, die bestimmende Elemente des Überlegungsgleichgewichts sind) eine verlässliche Glaubwürdigkeit (»credibility«) besäßen. Und ohne eine solche Glaubwürdigkeit wäre nicht gesichert, dass die Methode zu wahren Überzeugungen führt. Hinzu tritt meist die Annahme, dass gerade die wohlüberlegten Urteile eine besonders konstitutive Rolle bei dem Aufbau eines Überlegungsgleichgewichts besäßen. Dies ist vor dem Hintergrund zu verstehen, dass diese Kritik oftmals von Vertretern eines moderaten Fundamentalismus vorgebracht wird, die als Grundüberzeugungen aber nun gerade abstraktere moralische Prinzipien begreifen und daher die Rolle von konkreteren moralischen Überzeugungen im Rahmen des Überlegungsgleichgewichts kritisch sehen, da sie die bestimmende Rolle der eigentlich verlässlichen moralischen Grundüberzeugungen gefährden. De Paul nennt dies den *»no credibility«-Einwand.*[12]

b) Kohärenz allein ist kein Kriterium für wahre Überzeugungen: Bestritten wird ganz allgemein, dass ein epistemologisches Vorgehen, das auf Kohärenz ausgelegt ist, wahre Überzeugungen sicherstellen kann – oder in anderen Worten: der Kontakt mit der (moralischen oder allgemeinen) Realität wird allein durch die Kohärenz von Überzeugungen nicht

innerhalb des »engen« Gleichgewichts führen, so sei dies zu akzeptieren. Vgl. DePaul 1993, 21f. Vgl. auch Kapitel 6 der vorliegenden Arbeit.

12 Vgl. DePaul 1993, 13ff., 23–27 (insbes. 23, 25). Auch Daniels nutzt die Bezeichnung »no credibility complaint«, »citicism« oder »argument«. Daniels trennt allerdings nicht zwischen zwei Einwänden, sondern bezieht die Idee des »no contact«-Einwands hier mit ein. Vgl. Daniels 1979, 269, 271.

gesichert. DePaul nennt dies den *»no contact«-Einwand*. In anderen Texten wird es teilweise auch als das *Isolationsargument* bezeichnet.[13]

5.1.2 *Der »no crediblity«-Einwand*

Der »no cedibility«-Einwand, der nach DePaul unter anderem von Hare, Singer und Kai Nielsen erhoben werde, stütze sich nach auf folgende drei Prämissen:[14]

1. Um die Methode des Überlegungsgleichgewichts als adäquat ansehen zu können, müsste sie verlässlich zu wahren moralischen Überzeugungen führen.[15]
2. Die Methode des Überlegungsgleichgewichts führt nicht verlässlich zu wahren Überzeugungen, es sei denn, unsere wohlüberlegten moralischen Urteile (oder die das Gleichgewicht de facto bestimmenden Überzeugungen), von denen wir ausgehen, wären glaubwürdig (im Sinne von »verlässlich«). Denn die Ausgangsüberzeugungen bestimmen das Ergebnis der Methode.[16]
3. Die Glaubwürdigkeit unserer wohlüberlegten moralischen Urteile (oder der bestimmenden Überzeugungen), konnte noch nicht plausibel gemacht werden und ist überdies sogar zweifelhaft.

Die Glaubwürdigkeit der wohlüberlegten Urteile sei vor allem deswegen zweifelhaft, weil sich in ihnen unsere kontingente Herkunft aus bestimmten Kulturen oder Subkulturen und unser Leben in einem bestimmten sozialen Umfeld widerspiegele und es zudem tiefe, dauerhafte Differenzen bei den Urteilen gebe. Zumindest reichten diese Überlegungen, um die Beweislast für

---

13 Vgl. DePaul 1993, 14, 23–27, (insb. 24f.). Vgl. Tersman 1993, 94 (Fußnote 1).

14 Vgl. DePaul 1993, 23, 27, 219. Es handelt sich nach DePaul um Hare 1973, Singer 1974 und Nielsen 19[77] (»Our considered judgements«, in: Ratio (Misc.) 19 (1), 39). Vgl. auch die Abschnitte 3.2., 3.3. und 4.2.3. der vorliegenden Arbeit.

15 DePaul rekonstruiert Prämisse 1 folgendermaßen: »reflective equilibrium cannot be an adequate method of moral inquiry unless it is likely to lead to true theories« (DePaul 1993, 27). Ich halte es für angebrachter, anstelle von »Theorien« von »Überzeugungen« zu sprechen, da dies allgemeiner ist und sich dann im Folgenden auch der »no contact«-Einwand auf eben dieselbe Prämisse beziehen kann. Die weiteren Prämissen sind entsprechend angepasst.

16 »Glaubwürdigkit« (»credibility«) sollte hier so verstanden werden, dass damit nicht nur Plausibilität gemeint ist, sondern ein – wie auch immer gearteter – verlässlich gesicherter Zusammenhang mit der Realität. Man könnte auch sagen: die wohlüberlegten Urteile (die bestimmenden Überzeugungen) sind genau dann glaubwürdig, wenn sie epistemische Grundüberzeugungen sind und damit selbst verlässlich sind. DePaul selbst schreibt: »[...] I shall take it that to be credible, a belief must be reliable.« DePaul 1993, 26. Vgl. DePaul 1993, 26f. und 31–35.

die Glaubwürdigkeit dieser Urteile, den Befürwortern des Überlegungsgleichgewichts aufzuerlegen.[17]

Mit einem Angriff auf die wohlüberlegten Überzeugungen, die für viele Proponenten des »no-credibility«-Einwands nach DePaul das grundlegende Element der Methode darstellen, werde auch versucht aufzuzeigen, dass das Überlegungsgleichgewicht letztlich im erkenntnistheoretischen Sinn gar keine kohärentistische Methode sei, sondern eine mindestens moderat fundamentalistische – allerdings mit den falschen, nämlich unzuverlässigen, Grundüberzeugungen.

Hier ist eine naheliegende Antwort, die etwa von Daniels bekannt ist, dass die wohlüberlegten Urteile gar nicht die bestimmenden Urteile der Methode sind, da sie auch dann revidiert werden können, wenn sie nur mit vertretenen Theorien oder Hintergrundtheorien in Konflikt stehen.[18] Singer und Hare scheinen zumindest teilweise diesen Punkt zu übersehen oder herunterzuspielen. Allerdings könnte man diese Entgegnung berücksichtigen und den »no credibility«-Einwand allgemeiner formulieren: Es gibt bestimmte Überzeugungen, die das Ergebnis des Gleichgewichtsvorgangs bestimmen, weil wir besonders stark von ihnen überzeugt sind oder weil sie besonders gut gestützt sind und die anderen Überzeugungen an sie anpassen. Wer garantiert uns nun aber, dass es sich genau bei diesen bestimmenden Überzeugungen um epistemisch verlässliche Grundüberzeugungen handelt? Wenn man dies nicht plausibilisieren kann, verhelfe die Methode uns nicht verlässlich zu wahren Überzeugungen und sei inakzeptabel. Dies ist die stärkere Fassung des Einwands, mit der sich DePaul im Folgenden beschäftigt. Besonders pointiert wurde er in dieser Form von Richard Brandt formuliert:

> »How might philosophers justify their view that a normative principle should be tested against our intuitions in the sense of considered beliefs, or a given intuition be tested by its compatibility with a system of normative beliefs (say by testing whether it can be included in a system with maximal initial credence level)? [...] If it is supposed that normative principles are true or false, it could be that adopting principles so as to maximize initial credence levels (or adopting the set one finds morally most congenial as a whole) leads away from the truth rather than towards it. There is a problem here quite similar to that which faces the traditional coherence theory of justification of belief: that the theory claims that a more coherent system of beliefs is better justified than a less coherent one, but there is no reason to think this claim is true unless some of the beliefs are initially credible – and not merely initially believed – for some reason other than their coherence, say, because they state facts of observation. In the case of

17 Vgl. DePaul 1993, 26f; vgl. Singer 1974, 516; vgl. Brandt 1979, 21f.

18 Vgl. Daniels 1979, 264–268.

normative beliefs, no reason has been offered why we should think that initial credence levels, for a person, correspond to credibilities. The fact that a person has a firm normative conviction gives that belief a status no better than fiction. Is one coherent set of fictions supposed to be better than another?«[19]

DePaul möchte zwar letztlich alle drei Prämissen des »no credibility«-Einwands bestreiten, argumentiert aber im Rahmen der Beschäftigung mit diesem Einwand hauptsächlich gegen Prämisse zwei: Also, dass wir notwendig auf verlässliche Ausgangsüberzeugungen angewiesen sind, um mittels der Methode des Überlegungsgleichgewichts zu wahren Endüberzeugungen und Theorien zu gelangen, da die Ausgangsüberzeugungen das Ergebnis bestimmten. Daniels hingegen akzeptiere, laut DePaul, nach einigem Zögern die ersten beiden Prämissen und versuche gegen die dritte zu argumentieren, also dass unsere moralischen Ausgangsüberzeugungen nicht verlässlich seien. Insbesondere argumentiere Daniels gegen die Position, dass die Glaubwürdigkeit unserer wohlüberlegten Urteile zweifelhaft sei.[20]

Ein einfacher Weg, um die Verlässlichkeit unserer moralischen Urteile zu plausibilisieren wäre, zu begründen, dass diese Urteile ähnlich wie Überzeugungen, die auf empirisch unwillkürlicher Sinneswahrnehmung basieren, einfach eine anfängliche epistemische Rechtfertigung ohne inferenzielle Stützung bereits besäßen, weil sie auf einem verlässlichen Weg zustande gekommen sind: in diesem Fall unserem moralischen Sinn – doch diese sehr starke Analogie von moralischer Intuition zu wissenschaftlichen

---

19 Brandt 1979, 20. Vgl. Brandt 1979, 16–23. Was genau also die – vom Einwand als notwendig betrachteten – Grundüberzeugungen sind, wird hier nicht näher spezifiziert. Letztlich müssten die Überzeugungen, an die wir besonders stark glauben und die angesichts des inferenziellen Zusammenhangs die Anpassungen des Gleichgewichtsprozesses bestimmen, aber eine derartige Rolle erfüllen. Dass der Überzeugungsgrad (»credence levels«), mit dem wir eine solche Überzeugung vertreten, nun aber auch der Glaubwürdigkeit der Überzeugung (»credibility«) entspricht, wird bestritten oder in Frage gezogen. Vgl. DePaul 1993, 31–35.

20 Vgl. DePaul 1993, 14. DePaul bezieht sich auf Daniels 1979 (*Wide Reflective Equilibrium and Theory Acceptance in Ethics*). Daniels gibt dort folgende Antworten auf den Einwand: 1. Beobachtungsaussagen und moralische Urteile besitzen keine starke Analogie, weswegen man nicht nach einer solchen suchen sollte; (Vgl. Daniels 1979, 270f.) 2. Wir müssen wahrscheinlich noch warten, bis wir tatsächlich aufzeigen können, in welcher Weise moralische Urteile verlässlich sind (DePaul wird dies als »Wimpy-Response bezeichnen) (Vgl. Daniels 1979, 271f.); 3. Moralischer Konsens, der jetzt schon weltweit existiert, sowie eventuell eintretende Konvergenz moralischer Überzeugungen durch die Anwendung der Methode des Überlegungsgleichgewichts, könnten vielleicht am besten dadurch erklärt werden, dass die Methode auf verlässliche moralische Überzeugungen zurückgreift oder dass sie auf andere Art verlässlich zur wahren Überzeugungen führt (Vgl. Daniels 1979, 272f.). Vgl. Abschnitt 5.1.4. der vorliegenden Arbeit.

Beobachtungssätzen sieht Daniels als unplausibel an, da moralische Aussagen theorieabhängiger seien.[21] Daniels argumentiert, dass verlässliche Urteile nur dann als solche anzuerkennen sind, wenn sich diese Überzeugung (dass bestimmte Überzeugungen Grundüberzeugungen sind) selbst inferenziell durch andere Überzeugungen stützen lässt. Im Falle von wissenschaftlichen Beobachtungssätzen etwa, dass diese verlässlich sind, weil sie auf der Reizung unseres recht zuverlässigen optischen Wahrnehmungsapparates beruhen, den man selbst gut wissenschaftlich erklären kann. Falls moralische Urteile ähnlich verlässlich sein sollten, wäre dies wahrscheinlich aus einem anderen Grund der Fall, den wir jetzt allerdings noch nicht kennen. Dass wir zurzeit noch keine derartige inferenzielle Stützung für unsere moralischen Urteile hätten, könnte nach Daniels daran liegen, dass wir noch kein weites Überlegungsgleichgewicht in diesem Bereich erreicht haben – womit er uns also auf zukünftige Ergebnisse der Moralphilosophie vertröstet, mit Hilfe derer dann die Glaubwürdigkeit unserer wohlüberlegten Urteile auch begründet werden kann. Ähnlich sei es auch erst nach einiger Zeit und theoretischer Mühe der Wissenschaft möglich gewesen, die Glaubwürdigkeit von Beobachtungssätzen näher zu begründen.[22]

DePaul wiederum wendet sich aber gegen diese Argumentation von Daniels und bezeichnet sie als »Wimpy-Response« – als vertröstende Antwort, angelehnt an die Figur *Wimpy* in den *Popeye-Comics*, die für seine Versuche bekannt ist, sich Hamburger mit der Beteuerung zu erschnorren, diese irgendwann später einmal bezahlen zu wollen. Für das Überlegungsgleichgewicht hieße das: gerne möchte man zu einem fortgeschrittenen Zeitpunkt die Verlässlichkeit oder anfängliche Glaubwürdigkeit unserer wohlüberlegten moralischen Urteile (oder der bestimmenden Überzeugungen) näher begründen, wenn man nur heute schon die Methode des Überlegungsgleichgewichts benutzen dürfe. Dies sei aber angesichts der Beweislast, die der Vertreter der Methode zu übernehmen hat, eine zwar raffinierte aber letztlich schlicht unangemessene Hinhaltetaktik.[23]

5.1.3 *Das radikale Überlegungsgleichgewicht?*

DePaul lehnt die mögliche Entgegnung auf den »no credibility«-Einwand, die Daniels anbietet, also ab. Doch wie sieht seine eigene Antwort auf den Einwand aus?

---

21 Vgl. Abschnitt 3.3. der vorliegenden Arbeit. Vgl. auch Abschnitt 4.2.5.

22 Vgl. DePaul 1993, 31; vgl. Daniels 1979, 272ff.

23 Vgl. DePaul 1993, 27–30.

DePauls Strategie ist es, Prämisse zwei des Einwands dadurch zu entkräften, dass er aufzeigt, dass es gar keine Art von Überzeugungen gibt, die verlässlich sein muss, weil es keine Art von Überzeugungen gibt, die das Ergebnis des Gleichgewichtsprozesses bestimmen würde. Wenn dem so ist, dann könnten zwar auch noch so verlässliche Überzeugungen nicht garantieren, dass wir als Ergebnis der Methode wahre Überzeugungen und Theorien gewinnen, andererseits kann man eine Glaubwürdigkeit (im Sinne von Verlässlichkeit) dann auch nicht sinnvollerweise verlangen. Um diese Position zu plausibilisieren legt er dar, dass im Gleichgewichtsprozess nicht nur Revisionen aufgrund von Anpassungen an andere Überzeugungen auftreten, sondern auch etwas, was er moralische Konversion nennt. Wenn moralische Konversionen auftreten, werde das Endergebnis eben nicht nur durch Überzeugungen bestimmt, von denen man besonders stark überzeugt ist und die sich gegenseitig umfassend stützen, sondern auch durch einen anderen Prozess, den er als grundlegend für eine radikale Interpretation der Methode ansieht, die einer konservativen Konzeption gegenübersteht. Er bemängelt nämlich, dass sowohl der »no credibility«-Einwand als auch Daniels« Antwort eine eigentlich unangemessen konservative Konzeption des Überlegungsgleichgewichts voraussetzten. Denn nur wenn man diese konservative Interpretation der Methode unterstütze, ergebe es Sinn für die wohlüberlegten Urteile – oder auch alternativ: für diejenigen Überzeugungen, welche de facto unseren Gleichgewichtsprozess leiten (da sie bei den Anpassungsvorgängen mit dem relativ gesehen höheren Grad an Zustimmung erhalten blieben) – eben auch den Nachweis einer Glaubwürdigkeit zu verlangen.[24]

Hauptmerkmal dieser konservativen Konzeption des Überlegungsgleichgewichts sei, dass Revisionen von Überzeugungen durch den Prozess – also Anpassungen während des Gleichgewichtsvorgangs – allein auf andere moralische und philosophische Überzeugungen zurückzuführen sind (beziehungsweise durch jene bestimmt sind), die ganz zu Beginn des Reflektierens die größte Zustimmung erhielten.[25]

Genau genommen sei diese Definition des konservativen Überlegungsgleichgewichts nach DePaul jedoch eine Vereinfachung, denn man müsse folgende zwei Dinge zusätzlich anerkennen:

1. Erstens sind Prinzipien auch beim konservativen Überlegungsgleichgewicht nicht determiniert durch die wohlüberlegten Überzeugungen, da hier nur eine nichtzwingende Stützung über nicht-deduktive Schlüsse

24 Vgl. DePaul 1993, 35.

25 Vgl. DePaul 1993, 35, 55.

vorliegen kann, es sich ohnehin nicht um ein enges Überlegungsgleichgewicht handele und die Prinzipien ja eben auch selbst eine gewisse »unabhängige« Zustimmung erhalten könnten.[26]

2. Zweitens kann es sich ereignen oder gar notwendig sein, dass die Person, die versucht ein Überlegungsgleichgewicht herzustellen, neue Überzeugungen entdeckt und erwägt, die vorher einfach nicht existierten oder in den Fokus gerieten. Auch wenn es sich um ein nach aller Reflektion und Aufdecken aller Überzeugungszusammenhänge verbleibendes Dilemma handelt, müsste man nach DePaul seine Überzeugungen im konservativen Überlegungsgleichgewicht auf eine Weise ändern, die eben nicht durch die anfänglich vorgefundenen Überzeugungen bestimmt sei.[27]

Daher könne man also eigentlich doch nicht behaupten, dass bei der konservativen Konzeption des Überlegungsgleichgewichts das Ergebnis des Gewichtungsvorgangs zu Ergebnissen kommt, die allein dadurch determiniert sind, wie die anfänglichen Überzeugungen gewichtet wurden:

> »[...] we cannot say that, according to this [conservative] conception, a person's state of reflective equilibrium, is completely determined by her starting point.«[28]

Dennoch versucht DePaul plausibel zu machen, dass es sich bei der konservativen Konzeption um eine statische Methode handelt, bei der zumindest oft alles durch die anfänglichen Überzeugungen bestimmt sei:

> »The beliefs with which a person begins do, however, limit her equilibrium point considerably. On the conservative conception, initial beliefs and degrees of commitment will never be altered, unless such alteration is necessary to resolve a conflict, and the majority of these revisions will be decided quite simply om terms of the person's degrees of initial commitment to the propositions involved. The only other alterations of initial beliefs will involve the addition of new beliefs where they are needed, either because the initial set does not decide among competing moral theories, or because it does not contain any propositions about some important moral or philosophical issue. Speaking loosely, I think it is fair to say that, according to the conservative interpretation, a person's beliefs in reflective equilibrium are virtually determined by the convictions she has when she begins to reflect about morality, however well or poorly those convictions happen to be developed at that time. The conservative interpretation of reflective equilibrium is static, for it understands a person's point of reflective

26 Vgl. DePaul 1993, 36.
27 Vgl. DePaul 1993, 38.
28 DePaul 1993, 38.

> equilibrium as an ideal state which is virtually a function of the person's actual system of moral and philosophical beliefs at a given time.«[29]

Damit hat er allerdings nicht zeigen können, warum genau das konservative Überlegungsgleichgewicht zumeist statisch sei. Warum sollten denn neue Überzeugungen im Laufe des Prozesses nicht sehr häufig auftreten und eine wichtige Rolle spielen? Warum sollte der Überlegungsgleichgewichtsprozess nicht erneut starten, wenn zu einem bestehenden Überlegungsgleichgewicht eine neue konfligierende Überzeugung hinzutritt? Dass die »konservative« Konzeption, durch die Eigenschaften eines weiten Überlegungsgleichgewichts dennoch zu radikaler Kritik der bestehenden moralischen Praxis und damit zu radikalen Änderungen befähigt, gesteht er zumindest zu.[30]

Um sich weitere Klarheit über das Verständnis des konservativen Gleichgewichts zu schaffen, auf das sich DePaul bezieht, ist es wichtig, die von ihm vorgeschlagene Alternative des *radikalen Überlegungsgleichgewichts* zu betrachten.

Im Unterschied zu einer konservativen Auffassung des Überlegungsgleichgewichts, sei nach DePaul eben ein radikales (weites) Überlegungsgleichgewicht die richtige Interpretation der Methode, die dann auch dem Einwand entgeht, der mit dem »no credibility«-Einwand formuliert wird. Die radikale Konzeption lässt zu, dass die Erwägung alternativer moralischer und philosophischer Konzeptionen zu Revisionen führt, die nicht durch die Überzeugungen bestimmt wurden, welche die Person, die versucht ein Überlegungsgleichgewicht herzustellen, zu Beginn ihrer Untersuchung besaß.[31]

Den Unterschied zwischen dem konservativen und dem radikalen Überlegungsgleichgewicht versucht DePaul an einem Beispiel anschaulich zu machen: Wenn man zum ersten Mal Marx lese und daraufhin plötzlich zu einem entschiedenen Marxisten werde, dann gibt es mehrere Möglichkeiten, wie sich dies erklären lasse:

1. Es könnte etwa einerseits sein, dass eine (dann wahrscheinlich unorthodoxe Interpretation) des Marxismus besser zu den wohlüberlegten Urteilen und auch weiter gefassten Überzeugungen der Person passt, als alle anderen bis dato verfügbaren Theorien. Auf diese Weise können nun Anpassungen vorgenommen werden, die jedoch gänzlich durch die bereits vorhandenen Überzeugungen bestimmt sind – letztlich wurde hier nur endlich eine befriedigende (oder befriedigendere)

---

29 DePaul 1993, 38f.

30 Vgl. DePaul 1993, 30 (Endnote 54, 221).

31 Vgl. DePaul 1993, 55.

systematische Theorielösung gefunden. Die Anpassung muss in diesem Fall nicht besonders radikal sein. Es wäre andererseits darüber hinaus auch ein anderer Prozess denkbar, der beispielsweise darauf beruhen könnte, dass die Person von marxistischen Gründen überzeugt wurde, die darlegen, dass unsere normalen moralischen Überzeugungen (Elemente des ideellen Überbaus) durch die ökonomische Basis korrumpiert sind und daher in breitem Ausmaß revidiert werden müssen.[32] Durch diese neue Theorie, die sich jedoch auch auf bereits vorhandene Überzeugungen bezieht, die noch Zustimmung erhalten (etwa einige epistemische Prinzipien), wird also ein sehr weitgehender Anpassungsprozess in Gang gesetzt. Trotz der Radikalität der Änderungen, die hier sehr weitgehend sein können, sind beide Prozesse Vorgänge, die DePaul als Gleichgewichtsprozesse der konservativen Art bezeichnen würde, weil sie bei der Anpassung im Gleichgewichtsprozess die unmittelbar vor der Lektüre von Marx vorhandenen Überzeugungen berücksichtigen.[33]

2. Es wäre nach DePaul aber auch möglich, dass die untersuchende Person, einfach vom Marxismus (und allen damit verknüpften Überzeugungen) an sich überzeugt wird – und zwar in einer Weise, die keinen Bezug hat zu den Dingen, die sie unmittelbar vor der Lektüre geglaubt hat. Es wäre sogar möglich, dass die Person vor der Lektüre von Marx Überzeugungen hatte, die theoretisch die schärfste Ablehnung des Marxismus nahegelegt habe.[34] Solch einen Vorgang möchte DePaul eine »moralische Konversion« (»moral conversion«) nennen. Er nimmt an, dass diese Art von Konversion existiert – und zwar nicht allzu selten – und dass sie auch gerechtfertigt sein kann. Das wichtigste Element, dass sie von der konservativen Konzeption des Überlegungsgleichgewichts unterscheide, sei die *diskontinuierliche Abänderung der Überzeugungen* (»discontinious revision of belief«), und nicht der Breite oder Menge der Anpassungen (»not the magnitude of the revision«).[35] Natürlich können, im Rahmen des neuen Gleichgewichts, Gründe angeführt werden, warum die neuen Überzeugungen nun Zustimmung erfahren und bisherige, mit ihnen konfligierende Überzeugungen keine Zustimmung mehr erhalten, doch

32 Vgl. auch Daniels 1979, 363 (Fußnote 11); ein Analogon hierzu wären übrigens klassische »evolutionary debunking«-Argumente, die eine Mehrzahl unserer alltäglichen moralischen Urteile in Zweifel ziehen und die etwa Singer im Zusammenhang mit der Methode des Überlegungsgleichgewichts beschäftigen. Vgl. Abschnitt 4.2.3. der vorliegenden Arbeit.

33 Vgl. DePaul 1993, 40f.

34 Vgl. DePaul 1993, 40f.

35 Vgl. DePaul 1993, 41f.

dies sei eine Rationalisierung, die nichts damit zu tun habe, warum die neuen Überzeugungen diese Zustimmung erhalten beziehungsweise, es ist nicht diese Rationalisierung (wenn sie denn gegeben werden kann) welche diesen Wechsel ausgelöst oder bestimmt hat. Nur die radikale Konzeption nehme die Forderung ernst, alternative moralische und philosophischen Theorien zu erwägen und dadurch substanzielle Veränderungen unserer Überzeugungen zulassen.[36]

Um die Idee des radikalen Überlegungsgleichgewichts zu verstehen, muss man genau verstehen, wie DePaul sich den moralischen Konversionsprozess vorstellt, der dort eine zentrale Rolle einnimmt:

»In a true moral conversion, changes in belief or degree of belief are not dictated by some strongly held considered moral judgement or background philosophical belief. The person simply abandons at least some of her old considered moral judgements or background philosophical beliefs, and comes to believe new things. The distinctive feature of the radical conception of reflective equilibrium is that it allows for this kind of discontinuous revision of belief, which is the distinguishing feature of a moral conversion. On the radical understanding of reflective equilibrium, an inquirer is allowed just to change her mind about something. There may be no way in which the person's new commitments are determined by the old, or any way to see them after the fact as the result of appreciating and resolving conflicts inherent in the person's considered moral judgements and philosophical views. The radical conception understands that philosophical reflection about morality, in some cases involving no more than reading the moral views of other philosophers, can sometimes lead a person to abandon her old considered moral judgements and background philosophical commitments and to adopt a largely new set of convictions. In contrast, on the conservative understanding, when a person changes her mind about a belief, it is always because she has to come to see that there is a conflict among certain of her beliefs, and she changes her mind about one thing in order to continue believing something else. According to this conception, then, for the work of a moral philosopher to sway a person, the philosopher must latch onto something the person already believes quite strongly, and use this belief to force the revision of other beliefs. The radical conception of reflective equilibrium is not static, as the conservative view is. […] In a certain way, the conservative conception focuses on beliefs, while the radical conception focuses on inquirers. According to the conservative conception, once the inquirer's initial system of beliefs is given, the inquirers system of beliefs in wide reflective equilibrium is very nearly determined. The inquirer is basically a container for beliefs, playing no more role in the process than a piece of paper on which the inquirer's beliefs might have been listed. The person may have played a more active role in forming these beliefs to begin with, but by the time gets around to undertaking a philosophical inquiry into morality, there is no longer any job that the inquirer

36 Vgl. DePaul 1993, 41.

> herself must perform. The individual has made her contribution to the process, and the method can take over.«[37]

Nach DePaul gehört es nun in gewisser Weise gerade zu der Methode des Überlegungsgleichgewichts, radikal verstanden, dass man sich in Situationen bringen sollte, in denen es wahrscheinlich ist, dass moralische Konversionen auftreten. Und zwar, weil damit eben die Hoffnung verbunden ist, dass die entsprechende Person ihren moralischen Urteilssinn verbessert.[38]

DePaul gibt ein Beispiel, dass diese positive Bewertung moralischer Konversionen illustrieren kann: Während der Jugendzeit – wenn zum wahrscheinlich zum ersten Mal aufrechte Fragen der Moral entstehen – treffen Menschen, zum Teil mit großer Gewissheit – bestimmte moralische Urteile, die sie, bei einer Befragung zwanzig Jahre später, so nur noch zum Teil treffen würden; ganz andere Urteile können an die Stelle der alten getreten sein, ohne dass man sich nun verpflichtet fühlen würde, diesen Wandel im Nachhinein auch rational zu begründen:

> »Surely, many of the moral judgements we made with absolute certainty when we were adolescents are changed in this discontinuous way – we come to look at things differently, decide that we make a mistake, and believe differently without any need to justify our reevaluation on the basis of something else that we believed when we were adolescents and continue to believe. The radical concept is intended to reflect the importance of this kind of change in belief. To adopt the conservative conception and to deny the possibility of discontinuous revisions of belief is, it seems to me, to suppose that, when we begin moral inquiry, we already possess as much of the truth about morality as we ever will. The harvest is over and moral inquiry amounts to no more than separating the chaff from the wheat.«[39]

Damit hat DePaul allerdings nicht zeigen können, dass wir uns tatsächlich über moralische Konversionen weiterentwickelt haben, denn es könnte sein, dass es die nicht für nötig befundene Rationalisierung dennoch gibt, und zwar nicht nur als nachträgliche Rationalisierung, sondern als de facto bestimmenden Prozess bei der Revision, der jedoch nicht (mehr) bewusst und vielleicht auch gar nicht mehr rekonstruierbar ist. Wollten wir uns nicht zumindest als denkende Wesen prinzipiell klarmachen können, dass dies eine rationale Entwicklung war, dass es auch wirklich eine »positive Weiterentwicklung« war? Auf dieses Problem werde ich im Folgenden noch kritisch eingehen. Man kann

---

37 DePaul 1993, 42f.

38 Vgl. DePaul 1993, 43–48.

39 DePaul 1993, 46.

DePaul aber wohl zugutehalten, dass er zumindest die positive Möglichkeit der moralischen Veränderung, also einer Weiterentwicklung, aufzeigt, die nicht notwendig explizit auf rationale Überlegungen zurückzugreifen muss und dies mit seinem Beispiel verdeutlicht.

Falls der Prozess der moralischen Reifung tatsächlich so wie von DePaul intendiert vonstattengehen würde, sind natürlich die wohlüberlegten Urteile (und generell alle Überzeugungen), die zu Beginn des Gleichgewichtsprozesses existieren, jeder besonderen entscheidenden Stellung beraubt, was in Bezug auf den »no-credibility«-Einwand zu dem Ergebnis führt, dass der Einwand haltlos geworden ist, da von den wohlüberlegten Urteilen, gar nicht mehr sinnvoll verlangt werden kann, sei sollten glaubwürdig sein:

> »If we allow that people experience radical, i.e., discontinuous, changes in their moral judgements and background beliefs, and we also allow that such conversions are permitted by the method of reflective equilibrium, indeed, that the method intentionally requires the inquirer to put herself into positions where such conversions are likely to occur, as the radical conception maintains, it is difficult to see how one defends reflective equilibrium by arguing either the inquirer's initial degrees of belief , in general, or the degrees associated with her considered moral judgements, in particular, are reliable. For the method allows these beliefs to be abandoned wholesale when largescale moral conversions occur.«[40]

An dieser Stelle seien einige Dinge kritisch zu DePauls Idee des radikalen Überlegungsgleichgewichts angemerkt, die letztlich seine Unterscheidung zwischen radikalem und konservativem Überlegungsgleichgewicht (aus systematischen Gründen) in Zweifel ziehen sollen:

DePaul beschreibt sowohl das konservative Überlegungsgleichgewicht als auch das radikale Überlegungsgleichgewicht zweideutig. Eine Form, wie man das konservative Überlegungsgleichgewicht nach ihm verstehen kann, ist ein »Strohmann«-Konzept, das so niemand vertritt, gegen das er aber hauptsächlich argumentiert. Das andere, nach seiner Beschreibung mögliche Verständnis des konservativen Überlegungsgleichgewichts, ist mit der sinnvollen Interpretation des radikalen Überlegungsgleichgewichts identisch, während eine weitere mögliche Interpretation des radikalen Überlegungsgleichgewichts widersprüchlich ist:[41]

1. Das konservative Überlegungsgleichgewicht als Strohmann: Dieses Konzept zeichnet einen statischen Zustand des Überlegungsgleichgewichts, sobald es erreicht wurde. Einmal ein Gleichgewicht geschaffen, wird eine

---

40 Vgl. DePaul 1993, 43f.

41 Vgl. zu einer ähnlichen Kritik Tappolet 1998, 473f.

historische Kontinuität erzwungen, die weder neue Überzeugungen, die auf neuen Erfahrungen basieren, zulässt, noch Überzeugungen anerkennt, die tatsächlich zum fraglichen Zeitpunkt eine Zustimmung erfahren, aber auf einem rational nicht erklärbaren diskontinuierlichen Wandel beruhen. Dieses statische Konzept eines Überlegungsgleichgewichts scheint mir eindeutig ein »Strohmann« zu sein, denn an keiner Stelle, etwa von Daniels' Ausführungen zum Überlegungsgleichgewicht, wird erkennbar, dass dieser eine derart statische historische Kontinuität vertritt und neue Erfahrungen ausschließen möchte. DePaul führt zwar an, dass Daniels bestreitet, es gäbe überhaupt diskontinuierliche Wechsel von Überzeugungen, doch das heißt noch nicht, dass er im Falle seines Irrtums an dieser Stelle, die neuen Überzeugungen prinzipiell vom Gleichgewichtsvorgang ausschließen würde.[42] Rawls selbst betont an der prominenten Stelle, an der das Überlegungsgleichgewicht eingeführt wird, gerade den vorläufigen und damit dynamischen Status dieses Zustands.[43] Am schwerwiegendsten kommt hinzu, dass DePaul selbst diese Interpretation des konservativen Überlegungsgleichgewichts als zu vereinfacht ausgezeichnet (»literally false«) hat, dann aber doch immer wieder benutzt, um gegen sie zu argumentieren.[44]

2. Eine plausible Interpretation des konservativen Überlegungsgleichgewichts: Sinnvoll verstanden wäre selbstverständlich auch ein konservatives Überlegungsgleichgewicht dynamisch aufgrund der Möglichkeit, dass neue Überzeugungen hinzutreten und auch Überzeugungen berücksichtigt werden, die über eine diskontinuierliche Revision entstanden, nun aber eine Zustimmung erfahren. DePaul hat insofern einen wichtigen Punkt, als er klarmacht, dass das Überlegungsgleichgewicht insofern »psychologisch« auf die untersuchende(n) Person(en) zentriert sein muss, und nicht »historisch« oder »rein algorithmisch« auf die anfänglichen Urteile einer bestimmten Person. Selbst wenn ein solches konservatives Überlegungsgleichgewicht neue Überzeugungen ernst nimmt, und diese auch dann akzeptiert wenn es Konversionen gab, können solche letztgenannten Überzeugungen, die auf diskontinuierlichen Wechseln beruhen, dann natürlich kritisch

42 DePaul 1993, 44, 222 (Endnote 57).

43 Vgl. etwa Rawls 1979, 38.

44 Vgl. DePaul 1993, 35. Deutlich wird dies etwa hier: »The radical conception, on the other hand, sees the consideration of alternative moral theories as one significant point at which a person may be led to alter the structure of her moral beliefs in a way that is not determined by her previous degrees of belief in the propositions involved and the logical relations among them.«, DePaul 1993, 39.

gesehen werden, wenn diese im kohärenten Zusammenhang auf eine entsprechende epistemische Hintergrundtheorie treffen, nach der man davon überzeugt ist, dass diskontinuierliche Wechsel die irrational sind, suspekt sind – es ist dann eine offene Frage, ob die neuen Überzeugungen den Gleichgewichtsvorgang überstehen oder nicht – berücksichtigt werden sie allerdings. Es stellt sich dann aber die Frage, warum man dann diese Konzeption des Überlegungsgleichgewichts als »konservativ« bezeichnen sollte – die eben genannte Hintergrundtheorie würde zwar dazu führen, dass die Methode etwas konservativer angewandt würde, wäre aber selbst eben nicht konstitutiver Teil der Methode, sondern kontingentes Element der Ausführung eben jener.[45]

3. Eine plausible Interpretation des radikalen Überlegungsgleichgewichts: Möchte man die Anforderungen, die DePaul an ein dynamisches radikales Überlegungsgleichgewicht stellt, ernst nehmen, dann könnte es der sinnvollen Version des konservativen Überlegungsgleichgewichts, die eben beschrieben wurde, gleichen. Dies soll durch ein Beispiel verdeutlicht werden, das DePaul selbst anführt, um darzulegen, dass diskontinuierliche Wechsel von Überzeugungen existieren und von der Methode des Überlegungsgleichgewichts berücksichtigt werden müssen. Das Beispiel ist eine Episode aus dem Leben Bertrand Russells, in der er sich vom britischen Imperialisten zum Pazifisten wandelt und von der er in seiner Autobiographie berichtet:

»When we came home we found Mrs. Whitehead undergoing an unusually severe bout of pain. She seemed cut off from everyone and everything by walls of agony, and the sense of solitude of each human soul suddenly overwhelmed me. Ever since my marriage, my emotional life had been calm and superficial. I had forgotten all the deeper issues, and I had been content with flippant cleverness. Suddenly the ground seemed to give way beneath me, and I found myself quite in another region. Within five minutes I went through some such reflections as the following: the loneliness of the human soul is unendurable; nothing can penetrate it except the highest intensity of the sort of love that religious teachers have preached; whatever does not spring from this motive is harmful, or at best useless; it follows that war is wrong, that public school education is abominable, that the use of force is deprecated, and that in human relations one should penetrate to the core of loneliness in each person and speak to that. [...] At the end of those five minutes, I had become a completely different person. For

45 Diese Einschätzung wird von Daniels geteilt. DePaul schreibt hierzu: »I first suggested the radical and the conservative conceptions of reflective equilibrium in DePaul (1986). When I read the paper at the Central Division APA Meeting, Norman Daniels, who was the commentator, maintained that all conversions could be explained in terms of the conservative conception.« DePaul 1993, 222.

a time, a sort of mystic illumination possessed me. I felt that I knew the inmost thoughts of everybody that I met in the street, and though this was, no doubt, a delusion, I did in actual fact find myself in far closer touch than previously with all my friends, and many of my acquaintances. Having been an Imperialist, I became during those five minutes a pro-Boer and a Pacifist. Having for years cared only for exactness and analysis, I found myself filled with semi-mystical feelings about beauty, with an intense interest in children, and with a desire almost as profound as that of the Buddha to find some philosophy that should make human life endurable.«[46]

Erstens scheint es hier so zu sein, dass eine neue Erfahrung, die Russell erlebte, zu einer neuen starken Überzeugung führte – nämlich, dass die Einsamkeit der menschlichen Seele unerträglich ist –, was dann zu Anpassungsvorgängen führte, die radikal sind. Mitnichten scheint es sich unbedingt um einen diskontinuierlichen Wechsel der Überzeugung handeln zu müssen, wie DePaul vermutet. Wenn neue Überzeugungen derart wichtige rationale Anpassungen veranlassen können, dann ist es natürlich für die moralische Untersuchung mittels eines Überlegungsgleichgewichts wichtig, sie zu suchen, sofern nicht etwas gegen sie spricht. Denn wir wollen ja unsere Urteile angesichts aller relevanten Informationen über die Welt rational treffen und nicht nur angesichts eines kontingenten Ausschnitts. Zweitens, falls es sich tatsächlich doch um eine Überzeugung aus einem diskontinuierlichen Wechsel der Überzeugungen gehandelt haben sollte, sind die Anpassungsvorgänge, ebenso innerhalb der oben beschriebenen sinnvollen Version des konservativen Überlegungsgleichgewichts denkbar – selbst wenn die konservative Hintergrundtheorie, die den diskontinuierlichen Wechsel in Frage zieht, vorhanden ist. Und dass ein solch rationaler Anpassungsvorgang in diesem Fall auch zwingend notwendig ist – dass das sinnvolle radikale Überlegungsgleichgewicht also identisch sein muss mit dem sinnvollen konservativen Überlegungsgleichgewicht – kann dadurch nachgewiesen werden, dass die weitere Interpretationsmöglichkeit des radikalen Überlegungsgleichgewichts, wie im nächsten Punkt zu finden, widersprüchlich ist.

4. Eine Interpretation des radikalen Überlegungsgleichgewichts, die zu Widersprüchen führt: Diese Interpretation des radikalen Überlegungsgleichgewichts erkennt Überzeugungen, die durch Konversionen entstanden sind nicht einfach prima facie dank ihrer faktischen Zustimmung als etwas Beachtenswertes an, sondern integriert die Konversion selbst als

46 Russell 2010, 137; vgl. DePaul 1993, 222.

Möglichkeit zur Änderung von Überzeugungen als konstitutives Element in die Methode. Dies ist dann aber eben gerade ein nicht rationaler Vorgang des »belief-change«: Diese Änderung der Überzeugungen ist keine rationale Änderung, da die Wechsel ja eben gerade unbegründet durch andere Überzeugungen oder sogar gegen gute Gründe geschehen können, während die Methode des Überlegungsgleichgewichts selbst ja nach DePaul dem epistemischen Wert der Rationalität verpflichtet sein soll. Dies ist meinem Ermessen nach offensichtlich widersprüchlich. DePaul selbst scheint diese Bedenken zu einem gewissen Teil zu berücksichtigen:

»But why should we adopt the radical conception of reflective equilibrium? First, some may doubt that persons revise their beliefs in ways not dictated by other things they believe. For when we change our minds about something, we are generally able to provide an account of the change along the lines suggested by the conservative conception, and many people feel foolish when they cannot. We like to think of ourselves as rational beings, and it is tempting to think that, to be rational, we must change our minds only when we have a reason for doing so, where here, we think of a reason as something else we believe. So, as I noted in the last section, my psychological claim that moral conversions can occur needs to be defended. Secondly, incorporating moral conversions into the radical method of reflective equilibrium implies a sort of positive evaluation of such conversions.«[47]

DePaul legt allerdings nicht dar, wie eine positive Evaluierung der Konversion gänzlich ohne Bezug auf andere Überzeugungen überhaupt möglich sein soll. Und er übersieht anscheinend, dass es einen Zwischenweg gibt: Man anerkennt neue Überzeugungen als Überzeugungen, die in den Gleichgewichtsprozess einfließen müssen, auch wenn sie das Ergebnis diskontinuierlichen Wechsels waren (auch falls sie deswegen eventuell dann in einem weiten Überlegungsgleichgewicht aufgrund entsprechender epistemisch-rationaler Hintergrundtheorien geschwächt werden) – doch das heißt eben noch lange nicht, dass man den diskontinuierlichen Wechsel selbst auch als Teil der Methode verstehen muss.[48] Vielmehr

---

47 DePaul 1993, 44f.

48 Man muss eine solche Konversion lediglich als etwas akzeptieren was einem epistemischen Akteur passieren kann – auch wenn es unerwünscht sein sollte. Ähnlich möchte ich die Bedingung verstehen, die Georg Brun für seine Konzeption der Methode des Überlegungsgleichgewichts in Anspruch nimmt, dass die Überzeugungen, die man zum Zeitpunkt der Untersuchung tatsächlich hat, beim Anpassungsprozess »respektiert« werden müssen – so dass etwa nicht einfach das Thema der Untersuchung legitimer Weise *durch die Methode selbst* »gewechselt« werden kann (wohingegen man außerhalb einer

hätte man, wenn man in einem Gewichtungsvorgang eine Überzeugung berücksichtig, die auf einen diskontinuierlichen Wechsel zurückzuführen ist, die Methode nicht kontinuierlich angewandt, sondern hätte sie bewusst oder unbewusst ausgesetzt und sie jetzt erst wieder erneut (oder eben erstmals) aufgenommen. Man könnte sich sogar gut vorstellen, dass die Methode eigentlich verlangt, dass rein diskontinuierliche Wechsel während der Untersuchung selbst – bis zur Herstellung eines vorläufigen Gleichgewichts – zu vermeiden seien; dass die Methode also kontinuierlich verwendet werden müsse, was dann aber immer noch dazu führt, dass entsprechende Überzeugungen aus einem diskontinuierlichen Wechsel berücksichtigt werden müssten, wenn sie nun eben doch plötzlich Zustimmung erfahren. Außerdem ist eine gänzlich neue Überzeugung aufgrund einer neuen Erfahrung von einem diskontinuierlichen Überzeugungswechsel zu unterscheiden, was die theoretische Arbeit für die Absichten DePauls ebenfalls enorm erleichtern dürfte.

Wenn die Entscheidung zwischen konservativem und radikalem Überlegungsgleichgewicht nicht geglückt ist und moralische Konversionen nur in einem sehr eingeschränkten Sinn eine Rolle spielen können, dann steht DePauls eigene Lösung für den »no credibility«-Einwand allerdings auf tönernen Füßen. Wenn man sowohl Daniels' Entgegnungsversuch als vertröstende Antwort »à la Wimpy« ablehnt, als auch DePauls Lösungsstrategie für untauglich hält, dann hat der Einwand weiterhin Kraft. Es sei denn, man würde eine andere Prämisse angreifen – etwa Prämisse eins, nach der eine Rechtfertigungsmethode in der Moral nur adäquat ist, wenn sie auch verlässlich zu wahren Überzeugungen führt. Diese indirekte Verteidigungsstrategie versucht DePaul tatsächlich mit Blick auf den »no contact«-Einwand einzuschlagen (was in den nächsten beiden Abschnitten der vorliegenden Arbeit thematisiert wir) und entkräftet im Erfolgsfall damit dann auch den »no credibility«-Einwand.

Von einer Rechtfertigungsmethode zu behaupten, dass sie nicht notwendig zumindest in verlässlichem Maß zu wahren Überzeugungen führen muss, ist allerdings ein recht drastischer Rettungsversuch und vor diesem Hintergrund sollte man meiner Ansicht nach Daniels' Entgegnungsversuch interpretieren: Daniels akzeptiert Prämisse eins und zwei des »no credibility«-Einwands, nach denen die das Ergebnis der Methode bestimmenden Überzeugungen (und zwar nicht nur konkrete moralische Urteile sondern auch Theorien und Hintergrundtheorien) verlässlich sein müssen, nur unter dem Vorbehalt, dass

---

Untersuchung oder aufgrund einer Metauntersuchung natürlich immer zu dem Schluss kommen kann, dass das Thema gewechselt werden sollte oder nun ein anderes ist). Vgl. Brun 2013, 241f.; vgl. Brun 2017, 25.

es im Moralischen überhaupt möglich ist, in dieser Weise auf verlässliche Urteile zurückzugreifen. Dass dies möglich ist, will Daniels, meiner Ansicht nach, zwar einerseits nicht einfach als gegeben ansehen, andererseits aber auch nicht ausschließen. Falls es die Möglichkeit gibt – so sollte man seine Antwort verstehen – zeigt sich vielleicht bei weiterem Fortschritt der Ethik als Wissenschaft, wie genau die verlässlichen Urteile in diesem Untersuchungsbereich zu bestimmen sind. DePaul selbst vertritt schlussendlich sogar eine ähnliche Position und vertröstet uns, durch die vollkommene Ablehnung von Prämisse eins des Einwands auf die reine Möglichkeit moralischen Wissens durch die Methode des Überlegungsgleichgewichts, was man letztlich sogar noch als unbefriedigender als eine Antwort »im Stile Wimpys« bezeichnen könnte (zumindest ist DePauls Position dieser letztlich sehr ähnlich).[49]

Auch wenn man DePauls Lösungsvorschlag für den »no credibility«- Einwand kritisiert und unakzeptabel findet, so kann man es dennoch als einen Verdienst dieser Argumentation ansehen, dass sie verschiedene mögliche Interpretationen des weiten Überlegungsgleichgewichts skizziert, die voneinander zu unterscheiden sind und unterschiedlich plausibel sind. Ein Vertreter des weiten Überlegungsgleichgewichts muss erklären, inwieweit er rein historisch kontinuierlich vorgehen möchte und damit Überzeugungen, die aus einem diskontinuierlichen Wechsel entstanden sind, überhaupt erst gar nicht anerkennt und berücksichtigt oder ob er im Gegensatz hierzu auf die jeweils aktualen Überzeugungen einer Person fokussiert und damit neue Überzeugungen zum Anlass eines neuen Gewichtungsvorgangs nimmt und auch diskontinuierlich erworbene neue Überzeugungen darin grundsätzlich einschließt und eventuell sogar dazu rät, neue Erlebnisse zu suchen, die neue moralische Urteile in unsere stets dynamisch bleibende Untersuchung einfließen lässt – wobei ich letztere Position hier schon versucht habe als eine plausible und allgemein anerkannte auszuzeichnen.

5.1.4 *Der »no contact«-Einwand*

Deutlich schwerer als der »no credibilty«-Einwand, den DePaul zu umgehen können meint, wiegt für ihn der »no contact«-Einwand, da er auch ein ernstes Problem für das von ihm bevorzugte radikale Überlegungsgleichgewicht darstellt.

Den Einwand – ein genereller Einwand gegen den epistemischen Kohärentismus – muss man wie folgt verstehen: ein noch so kohärentes Überzeugungssystem könne allein aus seiner Kohärenz nicht garantieren, dass es auch aus wahren Überzeugungen bestehe:

49 Vgl. etwa Daniels 1979, 279f. Vgl. Abschnitt 5.1.7. der vorliegenden Arbeit.

> »Reflective equilibrium is obviously a coherence method. As such, it is subject to a familiar objection: the *no contact with reality objection*. The method obviously leads a person to the moral theory that, all things considered, seems to her most likely to be true, but what guarantee is there that this theory is anything more than that? What reason can be offered for thinking that the moral theory a person accepts in reflective equilibrium is true? In order to warrant our allegiance, a method of moral inquiry must bring our moral beliefs into an appropriate sort of contact with moral reality. Unfortunately, no coherence method can insure this kind of contact between theory and reality.«[50]

Nach DePaul könne man auf zwei verschiedene Arten auf diesen Einwand gegen das weite Überlegungsgleichgewicht als Methode der Rechtfertigung reagieren:

1. Man könnte eine direkte Verteidigung versuchen, indem man versucht aufzuzeigen, dass ein methodisches Vorgehen, dass ein kohärentes Überzeugungssystem sichert, im Erfolgsfall auch verlässlich zu wahren (moralischen) Überzeugungen führt und daher doch ein Kontakt mit der »moralischen Realität« (sofern man dies metaethisch überhaupt als plausibel ansieht) besteht. Typischerweise würde man dann erwarten, dass die Überzeugungen der Personen, die der Methode verfolgen, sich zunehmend angleichen beziehungsweise konvergieren.[51]
2. Man könnte aber die Methode ebenso indirekt verteidigen, indem man versucht zu zeigen, dass der Anspruch verfehlt ist, einen Kontakt mit der Realität derart herstellen zu wollen, dass wahre Überzeugungen in verlässlicher Weise gesichert sind.[52]

De Paul geht davon aus, dass die direkte Verteidigung überzeugender wäre, dass sie aber unmöglich ist. DePauls eigene Argumentation, also die Auszeichnung der Methode als einzig rationales und die Chance auf garantiert

50 DePaul 1993, 13f.

51 DePaul sieht die Argumentation von Daniels als den Versuch einer derart direkten Verteidigung.

52 Damit würde man auch Prämisse 1 des *»no credibility«-Einwands* entkräften, der diese Prämisse mit dem *»no contact«-Einwand* teilt. Die Prämissen des »no contact with reality«-Einwands wären dann: 1. Um die Methode des Überlegungsgleichgewichts (MÜG) als adäquat ansehen zu können, müsste sie verlässlich zu wahren moralischen Überzeugungen führen. 2. Die MÜG kann nur sicherstellen, dass die resultierenden moralischen Überzeugungen bestmöglich durch die eigenen Überzeugungen gestützt und maximal kohärent sind. 3. Bestmögliche Stützung durch die eigenen Überzeugungen und Kohärenz allein führen nicht verlässlich zu wahren moralischen Überzeugungen. DePaul akzeptiert die zweite und dritte Prämisse, weswegen er gegen die erste argumentieren muss.

wahre Überzeugungen erhaltendes Vorgehen, könne dementsprechend als eine indirekte Verteidigung des erweiterten Überlegungsgleichgewichts gesehen werden.[53]

Warum aber gesteht nun DePaul damit Teilen des Einwands eine gewisse Plausibilität zu, die ihn zur indirekten Verteidigungsstrategie zwingt? Auch, wenn keine bestimmte Gruppe von Überzeugungen für das Resultat der Methode verantwortlich gemacht werden könnte – wie etwa die wohlüberlegten oder bestimmenden Urteile bei Vertretern des »no credibility«-Einwands –, so hieße dies ja noch nicht, dass wir auch einen positiven Grund hätten, anzunehmen, dass das Resultat der Methode in verlässlicher Weise wahr wäre:

> »If certain beliefs did constrain theory acceptance, questions about the method's reliability would reduce to questions about the reliability of these beliefs. But showing that there are no such beliefs hardly chases away doubts about the reliability of the method. Thus, while I may have shown that the *no credibility objection* is based upon a mistaken presupposition, the more general *no contact objection* must still be faced.«[54]

Die allgemeine Ausformung des Einwands, dass das Überlegungsgleichgewicht uns keinen Kontakt mit der (moralischen) Wirklichkeit garantiere – in DePauls Ausdrücken also der »no contact«-Einwand – fokussiere sich nun eher auf das Endprodukt der Untersuchungsmethode. Was heißt es aber, für eine Methode, dass von ihr verlangt wird, dass sie verlässlich zur (moralischen) Wahrheit führt? DePaul findet hierfür ein anschauliches Bild: Wenn man sich auf ein Input-Output-Schema einlässt, dann wäre die konservative Konzeption des Überlegungsgleichgewichts – und das methodische Konzept von moralischer Rechtfertigung, das durch den moderat fundamentalistischen »no-credibility«-Einwand suggeriert wird – so etwas wie eine »Schmelzer-Methode«: Nur wenn man auch wirklich goldhaltiges Ausgangsmaterial verarbeitet – also die wohlüberlegten Urteile verlässlich sind –, erhält man am Schluss auch Feingold[55] – also ein wahres ethisches Überzeugungssystem. Wer mit Blei arbeite, erhalte am Schluss auch nur Blei. DePauls radikale Form des Überlegungsgleichgewichts eröffne nun zwar alchemische Möglichkeiten – wie mit dem Stein der Weisen könnte man nun aus Blei auch Feingold gewinnen, wobei allerdings natürlich auch die Gefahr bestehe, dass (durch moralische Konversionen,

53 Vgl. DePaul 1993, 14.

54 DePaul 1993, 48.

55 Wobei der Verfeinerungsprozess in Realität hier natürlich viel komplexer ist.

beziehungsweise diskontinuierliche Überzeugungswechsel) aus Rohgold am Schluss Blei wird.[56]

Wie kann man aber garantieren, dass das Überlegungsgleichgewicht, eine verlässliche Methode ist? Wie auch immer eine Methode genau funktionieren sollte, die verlässlich zu wahren Urteilen führen soll, eines muss sie leisten: sie muss im Großen und Ganzen – also unter normalen Umständen – zu wahren Urteilen führen. Der »no-contact«-Einwand legt den Fokus schlicht auf das Ergebnis der Methode und legt sich nicht darauf fest, dass nur epistemische Grundüberzeugungen zu wahren Überzeugungen führen können. Vielleicht wäre es auch möglich, dass die Schaffung eines kohärenten Systems wahre Überzeugungen sichern kann, ohne dass wir zurzeit genau verstehen warum. Doch wie können wir uns sicher sein, dass dem auch so ist oder dass dies zumindest wahrscheinlich ist?

Wenn eine Forschergemeinschaft der Methode folgt und sie tatsächlich verlässlich zu wahren Überzeugungen führt, sollte sich nach einiger Zeit als Resultat eine Konvergenz bezüglich der entsprechenden Überzeugungssysteme einstellen, die in Bezug auf den Untersuchungsgegenstand vertreten werden – denn gebe es weiterhin in zumindest gleichem Maß widersprüchliche Theorien, selbst wenn die gleiche Methode verfolgt wurde (und man könnte keine anormale Randbedingung ausmachen und nimmt an dass der Untersuchungsgegenstand objektive Wahrheiten enthält), dann wäre deren Verlässlichkeit in Zweifel gezogen. DePaul nutzt diesen Punkt, um zu zeigen, dass hier eine Ausweich- und Vertröstungsstrategie »à la Wimpy« erneut nicht funktionieren könnte: Und zwar deswegen, weil es nach DePaul eben unplausibel ist, dass es solch eine Konvergenz gibt oder sich in näherer Zukunft einstellen sollte. Daher sei es unplausibel, dass in der Zukunft eine Begründung des Überlegungsgleichgewichts als verlässliche Methode für uns verfügbar sein wird, selbst wenn sich die ethische Forschergemeinde auf die Methode einigen und sie dauerhaft anwenden würde.[57]

Folgendes führt DePaul an, um zu zeigen, dass eine künftige Konvergenz im Moralischen nicht plausibel sei: Anders als etwa bei optischen Sinneseindrücken gebe es bei moralischen Überzeugungen zurzeit eine große Divergenz hinsichtlich der intuitiv gefällten Urteile, woraus zu schließen sei, dass diese eine bestimmte Menge an falschen Urteilen enthalten. Das spreche dagegen, dass unsere moralischen Urteile verlässlich seien, so wie wir dies den Urteilen aufgrund optischer Sinneswahrnehmungen normalerweise zusprechen: sie scheinen verlässlich, solange sie in normalem Umfeld produziert werden – also

56 Vgl. DePaul 1993, 48ff.

57 Vgl. DePaul 1993, 51f.

nicht etwa unter Wasser oder in schlecht beleuchteten Räumen und so weiter. Soweit gibt DePaul den Kritikern des »no credibility«-Einwandes nochmals recht.

Als Entgegnung könnte ein Vertreter des Überlegungsgleichgewichts erwidern, dass nur die wohlüberlegten Urteile verlässlich seien, die sich innerhalb eines weiten, kritischen Überlegungsgleichgewichts befänden, womit er aber zeigen müsste, dass – vorausgesetzt die entsprechenden Personen würden ein solches Gleichgewicht herstellen – die entsprechenden Personen sich dann auch auf ein moralisches Überzeugungssystem einigen.[58] Man könnte in diesem Zusammenhang versuchen aufzuzeigen, dass in liberalen Demokratien tatsächlich so etwas wie das Überlegungsgleichgewicht im öffentlichen Vernunftgebrauch vorherrscht und vor diesem Hintergrund einen zunehmenden Konsens und moralischen Fortschritt (beziehungsweise Fortschritt in unserer moralischen Urteilspraxis) konstatieren: Beispielsweise wird heutzutage die Praxis der Sklaverei allgemein als Verbrechen gegen die Menschlichkeit eingestuft, was früher nicht der Fall war, was prima facie für einen solchen moralischen Fortschritt spricht. Hiergegen führt DePaul aber an, dass die Praxis der Homosexualität in der Antike etwa im griechischen Kulturkreis toleriert war, im historisch viel späteren viktorianischen Großbritannien jedoch verfolgt wurde. Auch heutzutage erfährt Homosexualität, trotz aller bisherigen Fortschritte im liberalen Rechtsstaat, weiterhin breite Intoleranz, weswegen es zweifelhaft ist von einem umfassenden moralischem Fortschritt zu sprechen.[59] DePaul muss allerdings zugeben, dass Daniels bezüglich des Ergebnisses eines Gleichgewichtsvorgangs sehr ausgewogen zwischen Optimismus und Pessimismus abwägt und keineswegs notwendigerweise eine Konvergenz moralischer Überzeugungen in der Zukunft erwartet. Eine Konvergenz würde gemäß Rawls und Daniels auch eher in Bezug auf einen übergreifenden Konsens zu erwarten sei: also in Bezug auf das politisch Rechte und nicht auf das umfassend Gute, bei dem die Bürden des Urteilens eine Konvergenz erschweren. Wenn es zumindest in Bezug auf Grund- und Menschenrechte tatsächlich so etwas wie einen übergreifenden Konsens in liberalen Demokratien gibt, könnte dies für das Überlegungsgleichgewicht als verlässliche Methode sprechen, da diese Konvergenz eine Erklärung verlangt,

58 Vgl. DePaul 1993, 52.

59 Vgl. DePaul 1993, 52f. Wie begrenzt die Akzeptanz der Homosexualität auch in der Antike war, lässt DePaul dabei außer Acht. Außerdem wäre mit Blick auf die heutigen liberalen Demokratien vielleicht eher – vor allem in Bezug auf die rechtliche Situation – ein vorsichtiger Optimismus hinsichtlich der Akzeptanz angebracht, wenn auch keineswegs alle Diskriminierungen dort bereits beseitigt sind: in Deutschland etwa bei dem Adoptionsrecht. Siehe auch Abschnitt 3.5. der vorliegenden Arbeit.

die mit dem Überlegungsgleichgewicht in Bezug auf diese politischen Urteile erbracht werden könnte, wenn man zugesteht, dass sich der öffentliche Vernunftgebrauch zumindest implizit an die Regeln der Methode hält:[60]

> »Perhaps I am being unfair. The idea is probably not that persons will converge on a few outlooks that differ in most respects, but that the outlooks converged upon will overlap to a significant degree. In this case, the area of overlap might provide a set of beliefs that can be defended as highly reliable. In this connection, Daniel points out that while there is widespread disagreement about some moral judgements, there is just as widespread, but less commonly considered, agreement about other such judgements. Moreover, there might be even some reason to suspect that these judgements are credible, since some explanation of the agreement is necessary, and one possible explanation is that people judge the cases in question reliably.«[61]

DePauls Punkt ist nun, dass auch solch ein bescheidener Optimismus unrealistisch sei, da es trotz der expliziten Verwendung der Methode des Überlegungsgleichgewichts in der Ethik immer noch wissenschaftlich anerkannte Theoriegebäude gebe, die dem ethischen Mainstream (sofern man ihn überhaupt ausmachen kann) – auch mit Blick auf die Sphäre des Rechten – in fast allen Punkten widersprächen: Etwa Platonismus, Aristotelismus, Marxismus, Theorien die auf Kropotkin oder Nietzsche basierten: Bis jetzt zumindest bleibe die Methode damit unverlässlich und niemand sollte ohne weitere Begründung seine Hoffnung in sie setzen.[62]

DePauls Argument gegen die Hoffnung auf die Verlässlichkeit der Methode des Überlegungsgleichgewichts steht und fällt also damit, ob man nun einer Konvergenz moralischer Urteile nach wohlreifer Abwägung begründet optimistisch oder pessimistisch gegenübersteht. Ein starkes Argument für seinen Pessimismus ist er dabei zwar schuldig geblieben, doch es scheint zumindest prima facie auch plausibel die Beweislast hier den Vertretern der Methode aufzuerlegen.

5.1.5 *Die Sicherung rationaler Überzeugungen*

Um nun zu zeigen, dass die Methode des Überlegungsgleichgewichts akzeptabel ist, obwohl außer der unbefriedigenden Vertröstung »à la Wimpy« keine Antwort auf den »no-contact«-Einwand gegeben werden könne, greift DePaul eine der Prämissen des Einwands mit seiner indirekten Verteidigungsstrategie

60 Vgl. DePaul 1993, 53f.

61 DePaul 1993, 54.

62 Vgl. DePaul 1993, 54f. Ob dies ein realistischer Einwand ist, ist fraglich.

an: nämlich, dass eine Methode der Rechtfertigung um akzeptabel zu sein, auch verlässlich zu wahren Überzeugungen führen muss.

Zu zeigen, dass eine Garantie für wahre Überzeugungen als Resultat keine notwendige Eigenschaft einer Methode (zumindest in moralischen Untersuchungen) ist, sei allerdings keine einfache Aufgabe, was man schon daran erkenne, dass viele Philosophinnen und Philosophen in der Erkenntnistheorie, die ganz unterschiedlich zu verorten seien, dennoch in dem Punkt einig sind, dass eine Methode der Erkenntnis wahre Überzeugungen zum Ziel haben müsse.[63]

Doch selbst wenn man zugesteht, dass wahre Überzeugungen ein Ziel aller epistemischer Bemühungen sein müssen, folgt nach DePaul daraus noch nicht, dass eine epistemische Methode unter allen Umständen verlässlich zu diesem Ziel führen muss. Hier helfe ein Blick auf Methoden in anderen Bereichen: Ein auf Subsistenzwirtschaft angewiesener Kleinbauer etwa, nutzt vielleicht eine ganz adäquate Methode, sich und seiner Familie das Überleben zu sichern – den traditionellen Ackerbau – doch diese Methode sei nicht in dem Sinn verlässlich, dass sie das Überleben als Ziel auch unter allen relevanten Umständen garantiere; etwa, wenn eine große Dürre eintrete. Auch wenn das Ziel nicht unter allen relevanten Umständen garantiert ist, sei die Methode adäquat, wenn sie insgesamt bestmöglich zum Erreichen des Zieles geeignet ist, also bestmöglich gegenüber allen alternativen Verfahren die Chancen, das jeweilige Ziel zu erreichen, erhöht oder zumindest am wenigsten gefährdet.[64]

Die unbedingte Verlässlichkeit einer Rechtfertigungsmethode in Bezug auf wahre Überzeugungen muss, wenn dies auch im epistemischen gilt, also nicht mehr bewiesen werden, damit sie als akzeptabel ausgezeichnet werden kann (sofern alternative Methoden in dieser Hinsicht nicht besser abschneiden).[65] Gleichzeitig kann man darüber hinaus auch versuchen aufzuzeigen, dass die Methode des Überlegungsgleichgewichts verlässlich zu weiteren epistemischen Zielen führt, was sie dann wiederum empfehlen und legitimieren könnte. Genau hierfür möchte DePaul argumentieren: Er versucht nämlich plausibel zu machen, dass es verschiedene epistemische Ziele einer Methode der moralischen Untersuchung gibt und diese daher nicht allein auf wahre Überzeugungen ausgerichtet sein sollte. Solange es keiner Methode gelingt, das Ziel wahrer Überzeugungen zu sichern oder besonders wahrscheinlich zu

63 Vgl. DePaul 1993, 59f.

64 Vgl. DePaul 1993, 60, 224.

65 Dies gilt vor allem, wenn man zustimmt, dass moralische Untersuchungen als Teil des Lebens zu verstehen sind, denen man sich nicht einfach entziehen kann – ein wichtiger Punkt für DePaul. Vgl. DePaul 1993, 60f., 95.

machen, sind dann die Methoden vorzuziehen, die wenigstens die anderen Ziele sicher erreichen und das Ziel wahrer Überzeugungen zumindest nicht mehr gefährden als die Alternativen.

Weitere epistemische Ziele seien nach DePaul, neben verlässlich erworbenen wahren Überzeugungen (warranted beliefs), auch *rationale* und *systematische Überzeugungen.* DePaul spricht hier von epistemischen »Zielen«, die eine Methode erreichen soll. An anderer Stelle spricht er auch von epistemischen »Werten«.[66] Diese Werte seien aber möglichst gemeinsam zu realisieren und ergäben dann *rationales Wissen.*[67] Die epistemischen Teilziele oder -werte sind also »Komponenten« dieses umfassenden Erkenntnisziels. Es gibt nach ihm vier Komponenten von rationalem Wissen:

1) wahre Überzeugungen;
2) externalistisch gerechtfertigte Überzeugungen (warranted beliefs)
3) rationale Überzeugungen;
4) systematisch eingebettete, kohärente Überzeugungen.[68]

Warum sollten wir das Ziel von rationalem Wissen und damit die entsprechenden Teilziele akzeptieren? Nach DePaul begnügen wir uns bei einer ernsthaften (wissenschaftlichen) Untersuchung nicht mit Überzeugungen, die wir für wahr halten (und die durchaus auch verlässlich gewonnen worden sein können), wenn wir nicht systematisch begründen können, warum wir sie für wahr halten sollten. Wir seien bei expliziten Untersuchungen unzufrieden, wenn wir kein rationales und systematisches Element in Bezug auf (extern auch durchaus gerechtfertigte) Wissensansprüche anführen können.

DePaul verdeutlicht dies durch ein Beispiel: Wenn ein akademischer Moralphilosoph, der eine wohldurchdachte und aktuell präsente skeptische Position in Bezug auf moralische Wahrheit vertritt, während eines Gesprächs in einer Bar Zeuge wird, wie ein Mann eine physisch klar unterlegene Frau während eines Beziehungsstreits unvermittelt niederschlägt und der Philosoph daraufhin spontan zur Überzeugung kommt, dass dies etwas moralisch Schlechtes war, dann hat er zwar (gewiss) eine wahre Überzeugung, die sogar auf verlässliche Weise entstanden sein kann, aber sie wäre eben eine irrationale Überzeugung, solange er sie, sobald er darüber reflektierte, zugunsten seiner

66 Vgl. DePaul 1993, 5ff., 61–75 (insbes. 66).

67 Dieser Ausdruck scheint mir am angemessensten zu sein. Vgl. DePaul 1993, 91. DePaul selbst nutzt teilweise aber auch unterschiedliche Ausdrücke wie »rational, primary, fundamental and systematic moral knowledge.« Vgl. DePaul 1993, 66.

68 »The goal of moral inquiry, we have identified, is complex. The method must aim at systematic, primary [i.e. direct, not just testimonial] moral knowledge. This goal involves at least four key components: true belief, warranted belief, rational belief, and beliefs with a coherent, systematic structure.« DePaul 1993, 66.

Moraltheorie revidieren müsste. Derart instabile verlässlich gebildete wahre Überzeugungen, die nicht systematisch eingebettet werden können, können nach DePaul nicht das Ziel einer philosophischen Untersuchung sein. Bei einer philosophischen Untersuchung möchte man nicht nur wahre Überzeugungen, die auf verlässliche Weise gebildet wurden (*warranted true beliefs*), sondern solche, die auch stabil sind und in dem eigenen Überzeugungssystem nach rationaler Kritik weiterhin existieren können. Denn eine wichtige Funktion, auf die es uns doch ankommt, können sie nur auf diese Weise wahrnehmen – die kontinuierliche Anleitung unseres moralischen Handelns.[69]

Tatsächlich sieht DePaul es einfach als ausgemacht an, dass die Methode des Überlegungsgleichgewichts uns systematische Überzeugungen sichert.[70] Er argumentiert jedoch ausführlich dafür, dass sie eben nun auch rationale Überzeugungen sichert und – darüber hinaus – auch die einzige Methode ist, der dies gelingt.

Zur ersten These, dass die Methode des Überlegungsgleichgewichts uns rationale Überzeugungen sichere: Der Einfachheit halber möchte DePaul erst einmal einzelne Überzeugungen betrachten, die rational sein können. Wenn zwei Überzeugungen in Konflikt miteinander stehen, wäre für einen epistemischen Akteur diejenige Überzeugung rational, die er angesichts allem Anderen für plausibler hält:

> »Now, when we ask whether an individual belief is rational, we are asking whether the person who holds the belief would consider her belief likely to be true, were she to reflect upon the belief. A large part of this reflection would involve considering the connections between the belief in question, or target belief, and the other things the person believes. One thing the believer will want to determine is whether any of her beliefs conflict with the target belief. If she finds any conflicting beliefs that seem to her to be more likely to be true than the target belief, we would say that the target belief is irrational. But it will not

69 Ein analoges Beispiel ließe sich auch im Bereich des Nichtmoralischen kreieren. Vgl. DePaul 1993, 63ff.

70 »Surely, the method of reflective equilibrium is likely to lead us to a coherent, systematic set of beliefs, and bring us to an explicit awareness of this systematic structure.«. DePaul 1993, 66f. Aus der Position DePauls zu Rationalität kann man folgendes schließen: Insofern man rationale Überzeugungen – solche, die ein rationaler epistemischer Akteur hat – nur im Zusammenhang mit allen anderen Überzeugungen als solche auszeichnen kann, und dadurch automatisch auch systematische Überzeugungen erhält, könnte man sich allein auf das Ziel der rationalen Überzeugungen konzentrieren, da man damit automatisch auch systematische Überzeugungen sichert. Man brauchte dann diese beiden Ziele, sofern man sie überhaupt als solche akzeptiert, nicht getrennt zu betrachten. DePaul scheint dies zumindest implizit zuzugestehen, indem er später nur von einem dreigeteilten epistemischen Ziel spricht, in dem Rationalität eine Rolle spielt, Systematizität allerdings nicht. Vgl. DePaul 91f., 96.

necessary follow, from the existence of a conflict, that the target belief is irrational; for it might be, that the believer is more strongly committed to the target belief than to the belief that conflicts with it, and would remain firm in this commitment upon reflection. In this case, the target belief would be rational, and the conflicting belief irrational. It might also turn out that neither belief is rational; for upon discovering the conflict, the believer might come to doubt both.«[71]

Da DePaul nur der Einfachheit halber an dieser Stelle von einzelnen Überzeugungen schreibt, zwischen denen man wählen müsse, aber zugibt, dass es sich eigentlich um verschiedene alternative Überzeugungssysteme handele, zwischen denen man rationalerweise wählen muss, sollte man dies wie folgt interpretieren:[72] Im Konfliktfall muss ein epistemischer Akteur, will er rational sein, von den alternativen Überzeugungssystemen, die durch Anpassungen bezüglich konfligierender Überzeugungen entstehen könnten, genau dasjenige vertreten, das insgesamt nach eigenen Kriterien am ehesten als wahr anzusehen ist – eine einzelne Überzeugung ist nur dann rational, insofern sie zu einem derart maximal plausiblen Überzeugungssystem gehört.

Vielleicht sollte man versuchen diesen Punkt – die Rolle von Überzeugungssystemen hinsichtlich der Auszeichnung von rationalen Überzeugungen – anschaulicher zu machen: Nehmen wir ein einfaches Überzeugungssystem, das aus drei Überzeugungen besteht a, b und c. Wenn nun die Überzeugungen a und b zusammen inkonsistent sind, dann stehen mehrere alternative Überzeugungssysteme bereit, die in Folge der notwendigen rationalen Anpassung (und auch im Sinne des Überlegungsgleichgewichts) entstehen können. Etwa: (a*, b, c), (a, b*, c). (a*, b*, c), (a, b, c, d (wobei etwa d eine alternative Logik sein könnte, nach der a und b gemeinsam nicht inkonsistent sind).[73] Unter diesen sei – folgt man der Argumentation DePauls für einzelne Überzeugungen – rationalerweise das System auszuwählen, dass insgesamt am wahrscheinlichsten wahr ist beziehungsweise den höchsten Grad an Glaubwürdigkeit besitzt. Um dies entsprechend zu bewerten muss man nicht

71 DePaul 1993, 103f.

72 »We want to know whether reflective equilibrium can be counted on to lead inquirers to a system of beliefs, and in particular, a system of moral beliefs, that it would be rational to hold, and whether any other methods of moral inquiry can be counted on to yield such a rational system of beliefs as output. It will, however, be easier to work up system of beliefs from a consideration of the rationality of individual beliefs [in a certain system of belief].« DePaul 1993, 103.

73 Nicht aufgeführt habe ich Alternativen, die Änderungen an c beinhalten oder weitere neue Überzeugungen neben d. Die Anzahl relevanter Alternativen kann also enorm sein und wird es bei der Ausweitung zu einem weiten Überlegungsgleichgewicht wahrscheinlich auch sein. Vgl. zur Überzeugung »d« auch DePaul 1993, 104f.

nur den Grad, von dem man von der Wahrheit einer Aussage überzeugt ist – sozusagen die Wahrscheinlichkeit der einzelnen Überzeugungen – in einem System selbst berücksichtigen, sondern auch die Implikationen und damit Stützungs- und Schwächungsbeziehungen der Überzeugungen untereinander.

> »[…] whether or not a person's system of belief is rational will be determined by the relations among these beliefs, and the person's degrees of commitment to these various beliefs.«[74]

Man könnte hier nach DePaul auch von der *Kohärenz* der Überzeugungssysteme sprechen, die zu berücksichtigen sei. Ist ein Überzeugungssystem bereits konfliktfrei, ist es genau dann rational, beziehungsweise maximal kohärent, wenn man auch nach gebührendem Nachdenken und Berücksichtigen weiterer relevanter Überzeugungen kein alternatives Überzeugungssystem annehmen könnte, das insgesamt nach den eigenen Überzeugungsgraden und Kriterien des epistemischen Akteurs wahrscheinlicher wahr wäre. Bei der Rationalität, um die es bei DePaul geht, handelt sich damit um eine schwache und rein subjektbezogene Konzeption der Rationalität.[75] Diese Form von Rationalität, beziehungsweise diese Art rationaler Überzeugungen, müsse durch die Methode des Überlegungsgleichgewichts garantiert werden.

Dies scheint ihm durchaus möglich. Denn nach DePaul können wir sicher sein, dass wir nach der erfolgreichen Verwendung der Methode des Überlegungsgleichgewichts das für uns plausibelste Überzeugungssystem gewonnen haben, das keine Inkonsistenzen und Konflikte aufweist und die eigenen Überzeugungen, zu denen auch (als Hintergrundtheorien eines weiten Überlegungsgleichgewichts) epistemische Prinzipien und Kriterien zählen, bestmöglich kohärent zusammengefasst sind. Dies ist trivialer Weise der Fall, da die Forderungen der Rationalität nach DePaul, einfach mit den Anpassungsforderungen im Sinne des weiten Überlegungsgleichgewichts übereinstimmen.[76] Wenn dem so ist und man DePauls Charakterisierungen zustimmt, kann uns die Methode des Überlegungsgleichgewichts rationale Überzeugungssysteme und damit rationale Überzeugungen sichern:

---

74 DePaul 1993, 107.

75 »We have seen that the subjective conception of rationality, according to which rational belief is understood as believing what would seem right from the believer's own perspective, leads us to view the rationality of a system of beliefs as primarily involving the interrelations among the beliefs that comprise the system, so that roughly, a system of beliefs is rational if it has a certain sort of coherence.« DePaul 1993, 111.Vgl. auch DePaul 1993, 73ff.

76 Vgl. auch Hahn 2000, 145 (Fußnote 13).

> »[...] the type of coherent system of belief required by the concept of rationality we have adopted is nearly exactly the sort of system of beliefs that the method of wide reflective equilibrium would lead inquirers to hold. It is safe to say, therefore, that the method of wide reflective equilibrium can be counted on to lead inquirers to a system of beliefs that it would be rational for them to accept.«[77]

Dass das Resultat des Prozesses ein kohärentes Überzeugungssystem ist, sei – so möchte DePaul betonen – nicht der einzige Pluspunkt der Methode des Überlegungsgleichgewichts, denn zu einem solchen Überzeugungssystem könnte auch der Glaube an ein Orakel oder eine Gehirnwäsche führen. Diese Prozesse würden wir ungern als rational bezeichnen, auch wenn sie ein noch so gutes (bezogen vielleicht auf die Überzeugungen Dritter sogar ein rationales) Überzeugungssystem hervorbringen könnten. Man möchte diese Prozesse nicht als adäquate Mittel zur rationalen Überzeugungsbildung bezeichnen, weil die Bildung des resultierenden Überzeugungssystems sich nicht an dem orientiert, was man als epistemischer Akteur selbst für plausibel hält.[78] Bezogen auf rationale Überzeugungsänderungen – oder anders: Methoden der Untersuchung und Rechtfertigung – ist es eben vielmehr die Art und Weise, wie wir aufgrund von Plausibilitätsüberlegungen und Abwägungen von Alternativen zu einem kohärenten und konsistenten Überzeugungssystem gelangen, was letztlich zu der Auszeichnung mit der Eigenschaft »rational« führt:

> »[...] an adequate method for philosophical inquiry into morality must not only bring us to a system of beliefs that it would be rational for us to hold, but must also do so by a series of steps that are rational for us to take. Even when interpreted using our weak subjective conception of rationality, this requirement is significant. It is this requirement that the clearly unacceptable methods suggested above [oracle and brainwashing] violate. More importantly, this is the requirement that rules out all methods other than reflective equilibrium as irrational.«[79]

Es geht nach DePaul also nicht darum, ob man ein Überzeugungssystem, das eine bestimmte Person hat, von einem externen Standpunkt als rational bezeichnen kann. Gemäß der subjektiven Konzeption von Rationalität, die er verwenden möchte, geht es darum, dass der epistemische Akteur auf eine Weise zu einem kohärenten Überzeugungssystem gelangen muss, die nach seiner eigenen Ansicht bestmöglich zu wahren Überzeugungen führt – nur

---

77 DePaul 1993, 108. Vgl. DePaul 1993, 107f.

78 Vgl. DePaul 1993, 108ff.

79 DePaul 1993, 110.

wenn diese subjektrelativen Kriterien erfüllt sind, kann man den Akteur selbst und sein Vorgehen als rational bezeichnen.[80]

Jemand, der eine erfolgreiche »Gehirnwäsche« hinter sich hat, die ein kohärentes und auch weiterhin stabiles Überzeugungssystem hergestellt hat (und der die »Gehirnwäsche« nun wahrscheinlich eher als »Erleuchtung« wahrnimmt) könnte zwar in gewisser Weise als jemand bezeichnet werden, der nun ein rationales Überzeugungssystem hat, aber er hat dieses (falls er die »Gehirnwäsche« vor dem Eingriff als epistemisch inadäquat betrachtet hätte) nicht auf rationale Weise gewonnen. Die Gehirnwäsche selbst ist keine adäquate Methode der Rechtfertigung der Überzeugungen, die er jetzt vertreten mag. Als epistemische Akteure finden wir eine Methode der Rechtfertigung und Untersuchung nur dann akzeptabel, wenn sie kohärente Überzeugungssysteme auf eine Weise sichert, die selbst rational ist. Vielleicht könnte man also präziser sagen, dass nach DePaul eben Überzeugungen ein epistemisches Ziel seien, die aus jetziger umfassender Sicht des epistemischen Akteurs als System rational sind (was heißt, dass sie als System am ehesten vom Akteur für wahr gehalten werden würden). Der Einfachheit halber möchte ich vorschlagen festzuhalten, dass, wenn DePaul von rationalen Überzeugungen als Ziel einer epistemischen Untersuchungsmethode spricht, er genau diese Art von Überzeugungen meint, die Teil des Überzeugungssystems sind, das ein epistemischer Akteur im Lichte seiner *aktuellen* relevanten Überzeugungen am wahrscheinlichsten für wahr halten würde.[81]

---

80 Zwar scheut sich DePaul vor diesem Schritt, aber man könnte für rationale Überzeugungssysteme verlangen, dass sie explizit auf Rationalität geprüft wurden oder zumindest auf rationale Weise zustande kamen. Dann wäre das Argument stärker, da Überzeugungssysteme, die durch unverlässliche Methoden oder Prozesse zustande gekommen sind, eindeutig nicht mehr als rational ausgezeichnet werden müssten. Vgl. DePaul 1993, 73ff., 108ff.

81 Dabei müsste es möglich sein, dass einzelne Überzeugungen erst erworben werden müssen – etwa, wenn plausibel ist, dass man erst weitere Indizien oder Erfahrungen sammeln muss, um zu einem adäquaten Schluss in der entsprechenden Frage kommen zu können. Hier käme dann eine Dynamik ins Spiel, die für DePauls weitere Theorie bedeutend ist. Vgl. Abschnitt 5.1.6. der vorliegenden Arbeit. Vgl. DePaul 1993, 117. DePaul ist außerdem sehr vorsichtig in Bezug darauf, ob man nicht charakterisieren müsste, wie viele Überlegungen ein epistemischer Akteur anstellen muss, damit alle relevanten Überzeugungen berücksichtigt sind. Er sieht sich aber nicht imstande dies festzulegen und spricht sich an einigen Stellen dagegen aus, dass dies eben von den epistemischen Hintergrundüberzeugungen des epistemischen Akteurs bestimmt werden müsste, die dann im resultierenden Überlegungsgleichgewicht gerechtfertigt sind. An anderen Stellen zeigt er sich jedoch hierfür offen und ich halte es für die plausibelste Rekonstruktion seiner Position. Jedenfalls behilft sich DePaul mit der Formulierung, dass der epistemische

Mit dieser Feststellung hat man einen Ausgangspunkt für die weitergehende Behauptung erreicht: Die Methode des Überlegungsgleichgewichts – später dann in der von DePaul verfeinerten Form – sei darüber hinaus einzig und allein dazu in der Lage, rationale Überzeugungen adäquat zu sichern. Hierfür argumentiert DePaul wie folgt: Bei allen Methoden, die sich von der des Überlegungsgleichgewichts unterscheiden, darf bei der Entscheidung zwischen alternativen möglichen Überzeugungssystemen nicht stets und alleine genau das Überzeugungssystem ausgewählt werden, das nach gebührendem Reflektieren der relevanten aktuellen Überzeugungen des Akteurs am wahrscheinlichsten wahr ist, denn ansonsten handelt es sich ja genau um die Methode des Überlegungsgleichgewichts. Wenn eine davon unterschiedene Methode nun aber ein System als gerechtfertigt auszeichnet, das aus jetziger angemessen reflektierter Sicht des epistemischen Akteurs wahrscheinlich eher nicht wahr ist (als zumindest ein anderes), dann ist dies eine irrationale Empfehlung, weil das entsprechende System irrational ist.[82]

Diese Argumentation ist in gewisser Hinsicht natürlich trivial, weil DePaul rationale Überzeugungen einfach als Resultat eines Prozesses definiert, der dem des Überlegungsgleichgewichts gleicht. Allerdings ist diese Definition erstens nicht völlig unplausibel und zweitens bringt er diese Überlegung auf erhellende Weise in Zusammenhang mit den prominenten Kritiken an der Methode des Überlegungsgleichgewichts: Nach DePaul lässt sich feststellen, dass Kritiken des Überlegungsgleichgewichts typischerweise die Methode von einer metaethischen Position her ablehnen. Etwa, dass die Rolle der Intuitionen zu stark wäre (wie beim »no credibility«-Einwand), oder vor dem Hintergrund einer Bedeutungstheorie des Moralischen (»meaning of moral terms«).[83] Nach DePaul lässt sich solch eine metaethische Kritik nun aber nur so deuten, dass sie entweder keine wirkliche Alternative zur Methode des Überlegungsgleichgewichts vorschlägt oder aber, dass sie die epistemischen Akteure zu irrationalen Überzeugungsänderungen (und damit irrationalen Überzeugungen) führen würde:[84]

Akteur *angemessen* reflektieren müsse. Vgl. DePaul 1993, 114ff., 117f., 119 (sowie 231, Endnote 13), 121, 135f.

82 Vgl. DePaul 1993, 111.

83 Vgl. DePaul 1993, 122.

84 »I claim that there are only two ways to understand this position: Either it constitutes no real alternative to reflective equilibrium, or it offers directions for the revision of belief that would lead some inquirers to revise their beliefs in irrational ways.« DePaul 1993, 122. Für eine ähnliche Argumentation meinerseits siehe Abschnitt 8.2. der vorliegenden Arbeit.

1. In der ersten Form stützt sich diese Kritik selbst wieder auf ein Überlegungsgleichgewicht, das auf der Ebene der Metaethik eine bestimmte methodische Position für Fragen der Moral als gerechtfertigt auszeichnet, und stellt daher methodisch keine generelle philosophische Alternative zum Überlegungsgleichgewicht dar. Auf der Ebene der Metaethik wird dann nur so argumentiert, dass die Überzeugungen, des epistemischen Akteurs in ihrer Gesamtheit den Ausschlag geben.[85]
2. Bei allen anderen denkbaren Interpretationen lässt sich – nach DePaul – nachweisen, dass irrationale Überzeugungsänderungen zugelassen werden und von der Alternativmethode angewiesen werden können. Denn dann muss auf der metaethischen Ebene ein Standpunkt bezogen werden, der unabhängig von den sonstigen Überzeugungen, die der epistemische Akteur hat, zwingend ist.[86]

Wenn die Kritiker der Methode des Überlegungsgleichgewichts tatsächlich eine Alternative vorschlagen würden, dann müssten sie bestimmten Überzeugungen einen Status zuweisen, der sie gegen Revisionen immunisiert, oder unabhängig von dem Überzeugungssystem als gerechtfertigt auszeichnen, das der epistemische Akteur nach Reflektion seiner jetzigen Überzeugungen als das plausibelste auszeichnen würde:

> »If the critics [who propose the no-credibility objection] are offering a genuine alternative to the method of reflective equilibrium, this alternative method must be granting epistemic principles, specifically those that ground the criticism of our considered moral judgements or other background theories, e.g., views regarding the meaning of moral language, a privileged status. [...] Notice, then, exactly what these critics of reflective equilibrium are advocating. They direct inquirers – all inquirers – to revise their moral beliefs so that they accord with certain epistemic principles and background theories, *regardless* of what other propositions the individual inquirer might belief, and *regardless* of which beliefs the inquirer would consider more likely to be true, after thinking the matter through. I do not see how this can be rational.«[87]

Wenn man etwa von einem Überzeugungssystem, das die eigenen intuitiven moralischen Urteile enthält, nach reiflicher Überlegung mehr überzeugt ist, als von einem System mit metaethischen epistemischen Prinzipien, die im Konflikt mit diesen Urteilen stehen (etwa den Prinzipien, welche die Kritiker befürworten) dann wäre es nach DePaul schlicht irrational, würde man das, von dem man mehr überzeugt ist, im Zuge eines Überzeugungswechsel abändern.

85 Vgl auch Abschnitt 4.2.3 und Kapitel 10 der vorliegenden Arbeit.
86 Vgl. DePaul 1993, 122.
87 Vgl. DePaul 1993, 122.

Wenn man nach gebührender Überlegung und Einsicht in die Zusammenhänge der eigenen Überzeugungen überhaupt nicht von den epistemischen Prinzipien der Kritiker überzeugt ist – beziehungsweise diese nicht Teil des Systems sind, das man am wahrscheinlichsten für wahr hält – dann hat man eben (subjektrelativ gesehen) auch gar keinen rationalen Grund, sich nach diesen Prinzipien zu richten.[88]

DePaul gesteht allerdings zu, dass man die Position der Kritiker auch anders interpretieren kann: Vielleicht wollen sie gar nicht unabhängig von den Überzeugungen anderer epistemischer Akteure bestimmte Methoden zur moralischen Untersuchung vorschlagen, sie gehen vielmehr lediglich davon aus, dass die meisten Personen tatsächlich ähnliche metaethische Überzeugungen wie sie entwickeln würden, wenn sie über die Problematik nachdächten, und dass sie sich ihrem Urteil daher rationalerweise anschließen werden. Die Kritiker gehen nach dieser zweiten Interpretation eben davon aus, dass das Überzeugungssystem, das andere epistemische Akteure nach Berücksichtigung der relevanten Überzeugungen als am wahrscheinlichsten wahr auszeichnen, eben ihre Argumente enthält und daher diesen Argumenten gefolgt werden kann.[89] In diesem Fall würden sie jedoch, bei diesem generellen Argument für ein bestimmtes weiteres spezielleres Vorgehen im Rahmen des Ethischen, die Methode Überlegungsgleichgewicht selber ebenso anwenden:

> »[…] in essence, the method of reflective equilibrium directs inquirers (i) to consider, or reflect, on various things, e.g., the connection among their own beliefs, alternatives to their system of belief, and arguments that might decide among these alternatives, and (ii) to believe what comes to seem likely to be correct through the course of these reflections. Therefore, in order to offer a genuine alternative to the method of reflective equilibrium, a critic would have to issue some sort of directive to all inquirers, requiring them either to leave something out of account during their reflections, or systematically to favor some particular propositions or types of propositions, regardless of what they believe or would come to believe as result of their reflections. Clearly, either directives will lead some inquirers to revise their beliefs in irrational ways. Fortunately, the critics of reflective equilibrium do not issue such blanket directives, or so I think. But, of course, the cost is that the methods they propose only *appear* to be genuine alternatives to reflective equilibrium. They are, in fact, no more than particular workings through of that method, albeit by inquirers who are much more confident of certain epistemic principles, or meta-ethical theories, than they are of their own moral judgements.«[90]

88 Vgl. DePaul 1993, 123.
89 Vgl. DePaul 1993, 123f.
90 DePaul 1993, 124f.

Falls man DePaul bis hierhin folgen möchte, hat er also erstens aufgezeigt, dass rationale Überzeugungen ein legitimes epistemisches Ziel sind, das zweitens nur die Methode des Überlegungsgleichgewichts sichern kann. Sofern es keine andere Methode (im Bereich der Ethik) gibt, die besser abschneidet in Bezug auf das Ziel von verlässlich erworbenen wahren Überzeugungen, kann man daraus eine klare Empfehlung für die Methode des Überlegungsgleichgewichts ableiten und sie bis hierhin erst einmal als epistemisch akzeptabel auszeichnen.

5.1.6 *Die Verfeinerung unserer Intuitionen*

Doch selbst wenn man der Argumentation DePauls bis hierhin zustimmt und die Methode des Überlegungsgleichgewichts als einzig rationale auszeichnet, bleibt weiterhin einiges zu klären – insbesondere, wenn man beispielsweise moralische Untersuchungen betreiben möchte. Denn die Argumentation dafür – gemäß DePaul im Rahmen der beschriebenen Überlegungsgleichgewichtsmethode –, bei moralischen Untersuchungen den kulturbelasteten und sozialisationsabhängigen »Intuitionen« (also etwa den wohlüberlegten Urteilen) nicht zu viel Beachtung zu schenken, steht ja weiter im Raum: etwa die von Singer.

Andere Moralphilosophen wiederum – etwa Daniels – argumentieren wiederum – auch im Rahmen des Gleichgewichtsvorgehens – gegen den Ausschluss von »Intuition« aus der Moralphilosophie. Das weite Überlegungsgleichgewicht in der Traditionslinie von Daniels enthält nach DePaul normalerweise folgende Elemente:

1) wohlüberlegte Urteile;
2) philosophische Hintergrundtheorien (etwa darüber was eine Person auszeichnet, oder was personale Identität ist);
3) sozial-, naturwissenschaftliche oder allgemeine Hintergrundtheorien (etwa über die Rolle von Moral in der Gesellschaft);
4) alternative relevante Moraltheorien und
5) die Argumente, die für oder gegen diese Moraltheorien angeführt werden.[91]

DePaul möchte nun eine dritte Position in die Debatte einführen und dafür argumentieren, dass dies leider nicht genug Elemente für ein adäquates Überlegungsgleichgewicht im Ethischen sind, sondern dass unbedingt bestimmte Erfahrungen, die man gehabt hat oder die man haben könnte, in die Gleichgewichtsüberlegungen einbezogen werden müssen, da sie für die Wahrheit der wohlüberlegten Urteile, die man fällt, bedeutend seien. Denn wohlüberlegte

91 Vgl. DePaul 1993, 137.

Urteile können naiv sein oder korrumpiert werden, was es eben auszuschließen gelte, wenn man versuche ein Überlegungsgleichgewicht herzustellen.[92]

In gewisser Weise schließt er sich also dem kritischen Zweifel an den wohlüberlegten Urteilen an, möchte aber eine andere Lösung aufzeigen, als einfach deren Ausschluss zu fordern, sondern ihre Verfeinerung methodisch in das Überlegungsgleichgewicht einbeziehen. Bei den Erfahrungen, die hierzu nützlich sein können, handelt es sich um sogenannte *prägende Erfahrung* (*formative experience*).[93]

Um näher zu erläutern, warum diese Erfahrungen im Überlegungsgleichgewicht eine Rolle spielen müssen, möchte DePaul zwischen zwei Arten der Revision von Überzeugungen trennen:

a) Die erste Art der Revision findet statt aufgrund von Überlegungen und Argumentation. Er nennt das, was zur Änderung der Überzeugung führt *Vernunfterfahrung* (*reasoning experience*), und dies seien genau jene Änderungen, die mit der Methode des weiten Überlegungsgleichgewichts vereinbar sind. Hier ändert man also seine Überzeugung, weil andere Überzeugungen dagegensprechen, die Elemente eines stärker gewichteten Überzeugungssystems sind, oder weil durch eine neue Erfahrung neu gewonnene Überzeugungen dazu führen, dass sich das Gleichgewicht gegen die fragliche Überzeugung wendet (also nun ein anderes Überzeugungssystem als das wahrscheinlichste angesehen wird, das die fraglichen Überzeugungen nicht beinhalten kann).[94]
b) Darüber hinaus gibt es nach DePaul nun aber auch Revisionen von Überzeugungen, die nicht auf Überlegungen der Vernunft zurückzuführen sind, sondern eben auf prägende Erfahrungen.[95]

Als Ausgangspunkt für diese Sicht führt er eine Stelle aus Aristoteles' *Nikomachischer Ethik* an: Aristoteles vertrete dort die Position, dass junge unerfahrene Männer nicht zum Studium der politischen Angelegenheiten (der öffentlichen Moral) taugen, eben weil ihnen notwendige Lebenserfahrung hierfür fehle. Sie seien in vielen Angelegenheiten des Lebens, welche für die politischen Entscheidungen relevant sind, noch zu naiv.[96] Es sei Aristoteles zwar in erster Linie bei dieser Kritik darum gegangen, dass die notwendigen

92 Vgl. DePaul 1993, 139.
93 Vgl. DePaul 1993, 138. Ich werde synonym »prägende Erlebnisse« verwenden.
94 Vgl. DePaul 1993, 140ff.
95 Vgl. DePaul 1993, 144, 232 (Endnote 3).
96 Vgl. DePaul 1993, 139. »Jeder beurteilt nur dasjenige richtig, was er kennt [...]. Darum ist ein Jüngling kein geeigneter Hörer der Staatswissenschaft. Es fehlt ihm die Erfahrung im praktischen Leben, dem Gegenstand und der Voraussetzung aller politischer Unterweisung.« Aristoteles, *Nikomachische Ethik*, 1095a.

Tugenden während der Jugend noch nicht stabil genug ausgebaut sein könnten. In epistemischer Hinsicht jedoch meint DePaul, wäre der Punkt nicht, dass der Jugend schlicht bestimmte Informationen fehlten: Denn dann könne man ja vor die ethischen und politischen Studien einfach eine Art *Studium generale* hängen, bei der die notwendigen Informationen bereitgestellt werden – dieser Mangel wäre mit Vernunfterfahrung behebbar. Es gehe nun aber einfach nicht um Information, also rein propositionales Wissen, das fehlt, sondern um prägende Erfahrungen, die erlebt werden müssen, um ihre Wirkung auf die Urteilskraft zu entfalten.[97]

Als ausführliches Beispiel, in dem die Macht von prägenden Erfahrungen – im Gegensatz zu Überzeugungen, die nur aus rationalen Überlegung gewonnen werden – aufgezeigt werden soll, führt DePaul eine Stelle aus Schuld und Sühne an, in der der Protagonist, die reine Liebe seiner Verehrerin im Gefängnis durch Zufall demonstriert bekommt. Dies ändert, ohne dass überhaupt ein Gedankengang vonstattengeht seine Überzeugung bezüglich Liebe und Schuld. Zwar könnte man sich einen Gedankengang vorstellen, der zu einem ähnlichen Ergebnis führt, doch diesen deswegen notwendiger Weise im Hintergrund irgendwie versteckt auch anzunehmen, hält DePaul für abwegig.[98]

Dabei gebe es zahlreiche unterschiedliche Auslöser für prägende Erlebnisse – solche, die im echten Leben stattfinden und solche, die wir über Kunst vermittelt bekommen:

> »Perhaps I need not have turned to such a troubled character as Raskolnikov to find an example. For people alter their beliefs, particularly their moral beliefs, in a vast range of different circumstances. All of the following, for example, have the potential to provoke an alteration in a person's moral view: actually performing an action he considers right or wrong, living with a person who has a certain virtue or vice, and closely interacting with people who value markedly different things. This short and nowhere near exhaustive list only mentions what we might call »real-life« activities or experiences. It seems obvious that alterations in moral belief can result from other kinds of experiences as well, for example watching a powerful theatrical production or film, reading a novel, memorizing a moving poem, or perhaps even listening to a piece of music or viewing a painting.«[99]

Die auslösenden Ereignisse sind dabei nicht mit dem prägende Erlebnis gleichzusetzen, sondern sie geben in diesen Fällen nur den Anlass zu einem solchen, denn es ist möglich, dass mehrere Personen den genannten Aktivitäten

---

97 Vgl. DePaul 1993, 140, 232 (Endnote 2).

98 Vgl. DePaul 1993, 142ff.

99 DePaul 1993, 144.

oder Ereignissen ausgesetzt sind, aber nur eine Teilmenge der Personen ein prägendes Erlebnis hat, beziehungsweise bei manchen wird auch stattdessen lediglich ein reflektiertes Vernunfterlebnis angeregt.[100]

Prägende Erlebnisse sind also vielleicht schwer zu erkennen und zu erzwingen, aber wenn man Aristoteles' Position teilt und aus diesem Grund nach ihnen suche, müsse man sich genau auf die Ereignisse und Aktivitäten konzentrieren, die als Auslöser für Erlebnisse gelten können, die die Lebenserfahrung prägend bereichern.[101]

DePauls Angriff auf das Überlegungsgleichgewicht (selbst seiner radikalen Prägung) ist nun, dass dieses die Bedeutung der prägenden Erlebnisse außer Acht lasse. Dabei entsprächen die prägenden Erfahrungen in gewisser Weise den diskontinuierlichen moralischen Konversionen des radikalen Überlegungsgleichgewichts.[102]

DePaul möchte dabei betonen, dass eine prägende Erfahrung nicht nur eine Überzeugung ändert, sondern in gewisser Weise die Art und Weise wie wir etwas wahrnehmen, also unsere moralische Wahrnehmung oder Intuition bezüglich einer Sache – man könnte in diesem Zusammenhang auch von der moralischen Urteilskraft sprechen.[103] Was – fragt DePaul – wäre nun, wenn ein »naiver« epistemischer Akteur, der wenige der notwendigen prägenden Erlebnisse hatte, oder ein »Dogmatiker«, der sich von ihnen isoliert oder die falschen sucht, die Methode des Überlegungsgleichgewichts gebraucht – käme er dann (auch bei einem weiten Überlegungsgleichgewicht) nicht vielleicht zu Ergebnissen, die wir keinesfalls als vernünftig ansehen wollten?[104]

Nach DePaul müsse eine Methode der moralischen Untersuchung wie diejenige des Überlegungsgleichgewichts also die Macht prägender Erlebnisse so ernst nehmen, dass ihr adäquater Erwerb in die Methode integriert werden kann und dadurch Probleme wie *Naivität* und *Korruption* der Urteilskraft ausgeschlossen werden können.[105]

Naivität liegt nach DePaul dann vor, wenn die moralischen Urteile einer Person, also ihre Urteilskraft, nicht voll ausgebildet ist und daher epistemisch defizitäre Urteile gefällt werden und den Überlegungsgleichgewichtsprozess in eine falsche Richtung hin beeinflussen: Die entsprechenden epistemischen Akteure hätten, selbst wenn sie es schaffen ein Überlegungsgleichgewicht herzustellen, in dem es keine Inkonsistenzen gibt und in dem die Urteile sich

100 Vgl. DePaul 1993, 145.
101 Vgl. DePaul 1993, 150.
102 Vgl. DePaul 1993, 146, 232 (Endnote 2).
103 Vgl. DePaul 1993, 146f.
104 Vgl. DePaul 1993, 147.
105 Vgl. DePaul 1993, 148.

in kohärenter Weise gegenseitig stützen, weiterhin epistemisch defizitäre Überzeugungen. Dabei muss man DePauls Urteil, es handele sich trotz des radikalen Überlegungsgleichgewichts um epistemisch defizitäre Urteile erst einmal in einem externalistischen Sinn verstehen – von außen betrachtet, handelt es sich einfach dennoch um falsche Überzeugungen. Als Beispiel für einen epistemisch Naiven führt er Jay, einen jungen Mann, an, der durch die Rezeption von kriegsverherrlichenden Medien selbst kriegsbegeistert sei – würde er aber Werke wie *Im Westen nichts Neues* rezipieren oder einen echten Krieg hautnah erleben, würde sich seine Haltung ändern.[106] Die Frage, die sich DePaul stellt ist, ob Jay seine (unvernünftige) Kriegsvorstellung durch ein Überlegungsgleichgewicht rechtfertigen könnte oder ob ihn dasselbe aus der Naivität herausführen würde:

> Jay is a young man who does not see war as great evil, but as a rather good thing, an opportunity for developing and testing one's courage, and attaining personal honour and glory. Jay has had no first-hand experience with war. However, what he lacks in the way of first-hand experience Jay more than makes up for in imagination. He likes nothing more than listening to the stories the old timers tell about the Second World War, and the Korean and the Vietnam Wars, down at the local American Legion Hall. In addition to these stories, Jay unfortunately feeds his extensive imaginary access to war by immersing himself to literature and films that romanticize it […]. In spite of all this, we can still suppose that Jay's evaluation of war is not the result of any insensitivity on his part. He would be moved by experiences that generally move others. Actually fighting in a war would have a profound effect on him, but he would be moved by other experiences as well, e.g. viewing films like *The Deer Hunter, Full Metal Jacket*, or *Glory*, or a documentary like the one produced by Ken Burns on the American Civil War, or reading such novels as *All Quite on the Western Front* or *Johnny Get Your Gun*. Where Jay to have any of these experiences, his view of war would be affected. Not all at once, of course. […] But over time […] he would begin to alter his moral evaluation. So Jay's view of war is not rigidly fixed, immune to any sort of input. It is grounded upon the experiences he has had, and would be responsive to experiences he might have in the future. Unfortunately, Jay is rather naïve. The experience, reasoning and formative, that grounds his view of war is very narrow; none is first hand, and the rest is exclusively of reports, essays, novels, and films that romanticize warfare.
>
> It is obvious that Jay's moral evaluation of war does not enjoy any very impressive positive epistemic status. I suppose it is also quite clear that any moral theory Jay might devise incorporating his position on war would inherit a similarly unimpressive epistemic status […]. The question we must consider, then, is whether Jay could carry his views about war into a state of wide reflective equilibrium.«[107]

106 Vgl. DePaul 1993, 148f.

107 DePaul 1993, 148f.

Ganz konkret versucht DePaul die Frage zu beantworten, wie Jay nun vorgehen könnte, um doch mittels der Methode des Überlegungsgleichgewichts seine Naivität zu überwinden. Drei Schritte zieht er dabei in Betracht: Im ersten Schritt verwirft er den Gedanken, der – von ihm ja auch (mit guten Gründen) kritisierte – Filterprozess in Bezug auf wohlüberlegte Urteile könnte bereits seine Naivität überwinden. Jay war so beschrieben worden, dass er seine Urteile zum Krieg in ruhiger und ausgewogener Weise fällen kann und sogar ein beträchtliches Laienwissen besitzt, da er sich für den Stoff ja interessiert – das Problem liege weniger an bestimmten Fakten, sondern an seiner Einstellung oder seiner persönlichen Disposition zu diesen Fakten:[108]

> »Speaking loosely [...] we might say that Jay's problem is not that he is ignorant of relevant facts, but that they somehow don't strike him the right way, and, as a result, that he does not respond to them as he ought.«[109]

> »The kind of ›filtering‹ involved in obtaining considered moral judgements is unlikely to help with a person who is naïve. The problem with the beliefs of such persons is not that they are formed in circumstances where errors are likely to be made. The problem has more to do with the person and not with the circumstances.«[110]

Auch im zweiten Schritt, der Herstellung eines engen Überlegungsgleichgewichts zwischen wohlüberlegten Urteilen und Prinzipien muss Jay seine Naivität nicht überwinden – es wäre zwar möglich, dass er, bei Hinzuziehung seiner anderen moralischen Urteile, den Utilitarismus als normatives moralisches Prinzip plausibel findet und dann akzeptiert, dass die meisten Kriege als moralisch schlecht zu evaluieren sind. Es wäre im Zuge dieses methodischen Vorgangs aber auch möglich, dass er seine Kriegsbegeisterung beibehält und ein moralisches Prinzip wählt und vertritt, das mit seinen Urteilen bezüglich von Kriegen im Einklang ist (vielleicht die Interpretation eines Kriegerkodex wie des Buschido). In beiden Fällen wäre überdies – und darum geht es ja eigentlich – die Naivität seines Urteilsvermögens noch nicht durch »prägende Erfahrung« angereichert worden (es sei denn, das Erlebnis, dass es eine Theorie wie den Utilitarismus gibt, würde zu solch einer Erfahrung führen):[111]

---

108 Vgl. DePaul 1993, 151f.

109 DePaul 1993, 151.

110 DePaul 1993, 152.

111 Vgl. DePaul 1993, 152f.

> »Whether he [Jay] retains his romantic conception of war, or abandons it for some moral principle, Jay will remain naïve. It is important to remember that the objection to reflectrive equilibrium that I wished to raise is not that one could hold a romantic view of war in reflective equilibrium, but that one could do so naïvely.«[112]

Offen bleibe also nur noch die Erweiterung des engen Überlegungsgleichgewichts in einem dritten Schritt durch die Einbeziehung von Hintergrundtheorien hin zum weiten Überlegungsgleichgewicht – doch auch hier sieht es DePaul nicht als wahrscheinlich an, dass Jay seine Naivität einbüßen oder zumindest vermindern würde.[113] DePaul gesteht zu, dass man sogar im konservativen Überlegungsgleichgewicht durchaus epistemische Hintergrundtheorien einbringen kann – etwa, dass man sich informieren sollte, bevor man über einen Bereich urteilt, in dem man sich nicht ausreichend auskennt. Beinhaltet dies nur reine (propositionale) Information, erhält Jay wahrscheinlich leider nur Vernunfterfahrung und vermindert seine Naivität nicht – auch dann, wenn er sein Urteil über den Krieg abändert. Beinhaltet seine »commonsense«-Epistemologie aber, dass er auch über Aktivitäten andere oder neue Erfahrungen sammeln soll – etwa über die Rezeption kritischer Filme und Theaterstücke –, dann könnte ihn dies tatsächlich zu prägenden Erfahrungen führen, die ihn von seiner Naivität befreien und die »richtigen« Urteile fällen lassen. Allerdings ist dies eben nicht zwingend der Fall, sondern nur in den glücklichen Fällen, in denen die entsprechenden epistemologischen Prinzipien vertreten werden: Bei Jay wäre jedoch vielleicht eher anzunehmen, dass er sagt: »Ich kenne doch genügend Veteranen, die mir vom Krieg, den sie erlebt haben, direkt berichten! Bessere Eindrücke kann ich zu diesem Thema nicht bekommen.« Außerdem ist er ja ein Enthusiast auf diesem Gebiet und meint sich also bestens mit dem Thema auszukennen, was heißt, dass er wahrscheinlich denkt, er verletzte seine epistemischen Prinzipien keinesfalls.[114] Jay könne also die Methode des weiten (konservativen) Überlegungsgleichgewichts adäquat nutzen, ohne gezwungen zu sein wenigstens zu versuchen, seine Naivität zu verringern.

Daraus zu folgern, eine adäquate Interpretation der (radikalen) Methode des Überlegungsgleichgewichts müsse verlangen, dass ein epistemischer Akteur stets alle möglichen prägenden Erlebnisse suchen muss, die seine Überzeugungen ändern würden, wäre aber ebenfalls fehlgeleitet: denn es gibt nach DePaul prägende Erfahrungen – etwa eine brutale Gehirnwäsche – von

112 DePaul 1993, 153.

113 Vgl. DePaul 1993, 153f.

114 Vgl. DePaul 1993, 155ff.

der man erstens nicht rationalerweise wollen kann, sie zu erleben und deren epistemischer Mehrwert zweitens auch nicht gesichert ist.[115] Man könnte versuchen zu argumentieren, dass ähnlich wie bei einem physischen (Unfall-) Trauma des Hirns, die Gehirnwäsche kein Erlebnis in demselben Sinn ist, wie eine prägende Erfahrung, sondern eher eine Verletzung mit einem pathologischen Resultat – wie solch ein Ereignis in Bezug auf epistemische Kriterien zu klassifizieren ist, scheint auf jeden Fall keine triviale Frage zu sein.[116]

Doch auch wenn man solche traumatischen Ereignisse ausschließt, bestehen Schwierigkeiten mit prägenden Erfahrungen: DePaul schlägt vor, dass wir uns Janet vorstellen, eine junge Frau, die davon ausgeht, dass Keuschheit vor und Treue in der Ehe moralisch wichtig sind. Sie hat diese Überzeugungen weitgehend reflektiert, hinterfragt und im größeren Zusammenhang betrachtet – so wie es vom weiten Überlegungsgleichgewicht verlangt wird – und ihre Überzeugungen konnten sich auch bei Berücksichtigung alternativer Moralprinzipien und den Argumenten, die für sie sprechen, bewähren. Ihrer Position kritisch gegenüberstehende Literatur und Kunst hat sie auch in gewissen Rahmen rezipiert. Müsste sie nun aber auch tatsächlich alle potenziell prägende Erfahrung suchen, also beispielsweise sich auf sexuell intime Beziehungen einlassen, um zu sehen, ob sie nicht vielleicht ihr Urteil ändern würde? Janet könnte sich dem begründet verweigern, indem sie anführt, diese Erfahrungen würden ihr Urteil wahrscheinlich tatsächlich ändern, aber in einer korrumpierenden Art und Weise, denn sie würden ihr (nach Reflektion für intakt befundenes, nicht naives) moralisches Empfinden beeinträchtigen, sie desensibilisieren und in eine unbegründete emotionale und vielleicht auch psychische Krise führen.[117]

> »For surely, we all recognize there are formative experiences that would probably lead us radically to alter our system of values, yet for the most part, we do not feel it would be a good idea to go out and have these experiences. We hold that they would corrupt our moral judgment, so we avoid them.[118]«

Ein weiteres Beispiel wäre Billy, der eigentlich feministische Überzeugungen hat – eventuell durch die Lektüre von John Stuart und Henriette Mill angeregt – der aber zunehmend von Kunst und Unterhaltung gefangen wird, in der Männer dominieren und Frauen sich unterordnen. Dies korrumpiert sein Empfinden und seine darauf basierenden Handlungen führen zu weiteren

115 Vgl. DePaul 1993, 160.
116 Vgl. DePaul 1993, 160f.
117 Vgl. DePaul 1993, 161.
118 DePaul 1993, 162.

korrumpierenden Erfahrungen bis er zu einem völlig moralisch falschen Weltbild gelangt.[119] Nach DePaul muss man also bereichernde prägende Erlebnisse, die allesamt im Ideal anzustreben wären, von den korrumpierenden strikt trennen.[120]

Man könnte kritisch Folgendes anführen: Es geht ja nicht nur darum, manche Erfahrungen zu vermeiden, weil sie unser moralisches Urteilsvermögen – entscheidenden Gründen nach – wahrscheinlich inadäquat epistemisch beeinträchtigen – etwa der Konsum harter Drogen – sondern auch, weil wir die Handlungen, die zu diesen Erfahrungen führen eventuell für unmoralisch halten: Etwa, wenn man sich aus Gewissensgründen weigert, in einem Krieg zu kämpfen. Dann hat man natürlich keine prägenden Kriegserfahrung aus erster Hand, es wäre aber absurd, genau das allein aus epistemischen Gründen zu verlangen, wenn es ein kardinales moralisches Übel ist. Das Risiko, am Ende etwas moralisch Schlechtes gemacht zu haben und dennoch bestätigt zu bekommen, dass ich es auch weiterhin als schlecht bezeichnen muss (weil sich mein Urteil durch die Erfahrung bestätigt hat) kann eindeutig größer sein, als die Chance eine mögliche Naivität aufzudecken: DePaul selbst scheint diese Einwände zu teilen, wollte aber explizit den Fokus weglenken vom moralisch Verbotenen auf das »epistemisch Verbotene«, beziehungsweise auf das epistemische Problem, dass durch korrumpierende Erfahrung bestehen kann.[121]

Muss eine Methode des Überlegungsgleichgewichts nun Naivität und Korruption als epistemische Übel berücksichtigen, damit sie als rational bezeichnet werden kann? Irrational ist es, nach DePaul, naiv zu bleiben – also mögliche Erfahrungen auszulassen – wenn man nach eigenem epistemischem Urteil, diese Erfahrung braucht, um richtig urteilen zu können. Irrational ist es dementsprechend auch, sich zu korrumpieren – also sich möglichen Erfahrungen auszusetzen, die man nach eigenem epistemischem Urteil nicht machen sollte, weil es zu falschen Urteilen führt.[122]

Damit haben wir natürlich wieder den internalistischen Blickwinkel der Rationalität.[123] Das Überlegungsgleichgewicht, in seiner bisherigen Form, hat aber prägende Erfahrungen nicht explizit als wichtiges Element einbezogen. Wenn diese nicht beachtet werden, würden daher – zumindest, wenn man die epistemische Hintergrundtheorie teilt, dass sie zu beachten seien – eventuell Urteile in einer irrationalen Weise angepasst, weil der epistemische Akteur

119 Vgl. DePaul 1993, 163f.
120 Vgl. DePaul 1993, 166.
121 Vgl. DePaul 1993, 170f.
122 Vgl. DePaul 1993, 166f.
123 Vgl. DePaul 1993, 167.

eben naiv bleibe oder korrumpiert werde. Da es sich bei der epistemischen Hintergrundtheorie, die die Bedeutung von prägenden Erfahrungen hervorhebt, um einen Standpunkt handelt, der vom epistemischen Akteur intern vertreten werden muss, ist es natürlich möglich, dass Rationalisierungen im pejorativen Sinn passieren – also, dass eine naive Person eben so naiv ist, dass ihre epistemischen Urteile ihre Naivität weiter begünstigen (sie also im Überlegungsgleichgewicht nicht glaubt, weitere Erfahrungen sammeln zu müssen) oder sie ihre Urteile korrumpiert (indem sie im Überlegungsgleichgewicht nicht von korrumpierenden Erfahrungen abgehalten wird). Trotz eines epistemischen Defizits (faktische Naivität und Korruption), das von einem externen Standpunkt aus diagnostiziert werden könnte, ist der epistemische Akteur dann als rational anzusehen. Dies zeigt aber nur, dass auch die Einbeziehung der Erfahrungselemente nicht gegen alle epistemischen Unglücke absichern kann – was vielleicht auch zu hohe Erwartungen an eine Methode wären (auch wenn man sie verfeinert).[124] Zumindest wäre aber die Methode des Überlegungsgleichgewichts durch eine explizite Einbeziehung der Bedeutung von prägenden Urteilen, nach DePaul, schon wesentlich verbessert – und im Folgenden sollen die notwendigen Änderungen an der Methode aufgezeigt werden.

DePauls Vorschlag möchte – wie bereits betont – aus einem internen Blickwinkel heraus prägende Erlebnisse einflechten und nicht etwa vor dem Hintergrund einer externalistischen Tugendperspektive, die er aristotelisch nennt und für irrational hält – weil man sich dabei Standards unterwerfe, die nicht die eigenen seien.[125]

Sein internalistischer Vorschlag zur Erweiterung des Überlegungsgleichgewichts – *Balance and Refinement* – sieht wie folgt aus: Man muss bestimmte prägende Erfahrungen methodisch suchen und zwar genau in der Weise, die man bestmöglich verantworten kann und genau diejenigen Erfahrungen, bei denen man nach reflektierter epistemischer Überzeugung davon ausgehen kann, dass sie notwendig und bereichernd sind. Das beinhaltet natürlich die Überzeugung, dass zukünftige Erwägungen (die man nach den gewonnenen Erfahrungen anstellt) diese positive Evaluierung höchstwahrscheinlich stützen würden. Man habe demnach abzuwägen, was für oder gegen bestimmte Erfahrungen spricht und muss dann – das gehört zur Methode des Überlegungsgleichgewichts nach DePaul dazu – tatsächlich auch so handeln, dass man die Erfahrungen erlangt, beziehungsweise versuchen sie zu ermöglichen:

124 Vgl. DePaul 1993, 168f.

125 Vgl. DePaul 1993, 169–172.

»[...] I propose the following additions to the method of radical reflective equilibrium: First, as the inquirer seeks to fashion his moral and philosophical beliefs into a coherent system, he must consider the matter of formative experience. Just as in the standard method of reflective equilibrium, the inquirer is required to consider alternative moral conceptions, and the argument that might be offered for or against these conceptions, I require the inquirer to consider the formative experiences he may have had, bearing in mind the difficulties involved in identifying such experiences, and then to consider which of the experiences that he might seek out, and activities that he might engage in, are apt to broaden his range of formative experience. The inquirer must also consider both what might be said for and against each experience, and activity, with regard to whether it would produce enriching or corrupting formative experiences, and what might be said about the total array of formative experience he has enjoyed, with specific attention to such questions as whether it is minimally broad, whether it is skewed in any way, and how it might be enhanced. Given the cultural setting in which any contemporary inquirer is likely to be operating, I maintain that a great deal of the inquirer's reflection on these questions will have to involve consideration of literature, film, theater, and even music and art, with an eye to determining, most importantly, what is likely to refine further his capacity for making sensitive moral judgments, but also whether experience with any of this might corrupt his judgment.

Secondly, the inquirer obviously cannot rest content with merely considering these questions regarding formative experience. He must seek out experiences and engage in activities accordingly, attempting to expose himself to those experiences, and engage in those activities, that he considers likely to give rise to the formative experiences he considers minimally necessary, while avoiding those he considers corrupting, and then engaging in activities, and seeking additional experiences, particularly, as I have said, with literature, film, art, and music, that he considers likely to refine his moral judgement further. I call this the method of balance and refinement: balance, in order to indicate the strong coherentist component that is carried over from radical reflective equilibrium, and refinement, because the method deviates from earlier versions of coherentism in seeking to improve or develop the inquirer's faculty for making moral judgments, rather than simply systematizing the output of this faculty.«[126]

Natürlich gibt es nach DePaul auch Schwächen der verfeinerten Methode des (radikalen, beziehungsweise weiten) Überlegungsgleichgewichts: Erstens kann es sein, dass Menschen mit schwachen epistemischen Standards auch bei Beachtung der Methode nicht dazu gebracht werden, ihre Naivität durch prägende Erfahrungen anzureichern – einfach, weil sie in naiver Weise davon ausgehen, kompetent zu sein, und dies zufällig von allen anderen (naiven) Überzeugungen gedeckt wird. Jay könnte ein solcher Mensch sein. Aber zumindest steigt mit der Nutzung der Methode die Chance aus der Naivität auszubrechen, weil prägende Erfahrungen zumindest explizit thematisiert

126 DePaul 1993, 172ff.

werden. Zweitens kann sie das Risiko nicht ausschließen, dass die Befolgung der Methode korrumpierende Erlebnisse für die Person nach sich zieht, beziehungsweise, dass der Plan zur Erlangung der richtigen prägenden Erlebnisse fehlschlägt.[127] Man muss sich jedoch vor Augen halten, dass es nicht der Anspruch der Methode war, alle epistemischen Probleme zu lösen, sondern nur, dass es eine rationale Untersuchung garantiert – es geht um Standards der Rationalität, nicht alle epistemische Werte können garantiert werden:

> »We need to be clear that the first requirement of an adequate method of moral inquiry concerns its rationality. Thus it is most important, that a method of inquiry guarantee rational inquiry. Precisely formulated, my objection to the method of reflective equilibrium was that it cannot guarantee rational inquiry, and the example of Jay suffices to establish that point. Turning to the method of balance and refinement, we find that although it is not adequate to deal with all the epistemic deficiencies that plague Jay's moral beliefs, it can obviously be counted upon to insure that he will proceed rationally. Indeed, the method of balance and refinement was so obviously constructed precisely to insure that the inquirer would, in effect, formulate his own standards governing formative experience, and then live up to those standards, that I do not think I even need to argue explicitly for the claim that this method can guarantee rational inquiry. [...] So, while I would agree that something is epistemically amiss with the beliefs of a naïve person who avoids acquiring additional formative experience on the basis of what we would consider rationalization, or who comes to hold bizarre ideas about how to acquire enriching formative experiences, I would simply stress that the problem is not that the person is irrational, and hence, that it is not a problem that the method of moral inquiry must be able to deal with in order to be adequate.«[128]

Der aristotelische Ansatz – nach DePauls Lesart – meint zwar, richtige oder wahre Überzeugungen sichern zu können, tut dies aber auf Kosten der Rationalität. Und wenn wir irrational handeln sollen, dann ist das in keinem Fall akzeptabel, denn damit verleugnen wir unsere eigenen Überzeugungen und damit letztlich uns selbst als epistemischen Akteur:[129]

> »At this point, where I would say, ›You must trust yourself,‹ the Aristotelian will say, ›You must trust me.‹ Here we have reached what I take to be the most fundamental level. If I am asked why we should not trust the Aristotelian, I will simply say that each person must think about it, and proceed as it seems best to him. I do not only respond to the Aristotelian in this way. For it should be clear that the criticism of alternatives to reflective equilibrium as irrational that I offered in the last chapter comes down to exactly the same thing. All such alternatives

127 Vgl. DePaul 1993, 174f.

128 Vgl. DePaul 1993, 175f.

129 Vgl. DePaul 1993, 179f. Das Ziel des rationalen Wissens wäre ebenso gefährdet.

are liable, at some point, to direct an inquirer to trust something other than his own judgement. [...] If it is asked why we should prefer our own reflective judgement, or why this is what rationality ultimately consists in, I have nothing more to say. If this means that we will have no guarantee of true beliefs, reliable beliefs, warranted beliefs, consensus, or what have you, I will still say the same thing. You must reflect, and believe accordingly, and this is the essence of rationality. Perhaps this is what lies behind my efforts to retain a deontological element in my concept of rationality – when we believe irrationally, we somehow deny ourselves. And this I take to be wrong.«[130]

DePaul möchte, bevor er im nächsten Teil auf das Problem eingeht, wie seine Methode das Ziel verlässlich wahrer Überzeugungen (»warranted beliefs«) in gewisser Weise ermöglicht, noch Gründe dafür nennen, warum seine Methode namens *Balance and Refinement* als eine vom Überlegungsgleichgewicht klassischer Prägung zu unterscheiden sei. Denn ein naheliegender Einwand wäre, dass die Anweisung prägende Erlebnisse über Literatur und andere Vermittlungsformen zu suchen, einfach nur eine Ausbuchstabierung der Erfordernisse des weiten Überlegungsgleichgewichts ist, nämlich alternative Hintergrundtheorien (beziehungsweise weitere relevante Überzeugungen) zu berücksichtigen. Dafür, dass dem nicht so ist, möchte er zwei Gründe nennen, einen praktischen und einen theoretischen.[131]

Der praktische Grund wäre nach DePaul, dass die tatsächliche Moralphilosophie dann ganz anders aussehen müsste, sich nämlich viel mehr beschäftigen müsste mit der Diskussion von Film, Literatur, etc. – so etwa wie die Werke von Stanley Cavell (*Disowning Knowledge; Pursuits of Happiness*), Martha Nussbaum (*Love's Knowledge*) oder Philip Quinn (*Hell in Amsterdam: Reflections on Camus's The Fall; Tragic Dilemmas, Suffering Love, and Christian Life*). Außerdem bekäme – neben der klassischen Argumentation im Rahmen des Überlegungsgleichgewichts, das ja weiter in *Balance und Refinement* beinhaltet ist – die Lebenserfahrung eine größere philosophische Aufmerksamkeit.[132]

Der zweite theoretische Grund wäre, dass man bei *Balance und Refinement*, aller Wahrscheinlichkeit nach nicht davon ausgeht, dass man bereits alle notwendige Erfahrung dafür hat, in der richtigen Weise ethische Untersuchungen zu betreiben; vielmehr muss man ständig versuchen an seiner Urteilskraft zu arbeiten und daher der philosophisch-psychologischen Untersuchung von der Wirkung von Erfahrungen auf unsere moralische Urteilskraft mehr Beachtung schenken:

130 DePaul 1993, 179.
131 Vgl. DePaul 1993, 180.
132 Vgl. DePaul 1993, 180, 237, 240f. (Bibliografie).

»Many of the discussions, particularly the discussions of life experience, literature, etc., would be much more psychological or epistemological than we now expect philosophical ethics to be. Specifically, a certain amount of attention would need to be paid to the precise way in which exposure to various things, that is to say, various experiences, affects our moral judgement. This type is not now common in the philosophical literature. As I said above, we seem to proceed on the assumption that all of us have had experience that sufficiently prepares us to engage in moral inquiry. My inclination is to believe that this assumption is false, and in addition, that even those who have what we might call a sufficient experience base can continually improve, or refine, their moral judgement by continued experience, most significantly with literature, film, and so on. For this reason I consider serious discussion of the role of experience in the development of moral judgement a significant, and necessary, addition to moral inquiry.«[133]

Man könnte mit DePaul versuchen, dies bildhaft analog zur Naturwissenschaft zu begreifen: Eine wissenschaftliche Ethikerin wäre sozusagen ihr eigenes Messinstrument, dass sie überprüfen und kalibrieren muss. Hierzu muss sie über sich selbst und ihre Funktionsweise viel Kenntnis erlangen: Etwa über Möglichkeiten von Messfehlern und deren Vermeidung. Insofern würde nach DePaul *Balance und Refinement* sogar viel besser zur tatsächlichen experimentellen Naturwissenschaft passen, als es das Standardmodell des weiten Überlegungsgleichgewicht tue:

»Returning to the familiar comparison with science that I generally oppose, I might put my point by saying that the philosopher who employs the method of balance and refinement cannot view himself solely as a theorist, but must also see himself as the extremely complex, touchy, perhaps even quirky, measuring instrument that must be used to secure the ›data‹. Thus, we might say to those who are fond of comparisons with science that according to balance and refinement the practice of philosophical ethic will look vastly more like the actual practice of science – a huge amount of time must be spent tinkering with instruments in order to get them to function optimally. The enormous difference in the case of ethics is, of course, that according to the method of balance and refinement, the inquirer is the instrument in question. The inquirer is an instrument that must proceed by its own lights, to tinker with itself, in an effort to get itself to operate optimally. We cannot ignore this fact and proceed to consider methodological questions about moral inquiry as if it involved only theorizing.«[134]

Eine kurze Kritik zu DePauls Konzeption von prägenden Erfahrungen und ihrer Bedeutung für das Überlegungsgleichgewicht an dieser Stelle: Die Konzeption der Methode unter dem Namen *Balance and Refinement* ist in

133 DePaul 1993, 181. Vgl. DePaul 180f. Für eine kritische Aufnahme und Erweiterung dieses Gedankens aus feministischer Perspektive siehe Verkerk 1998.

134 DePaul 1993, 182.

vielen Punkten durchaus plausibel, aber sie ist nicht – zumindest nicht im relevanten Sinn – verschieden von dem Überlegungsgleichgewicht nach Rawls und Daniels und kann als weites Überlegungsgleichgewicht genau die Regeln beinhalten, die DePaul vorschlägt (das hängt allerdings auch von den anwendenden Personen und ihren Überzeugungen ab). Warum DePaul die mögliche Einbindung der »prägenden Erfahrungen« in die Konzeption von Rawls und Daniels unterschätzt (ganz ähnlich wie bei der Unterscheidung des weiten Überlegungsgleichgewichts vom radikalen Überlegungsgleichgewicht mit seinen Konversionen) – zumindest nach meiner Lesart von Rawls und Daniels – möchte ich im Folgenden darlegen:

Wenn man nach neuen Erfahrungen sucht, ist das sehr wohl von der Methode des weiten Überlegungsgleichgewichts nach Rawls und Daniels gedeckt, wenn die Methode, wie ich es auch dargestellt habe, dynamisch interpretiert wird. Wenn man innerhalb des dynamischen weiten Überlegungsgleichgewichts versucht mittels bestimmter Aktivitäten und damit verbundener neuer Erfahrung – auch prägende Erfahrungen – und neuen Urteilen bestimmte bereits vorhandene Urteile zu ändern (oder nicht hervorzurufen) dann muss dies innerhalb der Methode natürlich begründet sein. Etwa weil man denkt, man sollte sein Urteil kritisieren oder ohnehin abändern, weil dies rational im Sinne der Herstellung eines Überlegungsgleichgewichts ist, beispielsweise, weil es durch kulturelle Normen gebildet wurde, die man nach umfassender Überlegung ablehnt. Erlebnisse und Erfahrung können hierbei – wenn das Ergebnis dieser Erfahrung antizipiert wird – helfen: etwa indem man einen rationalen Überzeugungswechsel, der gefordert wird, durch das tatsächliche Erleben einer entsprechenden Situation vertiefen kann und damit sein praktisches Urteilsvermögen selbst konditioniert. So etwa, wenn man als »Weißer« seinen eigenen resilienten Rassismus – den man theoretisch ablehnt, der aber tatsächlich noch in den Urteilen weiter vorhanden ist – durch Erfahrungen im Rahmen von *critical whiteness*-Seminaren bekämpfen möchte. Oder bestimmte – pro toto – unbegründete Ängste mithilfe einer Therapie abbauen möchte.[135]

135 Hier können natürlich auch Gefahren lauern: Etwa, wenn sich jemand aufgrund seiner Überzeugung, dass seine homosexuelle Veranlagung Sünde sei, mittels »psychotherapeutischer« Seminare von den immer noch bewusst ununterdrückbaren homosexuellen »Urteilen« oder »Wahrnehmungen« heilen will. Eventuell wäre man zwar gezwungen, solch ein Verhalten als gerechtfertigt zu bezeichnen, wenn es über ein weites Überlegungsgleichgewicht gestützt ist – allerdings spricht viel dafür, dass etwa christliche Fundamentalisten, die solch ein Vorgehen befürworten, eben gerade kein Überlegungsgleichgewicht anstreben. Was man also an der Praxis solcher Therapien bemängeln

In Rahmen eines weiten Überlegungsgleichgewichts handelt man auch, wenn man seine Naivität überwinden will, die man theoretisch anerkennt, aber in den Urteilen noch nicht nachvollziehen kann, weil Erfahrungen in einem bestimmten Bereich einfach fehlen – etwa wenn eine investigative Reporterin versucht, zumindest eine Zeit lang als Obdachlose zu leben, um über deren soziale Lage und das entsprechende Milieu schreiben zu können (in diesem Falle wird sie übrigens den Wert dieser Erfahrung mit guten Gründen nicht überbewerten, da sich ihre Erfahrung von denen tatsächlicher Obdachloser in wichtiger Hinsicht unterscheidet). Ähnlich kann man dann bei der Vermeidung korrumpierender Erlebnisse vorgehen. All dies kann zu prägenden Erlebnissen führen, diese wären aber keine Konversionen im Sinne DePauls irrationaler Version des radikalen Überlegungsgleichgewichts oder alleinstehende prägende Erfahrungen, sondern Erfahrungen die rational gefordert werden und rational begründet sind und die dabei helfen sollen, das praktische Urteilsvermögen auf die ohnehin gewünschten Urteile zu konditionieren oder gewünschte neue Urteile, die relevant sind, zu kreieren – wenn dies gelingt, war dies eben keine Konversion in dem Sinne, dass keine rationalen Gründe für die neuen Überzeugungen angeführt werden können. Es bedeutete nur, dass diese Vernunftgründe eben allein nicht ausreichend wirksam waren, um die entsprechenden (neuen) Urteile tatsächlich zu bilden und der Hilfe bestimmter Erlebnisse bedurften. Zwar waren also die vorangehenden Überzeugungen, die Vernunftgründe für den Überzeugungswandel, nicht kausal die direkten Auslöser des Überzeugungswandels einiger Urteile – denn die Auslöser waren hier ja die (eben prägenden) Erlebnisse – doch die anfänglichen Überzeugungen waren die Gründe dafür diese Erlebnisse zu suchen, um die Überzeugungen mittels der prägenden Erlebnisse zu ändern oder zu erweitern. Ohne Rechtfertigung, wäre solch ein Handeln ja irrational (ganz im Sinne DePauls Konzeption der Rationalität) – dies deckt sich mit meiner Kritik seiner Konzeption des radikalen Überlegungsgleichgewichts mit Konversionen (Abschnitt 5.1.3. der vorliegenden Arbeit) und ich schlage daher vor, die methodische Suche nach bestimmten prägende Erfahrungen, die DePaul fordert, als die Suche nach praktischer Unterstützung bei der Abänderung und Erweiterung von Urteilen zu betrachten, die rational durch entscheidende Überzeugungen in einem Überlegungsgleichgewicht gefordert werden. Dass eine solche Suche Bestandteil der praktischen Anwendung der Überlegungsgleichgewichtsmethode sein sollte, dafür hat DePaul mit seiner Behandlung von Naivität und Korruption gute Gründe angeführt, die zumindest prima facie

---

kann, ist dann wohl – neben der Qualität und Sicherheit der Behandlung an sich – der epistemisch dogmatische Hintergrund, auf dessen Grundlage hier oft praktiziert wird.

im Fall moralischer Untersuchungen plausibel scheinen. Und dass wir selbst diese Gründe in einem Überlegungsgleichgewicht als entscheidend bewerten müssen, dass wir also *Balance and Refinement* innerhalb eines (epistemischen) Überlegungsgleichgewichts befürworten oder ablehnen müssen, und dass wir daher – es handelt sich eben doch um eine internalistische Methode – selbst stets in Gefahr bleiben, doch naiv und korrumpiert zu sein – das gesteht letztendlich auch DePaul selbst zu:

> »In this chapter, we have uncovered two phenomena: naïveté and corruption. I maintain that the possibility of naïveté and corruption must have a profound impact upon our thinking about moral methodology. In the first place, if naïveté and corruption are real possibilities, then the method of wide reflective equilibrium, whether it is understood in the more ordinary way or in the radical way which I have elaborated and defended through the first three chapters, cannot guarantee rational moral inquiry. Secondly, although it is not difficult to amend reflective equilibrium to obtain a method that can guarantee rational inquiry, the method that we thereby attain, the method of balance and refinement, turns the philosophical inquiry into morality into something markedly different from what we have known. In particular, the method of balance and refinement lacks the look of science that has held such a strong fascination for philosophers, particularly in recent years. Finally, although the method of balance and refinement can guarantee that it will lead us a rational inquiry into morality, it cannot guarantee that it will lead us to moral knowledge, or warranted moral beliefs. For no matter how careful we are in our efforts to refine our moral judgement, there is always a real possibility that we are either naïve or corrupt. The discouraging fact is that there is no absolute protection against all the epistemic deficiencies of naïveté and corruption to be found in proceeding rationally.«[136]

De Pauls Erweiterung der Regeln beim Vorgehen, um ein moralisches Überlegungsgleichgewicht zu erreichen, die er in *Balance and Refinement* vorschlägt, ist also nur dann rational notwendig, wenn man als Überzeugung anerkennt, dass Naivität und Korruption, so, wie von DePaul beschrieben, tatsächlich existieren. Naivität und Korruption sind aber dann als Hintergrundtheorie anzusehen, welche in einem weiten Überlegungsgleichgewicht wirkt, wie es von Rawls und Daniels beschrieben wurde. Es handelt sich also eher um eine Ergänzung der methodischen Regeln bei der Anwendung derselben Methode mit bestimmten Überzeugungen.

5.1.7 *Hoffnung auf rationales Wissen*

Eine adäquate Methode moralischer Untersuchungen mit dem Ziel rationalen Wissens muss nach DePaul mindestens zwei Teilziele bestmöglich erreichbar

136 DePaul 1993, 182f.

machen: verlässliche wahre Überzeugungen und rationale Überzeugungen. Die Methode des Überlegungsgleichgewichts kann das Ziel rationaler Überzeugungen garantieren – das spricht für die Methode. Mehr noch: Da nach DePaul nur die verfeinerte Methode *Balance and Refinement* rational Überzeugungen garantiert und alle Alternativmethoden zu irrationalen Änderungen der Überzeugungen führen können, ist sie ein besonders vielversprechender Kandidat. Die Frage bezüglich des Ziels verlässlicher wahrer Überzeugungen wäre aber noch zu klären: Kann die Methode garantieren, dass sie eine Methode ist, die unter normalen Umständen über einen verlässlichen Mechanismus zu wahren Überzeugungen führt und nur in Ausnahmefällen uns – mit epistemischen »bad luck« – zu unwahren Überzeugungen? Ganz analog den verlässlichen Methoden, welche die Vertreter des Reliabilismus in der Debatte um »Wissen« mit dem Paradigma »Sinneswahrnehmung« verbinden. Wäre die Methode so verlässlich wie die Fähigkeit eines gesunden Menschen über optische Wahrnehmung – gegeben normale Bedingungen – zu wahren Überzeugungen zu gelangen?[137] DePaul gesteht zu, dass es auch mit der verfeinerten Methode *Balance und Refinement* nicht möglich ist, verlässlich wahre Überzeugungen (»warranted beliefs«) für alle epistemische Akteure zu garantieren. Das zweite Ziel kann also nicht ebenso sicher erreicht werden, wie das Ziel rationaler Überzeugungen:

> »There is no prospect of arguing that this method will lead all inquirers to warranted beliefs.«[138]

Damit gesteht DePaul also zwar zu, dass er nicht in Anspruch nimmt, seine Variation des Überlegungsgleichgewicht könne verlässlich wahre Überzeugungen als Resultat garantieren, doch das heißt natürlich noch nicht, dass diese ein unmögliches Resultat der Methode wären. Wenn diese Möglichkeit – samt ihren Bedingungen – aufgezeigt werden kann, wäre man mittels der Methode zumindest in bestimmten Fällen in der Lage die beiden epistemischen Teilziele moralischer Untersuchung zu erreichen. Wenn keine andere Methode im Hinblick auf eines der Ziele besser abschneidet, würde das dafür ausreichen, die Methode als einzige adäquate auszuzeichnen. Ohne eine solche Argumentation – und ohne zumindest die Hoffnung auf verlässlich wahre Überzeugungen – müsste es einem schwer fallen, sie aus epistemischen Gründen zu akzeptieren. Denn bereits die Aufgabe der Garantie

137 Vgl. DePaul 1993, 187f.

138 DePaul 1993, 188.

auf verlässlich wahre Überzeugungen durch die Methode ist nach DePaul ein großes Zugeständnis:

> »It is one thing to give up Cartesian longings for a method that will lead us from premises that are certain, by steps that certainly preserve truth, to beliefs we can be certain are true. But can we really be satisfied with a method of moral inquiry if all we can say for it is that it is possible that the method will yield warranted beliefs?«[139]

Nun ist es so, dass man, wenn moralische Untersuchungen eine Option unter anderen wären, vielleicht Gründe dafür anführen müsste, dass die Untersuchung am Ende auch erfolgreich sein wird, damit man sie überhaupt unternehmen sollte. Das ist bei einer moralischen Untersuchung aber so nicht der Fall, denn die Frage, wie man am besten lebt, ist eine Frage von hoher Wichtigkeit, der man als menschliches Wesen ohnehin nicht entkommen kann – so zumindest die These DePauls. Niemand müsse im Normalfall zur Aktivität der moralischen Untersuchung gelockt werden, so wie auch DePaul niemanden zur Verwendung von *Balance and Refinement* locken will. Doch bei einer Beschäftigung, der man ohnehin nachgeht, sind die Argumente, die für eine bestimmte Methode sprechen auch ohne Gewinngarantie tragend, solange sie den Gewinn nicht völlig ausschließen – und insofern keine andere Methode besser darin ist, die epistemischen Ziele zu erreichen.[140]

Außerdem – und das ist eine wichtige Pointe – sei *Balance and Refinement* zwar nicht in der Lage, verlässlich wahre Überzeugungen für alle Untersuchenden zu garantieren, das heiße aber nicht, dass dies auch für moralisch adäquat gereifte Personen gelte: DePaul vertritt die Auffassung, dass die Methode tatsächlich verlässlich zu wahren Überzeugungen führt, aber eben nur relativ zu bestimmten epistemischen Akteuren, die die Methode nutzen, nämlich epistemischen Akteuren, die durch sie moralisch gereift sind. Wenn jemand ein moralisch reifer Akteur ist, ist das Ergebnis der Methode rationales moralisches Wissen. Falls jemand eine naive oder korrumpierte moralische Wahrnehmung hat, kann die Methode ihn zwar nicht unbedingt vor moralischem Irrtum schützen, aber es ist möglich, sich mit ihr zu einem moralisch kompetenten Beurteiler weiterzuentwickeln. Vor allem aus diesem Grund also sei *Balance and Refinement* als adäquate Untersuchungsmethode anzusehen – allerdings muss DePaul noch dafür argumentieren, dass dem auch tatsächlich so ist.[141]

---

139 DePaul 1993, 189.
140 Vgl. DePaul 1993, 189f.
141 Vgl. DePaul 1993, 190f.

Was genau unter verlässlich wahren Überzeugungen (»warranted beliefs«) beziehungsweise dem dahinterstehenden Konzept der externalistischen Rechtfertigung (»warrant«) zu verstehen ist, ist umstritten. DePaul möchte sich eigentlich weder in Bezug auf eine bestimmte Konzeption der externalistischen Rechtfertigung festlegen – zwei konkurrierende Konzeptionen seien etwa der Reliabilismus oder die Konzeption von Alvin Platinga – noch auf eine Diskussion darüber ob ein moralischer Realismus wahr oder falsch ist. Daher versucht er zum Schluss seiner Argumentation einfach aufzuzeigen, dass man ungeachtet dieser Differenzen zustimmen könnte, dass jemand der seiner vorgeschlagenen Methode *Balance and Refinement* folgt, neben rationalen Überzeugungen auch externalistisch gerechtfertigte Überzeugungen (»warranted beliefs«) gewinnt und damit (moralisches) rationales Wissen erlangt.[142]

Wenn man davon ausgeht, dass eine Methode der moralischen Untersuchung sich eben nicht nur mit der Revision von Überzeugungen aufgrund schon bestehender Überzeugungen auseinandersetzt – sondern auch mit zu erlangenden prägenden Erfahrungen und einer Verfeinerung der Urteilskraft – dann könnte man sich eine externe Rechtfertigung denken, die ihren Ausgangspunkt in der moralischen Urteilskraft und einer adäquate moralische Wahrnehmung nimmt. Damit sei man nicht so weit entfernt vom Modell der externen Rechtfertigung für sinnliche Wahrnehmungen – wie sie etwa im Reliabilismus vertreten wird: Dort sichert der in bestimmten Kontexten adäquat funktionierende und zuverlässig unterscheidende sinnliche Wahrnehmungsmechanismus, mithilfe dem bestimmte Wahrnehmungsüberzeugungen gebildet werden, die Verlässlichkeit dieser Überzeugungen. Ähnlich kann man sich nun auch den Fall einer »moralischen Wahrnehmung« nach DePaul vorstellen. Moralische Urteile als Wahrnehmungen wären auf genau dieselbe Weise gerechtfertigt, wie unser Wissen über die Welt, die wir mit Naturwissenschaft untersuchen, und könnten, wenn sie kohärent systematisiert werden, eben zu rationalen und verlässlich wahren moralischen Überzeugungen – letztlich also zu rationalem moralischem Wissen – führen.[143]

Um die Verbindung zu DePauls methodischen Aspekten der »Verfeinerung« aufzuzeigen, möchte DePaul die moralische Wahrnehmung allerdings als eine nicht einfach natürlich gegebene Fähigkeit verstehen, sondern als kulturell komplexe Praxis, als etwas, das der Übung bedürfe. Für die gerechtfertigte

---

142 Vgl. DePaul 1993, 191–194. »[...] warrant is the positive epistemic status, that a true belief must have to be knowledge. Having warranted beliefs is a matter of meeting standards that identify what would be epistemically good, excellent, or best. The relevant standards are objective and external.« DePaul 1993, 191.

143 Vgl. DePaul 1993, 194–202, insbes. 200ff.

Urteilspraxis sei es wichtig, die Wahrnehmung zu schulen, um angemessene differenzierte Urteile fällen zu können. So wie ein Weinkenner, Pferdeleser oder anderer Spezialist der Wahrnehmung seinen Sinn schulen muss, um komplexe Sachverhalte zu enthüllen:

> »Thinking of our moral beliefs as produced by a faculty roughly analogous to perception is nothing new. However, authors have tended to think in terms of the wrong sort of perception, i.e., in terms of the perception of simple qualities, such seeing that a book is red or tasting the saltiness of a pretzel. When I talk of perception, I am thinking of our capacity to make fine perceptual discriminations on the basis of a sort of complicated gestalt, where typically a person can acquire the ability to make the relevant discrimination only after a considerable amount of experience, and sometimes even training. Think, then, of the ability of connoisseurs to make fine discriminations between wines, the ability of an experienced biologist to ›see‹ through a microscope, or, to use an example with which I am more familiar, the ability of a riding master to ›see‹ various things about a moving horse. My claim is that, if we think of our faculty of moral judgement as analogous to our faculty for making such complex perceptual discriminations, we begin to see how the method of balance and refinement might lead to warranted moral beliefs.«[144]

DePaul verdeutlicht den Gedanken mit einem anekdotischen Beispiel: Durch seine Frau lernte er mit Pferden zu arbeiten, konnte jedoch mit bloßem Hinsehen anfangs beim leichten Galopp nicht unterscheiden, ob das Pferd die Fortbewegung mit dem rechten oder linken hinteren Bein startet, ob es sich also um einen Rechts- oder Linksgalopp handelte – die Bewegungen waren schlicht zu schnell und chaotisch für sein Auge. Mit Übung und Beobachtung konnte er jedoch seine Wahrnehmung an einen Punkt verfeinern, ab dem ihm diese Unterscheidung plötzlich möglich war. Es habe keiner zusätzlichen visuellen Information bedurft, sondern nur der Verfeinerung der Wahrnehmung durch Training.[145]

---

144 DePaul 1993, 202.

145 Vgl. DePaul 1993, 203f. Hier könnte man kritisch einwenden, dass neue Wahrnehmungsüberzeugung, die sich mit der Zeit einstellt, doch auch eine neue Information ist: Ein neues Urteil, das vorher nicht da war. Handelt es sich denn nicht um die neue Information »das Bein hinten links hat sich zuerst bewegt«? Und könnte man dann nicht alles Folgende methodisch intellektualistisch verstehen? Wäre dann das Training der Wahrnehmungspraxis nicht die Suche nach neuen »feineren« Informationen, die für das Überlegungsgleichgewicht relevant sind? Zumindest die Übung der Urteilspraxis wäre dann intellektualistisch inspiriert – die Methode als ganze, kann man aber mit DePaul aber dennoch von rein intellektualistischen trennen, weil der Erwerb neue Informationen mit einer Änderung der Wahrnehmungspraxis und Urteilskraft zusammenhängt.

Ähnlich wie das Training der Wahrnehmungsfähigkeit der Sinne stellt sich DePaul die Verfeinerung der moralischen Wahrnehmung vor, auch wenn dies natürlich keine perfekte Analogie sei. Nur wenn man seine moralische Urteilsfähigkeit schule, seien am Ende die moralischen Urteile, die man in komplexen Situationen in ein Gleichgewicht bringen möchte, auch externalistisch gerechtfertigt (»warranted«).[146] Die Rezeption von Kunst könne, wie *Balance and Refinement* empfehle, eben nun zu diesem Training beitragen, weil sie die komplexen moralischen Situationen, an denen man sich schulen muss, in besonders zugänglicher Form darstellt.[147]

Wenn man die moralische Urteilspraxis ähnlich der Sinneswahrnehmung verstehe, könne man auch DePauls Vorstellung von Korruption damit nachvollziehen – ähnlich wie der Weinkenner durch den übermäßigen Genuss von minderwertigen Weinen seine Fähigkeit verlieren könne oder, wie John Stuart Mill meinte, wie man durch die niederen Tätigkeiten normaler Arbeit von den höheren geistigen Genüssen entfremdet werde.[148]

Dies alles ist jedoch – das gesteht DePaul selbst ein – weit entfernt von einem Beweis dafür, dass die Methode *Balance and Refinement* tatsächlich extern gerechtfertigte (›warranted‹) moralische Überzeugungen liefert. Dazu müsste er wohl zeigen, dass die moralischen Urteile bestimmter epistemischer Akteure ähnlich der sinnlich erzeugten oder hervorgerufenen Urteile verlässliche Urteile sind. Doch dies zu beweisen, war gar nicht das Ziel von DePaul – er wollte nur schlicht die Möglichkeit hierzu plausibilisieren.[149]

Die Methode selbst hat dann natürlich keinen oder nur wenig Anteil daran, dass die moralischen Urteile eine externe Rechtfertigung besitzen. Doch nach DePaul muss die Methode auch eben nicht alles sichern: sie sichert die Rationalität des Überzeugungssystems, das ist, was sie sicher leistet. Dass die Überzeugungen auch von einem externen Standpunkt aus gerechtfertigt sind, ist nicht hauptsächlich Aufgabe der Methode, sondern der entsprechenden Person, die zusehen muss, dass sie eine adäquate Urteilspraxis entwickelt und ausreichend verfeinert.[150] Wenn *Mr. Magoo* die Methode anwenden würde, dann wäre sein Überzeugungssystem rational, aber – weil seine Urteilspraxis von einem externen Standpunkt gesehen aus einfach falsch ist – kein moralisches Wissen, weil es nicht auf objektiv (im externalistischen Sinn)

146 Vgl. DePaul 1993, 204f.
147 Vgl. DePaul 1993, 205ff.
148 Vgl. DePaul 1993, 207f.
149 Vgl. DePaul 1993, 209.
150 Vgl. DePaul 1993, 209f.

gerechtfertigten Urteilen basiert.[151] Dies spreche aber eher gegen *Mr. Magoo* als gegen die Methode:

> »In case of moral inquiry, our goal is complex, as I have said many times, including both rational and warranted belief. The method of balance and refinement has a great deal to do with insuring that the inquirer's beliefs will be rational, relatively less to do with those beliefs being warranted. But this is no fault of the method. I take it that we employ something very close to the method of balance and refinement in forming a common-sense/scientific conception of the world around us. Surely if this method were to be employed by Mr Magoo, his picture of the world would be very odd. I'm inclined to say that this picture would be rational, in spite of its oddity, but not warranted. The important thing to see, however, is that this latter fact counts against Magoo, not the method. [...] Moreover, while one might maintain that rational belief is not in general a necessary condition for knowledge, or warrant, rationality is necessary for the kind of systematic, rational moral knowledge that is the goal of the moral theorist.«[152]

Aber die Methode kann nach DePaul zumindest in gewissen Umständen dabei helfen, dass wir nicht das Schicksal von *Mr. Magoo* erleiden – sie hält uns zumindest an, unsere Urteilspraxis bestmöglich zu schärfen und zu trainieren. Was DePaul zeigen wollte, war, dass ein großer Teil der moralischen Untersuchung in dem Verfeinern und Entwickeln des moralischen Urteils bestehen könnte, wobei die Fähigkeit zum moralischen Urteil derjenigen einer Wahrnehmungsfähigkeit ähneln könnte:

> »If I am right, a part of moral inquiry might be taken to resemble the training and then improvement, through experience, of perceptual abilities as, e.g., in the case of an expert horse trainer.«[153]

Doch nicht jede Fähigkeit, die aus der internen Betrachtung analog zur Wahrnehmung beschrieben werden kann oder gesehen wird, kann am Ende auch extern gerechtfertigte Überzeugungen erzeugen. Man kann sich einerseits einen Fährtenleser vorstellen, der durch Training allmählich die Spuren der Tiere von einem objektiven Standpunkt aus gesehen richtig deuten kann, und so Wissen besitzt – andererseits aber auch einen Schamanen, der durch Drogen in einen Rausch gerät in dem er mit den Geistern spricht, und der diese Fähigkeit – die er als eine Art »Sehen« begreift, kultiviert und immer weiter verfeinert. In diesem Fall – sofern es, dem Argument zuliebe, von einem objektiven Standpunkt aus gesehen Halluzinationen sind und es keine Geister im Sinn

151 Vgl. DePaul 1993, 210.
152 DePaul 1993, 209f.
153 Vgl. DePaul 1993, 213.

des Schamanen gibt – handelt es sich aber nach externen Standards gemessen nicht um eine Fähigkeit die verlässlich wahre Überzeugungen herstellt. Also hat der Schamane, der intern davon ausgeht zu Wissen (nehmen wir an, er folgt DePauls Methode), extern betrachtet keine gerechtfertigten Überzeugungen hat und damit kein Wissen. DePaul wollte nun nicht zeigen, dass wir tatsächlich zu moralischem Wissen gelangen werden, wie der Fährtenleser – aber er wollte zeigen, dass dies eventuell möglich ist. Wir könnten zwar am Ende wie der getäuschte Schamane dastehen, aber wenn moralische Untersuchungen etwas sind, das wir ohnehin im Leben nicht ablegen können, für das wir uns also nicht entscheiden müssen, dann spielt dieses Risiko keine Rolle – denn DePaul meint ja gezeigt zu haben, dass es keine anderen akzeptablen Methoden im Angebot gibt. Damit sind die Hoffnungen zu moralischem Wissen zu kommen für all die, die ohnehin moralische Untersuchungen vornehmen und davon auch gar nicht lassen können, aber durchaus berechtigt. Dasselbe Argument könnte natürlich auch eine Hoffnung für den Schamanen erzeugen, aber das spricht nicht unbedingt gegen das Argument.[154]

DePaul ging es insgesamt, neben einer Verteidigung einer speziellen Form des Überlegungsgleichgewichts als einziger Methode der rationalen Kritik und Untersuchung, um eine Widerlegung der dominanten Ansicht, moralische Untersuchungen ausschließlich methodisch intellektualistisch und mechanistisch zu betrachten. Er wollte aufzeigen, dass moralische Untersuchungen eben nicht wie ein Algorithmus gelöst werden können, sondern Persönlichkeit erfordern:

> »I think it is fair to describe the dominant conception of moral inquiry as intellectualist and mechanical. The idea is to perform certain quasi-logical operations on believed propositions, operations that will yield a comprehensive moral theory, and allow evaluations of particular actions, where the operations in question are as close to algorithmic as possible. Even so liberal-minded a methodology as Rawlsian wide reflective equilibrium seems to adopt this picture of moral inquiry. My aim has been to oppose any such mechanical conception. While arguments surely have an important place in any philosophical inquiry into morality, they are not the whole story. A significant part of moral inquiry is concerned with refining our ability to make sensitive moral judgments. We must both seek to improve our judgment, and to fit our judgments together into a systematic moral outlook. Contemporary writers concerned with moral methodology have almost exclusively focused on the latter element of inquiry. I wish to correct their vision. I have sought to show that methods that do not pay serious attention to the origin of our moral judgements, and the development of our capacities for making such judgements, cannot guarantee inquirers so much as rational, let alone warranted, moral beliefs. Once our vision is corrected, certain

154 Vgl. DePaul 1993, 213.

things stand out, things that previously we were unable to see: moral conversions, the possibility of naïveté and corruption, and the significant, nearly essential, role of life experience and experience with literature, film, theater, music and art in moral inquiry. Although I move away from the predominant conception of moral inquiry by small steps, I end up with a totally different perspective. And if I really have rendered moral inquiry aright, our practices must change. We should no longer even want ethics to look like mathematics or science, as so many contemporary moral theorists seem to want. Instead, we will think of moral inquiry as involving a roughly equal blend of the individual inquirer developing and improving her moral sensibility, and the individual seeking to examine and revise the various judgements her refined sensibility produces and to construct a theoretical account that systematizes theses judgements. The latter will allow much of moral inquiry to be continuous with practice. But the former suggests that philosophical inquiries into morality, and also, then, philosophical writing about morality, must include, for example, detailed reflection on specific novels, films, and real-life experiences, where the intention is not to provide some argument, but quite literally to bring oneself and others to perceive what we have as yet been unable to see.«[155]

5.1.8 *Kritische Zusammenfassung*

DePaul präsentiert durchaus plausible Gründe dafür, warum man für die adäquate Beantwortung moralischer Fragen als epistemischer Akteur methodisch nach prägenden Erlebnissen suchen sollte, was die Suche nach Balance im Sinne einer dynamisch verstandenen Methode des Überlegungsgleichgewichts dann zu einem nicht rein intellektuellen Unterfangen macht.

Allerdings steht dies eben nicht zwingend im Gegensatz zur konventionellen Idee des Überlegungsgleichgewichts im Sinne von Rawls und Daniels. DePaul möchte zwischen dem weiten Überlegungsgleichgewicht von Rawls und Daniels, das er als konservativ und statisch ansieht und einem radikalen Überlegungsgleichgewicht trennen, das er mit moralischen »Konversionen« verbindet, die in keinem Bezug zu anderen Überzeugungen des fraglichen epistemischen Akteurs stehen müssen und daher für diesen auch nicht rational erklärbar sein müssen. Hier irrt er meines Erachtens.[156] Die Suche nach »prägenden Erlebnissen« darf nicht als eine völlig unbegründete Suche nach diskontinuierlichen Überzeugungsänderungen verstanden werden, die ihrerseits durch nichts sonst begründet oder gerechtfertigt werden. Vielmehr sollte diese Suche – hauptsächlich – als Suche nach besonders ausgezeichneten neuen Erlebnissen und Erfahrungen verstanden werden, in deren Licht neue Überzeugungen und Urteile in die reflektive Untersuchung moralischer Fragen eingehen. Solche neu erworbenen Überzeugungen sind rational im

155 Vgl. DePaul 1993, 213f.
156 Vgl. auch Tappolet 1998, 473f.

Sinne eines konventionellen (und dennoch dynamischen) Überlegungsgleichgewichtsprozess und können zu einer Veränderung des jeweiligen Überzeugungssystems Anlass geben. Falls man allerdings annehmen würde, dass die gesuchten Erlebnisse ausschließlich deswegen begehrenswert sind, weil sie als wertvoll betrachtete neue Überzeugungen bereithalten, würde DePaul dies als unzureichend betrachten und die entsprechende epistemische Position als intellektualistisch bezeichnen: Nach ihm kommt es hier eben nicht nur auf zusätzliche Informationen an, die einem epistemischen Akteur, der moralische Untersuchungen unternimmt, noch fehlen. Es kommt vielmehr darauf an, dass diese wertvollen Erlebnisse den Akteur selbst ändern können.

Wenn man DePaul folgenden Punkt zugesteht, kann man sich dem Vorwurf des Intellektualismus aber entziehen: Wichtig – und Teil der Methode des Überlegungsgleichgewichts – ist, wenn es prägende Erfahrungen gibt, nicht nur die neue Überzeugung, die erworben werden kann, sondern auch die mögliche Auswirkung einer prägenden Erfahrung auf die tatsächliche Urteilspraxis. Dieses Zugeständnis könnte man mit folgenden Hintergrundüberlegungen plausibilisieren: Manchmal kommt man rational zu der Auffassung, dass bestimmte Urteile, die man fällt, falsch sind – wenn man etwa seine kulturell anerzogenen, eindeutig unbegründeten, aber latent vorhandenen rassistischen Urteile für falsch erachtet – man bemerkt jedoch, dass diese rationale Einsicht an der Urteilspraxis selbst nichts ändert. Wenn man denkt, dass bestimmte prägende Erlebnisse diese Urteilspraxis ändern können, wäre man im Rahmen einer Methode, die auf ein Gleichgewicht unserer Überzeugungen hinwirkt, sicherlich aufgefordert, dieses Mittel der Überzeugungsänderung zu versuchen, wenn ein rein intellektualistischer Anpassungsversuch unwirksam ist. Da es nicht unplausibel ist, dass es derart prägende Erfahrungen gibt und wir manchmal nur indirekt Gewalt über unsere Überzeugungen und Urteilspraxis haben, scheint die Forderung DePauls prägende Erfahrungen mit ihrem bleibenden Einfluss auf die Urteilsbildung als Element eines moralischen Überlegungsgleichgewichts stets einzubeziehen aus rein epistemischen Gründen plausibel.[157]

DePaul legt einem zwar außerdem nahe, dass eine verfeinerte moralische Urteilskraft, gegeben glückliche epistemische Umstände, zu einem verlässlichem Moralempfinden mit Blick auf wahre Überzeugungen führen kann, doch auch hier könnte es sein, dass keine Konvergenz in Bezug auf die Urteile verschiedener epistemischer Akteure mit verfeinertem Moralempfinden auftritt – man könnte in diesem Zusammenhang hinterfragen, ob DePauls Vorschlag nur unter der Prämisse eines moralischen Realismus und eines

157 Vgl. auch Tappolet 1998, 474.

emotionalen Zugangs zu moralischen Fakten plausibel ist.[158] Die von DePaul geforderte Änderung der Urteilspraxis ist in bestimmten Fällen jedoch auch ohne derart kontroverse Annahmen schlicht epistemisch adäquat und überdies notwendig, damit nicht ständig der Überlegungsgleichgewichtsprozess bemüht werden muss, um vor irrationalen Überzeugungen und Handlungen zu schützen.

Von DePaul wird also auf zwei Punkte aufmerksam gemacht, welche Rawls und Daniels nicht betont haben und vielleicht auch nicht vertreten würden, die jedoch mit ihrem methodischen Konzept vereinbar sind:

1. Es lässt sich plausibel dafür argumentieren, dass es im Bereich des Moralischen notwendig ist, bereichernde prägende Erfahrungen zu suchen, damit unser Überzeugungssystem notwendige Korrekturen erfahren kann – mittels neuer Information und wirksamer rational begründeter Änderung der Urteilspraxis; tut man dies nicht, obwohl man die Gründe für die Suche nach bereichernden prägenden Erfahrungen anerkennt, ist man irrational, da man gegen die eigenen epistemischen Gebote verstößt, und hat letztendlich keine adäquate Rechtfertigung für sein Überzeugungssystem.
2. Die Suche nach einem Überlegungsgleichgewicht beinhaltet also sowohl eine Suche nach prägenden Erfahrungen, welche die moralische Urteilspraxis verfeinern (nicht korrumpieren) und gegebenenfalls eine intellektualistisch bereits begründete Überzeugungsänderung emotional verankern – beispielsweise recht »gefahrlos« über Kunst, wie Literatur, Theater oder Film –, als auch entsprechende Handlungen und Routinen im »echten Leben«.[159]

Als wichtiger Beitrag von DePaul kann, wenn man diese Einschätzung teilt, also nicht unbedingt eine substanzielle Korrektur der Standardinterpretation der Methode gesehen werden – auch wenn er bei der Problematisierung des Überlegungsgleichgewichts viele wichtigen Analysen zum tieferen Verständnis der Methode bietet –, sondern die Plausibilisierung einer Konkretisierung und Erweiterung derselben: Wer moralisches Wissen erlangen will, der muss das Überlegungsgleichgewicht als praktische und theoretische Untersuchung zugleich begreifen, die Teil seines alltäglichen Lebens wird: Man könnte sagen, DePaul will verdeutlichen, dass das die Methode des Überlegungsgleichgewichts

158 Vgl. Timmons 1995, 652f.

159 Rawls betont in seiner Dissertation ebenfalls, dass für rationale moralische Urteile gegebenenfalls Imagination benötigt wird – er verweist zwar nicht explizit auf Theater und Film, aber man kann diese Position als im Einklang mit DePauls Punkt betrachten. Vgl. Ralws 1950, 56.

als Lebensform verstanden werden muss – was aber durchaus nicht im Gegensatz zu Rawls' oder Daniels' generelleren Methodik steht.

Die Überzeugung, dass es einer Verfeinerung der moralischen Urteilskraft bedarf, um Naivität und kulturell korrumpierte Überzeugungen zu überwinden, ist dabei aber selbst eine Überzeugung, die innerhalb eines Überlegungssystems besteht und in dem Sinne gerechtfertigt werden sollte, dass dieses System als ausbalanciert ausgezeichnet werden kann – also als Überlegungsgleichgewicht. DePauls – prima facie recht plausible – methodische Forderung muss also als Teil eines metaethischen Überlegungsgleichgewichtsprozesses verstanden werden. Wenn man DePaul anders interpretieren möchte, nämlich dass unabhängig von der eigenen epistemischen Überzeugung die Naivität und Korruption durch Rezeption von Kunst bekämpft werden müsste, könnte man DePaul nämlich des Widerspruchs bezichtigen, da er stets angibt, dass man – um rational zu handeln – stets gemäß der eigenen Standards handeln muss.[160] Dies gilt – und er sagt das explizit auch an einigen Stellen – auch für seinen methodischen Vorschlag zur Erweiterung des weiten Überlegungsgleichgewichts.

Ebenso wichtig ist DePauls Argumentation dafür, dass die weite Fassung des Überlegungsgleichgewichts als die einzig mögliche rationale Methode ausgezeichnet werden kann: Wenn dieser Argumentationsschritt gelingt, ist sie allerdings so weit gefasst, dass sie selbst von den meisten Kritikern der Methode angewendet wird und diese dies auch (auf der Metaebene) bereit wären anzuerkennen. Wichtig ist in diesem Zusammenhang auch die Vielfalt der Ziele von (moralischen) Untersuchungen – es geht nicht nur darum wahre Überzeugungen zu haben, auch nicht nur darum, dass man verlässlich wahre Überzeugungen hat, sondern auch darum, dass man sie rational begründen kann. Wenn eine Methode als einzige die Rationalität sichern kann und Raum für verlässliche Überzeugungen hat, dann ist sie nach DePaul akzeptabel – zumindest dann, wenn keine andere Methode mit Blick auf das Ziel von verlässlich wahren Überzeugungen besser abschneiden kann. Dies wird von DePaul jedoch einfach vorausgesetzt. Sollte er solch eine wichtige Behauptung nicht besser belegen? Ein Weg sich dem zu entziehen wäre, den Vertretern von Methoden, die verlässlich wahre moralische Überzeugungen sichern können sollen, einfach die Beweislast aufzuerlegen. Doch selbst, wenn man diesen Schritt als legitim ansehen würde, wäre unklar, ob er befriedigender ist, als die von DePaul kritisierte Vertröstungsstrategie Norman Daniels', der darauf setzt, in der Zukunft für die Verlässlichkeit der Methode

160 Vgl. etwa Copp 1996, 961f; vgl. ebenso Hahn 1995, 416.

des Überlegungsgleichgewichts im Moralischen argumentieren zu können, wenn man die Nutzung der Methode fürs erste einmal zugestanden habe.

5.2 *Considered Judgement*: Catherine Elgin

Elgin möchte einen Mittelweg aufzeigen, zwischen einerseits der Suche nach einem Vorgehen, das zu unbezweifelbaren Wahrheiten führt oder doch zumindest gegen epistemisches Unglück verlässlich sichern soll und andererseits einem radikal freischwebenden Kohärentismus oder Relativismus.[161] Vor dem Hintergrund, dass die beiden anderen Ansätze zum Scheitern verurteilt wären – was in einem ersten Schritt begründet wird –, soll die Methode des Überlegungsgleichgewichts aus rationaler Sicht als einzig akzeptables Vorgehen ausgewiesen werden. Wenn ein Überzeugungssystem sich in einem Überlegungsgleichgewicht befindet, entspreche es dem Standard rationaler Akzeptabilität:

> »A system of thought is in reflective equilibrium when its components are reasonable in light of one another, and the account they comprise is reasonable in light of our antecedent convictions about the subject at hand. Such a system affords no guarantees. It is rationally acceptable, I contend, not because it is certainly true but because it is reasonable in the epistemic circumstances.«[162]

Wenn man zusätzlich zur Gewissheit auch Wissen als Ziel aufgebe und mit der Verfolgung der Methode des Überlegungsgleichgewichts im Sinne Elgins hingegen vor allem ein Verstehen anstrebe, eröffne dies auch den Spielraum für den Einbezug von Kunst, Metaphorik, Fiktion und Emotion in unsere epistemische Praxis:

> »I suggest that in abandoning the quest for certainty we gain opportunities for a broader epistemological purview – one that comprehends the arts and does justice to the sciences. The position I advocate thus recognizes that metaphor, fiction, emotion, and exemplification often advance understanding in science as well as in art.«[163]

Hier kann man eine gewisse Parallele zu DePauls Betonung der Komplexität der epistemologischen Ziele erkennen und ebenso eine Erweiterung des

161 Vgl. Elgin 1996, ix.
162 Elgin 1996, ix.
163 Elgin 1996, ix.

Blickwinkels auf die Bedeutung von Kunst und Erfahrungen.[164] Elgin betont dabei, dass das Verstehen eben nicht nur als Mittel zur Erreichung bestimmter Zwecke gedacht werden muss, sondern, dass es auch oft genug als Selbstzweck angesehen werden muss:

> »Unaccountable success, like inexplicable failure, disconcerts. Even when our undertakings achieve their objectives, we endeavor to understand them. We wonder how our projects, practices, interests, and institutions fit into the greater scheme of things, what they contribute to and derive from it. Our curiosity extends beyond our parochial concerns with commerce, politics, and law. We want to comprehend the interlocking systems that support or thwart our efforts. If we start out expecting thereby to gain fame, fortune, and the love of admirable people, many of us conclude that understanding itself is worth the candle. The epistemic quest need serve no further end.«[165]

Erkenntnistheorie ist nach Elgin immer auch etwas Normatives – eine epistemische Handlung oder Haltung kann berechtigten Lob oder Tadel nach sich ziehen.[166] Es gebe in der Erkenntnistheorie aber unterschiedliche Ansichten darüber, welches Vorgehen bei Untersuchungen mit dem Ziel des Verstehens als richtig oder falsch zu bewerten ist. Man kann die erkenntnistheoretischen Methoden, die zu einem Verstehen bestimmter Sachverhalte führen sollen und die mit den rivalisierenden epistemologischen Positionen zusammenhängen, mit Elgin grob in drei Typen einteilen:[167]

1. Eine *Perfect Procedural Epistemology*, bei der eine Prozedur ein Ergebnis (»outcome«) sichert, das einem unabhängigen Kriterium entspricht – etwa, dass die Überzeugungen, die aus der Prozedur resultieren, den Tatsachen in der Welt notwendig entsprechen; es geht darum zwingende Gründe für seine Überzeugung zu haben. Als Beispiel könne man sich ein ideales Messinstrument denken, etwa ein perfekt funktionierendes Thermometer.[168] Das Resultat einer Methode gemäß der *Perfect Procedural Epistemology* wären also Überzeugungen, die garantiert wahr sind und nicht falsch sein können.[169]

164 Auf DePauls früher erschienenes Werk *Balance and Refinement* sowie seine Artikel nimmt Elgin allerdings in keiner Weise Bezug.

165 Elgin 1996, 3.

166 Vgl. Elgin 1996, 5.

167 Zu dieser Einteilung der Epistemologie wurde Elgin nach eigenem Bekunden durch eine Stelle in Rawls' *A Theory of Justice* inspiriert (Rawls 1971, 85). Vgl. Elgin 1996, 4.

168 Vgl. Elgin 1996, 4ff.

169 »[...] a perfect procedure provides a guarantee. Having satisfied its standard, the sentences it sanctions are immune to falsity and invulnerable to luck.« Elgin 1996, 6.

2. Eine *Imperfect Procedural Epistemology*: Darunter möchte Elgin verstehen, dass man ebenso annimmt, dass es doch eine von unseren epistemischen Mitteln unabhängige Realität gibt, an der sich unsere Untersuchungsergebnisse messen lassen müssen, der Unterschied zur *Perfect Procedural Epistemology* bestehe nun aber darin, dass man zusätzlich annimmt dass unsere Methoden uns kein korrektes Ergebnis sichern können. Wenn unsere Mittel völlig inadäquat wären, oder nicht besser als zufälliges Raten, dann könnte man eventuell zu dem Schluss kommen, eine methodische Untersuchung mit Ziel des Erkenntnisgewinns aufzugeben. Doch dies ist ja nicht der Fall – wenn man sich, wie etwa bei einem Gerichtsverfahren, bewusst ist, dass eine Jury fehlbar ist, sie aber meist zu glaubwürdigen Ergebnissen gelangt, dann ist die Wahrheitsfindung vor Gericht durch ein Urteil der Jury vor dem Hintergrund eines bestimmten Verfahrens immer noch tragbar – es sei denn, es wäre uns ein noch zuverlässiger erscheinendes Vorgehen bekannt.[170] Es geht hier also darum überzeugende Gründe für eine Überzeugung zu haben. Bei einem regelkonformen Gerichtsverfahren, kann jedoch am Ende dennoch ein Justizirrtum stehen, weshalb das Resultat des Verfahrens stets anfechtbar und korrigierbar bleibt.[171]
3. Eine *Pure Procedural Epistemology*, bei der es kein von dem epistemischen Verfahren unabhängiges Kriterium dafür gibt, ob die Überzeugungen als Resultat des Verfahrens auch wahr und gerechtfertigt sind – allein, dass die Prozedur korrekt durchgeführt wurde, lässt das Ergebnis gültig sein. Es geht also hier darum, dass bestimmte prozedurale Gründe konstitutiv für die Wahrheit einer bestimmten Überzeugung sind. Beispiel: Ein Turnier – wer der Champion ist, ist dies alleine gemäß den Regeln des Turniers selbst – war der Sieg regelkonform, ist es gewiss ein Sieg, ohne dass andere Kriterien erfüllt sein müssten – sinnvoll angezweifelt werden kann höchstens die Regelkonformität im Gegensatz zum Beispiel des Gerichtsverfahrens.[172]

---

170 Vgl. Elgin 1996, 10f.

171 »Forced to admit fallibility, the imperfect procedural epistemology demands corrigibility. Knowing that some well-founded conclusions are erroneous, she incorporates into her epistemology mechanisms for reviewing and revising or rejecting previously accepted claims.« Elgin 1996, 12.

172 »Pure procedures do not purport to disclose what is already the case. They do not claim to generate correspondence to a mind-independent reality or to realize antecedently accepted values. What makes the outcome of a pure procedure right is simply its being a product of that procedure. […] A constellation of norms, conventions, rules, and objectives constitute a practice and defines the pure procedures belonging to it. Together its components specify what counts as performing the procedures and what counts as

Nach Elgin ist das Überlegungsgleichgewicht eine Form der *Imperfect Procedural Epistemology* und erkenntnistheoretisch die adäquate Methode und wendet sich damit gegen die beiden anderen methodologischen Positionen.[173] Welche Argumente nun genau gegen die beiden Formen der Epistemologie angeführt werden können, die mit dem Überlegungsgleichgewicht nach Elgins Ansicht unvereinbar sind, wird von ihr im Folgenden ausführlich untersucht.

5.2.1 *Irrweg starker Fundamentalismus*

Elgin möchte aufzeigen, dass eine auf Gewissheit bedachte Epistemologie mit perfekt gedachter Prozedur als Position nicht haltbar ist. Ziel des starken Fundamentalismus[174] – so kann die *Perfect Procedural Epistemology* auch bezeichnet werden – ist dabei die irrtumsfreie Sicherung wahrer Überzeugungen:

> »Foundationalism is a perfect procedural stance. It sets its sights on an independent objective – truth – and adopts standards whose satisfaction assures that its goal has been reached. Any judgement that satisfies its standards is immune to error.«[175]

Eine stark fundamentalistische Methode greift dabei klassischerweise auf Grundüberzeugungen zurück, die notwendig wahr und somit endgültig gerechtfertigt seien. In der Philosophiegeschichte ist dieser Status unterschiedlichen Typen von Aussagen zugestanden worden: Etwa analytischen Aussagen (»Vixens are female foxes«, »No bachelors are married«), mathematischen Wahrheiten beziehungsweise in der Terminologie nach Kant *Synthetischne Sätzen a pirori* (»7+5=12«), fundamentalen Gesetzen – etwa, dass jede

---

doing so successfully. The criteria set the stage but do not identify the players. Only if the procedure is actually carried out are its performers and products determinate. For a pure procedure does not merely reveal its results; it generates them.« Elgin 1996, 15f.

173 Vgl. Elgin 1996, 20.

174 Elgin unterscheidet in *Considered Judgement* nicht zwischen starkem, moderatem und schwachem Fundamentalismus. Sie bezieht sich mit dem Ausdruck »Fundamentalismus« meist auf den starken Fundamentalismus. Sie argumentiert allerdings dafür, dass moderate Formen des Fundamentalismus dieselben strukturellen Probleme teilen. An anderer Stelle unterscheidet Elgin aber zwischen verschiedenen Formen des Fundamentalismus explizit und sieht ihre Position als vereinbar mit dem schwachen Fundamentalismus an. Vgl. Abschnitt 6.3.1.

175 Elgin 1996, 21. Wenn irrtumsfreie wahre Grundüberzeugungen existieren und diese ihre Rechtfertigung an logisch ableitbare Überzeugungen weitergeben können, kann ein komplexes Überzeugungssystem gerechtfertigt werden, dass auf einem sicheren Fundament fußt. Dieses Bild des Fundamentalismus, das Elgin zeichnet, passt allein zum starken Fundamentalismus. Vgl. Elgin 1996, 22ff.

natürliche Zahl einen Nachfolger hat (zweites Peano-Axiom), Kants *Kategorischem Imperativ*, einigen aufrichtigen Selbstzuschreibungen (etwa »Ich freue mich!«) oder Sätzen mit indexikalischen Ausdrücken (wie »Ich bin jetzt hier.«). Man kann diesen Aussagen nicht ohne gute Begründung absprechen, dass sie einen Inhalt haben und dennoch – so der Anspruch –sei ihre Wahrheit evident, notwendig oder anderweitig gesichert, ein Irrtum sei bei ihnen ausgeschlossen.[176]

Wenn man von derart endgültig gerechtfertigten Wahrheiten – stark fundamentalistischen Grundüberzeugungen – durch korrekte Schlussfolgerungen, welche Wahrheit und Rechtfertigung erhalten, zu weiteren Überzeugungen gelangt, dann gelte eben auch für diese, dass sie garantiert wahr sind. Und wenn man aufzeigt, dass sich abstrakte Theorien und Hypothesen deduktiv auf unfehlbare Grundüberzeugungen beziehen, können diese wiederum die Theorie zumindest induktiv stützen und auf diese Weise eine unvollkommene Rechtfertigung erzeugen, die auf vollkommener Rechtfertigung aufbaut.[177]

Auf diese Weise wäre es Anhängern eines starken Fundamentalismus möglich, Überzeugungen in unterschiedlichen miteinander verbundenen Untersuchungsbereichen adäquat zu rechtfertigen und damit systematisches Wissen methodisch zu erlangen. Die Rechtfertigung einzelner Überzeugungen gehe dabei aber nur von einer einzigen Richtung aus – den notwendig wahren Grundüberzeugungen – der Fundamentalismus etabliere also eine »Einbahnstraße« der Rechtfertigung:

> »Justification starts with sentences that are self-sustaining and is transmitted to other sentences by inferential chains. The conclusions require the support of the premises; without it, they are untenable. The premises, however, are epistemically autonomous; they derive no epistemological benefit from their relation to their consequences. Justification is a one-way street.«[178]

176 Vgl. Elgin 1996, 6ff, 21–24.

177 »Claims at different epistemic levels are connected deductively and inductively. If a lofty hypothesis H is true (given what H means) epistemically prior statemets C1, ..., Cn are likewise true. For C1, ..., Cn are deductive consequences of H. We know this simply by knowing what H means. So if C1, ..., Cn are all justified, H is justified as well. Moreover each member of the series C1, ..., Cn affords inductive support for H. When nothing is known about the epistemic status of C2, ..., Cn, then if C1 is justified, we have evidence for and hence some reason to believe H. Given the meanings of our terms, deductive arguments determine what is required for justification; inductive arguments supply evidence that the requirements are, or that they are not, met.« Elgin 1996, 27f.

178 Elgin 1996, 8.

Dem Ergebnis der *Perfect Procedoral Epistemology* komme zwar das höchste Maß an epistemischer Sicherheit zu – sofern es ein erfolgreiches Programm sei –, leider stelle es auch sehr hohe Hürden für die Rechtfertigung von Aussagen auf, die wir tatsächlich für wahr und gerechtfertigt halten. Der Bereich des Wissens, den diese fundamentalistische Position erlaubt, wäre wohl kleiner als der Bereich, den wir im Alltag als solchen anerkennen.[179]

Elgin problematisiert drei Punkte an dieser epistemologisch fundamentalistischen Position:

1) Das Konzept von unfehlbaren Grundüberzeugungen sei problematisch, man könne diese nicht auf eine adäquate und brauchbare Weise bestimmen oder beschreiben
2) Die Stärke der induktiven Stützung von Hypothesen durch die Grundüberzeugungen sei unzureichend
3) Die Idee der konzeptionellen Notwendigkeit, die für die die Verbindung von verschiedenen Überzeugungsarten – Grundüberzeugungen und Hypothesen – im starken Fundamentalismus notwendig sei, sei unhaltbar.[180]

Zu 1): Die irrtumsresistenten Grundüberzeugungen, die bestimmt werden müssen, erfüllen Elgin zufolge klassischer Weise in etwa die Rolle, die Beobachtungssätze im Rahmen des *Logischen Empirismus* gespielt haben.[181]

---

179 »Perfect procedural epistemology demands cognitive security. […] Preferring ignorance to error, it excludes from knowledge anything that cannot pass its stringent test. A variety of cognitive states, functions, and abilities fail to measure up. Being nonsentential, a painter's sense of color, a farmer's feel for the land, a poet's sensitivity to nuance can neither be evaluated in terms of truth nor justified by inference. Such sensibility is thus not knowledge. Nor is every truth bearer a candidate for knowledge. Those that are neither intrinsically credible nor susceptible of inferential justification are out of the running. Neither the insight in an apt metaphor affords nor the understanding a great fiction engenders count as knowledge; for they are not backed by appropriate guarantees. […] A perfect procedure prevents falsehoods from passing for truths. It need not be, and is not, sensitive enough to discriminate truth from falsehood in every case. Some truths (along with falsehoods) fail its test and are thus denied the status of things known.« Elgin 1996, 9.

180 Vgl. Elgin 1996, 30.

181 Elgin bezieht sich bei ihrer Charakterisierung des (starken) Fundamentalismus jedoch explizit auf die Theorie von C. I. Lewis: »Early foundationalists framed the issue in terms of a distinction between relations of ideas and matters of fact. With philosophy's linguistic turn, the point was recast in terms of a distinction between analytic and synthetic sentences. C. I. Lewis recognizes, more clearly than most, what this view of language involves. In his account, lines are drawn in terms of a distinction between linguistic meaning and sense meaning. A word's linguistic meaning consists in the network of definitional relationships that settle its location in a linguistic scheme; its sense meaning consists in the sense presentable characteristics that determine its applicability or

Das Problem, wenn man die Grundüberzeugungen so versteht, ist folgendes: Wenn die Grundüberzeugungen jene Rolle ausfüllen sollen, nach der sie unmittelbar auf die Wahrnehmungserlebnisse der Welt zurückgreifen und darin – die Erlebnisse selbst scheinen ja unbezweifelbar – ihre Wahrheit begründet ist, müssen die Sätze, die Inhalt der Grundüberzeugungen sind, ebenso wie die einzelnen Erlebnisse und Wahrnehmungen, auf die sie Bezug nehmen, atomare Sätze sein, die vollkommen unabhängig von anderen Sätzen sind. Nur wenn die Inhalte der Grundüberzeugungen logisch unabhängig voneinander sind, können sie als absolut gerechtfertigt durch ihren unmittelbaren Kontakt zur Wirklichkeit gelten. Sind sie dagegen in Abhängigkeit mit anderen Sätzen zu verstehen, so wären sie nur gerechtfertigt, wenn diese Sätze wiederum auch gerechtfertigt sind und der Rechtfertigungsregress wäre nicht im Sinne des Fundamentalismus gestoppt. Die logische Abhängigkeit von der Wahrheit anderer Sätze würde sie verwundbar machen, sie wären nicht mehr gewiss, solange nicht die anderen Sätze (und deren abhängige Sätze) ebenso gewiss wären. Wenn wir unsere Wahrnehmung, die ja in Verbindung mit der Grundüberzeugung steht, nun aber sprachlich fassen, etwa »es erscheint mir hier und jetzt etwas Rotes«, dann muss dies dennoch beinhalten, dass »es erscheint mir hier etwas Blaues« falsch ist: wenn die beiden Farbausdrücke aber derart miteinander verknüpft sind, dann sind sie nicht atomar, sondern in ein linguistisches Netzwerk eingebettet, in dem Ausdrücke aufeinander Bezug nehmen. Und wir nehmen auf Wahrnehmungen mit solchen nicht-atomaren Ausdrücken Bezug – ein Bezug mit atomaren Ausdrücken wäre für uns wohl auch gar nicht fassbar oder verständlich. Grundüberzeugungen sind also entweder unverständlich und unbegreifbar für uns, weil sie atomar sind, oder aber sie sind nicht unabhängig von anderen Überzeugungen gerechtfertigt und können ihre Funktion im Fundamentalismus nach Elgin nicht wahrnehmen. Hieran scheint das Konzept der stark fundamentalistischen Grundüberzeugungen schon im Ansatz zu scheitern.[182]

> »The absence of connections between linguistic meanings renders the basis [i.e. (strong) basic beliefs] inscrutable. There is no framework within to discriminate the meanings or referents of basic terms. Experience might be thought to determine the structure of the basis. But this suggestion proves either false or useless.

inapplicability to matters of fact. Linguistic meaning then connects a word with other words; sense meaning connects it, via sensation, with the world. Linguistic meanings are conventional; sense meanings natural. The network of linguistic meanings is a syntactical scheme. Sense meanings infuse that scheme with experiential content. Together the two modes of meaning affect an organization that enables language to express epistemically accessible empirical truths.« Elgin 1996, 31.

182 Vgl. Elgin 1996, 30–34.

For experience *as we conceive it* is informed by linguistic meanings. We do not count something as an experience of crimson if we do not consider it as an experience of red or if we are prepared simultaneously to consider it an experience of blue. Without the sort of organization that linguistic meanings supply, we lack the resources to recognize and classify our own experiences.«[183]

Angenommen, man versteht die Grundüberzeugungen und ihre Inhalte, die selbst unmittelbar gerechtfertigt sein sollen, nicht als atomar, sondern als in unserem Sprachgebrauch – dem linguistischen Netz – begreifbar. Dann folgt eben, dass man zwischen ihnen selbst, da sie nun zueinander in Beziehung gesetzt werden können, prinzipiell Widersprüche entdecken kann. Man denke beispielsweise an die Wahrnehmung, die man hat, wenn man einen Schmetterling wie den *Kardinal* an einem wolkenlosen Tag aus dem Schatten in die Sonne flattern sieht: Laut Elgin meint man vielleicht a) zuerst etwas Rotes wahrzunehmen, b) dann etwas Schwarzes und hat c) zwischen diesen zwei Zeitpunkten keinen Farbwechsel bemerkt. Alle drei Wahrnehmungsüberzeugungen können dann aber nicht zugleich wahr sein, wenn man sie sich nicht atomar denkt.[184] Wenn ohne einen Wechsel, der bemerkt wurde, die Farbe zwei verschiedene Qualitäten zu haben scheint, dann kann im linguistischen Netz eine der drei Grundüberzeugungen nicht korrekt sein, wodurch die Wahrheit der anvisierten epistemischen Basis aber nun insgesamt in Zweifel gezogen ist. Dazu muss noch nicht einmal zugestanden werden, dass Konflikte, wie der eben beschriebene tatsächlich existieren – dies könnte man hinterfragen –, doch allein schon die Möglichkeit eines Konflikts durch die wechselseitige Verbindung der Grundüberzeugungen ergibt das Problem. Allein wenn man dafür argumentieren muss, dass ein bestimmter Konflikt gar nicht auftreten kann, ist eine davon betroffene Grundüberzeugung nicht basal genug. Aus prinzipiellen Gründen stünde man also wieder vor dem alten *Agrippinischen Trilemma* der Rechtfertigung: Entweder die Wahrheit einer der Grundüberzeugungen wird durch Rückgriff auf die Beziehung zu allen anderen Grundüberzeugungen gerechtfertigt – dann ist dies letztlich doch eine zirkuläre Rechtfertigung, auf die man zurückgreift, oder man greift auf immer weitere fundamentalere Ebenen zurück – dann ist man im Regress – oder man stoppt die Rechtfertigung – ist aber dogmatisch beziehungsweise muss sich auf epistemisches Glück verlassen.[185]

183 Elgin 1996, 33.

184 Vgl. Elgin 1996, 36. Vgl. Goodman 1952, 160f. Als weiteres Beispiel könnte man sich auch das in der Einleitung beschriebene Phänomen »Dressgate« erinnern: Bei manchen Personen »sprang« die Farbwahrnehmung des Kleids auf dem Bild von einer zur anderen Farbe.

185 Vgl. Elgin 1996, 36f.

Zu 2): Bekannte Probleme ergeben sich auch aus der rein induktiven Stützung von Hypothesen durch Grundüberzeugungen. Wenn man synthetische Sätze – Hypothesen –, die durch die Basissätze bestätigt werden können, niemals vollständig bestätigen kann, dann bleibe stets die Möglichkeit offen, dass man in Zukunft der Hypothese widersprechende Erfahrungen erhält. Im Alltäglichen nehme man das in Kauf, wenn es aber um unfehlbare Überzeugungen gehe, dann sei solch ein Vorgehen nicht akzeptabel – man erreicht nach Elgin zumindest nicht das, was einem das stark fundamentalistische Programm als Resultat verspricht: Große Bereiche unsere Überzeugungen blieben – selbst vorausgesetzt, die angesprochenen Probleme bezüglich der Grundüberzeugungen können gelöst werden – prinzipiell hinterfragbar und ungewiss. Sicheres Wissen bestünde dann lediglich in ganz isolierten Überzeugungen.[186] Eine Möglichkeit auf dieses Problem zu reagieren sei eine Herabsetzung des strikten Standards des starken Fundamentalismus in Bezug auf Hypothesen – von diesen werde dann gar nicht mehr erwartet, dass sie unfehlbar wahr seien. Doch solch eine Herabsetzung des Standards könne nach Elgin den starken Fundamentalismus nicht retten: Denn auch wenn man zugestehe, dass nicht alle Evidenzen für eine Hypothese zu testen sind und man sich daher mit einer hohen Wahrscheinlichkeit der Wahrheit der Hypothese zufrieden gebe, bleibe man in der Pflicht wahrscheinliche Hypothesen, die falsch sind, auszusondern – wenn man dies nicht könne, sei gesichertes Wissen in Bezug auf synthetische Sätze unerreichbar, da ein epistemischer Akteur in Bezug auf sie auf epistemisches Glück angewiesen sei, was zumindest dem Programm des starken Fundamentalismus nach unannehmbar wäre: Er könnte uns als Ergebnis hier einfach kein Wissen liefern:[187]

> »Lenient foundationalists alternatives – probability, warrant, support, and the like – are not satisfactory substitutes for certainty. A belief is epistemically vulnerable if any of its testable implications remain untested. Even if the evidence is so compelling that nothing could convince us of the falsity of a belief, unfavourable findings can and should undermine our confidence in its truth. When a belief is merely probable, we are hostage to epistemic fortune: if we are lucky, further findings will confirm it; if not, they will disconfirm it. But perfect procedural knowledge is indifferent to luck. So despite the evidence in its favor, such belief is not knowledge.«[188]

Zu 3): Die unüberwindbaren Hauptschwierigkeiten des Fundamentalismus liegen nach Elgin aber in der konzeptionellen oder linguistischen

186 Vgl. Elgin 1996, 34f.
187 Vgl. Elgin 1996, 37ff.
188 Elgin 1996, 39.

Notwendigkeit, mit der abstrakte Hypothesen mit konkreten Beobachtungssätzen verknüpft wären:

> »One final feature of foundationalism remains to be considered: the necessity that links levels of the epistemic hierarchy. It is here, I contend, that insuperable difficulties lie.«[189]

Die Verbindung zwischen den abstrakteren Hypothesen und Beobachtungssätzen als Inhalt von Grundüberzeugungen wird, so die These, durch die begriffliche Bedeutung der Hypothese geschaffen. Die Hypothese »Manche Rosen sind weiß« habe einfach die Bedeutung, dass einige Wahrnehmungen von Rosen mit Wahrnehmungen von etwas Weißem einhergehen – wer dies nicht verstehe, verstehe die Bedeutung der Aussage einfach nicht: Es handele sich hierbei sozusagen um Wissen *a priori*. Wenn dem so ist, sei aber auch klar, welche Art von Wahrnehmungsüberzeugungen für die Hypothese relevant und mit ihr auf notwendige Weise verbunden sind:

> »The meaning of a lofty hypothesis determines exactly which epistemically prior claims are evidentially relevant to it. Although verification may be difficult or even impossible, identification of verification conditions is straightforward. We have no problem recognizing what it would take to know that some roses are white. Moreover, if skepticism can somehow be defused, such an account allows for the incremental growth of knowledge. The meanings of the terms at a given level constitute a scheme that organizes epistemically prior claims into discrete evidence classes. Nothing more is necessary for knowledge that p than that the members of p's evidence class be verified. By rendering evidence selectively relevant, foundationalism thus allows for the possibility of knowing something without knowing everything.«[190]

Doch damit dieses fundamentalistische Schema im wissenschaftlichen Rahmen hypothetisch-deduktiven Schließens nutzbar ist, müsse strikt unterschieden werden können, zwischen hypothetischen Aussagen, die allein auf Konvention beruhen und solchen, die auf Wahrnehmung beruhen (und damit die Hypothesen stützen können): zwischen Analytischen und synthetischen Sätzen.[191] Denn wenn man die Sätze nicht dementsprechend zuordnen könne,

---

189 Elgin 1996, 40.

190 Elgin 1996, 41.

191 »This picture relies on a sharp distinction between scheme and content. At each lofty level, linguistic meanings constitute a network that organizes data into evidence classes. A term's place in such a network determines its linguistic meaning; the epistemically prior claims that bear on its instantiation determine its content. The full meaning of a term is its content as schematized by its linguistic meaning. The structure is ideally suited to hypothetic-deductive reasoning. Since linguistic meanings are conventional, we are

könne man auch die zugehörigen Evidenzklassen nicht bestimmen oder die Position der Aussagen im hierarchisch-fundamentalistischen Netzwerk klarstellen:

> »Language is taken to depend on experience and convention. This seems reasonable enough. For were our conventions different or our experiences different, we would say different things. But foundationalism requires more: the two components must be discriminable. Unless we can differentiate between the conventional and experiential contributions to meaning, neither the location of a sentence in the epistemic hierarchy nor its relation to a specific evidence class is determinate.«[192]

Doch zwischen analytischen und synthetischen Sätzen könne nicht unterschieden werde, so Elgin, die sich bei den folgenden Argumentationen auch explizit an die bereits erwähnte Position Quines anschließt:[193]

> »The difficulty is that convention cannot be segregated from content. Conventions are held to be articulated by analytic sentences, contents conveyed by synthetic sentences. But no clear distinction between the analytic and the synthetic has been drawn.«[194]

Knapp zusammengefasst bestreitet Elgin die Möglichkeit der Unterscheidung aus folgenden zwei Gründen:

1. Wie bei Quine auch schon hervorgehoben lässt sich »Analytizität« nicht mit Hilfe der Begriffe »Synonymie« oder »Definition« klären, da diese ebenso fragwürdig und ungeklärt sind, wie der Begriff des Analytischen. Wir können etwa für viele Ausdrücke, die wir alltäglich problemlos nutzen, keine wirkliche Definition angeben, die auch nur deren Extensionalität korrekt wiedergibt. Außerdem variiert die Deutung: Während »Hunde sind Säugetiere« als tautologisch beziehungsweise analytisch verstanden werden kann, kann »Schnabeltiere sind Säugetiere« als synthetische »Entdeckung« verstanden werden. Wenn »Wale sind Fische« falsch ist,

---

relatively free in the formulation of hypotheses, for conventions are easily contrived. But hypotheses are no mere figments of imagination; their content derives from prior levels of the epistemic hierarchy and, ultimately, from the basis of knowledge in experience. Without that tie to experience, a convention would be contentless – an empty syntactical shell.« Elgin 1996, 41.

192 Elgin 1996, 42.

193 Elgin ist ideengeschichtlich im Zusammenhang mit den Philosophien Quines, Goodmans und Whites zu verstehen (sie hat beispielsweise gemeinsam mit Goodman veröffentlicht). Vgl. die Abschnitte 4.2.1., 4.2.4 und 4.2.5. der vorliegenden Arbeit. Vgl. Elgin 1996, 43.

194 Elgin 1996, 42f.

woran liegt das? An unserer Konvention oder am biologischen Fakt? Die Unsicherheit bestehe auch, wenn man annimmt, die Unterscheidung zwischen analytischen und synthetischen Sätzen wäre unbewusst und sei Grundlage unserer linguistischen Kompetenz.[195]

2. Ein weiterer Grund, ebenso von Quine angeführt, ist, dass man analytisch nicht einfach das nennen kann, was unter allen Umständen für wahr gehalten wird, was also unabhängig von äußeren Umständen sei: Denn ein Satz wie »Es gibt schwarze Hunde« ist einerseits ein klarer Kandidat für einen synthetischen Satz, würde aber von niemand angezweifelt werden, während Konventionen wie logische Schlussregeln durchaus unter bestimmten Umständen auch angezweifelt werden können.[196]

Was bleibt vom fundamentalistischen Projekt, wenn die Unterscheidung zwischen analytischen und synthetischen Sätzen unmöglich ist? Die Verbindung zwischen Hypothesen und Beobachtungssätzen ist nicht mehr notwendig, sondern nur noch möglich – aus einer Bestätigung wird die Vermutung einer Bestätigung, für die argumentiert werden muss. Man muss für eine verlässliche Beziehung zwischen Hypothese und Grundüberzeugung induktiv argumentieren. Doch kann man solch eine Beziehung gemäß dem starken Fundamentalismus adäquat begründen? Für Elgin klarerweise nicht, denn auch die These, dass es sich um eine verlässliche Beziehung handelt, benötigt eine verlässliche Beziehung zu Evidenzen für diese These, damit diese bestätigt werden kann, und dies führt zu dem strukturell gleichen Problem auf anderer Stufe und ist dann selbst wiederum bestenfalls plausibel, aber eben nicht gewiss.[197]

Eine Ausweichmöglichkeit wäre hier eine externe Perspektive zu stipulieren und anzunehmen, dass die fraglichen Beziehungen einfach faktisch verlässlich existieren. Man könnte hier einen externalistischen Reliabilismus vertreten. Doch solch eine Position möchte Elgin nicht gelten lassen, da sie eine für den epistemischen Akteur intern nicht zugängliche Bestätigung der Beziehung für nutz- und wertlos hält, wenn es darum geht sicherzustellen, nicht auf epistemisches Glück angewiesen zu sein:

> »[...] a correlation established by induction alone is not known to be reliable. Since no correlation demonstrates its own reliability, a regress results. If contingent connections are all we have, our convictions about the relation between hypothesis and evidence rest at some point on a correlation whose reliability is unknown.

195 Vgl. Elgin 1996, 43f.
196 Vgl. Elgin 1996, 44f.
197 Vgl. Elgin 1996, 45f.

> An epistemological reliabilist need not be troubled by this. Even if knowledge requires a reliable correlation between hypothesis and evidence, it does not follow that knowledge of reliability is also required. De facto reliability might be enough.
>
> Given the number and variety of our beliefs, it is reasonable to think that some are reliably correlated with their evidence. So, arguably, such de facto reliabilism entitles us to confidence that we know something. But since it does not enable us to identify the beliefs in question, it does not enable us to recognize our knowledge. We remain hostage to epistemic fortune. Being unable to differentiate between reliable and unreliable correlations, we cannot avoid error without luck. Unrecognizable knowledge is cognitively and practically valueless, contributing nothing of use to deliberation or action. At best, de facto reliablilism achieves a pyrrhic victory over skepticism. The knowledge it provides is not obviously preferable to ignorance.«[198]

Folglich richtet sich Elgins Kritik dann auch gegen eine kausale Theorie des Wissens, wie die frühe Position Goldmans, die in der Einführung der vorliegenden Arbeit angerissen wurde. Elgin argumentiert, dass sich aus der subjektiven, internen Sichtweise keine garantiert irrtumsfreie kausale Verbindung zwischen Überzeugung und Gegenstand der Überzeugung beziehungsweise überhaupt keine kausalen Verbindungen nachweisen ließen. Wollte man einen externalistischen Standpunkt einnehmen, nach dem von außen, objektiv die Verbindung erkannt ist und dem betreffenden epistemischen Akteur dann von außen Wissen zugesprochen werden kann, sei das epistemologisch für den entsprechenden Akteur selbst nutzlos.[199]

> »We might hope to evade the difficulty by maintaining that the causal connection between knowledge and its objects need not be known. Then the existence, not the apprehension, of an appropriate causal connection differentiates knowledge from epistemic luck. Granted, we remain unable to tell where the line is drawn; so our practical and theoretical undertakings are no better for it. Still, the line is there, guaranteeing a real (if unknowable) distinction between beliefs that are worthy of our confidence and beliefs that are not. That knowers are never in a position to draw that distinction is inconvenient, but epistemically unimportant.
>
> This maneuver looks suspiciously ad hoc. Since nothing in our ken differentiates knowledge from luck, something beyond our ken is introduced to do so. But the conviction that we know something is small comfort when coupled with the realization that we cannot tell what. The causal power in order to effect an equally inaccessible power in order to effect an equally inaccessible distinction between beliefs. Being inaccessible, the distinction is epistemically useless. We remain unable to identify the beliefs that merit our confidence.«[200]

---

198 Elgin 1996, 46.

199 Vgl. Elgin 1996, 46–51, 53.

200 Elgin 1996, 51.

Auch andere externalistische Positionen, etwa die von Robert Nozick, werden von Elgin aufgrund dieser Argumentation (und Problemen bei modalen Unterscheidungen) verworfen.[201]

Kritisch betonen möchte ich an dieser Stelle, dass die Art von Fundamentalismus, die Elgin mit diesem Ausdruck bezeichnet, in erster Linie einfach nicht die Art von moderatem Fundamentalismus umfasst, der von vielen Epistemologinnen und Epistemologen vertreten wird. Elgin versteht unter »foundationalism« eine Position, bei der die Grundüberzeugungen eines epistemischen Akteurs nicht fehlbar sind und Wissen, in Verbindung mit diesen Grundüberzeugungen, auch unabhängig von jeglichem epistemischen Glück oder Unglück gesichert werden kann.[202] Die meisten Epistemologinnen und Epistemologen vertreten keinen derart starken Fundamentalismus, sondern vielmehr einen moderaten Fundamentalismus, bei dem für keine Klasse von Grundüberzeugungen der Anspruch erhoben wird, dass deren zugehörigen Elemente unfehlbar seien. Ebenso wird Wissen nicht unter allen epistemischen Umständen als garantiert angesehen, wenn man eine moderat fundamentalistische Methode der Rechtfertigung befolgt. Das spricht aber dafür, dass Elgins Argumentation nicht unbedingt alle moderat fundamentalistischen Positionen entkräften kann. Außerdem folgt, entgegen Elgins Argumentation, keine epistemische Beliebigkeit oder Hilflosigkeit, nur weil ein epistemischer Akteur aus einer internen Perspektive keinen gewissen Zugang zu einer – aus externer Sicht – verlässlichen Beziehung zwischen Tatsachen der Welt und Überzeugungen hat. Der epistemische Akteur kann solch eine verlässliche Beziehung plausibel machen und kann Gründe dafür anführen, warum manche Überzeugungen als (stets noch fehlbare) Grundüberzeugungen anzusehen sind und dass sie bestimmte Hypothesen bestätigen oder nicht – somit wäre ein externalistischer Reliabilismus praktikabel für einen epistemischen Akteur, auch wenn er damit eben nicht gegen jedes epistemische Unglück abgesichert wäre und absolut sicher sein könnte, Wissen erlangt zu haben.

---

201 Vgl. Elgin 1996, 51–57. Vgl. Nozick 1981, 172–196.

202 »Foundationalism is a perfect procedural stance. [...] Any judgement that satisfies its standards is immune to error« Elgin 1996, 21. »If foundationalist arguments are valid [...] the analytic / synthetic distinction is required to preclude error without relying on luck. And some objective distinction between necessity and contingency is demanded by the hierarchical conception of justification. Without such distinctions, foundationalist objectives are unsatisfiable. Neither foundationalism nor its successors satisfy the requirements for a perfect procedural epistemology. They lack the resources to secure against epistemic misfortune.« Elgin 1996, 58.

Wie Elgin auf diesen Einwand reagieren würde, muss offengelassen werden. Aber auch wenn der Einwand stichhaltig ist, hat sie zumindest eine Form des Fundamentalismus – nämlich einen starken Fundamentalismus – und damit eine der möglichen epistemologischen Alternativpositionen, die sie bewerten wollte, entkräftet.

5.2.2 *Irrweg absoluter Kohärentismus*

Absolute Sicherheit in Bezug auf Überzeugungen, die in dem Sinn wahr sind, dass sie mit einer objektiven Realität korrespondieren, kann gemäß Elgin also nicht das Ziel unserer epistemischen Bemühungen sein, weil solch eine Sicherheit unerreichbar sei. Dem entspricht, dass wir im alltäglichen Leben unter vielen Umständen dazu bereit sind, das Risiko eines Irrtums in Bezug auf unsere Wissensansprüche einzugehen und die damit verbundene epistemische Praxis uns dennoch nützlich scheint – dies sollte eine Epistemologie dann auch erklären und normativ steuern können:[203]

> »A desire to preclude error without relying on luck underwrites foundationalism's methods, goals, and standards. That aspiration seems destined to be unfulfilled. So the aim of epistemology must be reconceived. [...] For the boundary foundationalism drew was too restrictive. By making the avoidance of error our sole or primary epistemic objective, it overlooked the importance we attach to sensitivity, relevance, informativeness, and cognitive efficacy. We regularly risk error to achieve such ends. An acceptable epistemology should explain how, when, and why it is reasonable to do so.«[204]

Auch wenn wir bereit sind, epistemische Risiken einzugehen, unterscheiden wir durchaus zwischen unzuverlässigen Methoden und erfolgreichen Untersuchungsmethoden, wir unterscheiden zwischen Aberglauben, Vorurteilen und gerechtfertigten Überzeugungen oder Wissen – und sind uns dabei auch oftmals erstaunlich einig im Urteil. Ausgehend von diesem epistemischen Konsens bietet es sich an, den sozialen Aspekt von Wissen und epistemischer Praxis hervorzuheben.

Wenn man allerdings allein die Praxis als Richtschnur betrachtet und dementsprechend den Erfolg der Wissenspraxis anhand der sozialen Akzeptanz des Ergebnisses bestimmen möchte – und nicht etwa auch an der Übereinstimmung mit einer demgegenüber eigenständigen Realität – dann kann man auch zu dem Schluss kommen, dass Wissen und damit Wahrheit gar nichts anderes sei, als ein Konsens in einer bestimmten epistemischen Gemeinschaft.

---

203 Vgl. Elgin 1996, 60.

204 Elgin 1996, 59.

Elgin rechnet Ludwig Wittgenstein, Thomas Kuhn und Richard Rorty, trotz aller inhaltlicher Unterschiede, prinzipiell zu Vertretern dieser Position, die man mit Elgin auch als *Epistemische Soziologie* bezeichnen könnte:[205]

> »All three [Wittgenstein, Kuhn, and Rorty] construe inquiry as an institution (or a matrix of related institutions) that sustains and is sustained by social practise. Its norms and standards, criteria and rules are conventions that a community imposes on its members to structure their joint ventures and further their collective aims. Those conventions, along with the activities, functions, offices, and objectives they engender, obtain their identity and justification from their contribution to a shared form of life. If knowledge is the goal of inquiry, knowledge must be construed, not as correspondence to the independently real but as a certain type of agreement among inquirers – agreement that obtains when community standards for investigation have been met.«[206]

Dabei nutzen die drei Denker nach Elgin unterschiedliche Metaphern und Ideen um die Praktiken zu charakterisieren, welche eine epistemische Untersuchung auszeichneten: Wittgenstein spreche von »Spielen«, Kuhn – im Hinblick auf wissenschaftliche Untersuchungen – von »Rätsellösen« (»puzzle solving«) und Rorty sehe alle intellektuelle Aktivität als eine Form des »Spielerischen« (»a form of play«). Wittgensteins Position sei dabei die überzeugendste der verwandten Denker, wobei sich Elgin nicht auf eine exegetische Diskussion zur umstrittenen Interpretation Wittgensteins einlassen will, sondern sich auf eine systematische Position bezieht, die Wittgenstein zugeschrieben werden könnte. Insofern könnte man also von einer »wittgensteinianischen Position« sprechen, die Elgin im Folgenden als erste näher beleuchten möchte, um dann von dieser Basis ausgehend auch die Positionen der zwei weiteren Denker zu untersuchen.[207]

Epistemische Untersuchungen können wittgensteinianisch also als Spiele verstanden werden. Um nun in einem ersten Schritt auch zu verstehen, was ein Spiel auszeichnet, muss man den Fokus auf dessen Regeln richten. Regeln sind konstitutiv für Spiele: Wenn man etwa ein Fußballspiel nur als Abfolge von menschlicher Bewegung in und mit einer physischen Umgebung beschreibt, versteht man das Spiel nicht als solches – die Spielhandlungen sind nur durch Bezug auf die Regeln verständlich. Allerdings sind Regeln nicht rein deskriptiv in Bezug auf Spiele, da Regeln durchaus von Spielern im Spiel gebrochen

205 Vgl. Elgin 1996, 60f., 86, 94f.

206 Elgin 1996, 60.

207 Vgl. Elgin 1996, 60f. Auch in Bezug auf ihre Rekonstruktion von Kuhn und Rorty gilt, dass Elgin keine besondere exegetische Korrektheit beansprucht, weshalb ich mich im Folgenden auf Elgins Argumentation konzentrieren werde.

werden können – oftmals sehen die Spielregeln sogar Strafen für solche Aktionen vor – Regeln sind vor allem also in normativer Hinsicht konstitutiv für Spiele. Und sie definieren auch die Ziele des Spiels, beziehungsweise, wann man erfolgreich ist. Regeln konstituieren damit bestimmte Praxen, die es außerhalb der Regeln gar nicht gibt. Für die Regeln selbst, gibt es dabei keine Rechtfertigung – sie werden einfach durch Übereinstimmung angenommen (implizit oder explizit): Hierdurch sind die konstituierten Spielpraxen reine Konventionen. Diese Konventionen selbst wiederum sind natürlich wieder offen für Interpretation, wobei bestimmte Kriterien offenbar geteilt werden, denn ansonsten gäbe es keine Einigkeit unter den Teilnehmern der Praxis. Regeln sind, obwohl kontingente Konventionen, nicht freistehend – denn sonst könnte man gar nicht richtig lernen, wovon die Regeln handeln –, sondern sind mit den konkreten Spielhandlungen als verbunden zu betrachten: Wer nur die Fußballregeln kennt, ist noch kein Kenner des Fußballspiels, kann sie wahrscheinlich noch nicht einmal richtig verstehen – aber notwendig ist eine Kenntnis der Regeln für die Kenntnis des Spiels natürlich doch, selbst wenn die Regeln wahrscheinlich nicht das erste sind, was man beim ersten Versuch des »Fußballspielen-Kennenlernens« in Angriff nimmt: Eher fängt dies wohl mit einem beobachtenden Staunen an, gefolgt, etwas später, von einem nacheifernden Tritt auf den Fußball (Elgins Beispiele handeln natürlich vom *American Football*, beziehungsweise auch vom Schach):[208]

> »Rules do not always come first. We can learn a game by picking up on what others do and attempting to do likewise, subjecting our efforts to their critical appraisal, inferring the operative norms from the course of play and the reactions of competent players (or kibitzers [i.e. regular observer of a game]), acquiring the know-how needed to play (or kibitz) competently. Such know-how sometimes antedates and always extends beyond knowing that certain articulable rules and criteria are in force. For, as Wittgenstein insists, words eventually give out, and what we mean then is determined by what we do.«[209]

Was es dann aber heißt das Spiel korrekt zu spielen, oder gar zu gewinnen, ist allein mithilfe der Konvention zu beantworten – das korrekte Prozedere ist das einzige Kriterium, dem Genüge geleistet werden muss. Der regelkonforme Gewinner ist ohne Zweifel der Gewinner. Das Spiel selbst produziert sozusagen

---

208 Vgl. Elgin 1996, 61–66.
209 Elgin 1996, 64f.

diese Wahrheiten.[210] Doch kann man dieses Schema tatsächlich auf alle Art von menschlichen Handlungen übertragen, einschließlich epistemischen?[211]

Auch auf Erkenntnis gerichtete Untersuchungen ließen sich wittgensteinianisch als Spiel begreifen: Das Ziel, der Gewinn, des Spiels, werde dann »Wissen« genannt. Könnte man also nicht sinnvoller Weise fragen: Wann schreiben wir uns im Erkenntnisspiel also Wissen zu? Egal wie die Antwort ausfällt: Wenn man erkenntnisgerichtete Untersuchungen als Spiel mit gewissen Regeln und Zielen begreift, dann wird das Ziel erreicht, wenn man regelkonform als Sieger aus dem Spiel hervorgeht – Wissen, als Ziel des Spiels, wäre also nicht etwas, das durch Untersuchungen entdeckt wird, sondern etwas, das durch das Untersuchungsspiel erst kreiert wird und welches das Untersuchungsspiel auch demzufolge durchaus in der Lage ist bereitzustellen:

> »If knowledge is victory in an inquiry game, it is created, not just disclosed, by investigation. [...] Whatever wins a game of inquiry, whatever is produced by its pure procedures, counts on this interpretation as knowledge.«[212]

Die Rechtfertigung für eine als Wissen zählende (wahre) Überzeugung, wäre dann einfach, dass nach den Regeln des Erkenntnispiels gewonnen wurde. Welche Regeln könnten das sein? Für die Bereiche der Wissenschaft kann fast jede Disziplin eigene explizite Regeln angeben, wie methodisch vorgegangen werden soll, wenn ein Anspruch auf Wissen akzeptiert werden soll – am deutlichsten vielleicht in der Mathematik (je nachdem welches Axiomensystem gilt, gelten unterschiedliche Regeln, beziehungsweise werden unterschiedliche Spiele gespielt). Im Bereich des Alltagswissens (»Ist mein Buch noch im Rucksack?«) gelte dies weniger, denn meist wird nicht explizit nach Regeln gehandelt, wenn Wahrheitsansprüche formuliert werden (»Das Buch ist ganz unten im Rucksack.«) – doch dies schließe nicht aus, und es ist nach Elgin

---

210 Vgl. Elgin 1996, 65.

211 Eine Übertragung dieses Schemas, die plausibel scheint und Wittgenstein als Beispiel dient ist, ein Verständnis von Sprache als Sprachspiel: Sprache sei ebenso durch Konventionen bestimmt – zumindest, wenn man an gesprochene Sprachen wie das Deutsche oder Französische denkt: Es gibt Regeln – die Grammatik – die festlegen, wie ein bestimmter Wortschatz zu gebrauchen ist. Und das Sprachenlernen funktioniert ganz analog zum Lernen der Spiele. Bei der Muttersprache etwa dadurch, dass man in bestimmte Praxen einbezogen wird, wobei die Regeln der Sprache dann oft nur implizit befolgt werden und oftmals von kompetenten Sprechern nicht verbalisiert werden können. Als Fremdsprachelernender lernt man zwar oft anhand expliziter Regeln, doch auch hier gilt, dass die Sprache nur beherrscht, wer neben den Regeln, auch die Praxis anerkennt und intuitiv erfolgreich vollziehen kann. Vgl. Elgin 1996, 66–70; vgl. Glock 2010c.

212 Vgl. Elgin 1996, 70f.

eine durchaus plausible Position, dass implizite Regeln vorhanden sind, von denen wir erwarten, dass ihnen auch gefolgt wird. Es geht also auch hier um Konventionen, die – gemäß der *Pure Procedural Epistemology* – vorgeben, was in welchem Bereich als Wissen gilt. Und dies gelte eben auch in dem formalen Bereich der Mathematik oder Logik – denn die Axiome selbst oder die akzeptierten Formen des deduktiven Schließens, seien letztlich nur gerechtfertigt durch den Konsens, der innerhalb einer etablierten Praxis zu finden sei (und meist auch erst *ex post* ausformuliert werden müsse), womit Elgin direkt auf Goodmans Position in *Fact, Fiction, and Forecast* verweist.[213]

Elgin sieht in dieser wittgensteinianischen Charakterisierung des Erkenntnisspiels eine Ähnlichkeit zu einer plausiblen Interpretation der Position Kuhns: nämlich, insofern dieser die »Normalwissenschaften«, also etwa auch die Naturwissenschaften, ganz analog den Formalwissenschaften als Untersuchungen beschreibt, die eben rein prozeduralistisch verstanden werden müssen (also als »pure procedural inquiries«): Allein die von der jeweiligen *scientific community* anerkannten Verfahrensregeln und Zielsetzungen konstituieren, was überhaupt in einer bestimmten Disziplin als ein wissenschaftliches Problem (als »puzzle«) angesehen werden kann und wie eine adäquate Lösung des Problems zu erreichen ist. Derart verstanden sei nach Elgin die Wahrheit einer wissenschaftlichen Aussage nicht auf ihre Übereinstimmung mit einer unabhängigen Realität zurückzuführen, sondern allein im Konsens der *scientific community* in Bezug auf die konstitutiven Regeln ihrer Disziplin begründet. Eine verlässlich wirksame Methode, um eine Krankheit zu heilen, wäre demnach dann einfach nicht wissenschaftlich, wenn sie den Regeln der akademischen Medizin, mit ihrem Sprachgebrauch von »krank« und »gesund«, widerläuft und nicht in ihr reformuliert werden kann. Wenn Wahrheit, also etwa, dass die Methode heilsam ist, dennoch mit der unabhängigen Realität gekoppelt werden soll, dann sei Wissenschaft eben indifferent gegenüber Wahrheit.[214]

> »The laws and methods of normal science, according to Kuhn, are like the axioms and rules of a formal system and like the rules of a game in that those working with them unquestioningly accept their adequacy.
>
> Normal science then seeks to solve puzzles it sets for itself. If we call the solutions true, we must recognize that truth consists in the settled opinion of the scientific community, not in correspondence to nature. If, on the other hand, we insist that the truth is correspondence, then normal science, as Kuhn describes it, is indifferent to truth.«[215]

---

213 Vgl. Elgin 1996, 71–74. Vgl. Abschnitt 4.2.1. der vorliegenden Arbeit.

214 Vgl. Elgin 1996, 74ff.

215 Vgl. Elgin 1996, 75f.

Genau in der Unfähigkeit der Sozialwissenschaften, ihre Probleme (etwa wie Frieden zu schaffen sei) so zu definieren, dass sie mithilfe bestimmter Verfahren eindeutig lösbar sind, bestehe nach Kuhn letztlich ihr Mangel an Wissenschaftlichkeit (teilweise vielleicht behoben über die Bildung von Modellen, etwa in der Ökonomie).[216] Selbstverständlich seien auch im Hinblick auf die Wissenschaften, die gemeinsamen Regeln interpretationsbedürftig, und diese Interpretation könne auch hier nur im Kontext der jeweiligen Praxis verstanden und erlernt werden:

> »For pure procedural philosophers, the meaning of an example, like the meaning of a word, is its use. So we cannot correctly interpret the nucleus of a paradigm if we isolate it from its cognitive environment. We need to understand its function in the context of the science it guides. The way the community uses it thus determines its interpretations.«[217]

Dass es im Kern der jeweiligen Wissenschaft geteilte Interpretationen gibt – mögen diese auch nur implizit sein –, sei nach Kuhn unerlässlich dafür, dass überhaupt eine Wissenschaftsgemeinschaft existieren kann, denn der Konsens stellt eine Basis für einen fortsetzbaren Dialog dar und schafft damit die Möglichkeit beständiger Regeln, die erweiterbar und korrigierbar sind (und hier kann man eine Analogie zu der Funktion des politischen übergreifenden Grundkonsenses bei Rawls erkennen):

> »The possibility of normal science – and thus, if Kuhn is right, of the cumulative growth of scientific knowledge – is grounded in the contingent fact that scientists agree on the interpretation of the example at the core of their science.«[218]

Letztlich seien die wissenschaftlichen Disziplinen, in denen ein korrektes Vorgehen demgemäß stets richtige Ergebnisse produziert, nach dieser Ansicht dann allerdings auch »Inseln«, deren Begriffe nur innerhalb der jeweiligen Praxen Sinn ergäben und damit nur in diesem fachwissenschaftlichen Zusammenhang als wahr oder falsch bezeichnet werden könnten.[219]

Die wittgensteinianische Position, so wie sie Elgin präsentiert, unterscheidet sich daher von derjenigen Kuhns trotz aller Ähnlichkeit deutlich im Umfang: Während Kuhn sich auf die Praxis der Normalwissenschaften konzentriert, umfassen Wittgensteins Überlegungen alle Bereiche einer Kultur. Damit umfasse der wittgensteinische Ansatz in gewisser Weise den Kuhnschen, da

---

216 Vgl. Elgin 1996, 75.
217 Elgin 1996, 77.
218 Elgin 1996, 77.
219 Vgl. Elgin 1996, 77ff.

die Normalwissenschaft ein Unterbereich unserer Kultur ist. Wie die Begriffe in solchen Unterbereichen korrekt angewandt werden, entscheide zwar nicht immer direkt die Gesamtgemeinschaft einer Lebensform, sondern im Fall der Wissenschaft eben vordergründig die Subkultur der Wissenschaftlerinnen und Wissenschaftler. Doch auch deren Fachbegriffe seien wittgensteinianisch gesehen letztlich nur im umfassenden Netz der Begriffe der Lebensform beziehungsweise Kultur insgesamt zu verstehen.[220]

> »Kuhn's account applies only to science; Wittgenstein's is unrestricted. The Philosophical Investigations attempts to expose the forces that structure institutions, delimit practices, set standards, and frame inquiries and other activities generally. Like Kuhn, Wittgenstein takes these forces to be social; unlike Kuhn, he believes them to be generated by the culture as a whole, not by diverse subcultures. Plainly, the story Wittgenstein has to tell is more complicated than Kuhn's, for a culture does not display the unity of purpose that Kuhn fiends in a scientific community. Still, the outlines of the two accounts are surprisingly similar. Indeed, Kuhn's normal science is a microcosm of Wittgenstein's form of life.«[221]

Ein gravierender Unterschied – trotz aller Ähnlichkeit – zum wittgensteinianischen Ansatz sei nun die Annahme Kuhns, dass die wissenschaftliche Subkultur autonom und ohne Rückgriff auf einer umfassende Kultur Regeln setzen könne. Dann aber könne es keine Metainstanz mehr geben – etwa kulturell akzeptierte Normen der Rationalität –, die bei Paradigmenkonflikten vermitteln könnte. Daher nimmt Kuhn auch an, dass es – bezogen auf die Wissenschaft – so etwas wie Revolutionen gebe: Ein neues Paradigma des korrekten Arbeitens, beziehungsweise der Regeln, was als richtig oder wahr gilt, setzt sich dann gegenüber dem althergebrachten Paradigma einfach auf die Weise durch, dass es dasjenige Muster wird, nach dem die entscheidende Mehrheit sich richtet und dem ab da dann folgegeleistet werden muss. Es handele sich nicht um eine rationale Änderung des Wissenschaftsparadigmas, sondern um ein einfaches machtvolles Verdrängen ohne Gründe, da eine gemeinsame Metabasis für rationales Argumentieren nicht vorhanden sei. Denn es gehe bei dem Streit der Paradigmen ja gerade darum, was als Standards der Rationalität überhaupt anerkannt werde:

> »According to Kuhn, the orderly process of normal science is interrupted by revolutions marked by disagreements so profound that the very nature of the discipline and its subject matter are called into question. Rival paradigms vie for the allegiance of the scientific community, the stakes being the future course

220 Vgl. Elgin 1996, 79–84.
221 Elgin 1996, 79.

> of inquiry. Paradigm disagreements, Kuhn maintains, cannot be rationally adjudicated, for the canons of rationality are themselves in dispute. Standards of evidence, relevance, fruitfulness, and the like, determine what counts as justification within a paradigm. […] Nor can matters be resolved at a metalevel. For metatheoretical adjudication would be possible only if the clashing paradigms were subject to common principles. But they are not. […] By ascending to the metalevel, we hope to discover commonality; what we find instead is vagueness, ambiguity, or outright disagreement.«[222]

Was Vertretern unterschiedlicher Paradigmata in der – natürlich möglichen alltäglichen Kommunikation und Konversation verbleibt – ist Missionierung im Sinne von Überredung zur Konversion. Ist eine Revolutionsbewegung damit erfolgreich, verdrängt sie einfach das bisher herrschende Paradigma, schließt Widersacher aus den Reihen der Wissenschaft aus und schreibt deren Geschichte neu.[223]

Richard Rorty spitzt diesen Gedankengang dann nach Elgin maximal zu – jedwede Akzeptanz einer etablierten Praxis – in welchen Bereichen des Lebens auch immer – wäre demnach die einzig nötige und mögliche Rechtfertigung ebenderselben:

> »So acceptability turn out to be whatever our peers let us get away with.«[224]

Wenn also außerhalb einer strikten Praxis mit klaren Regeln, die beschreiben, was erlaubt ist und was nicht, ein Gespräch geführt, diskutiert und untersucht wird, dann unterliegt diese Praxis keinen Regeln. Inkonsistenz oder Unklarheit wäre nicht nur als künstlerisches Mittel erlaubt, sondern einfach immer dann gestattet, wenn wir damit »durchkommen«, und das kann von Kontext zu Kontext verschieden sein, wäre aber wohl nirgendwo so rigoros und konkret geregelt wie in der Wissenschaft. Wissenschaft sei ein etabliertes »game«, Konversation außerhalb davon lediglich ein »play«, das eben nicht als Ziel etwas explizit Definiertes habe, etwa Nutzen oder Wissen zu kreieren. Eben darum seien die Mitspieler in den Konversationen aber auch diese selbst besonders fluide.[225]

Rorty unterscheide sich nun aber von Kuhn dadurch, dass er nicht wie letzterer annehme, dass die Sprachen rivalisierender Paradigmata inkommensurabel seien: Rorty verweise zur Begründung auf das *Principle of Charity* (in der Fassung von Donald Davidson), das besagt, dass die Mehrzahl

222 Elgin 1996, 84f.
223 Vgl. Elgin 1996, 85.
224 Elgin 1996, 86.
225 Vgl. Elgin 1996, 86ff.

der Überzeugungen einer Person einfach wahr sein muss, und man deren Position dementsprechend interpretieren solle. Alles was das Gegenteil nahelege – also, dass eine Person derart in Irrtum sei, dass sie mehr Falsches als Wahres glaube – spreche gegen eine entsprechende Interpretation.[226] Wenn man nun annimmt, dass die Vertreter der unterschiedlichen Paradigmata, trotz unterschiedlicher Konzeptionen von »schlüssig«, »gerechtfertigt«, »Grund«, »Tatsache« und »Beweis«, viele geteilte (weil wahre) Überzeugungen haben müssen, sei es trotz der unterschiedlichen Paradigmata möglich, die Sprache des einen in die Sprache des jeweils anderen zu übersetzen. Die Schwierigkeit, dass zwei homophone Ausdrücke in den beiden Sprachen unterschiedliche Bedeutungen haben, könne durch Übersetzung überwunden werden, so dass ein Vertreter der Newtonschen Physik mit »Masse« einfach über etwas anderes spricht als wenn ein Vertreter der Relativitätstheorie über »Masse« spricht: Die meisten Aussagen, die bei einer oberflächlichen Betrachtung widersprüchlich wirken, könnten so reformuliert werden, dass sie miteinander vereinbar sind und harmonieren. Vertreter verschiedener Paradigmata könnten also miteinander kommunizieren und in der freien Konversation darüber streiten, welches Spiel gespielt werden sollte.[227]

Tatsächlich könne man mit Rorty noch weitergehen und behaupten, dass die *Pure Procedural Epistemology* eine echte Inkommensurabilität verschiedener Paradigmata oder Sprachweisen verhindert: Wittgenstein, der von einer möglichen Inkommensurabilität von Lebensformen ausgeht, stellt in den *Philosophischen Untersuchungen* fest, dass wenn ein Löwe sprechen könnte, wir ihn nicht verstehen würden. Wir haben ja keinen Anteil an seiner Lebensform und da die Bedeutung von Worten ihr Gebrauch ist, könnten wir die Löwenworte nicht verstehen. Wir könnten über sie sprechen und sie deuten, aber keinen echten Anteil an ihnen haben. Anders dagegen die Position Rortys: Wenn wir keinen Anteil an einem Sprechgebrauch haben können, wenn der Gebrauch von Worten nicht unseren Kriterien entspricht, dann sind es schlicht keine Worte, es handelt sich dann nicht um eine Sprache. Wenn der Löwe sprechen könnte, würden wir ihn verstehen, wenn wir ihn nicht verständen, spräche er nicht.[228] Ob ein epistemischer Akteur gerechtfertigte Überzeugungen oder Wissen besitzt, wird also entweder relativ zu einer Sprachgemeinschaft oder zu einer Lebensform beziehungsweise Kultur bestimmt.

Zusammenfassend möchte Elgin für alle Formen der *Pure Procedural Epistemology* hervorheben, dass diese den Vorteil bieten, unseren Sprachgebrauch

---

226 Vgl. Elgin 1996, 89ff.

227 Vgl. Elgin 1996, 90f.

228 Vgl. Elgin 1996, 91ff.

hinsichtlich eines wichtigen Aspekts von »Erkenntnis« abzubilden – nämlich, dass es möglich ist Wissen oder gerechtfertigte Überzeugungen zu erlangen und dass auch genau aufgezeigt wird wie es erlangt wird: Der Weg zu Wissen bestehe darin, die sozial festgelegten Regeln zu respektieren, welche die Bedingungen diktieren, denen unsere Wissensansprüche zu genügen haben – wer konform geht und von der Sprach- oder Kulturgemeinschaft in dieser Rolle akzeptiert wird, der besitzt sowohl Wissen als auch gerechtfertigte Überzeugungen in einem zusammen.[229]

> »As Wittgenstein's work demonstrates, pure procedural philosophy has the capacity to yield powerful, integrated, and in many ways attractive theories. Social dimensions of philosophical problems, so often obscured by other approaches, fall neatly within its purview. The epistemological benefits are evident. Pure procedural philosophy conceives of inquiry as something we engage in; knowledge, as something we achieve. And it treats epistemic status as conceptually inseparable from the actions and achievements of epistemic agents. It appreciates the normativeness of epistemic categories – ›knowledge‹, ›justification‹, ›evidence‹, and the like – and explains how the operative norms derive from, and owe their authority to, their function in the cognitive life of the community. It connects the process of acquiring knowledge with the product acquired. It acknowledges that education engenders conformity and that investigation terminates when consensus is reached. If knowledge requires correspondence to a mind-independent reality (as, for example, definitions of knowledge in terms of justified, true beliefs or reliable mechanisms maintain), our epistemic efforts appear inadequate and perhaps irrelevant to the task. But if knowledge is identified with the settled opinion of the community of inquiry, no such difficulty arises. To settle opinion, to produce consensus, is to generate knowledge; to come to shared settled opinion is to acquire the knowledge our compatriots already have. Intersubjective agreement on this view is constitutive, not merely indicative of knowledge.«[230]

Das Problem ist – nach Elgin – dass diese Art Erkenntnistheorie, die *Pure Procedural Epistemology*, zwar die skeptische Herausforderung löst, indem sie klar aufzeigen kann, wann Wissen gegeben ist und wann nicht, allerdings keinerlei kritisches Potential hinsichtlich der Normen des Wissens hat, die es lediglich deskriptiv aufzeige. Sie arbeite gleich einer anthropologischen Studie, was einen an den Vorwurf Hares an Rawls' Konzept des Überlegungsgleichgewichts erinnert: Seine *Theorie der Gerechtigkeit*, sei eigentlich nur moralische Anthropologie.[231] Auch Elgin sieht in einer rein prozeduralen

229 Vgl. Elgin 1996, 93f.

230 Elgin 1996, 93f.

231 Vgl. Abschnitt 3.2. der vorliegenden Arbeit.

Epistemologie in wittgensteinianischer Weise nur eine Soziologie des Wissens rein deskriptiven Anspruchs:

> »Pure procedural epistemology thus appreciates the ways epistemological theory is answerable to our pedagogical, investigatory, and justificatory practices. Rather than setting remote, Olypian requirements on any acceptable claim to knowledge, pure procedural theories are rooted in local soil. They explain how people go about knowing around here. But the relation they find between principles and practice is not reciprocal. Practice can challenge principle but cannot be challenged by it. Pure procedural epistemology is entirely descriptive. It describes and explains our cognitive practices and, in doing so, identifies the norms and values embodied in them. But it has no evaluative function. It can no more fault an inductive strategy, for example, than anthropology can fault an initiation rite, or chemistry a molecular bond. Epistemology is just sociology of knowledge.«[232]

Eine erste kritische Frage an dieser Stelle: Übersieht Elgin eine mögliche Antwortstrategie auf diesen Vorwurf, die analog ist zu der Antwort, die Rawls und Daniels in Bezug auf die Kritik von Hare geben? Kann man auf den Vorwurf des rein konservativen Deskriptivismus nicht mit dem Verweis auf die Weite der Argumentation antworten, die bei der Frage nach gerechtfertigten Überzeugungen auch im Rahmen einer *Pure Procedural Epistemology* aufgespannt werden müsse? Darauf könnte man erwidern, dass eine Anweisung die Untersuchung von Rechtfertigungspraxen holistisch anzugehen, zumindest selbst schon eine normative Forderung sei, die man nicht immer aus der reinen Theorie einer sozialen Erkenntnispraxis gewinnen kann – nicht jede Praxis der Erkenntnis beinhaltet notwendigerweise selbst schon einen Holismus, wie er etwa im Rahmen des Rawlschen weiten Überlegungsgleichgewichts beschrieben wird. Dies könnte dagegensprechen, dass die Vertreter der *Pure Procedural Epistemology* eine solche Antwort auf den Deskriptivismusvorwurf geben können. Wenn dem so ist, hätte man vielleicht einen klaren Unterschied zwischen der Methode des Überlegungsgleichgewichts und einer rein soziologischen Epistemologie herausgearbeitet. Doch für den Fall dass in einer bestimmten Gemeinschaft die entsprechenden holistischen Standards tatsächlich vertreten werden, könnte auch ein wittgensteinianisches (»rein prozedurales«) Vorgehen, wenn es weit gefasst wird, Praktiken mittels anderer Praktiken kritisch hinterfragen und auf Konsistenz und Kohärenz unter Berücksichtigung möglicher Alternativpraktiken testen. Elgin jedoch scheint diese Möglichkeit in Frage zu stellen: Ein Beispiel dafür sei der sogenannte *Spielerfehlschluss* (*gambler's fellacy*) oder auch *Monte-Carlo-Fehlschluss*: Also

232 Elgin 1996, 94f.

die Praxis vieler Spieler, anzunehmen, dass bei einem fairen Glücksspiel ein Ereignis wahrscheinlicher wird, je länger es nicht eingetreten ist. Etwa wenn die Farbe Schwarz beim Roulette mehrfach hintereinander eingetreten ist, zu vermuten, dass nun mit höherer Wahrscheinlichkeit Rot eintreten wird. Die Wahrscheinlichkeit liegt dann aber – so würde man als externer Betrachter mit Blick auf Wahrscheinlichkeitstheorie behaupten wollen – immer noch bei 50 Prozent (»viermal Schwarz und dann Rot« ist genauso wahrscheinlich wie »fünfmal hintereinander Schwarz«). Die Annahme der Spieler ist daher schlicht falsch, egal wie anerkannt ihre Praxis ist. Elgin nun behauptet, dass, insofern der Spielerfehlschluss nicht als solcher in der Subkultur der Spielerinnen und Spieler getadelt werde, die rein prozedurale Erkenntnistheoretikerin hier nicht kritisierend eingreifen könne:

> »Must pure procedural philosophy treat practice as invulnerable to criticism? Surely an astute epistemologist could discern, say, that participants in a practice regularly commit the gambler's fallacy. She ought, it seems, to be able to explain why it is a mistake to do so, and to recommend doing otherwise. But this is precisely what she is in no position to do.«[233]

Einerseits könne eben nur aus der anerkannten Praxis selbst heraus kritisiert werden, doch dann brauchten die Praktiker keine Epistemologie dafür. Wenn man die Regeln der Praxis ändern wolle, könne man das nur von einem Standpunkt außerhalb der Praxis, der aber aus Sicht der rein prozeduralen Epistemologie dann unverständlich für die Praktiker sei. Oder man versuche gleich zum Wechsel des Spiels zu raten, doch auch dies sei eine Aktion außerhalb einer Sprecher- und Spielgemeinschaft – und eben keine Kritik der Praxis selbst.[234]

Dagegen könnte man aber versuchen plausibel zu machen, dass eine holistische Perspektive, zumindest in den meisten Fällen, tatsächlich Teil der Praxis ist und eingenommen werden kann: Könnte man – um bei dem Beispiel zu bleiben – den Praktikern des Spielerfehlschlusses – die in wittgensteinianischer Sichtweise eingebettet sind in eine umfassende Kultur – nicht plausiblerweise andere mit uns geteilte Praxen zurechnen und dann, etwa auf der Praxis der Akzeptanz mathematischer Wahrscheinlichkeitskalküle eben zeigen, dass die fragliche Praxis mit einer anderen durch Akzeptanz wohlbegründeten unvereinbar ist?[235] Dann müsste eine

---

233 Elgin 1996, 95.

234 Vgl. Elgin 1996, 95f.

235 Dies ist in gewisser Weise analog zu der Argumentation, mit der Elgin selbst den Einwand von Stephen Stich pariert, das Überlegungsgleichgewicht sei nicht in der Lage den Spielerfehlschluss zu entkräften. Vgl. Abschnitt 5.2.3. der vorliegenden Arbeit.

Teilpraxis der anderen weichen und eine rein prozedurale Kritik könnte erfolgen. Allerdings nur wenn wir hier einen Konsens an Praxen zwischen den Personen voraussetzen, die uns bei der Argumentation zwischen ihnen das Vokabular zugesteht, das beide verstehen. Zumindest in Bezug auf bestimmte Lebensformen ist es einfach unplausibel anzunehmen, dass – wenn man Epistemologie wittgensteinianisch rein prozedural verstehen würde – keine Basis mehr für eine kritische Hinterfragung bestimmter Praktiken existiert. Eine Praxis kritisieren kann man zum Beispiel etwa dann, wenn sie in eine Lebensform oder Kultur eingebettet ist, die einen holistischen Standard für Rationalität bereithält. Elgins Standpunkt hält eine Bewertung der Praxis aus sich selbst heraus oder vermittels einer Einbettung in eine Kultur, bestehend aus weiteren Praxen, aber scheinbar prinzipiell für unmöglich:

> »[...] from a pure procedural account [...] norms derive both their content and their authority from their place in practice. So when the epistemologist purports to apply normative terms from a standpoint outside the practice, as she must if she is to criticize it, she deprives them of the conditions of their intelligibility. Words fail her. Removed from their role in a language game, they are empty and impotent. Evaluations within a practice do not produce evaluations of the practice. And outside of a practice, there is no basis for evaluation.«[236]

Da eine kritische Evaluation von Praxen – wenn man Elgin folgt – mithilfe der *Pure Procedural Epistemology* nun aber zumindest nicht in jedem Fall möglich scheint, spreche das eindeutig gegen sie. Denn wir kritisierten tatsächlich mit Hilfe neuer Erkenntnisse ältere Praxen und revidierten einst als gerechtfertigt betrachtete Urteile. So wie eine neuere wissenschaftlich-medizinische Untersuchung zu dem Ergebnis kommen kann, dass Molière nur dann Tuberkulose hatte, wenn er durch das entsprechende Bakterium infiziert war, egal, wie die Diagnose seines Arztes im 17. Jahrhundert gelautet hat. Die medizinische Diagnose unterschiede sich hier von dem Ergebnis eines Spiels: Wenn man etwa im Basketball die Regel des Dreipunktwurfs einführe, revidiere man nicht die alten Ergebnisse vor der Regeländerung. In den Wissenschaften jedoch zögen Regeländerungen Konsequenzen für historische Ergebnisse durchaus nach sich.[237] Der Standard für eine bestimmte Disziplin der Wissenschaft kann nach Elgin einfach schlecht oder falsch, beziehungsweise besser oder richtig sein, so wie ein gutes Thermometer die Temperatur gut oder schlecht

---

236 Elgin 1996, 96.

237 Vgl. Elgin 1996, 97. Man könnte sich allerdings fragen, ob mit der Regeländerung in Bezug auf den Dreipunktwurf nicht tatsächlich ein neues Spiel (Basketball 2.0) eingeführt wurde, was erklären würde, warum Ergebnisse eines verwandten älteren Spiels (Basketball 1.0) unberührt bleiben.

misst und nicht einfach die Temperatur gänzlich konstituiert (auch wenn sie es auf seine eigene Weise misst):

> »A conclusion that satisfies its current standard for x may be mistaken because that standard does not afford an accurate measure of x. This is just the error that distinguishes authoritative from indicative standards«[238]

So wie wir Risiken kalkulieren und Irrtümer einplanen (sollten) – etwa bei den Sicherungsmechanismen für Kernkraftwerke – so ergebe es Sinn unsere Standards und Methoden zu hinterfragen, überprüfen und verbessern. All dies ergebe nach Elgin nur Sinn, wenn es sich nicht um Standards handle, nach denen automatisch alles richtig sei, was ihnen entspreche, sondern eben selbst um fallibele Standards.[239]

> »Our behavior thus belies the claim that rightness is just what we treat as right or truth what we count as true or warrant what we take to be warranted. So pure procedural epistemology does not pass its own test: it is not borne out by what we do. Our cognitive endeavors and their objects may nevertheless be social constructs. But if they are, they are not constructed according to the blueprint that pure procedural epistemology supplies.«[240]

Elgin verweist auf Ralws' Aufsatz *Two Concepts of Rules*, in dem er eine Unterscheidung trifft zwischen einer Rechtfertigung in einer bestimmten Praxis und der Rechtfertigung einer bestimmten Praxis außerhalb dieser Praxis selbst. Zur Verdeutlichung: Man kann sich eine erfolgreiche Beweisführung in einem Gerichtsverfahren vorstellen, die sich an den Regeln eines gültigen Gerichtsverfahrens messen lassen muss. Ob die Regeln des Gerichtsverfahrens nun aber selbst gerechtfertigt seien, sollte eben nicht nach den Regeln eines Gerichtsverfahrens überprüft werden. Diese zwei Weisen der Rechtfertigung als begriffliche Distinktion zugestanden, könnte die Trennung in gewisser Weise gegen die Position sprechen, die Vertreter einer rein prozeduralen Epistemologie vertreten. Was aber wäre in einem solchen Fall die Art und Weise der Rechtfertigung, an der sich unsere Praxen messen lassen müssen? Es handelt sich hier um den dritten Weg zwischen Fundamentalismus und dem rein Prozeduralen, den Elgin als Überlegungsgleichgewicht auszeichnen möchte und den sie als Lösung vorschlägt, um ein bestimmtes Ziel des Epistemischen zu erreichen,

---

238 Elgin 1996, 98. Elgin gesteht zu, dass eine mögliche Antwort wäre, dass es unsere Erkenntnisspiele so rekonstruiert werden müssen, dass ihre Ergebnisse dementsprechend nur vorläufig sind. Vgl. Elgin 1996, 97f.

239 Vgl. Elgin 1996, 98.

240 Elgin 1996, 98.

die kohärente Begründetheit unserer Überzeugungen – wobei man die Frage stellen kann, ob diese Rechtfertigung der Praxen nicht auch als eine Praxis, eine Meta-Praxis, verstanden werden kann:

> »Unless the metapractice is itself justified, it is powerless to justify the practices it authorizes. There is a third alternative: to construct our epistemic ends out of our actual interests and goals in theorizing. To be sure, we cannot identify the objectives we happen to pursue with the legitimate ends of inquiry. That would be to confuse the valued with the valuable. Moreover, our actual epistemic goals form a disconcertingly motley crew. They are apt to be inchoate, incomplete, mutually incompatible, and/or jointly unsatisfiable. Still, by adjudicating among them, revising and amending as required, we may bring them into reflective equilibrium. And a system of tenable commitments in reflective equilibrium defines, I suggest, a worthy epistemic goal. Its elements are reasonable in light of one another, and the system as a whole is reasonable in light of the objectives we originally espoused«[241]

> »If I am right, not all epistemic norms and concepts are wedded to particular practices. Some derive their standing from the practices to which they belong; some to others, from the ends we seek by those practices to promote. The picture I am proposing is more complicated than one pure proceduralists espouse; the success of our cognitive endeavours is no longer assured. But it does, I think, introduce a via media between the abandoned absolutes of Cartesian epistemology and the potentially arbitrary games Wittgensteinians would have us to play.«[242]

Könnte man – so die kritische Nachfrage an Elgin – nicht aber auch das Überlegungsgleichgewicht auf höchster Ebene als rein prozedurale Rechtfertigungsmethode verstehen?[243]

Als zweiten kritischen Punkt kann man an dieser Stelle zusammenfassen, dass Elgin den Kohärentismus – die *Pure Procedural Epistemology* – hauptsächlich in Verbindung mit einer Konsens- oder Kohärenztheorie der Wahrheit betrachtet: Nach diesen wäre wahr genau das, was von einer bestimmten Gemeinschaft als wahr akzeptiert wird oder was kohärenterweise vertreten wird. Eine gerechtfertigte und regelkonforme Überzeugung wäre dann wahr, einfach weil sie prozedural korrekt ist und als solche akzeptiert wird – man könnte die Frage nicht sinnvoll stellen, ob etwas derart Gerechtfertigtes nicht doch falsch im Sinne von unwahr sein könnte. Wenn Kohärenz nicht nur ein Kriterium der Rechtfertigung ist, sondern auch das Kriterium der Wahrheit, könnte man von einem *absoluten Kohärentismus* sprechen. Vertreter einer solchen

241 Elgin 1996, 99.

242 Elgin 1996, 100.

243 Diese Frage wird in Kapitel 9 erneut aufgegriffen.

Epistemologie könnten zwar immer noch zugestehen, dass jeder epistemische Akteur sich prinzipiell auch irren kann mit seinen Wahrheitsansprüchen – aber nur, weil das Urteil über eine korrekte Regelbefolgung eben auch fehlbar ist. Unmöglich wäre allerdings der Fall, dass trotz perfekter Regelbefolgung ein epistemischer Akteur dennoch eine unwahre Überzeugung erhalten kann, was zumindest intuitiv – setzt man eine vom epistemischen Akteur unabhängige Realität voraus – jedoch äußerst unplausibel ist. Wenn dem aber so ist, dann ist es eben unplausibel, dass die Wahrheit allein durch Konventionen über Regeln bestimmt wäre und damit – in allen Fällen – relativ und nicht objektiv wäre.

Es ist nun aber durchaus möglich, in Bezug auf Rechtfertigung einen Kohärenzansatz zu vertreten, in Bezug auf Wahrheit aber den klassischen Korrespondenzansatz: Also, dass etwa eine Aussage genau dann wahr ist, wenn der Aussagegehalt (die Dinge, auf die Bezug genommen wird) mit der objektiven Realität korrespondiert (die Dinge genau in dieser Weise oder Beziehung zueinander existieren, wie behauptet). Diesen prima facie sehr plausiblen Ansatz der Trennung zwischen Standards der Rechtfertigung und der Wahrheit vernachlässigt Elgin bei ihrer Untersuchung der *Pure Procedural Epistemology*. Vertreterinnen dieser Art Epistemologie könnten diese Trennung aber durchaus auch in ihr Paradigma einbauen. Das Erkenntnisspiel müsste – so könnte man von ihrer Seite aus entgegnen – lediglich in seiner Komplexität adäquat rekonstruiert werden: Grundlegende Unterschiede zu Spielen wie Basketball wären dabei nicht ausgeschlossen. Jedoch kann man Elgin soweit zustimmen, dass dann – neben der *Perfect Procedural Epistemology* – auch die *Pure Procedural Epistemology* (jeweils abhängig von der Bezugskultur) keine sicheren oder perfekten Ergebnisse bezüglich des Erkenntnispiels garantieren kann, womit man den Blick genauer auf die *Imperfect Procedural Epistemology* richten sollte, die einen solchen Anspruch im Vorhinein bereits ausschließt.

5.2.3 *Das Überlegungsgleichgewicht bei Elgin*

Zwar scheitert der starke epistemologische Fundamentalismus nach Elgin gemeinsam mit der rein prozeduralen Epistemologie, doch es bestehe dennoch Hoffnung für die erkenntnistheoretischen Bemühungen: Und zwar, wenn man die epistemische Praxis zwar in Betracht zieht, aber als kritisierbar und fehlbar auszeichnet und normativ auf sie Bezug nimmt. Dies führe dann zu dem Versuch, eine imperfekte prozedurale Epistemologie (*Imperfect Procedural Epistemology*) zu entwerfen, die Elgin als Mittelweg vorschlägt und mit der Methode des Überlegungsgleichgewichts verbunden sieht.[244]

Eine wichtige Rolle bei diesem Ansatz spielt, dass unseren tatsächlichen Überzeugungen – Elgin spricht allerdings eigentlich von epistemischen

244 Vgl. Elgin 1996, 101f.

commitments –[245] zumindest eine gewisse Belastbarkeit und Anfangsglaubwürdigkeit (»initial tenability«) zugesprochen wird: Dass sie uns bisher noch nicht dergestalt frustriert haben, dass wir den Glauben an sie verloren hätten, zeige, dass man sie als zentrale Elemente einer adäquaten epistemologischen Methode ernst nehmen müsse. Dies soll allerdings nicht heißen, dass die Anfangsglaubwürdigkeit unserer tatsächlichen Überzeugungen schon eine Rechtfertigung für deren Akzeptanz wäre: hier soll nicht behauptet werden, es handele sich um Grundüberzeugungen im Sinn eines epistemischen Fundamentalismus.[246] Aber man kann nach Elgin aufgrund des bestehenden Anfangsvertrauens die eigenen Überzeugungen als legitime Startpunkte für die weitere epistemische Untersuchung heranziehen. Anders als etwa Rawls und Daniels, versucht sie also nicht unsere Überzeugungen erst zu filtern, um zu wohlüberlegten Urteilen zu gelangen, die dann Eingang in einen Abwägungsprozess finden können. Selbstverständlich können sich daher in Elgins Anfangsüberzeugungen viele Befangenheiten und krude Vorurteile verbergen, deren man sich als solcher noch nicht bewusst ist. Doch Elgins Punkt ist, dass gerade auch diese Vorurteile, Täuschungen und Fehlurteile, von denen wir ja tatsächlich überzeugt sind, Teil der Untersuchung werden müssen und erst dann als fehlerhaft entlarvt werden können, wenn man sie methodisch in einen Zusammenhang setzt und systematisch untersucht.[247]

Zwischen unseren Überzeugungen kann es Konflikte geben, die nicht offensichtlich zu Tage treten. Ein Beispiel von Elgin ist die Zusammenstellung folgender Überzeugungen:

a) Am Äquator schneit es nie;
b) überall in den (hohen) Anden kann es schneien;
c) die (hohen) Anden ziehen sich über den Äquator.[248]

Obwohl jeder einzelne Teilsatz für sich genommen eine gewisse Anfangsplausibilität hat, führen sie zusammengenommen zu einem Widerspruch,

245 Eine unelegante Übersetzung wäre vielleicht »epistemische Festlegungen«. *Commitments* müssen im Gegensatz zu *Überzeugungen* nicht auf Wahrheit zielen, sie können einfach nur korrekt oder angemessen sein. Wichtig ist, dass sie mit einer konkreten Akzeptanz des epistemischen Akteurs verknüpft sind. Zu dieser Akzeptanz schreibt Elgin: »To accept that p involves being willing to take p as a premise, as a basis for action or, I add, as an epistemic norm or a rule of inference, when one's ends are cognitive. This includes being willing to give others to accept that p via testimony. Acceptance is not a disposition to represent, but a disposition to act.« Vgl. Elgin 2017, 19. Vgl. hierzu auch Scheffler 1954 und Brun 2013. In diesem Abschnitt möchte ich von dieser Unterscheidung noch abstrahieren, weswegen ich erst einmal weiter den Ausdruck »Überzeugungen« nutzen werde.

246 Vgl. Elgin 1996, 110; vgl. Elgin 1983, 183–187; vgl. Elgin 2017, 64.

247 Vgl. Elgin 1996, 101f.; vgl. Elgin 2017, 64f.

248 Elgin 1996, 102.

der natürlich dadurch aufgelöst werden muss, dass man zugibt, dass es doch an bestimmten Orten des Äquators schneien kann. Doch nicht alle Konflikte bestehen in logischen Inkonsistenzen: Wenn man etwa der Überzeugung ist, dass fleischfressende Tiere sich äußerst selten dauerhaft auf eine vegetarische Diät setzen lassen, dann passt dies – insofern man keine zusätzlichen Gründe anführen kann – nicht zu der Überzeugung, dass sich nun gerade der eigene Hund wahrscheinlich doch zum Vegetarier erziehen lässt. Hier liegt kein direkter logischer Widerspruch vor. Die Alternativüberzeugung, dass selbst der eigene Hund leider auch bei besten Bemühungen wahrscheinlich keine rein vegetarische Ernährung akzeptieren wird, ist einfach plausibler und sollte, sofern man nicht etwa auf einen Fortschritt in der Produktion von pflanzlichem Fleischersatz verweisen kann, der übermäßig optimistisch Überzeugung vorgezogen werden.

Warum aber sind die Konflikte auf diese Weise aufzulösen? Nach Elgin sollte man Konflikte zwischen Überzeugungen nicht danach entscheiden, von welchen Überzeugungen man ganz allein betrachtet am stärksten überzeugt ist. Korrekterweise sollte man nach Elgin bei der Auflösung von Konflikten den Blick auf mögliche Überzeugungsensembles richten, die durch die systematische Betrachtung der fraglichen Überzeugungen entstehen: Entscheidend sein sollte, welches der möglichen resultierenden Überzeugungssysteme im Ganzen genommen am annehmbarsten ist. Elgin spricht von Annehmbarkeit (»tenability«) die bei einem System im Überlegungsgleichgewicht maximal ist – ich möchte vorschlagen, dass man hier synonym auch von der Plausibilität eines Überzeugungssystem sprechen kann, die im Überlegungsgleichgewicht dann maximal wäre. Bei der Frage, wie plausibel ein Überzeugungssystem ist, spielt natürlich auch eine Rolle wie stark man von den einzelnen Überzeugungen, die Teil davon sind, überzeugt ist. Aber auch, welche inferenziellen Verbindungen sie zueinander haben und sich dadurch gegenseitig stärken oder schwächen können.[249]

Wenn ganze Überzeugungssysteme betrachtet werden müssen, stellt sich natürlich die Frage, welche Überzeugungen die Kandidatensysteme enthalten müssen: Elgin gesteht zu, dass eine gewisse Menge an Überzeugungen von den Überzeugungssystemen berücksichtigt werden muss, damit man zwischen alternativen Systemen adäquat das plausibelste auszeichnen kann – man sollte also als epistemischer Akteur zunächst versuchen, zusätzliche relevante Überzeugungen zu finden und in den Prozess zu integrieren. Die Plausibilität der möglichen Überzeugungssysteme, zwischen denen man sich – wenn sie

249 Vgl. Elgin 1996, 103f., 107; vgl. Elgin 1983, 187f.; vgl. Elgin 2017, 70f. Vgl. auch Scheffler 1954, auf den sich Elgin bezieht.

angemessen komplex sind – entscheiden soll, sollte dann von den zusätzlichen Überzeugungen beeinflusst worden sein, was ihre Relevanz bestätige.[250]

Als Beispiel für ein Vorgehen, das auf dieser holistischen Sichtweise basiert, kann man sich mit Elgin die Untersuchungen eines Detektivs oder einer Kommissarin denken, die einen Mordfall auflösen muss:

> »Even if
>   *The butler did it*
> is initially less tenable than
>   *Fickle Freddy Frogmore did it,*
> [it is the case that]
>   *The butler did it and only his fingerprints are on the murder weapon*
> is more tenable than
>   *Freddy Frogmore did it but only the butler's fingerprints are on the murder weapon.*
>
> The tenability of the fingerprints report enhances the case against Jeeves while weakening the case against Freddy. So instead of accepting the competitor with the greatest initial tenability, we do better to accept the one that contributes most to the tenability of the theory or belief system as a whole. Sometimes an even better strategy is to reject both competitors and settle for a compromise candidate. If Jeeves had no motive and Freddy no means, we might resort to a conspiracy theory or endorse the initially less tenable case against the scullery maid. Here again, a judgement's claim to enduring tenability is a function of its contribution to the tenability of the account that emerges. [Italics added by MWS.]«[251]

Die Akzeptanz eines Überzeugungssystems im Überlegungsgleichgewicht führt zur Akzeptanz von Aussagen, die aus ihm abgeleitet werden können, die man entweder vorher noch gar nicht bedacht hatte oder denen man nicht zugestimmt hätte – also zur Abänderung von Überzeugungen. Überzeugungen, die man für unplausibel gehalten hatte, können angesichts ihrer Rolle im System plausibel werden, Überzeugungen die unbedeutend schienen, nun als hochrelevant beurteilt werden. Laut Elgin ergibt sich die Akzeptanz von vielen Aussagen, von denen wir im Alltäglichen überzeugt sind, zu einem gewissen Teil – oder ganz – erst abgeleitet aus den von uns

---

250 Vgl. Elgin 103f. Die Methode des Überlegungsgleichgewichts fordert also nur die Einbeziehung aller relevanten anfänglich plausiblen Überzeugungen: Wenn man etwa Primatenforschung betreibe, müsse man keine Theorie über die Festlegung des Zinssatzes einbeziehen: »Let us say, that a system acknowledges a prior commitment just in case the system either incorporates that commitment or supplies suitable grounds for revising or rejecting it. Those it does not acknowledge, it ignores.« Elgin 1996, 129.

251 Elgin 1996, 103. Für ein ausführlicheres und sehr anschauliches Beispiel siehe Elgin 2017, 69–73 (beziehungsweise auch Elgin 2014).

akzeptierten Überzeugungssystemen. Viele unserer Überzeugungen sind – ursprünglich zumindest – keine Überzeugungen mit großer Anfangsplausibilität gewesen – bedeutende Startüberzeugungen – sondern sind erst im Verlauf unserer epistemischen Unternehmungen zu unseren Überzeugungen geworden oder haben erheblich durch die Inkorporation in das gerechtfertigte Überzeugungssystem an Plausibilität gewinnen können:

> »Our goal is to maximize the epistemic standing of the considerations we finally endorse. In forging connections among initially tenable claims, we integrate them into a mutually supportive network. This enhances their tenability, each being more reasonable in light of the others than it was alone. It also confers tenability on the sentences we annex, transforming initially doubtful claims into integral parts of an acceptable system of thought. [...] Individual judgements ordinarily owe some measure of their tenability to their place in a tenable system.«[252]

Doch wie gelangen wir überhaupt, ausgehend von unseren Startüberzeugungen mit anfänglicher Glaubwürdigkeit zu den möglichen sie mehr oder weniger beinhaltenden Überzeugungssystemen, von denen wir das mit der höchsten Plausibilität oder Annehmbarkeit (»maximal tenability«) akzeptieren sollten?[253]

Elgin beschreibt den Prozess, der letztlich zu einem Überlegungsgleichgewicht – dem nach Reflektion plausibelsten Überzeugungssystem – führen soll, sehr ähnlich wie Rawls und Daniels: Nachdem unsere offensichtlich relevanten Startüberzeugungen aufgelistet werden, suchen wir nach weiteren relevanten Überzeugungen, die Lücken füllen und einen notwendigen Hintergrund liefern. Wir untersuchen die inferenziellen Verbindungen zwischen diesen Überzeugungen und entdecken unbedachte Implikationen. Wir gehen zwischen verschiedenen Abstraktionsstufen hin und her und testen bei Konflikten, die spätestens in diesem Stadium sehr wahrscheinlich auftreten, mögliche Anpassungen aus: Wir wägen ab, welche Anpassungen plausibler wären. Eine einzelne tentative Abwägung in diesem Prozess kann als tentative Entscheidung zwischen zwei möglichen Überzeugungssystemen gesehen werden, die durch eine Entscheidung entstehen könnten. Letztlich müssen, wenn man holistisch gesehen konsequent bleibt, aber alle Abwägungen

---

252 Elgin 1996, 104; vgl. Elgin 1983, 187f.; vgl. Elgin 2017, 66ff.

253 »The components of a system in reflective equilibrium must be reasonable in light of one another, and the system as a whole reasonable in light of our initially tenable commitments. Indeed, such a system must maximize tenability. For we would not on reflection accept a system of thought if a competitor we more tenable.« Elgin 1996, 107.

gemeinsam betrachtet und entschieden werden, was zu einer Vielzahl an möglichen Endresultaten führt, aus denen eines ausgewählt werden muss:

> »In building up a system of thought, we begin with a provisional scaffolding made up of the relevant beliefs we already hold, the aims of the project we are embarked on, the liberties and constraints we consider the system subject to, the values and priorities we seek to uphold. We suspend judgement on matters in dispute. This ramshackle structure is not expected to stand by itself. Major improvements may have to be made. Our initial judgements are not comprehensive; they are apt to be jointly untenable; they may fail to serve the purposes to which they are put or to realize the values we want to uphold. And initial principles, standards, purposes, and values are apt to be equally unsatisfactory. So our scaffolding has to be supplemented and in part reconstructed before it will serve. [...] We proceed dialectically. We mold specific judgements to accept generalizations, and generalizations to specific judgements. We weigh considerations of value against antecedent judgements of fact. We synchronize ends and means, reconcile principle and practice. A process of delicate adjustments occurs, its goal being a system in reflective equilibrium.«[254]

Elgin betont dabei, dass dieser Prozess dynamisch gedacht werden muss, was zum Beispiel heißt, dass neue Überzeugungen hinzutreten können und weitere Untersuchungsbereiche erschlossen werden.[255] Daraus folgt auch, dass nicht allein die Startüberzeugungen bereits das Ergebnis bestimmen – den Vorwurf eines Konservatismus in Bezug auf die Überzeugungen, mit denen man startet, lehnt sie also ebenso ab wie Rawls, Daniels, und DePaul.[256] Nicht alle – noch nicht einmal die meisten – der Startüberzeugungen müssen Teil des resultierenden Überzeugungssystems sein, wenngleich auch das System immer noch auf die Überzeugungen zurückgreifen muss, die wir nun tatsächlich haben – gleich ob diese neu gewonnen sind oder beibehalten wurden.

---

254 Elgin 1996, 106.

255 Welche Überzeugungen und Theorien einbezogen werden müssen, kann nach Elgin nicht im Vorhinein festgelegt werden – dies ist stets im Hinblick auf die aktuellen commitments hin zu überprüfen. Auf diese Weise können sich die Untersuchungen mittels der Methode des Überlegungsgleichgewichts immer weiter ausdifferenzieren und verfeinern. Was anfangs noch als irrelevant betrachtet wurde kann im Verlauf der Untersuchung relevant werden. Vgl. Elgin 1996, 129ff.

256 Als Beispiel dafür, dass die Startüberzeugungen in einem Überlegungsgleichgewichtsprozess nicht notwendigerweise das Ergebnis bestimmen, führt Elgin die neuen Überzeugungen an, zu denen der Sklave von Menon im platonischen Dialog geführt wird. Vgl. Elgin 1996, 108f. »[...] maximal tenability is not always a matter of minimizing deviation. A system that incorporates a radical hypothesis may be more tenable than its conservative rivals.« Elgin 1996, 109.

Dieser Standpunkt korrespondiert mit der Forderung, dass immer ein weites Überlegungsgleichgewicht anzustreben sei:[257]

> »Achieving that goal may involve drawing new evaluative and descriptive distinctions or erasing distinctions already drawn, reordering priorities or imposing new ones, reconceiving the relevant facts and values or recognizing new ones as relevant. We test the construction for accuracy by seeing whether it reflects (closely enough) the initially tenable judgements we began with; we test it for adequacy by seeing whether it realizes our cognitive and practical ends. An exact fit is neither needed nor wanted. We realize that the views we began with are incomplete, and suspect that they are flawed; we recognize that our initial conception of our objectives is inchoate and perhaps inconsistent. So we treat our starting points as touchstones that guide but do not determine the shape of our construction.«[258]

Ähnlich wie Rawls, betont auch Elgin, dass Überzeugungen auf jeder Abstraktionsstufe in den Prozess einzubringen sind. Prinzipien und Hypothesen sind also beispielsweise als Überzeugungen anzusehen, die im Prozess abgeändert oder aufgegeben werden können – dies gelte selbst für epistemische Prinzipien und für Überzeugungen über Theoriebildung, weshalb auch eine Selbstkritik der Methode des Überlegungsgleichgewichts durchaus mit Elgin möglich erscheint:

> »Tenability [...] depends on the adequacy of our epistemic principles, standards and methods. But adequacy no more attaches a priori to principles, standards, and methods than it does to judgements. Indeed principles, standards, and methods obtain their warrant in the same way factual judgements do. The ones we ordinarily use are counted initially tenable claims; they may generate incompatible or implausible conclusions. They are, moreover, likely to be incomplete, yielding no verdict on cases within their purview. Like initially tenable claims, initially tenable principles, standards, and methods are subject to rejection, correction, and amendment in the process of systematization.«[259]

257 »Coherence provides justifications in the system; the tie to initially tenable commitments, justification of the system.« Elgin 1996,107. Ansonsten bestünde die Gefahr, dass man gut konstruierten Fantasien (etwa guten Romanen) eine epistemische Rechtfertigung zusprechen müsste. Die Bedingung, dass der epistemische Akteur auf seine tatsächlichen Überzeugungen zurückgreifen muss, spielt auch eine Auflösung bei Goodmans *New Riddle of Induction*: Die Aussage »Alle Smaradge sind grün« ist genauso gut bestätigt wie »alle Smaragde sind grot« (bzw. »grue«) (vgl. Abschnitt 4.2.1. der vorliegenden Arbeit). Warum wir also den ersten Satz unterstützt sehen und nicht den zweiten können wir gut erklären, wenn wir unserer tatsächlich anfänglich vertretenen Urteilspraxis eine entscheidende Rolle zukommen lassen. Vgl. Elgin 1996, 107–111.

258 Elgin 1996, 106f. Vgl. Elgin 1996, 107ff.; vgl. Elgin 1983, 187f.; vgl. Elgin 2017, 84f.

259 Elgin 1996, 104. Vgl. Elgin 1996, 105.

Ein weiterer wichtiger Punkt für Elgin ist, dass die Methode des Überlegungsgleichgewichts nicht als rein individualistisch verstanden werden soll: Insofern als es durch verlässliche Zeugenschaft gerechtfertigtes Vertrauen in Expertenaussagen und andere indirekt gewonnenen Überzeugungen gibt – also etwa, dass Wasser H_2O ist oder eine bestimmte Anzahl von Zuschauern bei der Vereidigung Donald Trumps anwesend waren – müssen diese Überzeugungen nicht direkt von mir selbst begründet werden, um erfolgreich in den Überlegungsgleichgewichtsprozess einzugehen. Es reiche eben, wenn ich das Vertrauen in die Quellen dieser Überzeugung, etwa das Wissenschaftssystem mit seinen Methoden und Medien oder den Journalismus, rechtfertigen kann. Ansonsten wäre eben ein Großteil dessen, was wir meinen zu wissen, nicht integrierbar in das Überzeugungssystem im Überlegungsgleichgewicht. Die Methode des Überlegungsgleichgewichts ist nach Elgin also durchaus eine Methode, die eine *soziale Erkenntnistheorie* (*social epistemology*) und damit eine epistemologische Arbeitsteilung bejaht – was angesichts der Bedeutung von Praxis in allen bisher aufgezeigten Überlegungsgleichgewichtskonzepten auch nicht verwundern mag:[260]

> »[…] the method of reflective equilibrium favors an epistemology that recognizes the division of cognitive labor. A social epistemology accommodates our initially tenable commitments better than rugged epistemic individualism does.«[261]

Wann eine Quelle oder ein Medium für Überzeugungen vertrauenswürdig und verlässlich ist, ist dabei eine Entscheidung, die unter Berücksichtigung des Überlegungsgleichgewichts gefällt wird:

> »In deciding among our options [to trust to some degree or not], we balance our initially tenable commitments about the medium, the information it draws on, the messages it transmits, the institutions that underwrite it, the ends it promotes, and so on. A valid measure of trustworthiness is thus a product of reflective equilibrium.«[262]

Es ist im Sinne der sozialen Erkenntnistheorie anzunehmen, dass für jeden epistemischen Akteur die Auflage im Überlegungsgleichgewicht gerechtfertigt ist, dass die Urteile anderer Teilnehmer der epistemischen Gemeinschaft bei der Herstellung eines Überlegungsgleichgewichts in Betracht gezogen werden müssen. Das solle nach Elgin allerdings keineswegs heißen, dass

260 Vgl. Elgin 1996, 111–114; vgl. Elgin 1983, 187f.; vgl. Elgin 2017, 81.

261 Elgin 1996, 114.

262 Elgin 1996, 114.

alle Urteile aller Teilnehmer gleichermaßen berücksichtigt werden müssen: Wessen Urteile – soweit man Zugang zu ihnen hat – in welchem Maße berücksichtigt werden – und hier sollte man Elgin letztlich dann doch auch ein »individualistisches« Grundverständnis der Überlegungsgleichgewichtsmethode zuschreiben – wird über die Systematisierung anfänglich vertretbarer Urteile darüber bestimmt, wessen Urteil welches epistemisches Gewicht hat:[263]

> »The requirement that we accord initial tenability to other people's opinions is not in the end very onerous. Not everyone's views on every subject need be taken into account. At the start of an inquiry we have initially tenable beliefs about whose views on the subject are worthy of consideration and about what makes them so. On the basis of these beliefs, we construct a system that delineates the epistemic community in question. The mere fact that that someone agrees with me does not qualify her for admission, nor does the mere fact that she disagrees disqualify her. But interests, abilities, experience, and expertise are normally relevant in deciding whether an individual's commitments about a given matter deserve a hearing. An endocrinologist has reason to take the initially tenable commitments of other endocrinologists into account in attempting to accommodate an anomalous finding. About such matters, she normally has no reason to listen to her tennis pro. Here too feedback occurs. Advancement of understanding brings refinement in the delineation of the range of viewpoints that a given system need acknowledge.«[264]

Elgin wehrt Kritik von Stephen Stich an der Überlegungsgleichgewichtsidee ab, die an dieser Stelle ansetzt und die vielleicht in drei Einzelpunkte unterteilt werden kann:

1. Ein Überlegungsgleichgewicht kann falsche Überzeugungen rechtfertigen: Wenn nur die Urteile anderer, die man selbst als epistemisch relevant anerkennt, einbezogen werden, könnten mit der Methode – so Stich – inadäquate Überzeugungen gerechtfertigt werden: etwa der Spielerfehlschluss.[265] Da bei Spielern die entsprechende Überzeugung verbreitet ist, dass bestimmte Ergebniskonstellationen beim Glücksspiel besonders unwahrscheinlich sind, wäre dieser Irrtum bei ihnen durchaus in einem Überlegungsgleichgewicht gerechtfertigt, das durch ihr soziales Umfeld gestützt wird. Dies verneint Elgin da gelte, dass ein

263 Vgl. Elgin 1996, 114–116. An einigen Stellen drückt sich Elgin so aus, dass man annehmen könnte, die Akzeptabilität eines Überzeugungssystems für einen epistemischen Akteur hänge von Überzeugungen anderer epistemischer Akteure ab, zu denen er keinen internen Zugang hat. Vgl. Elgin 1996, 115f. Im weiteren Kontext wird klar, dass dies nicht der Fall ist.

264 Elgin 1996, 117.

265 Vgl. Abschnitt 5.2.2. der vorliegenden Arbeit. Vgl. Stich 1993, 83–86.

weites Gleichgewicht hergestellt werden muss: Die mathematische Wahrscheinlichkeitstheorie habe einen festen Platz im Überzeugungssystem eines jeden von uns, sobald wir es angemessen erweitern. Daher ergibt sich bei jedem Spieler ein Konflikt mit den Überzeugungen des Spielerfehlschlusses, wodurch dieser als solcher in einem weiten Überlegungsgleichgewicht entlarvt werde. Auch die Frustration der Ziele, nämlich das Verlieren etwa beim Roulette, zeige dem Spieler im weiten Überlegungsgleichgewicht, dass er seine Überzeugung hinterfragen und anpassen muss. Meist ist es dann eben die soziale Komponente der Methode, die einem die angemessenen Anpassungen und Revisionen ermöglicht – etwa in der Form, dass man als gebeutelter Spieler einen Blick ins Lexikon wirft oder, heutzutage wohl eher, im Internet recherchiert.[266] Allerdings kann Stich darauf verweisen, dass in früheren Zeiten selbst ernstzunehmende Wissenschaftler – also Experten, denen man in solchen Dingen oft gerechtfertigt vertrauen kann – den Spielerfehlschluss vertreten haben:

> »Indeed one can even find some nineteenth-century logic texts in which versions of the gambler's fallacy are explicitly endorsed.«[267]

Als Vertreter des Überlegungsgleichgewichts sollte man also besser zugestehen, dass auch ein weites und soziales Überlegungsgleichgewicht nicht vollkommen vor Irrtümern wie dem Spielerfehlschluss schützen kann. Elgin behandelt nun aber gerade das Überlegungsgleichgewicht als Methode einer *Imperfect Procedural Epistemology*, in deren Rahmen eine solche Irrtumsmöglichkeit stehts zugestanden wird, wenngleich man dieser eben auch nicht völlig schutzlos ausgeliefert ist. Sie betont zurecht, dass die Methode des Überlegungsgleichgewichts bei einem anhaltenden Verlust im Glücksspiel irgendwann dazu führt, dass man auch ein fehlgeleitetes Expertenurteil anzweifeln würde. Die interne Rechtfertigung, die man über ein Überlegungsgleichgewicht erhalten kann, ist stets nur vorläufig.

2. Ein Überlegungsgleichgewicht kann bizarre Überzeugungen rechtfertigen: Stich fragt, ob ein epistemischer Akteur – man könnte sich einen Sektenanhänger eines charismatischen aber verdorbenen Gurus denken – im Überlegungsgleichgewicht nicht genötigt wäre, bizarre Regeln zu akzeptieren, die zwar tatsächlich mit seinem sozialen Umfeld

266 Vgl. Elgin 1996, 118. Vgl. Stich 1993, 83f.

267 Stich 1993, 83. Vgl. Stich 1993, 164 (Endnote 11).

übereinstimmen, die wir aber keinesfalls als gerechtfertigt bezeichnen wollen.[268] Erneut verweist Elgin darauf, dass derartige Überzeugungen, die ungerechtfertigt sind, durch die Weite eines Überlegungsgleichgewichts als inakzeptabel enttarnt werden können – ebenso wie der Guru, der seine Stellung und das Vertrauen missbraucht, das ihm entgegengebracht wird. Elgin stellt sich aber zusätzlich gegen die Position, dass bizarre Überzeugungen an sich stets abzulehnen seien. Dass die Methode des Überlegungsgleichgewichts bizarre Überzeugungen nicht im Vorhinein disqualifiziert, sieht sie eher als wichtigen Pluspunkt. In der Wissenschaft setzten sich oft anfangs äußerst kontraintuitive Theorien durch, die für Laien teilweise bizarr anmuten müssen, etwa in der Quantenphysik die *Heisenbergsche Unschärferelation*. Und die Forderungen der Suffragetten nach einem Frauenwahlrecht – so könnte man hinzufügen – erschienen vielen konservativen Zeitgenossen sicherlich auch bizarr, wenn nicht gar verdorben. In einem Überlegungsgleichgewichtsprozess nach Elgin gehen bizarre Überzeugungen zwar vielleicht nicht als anfänglich glaubwürdige Urteile in den Prozess ein, können aber im Laufe des Prozesses durch ihren möglichen Platz im Überzeugungssystem an Akzeptanz gewinnen und dadurch gerechtfertigt werden. Bizarre Theorien und Urteile von vorneherein auszuschließen, wäre schlicht selbst absurd und irrational.[269]

3. Die Methode des Überlegungsgleichgewichts impliziert einen *epistemischen Chauvinismus*: Wenn eine Person A und eine Person B, die in unterschiedlichen Kulturen leben, beide ein Überlegungsgleichgewicht hergestellt haben, welchen Grund hat dann Person A sein Überzeugungen anstelle derjenigen von Person B als gerechtfertigt anzusehen? Dies könne man nur als epistemischer Chauvinist, so Stich. Es ist nicht ganz klar, wie diese Kritik zu interpretieren ist: Wenn Person A das Überzeugungssystem von Person B nicht für mindestens genauso plausibel hält, wie sein eigenes, dann wäre die Antwort schlicht, dass dieses aus seiner Sicht eben kein Überlegungsgleichgewicht ist, auch wenn er zugestehen kann, dass es eines aus der Sicht von Person B sein mag. Die anfängliche Glaubwürdigkeit von Überzeugungen und die darauf basierende systematische Plausibilität von inferenziell strukturierten Überzeugungssystemen kann nur relativ zu einem bestimmten epistemischen Akteur

268 Neuere Variationen dieser Kritik verweisen teilweise auf bedrohliche oder abscheuliche moralische Überzeugungen, die in einem Überlegungsgleichgewicht gerechtfertigt sein könnten. Vgl. Kelly / McGrath 2010, 346ff.

269 Vgl. Elgin 1996, 118f. Vgl. Stich 1993, 84, 164 (Endnote 16).

> ermittelt werden – dies als chauvinistisch zu bezeichnen wäre auch deswegen unsinnig, weil man gar keinen direkten Zugang zu den Überzeugungen einer anderen Person hat: dieser Zugang besteht ja auch nur indirekt durch die eigenen Überzeugungen. Elgin interpretiert diese Kritik von Stich dann auch auf eine andere Weise: Nehmen wir an, dass aus Sicht des epistemischen Akteurs A sein Überzeugungssystem genauso plausibel ist wie das Überzeugungssystem von Person B. Dies ist durchaus denkbar, da durchaus denkbar ist, dass in bestimmten Konstellationen mehrere Überzeugungssystemen den Grad an Plausibilität maximieren können. Könnte nun Person A nicht einfach ihr System zugunsten desjenigen von Person B aufgeben, wenn sie kein epistemischer Chauvinist ist? Elgin verneint jedoch, dass dies der Fall sei, indem sie auf die Kosten verweist, die solch eine Umstellung mit sich brächte. Nur wenn ein anderes Überzeugungssystem offensichtlich besser ist als das zurzeit von mir akzeptierte, sollte ich mein Überzeugungssystem ändern, bei Gleichstand nicht. Ob die Kosten allerdings auch gegen ein deutlich besseres System ins Spiel gebracht werden können und so pragmatische oder moralische gegen epistemische Gründe abgewogen werden sollten, darauf geht sie nicht ein.[270]

Ein wichtiger Punkt für die Methode des Überlegungsgleichgewichts ist nach Elgin, dass die Korrigierbarkeit unserer Überzeugungen, wenn sie generell als fehlbar angesehen werden, unsere Erkenntnis systematisch erweitern und verfeinern kann. Wenn etwa eine Theorie, die besagt, dass mentale Inhalte linguistische Inhalte voraussetzen, prima facie zu unseren anderen Überzeugungen passt, wir aber nicht unterschreiben würden, dass jagende Katzen die Mäuse nicht »fangen wollen« – verstanden als mentaler Inhalt – und wir letzteres stärker gewichten als die Theorie und deren Erklärungskraft, dann ändern wir die Theorie im Sinne des weiten Überlegungsgleichgewichts eben ab – und erhalten nebenbei neues Material für weitere Untersuchungen: etwa unsere nun bewusst gewordene Überzeugung, dass Katzen Mäuse fangen wollen und dies als ein mentaler Zustand anzusehen ist. Diese Dynamik epistemischer Verbesserung sei etwas Positives, auch wenn der Wunsch nach unfehlbaren Wahrheiten dann nicht befriedigt werden kann, wenn Elgin methodisch von der Revidierbarkeit aller Überzeugungen ausgeht. Unfehlbare Wahrheiten seien einfach nicht zu garantieren – wie Elgin mit Blick auf den starken Fundamentalismus bereits versucht hat plausibel zu machen – und alle Überzeugungen müssen daher aus methodischer Sicht als fehlbar angesehen werden. Dies gelte selbst dann, wenn Überzeugungen

270 Vgl. Elgin 1996, 118f. Vgl. Stich 1993, 94, 99, 130, 134, 144.

Elemente des plausibelsten Überzeugungssystems und daher – zumindest vorläufig – im Überlegungsgleichgewicht gerechtfertigt sind. Doch die mögliche Verfeinerung durch Korrekturen unseres Überzeugungssystems entschädige eben diese Unvollkommenheit der Methode:

> »Corrigibility compensates for fallibility, converting an apparent weakness into a source of strength.«[271]

5.2.4 *Verstehen statt Wissen*

Sobald ein Überlegungsgleichgewicht erreicht wurde, besitzt man Überzeugungen, die angesichts aller anderen Überzeugungen gerechtfertigt sind. Doch haben wir damit nach Elgin – selbst, wenn wir davon ausgehen, dass ein Großteil unserer Überzeugungen tatsächlich wahr ist – auch Wissen erzielt?

Das Resultat oder Ziel eines Überlegungsgleichgewichtsprozesses als Wissen auszuzeichnen, wäre nach Elgin aus mindestens drei Gründen verfehlt:

1. Der erste Grund sei, dass ein Überlegungsgleichgewicht stets ein vorläufiges Ergebnis ist, das im Laufe der Zeit höchstwahrscheinlich Anpassungen unterworfen sein wird. Von einer solchen Anpassung ist die Rechtfertigung aller commitments betroffen, weil diese holistisch ist. Wissen hingegen werde klassischer Weise als unveränderlich verstanden – wenn man etwas weiß, dann bleibt dies Wissen; jegliche Anpassungen oder Verbesserungsversuche seien dann unangebracht.
2. Ein zweiter Grund, den Elgin anführt, ist, dass ein Überlegungsgleichgewicht neben Überzeugungen, die zumindest mit Blick auf rein propositionales Wissen die einzigen Kandidaten für Wissensansprüche sind, auch beispielsweise Motive, Kategorien, Methoden und Regeln als commitments beinhalten kann, die jedoch klassischerweise selbst eben nicht wahrheitsfähig seien und daher vom Wissen ausgeschlossen würden.
3. Der dritte Grund sei, dass Wissen Wahrheit impliziere, manche gerechtfertigten Elemente eines Überlegungsgleichgewicht jedoch, zumindest wörtlich genommen, unwahr seien.[272]

Vorausgesetzt, ein epistemischer Akteur hat vorteilhafte Bedingungen, dann resultiert aus seinem Überlegungsgleichgewicht nach Elgin also nicht unbedingt *Wissen* sondern vielmehr ein *Verstehen* oder *Verständnis* (im Englischen: *Understanding*, man könnte auch an »Einsicht«, »Erfassen« oder

---

271 Elgin 1996, 121. Vgl. Elgin 1983, 183, 188f.; vgl. Elgin 2017, 85, 89f.

272 Vgl. Elgin 1996, 122f.

»Begreifen« als Übersetzung denken – ich möchte im Folgenden weiter »Verstehen oder »Verständnis« nutzen; und zwar synonym):

> »›Understanding‹ is a better term for the epistemic achievement that concerns us here. Not being restricted to facts, understanding is more comprehensive than knowledge ever hoped to be. We understand rules and reasons, actions and passions, objectives and obstacles, techniques and tools, forms, functions, and fictions, as well as facts. We also understand pictures, words, equations, and patterns. Ordinarily these are not isolated accomplishments; they coalesce into an understanding of a subject, discipline, or field of study.«[273]

Wenn man einem epistemischen Akteur das Verständnis eines Untersuchungsbereichs zuschreibe,[274] dann sei dies mit den drei Punkten vereinbar, die hinsichtlich der Wissenszuschreibung problematisch waren.

Erstens sei eine dynamische Verbesserung eines vorläufigen Verständnisses durchaus zulässig, da epistemisches Verstehen kein binärer Wert wie Wissen sei: Entweder man weiß etwas oder man weiß es nicht – verstehen könne man etwas hingegen mehr oder weniger. Newton hatte vielleicht nicht die absolut korrekte Formel für Gravitation (sie wäre falsch, wenn er sich nur um eine Nachkommastelle geirrt hätte), aber wollen wir nicht dennoch sagen, dass er ein gewisses Verständnis für die Gravitation hatte? Zu seinem Zeitpunkt sogar ein ganz außerordentliches?[275] Nur wenn wir unsere Überzeugungen und commitments als vorläufig gerechtfertigt und verbesserbar ansehen, werden wir an ihnen arbeiten und so zu einem besseren und vertieften Verständnis gelangen können. Daher sollten weder Wissen noch permanent stabile Überzeugungssysteme einziges oder erstes Ziel unserer Untersuchungen sein – Verstehen kann in diesem Zusammenhang sogar als wertvoller als Wissen angesehen werden und sei das legitime Ziel der Methode des Überlegungsgleichgewichts.[276]

---

273 Elgin 1996, 123.

274 Man kann präzisieren, dass es Elgin also vor allem um das sogenannte *objectual understanding* geht: »The first order of business is to identify the primary object of understanding. Two obvious candidates present themselves: individual facts and more comprehensive domains. The former is propositional understanding; the latter objectual understanding […].« Elgin 2017, 39. »I believe that the understanding of a particular matter of fact derives from the understanding of a suitably unified, integrated, tenable body of information that bears on that fact. Objectual understanding, I take it, is the core conception of understanding. It affords a basis for distinguishing between understanding a topic and knowing particular truths about it.« Elgin 2017, 44.

275 Vgl. Elgin 1996, 124; vgl. Elgin 2017, 58–61.

276 Vgl. Elgin 1996, 124, 127.

Zweitens gelinge es mittels einem Verständnis, Elemente in das Gleichgewicht zu integrieren, die aus epistemischer Perspektive beachtenswert sind, aber nicht unbedingt rein propositional zu denken sind: Gehört zu dem umfassenden Verständnis eines Sachgebiets nicht etwa auch, dass man eine angemessene Terminologie besitzt und dass man neben einem propositionalen Wissen auch ein Knowhow besitzt oder angemessene emotionale Reaktionen entwickelt?[277]

> »Understanding need not be couched in sentences. It might equally be located in apt terminology, insightful questions, effective nonverbal symbols, intelligent behavior. A mechanic's understanding of carburetors or a composer's understanding of counterpoint is no less epistemically significant for being inarticulate. [...] Understanding a particular fact or finding, concept or value, technique or law is largely a matter of knowing where it fits and how it functions in the matrix of commitments [...]. But neither knowing where nor knowing how reduces to the *knowing that* that traditional epistemology explicates.«[278]

Dies gelte auch mit Blick auf die Wissenschaft. Ein dritter zusätzlicher Grund, warum das Paradigma des Verstehens besser als das des Wissens sei, erschließe sich ebenso gerade mit Blick auf die Praxis der Wissenschaft – unserer epistemisch gesehen wertvollsten Praxis. Denn Wissenschaft toleriere Simplifizierungen, Annäherungen und Theorien, von denen man weiß, dass sie strenggenommen nicht exakt die Wahrheit abbilden oder in der Zukunft durch bessere Theorien abgelöst werden.[279]

> »I have focused on the value of science because science is widely regarded as our preeminent cognitive enterprise. If science tolerates falsity to achieve its ends, truth's claim to epistemic preeminence is overthrown.«[280]

Genau genommen müsse man sagen: Wissenschaft toleriert nicht nur falsche Annahmen, sie wäre ohne diese gar nicht denkbar. Elgin spricht in diesem Zusammenhang von *felicitous falsehoods*,[281] die etwa dann entstehen, wenn man eine Kurve glättet, *ceteris paribus*-Annahmen macht oder modelliert.

---

277 Mehr zu letzterem Punkt im nächsten Abschnitt.

278 Elgin 1996, 123f.

279 Vgl. Elgin 1996, 124ff.; vgl. Elgin 2017, 61f.

280 Elgin 1996, 126.

281 Man könnte vielleicht versuchen diesen Ausdruck als »treffende Unwahrheiten« zu übersetzen, doch der englische Ausdruck scheint mir weitere Konnotationen zu haben – und eleganter zu sein – weshalb ich ihn hier weiter verwende.

Dies seien nun gerade keine Defekte der wissenschaftlichen Praxis, sondern Elemente, die ganz zentral und wertvoll sind:[282]

> »Understanding is often couched in and conveyed by sentences that are not true. Many of them do not even purport to be true. Such symbols are epistemically felicitous falsehoods. Not all scientific models are propositional. Besides equations and verbal models, science is rife with diagrams, such as harmonic oscillator depictions in physics texts, three-dimensional models such as tinkertoy models of proteins, real-life simulations, and computer-based simulations. Nonpropositional models and diagrams are not, strictly speaking, false. But if interpreted as realistic representations of their referents, they are inaccurate. All represent their referents as they are not. So despite the fact that it is a bit of a misnomer, for ease of the exposition, I label all such models falsehoods; if despite (or even because of) their inaccuracy they afford epistemic access to their objects, they are felicitous falsehoods. I contend that we cannot understand the cognitive contributions of science, philosophy, or even our everyday accounts of things, if we fail to account the epistemic functions such symbols perform.«[283]

Das soll allerdings nicht heißen, dass innerhalb eines Verständnisses oder im Rahmen der Wissenschaft Falschaussagen getroffen werden können – die Akzeptanz etwa eines Modells als *commitment*, das wörtlich genommen unwahr ist, sei von der Überzeugung, dass etwas Unwahres der Fall sei strikt zu trennen:

> »This is not to say that science makes assertions it knows to be false. Proffering or putting forth a theory is not normally a matter of asserting it. [...] To assert that p is equivalent to asserting that p is true. To advocate believing that p is to advocate believing that p is true. But to proffer a theory, to recommend its adoption, is not ordinarily to claim, even implicitly, that it is true. In proffering a theory science contends that its acceptance is reasonable in the epistemic circumstances. Science regularly proffers theories containing claims that it knows are not strictly true – approximations, idealizations, simplifying assumptions, and the like. It is not epistemic irresponsible to do so.«[284]

Hier wird also zumindest ein wichtiger Grund dafür deutlich, warum Elgin es vorzieht, den Ausdruck »commitments« zu nutzen und sich nicht auf »Überzeugungen« als Elemente des Überlegungsgleichgewichts beschränken

---

282 Vgl. Elgin 2017, 23–32. Der Ausdruck »*felicitous falsehoods*« wird von Elgin in *True Enough* (2017) eingeführt, die damit verbundene Position vertritt sie aber auch bereits in *Considered Judgement* (1996).

283 Elgin 2017, 23.

284 Elgin 1996, 125; vgl. Elgin 2017, 18.

will – denn klassischerweise gilt für Überzeugungen, dass der epistemische Akteur, der sie besitzt, auch deren Wahrheit annimmt.[285]

Die Methode des Überlegungsgleichgewichts könne nach Elgin allerdings weder das Resultat eines Überlegungsgleichgewichts noch das Verstehen eines Sachbereichs garantieren – daher handle es sich eben um eine imperfekte Prozedur. Elgin nennt drei Gründe, warum schon der Versuch ein Überlegungsgleichgewicht herzustellen, scheitern kann:

1. Es kann sein, dass aus den anfänglich plausiblen commitments auch nach Adjustierungsversuchen kein Gleichgewicht hergestellt werden kann, weil sich angesichts der inferenziellen Verbindungen zwischen den Startcommitments und hinzugefügten Annahmen kein sich wechselseitig stützendes System erstellen lässt, das für den epistemischen Akteur akzeptabel ist und man die Untersuchung sozusagen in der Aporie beenden muss.[286]
2. Es ist möglich, dass ein epistemischer Akteur sich in der Annahme irrt, ein Überlegungsgleichgewicht erreicht zu haben, weil zusätzliche relevante Informationen, die von uns zurzeit nicht beachtet wurden, das Gleichgewicht aus der Balance bringen würden.[287]
3. Außerdem könnte es ein alternatives Überzeugungssystem geben, dass ein besseres Gleichgewicht für den epistemischen Akteur bereithält – über inferenzielle Stützung mehr erklären kann – als das bisher akzeptierte Gleichgewicht, das aber vom epistemischen Akteur ebenfalls unbeachtet blieb.[288]

Vielleicht sind Punkt zwei und drei nur Variationen voneinander – dennoch scheint es angesichts dieser Möglichkeiten plausibel anzunehmen, dass die Methode des Überlegungsgleichgewichts eben keinen vollkommenen Schutz gegen epistemisches Pech (»epistemic misfortune«) bietet.[289] Denn die Methode des Überlegungsgleichgewichts ist dynamisch aufgebaut und muss stets offen dafür sein, neue Informationen als relevant anzuerkennen. Hierdurch möglicherweise notwendige Anpassungen können dazu führen, dass die bisher erzielte Rechtfertigung fehlbar ist. Die Methode des Überlegungsgleichgewichts muss also eine Art Fehlbarkeit und Imperfektion akzeptieren:

285 Vgl. Elgin 2017, 17f.
286 Vgl. Elgin 1996, 128.
287 Vgl. Elgin 1996, 128.
288 Vgl. Elgin 1996, 128f.
289 Vgl. Elgin 1996, 129.

> »Forced to concede fallibility, imperfect procedural epistemology demands corrigibility. Rather than treating acceptability as irrevocable, it incorporates devices for reviewing accepted commitments and correcting or rejecting them should errors merge.«[290]

> »Epistemological constructionalism is [...] a procedure for generating an unending series of increasing tenable working hypotheses. The claim to increasing tenability is grounded in the procedure's continually testing accepted considerations, its using attempts to extend and deepen a system as a tool for rooting out received errors and other previously undetected inadequacies. Its claim to deliver nothing more than working hypothesis derives from the recognition that since its error-detection techniques are fallible, the results it sanctions remain provisional, subject to revision or rejection in the course of inquiry. A cognitive system is not a static framework of firmly established findings; it is a dynamic body of provisional commitments, continually being tested by its capacity to nurture understanding.«[291]

Elgin drückt sich an einigen Stellen so aus, als wäre sie der Auffassung, dass ein hergestelltes Überlegungsgleichgewicht, ohne dass weitere externe Kriterien erfüllt werden müssen, uns auch ein Verstehen sichern kann. Dies wäre eine Position, die in der epistemischen Debatte um das Verstehen durchaus nicht unumstritten ist und sicherlich im Gegensatz zu vielen anderen Konzeptionen des Verstehens steht:[292]

> »[...] I argue that an understanding of a topic, consists in accepting a system of commitments in reflective equilibrium [...].«[293]

Die Imperfektion der Methode wäre in diesem Fall tatsächlich darauf reduziert, dass sie nicht das Erreichen eines Überlegungsgleichgewichts garantiert und ein aufgefundenes Überlegungsgleichgewichts stets instabil werden kann. Elgins Position scheint damit nicht ganz so weit entfernt von der *Pure Procedural Epistemology*. Den Hauptunterschied ihres *Konstruktionalismus* (»*constructionalism*«), zum Konstruktivismus Wittgensteins, Kuhns und Rortys sieht sie selbst in dem notwendigen Bezug auf die »initially tenable commitments«, die eben nicht als reine Konventionen gedacht seien.[294]

290 Elgin 1996, 132.

291 Elgin 1996, 133f.

292 Vgl. etwa Gordon 2017.

293 Elgin 2017, 4; vgl. Elgin 1996, 127ff.; vgl. Elgin 1983, 189f.

294 Vgl. Elgin 1996, 127ff.; vgl. Ernst 1999, 321.

»A tenable system [then] rests not on some Archimedean point but on a store of initially tenable commitments that serve as a rough test of our cognitive constructs. Such a constructionalism enables us to adopt a critical perspective without assuming a God's eye view.«[295]

Dem scheint allerdings entgegenzustehen, dass Elgin an anderer Stelle zugesteht, dass ein Verstehen sich – in einer zu bestimmenden Weise – auf Fakten beziehen muss beziehungsweise externen Kriterien genügen muss:

»Pretty plainly, understanding somehow answers to the facts.«[296]

Wenn dem so ist, und Tatsachen als – zumindest teilweise – unabhängig vom epistemischen Akteur verstanden werden, gibt es eine weitere Möglichkeit, wie die Methode des Überlegungsgleichgewichts fehlbar bleibt: Genau dann, wenn die commitments im Überlegungsgleichgewicht sich nicht adäquat auf die Tatsachen beziehen und daher kein Verständnis erreicht wird.

Wie man Elgin letztlich in diesem Zusammenhang interpretieren muss, scheint mir nicht eindeutig zu sein.[297] Ich nehme aber an, dass Elgin die anfänglich glaubwürdigen commitments (»initially tenable commitments«) auf eine bestimmte, fehlbare Weise mit den Tatsachen und der Realität verbunden sieht, ohne dass die commitments als Grundüberzeugungen im Sinn eines (moderaten) Fundamentalismus ausgezeichnet werden könnten.[298] Zwar nimmt sie an, dass wir nicht ohne einen Rückgriff auf ein System von commitments (wie man mit Elgin nun besser anstelle von »Überzeugungssystem« sagen sollte) überhaupt ausmachen können, was als wahr oder korrekt auszuzeichnen ist oder was dementsprechend eine Tatsache ist – das heißt aber nicht, dass man sich einfach sein Bezugssystem aussuchen könne und dass dementsprechend beliebig wäre, was wahr oder eine Tatsache ist. Wir können beispielsweise nicht einfach Kraft eines Konstruktivismus eine kalorienarme Sachertorte oder solarbetriebene U-Bahn ermöglichen. Der schwache Fundamentalismus, der dadurch entsteht, dass vertretbare Systeme die anfänglich glaubwürdigen commitments respektieren müssen, mache es möglich zwischen einem *Konstruktionalismus*, den Elgin vertreten möchte,

295 Elgin 1996, 128.
296 Vgl. Elgin 2017, 37.
297 Für eine Einordnung vgl. Gordon 2017.
298 Vgl. auch Ernst 1999, 319f., 321; vgl auch Timmons 1998, 806f. Ob dies ausreicht, wenn man von einer Korrespondenztheorie der Wahrheit ausgeht und von einem Veritismus nicht abrücken will, ist fraglich.

und einem »Anything goes«-Konstruktivismus zu unterscheiden. Hier gebe es mehr Raum für Objektivität als dort:[299]

> »Despite their relativity to system, truths – and the facts that answer to them – are objective. For once a system in effect, there is no room for negotiation. [...] Such objectivity might seem spurious if we can switch systems at will. What is true according to one tenable system may be false according to another. So can't we just pick our truths to fit our fancy? We cannot. Although truth values may vary from one tenable system to the next, it does not follow that every sentence is true under some tenable system. Indeed, the constraints initially tenable commitments place on tenability show that such is not the case. The initially tenable commitments that tether our systems include commitments from which it follows that some sentences are simply false. Unless we find compelling reasons to revise those judgements, tenability turns on their being respected. There is no reason to believe that grounds for radical revision are generally available. So the relativity of truth to system does not guarantee that, under some tenable system, ›The Holocaust never happened‹ or ›π is a rational number‹ is true. To adopt a system that held them true in current epistemic circumstances would be to adopt an untenable system.
>
> Even though we construct the systems that fix the facts, we cannot construct whatever we want.«[300]

Es bietet sich – gerade mit dem Blick auf das erste Beispiel einer ungerechtfertigten Verschwörungstheorie – an, diesen Gedankengang detaillierter ins Politische ausdehnen: Um politische Fakten und Tatsachen als solche auszeichnen zu können und eine gesittete Deliberation zu ermöglichen, ist es also notwendig sich auf ein Bezugssystem zu einigen. Nur mit einem epistemischen Konsens ist eindeutig, was politische Fakten sind und was diese von Urteilen unterscheidet, über die ein vernünftiger Dissens bestehen kann.[301]

Als abschließender Punkt lässt sich festhalten, dass nach Elgin der Versuch ein Überlegungsgleichgewicht aufzustellen in bestimmten Fällen – ohne dass ein Fehler begangen wird – zu unterschiedlichen Systemen von commitments führen kann. Ein vernünftiger Pluralismus in Bezug auf das epistemische Verständnis wäre damit ebenso denkbar: Dies ist einerseits durch die Unterbestimmtheit der theoretischen Elemente des Systems gegeben, aber auch durch Unterschiede bei den commitments, welche theoretischen Standards wie stark zu Gewichten sind: In welchen Fällen etwa ist eine einfachere Theorie einer umfassenderen komplexeren vorzuziehen?

---

299 Vgl. Elgin 1996, 140ff.

300 Elgin 1996, 142.

301 Dies soll im dritten Teil der vorliegenden Arbeit nochmals aufgegriffen werden.

> »The constraints on construction typically are multiply-satisfiable. Where competing considerations are about equal in weight, different trade-offs might reasonably be made, different balances struck. If any system satisfies our standards, several are apt to do so.«[302]

Nicht jeder epistemische Pluralismus ist jedoch, wie bereits angerissen, automatisch ein vernünftiger Pluralismus. Vernünftig sei er nur, wenn zwei oder mehr Überzeugungssysteme im Wettbewerb gleich gut durch unsere tatsächlich vertretenen commitments gestützt sind und jeweils keinen weiteren Vorzug vorweisen können. Dass ein epistemisch vernünftiger Pluralismus vorliegt, ist also begründungsbedürftig – ansonsten gibt es einfach epistemisch bessere und schlechtere Alternativen: Vernünftig ist es nur, die jeweils beste – oder im Fall des vernünftigen Pluralismus: die besten – Alternative(n) auszuwählen. Was die epistemisch beste Alternative ist, kann sich mit den wechselnden epistemischen Umständen aber ändern und ist daher nicht abgeschlossen:

> »Our goal is to maximize the tenability of the systems we endorse. And in order to decide whether a system maximizes tenability, we need to consider the competition. The pluralism I advocate recognizes that several coincident systems may be maximally tenable, hence simultaneously acceptable. It does not maintain that any less than maximally tenable ones are worthy of acceptance.
>
> The relative standings of competitors can, of course, change. Currently nontenable, or even untenable considerations may acquire initial tenability through, for example, the discovery of new evidence, the development of better methods, the defeat of their rivals or of considerations that tell against them.«[303]

> »As we learn more about a domain, we learn more which methods, values and categories advance our understanding of it, which intellectual abilities are useful, and about whose judgement deserves to be trusted. As we refine our talents, judgements, and methods, we discover more about the domain. Each tenable theory provides a platform from which to launch new investigations. None affords a permanent resting place. The task is endless.«[304]

5.2.5 *Elemente des Verstehens*

Ein ausführliches Beispiel, das Elgin dafür anführt, dass Verständnis ein besseres epistemisches Ziel als Wissen darstellt, ist, dass wir unsere Emotionen in das Verständnis integrieren können. Das heißt dementsprechend auch: Emotionen können von einem Überlegungsgleichgewicht beachtet werden. Doch warum sollten Emotionen aus epistemischer Sicht beachtet werden? Weil sie nach Elgin epistemisch relevante Funktionen übernehmen und daher

302 Elgin 1996, 135. Man könnte hier auch an Rawls' Bürden des Urteilens denken.

303 Elgin 1996, 145.

304 Elgin 1996, 220.

selbst als adäquat oder inadäquat beurteilt werden müssen: Emotionen geben einem epistemischen Akteur einen bestimmten Fokus und eine Orientierung und beeinflussen dessen Kategorisierung.

Um dies nachvollziehen zu können, müsse man als erstes zwischen Emotionen (»emotions«) und Gefühlen (»feelings«) unterscheiden: Emotionen sind nach Elgin ein kognitiver Zustand oder ein Aufmerksamkeitsmuster, in dem Gefühle, Handlungen und Dispositionen systematisch zusammenspielen:

> »Parental love, for example, is not just – or even mainly – a warm, fuzzy feeling that wells up whenever one's child happens to impinge on one's consciousness. It involves a concern for his well-being, an interest in his interests, happiness for his successes, sadness for his setbacks, pride in his achievements, hope for his future. These coming freely with irritation at his failings, toleration of his foibles, amusement over his antics, exasperations over his excesses, and so on. Rather than identify parental love with a particular feeling then, we do better to characterize it as a frame of mind or pattern of attention that synchronizes feelings, attitudes, actions, and their circumstances.«[305]

Emotionen bringen laut Elgin einen epistemisch adäquaten oder auch inadäquaten Fokus in ein Gedankensystem. Als Beispiel nimmt sie die Emotion Neid, die Joan, eine Wissenschaftlerin angesichts dessen hat, dass ihr Mitbewerber Felix den offenen Posten als Professor erhält. Der Neid lässt sie auf die mit dem Vorgang verbundenen Überzeugungen fokussieren – beispielsweise könnte sie hinterfragen, ob sie gerecht behandelt wird, und wenn nicht, inwiefern dies zu anderen Überzeugungen und Gedanken passt, die in Bezug auf diese Situation relevant sind. Ihr Neid könnte dazu führen, dass sie erkennt, dass Frauen mit gleicher Qualifikation stets – schon im sprachlichen – anders bewertet werden als ihre männlichen Kollegen: Wo der Kollege als »selbstbewusst« beschrieben wird, gilt sie als »aggressiv«. Ihre Emotion kann dazu führen, dass sie die systematische Benachteiligung erkennt, die Frauen in unseren Gesellschaften erfahren und die im Widerspruch mit dem Gleichheitsgebot steht. Insofern ist Joans Fragefokus, der durch ihre Emotion stimuliert wird und mit dem sie ihr System an commitments reflektiert untersucht, hilfreich und fruchtbar in Bezug auf ein verbessertes Verständnis. Die Emotion scheint daher in einem gewissen Sinn auch epistemisch angemessen zu sein. Das soll allerdings nicht heißen, dass der Fokus, den Emotionen setzen und die Überzeugungen, Handlungen und Dispositionen, die mit ihnen verknüpft sind, stets gerechtfertigt sind: Um zu evaluieren ob der Fokus durch eine Emotion gerechtfertigt ist, bedarf es der kritischen Untersuchung mittels

---

305 Elgin 1996, 148.

der Methode des Überlegungsgleichgewichts. Das zeigt dann allerdings, dass Emotionen, weil sie den Fokus von Untersuchungen bestimmen, eben selbst relevant für epistemische Untersuchungen sind und in ein holistisches Verstehen inkludiert werden müssen[306]

Ein Fokus durch Emotionen bietet laut Elgin oft auch eine verfeinerte Orientierung: Emotionen erschließen uns nicht nur einen relevanten Untersuchungsbereich sowie neue Aspekte und Zusammenhänge, sie können uns auch dabei helfen, unsere Fähigkeiten die Welt wahrzunehmen zu verfeinern: Ganz ähnlich der Beschreibung DePauls, wie er durch anhaltende Beobachtung die Fähigkeit entwickelte verschiedene Laufformen bei Pferden unterscheiden zu können, können laut Elgin Eltern bei ihrem Baby, weil es emotional für sie von höchster Bedeutung ist, nach einer gewissen Zeit zwischen den anfangs für sie gleichklingenden Schreien differenzieren und bestimmte Arten von Schreien bestimmten Bedürfnissen des Babys zuordnen. Die nun mögliche differenzierte Antwort der Eltern auf die Schreie ihres Kindes helfe nach Elgin wiederum dem Baby selbst bei der Bildung seiner eigenen Kategorien und Orientierung in der Welt:

> »By focussing attention, emotions even affect refinements in sensory discrimination. To the uninitiated, babies' cries sound pretty much alike. But parents who are dismayed over their infants' distress and concerned to alleviate it learn to discriminate among cries. They acquire the ability to differentiate the sounds of hunger, pain, frustration, and fear. A person who is relatively indifferent to a child's distress – the denizen of a neighbouring apartment, for instance – is apt to treat the child's cries as unpleasant background noise [...]. Such an auditor is conscious only of the most obtrusive properties of the cries – volume and duration. But those who care about the child listen attentively to his cries and learn to focus on more subtle features that correlate with causes of distress. [...] The parents react by providing different remedies in response to different cries. The child, on realizing this, comes to use what was originally just an expression of distress as a sign. He emits a cry of particular kind to communicate a certain sort of distress. To do so, he begins to distinguish among his own feelings. [...] His parents' epistemic advance paves the way for his own.«[307]

Die Kategorisierung, die mit einer durch Fokus bestimmten verfeinerten Orientierung zusammenhängt, sei nun epistemisch aber höchst bedeutsam. Elgin verweist auf Goodmans *New Riddle of Induction*: Um dieses Rätsel zu lösen, reicht es eben nicht, einfach nur die Tatsachen zu betrachten, die für die Hypothese sprechen, dass alle Smaragde grün sind und für die Hypothese,

306 Vgl. Elgin 1996, 149f., 155f.

307 Elgin 1996, 153f.

dass sie *grot* (»*grue*«) sind.[308] Denn die Tatsachen stützen beide Hypothesen gleich gut. Das Rätsel kann nur gelöst werden, wenn man die Adäquatheit der entsprechenden Kategorien hinterfragt und dabei die emotionale Einbettung oder eben Verankerung beachtet:

> »Epistemology cannot evade the problem of induction, hence cannot ignore the challenge the grue paradox poses. To address that challenge requires recognizing that the partition of the domain that a category scheme supplies is a proper object of epistemic scrutiny.«[309]

Nach Elgin ergibt sich aus dem Wechsel des Fokus von Wissen hin zu Verständnis, das Elemente wie Emotionen beinhalten kann, keine Ausweitung der Epistemologie, sondern eine Anerkennung des eigentlichen Umfangs einer vernünftigen epistemischen Praxis, welche die wissenschaftliche Praxis beinhaltet:

> »Orientation, categorization, and focus are then already within the scope of any epistemology that accommodates science. Rather than extending epistemology's acknowledged range, I have shown that epistemology's range comprehends the functions emotions perform.«[310]

Elgin argumentiert allerdings nicht nur dafür, dass Emotionen bei dem Versuch ein Überlegungsgleichgewicht und Verständnis zu erlangen, beachtet werden müssen, sondern dass dies auch für erläuternde Beispiele (»exemplifications«), Fiktionen und Metaphern gilt.

Ein erläuterndes Beispiel instanziiert laut Elgin immer selbst, worauf durch das Beispiel referiert wird, und zwar auf eine erläuternde oder bedeutende Weise. So sei etwa Pollocks *No. 1* ein erläuterndes Beispiel für die Zähflüssigkeit von Farbe: Das Bild instanziiert nicht einfach nur diese Eigenschaft, sondern kommentiere sie bewusst, was uns den Fokus auf eine epistemisch wertvolle Weise verschieben lässt. Solch Lernen durch Beispiele sei aber nicht auf die

---

308 Vgl. Abschnitt 4.2.1. der vorliegenden Arbeit.

309 Elgin 1996, 168.

310 Elgin 1996, 169. Bei der Einbeziehung von Emotionen als commitments in das Überlegungsgleichgewicht stellen sich allerdings auch Fragen: Wenn ein Widerspruch zwischen zwei Überzeugungen (bzw. deren Inhalt, nämlich Aussagen) herrscht, ist etwa sehr klar zu sehen, dass ein Konflikt vorliegt und das System von commitments so nicht angenommen werden kann. Wie ist aber ein Konflikt zwischen Emotionen und Überzeugungen zu verstehen? Letztlich vielleicht doch nur als Konflikt zwischen Überzeugungen und Überzeugungen über Emotionen oder Überzeugungen, die durch die Emotionen impliziert werden? Hilft hier der intentionale Gehalt der Emotionen, um einen Konflikt logisch formal rekonstruierbar zu machen?

Kunst beschränkt, auch in der Wissenschaft hat dies seinen Platz – etwa bei Gedankenexperimenten, wie sie in der Philosophie, aber auch der Physik und anderen Wissenschaften vorkommen.[311]

Felicitous falsehoods seien nach Elgin meist Fiktionen. Ein häufig von Elgin in diesem Zusammenhang angeführtes Beispiel ist die *thermische Zustandsgleichung idealer Gase* (»*ideal gas law*«), die ein idealisiertes Gas als Grundelement hat, das mit nichts in der Welt korrespondiert. Dennoch ist diese Gleichung wichtig für die Thermodynamik, da die Abweichungen vieler realer Gase von den Ergebnissen der Gleichung tolerierbar sind und man daher über das Verhalten des idealisierten Modellgases ein Verständnis für dasjenige reale Gase entwickeln kann:

> »A driving assumption of thermodynamics is that characteristics and behaviours of actual gases can be understood as deviations from the ideal. The science's success attests to the utility of this assumption. Intractable direct comparisons give way to streamlined indirect ones, the (fictive) ideal serving as common denominator. Irrelevances wash out. For the law serves as a filter, disclosing regularities hidden among the myriad complexities of actual molecular interactions. By paring away inessentials, the ideal gas law presents a fiction that cleanly exemplifies thermodynamically significant features. By characterizing actual gases as deviations from the ideal, thermodynamics brings them to exemplify the same features. Not despite, but because of its limitations, simplifications, and idealizations, the ideal gas law furthers the ends of the science.«[312]

Metaphern bildeten sich laut Elgin oft bei der Entstehung eines Untersuchungsbereichs und würden dann im Zuge dessen weiteren Entwicklung immer mehr in den Hintergrund treten und ihre Funktion verlieren. Ein Beispiel dafür wäre der Gebrauch der Metapher der »*Unsichtbaren Hand*« von Adam Smith bezüglich von Marktprozessen in den Wirtschaftswissenschaften. Erfüllte sie anfangs noch einen wichtigen theorieleitenden Zweck, erfüllt sie heute eher den Zweck angehenden Studierenden und der Öffentlichkeit einen leichteren Zugang zu den ökonomischen Thesen und Theorien zu gewähren.[313]

Wenn Elgins Argumentation diesbezüglich schlüssig ist, unterstützt ihre Konzeption des Überlegungsgleichgewichts in einer sehr umfassenden Weise die zentrale Forderung DePauls, der mit Blick auf den moralischen Untersuchungsbereich bereits eine Erweiterung eines rein propositionalen Fokus und die Überwindung eines Intellektualismus gefordert hatte.

311 Vgl. Elgin 1996, 171–183.

312 Elgin 1996, 184.

313 Vgl. Elgin 1996, 202f. Man könnte auch das »Überlegungsgleichgewicht« als eine solche Metapher begreifen.

5.2.6 *Kritische Zusammenfassung*

Elgin untersucht das Überlegungsgleichgewicht nicht nur aus einer Perspektive der moralischen Epistemologie, sondern dezidiert auf Grundlage eines ganz allgemein gehaltenen Erkenntnisinteresses. Das steht durchaus nicht im Gegensatz zu den Auffassungen von Rawls, Daniels und DePaul – diese hatten ihre Untersuchung der Methode lediglich mit Blick auf den moralischen Untersuchungsbereich eingeschränkt.

Elgin versucht für das Überlegungsgleichgewicht zu argumentieren, indem sie gegen zwei ihrer Ansicht nach rivalisierende Begründungsparadigmata argumentiert: den perfekt prozeduralistischen Fundamentalismus und den rein prozeduralistischen Kohärentismus. Die Frage stellt sich allerdings, ob mit ihrer Argumentation jede Form des Fundamentalismus und jede Form eines wittgensteinianischen Prozeduralismus widerlegt wurden:

a) In Bezug auf den Fundamentalismus, führt sie plausible Argumente dafür an, dass weder Grundüberzeugungen angenommen werden können, die gewiss sind, noch eine sichere Verbindung von Grundüberzeugungen zu induktiv verbundenen Prinzipien, noch eine Trennung von Aussagen in Kategorien wie analytisch und synthetisch. Doch selbst wenn dies alles schlüssig ist, wäre dies nur ein erfolgreicher Angriff auf einen starken Fundamentalismus – ein moderater Fundamentalismus, der keine Gewissheit garantiert und externalistisch ist, wäre davon nicht betroffen.[314]

b) Als Vertreter einer wittgensteinianischen Position könnte man versuchen Elgins Vorwurf, dass eine kritische Evaluation von Erkenntniszuschreibungen hier nicht mehr möglich sei, dadurch zu entkräften, dass man gleichfalls ein holistisches Bild befürwortet, wodurch radikale Kritik an etablierten Lebensformen durch diese selbst zulässig wäre. Möglich wäre etwa, dass die Existenz eines externen Kriteriums für den Erfolg von Wissensansprüchen sich aus dem Sprachgebrauch rekonstruieren lässt und dann beachtet werden muss. Entsprechend könnte beispielsweise eine Korrespondenztheorie der Wahrheit auch aus einer wittgenteinianischen Position heraus angenommen werden.[315]

Hat Elgins Argumentation für das Überlegungsgleichgewicht, insofern diese Kritik schlüssig ist, also versagt? Nicht unbedingt, denn sie könnte sich auf den Standpunkt stellen, dass diese Formen des moderaten Fundamentalismus und einer wittgensteinianischen Position dann durchaus mit ihrer Konzeption des

---

314 Vgl. auch Timmons 1998, 807.

315 Dies wird in Kapitel 8 der vorliegenden Arbeit in gewisser Weise wieder aufgegriffen.

Überlegungsgleichgewichts als einem imperfekten Prozeduralismus vereinbar sind.

In Bezug auf ihre Beschreibung des Überlegungsgleichgewichts selbst, kann man konstatieren, dass Elgin – im Vergleich mit Rawls, Daniels oder DePaul – bei weitem die ausführlichste und präziseste Darstellung liefert und ihre Konzeption der Methode daher für jede Untersuchung des Überlegungsgleichgewichts höchst relevant ist. Elgin macht deutlich, dass Systeme von commitments als ganze evaluiert werden. Und dass – mit Blick auf die tatsächlichen commitments des epistemischen Akteurs – genau das System von commitments, das die höchste Annehmbarkeit hat (was ich stets auch mit höchster Plausibilität übersetzt habe), sich im Überlegungsgleichgewicht befindet.

Elgin argumentiert überzeugend dafür, dass es von Vorteil wäre, als Ziel der Methode eher Verstehen als Wissen anzusehen. Allerdings gibt es verschiedene Konzeptionen von Verstehen, die derzeit in der Epistemologie debattiert werden und es ist zumindest unklar, ob Elgins Konzeption dabei die plausibelste ist.[316] Man könnte etwa weiterhin versuchen einen Veritismus zu vertreten, nach dem (angenommene) Wahrheit die notwendige Bedingung für epistemische Akzeptabilität ist. Auch mit der Akzeptanz eines Veritismus gibt es die Strategien dafür, die Bedeutung von Modellen und fiktiven Annahmen in der Wissenschaft – die *felicitous falsehoods* – zu erklären.[317] Das könnte zu Anpassungen dabei führen, was als commitments Einklang in ein Überlegungsgleichgewicht finden kann, da nun die Bedingung gelten würde, dass diese für wahr gehalten werden müssen. Die Legitimierung des Überlegungsgleichgewichts nach Elgin, als eine Methode die dem Ziel des Verstehens dienlich wäre, wäre aber solange durch eine Anpassung bei der Konzeption des Verstehens nicht gefährdet, solange die Akzeptanz eines Überzeugungssystems (oder Systems von commitments) im Überlegungsgleichgewicht – oder wenigstens der einigermaßen erfolgreiche Versuch ein Überlegungsgleichgewicht herzustellen – eine notwendige Bedingung für das Verständnis eines Sachgebiets ist.

316 Vgl. Gordon 2017.

317 Vgl. etwa Frigg / Nguyen 2019.

KAPITEL 6

Der konzeptionelle Kern

Allein wenn man die bisher ausführlich behandelten theoretischen Ansätze des Überlegungsgleichgewichts – Rawls und Daniels, DePaul und Elgin – vergleicht, wird man Unterschiede feststellen.[1] Doch gibt es auch ausreichend Gemeinsamkeiten? Kann man davon sprechen, dass es sich um unterschiedliche Konzeptionen des Überlegungsgleichgewichts handelt, die aber einen gemeinsamen wohldefinierten Kern haben, so dass man von einem konzeptionellen Kern der Methode des Überlegungsgleichgewichts sprechen kann? Oder, dass sie wenigstens gemeinsame Startpunkte teilen, deren Interpretation sich dann ausdifferenziert?[2] Was würde dann zum Konzept des Überlegungsgleichgewichts gehören oder was könnte zu den gemeinsamen Startpunkten eines jeden Überlegungsgleichgewichtsansatzes zählen?

Wenn man jedenfalls die Vielfalt der weiteren Konzeptionen und Verständnisse des Überlegungsgleichgewichts, die hier nicht ausführlich behandelt werden konnten und bisher bestenfalls angerissen wurden, hinzunimmt, gestaltet sich die Suche nach wesentlichen Gemeinsamkeiten noch weitaus schwieriger. Vor diesem Hintergrund könnte man sich auf den – in gewisser Weise recht bequemen – Standpunkt zurückziehen, dass es eben keinen wirklichen gemeinsamen Nenner außer dem Ausdruck an sich gebe und – bestenfalls – eine gewisse *Familienähnlichkeit* aus dem Sprachgebrauch rekonstruiert werden könne.[3] Dies gelte, so könnte man fortfahren, auch dann, wenn man dieses Unterfangen – man könnte naiverweise auch von einem Definitionsversuch sprechen – nicht rein deskriptiv, sondern kritisch normativ auffassen möchte, was heißen soll, dass der Sprachgebrauch prinzipiell durch die Definition auch revidiert werden kann, wenn es entscheidende systematische Gründe hierfür gibt.[4] Diese kritisch-normative Herangehensweise, scheint

1 Eine ausführliche Betrachtung derselben folgt in Abschnitt 6.2.

2 Georg Brun hat mich für Probleme bei der Unterscheidung zwischen einem »Konzept« und den damit verbundenen »Konzeptionen« (im Sinne von Rawls' Distinktion) sensibilisiert. Ich hoffe, dass diese Probleme lösbar sind, wenn man »Konzeptionen« so versteht, dass diese einen oder mehrere Startpunkte teilen, die dann das »Konzept« ausmachen, die in dynamischen Prozessen unterschiedlich interpretiert werden, was zu den unterschiedlichen Konzeptionen führt.

3 Vgl. Glock 2010a.

4 Man sollte in diesem Zusammenhang vielleicht besser von *Explikation* oder *conceptual re-engeneering* sprechen, in dessen Rahmen dann der Definitionsversuch zu sehen ist. Vgl. etwa Brun 2016 und 2017.

 | DOI:10.30965/9783969752500_007

nämlich besser zu der Methode des Überlegungsgleichgewicht selbst zu passen, die ja – zumindest in den behandelnden Konzeptionen auch Revisionen am Sprachgebrauch für zulässig und wünschenswert erachtet (hier haben wir es also vielleicht bereits mit einer möglichen Gemeinsamkeit zu tun). Wenn es jedoch nur eine Familienähnlichkeit gäbe, dann gäbe es nichts Allgemeines über die Methode des Überlegungsgleichgewichts auszusagen und man müsste sich mit der Untersuchung einer jeweils konkreten Ausformung derselben und den jeweils verbindenden Elementen begnügen.

Ich werde im Folgenden allerdings vertreten, dass man tatsächlich einen konzeptionellen Kern der Überlegungsgleichgewichtsidee ausmachen kann. Dieser Kern der Idee gestattet es dann im Weiteren, die Methode – zwar recht allgemein und grob, jedoch sinnvoll – philosophisch zu evaluieren, was im zweiten Teil der vorliegenden Arbeit geschehen soll.

6.1 Der Versuch einer Definition

Der Versuch einen konzeptionellen Kern der Methode des Überlegungsgleichgewichts freizulegen, erfordert die Angabe notwendiger und hinreichender Bedingungen, die von Konzeptionen des Überlegungsgleichgewichts erfüllt werden. Dabei vertrete ich die Position, dass – zumindest in Bezug auf die hier ausführlich behandelten Theorien des Überlegungsgleichgewichts von Rawls und Daniels, DePaul und Elgin – tatsächlich die »Phänomene gerettet« werden sollten, dass also jede dieser Theorien letztlich als Konzeption der Methode des Überlegungsgleichgewichts angesehen werden sollte. Das kann man natürlich hinterfragen: Denn während ich im Folgenden also nach Punkten suche, in denen Einigkeit zwischen diesen Theorien herrscht und Punkte ausschließe, in denen es keine Einigkeit gibt, könnte man prinzipiell auch eine oder mehrere dieser Theorien von der Menge aller Überlegungsgleichgewichtskonzeptionen ausschließen, indem man in die Definition Punkte oder Elemente aufnimmt, die nicht Konsens sind. Ich denke allerdings, dass man in diesem Fall Gründe vortragen muss, warum paradigmatische Theorien des Überlegungsgleichgewichts nicht als solche bezeichnet werden sollen. Die Beweislast liegt also in einem solchen Fall bei dem, der »die Phänomena nicht retten will«. Da mir solche Gründe zumindest bis jetzt nicht vorliegen, versuche ich meine Definition also über das zu gestalten, was mir Konsens zu sein scheint und das auszuschließen, was darüber hinauszugehen scheint.[5]

---

5 Für den Fall, dass andere mir bekannte Konzeptionen des Überlegungsgleichgewichts einbezogen werden sollten, werde ich diese im Folgenden natürlich berücksichtigen: etwa die Konzeption Margarete Holmgrens in Abschnitt 6.3.2.

Bei welchen Merkmalen dieser Überlegungsgleichgewichtskonzeptionen gibt es nun aber einen Konsens, bei welchen nicht? Um dies herauszufinden, werde ich versuchen, alle relevanten Punkte in einer Liste durchzugehen – zuerst werde ich die Merkmale auflisten, für die sich prima facie kein Konsens erkennen lässt, danach die Merkmale, bei denen es einen recht eindeutigen Konsens gibt. Dieses Vorgehen hat selbstverständlich das Problem, dass man nicht sicher sein kann, nicht einen der folgenden Punkte übersehen zu haben – selbst wenn die Argumentation ansonsten nachvollziehbar ist:

a) Eine relevante Konzeption des Überlegungsgleichgewichts, die bei Einbezug das Ergebnis verändern würde, wurde nicht berücksichtigt.
b) Ein relevantes Merkmal der Methode wurde nicht berücksichtigt.
c) Ein Argument für oder gegen einen Konsens in Bezug auf ein bestimmtes Merkmal wurde nicht berücksichtigt.

Dieses Problem kann man nur bedingt entschärfen, indem man die Listenvorschläge gewissenhaft versucht zu vervollständigen (was das genau bedeutet muss präzisiert werden), einer öffentlichen Kritik aussetzt und gleichzeitig offenhält, die Untersuchung bei Vorlage entsprechender Punkte wieder aufzunehmen.[6]

6.2 Dissens

Ich starte mit den Merkmalen, die zwar als konstituierend für die Methode des Überlegungsgleichgewichts angeführt werden könnten, wenn man sich nur auf einen Vertreter oder eine Vertreterin des Überlegungsgleichgewichts beruft, bei denen ich aber mit Blick auf andere berechtigte Konzeptionen der Methode keinen Konsens erkennen kann. Diese Merkmale sollten dann als Merkmale von bestimmten Konzeptionen des Überlegungsgleichgewichts verstanden werden, aber nicht als wesentliche Merkmale des Konzepts selbst beziehungsweise als notwendiger Bestandteil der Methode:

6.2.1 *Wohlüberlegte Urteile?*

Kein direkter Konsens scheint darüber zu bestehen, welche Art von Überzeugungen in den Gleichgewichtsprozess einbezogen werden sollen. Bei Rawls und Daniels sind es bekanntlich nur *wohlüberlegte Urteile*, die erst durch einen Filterungsprozess gewonnen werden müssen.[7] Bei Rawls selbst gibt es jedoch schon das Problem, dass sich sein Verständnis von wohlüberlegten

6 Letztlich wird dieses Problem auch in Kapitel 11 der vorliegenden Arbeit wieder aufgenommen.

7 Vgl. Abschnitt 3.2. und 3.3. der vorliegenden Arbeit.

Urteilen mit der Zeit ändert.[8] DePaul steht nun einerseits diesen wohlüberlegten Urteilen kritisch gegenüber[9] und möchte genau wie Elgin[10] in ihrer Konzeption eigentlich alle Überzeugungen zulassen, die man zu Beginn der Untersuchung tatsächlich hat und als plausibel erachtet (diejenigen also, die eine *initial credibility* im Sinne des schwachen Fundamentalismus haben). Andererseits geht DePaul in gewisser Weise noch über die Anforderungen von Rawls und Daniels an wohlüberlegte Urteile hinaus, indem er dafür plädiert unser moralisches Empfinden müsse erst durch prägende und transformative Erfahrungen verfeinert werden, bevor wir die Methode des Überlegungsgleichgewichts wirklich mit Aussicht auf den Gewinn moralischen rationalen Wissens anwenden könnten. Rawls, Daniels und DePaul argumentieren natürlich im Rahmen ihrer eigenen Rechtfertigungsmethode für ihre jeweiligen Einschränkungsvarianten. Könnte man daher dann nicht einfach sagen, dass sie bestimmte Einschränkungen innerhalb eines moralisch-epistemischen Metadiskurses durch eben die Methode des Überlegungsgleichgewichts zu plausibilisieren versuchen?[11] Wenn man dies zugesteht, verwenden und vertreten Rawls und Daniels beispielweise im Allgemeinen ein uneingeschränktes Überlegungsgleichgewicht (sie fordern zumindest nicht explizit »wohlüberlegte epistemische Urteile«), aber sprechen sich für den Bereich der Moral zumindest dafür aus, bestimmte Überzeugungen abzuwerten und im Gleichgewichtsprozess zu ignorieren, oder sich ihrer zu enthalten – sie würden dann, mit Hilfe des Überlegungsgleichgewichts, eine verfeinerte Variante des Überlegungsgleichgewichts im Moralphilosophischen vertreten, ähnlich wie DePaul das *radikale Überlegungsgleichgewicht* (was ich, sinnvoll interpretiert, einfach als *weites Überlegungsgleichgewicht* verstehen würde) zu einem verfeinerten Überlegungsgleichgewicht ausarbeitet, das dann unter dem Namen *Balance and Refinement* firmieren soll.[12] Diese Einschränkungen gelten bei Rawls, Daniels und DePaul ausschließlich mit Blick auf den Bereich der Moralphilosophie, was erklären könnte, warum Elgin, eben mit Blick auf die allgemeine Epistemologie, keinerlei Einschränkungen (außer der schwach fundamentalistischen Grundbedingung, dass es sich um unsere *commitments*

8 Vgl. Abschnitt 4.3. der vorliegenden Arbeit.

9 Vgl. DePaul 1993, 17f., 218 (Endnote 15). Vgl. auch Copp 1996, 960.

10 Vgl. Elgin 1996, 101–106.

11 Vgl. auch Abschnitt 4.3. der vorliegenden Arbeit.

12 Vgl. auch Abschnitt 5.1.3. Eine weitere Variante des (radikal) eingeschränkten Überlegungsgleichgewichts (in immer noch schwach fundamentalistischer Manier, falls keine epistemischen Grundüberzeugungen ausgezeichnet werden) wäre Singers Vorschlag, alle auf die evolutionären Vorteile zurückführbaren Überzeugungen aus dem moralischen Räsonieren auszuschließen. Vgl. Abschnitt 4.2.3.

handelt) erwägt. Der Dissens könnte damit als entschärft betrachtet werden. Denn wenn dem so ist, ist zwar eine Einschränkung der Überzeugungen, die über Elgins Einschränkung auf anfänglich tatsächlich vertretene Überzeugungen hinausgeht, nicht im Kern des Überlegungsgleichgewichtskonzepts als allgemeiner epistemischer Methode, doch alle vier Proponenten könnten sich im Allgemeinen auf die schwach fundamentalistische Bedingung einigen, dass wir im Allgemeinen von den Überzeugungen ausgehen müssen, die wir tatsächlich als anfänglich plausibel ansehen. Die Möglichkeit über Argumentation bestimmte Überzeugungen mit Hilfe der Methode selbst als besonders wertvoll auszuzeichnen oder andere (vorläufig) auszuschließen oder abzuwerten, bliebe bestehen, so dass »die Phänomene gerettet« würden: Sowohl Rawls' und Daniels' Methode als auch die von DePaul und Elgin wären Methoden des Überlegungsgleichgewichts beziehungsweise bauen im Kern auf dem Konzept auf und entfernen sich dabei nicht zu weit voneinander.[13] Der Dissens, der in Bezug auf besondere Einschränkungen für Überzeugungen in bestimmten Untersuchungsbereichen besteht, der also etwa in Bezug auf die Einschränkung auf *wohlüberlegte Urteile* besteht, hat so zumindest auch auf einen Konsens im Allgemeinen aufmerksam gemacht.[14]

6.2.2 *Wer soll die Methode anwenden?*

Ein Dissens in der Frage, wer die Methode eigentlich anzuwenden hat, ist weniger offensichtlich und letztlich vielleicht auch leichter aufzulösen – trotzdem ist es ratsam, sich hier Klarheit zu verschaffen: Oftmals wird angenommen, dass der Anwender der Methode ein einzelnes Individuum ist, vielleicht sogar, dass es sich um eine akademische Philosophin handeln muss, da zur Anwendung der Methode Fachwissen erforderlich sei.[15] Zumindest der erste Punkt findet Bestätigung: Tatsächlich ist etwa bei DePaul der Anwender explizit als individueller epistemischer Akteur gedacht.[16] Er lässt zwar durchaus offen, ob die Methode auch für eine Gruppe epistemischer Akteure anwendbar sein könnte – beziehungsweise ob der epistemische Akteur aus einer Gruppe von Personen bestehen kann – doch gerade mit Blick auf die Verfeinerung der Urteilskraft durch persönliche positiv-transformative Erlebnisse liegt der Fokus auf einzelnen Individuen. Allerdings muss man zugestehen, dass auch für Gruppen transformative Erfahrungen denkbar sind und das gerade der Nutzen

13 Vgl. auch Kapitel 10 der vorliegenden Arbeit.
14 Der zugrundeliegende Konsens wird in den Abschnitten 6.3.1. und 6.3.2. erneut kurz aufgegriffen.
15 Vgl. Baderin 2017, 5.
16 Vgl. DePaul 1993, 22f., 125.

von Theater beispielsweise als einer Institution, die transformative Erlebnisse (in relativ geschützten Rahmen) bereithalten kann, zumindest historisch gesehen, (unter anderem) dazu dienen sollte, die moralische Urteilskraft einer Gesellschaft zu verbessern oder zu bewahren. DePauls Konzeption dürfte also prinzipiell offen sein für mehr als nur einen individuellen Anwender, während sie von ihm dennoch als individuelle Methode charakterisiert wird. Rawls' Konzeption des Überlegungsgleichgewichts – und in der Folge wahrscheinlich auch diejenige von Daniels – beinhaltet aber spätestens mit der Fassung als vollem Überlegungsgleichgewicht als Anwender der Methode im Politischen eine Gruppe: Nämlich die legitimen Teilnehmerinnen und Teilnehmer des öffentlichen Vernunftgebrauchs, also die mündigen und vernünftigen Bürgerinnen und Bürger einer gerechten Gesellschaft. Bei Rawls wiederum kann man nun allerdings zugestehen, dass in früheren Versionen der Methode der Anwender der Methode ein individueller epistemischer Akteur war und die Gruppe epistemischer Akteure allein im Kontext der Rechtfertigung von Prinzipien der Gerechtigkeit als notwendig ausgezeichnet wird. Ein Dissens in Bezug auf die Charakterisierung der epistemischen Akteure, die die Methode nutzen, existiert also, ist aber nicht notwendigerweise ein prinzipieller Dissens, sondern ist möglicherweise gebunden an die Frage des Kontexts und dessen Charakterisierung. Der scheinbare Dissens in Bezug auf mögliche Anwender der Methode kann also dann als aufgelöst gelten, wenn man akzeptiert, dass erstens Rawls und Daniels als auch zweitens DePaul sowie Elgin prinzipiell sowohl einen individuellen epistemischen Akteur als Anwender als vereinbar mit der Methode des Überlegungsgleichgewichts ansehen als auch eine Gruppe von Personen als Akteur. Ob und wann eine bestimmte Form der Anwenderschaft zum Einsatz kommen sollte – einzelner Akteur oder Akteursgruppe – wäre gemäß dieser Interpretation, die ich für plausibel halte – kontextgebunden. Hier wäre natürlich notwendig auszuzeichnen, in welchem Kontext welche Form adäquat ist – hierfür sollte im Rahmen eines Überlegungsgleichgewichts selbst argumentiert werden. Rawls zumindest argumentiert etwa dafür, dass im Kontext der politischen Gerechtigkeit ein intersubjektiv geteiltes volles Überlegungsgleichgewicht angestrebt werden soll. Das spricht dafür, dass im Zweifel erst (für einen einzelnen Akteur) plausibel gemacht werden muss, dass andere Akteure in den epistemisch-methodischen Prozess der Rechtfertigung einzubeziehen sind. Im Zweifel wäre dann also dem Gebrauch der Methode durch einen einzelnen Akteur Vorrang vor dem Gebrauch der Methode durch eine Akteursgruppe einzuräumen. Dies ist allerdings schon eine Positionierung, die man zumindest nicht explizit bei Rawls, Daniels, DePaul oder Elgin bestätigt findet. Dennoch hat der Versuch den Dissens aufzulösen, erneut zu einem möglichen impliziten Konsens geführt: Nämlich, dass wir davon ausgehen können, dass es keine prinzipielle Bindung an eine bestimmte Art von epistemischem Akteur gibt – die Methode des Überlegungsgleichgewichts kann sowohl von Individuen als auch Gruppen angewendet werden, solange man diese als epistemische Akteure verstehen kann. Es sollte allerdings noch einmal betont werden, dass alle vier von mir hauptsächlich berücksichtigten Konzeptionen verlangen, dass die Überzeugungen unseres sozialen Umfelds berücksichtigt werden sollten: Rawls und Daniels sehen dies als Bedingung für ein weites Überlegungsgleichgewicht. DePaul schließt sich hier explizit an und drängt auf den Einbezug von Überzeugungen, die durch die Rezeption von Kunst und Literatur gewonnen werden. Elgin betont eigenständig die sozialen Wurzeln und anzuwendenden sozialen Korrekturmöglichkeiten unserer Überzeugungen.[17] Es herrscht in diesem Zusammenhang also dezidiert kein Dissens sondern ein Konsens, dass wir die Überzeugungen anderer Personen oder Gruppen, soweit wir Zugang zu ihnen haben können, sowie deren Handeln und Verhalten bewerten und in den Gleichgewichtsprozess mit einbeziehen müssen.[18]

6.2.3 *Formale Regeln der Evaluierung?*

Wenn man sich im Rahmen der Methode zwischen der Wahrheit oder Falschheit einer Überzeugung oder zwischen mehreren Überzeugungen entscheiden muss, weil sie miteinander nicht vereinbar sind (sie also über logische Schlüsse zu Widersprüchen und damit Inkonsistenzen führen), dann kann dies als Adjustierung oder als Abwägungsvorgang des Überlegungsgleichgewichtsprozesses bezeichnet werden. Man kann auch von einer epistemischen Evaluierung der verschiedenen Überzeugungssysteme, die mit den entsprechenden Überzeugungen zusammenhängen, sprechen – eine epistemische Evaluierung im Hinblick auf die interne epistemische Rechtfertigung für einen epistemischen Akteur.

Von einer Methode mit wissenschaftlichem Anspruch kann man erwarten, dass sie einen Akteur, der sie nutzt, bei solch einem Teilvorgang genau anleitet und in ihren Anweisungen möglichst eindeutig ist. Größtmögliche Eindeutigkeit gibt es, wenn man es schafft, einen Vorgang formal zu fassen: etwa über logische oder mathematische Mittel. In Bezug auf mögliche formale Regeln, nach denen eine Adjustierung oder Evaluierung methodisch ausgeführt werden

17 Vgl. die Abschnitte 3.2. und 3.3. der vorliegenden Arbeit. Vgl. etwa DePaul 113 19f., 173; vgl. etwa Elgin 111–120.

18 Einbezogen werden eigentlich dann Überzeugungen über (als mehr oder weniger plausibel ausgezeichnete) Überzeugungen und Motive von Dritten. Dieser Konsens fällt damit unter den Punkt »Holismus« (Abschnitt 6.3.2.).

soll, gibt es nun aber keinen besonders substanziellen Konsens, weil die Beschreibung, wie genau im Konfliktfall von zwei oder mehr Überzeugungen abzuändern sei, bei den bisherigen Autoren vage geblieben ist: die Frage, wie wir unsere Überzeugungen aneinander anpassen sollen, wird nicht formal geklärt und bleibt damit eher uneindeutig.

Vielleicht ist ein Beispiel an dieser Stelle nützlich, um das Problem zu verdeutlichen – wir können zu dem schemenhaften Kriminalfall von Elgin (Abschnitt 5.2.3.) zurückkommen und ihn etwas ausmalen: Wenn etwa für Sherlock Holmes in einem Mordfall nur zwei Personen als Täter in Frage kommen, Freddy und Jeeves, und der Meisterdetektiv der Überzeugung ist, dass

a) Freddy eher der Mörder ist als Jeeves
aber gleichzeitig die Überzeugungen besitzt, dass
b) an der sichergestellten Tatwaffe nur die Fingerabdrücke von Jeeves sind
und glaubt, dass
c) dies die einzigen Indizien sind
d) Entweder Freddy der Mörder ist oder Jeeves, beide aber keinesfalls gemeinsam (das heißt, dass wenn einer von beiden eher der Mörder ist, ist es der andere eher nicht)
e) wenn es keine anderen Indizien gibt, der Verdächtige, von dem die Fingerabdrücke an der Tatwaffe sind, eher der Mörder ist

dann liegt ein Konflikt zwischen der Überzeugung a) und dem Überzeugungsensemble b), c), d) und e) vor (da er überzeugt ist, dass eher Freddy der Mörder ist, aber auch, dass er es eher nicht ist, weil man aus b), c), d) und e) schließen kann, dass Jeeves eher der Mörder ist und nicht etwa Freddy).[19] Man könnte den Konflikt, im Rahmen des Überlegungsgleichgewichts durch Anpassung von prinzipiell allen Überzeugungen lösen, da keine durch Immunisierung geschützt ist. Sherlock Holmes könnte etwa die Überzeugung a) dahingehend ändern, dass er nun Jeeves für den Mörder hält. Er könnte aber – auf seine Intuition vertrauend – auch c) aufgeben und nach dem Indiz suchen, dass er bisher nicht bewusst erwogen hat und daher im Unterbewusstsein

19 In diesem Fall liegt ein Konflikt vor, weil das Überzeugungssystem inkonsistent ist, was heißt, dass es einen logischen Widerspruch enthält. Ob es weitere Arten von Konflikten neben Inkonsistenzen gibt, ist eine offene Frage. DePaul und Elgin argumentieren dafür: Elgin etwa (sinngemäß) mit folgenden Sätzen als Beispiel: a) Mein Hund wird rein vegetarische Kost akzeptieren; b) Fleischfresser konvertieren für gewöhnlich nicht zu reinen Pflanzenfressern. Vgl. Elgin 1996, 103; vgl. DePaul 1993, 106. Allerdings könnte man, wenn man entsprechende Hintergrundüberzeugungen hinzufügt, hier und in anderen Fällen auch eine zugrundeliegende Inkonsistenz konstruieren. Ich würde diese Frage gerne offenlassen und denke dies ist kein Problem solange man zu der Menge aller möglichen Konflikte zwischen Überzeugungen zumindest logische Inkonsistenzen zählt.

versteckt sein könnte. Er könnte aber auch d) aufgeben und Freddy und Jeeves gemeinsam für die Mörder halten. Die Aussagen b), c) und e) können ebenfalls aufgegeben werden. Sherlock Holmes könnte sogar die nicht eigens als Überzeugung aufgeführte Annahme hinterfragen, dass nur Jeeves und Freddy als Täter infrage kommen und nach einem dritten Tatverdächtigen Ausschau halten. Oder – sicherlich ein Extremfall – die zugrundeliegenden logischen Regeln hinterfragen. Außerdem könnte er sich des Urteils enthalten und schlicht und einfach nach weiteren Indizien suchen, da dies nach seinen epistemischen Hintergrundüberzeugungen, die dann hinzuzunehmen wären, notwendig ist, um ein substanzielles Urteil in diesem speziellen Fall überhaupt fällen zu können. Wie aber sollte Sherlock Holmes vorgehen? Die Methode des Überlegungsgleichgewichts darf hier keine Lücke haben, denn dann würde sie – falls überhaupt – zu beliebigen Ergebnissen führen, was sie disqualifizieren würde.

Die verschiedenen Konzeptionen des Überlegungsgleichgewichts haben hier keine absolute Leerstelle, bieten aber auch keine formal eindeutigen Antworten an:

a) Nach Elgin sollten wir den Fall auf keinen Fall so auflösen, dass wir nur die Überzeugung für wahr erachten, von der wir individuell am festesten überzeugt sind und alles andere an sie anpassen. Vielmehr sollten wir eben die verschiedenen möglichen Überzeugungssysteme betrachten, die durch Anpassungen unsrer tatsächlichen Überzeugungen entstehen können, und ausgehend von den anfänglichen Überzeugungsstärken oder -graden und den inferenziellen Verbindungen zwischen den Elementen dieser Systeme bewerten, welches der möglichen resultierenden Überzeugungssysteme als Ganzes genommen den höchsten Grad an Plausibilität aufweisen würde.[20] Diese Prozedur ist natürlich dynamisch gedacht: es können zu jedem beliebigen Zeitpunkte stets neue Überzeugungen hinzutreten oder bereits bestehende als relevant erkannt und einbezogen werden. Wie wir nun aber genau herausfinden, welches mögliche Überzeugungssystem angesichts unserer tatsächlichen Überzeugungen, deren Stärke und inferenziellen Verbindungen die höchste Glaubwürdigkeit beziehungsweise den höchsten Plausibilitätsgrad hat, erläutert Elgin nicht weiter. Manchmal dürfte uns diese Bewertung intuitiv leichtfallen; etwa, wenn Sherlock Holmes Verdacht gegen Freddy nur ein ganz vager Verdacht war, wäre er bestimmt geneigt, im Lichte der anderen Überzeugungen, wenn sie ausreichend robust sind, nun in Jeeves eher den Täter zu sehen. Aber auch ohne,

20 Vgl. Elgin 1996, 103; vgl. Abschnitt 5.2.3. der vorliegenden Arbeit.

dass so eine klare Einschätzung möglich ist, kann Elgins Erläuterung helfen: Denn auch wenn sich die Überzeugungen intuitiv die Waage halten sollten, die entsprechenden Überzeugungssysteme den eigenen epistemischen Standards gemäß keine ausreichenden Erklärungen bieten oder Vorhersagen leisten können, könnte man gemäß der Regel von Elgin versuchen, gezielt bestimmte Überzeugungen zu schwächen oder zu stützen, indem man bisher unbedachte aber relevante Hintergrundtheorien aufdeckt und einbezieht oder versucht neue Überzeugungen und Argumente zu generieren und in die Abwägung einzubringen. Wenn Freddy ein neues plausibles Alibi präsentieren kann, könnte das zu seiner Entlastung führen, so wie die Entdeckung, dass Jeeves und Freddy ein Verhältnis haben, dazu führen könnte, dass man die Überzeugung abändert, dass sie bestimmt nicht zu zweit gehandelt haben. Doch die Einschätzung, wann ein eindeutiges Ergebnis vorliegt, und wann nach weiteren Indizien gesucht werden muss, um eines zu gewinnen, bleibt bei Elgin eine intuitive – beziehungsweise eine, die selbst im Überlegungsgleichgewicht gerechtfertigt sein muss – und ist damit zumindest formal genauso uneindeutig, wie die Methode insgesamt. Durch die Vagheit der Position, sind unterschiedliche formale Interpretationen denkbar.

b) Auch bei DePaul finden wir keine präzise Anleitung zur Adjustierung im Konfliktfall. Er bezieht jedoch auf der generellen Ebene – in etwas anderer Terminologie – eine Position, die der von Elgin gleicht: Insgesamt sollte ein epistemischer Akteur, wenn er rational sein will, im Konfliktfall die Überzeugungen anerkennen, die sich in dem Überzeugungssystem befinden, das er, nach gebührender Reflektion in Bezug auf seine jetzigen Überzeugungen insgesamt am wahrscheinlichsten für wahr erachten würde, das also den höchstmöglichen Grad an Plausibilität hat.[21] Auch bei DePaul sollte man festhalten, dass dies als dynamischer Prozess verstanden werden sollte: Wenn man ihm beispielsweise zustimmt, dass unsere moralischen Urteile naiv oder korrumpiert sein könnten, sollte man in Fällen, in denen dies wahrscheinlich ist, erst einmal prägende Erfahrungen sammeln, bevor ein Überzeugungssystem vorläufig als das plausibelste ausgezeichnet werden kann. Wie man formal genau feststellen kann, welches Überzeugungssystem von allen Alternativen die

21 Vgl. DePaul 1993, 73ff., 103, 111; vgl. Abschnitt 5.1.5. der vorliegenden Arbeit. Auch Elgin, Daniels und Rawls begreifen das Überlegungsgleichgewicht an einigen Stellen als Standard der Rationalität: »[...] wide reflective equilibrium, a state reached when people's moral convictions satisfy certain conditions of rationality.« Rawls 1974, 9; vgl. Daniels 1979, 268; vgl. Elgin 1996, ix.

höchste Plausibilität hat, lässt er aber offen und problematisiert selbst den Punkt, das unklar sei, wann ein epistemischer Akteur angemessen reflektiert habe, beziehungsweise wie viele Hintergrundüberzeugungen er erwägen muss oder wann er die Suche nach weiteren oder neuen Überzeugungen beenden kann.[22] Obwohl Elgin und DePaul zwar beide keine formale Definition des Anpassungsprozesses der Methode liefern, offenbaren sich auf der generellen Ebene doch erneut Gemeinsamkeiten, die vielleicht zu einem Grundkonsens führen können.

c) Rawls selbst beschreibt den Adjustierungsvorgang oftmals nur sehr ungenau, allgemein oder metaphorisch: In seiner *Theorie der Gerechtigkeit* etwa als ein »Hin- und Hergehen« zwischen Prinzipien und wohlüberlegten Urteilen, die im Lichte eines weiten Überlegungsgleichgewichts im Konfliktfall aneinander angepasst werden müssen.[23] An einigen Stellen wird er aber auch etwas genauer, wie an folgender in *Gerechtigkeit als Fairness. Ein Neuentwurf*:

> »Richten wir unser Augenmerk nun auf eine beliebige Einzelperson und nehmen an, wir (als Beobachter) ermittelten diejenige politische Gerechtigkeitskonzeption, die die wenigsten Korrekturen an den Ausgangsurteilen dieser Person auslöst und sich als akzeptabel erweist, sobald sie dargelegt und erklärt wird. Wenn sich der Betreffende diese Konzeption zu eigen macht und andere Urteile damit in Übereinstimmung bringt, sagen wir, jetzt befinde er sich im Zustand des engen Überlegungsgleichgewichts. Eng ist das Gleichgewicht deshalb, weil wir – während allgemeine Überzeugungen, Grundprinzipien, und spezifische Urteile übereinstimmen – diejenige Gerechtigkeitskonzeption suchten, welche zur Herstellung von Widerspruchsfreiheit die wenigsten Revisionen verlangt, wobei weder Alternativkonzeptionen der Gerechtigkeit noch die Kraft der verschiedenen Argumente für diese Konzeptionen von der betreffenden Person in Betracht gezogen wurden. Das deutet darauf hin, daß wir [...] dasjenige Überlegungsgleichgewicht als weit ansehen, das erreicht wird, wenn jemand sowohl Alternativkonzeptionen der Gerechtigkeit als auch die Kraft der diversen Argumente dafür sorgfältig betrachtet hat. Genauer gesagt, diese Person hat die wichtigsten politischen Gerechtigkeitskonzeptionen, die in unserer philosophischen Tradition zu finden sind, in Betracht gezogen und die Kraft der verschiedenen Argumente und sonstigen Gründe dafür abgewägt, wobei auch Anschauungen berücksichtigt werden, die den Gerechtigkeitsbegriff selbst kritisch beurteilen (wofür nach Meinung mancher Autoren die Anschauung von Marx als Beispiel zu nennen wäre). In diesem Fall nehmen wir an, daß die allgemeinen Überzeugungen, Grundprinzipien und Einzelurteile dieser Person übereinstimmen. Aber jetzt ist das Überlegungsgleichgewicht

22 Vgl. DePaul 1993, 114ff., 117f., 119 (sowie 231, Endnote 13), 121, 135f.

23 Vgl. Rawls 1979, 37f; vgl. Abschnitt 3.2. der vorliegenden Arbeit.

weit, denn nun sind diesem Zustand weitreichende Überlegungen und möglicherweise viele Meinungsänderungen vorausgegangen.«[24]

Man erhält von Rawls keine formalen Kriterien zur Abänderung, solange nicht geklärt ist, wie man die Stärke der Argumente für die Konzeptionen etwa bemisst. Allerdings kann man ihn so interpretieren, dass nicht etwa das Überzeugungssystem ausgewählt werden soll, mit dem die Mehrzahl der Überzeugungen erhalten werden kann, sondern dass insgesamt die Konzeption auszuwählen ist, mit welcher das Überzeugungssystem entsteht, das den höchsten Grad an Glaubwürdigkeit oder Plausibilität besitzt, was genau dann der Fall wäre, wenn das Überzeugungssystem eben die Überzeugungen und Argumente enthält, die die größte Kraft haben. Damit würde auch Rawls auf genereller Ebene eine Position wie DePaul und Elgin einnehmen.

d) Daniels geht zwar einerseits an vielen Stellen nicht explizit über Rawls vage Angaben hinaus, zeigt an mindestens einer Stelle tatsächlich auch – in einer Weiterführung eines Ansatzes von Richard Brandt – eine interessante Möglichkeit der Formalisierung der Adjustierung auf:

»Brandt characterizes the method of reflective equilibrium as follows. We begin with a set of initial moral judgments or intuitions. We assign an initial credence level (say from 0 to 1 on a scale from things we believe very little to things we confidently believe). We filter out judgments with low initial credence levels to form our set of considered judgments. Then we propose principles and attempt to bring the system of principles plus judgments into equilibrium, allowing modifications wherever they are necessary to produce the system with the highest overall credence level.«[25] »Presumably, we could use fairly standard treatments of degree of belief, rooted in probability theory, to formalize what is sketched here. This formalization might give particular content to the assumption that persons are rational, imposing certain constraints on revisability and acceptability.«[26]

Mit diesen Ideen zur Formalisierung geht Daniels über die anderen Charakterisierungen der Evaluierung und Adjustierung deutlich hinaus, begibt sich damit aber nicht in einen prinzipiellen Widerspruch zu ihnen – seine Position zur Adjustierung, die im Allgemeinen auch eher informal von ihm beschrieben wird, ist durchaus auf der generellen Ebene mit der von Elgin, DePaul und Rawls gleichzusetzen, womit man zumindest im nicht-formalen Bereich

24 Rawls 2006, 61f.
25 Daniels 1979, 268; vgl. Abschnitt 3.3. der vorliegenden Arbeit.
26 Daniels 1979, 268 (Fußnote 18); vgl. Brandt 1979, 17–21.

erneut einen grundlegenden Konsens entdeckt hat, auf dem weitergehende Formalisierungen (wie die von Daniels angedeutete) aufbauen können.[27]

Damit gibt es allerdings auch keinen Konsens in Bezug auf Kriterien der Theoriebildung, die in der Wissenschaftstheorie in eine Rolle spielen und die einen Anpassungsprozess anleiten könnten: Ich denke an Kriterien für Theorien wie Einfachheit oder Konservativismus, die allerdings auch erst genau definiert und gegebenenfalls gewichtet werden müssten, wenn sie miteinander in Konflikt treten. Diese könnten prinzipiell im Adjustierungsprozess eine Rolle spielen, es gibt hier aber wie beschrieben auch keinen Konsens – nicht in Bezug auf die Kriterien selbst, deren Interpretation oder gar deren Gewichtung.

6.2.4 *Auflage der Unabhängigkeit?*

In Bezug auf Daniels' Konzeption des Überlegungsgleichgewichts spielt seine *Auflage der Unabhängigkeit* (*independence constraint*) eine zentrale Rolle: Nach ihr sollten die wohlüberlegten Urteile, mit welcher die Hintergrundtheorien gestützt werden, zu einem gewissen Teil aus anderen Überzeugungen bestehen als die wohlüberlegten Urteile, die die ausgewählten Prinzipien direkt stützen. Ansonsten könnte es gemäß Daniels sein, dass keine wirkliche zusätzliche Stützung über die Hintergrundtheorien besteht und wir in Wirklichkeit kein weites, sondern nur ein enges Überlegungsgleichgewicht besitzen.[28] Diese Auflage kann man dahingehend kritisieren, dass die Hintergrundtheorien prinzipiell auch ohne Stützung durch wohlüberlegte Urteile bereits eine gewisse eigene Glaubwürdigkeit besitzen können und in diesem Fall eine Erweiterung des Überlegungsgleichgewicht bereits gesichert wäre. Tatsächlich kritisiert auch DePaul auf ähnlicher Grundlage die Auflage der Unabhängigkeit explizit und lehnt sie ab.[29] Allein dadurch gibt es hier einen direkten Dissens. Wenn man nicht bereit ist, DePauls Version des Überlegungsgleichgewichts auszuschließen, ist es damit unmöglich Daniels' *Auflage der Unabhängigkeit* zum konzeptionellen Kern der Überlegungsgleichgewichtsidee zu zählen. Hinzu kommt, dass Daniels der einzige der vier ist, der diese Auflage formuliert: sie taucht weder bei Rawls noch bei Elgin auf. Das heißt allerdings nicht, dass damit schon eindeutig aufgezeigt wäre, dass die Auflage tatsächlich auch unplausibel und zu verwerfen ist.

---

27 Vgl. auch Kapitel 11 der vorliegenden Arbeit.

28 Vgl. Abschnitt 3.3. der vorliegenden Arbeit. Vgl. Daniels 1979, 259ff.; vgl. Daniels 1980a, 85–89, insbes. 89–100.

29 Vgl. die Abschnitte 3.3. & 5.2.1. der vorliegenden Arbeit. Vgl. DePaul 1993, 21f.

6.2.5 *Prägende Erfahrungen?*

Auch DePaul hat eine Auflage, die von Untersuchenden erfüllt sein muss, wenn sie ein Überlegungsgleichgewicht in seinem Sinn herstellen wollen: Zumindest im Bereich der Moral verlangt er von den Untersuchenden, sich den prägenden Erfahrungen ausgesetzt zu haben, von denen sie selbst nach gebührender Reflektion annehmen müssen, dass sie notwendig sind, um eine korrekte moralische Urteilsfähigkeit in den relevanten Fragen entwickelt zu haben. Diese prägenden Erfahrungen müssen dabei nicht Erfahrungen des eigenen Lebens sein, sie können nach DePaul auch – relativ gefahrlos – vermittelt werden über die Rezeption von Kunst in vielerlei Weise: Literatur, Theater oder Film etwa. Die Rezeption von Kunst wird von DePaul damit zu einem elementaren Bestandteil der Methode des Überlegungsgleichgewichts im ethischen Anwendungsbereich.[30] Aber kann man auch sagen, dass diese Verfeinerung der Urteilsfähigkeit insgesamt zum konzeptionellen Kern der Methode zu zählen ist?

Einiges spricht durchaus dafür: Etwa, dass auch Elgin der Rezeption von Kunst, die Verfeinerung und Anpassung unserer moralischen und sonstigen Gefühle und der damit verbundenen Urteilskraft im Rahmen der Methode sehr befürwortet.[31] Bei Rawls, vor allem in der früheren Entwicklungsphase der Methode, spielt der Aspekt, dass man eine bestimmte Bildung erhalten muss, um sich erst zu einem kompetenten Moralbeurteiler zu entwickeln eine zentrale Rolle.[32]

Allerdings ist diesmal Daniels derjenige, bei dem der Aspekt der Ausbildung und Verfeinerung der Urteilsfähigkeit keine tragende Rolle bei der Charakterisierung der Methode spielt. Er lehnt die Ausbildung der Urteilsfähigkeit über prägende Erfahrungen zwar auch nicht als etwas ab, das als Hintergrundtheorie durchaus in einem Überlegungsgleichgewicht als etwas epistemisch Notwendiges gerechtfertigt sein kann, doch er selbst vertritt eine derartige Hintergrundtheorie zumindest nicht explizit. Viel eher scheint er der Überzeugung zu sein, dass die Nutzung der Methode selbst zu einer Verfeinerung der Urteilsfähigkeit führt, was als intellektualistische Position gegen die zentrale Bedeutung von prägenden Erfahrungen interpretiert werden könnte.[33]

Insgesamt lässt sich also festhalten, dass zwar nicht alle behandelten Konzeptionen eine zentrale Rolle für prägende Erfahrungen innerhalb der

---

30 Vgl. Abschnitt 5.1.6. der vorliegenden Arbeit.

31 Vgl. Elgin 1996, 123f., 146–169, 171–178.

32 Vgl. etwa Rawls 1950 und 1951 sowie Abschnitt 4.1. der vorliegenden Arbeit.

33 Vgl. Abschnitt 3.3. und 5.1.2. der vorliegenden Arbeit.

Methode des Überlegungsgleichgewichts erkennen und die Verfeinerung der Urteilskraft über solche Erfahrungen nicht zum konzeptionellen Kern der Methode gehören. Allerdings bleibt auch dann die Möglichkeit offen, dass solch eine epistemische Position innerhalb eines Überlegungsgleichgewichts gerechtfertigt wird und damit dann – sozusagen im Nachhinein – eine Verfeinerung der Urteilskraft über prägende Erfahrungen, eventuell soweit es geht über die Rezeption von Kunst, als verbindlich festgelegt wird.

6.2.6 *Verstehen als Ziel der Methode?*

Wenn man *Verstehen* als eigenständigen epistemischen Wert akzeptiert, liegt es nahe, die Methode des Überlegungsgleichgewichts zu akzeptieren, da man zumindest für viele Theorien des Verstehens plausibel darlegen kann, dass eine explizite Rechtfertigung, die der epistemische Akteur sich selbst für seine Überzeugungen geben kann, eine notwendige Bedingung ist. Und diese Bedingung kann die Methode des Überlegungsgleichgewichts, wenn sie erfolgreich angewandt wird, verlässlich sichern.

a) In gewisser Weise könnte man DePauls Position in dieser Richtung auslegen: Bei ihm bleiben zwar wahre verlässlich erworbene Überzeugungen notwendig epistemisches Ziel, da sie gleichfalls Teil von *rationalem Wissen* als umfassenden Erkenntnisziel sind. Doch als ein weiteres Element von rationalem Wissen sind rationale Überzeugungen (also Überzeugungen innerhalb eines maximal plausiblen beziehungsweise rationalen Überzeugungssystems) ebenfalls ein epistemisches Ziel, das eine Methode empfehlen kann. Man könnte einem epistemischen Akteur genau dann ein Verständnis eines Sachgebiets zusprechen wollen, wenn dieser – in DePaulschem Sinn – bezüglich dieses Sachgebiets nach angemessener Reflektion ein rationales Überzeugungssystem ausgebildet hat, das zumindest einige verlässlich wahre Überzeugungen enthält. Das Ziel rationaler Überzeugungssysteme ist in dem Sinne nicht ganz eigenständig bei DePaul, da es das zusätzliche Ziel verlässlicher wahrer Überzeugungen zumindest nicht aller Wahrscheinlichkeit nach systematisch behindern darf.[34] DePaul nutzt aber zumindest nur den Ausdruck »rationales Wissen« oder »primäres systematisches Wissen« für das umfassende Ziel epistemischer Bemühungen und nicht »Verstehen«.

b) Elgin scheint eine ähnliche aber sogar etwas radikalere epistemische Position zu vertreten. Auch sie betont erstens die Komplexität unserer epistemischen Ziele und möchte den Fokus von Wissen explizit auf Verstehen lenken. Dabei stellt sie jedoch auch in Frage, inwiefern allein wahre

34 Vgl. DePaul 1993, 59ff., 66.

Elemente in die Denksysteme aufgenommen werden sollen, die man rationalerweise annehmen sollte und uns damit ein Verständnis eines Sachbereichs ermöglichen. Fachwissenschaften als paradigmatische Form von erfolgreicher Untersuchung eines Sachgebiets erhalten nach Elgin beispielsweise oft theoretische Modelle oder Vereinfachungen, die unser Verständnis bereichern, die aber wörtlich genommen schlicht unwahr sind. Wahrheit als die notwendige Bedingung der Akzeptabilität von Denksystemen – eine Position die als *Veritismus* bezeichnet wird – ist damit von ihr bestritten, was sich auch auf ihre Konzeption des epistemischen Verständnisses auswirkt.[35] Man kann Elgin so interpretieren, dass sie vertritt, dass die Herstellung eines Überlegungsgleichgewichts hinreichend für Verstehen ist.[36]

c) Rawls hingegen macht gleich zu Beginn seiner Theorie klar, dass er das Streben nach Wahrheit als die erste epistemische Tugend betrachtet: Eine Theorie kann noch so schön sein (oder zum Verständnis beitragen), sie sei unakzeptabel, wenn erwiesen oder wahrscheinlich ist, dass sie falsch ist: womit er einen Veritismus zu vertreten scheint.[37] An einigen Stellen betont auch er den epistemischen Wert von Verständnis (»understanding«),[38] doch dies scheint seiner Position nach zumindest nicht unabhängig von der Wahrheit der Überzeugungen einen Wert zu besitzen oder vorzuliegen. Allerdings begnügt sich Rawls in seinen Werken stets mit Überzeugungen, die über das Überlegungsgleichgewicht gerechtfertigt sind und lässt die Frage, ob diese auch tatsächlich der Wahrheit entsprechen, es moralische Tatsachen oder Objektivität gibt, explizit offen.

d) Für Daniels scheint das Sichern von Verständnis (im beschriebenen Sinn) zumindest nicht im Fokus zu stehen. Er geht auf jeden Fall so weit, dass er in Bezug auf die Akzeptabilität der Methode des Überlegungsgleichgewichts einfordert, dass man – zumindest irgendwann in der Zukunft anhand beispielsweise einer zunehmenden Konvergenz moralischer

35 Vgl. Elgin 1996, 3, 122–134, 183–204., vgl. Elgin 2017; siehe auch insbesondere die Abschnitte 5.2.4., 5.2.5. und 5.2.6. der vorliegenden Arbeit.

36 Elgin 2017, 4; vgl. Elgin 1996, 127ff.; vgl. Elgin 1983, 189f; siehe für eine ausführlichere Interpretation Abschnitts 5.2.4. der vorliegenden Arbeit.

37 »Die Gerechtigkeit ist die erste Tugend sozialer Institutionen, so wie die Wahrheit bei Gedankensystemen. Eine noch so elegante und mit sparsamen Mitteln arbeitende Theorie muß fallengelassen werden oder abgeändert werden, wenn sie nicht wahr ist; ebenso müssen noch so gut funktionierende und wohlabgestimmte Gesetze und Institutionen abgeändert oder abgeschafft werden, wenn sie ungerecht sind.« Rawls 1979, 19.

38 Vgl. Rawls 1950, 287.

Urteile – mit guten Gründen aufzeigen kann, dass die Methode einen verlässlich zu wahren oder objektiven Überzeugungen führt. Etwa, weil im Abwägungsprozess epistemische Grundüberzeugungen eine bestimmende Rolle spielen oder weil die zunehmende Konvergenz der Überzeugungen im Untersuchungsgebiet tatsächlich mit der Wahrheit der entsprechenden Aussagen verbunden ist – sofern es diese im moralischen Bereich gibt. Damit scheint Verständnis als epistemisches Ziel bestenfalls ein zusätzlicher Bonus oder rein instrumentell wertvoll zu sein – Daniels scheint auf moralisches Wissen als Ziel der Methode zu fokussieren.

Damit gibt es keine einheitliche Position der Proponenten der Gleichgewichtsmethode in Bezug auf Verständnis als das epistemische Ziel, das durch die Methode des Überlegungsgleichgewichts erlangt werden soll. Angesichts dessen, dass das Verständnis insgesamt in der epistemischen Philosophie ein recht neuer Begriff ist und sein Wert und seine korrekte Definition umstritten ist, ist es aber auch kein Nachteil, wenn eine solche epistemische Position nicht zum konzeptionellen Kern der Methode zählt. Dann bleibt für Proponenten der Methode jedoch zumindest zu erklären, warum im Sinne des Überlegungsgleichgewichts gerechtfertigte Überzeugungen ein epistemisch legitimes Ziel, Teilziel oder zumindest instrumentell wertvoll sind.

Naheliegend ist es durchaus, die Nutzung der Methode des Überlegungsgleichgewichts mit Blick auf die Verbindung zu tiefgehendem reflektiertem Wissen oder eben zu einer Form des Verständnisses zu erklären, für die intern gerechtfertigte systematische und rationale Überzeugungen notwendig sind – dies entspricht zumindest einer Position, mit der ich selbst sympathisiere.[39]

In Bezug auf eine Bewahrung und Mehrung von »einfachem« Wissen dürfte der instrumentelle Nutzen eines Überlegungsgleichgewichtes zumindest dann offensichtlich sein, wenn der epistemische Akteur bereits über einfaches Wissen mittels Grundüberzeugungen verfügt und sich dieses Umstands bewusst ist. Allerdings kann man in Bereichen wie der Moral ohne besonders offensichtliche Grundüberzeugungen dann wahrscheinlich nur vertröstende Antworten wie Daniels geben: nämlich, dass in der Zukunft eventuell die Verlässlichkeit oder instrumentelle Nützlichkeit der Methode ausgezeichnet werden kann und sie zumindest ein notwendiges Teilziel mit Blick auf moralisches reflektiertes Wissen oder Verständnis sichert.

Auch wenn es in Bezug auf Verstehen als finalem epistemischem Wert einen Dissens gibt, gibt es zumindest doch einen Konsens in Bezug darauf,

39 Vgl. hierzu auch Baumberger / Brun 2017 & 2020, deren Fassung der Methode allerdings über den konzeptionellen Kern der Methode, den ich präsentiere, hinausgeht.

dass das Ziel der Methode Überzeugungen sind, die dem Überzeugungssystem zugehören, das nach angemessener Reflektion und in Anbetracht der inferenziellen Stützungsbeziehungen zwischen den Überzeugungen, die man akzeptiert, als das plausibelste auszuzeichnen ist. Außerdem sind sich die Vertreter des Überlegungsgleichgewichts als Methode der Rechtfertigung einig, dass das Resultat der Methode dann eben (vorläufig) gerechtfertigte Überzeugungen sind und zwar in folgendem Sinn: Die Überzeugungen sind relativ zum untersuchenden epistemischen Akteur explizit und intern gerechtfertigt. Das heißt allerdings auch, dass die damit verbundene Rechtfertigung nicht notwendigerweise – gegeben, dass die Überzeugungen auch wahr sind – als hinreichend für Wissen aufgefasst werden muss.[40]

6.3 Konsens

Bereits beim Betrachten der Unterschiede zwischen den verschiedenen Konzeptionen des Überlegungsgleichgewichts, die hier als paradigmatisch behandelt werden, waren auch grundlegende Gemeinsamkeiten offenbart worden, die hier nun vertieft aufgegriffen werden. Ich werde versuchen im Folgenden vier grundlegende Positionen aufzuzeigen, die alle der behandelten Konzeptionen des Überlegungsgleichgewichts teilen. Damit möchte ich allerdings nicht suggerieren, dass die Position völlig getrennt betrachtet werden können, denn teilweise greifen sie eng ineinander. Die Aufteilung in vier Positionen soll vielmehr dem Verständnis und der Übersichtlichkeit dienlich sein: Ich hoffe, dass die im Hintergrund liegende Struktur, die diese Positionen verbindet, so deutlicher zu Tage tritt.

6.3.1 *Schwacher Fundamentalismus*

Wie bereits angesprochen (Abschnitt 6.2.1), gibt es zwar einen Dissens in Bezug auf die Position, dass nur bestimmte Überzeugungen eines epistemischen Akteurs in den Gleichgewichtsprozess eingehen dürfen, – beispielsweise im Bereich der Ethik nur wohlüberlegte moralische Urteile – jedoch einen Konsens im allgemeinen darüber, dass nur die Überzeugungen berücksichtigt werden müssen, die der jeweilige epistemische Akteur tatsächlich hat. Diese Überzeugungen oder *commitments* besitzen dabei eine anfängliche Glaubwürdigkeit, eben weil sie zu Beginn der Untersuchung tatsächlich eine Akzeptanz des Akteurs erfahren beziehungsweise von ihm für wahrscheinlich wahr oder korrekt gehalten werden. Diese anfängliche Glaubwürdigkeit ist jedoch

40 Mehr zu diesem Konsens in Abschnitt 6.3.3. der vorliegenden Arbeit.

nicht als eine externalistische Rechtfertigung anzusehen, die bereits – falls es sich um wahre Überzeugungen handelt – dafür hinreichend wäre, dass der epistemische Akteur über Wissen verfügt. Auf Grundlage dieser anfänglichen Glaubwürdigkeit kann aber über die Methode des Überlegungsgleichgewichts eine internalistische Rechtfertigung hergestellt werden, die dann eventuell für den epistemischen Akteur die Annahme der Existenz von externalistischen Grundüberzeugungen und damit auch Wissensansprüche begründen kann.

Diese Position bezüglich anfänglich glaubwürdiger Urteile hatte ich bereits an anderer Stelle – angelehnt an die Terminologie BonJours – als *schwachen Fundamentalismus* bezeichnet.[41] Dieser schwache Fundamentalismus, nach dem nur die relevanten Überzeugungen, die ein epistemischer Akteur zu einer Sachfrage tatsächlich hat, in den Gleichgewichtsprozess eingehen und eine anfängliche Glaubwürdigkeit haben (die eventuell in Überzeugungsgraden ausgedrückt werden kann), wird von allen behandelten Konzeptionen des Überlegungsgleichgewichts geteilt.

Dadurch dass anfänglich glaubwürdige Überzeugungen aber weitere Aussagen stützen können, die noch keine anfängliche Glaubwürdigkeit haben, können auch diese mit einem zugehörigen Überzeugungsgrad in den Gleichgewichtsprozess eingehen und müssen – wenn Konflikte vorliegen – als Elemente möglicher zur Auswahl stehender alternativer Überzeugungssysteme mitberücksichtigt werden. Es können beispielsweise systematische Elemente wie Rawls' *Prinzipien der Gerechtigkeit* in den Gleichgewichtsprozess eingehen, die eventuell zwar noch keine eigenständige Glaubwürdigkeit besitzen, jedoch von vielen unserer Überzeugungen gestützt werden. Die Akzeptanz dieser systematischen Elemente ist dann jedoch ganz von den Überzeugungen abhängig, die bereits eine anfängliche Glaubwürdigkeit besitzen: von deren Grad an anfänglicher Glaubwürdigkeit, ihren inferenziellen Verbindungen untereinander sowie denen zu dem jeweiligen systematischen Element, das mit der Zeit dann aber auch eine eigenständige anfängliche Glaubwürdigkeit für einen epistemischen Akteur entwickeln kann.[42]

Die schwach fundamentalistische Bedingung oder Position verhindert, dass man als Vertreter der Methode des Überlegungsgleichgewichts gezwungen ist, beliebige kohärente Überzeugungssysteme, die mit den anfänglichen Überzeugungen oder commitments des epistemischen Akteurs, der die Methode nutzt, in keinerlei Verbindung stehen, als Überlegungsgleichgewicht anerkennen muss. Die Verbindung zu dem, wovon man zum Zeitpunkt der Untersuchung tatsächlich überzeugt ist, ist damit gesichert:

---

41 Vgl. Abschnitt 3.2. der vorliegenden Arbeit.

42 Vgl. hierzu vor allem Brun 2013, 239f.

a) Rawls verweist explizit darauf, dass von der Methode des Überlegungsgleichgewichts diejenigen wohlüberlegten Überzeugungen berücksichtigt werden müssen, die der epistemische Akteur tatsächlich besitzt und die daher eine anfängliche Glaubwürdigkeit haben:

> »People have considered judgments at all levels of generality, from those about particular situations and institutions up through broad standards and first principles to formal and abstract conditions on moral conceptions. One tries to see how people would fit their various convictions into one coherent scheme, each considered conviction whatever its level having a certain initial credibility.«[43]

Wie in Abschnitt 6.2.1. erläutert, ist es eine angemessene Interpretation, wenn man annimmt, dass Rawls die Einschränkung auf wohlüberlegte Urteile im ethischen Untersuchungsbereich, selbst durch ein Überlegungsgleichgewicht begründet sieht. Dieses generellere Überlegungsgleichgewicht (auf der Metaebene) – und damit die Methode der Rechtfertigung im Allgemeinen – würde dann eben keine Einschränkung besitzen: Es gilt dann dementsprechend, dass (falls nichts anderes begründet wurde) alle Überzeugungen des epistemischen Akteurs zu berücksichtigen werden können und diese eine anfängliche Glaubwürdigkeit haben – es gilt also (nur) der schwache Fundamentalismus.

b) Daniels folgt Rawls und lässt bei seiner Definition des Überlegungsgleichgewichts als einem geordneten Überzeugungs-Tripel von wohlüberlegten Urteilen, theoretischen Prinzipien und Hintergrundtheorien ebenfalls keinen Zweifel daran, dass bei der Erreichung dieses Überzeugungssystems die Überzeugungen berücksichtigt werden müssen, die ein bestimmter epistemischer Akteur tatsächlich hat:

> »The method of wide reflective equilibrium is an attempt to produce coherence in an ordered triple of sets of beliefs held by a particular person, namely, (a) a set of considered moral judgments, (b) a set of moral principles, and (c) a set of relevant background theories.«[44]

Auch hier gilt – gemäß meiner Interpretation – dass die Einschränkung auf wohlüberlegte Urteile auf der Metaebene aufgehoben ist.

c) DePaul sieht es als Bedingung der Rationalität, dass bei der Herstellung eines Überlegungsgleichgewichts das Überzeugungssystem ausgewählt werden muss, das in Bezug auf die tatsächlichen Überzeugungen eines epistemischen Akteurs zum Zeitpunkt der Untersuchung das plausibelste

43 Rawls 1974, 8. Vgl. Abschnitt 3.2. der vorliegenden Arbeit.
44 Daniels 1979, 258. Vgl. Abschnitt 3.3. der vorliegenden Arbeit.

ist. Zwar ist es ihm wichtig zu betonen, dass dieser Prozess der Auswahl radikale Überzeugungswechsel beinhaltet und man gemäß den eigenen Überzeugungen erst einmal seinen moralischen Urteilssinn verfeinern und durch prägende Erfahrungen um neue Überzeugungen erweitern muss, bevor man schließlich ein ethisches Überzeugungssystem als im Überlegungsgleichgewicht auszeichnen kann. Doch auch dieser Prozess muss rationalerweise eben auch durch die Überzeugungen, die ein epistemischer Akteur zu Beginn der Untersuchung tatsächlich hat, begründet sein (wie der Akteur bemerken würde, wenn er nur angemessen reflektiert), denn ansonsten würde DePaul gegen sein eigenes Rationalitätsgebot verstoßen. Auch hier ist also von der Berücksichtigung der tatsächlich akzeptierten Überzeugungen durch den epistemischen Akteur auszugehen. Der Einschränkung von Rawls und Daniels auf wohlüberlegte Urteile steht er, wie bereits erläutert, ohnehin kritisch gegenüber.

d) Elgin bekennt sich ganz explizit zur Bedingung des schwachen Fundamentalismus:

»Epistemic acceptability, I contend, requires reflective equilibrium (Elgin, 1996; Rawls, 1971). A system of thought is in equilibrium if its elements are reasonable in light of one another. This is a matter of coherence. An equilibrium is reflective if the system is as reasonable as any available alternative in light of our initially tenable commitments. Such a system is not required to incorporate as many initially tenable commitments as possible. As we have seen, there are weighting factors that favor some incorporations over others. Moreover, rather than incorporating commitments, a system may show why we were misled into accepting them, or may include modifications of them. The standards of reasonableness are second-order commitments, and are subject to the same sorts of considerations as our first-order deliverances. The fact that we accept them indicates that they are prima facie acceptable. But they can conflict, or fail to yield verdicts in cases where they should, or yield verdicts that we find unacceptable. Then they too are subject to revision or rejection in order to yield a comprehensive system of first- and second-order commitments that is on reflection something we can endorse. Whether the sort of holism that results is a coherence theory is not clear. Using BonJour's (1985) categories, it might be classified as a very weak foundationalism or as a coherence theory.«[45]

---

45 Elgin 2014, 254. Vgl. Elgin 1996, 101ff.; vgl. Elgin 2017, 64: »Inquiry, as Quine insists, always begins in medias res. We start with opinions, values, methods, and standards that we consider relevant and that we are inclined to credit. Although we recognize that they are less than wholly satisfactory as they stand, they comprise our current best take on the matter under investigation. These commitments can include hunches, rules of thumb, superstitions, and old wives' tales as well as confirmed generalizations, proven theorems, firmly established principles, and solid evidence. The only requirement at the outset is that we have some inclination to accept them. Because we do, they are initially

Unklar ist zwar ob die schwach fundamentalistische Bedingung nur für Überzeugungen gilt, oder allgemeiner für commitments im Sinne von Elgin, doch da die commitments zumindest auch Überzeugungen umfassen, scheint die schwach fundamentalistische Bedingung für Überzeugungen unproblematisch. Im Übrigen schließt diese Bedingung nicht aus, dass für bestimmte Untersuchungsbereiche auch ein moderater Fundamentalismus mit epistemischen Grundüberzeugungen vertreten werden kann – die schwach fundamentalistische Bedingung ist in diesem Fall auch erfüllt.

Ein Punkt, der bereits im vorigen Abschnitt (6.2.2.) als Konsens herausgestellt wurde, kann in den Punkt des schwachen Fundamentalismus einbezogen werden: die Methode des Überlegungsgleichgewichts greift auf Überzeugungen zurück, die tatsächlich akzeptiert oder für wahrscheinlich wahr gehalten werden – es wird also ein *epistemischer Akteur* benötigt. Offen bleibt, ob der epistemische Akteur eine natürliche Person ist, oder eine Gruppe von Individuen, die beispielsweise durch ihre politische Verfasstheit als kollektiver epistemischer Akteur auftreten.

6.3.2 *Moderater Holismus*

Die Vertreterinnen der Methode des Überlegungsgleichgewichts stellen zu allermeist sofort klar, dass stets ein weites Überlegungsgleichgewicht angestrebt werden sollte und keinesfalls ein enges. Also dass nicht nur Prinzipien und Urteile in direktem Bezug auf eine bestimmte Fragestellung in Einklang miteinander gebracht werden müssen, sondern eben auch alle anderen für eine Untersuchung relevanten Überzeugungen – etwa Hintergrundtheorien – berücksichtigt werden müssen, so dass der Blickwinkel kritisch geweitet ist.[46] So ist es auch bei den Proponenten der vier von mir ausführlich behandelten Konzeptionen des Überlegungsgleichgewichts – sie alle

---

tenable. Clearly that inclination does not endow them with a high level of tenability. To be initially tenable is not to be presumptively acceptable, or prima facie acceptable, or ceteris paribus acceptable. It is merely to have some very slight measure of epistemic standing. If a consideration is initially tenable, we need a reason to give it up. But since initial tenability is weak and precarious, even a weak reason may suffice to abandon it.«

46 Bei einem engen Überlegungsgleichgewicht hingegen wäre der größere Zusammenhang außer Acht gelassen – es fehlt dort normalerweise der Bezug auf Hintergrundtheorien und -überzeugungen, die nicht direkt mit dem Untersuchungsgegenstand (etwa Urteilen über politische Gerechtigkeit und Prinzipien der politischen Gerechtigkeit) verbunden sind (eine hier in Frage kommende Hintergrundtheorie wäre etwa eine Theorie darüber, was Personen sind).

fordern den epistemischen Akteur auf, ein weites Überlegungsgleichgewicht herzustellen und nicht bei einem engen stehen zu bleiben.[47]

Es gibt jedoch auch Ausnahmen von dieser Regel: Margaret Holmgren etwa argumentiert explizit dafür, dass die Herstellung eines engen Überlegungsgleichgewichts ausreichend sei für Rechtfertigung. Nach ihr gibt es keine zwingenden Gründe dafür, ein weites einem engen Überlegungsgleichgewicht vorzuziehen und sogar Gründe dafür ein enges einem weiten vorzuziehen.[48] Allerdings inkludiert sie Elemente in die Methode des engen Überlegungsgleichgewichts, die selbst innerhalb eines weiten Überlegungsgleichgewichts gerechtfertigt werden müssen: etwa den Filterungsprozess von Rawls und Daniels, der nur solche moralischen Überzeugungen als wohlüberlegt auszeichnet, die nicht auf ungerechtfertigten Vorurteilen beruhen, die nicht auf Herkunft, sozialen Status und ähnliches zurückzuführen sind oder bei denen man keinen parteiischen oder getrübten Blickpunkt einnimmt.[49] Die Rechtfertigung eines solchen Filterungsprozesses beinhaltet aber Argumente, die auf moralischen oder epistemischen Hintergrundtheorien basieren, womit man letztlich wieder ein weites Überlegungsgleichgewicht hergestellt hätte, und nicht nur ein enges zwischen wohlüberlegten Urteilen und Prinzipien in Bezug auf bestimmte Fragestellungen (etwa wie politische Gerechtigkeit zu verstehen sei).[50] Holmgren könnte sich allerdings auf die Position zurückziehen, dass die mit dem Filterungsprozess verbundenen Hintergrundtheorien die einzigen Hintergrundtheorien seien, die zulässig sind und würde dann eine Art des engen Überlegungsgleichgewichts vertreten, die sich von dem weiten Überlegungsgleichgewicht deswegen unterscheidet, weil nicht alle relevanten Hintergrundtheorien zugelassen werden. In diesem Fall gäbe es zwar keinen Konsens zwischen den vier als paradigmatisch von mir behandelten Versionen des Überlegungsgleichgewicht und der Konzeption von Holmgren, doch diesen Konflikt könnte man dadurch auflösen, dass man diese Position (wenn sie denn tatsächlich vertreten würde) – sozusagen als geringfügige Anpassung, die sogar auch schon innerhalb eines engen Überlegungsgleichgewichts möglich

---

47 Vgl. Rawls 1979, 68f.; vgl. Daniels 1979, 258, 265ff.; vgl. Daniels 1980b; vgl. DePaul 1993, 18ff.; vgl. Elgin 1996, 118.

48 Vgl. Holmgren 1989, 43ff., 58ff.

49 Vgl. Holmgren 1989, 47.

50 Holmgren fordert selbst die Bezugnahme auf wissenschaftliche Hintergrundtheorien für die Rechtfertigung des Filterungsprozesses: »Thus in the context of either methodology [narrow or wide reflective equilibrium] if we have good reason to believe that a given set of judgments (however large) is the product of class bias, self- interest, ignorance of relevant facts, etc., we can discard these judgments in seeking an equilibrium. Empirical studies will help us to determine when particular moral judgments are strongly correlated with factors of this sort, and are thus likely to be mistaken« Holmgren 1989, 47.

wäre – von der Menge der Konzeptionen des Überlegungsgleichgewichts ausschließt. Dies scheint auch deswegen unproblematisch, da es sich bei dieser Position um eine handelt, die schwer zu verteidigen ist.[51] Wer nur ein enges Überlegungsgleichgewicht vertritt, vertritt demnach gar keine Position, die mit der Methode des Überlegungsgleichgewichts vereinbar ist (wobei es dann vielleicht im Folgenden konsequenter wäre, gar nicht mehr vom »engen Überlegungsgleichgewicht« zu sprechen, sondern nur von »Anpassungen zwischen Überzeugungen und Urteilen in einem Untersuchungsbereich, bei denen die prinzipiell relevante Argumente aus anderen Untersuchungsbereichen ausgeschlossen werden«).

Wenn man diese Sichtweise teilt, herrscht tatsächlich ausreichend Konsens bei dem Punkt, dass nur ein weites Überlegungsgleichgewicht philosophisch akzeptabel ist und als solches bezeichnet werden sollte. Das heißt, dass möglichst all jene Überzeugungen, Prinzipien oder Hintergrundtheorien in den Gleichgewichtsprozess mit einzubeziehen sind, die, falls sie berücksichtigt würden, aus der Sicht des epistemischen Akteurs, das Ergebnis, welches Überzeugungssystem insgesamt als am plausibelsten auszuzeichnen ist, beeinflussen würden. In diesem Sinne soll auch die Rede von »relevanten Überzeugungen« verstanden werden – eine Überzeugung oder Hintergrundtheorie ist dann relevant im Sinne der Methode des Überlegungsgleichgewichts, wenn ihre Berücksichtigung zu einem anderen Ergebnis des Gleichgewichtsprozesses führt.[52]

---

51 Diese Position, von der ich bezweifle, dass sie tatsächlich die von Holmgren ist, scheint mir schwer zu verteidigen, da bereits bestimmte Hintergrundtheorien (für den Filterungsprozess) zugelassen wurden und andere Hintergrundüberzeugungen ebenfalls zu solchen Anpassungen führen könnten. Warum etwa sollte man »evolutionary-debunking«-Argumente prinzipiell als etwas ausschließen, das auf zusätzliche Hintergrundtheorien zugreift, wenn man bereits zugestanden hat, dass es Klassenvorurteile gibt, die korrigiert werden müssen und man dafür auf bestimmte Hintergrundtheorien – etwa soziologische und psychologische – zurückgreift? Wenn man keine Argumente für diese Unterscheidung liefert – falls man das tut, akzeptiert man wiederum die Rolle weiterer moralischer oder epistemischer Hintergrundtheorien – ist diese Unterscheidung schlicht willkürlich und inakzeptabel. Auch wenn man die Argumente, die bestimmte Überzeugungen herausfiltern oder delegitimieren, als Argumente auf einer epistemischen Metaebene verstehen möchte, wären diese Metaebene und die zugehörige Subebene als Elemente eines weiten Überlegungsgleichgewichts zu betrachten, in dem mehrere Untersuchungsgebiete verknüpft sind.

52 Dies muss sich nicht nur in Revisionen und damit anderen Überzeugungen ausdrücken – auch eine Erhöhung des Plausibilitätsgrades des gesamten Systems (etwa eine Stärkung durch zusätzliche bestätigende Evidenzen) könnte ein Grund sein, bestimmte Überzeugungen als relevant anzusehen.

Diese Position, die mit der Idee des weiten Überlegungsgleichgewichts konzeptionell verbunden ist, könnte man als *Holismus* bezeichnen:[53] denn man muss demnach alle Überzeugungen, die man hat, und deren inferenzielle Beziehungen in den Blick nehmen, um zu entscheiden, welche Überzeugungen eigentlich relevant für das Ergebnis des Gleichgewichtsprozesses sind und daher einbezogen werden müssen.[54] Man benötigt den Blick auf das Ganze, um zu entscheiden, welches Überzeugungssystem angesichts der Überzeugungen, mit denen man startet und die man im Laufe des Prozesses erwirbt, das plausibelste Überzeugungssystem wäre und um entsprechende Anpassungen im Verlauf des Prozesses durchzuspielen und dann vorzunehmen.

Der Holismus ist allerdings ein moderater Holismus, denn es wird ja nicht verlangt, dass tatsächlich alle eigenen Überzeugungen überblickt werden und tatsächlich alle relevanten Überzeugungen einbezogen werden – was dem Ideal des Prozesses entspricht, aber für epistemische Akteure als endliche Wesen mit begrenzten Ressourcen und Zeitdruck schwer einhaltbar ist. Verlangt wird daher vielmehr, dass der epistemische Akteur im entstehenden Überlegungsgleichgewicht selbst rechtfertigen kann, dass es (vorläufig) keine weiteren relevanten Überzeugungen gibt, die einbezogen werden müssen beziehungsweise, dass eine weitere Suche nach solchen Überzeugungen zu diesem Zeitpunkt wahrscheinlich keine weiteren Ergebnisse liefern würde (was eigentlich eine besondere epistemische »Hintergrundtheorie« für jedes

---

53 Hier benutze ich den Ausdruck »Holismus« naiv, also nicht explizit verbunden mit einer bestimmten als Holismus bezeichneten Theorie innerhalb der Philosophie (etwa einem Bedeutungsholismus oder einem Bestätigungsholismus). Einzig zwei Punkte sollen den naiven Holismus vorläufig definieren: Erstens, die Beschreibung, dass die Gesamtheit der Überzeugungen (plus inferenzieller Beziehungen) eines epistemischen Akteurs in den Prozess der expliziten und internen Rechtfertigung einbezogen werden muss und den Hintergrund der Evaluierung bildet, sowie zweitens, dass möglicherweise gerechtfertigte Überzeugungssysteme als ganze evaluiert werden. Man könnte auch versuchen, dadurch zu präzisieren, dass es sich um einen Rechtfertigungsholismus handelt: Überzeugungen sind nur gerechtfertigt in Bezug auf die Gesamtheit der Überzeugungen des epistemischen Akteurs und ihren Status als Element eines gerechtfertigten Überzeugungssystems. Wie dieser naive Holismus (der Rechtfertigung) zu ausgearbeiteten Holismen innerhalb der Philosophie(geschichte) steht, wäre eine substanzielle eigene Untersuchung. Allgemein verstanden scheint er aber in enger Beziehung zum (epistemischen) Bestätigungsholismus zu stehen: »Epistemological holism ist he view that whole theories are the units of confirmation. […] It is a consequence of of epistemological holism that whether a belief is justified depends upon the support of the whole structure of beliefs to which it belongs.« Hookway 2010, 420.

54 Man könnte vielleicht auch sagen, dass was im Sinne des Holismus angestrebt wird möglichst hohe *Systematizität* ist, um einen Ausdruck zu gebrauchen, der in der Wissenschaftstheorie ebenfalls prominent ist. Vgl. Hoyningen-Huene 2009.

Überlegungsgleichgewicht notwendig macht, die jedoch nicht besonders ausgearbeitet zu sein braucht und daher vielleicht nicht als Theorie sondern eher als »begründete Annahme« bezeichnet werden sollte). Der epistemische Akteur muss also gemäß seinem eigenen Standard die eigenen Überzeugungen überblicken, diejenigen die relevant sind berücksichtigen und seine Fähigkeit einschätzen, Ereignisse (etwa durch Experimente) hervorzubringen, durch die zusätzliche relevante Überzeugungen geschaffen werden. Dass der eigene Standard des epistemischen Akteurs erfüllt ist, kann sich etwa darin äußern, dass der epistemische Akteur ein gewisses Maß von ernsthafter Reflektion und Beschäftigung mit der Fragestellung für erreicht hält, das er als epistemisch angemessen für entsprechende Untersuchungen betrachtet. Selbstverständlich sollten auch diese subjektiven Standards als epistemische Hintergrundüberzeugungen (oder gar Hintergrundtheorien) in einem weiten Überlegungsgleichgewicht kritisch überprüft und gerechtfertigt werden. Dennoch erscheint dies, im Gegensatz zum strengen Holismusideal, für epistemische Akteure durchaus erfüllbar.[55]

Moderat (oder bescheiden) ist der Holismus zusätzlich außerdem, weil es möglich ist, dass der epistemische Akteur rechtfertigen kann, ein imperfektes Überlegungsgleichgewicht herzustellen, das dann allerdings auch eine imperfekte Rechtfertigung für die resultierenden Überzeugungen erstellt: etwa dann, wenn der epistemische Akteur unter Zeitdruck steht und (vielleicht ebenfalls nur imperfekt) rechtfertigen kann, dass das eigentlich erforderliche Maß an Reflektion unterschritten werden kann um rechtzeitig eine auf den (imperfekt) gerechtfertigten Überzeugungen aufbauende Handlung vollziehen zu können, die ansonsten auf Überzeugungen aufbauen würde, die noch einen geringeren Grad an (imperfekter) Rechtfertigung aufweisen würden.[56] Hier ist allerdings zu beachten, dass auch ein nicht derart eingeschränktes erreichtes Überlegungsgleichgewicht imperfekt in dem Sinn ist, dass es nur eine vorläufige Rechtfertigung herstellt (beziehungsweise selbst nur vorläufig ist)

---

55 Vgl. DePaul 1993 116–121; vgl. Elgin 1996, 13, 129–134; Rawls 1979, 69; Daniels 1996, 1f., 6.

56 Vgl. etwa explizit DePaul 1993, 116: »Surely some amount of reflection, short of complete reflection, is relevant to the assessment of the revision of belief. Perhaps this amount is fixed absolutely. More probably, it varies from case to case, depending upon certain factors, e.g., the importance of the beliefs in question, the perceived likelihood that further reflection will improve the chances of arriving at a correct answer the complexity of the issues involved, and maybe even such factors as the other interests the inquirer has, and the amount of time and resources that are available to her.« Implizit scheint mir die Möglichkeit der gerechtfertigten Einschränkung des Überlegungsgleichgewichts bei Zeit- und Ressourcenproblemen auch bei den Konzeptionen von Rawls, Daniels und Elgin zu existieren. Vgl. Daniels 1996, 1f., 6.

und keine Garantie auf wahre Überzeugungen bietet und daher auch falsche Ergebnisse liefern kann.[57]

Dies sind nun schon einige sehr substanzielle Punkte, die unter dem Stichwort Holismus zusammengefasst sind, für die man aber einen Konsens zumindest interpretativ erkennen kann. Viele Stellen lassen sich zum Beleg hierfür anführen:

a) DePaul etwa verlangt, dass der epistemische Akteur sowohl alle relevanten Überzeugungen in den Rechtfertigungsprozess einbezieht,[58] als auch dass deren inferenzielle Beziehungen untereinander beachtet werden müssen, also die Struktur des Ausgangsüberzeugungssystems als auch des Überzeugungssystems, das nach Reflektion und möglichen Anpassungen in Bezug auf das Ausgangssystem (oder das bereits erweiterte Ausgangssystem) als das plausibelste auszuzeichnen ist:

   > »We want to come to a systematic view, or at least to a view that is as systematic as it is possible for a moral view to be, […] and we want to be explicitly aware of this systematic structure.«[59]

   Dass der Holismus moderat sein muss, wird bei DePaul explizit thematisiert:

   > »We cannot require inquirers to believe what they would upon consideration of all the evidence and all the alternatives. We cannot even require that they satisfy the epistemic principles that they would hold were they to reflect fully upon the matter. But it seems that a certain amount of attention must be given to alternatives before a revision of belief can be rational, and likewise that a certain amount of evidence must have been gathered. Fortunately, there seems to be no obstacle to revising the idealized account of the method of reflective equilibrium in accord with a responsible account of this aspect in rational belief revision, in order to attain a conception of reflective equilibrium that is applicable in practice, and that can be counted on to direct only rational revisions of belief.«[60]

   Da DePaul verlangt, dass der moderate Holismus weiterhin nur rationale Überzeugungswechsel zulässt, interpretiere ich, dass die Frage, wieviel Reflektion und Evidenzsammeln durch den epistemischen Akteur für

57 Eine weitere Möglichkeit wäre, dass man auf der Metaebene zu einem »normalen« Überlegungsgleichgewicht in Bezug darauf gelangt ist, dass es in diesem Fall gerechtfertigt ist, nur mit einem imperfekten Überlegungsgleichgewicht zu arbeiten beziehungsweise heuristisch vorzugehen.

58 Vgl. erneut DePaul 1993, 73ff., 103, 111.

59 DePaul 1993, 65.

60 DePaul 1993, 121; vgl. DePaul 1993 111–121.

notwendig erachtet wird, durch die Überzeugungen des epistemischen Akteurs selbst begründet wird, die dieser im vorläufigen Resultat des Überlegungsgleichgewichts vertritt.

b) Elgin selbst nutzt den Ausdruck Holismus explizit an vielen Stellen in ihrem Werk und stellt klar:

> »Justification is holistic. Support for a conclusion comes not from a single line of argument but from a host of considerations of varying degrees of strength and relevance. Indirect evidence and weak arguments, which alone would bear little weight, may be interwoven into a fabric that strongly supports a conclusion. Each element derives warrant from its place in the whole. [...] The components of a system in reflective equilibrium must be reasonable in light of one another, and the system as a whole must be reasonable in light of our antecedent commitments about the subject at hand.«[61]

Das zeigt erstens, dass das Überzeugungssystem als Ganzes epistemisch evaluiert wird und dass es evaluiert wird in Bezug auf die anfangs plausiblen Überzeugungen, die man zum Zeitpunkt der Untersuchung tatsächlich akzeptiert. Der Holismus wird jedoch auch bei Elgin eingeschränkt und ist folglich als moderat zu bezeichnen – es sind nicht alle eigenen Überzeugungen konkret in die Gewichtung einzubeziehen, sondern nur die durch den epistemischen Akteur selbst als relevant eingestuften Überzeugungen:

> »Although it [reflective equilibrium] requires that a [justified] system [of beliefs] answer to our antecedent commitments and that its components mesh with one another, reflective equilibrium does not require that the system be complete or comprehensive. A system designed to explain primate behavior is hardly to be faulted for its failure to accommodate antecedent beliefs about crop dusting or accepted methods for setting interest rates. [...] Let us say that a system acknowledges a prior commitment just in the case the system either incorporates that commitment or supplies suitable grounds for rejecting or revising it. Those it does not acknowledge, it ignores. Once we recognize that tenable systems need not acknowledge all our initially tenable commitments, we need a way to tell which such commitments a given system is answerable to. [...] There is no delineating these a priori. At one time it may have been reasonable to study the behavior of gorillas in isolation from one another. If all gorillas are pretty much alike, then studying one should yield insight into all. But once we realize that gorilla communities have a complex social structure, we have to adopt a different methodology. A tenable system for explaining gorilla behavior now needs to acknowledge a variety of initial tenable commitments about social roles that were once considered irrelevant. The range of relevant considerations

61 Elgin 1996, 13; vgl. Elgin 2014; vgl. Elgin 2017, 70f.

thus changes as inquiry proceeds, evolving with our understanding of a subject and the methods for investigating it.«[62]

c) Rawls sieht ebenfalls Rechtfertigung als relativ zu der Gesamtheit der Überzeugungen des epistemischen Akteurs:

»Eine Gerechtigkeitsvorstellung läßt sich nicht aus evidenten Voraussetzungen oder Bedingungen für die Grundsätze ableiten; vielmehr ergibt sich ihre Rechtfertigung aus der gegenseitigen Stützung vieler Erwägungen, daraus, daß sich alles zu einer einheitlichen Theorie zusammenfügt.«[63]

»Wenn unser Denken zu dem Schluß kommen sollte, daß dieses ganze Schema [the scheme as a whole] unsere Gedanken zu klären und zu ordnen scheint, und wenn es zur Verringerung von Meinungsverschiedenheiten und zur Vereinheitlichung gegensätzlicher Überzeugungen beiträgt, dann hat es alles geleistet, was man vernünftigerweise von ihm verlangen kann.«[64]

Rawls beschreibt zwar einerseits das weite Überlegungsgleichgewicht als ein Ideal, das unerreichbar sei und dessen Herstellung daher eine niemals endende Aufgabe sei, der man sich nur annähern könne.[65] Angesichts dessen, dass Rawls in seinen Werken jedoch meint über die Methode des Überlegungsgleichgewichts vorläufig gerechtfertigte Überzeugungen bezüglich politischer Gerechtigkeit präsentieren zu können, ist dies meiner Ansicht andererseits wie folgt zu interpretieren: ein umfassendes, stabiles weites Überlegungsgleichgewicht ist unerreichbar – ein durch die subjektive reflektierte Perspektive des epistemischen Akteurs eingeschränktes Gleichgewicht, das vorläufig stabil ist und zu vorläufig gerechtfertigten Überzeugungen führt dagegen schon. Solch ein eingeschränktes vorläufiges Überlegungsgleichgewicht kann durch die Methode erreicht werden, wenngleich Rechtfertigung insgesamt immer noch eine nicht endende Aufgabe bleibt. Rawls vertritt demnach also ebenso einen moderaten Holismus.[66]

---

62 Elgin 1996, 129f.

63 Rawls 1979, 39.

64 Rawls 1979, 73.

65 Vgl. Rawls 1979, 69, vgl. Rawls 2003, 177.

66 Dies kann man beispielhaft an seinem eigenen Vorgehen erkennen: Er versucht zu begründen, dass es – vorläufig – ausreichend ist, nur die philosophischen Theorien des Utilitarismus, des Perfektionismus und des Intuitionismus bei der Herstellung eines Überlegungsgleichgewichts der politischen Gerechtigkeit zu berücksichtigen und geht dann auch dementsprechend vor. »Natürlich ist es gar nicht sicher, ob man diesen Zustand [das weite Überlegungsgleichgewicht] jemals erreichen kann. Denn selbst wenn der Begriff aller möglichen Beschreibungen und aller philosophisch beachtenswerten Argumente

d) Auch Daniels bezieht explizit eine holistische Position in Bezug auf die Überzeugungen, die mittels eines Überlegungsgleichgewichts gerechtfertigt sind und daher akzeptiert werden können:

> »[...] as in science, judgments about the plausibility and acceptability of various claims are the complex result of the whole system of interconnected theories already found acceptable.«[67]

Zwei Punkte, die bereits in vorigen Abschnitten dieses Kapitels als Konsens herausgearbeitet wurden, können ebenfalls unter den Begriff des moderaten Holismus gefasst werden: nämlich erstens (Abschnitt 6.2.1.), dass keine Überzeugungen a priori ausgegrenzt werden. Soll es etwa einen Filterungsprozess hin zu wohlerwogenen Urteilen geben, so muss dieser erst über ein weites Überlegungsgleichgewicht gerechtfertigt werden – Urteile und Überzeugungen, die sich nicht als wohlerwogen qualifizieren, werden nicht im Vorhinein ausgeschlossen. Ebenso herrscht Einigkeit, dass bei der Beachtung aller unserer Überzeugungen, die Überzeugungen jeglicher Abstraktionsstufe berücksichtigt werden müssen, sofern sie als relevant einzuschätzen sind. Außerdem werden zweitens (Abschnitt 6.2.2.) durchaus Überzeugungen über die Überzeugungen und epistemischen Positionen Dritter einbezogen, sofern diese bewusst vorhanden sind oder durch (nach eigenen Standards) angemessene Reflektion offengelegt werden können.

Zusammenfassend kann man hier nochmals explizit festhalten, dass mit dem moderaten Holismus zwei Bedingungen verbunden sind:

1) dass alle Überzeugungen, die man tatsächlich hat (und gemäß dem eigenen Urteil im Laufe der Untersuchung erlangen könnte), eingehen müssen in den Rechtfertigungs- und Abwägungsprozess, sofern sie gemäß den eigenen epistemischen Standards relevant sind; und
2) dass möglicherweise gerechtfertigte Überzeugungssysteme, also die möglichen Alternativen, zwischen denen man sich bei Abwägungsoptionen entscheiden muss, als ganze evaluiert werden.

---

wohldefiniert ist (was zweifelhaft ist), so kann man sie doch nicht alle untersuchen. Man kann nur die aus der Tradition der Moralphilosophie bekannten Gerechtigkeitsvorstellungen und etwaige weitere, die uns einfallen, untersuchen. Das werde ich auch tun [...]. So bringt uns die Theorie der Gerechtigkeit als Fairneß dem philosophischen Ideal näher, wenn sie es natürlich auch nicht erreicht.« Rawls 1979, 69.

67 Daniels 1979, 262.

6.3.3 *Minimalistische Rationalität*

Wie soll ein Überlegungsgleichgewicht hergestellt werden? Wie soll der epistemische Akteur zwischen möglichen alternativen Überzeugungssystemen, die als Lösung von Unklarheiten oder Überzeugungskonflikten des epistemischen Akteurs in Frage kommen, vor dem Hintergrund des moderaten Holismus auswählen? Oder etwas allgemeiner gefragt: Wie werden mögliche alternative Überzeugungssysteme im Rahmen der Methode des Überlegungsgleichgewichts epistemisch evaluiert (das heißt, als – subjektintern und explizit – »gerechtfertigt« ausgezeichnet)?

Dass es keinen Konsens in Bezug auf einen formal exakten Modus der Adjustierung oder der (jeder adäquaten Adjustierung zugrundeliegenden) epistemischen Evaluierung gibt, wurde in einem vorigen Abschnitt bereits begründet (Abschnitt 6.2.3.). Wie aber sollte man gemäß der Methode des Überlegungsgleichgewichts dann zumindest ganz allgemein vorgehen, um ein Überlegungsgleichgewicht herzustellen (Adjustierung) oder ein Überzeugungssystem als im Gleichgewicht befindlich auszuzeichnen (Evaluierung)? Im erwähnten vorigen Abschnitt wurde auf einen grundlegenden Konsens in Bezug auf einen allgemeinen Modus der Evaluierung hingewiesen, aus dem sich zwar keine formal exakten Anweisungen deduzieren lassen, der aber zumindest als Richtlinie dienen kann und damit ein regelgeleitetes methodisches Vorgehen ermöglicht.

Bei diesem Konsens handelt es sich um eine sehr minimalistisch verstandene Rationalität – nämlich, dass das Überzeugungssystem vor allen anderen als gerechtfertigt auszuzeichnen ist, das angesichts der tatsächlichen Überzeugungen eines epistemischen Akteurs (zum Zeitpunkt angemessener Reflektion und eventuell verbundener Untersuchungen und Aktivitäten) sowie den inferenziellen Verbindungen zwischen diesen Überzeugungen als das plausibelste auszuzeichnen ist. Jede Anpassung – beziehungsweise Adjustierung – soll im Einklang mit dieser minimalistischen Rationalität vollzogen werden: Es sind die Überzeugungen des plausibelsten Überzeugungssystems anzunehmen und bestehende Überzeugungen bei Konflikt entsprechend abzuändern.[68]

Eine minimalistische Rationalität schließt also ein intuitives Verständnis von inferenziellen Verbindungen zwischen Aussagen ein: also etwa wann zwei Überzeugungen harmonieren – sich gegenseitig stützen – aber auch wann sie konfligieren – wenn eine Überzeugung eine andere schwächt. Letzteres ist sicherlich dann der Fall, wenn sich – eventuell unter Hinzunahme weiterer Überzeugungen – ein logischer Widerspruch ergibt. Inkonsistenz der eigenen

68 Entsprechende Textpassagen finden sich in Abschnitt 6.2.3 als Beleg.

Überzeugungen führt dazu, dass man versuchen muss ein Überlegungsgleichgewicht durch Anpassungen herzustellen. Sowohl der Konflikt als auch das Harmonieren sollten natürlich genauer gefasst werden – wenn möglich sogar formal – doch ob eine solche Präzisierung selbst gerechtfertigt ist, sollte mit Hilfe des intuitiven Verständnisses bereits überprüfbar sein.[69]

Da für einen epistemischen Akteur oft nicht auf den ersten Blick transparent ist, dass bestimmte Überzeugungen konfligieren und welches epistemische Vertrauen er bestimmten Überzeugungen relativ zu anderen Überzeugungen entgegenbringt – welches Gewicht beziehungsweise welchen Überzeugungsgrad er bestimmten Überzeugungen zumisst – und er auch die inferenziellen Verbindungen meist erst rekonstruieren muss, kann es nützlich sein, zum Zweck der auf minimalistischer Rationalität gestützten Evaluierung, bestimmte Konstellationen und mögliche alternative Überzeugungssysteme durchzutesten, wodurch es zu einem Prozess kommt, den Rawls und Daniels beispielsweise als »Hin und her« zwischen systematischen Überzeugungen und partikularen Überzeugungen beschreiben, wobei testweise Anpassungen mit möglichen Ergebnissen durchgespielt werden.

Implizit ist damit auch folgendes klar, sollte aber noch einmal betont werden: Um ein Überzeugungssystem als im Überlegungsgleichgewicht befindlich auszuzeichnen, reicht es nicht aus, allein auf die Konsistenz des Systems hinzuweisen: Es ist gefordert, dass es sich um das Überzeugungssystem handelt, das angesichts der anderen Überzeugungen des epistemischen Akteurs sowie deren inferenziellen Verbindungen das *plausibelste* ist. Oft wird aber auch ein anderer Ausdruck genutzt und es stellt sich die Frage, ob damit dasselbe gemeint ist: es wird davon gesprochen, dass das *kohärenteste* Überzeugungssystem auszuwählen sei. Die Methode des Überlegungsgleichgewichts wird dementsprechend oft auch als kohärentistische Methode verstanden.[70] Falls die Ausdrücke unterschiedlich verstanden werden sollen, wäre der einfachste

69 Es sollte also selbst Teil einer Untersuchung mit Hilfe des Überlegungsgleichgewichts sein. Vgl. hierzu auch Kapitel 11 der vorliegenden Arbeit.

70 Vgl. hierzu Tersman 1993, 31–52. Zum Teil ist mit dem Verweis auf Kohärenz jedoch nur die nicht-lineare *Struktur* der Rechtfertigung gemeint. Vgl. van der Burg / van Willigenburg 1998, 1f. Zum Begriff der Kohärenz siehe Daniels 1996, 2f; Elgin 2017, 71; DePaul 1993, 3f.; Rawls 1974, 8; Rawls 2006, 63. Der Kohärentismus des Überlegungsgleichgewichts wäre in jedem Fall – passend zum moderaten Holismus – aber ein moderater: es wird nicht behauptet, dass allein Kohärenz – wie auch immer diese definiert wird – zu Rechtfertigung von Überzeugungen führt. Denn die Möglichkeit, dass es Grundüberzeugungen im Sinne des moderaten Fundamentalismus gibt und damit eine *externalistische* Rechtfertigung unabhängig von Kohärenz, wird offengelassen. Die moderatere Position wäre dann dementsprechend, dass allein die Kohärenz eines möglichen Überzeugungssystems zur *internen* Rechtfertigung der enthaltenen Überzeugungen führt.

Fall, wenn maximale Kohärenz mit maximaler Plausibilität vor dem Hintergrund der Bedingungen des moderaten Holismus und des schwachen Fundamentalismus zusammenfällt, wozu diese Begriffe aber präziser zu bestimmen wären. Eine offene Frage bleibt also, ob es eine präzise beziehungsweise möglichst formale Fassung der Kohärenz oder der *Plausibilität angesichts inferenzieller Verbindungen* gibt, auf die sich die Vertreter der Methode prinzipiell einigen könnten.[71] Wenn man vom Ausdruck der Kohärenz erst einmal absieht und sich nur auf maximale Plausibilität als gefordertes Kriterium bezieht, besteht aber zumindest im Groben Einigkeit darüber, wie Überzeugungssysteme evaluiert werden (und wie vor diesem Hintergrund einzelne Überzeugungen bei Konflikten angepasst werden sollen).

Folgender konsensualer Punkt, der in einem vorigen Abschnitt (6.2.6.) herausgearbeitet wurde kann an dieser Stelle vielleicht am besten erneut aufgegriffen werden: Einigkeit herrscht bei allen Vertretern des Überlegungsgleichgewicht darüber, dass es *ein* – wenn nicht *das* – Ziel der Methode ist, relativ zu den Überzeugungen des epistemischen Akteurs diejenigen Überzeugungen auszuzeichnen, die in einem internalistischen Sinn dadurch gerechtfertigt sind, dass sie den Kriterien der minimalistischen Rationalität genügen und entsprechend Elemente des plausibelsten Überzeugungssystems sind.[72] Damit wäre – wie bereits betont (Abschnitt 6.3.1.) – nicht die Position verbunden, dass in diesem Sinn gerechtfertigte wahre Überzeugungen auch bereits ohne weitere Qualifikationen einen Fall von Wissen konstituieren.[73] Aber für auf diese Weise gerechtfertigte, rationale Überzeugungen (sie sind subjektintern und explizit gerechtfertigt) kann der epistemische Akteur – darüber herrscht auch Einigkeit – gegebenenfalls (je nach Kontext) einen berechtigten

71 Vgl. Kapitel 7 & 11 der vorliegenden Arbeit.

72 Wenn einzelne Überzeugungen also nur dadurch gerechtfertigt werden können, dass sie Teil des plausibelsten Überzeugungssystems sind (eines Überlegungsgleichgewichts), dann könnte man auch davon sprechen, dass einzelne Überzeugungen stets durch einen Schluss auf die beste Erklärung (*abduktive Schlüsse*) gerechtfertigt sind, insofern die beste Erklärung eben die Einbindung in das plausibelste Überzeugungssystem ist. Vgl. Elgin 2017, 70.

73 Tatsächlich scheint es eben eher Konsens zu sein, dass allein über ein Überlegungsgleichgewicht gerechtfertigte Überzeugungen, die auch wahr sind, noch nicht ohne weitere Qualifikationen hinreichend für Wissen sind: Daniels verlangt eine (zukünftig eventuell erreichbare) Erklärung dafür, dass manche unserer moralischen Überzeugungen verlässlich im Sinne von Grundüberzeugungen sind; DePaul verlangt, dass die epistemischen Akteure, die ein Überlegungsgleichgewicht hergestellt haben, moralische reife »verlässliche« Akteure sind; Elgin wechselt von dem Ziel des Wissens zum Ziel des Verstehens, das in ihrer Fassung nicht unbedingt mit wahren Überzeugungen und Wissen zusammenhängt; und Rawls schließlich lässt die Frage nach moralischem Wissen offen.

Wissens- und Wahrheitsanspruch formulieren oder, vielleicht besser noch, einen Anspruch auf das Verstehen einer Sachfrage.

Ein anderer Punkt, der von Georg Brun betont wird, kann ebenfalls unter die minimalistische Rationalität subsumiert werden: Eine adäquate Evaluierung und Anpassung im Sinne der minimalistischen Rationalität kann nur dann erfolgen, wenn dies auf Grundlage aller relevanten tatsächlichen Überzeugungen des epistemischen Akteurs zum Zeitpunkt der Untersuchung geschieht (wobei die Evaluierung – wie bereits beschrieben – verzögert werden kann, wenn gemäß den Standards des epistemischen Akteurs erst noch neue Überzeugungen erzeugt oder entdeckt werden müssen, beziehungsweise der Urteilssinn verfeinert werden muss). In anderen Worten: die Evaluierung möglicher Überzeugungssysteme und die entsprechenden Anpassungsvorgänge müssen die Überzeugungen des epistemischen Akteurs »respektieren« beziehungsweise ihnen »treu« sein.[74] Brun bringt dies prägnant auf den Punkt:

> »Justification by RE [reflective equilibrium] [...] requires that the resulting commitments (and indirectly the resulting principles) adequately respect initial commitments.«[75]

Es ist also im Sinne der Methode inadäquat, ein Überzeugungssystem als gerechtfertigt auszeichnen, indem man zu den Überzeugungen des Systems einfach konvertiert und ihnen dementsprechend völlig unbegründet einen neuen hohen Überzeugungsgrad zuweist. Denn ansonsten würden beliebige maximal plausible Überzeugungssysteme aus der Methode folgen und die Themen und Ziele der Untersuchung könnten beliebig durch den epistemischen Akteur (oder epistemischen Zufall) gewechselt werden, ohne dass er dadurch die Methode verlassen würde – dies ist jedoch unangebracht und unmöglich, wenn sich die Evaluierung im Rahmen der minimalistischen Rationalität nur auf die Überzeugungsgrade bezieht, die während der Untersuchung tatsächlich vertreten werden und nicht auf die, die durch einen diskontinuierlichen Überzeugungswechsel möglich wären.[76] Ein Überzeugungswechsel,

---

74 Vgl. Brun 2013, 241f.; vgl. Brun 2017, 25, sowie 11–16 für eine theoretische Einbettung.

75 Brun 2017, 25.

76 Vgl. Abschnitt 5.1.3. Man könnte zwar DePaul so interpretieren, dass er einen absolut diskontinuierlichen Überzeugungswechsel innerhalb der Methode zulassen will – doch ich habe in dem Abschnitt versucht dafür zu argumentieren, dass man ihn (wenn nicht aus exegetischen, so doch zumindest aus systematischen Gründen) so interpretieren sollte, dass ein solcher Überzeugungswechsel zwar außerhalb der Methode möglich ist, aber nicht innerhalb zulässig. Er kann vorkommen, doch dann ist die Methode ausgesetzt worden und muss neu gestartet werden, wobei auch der diskontinuierliche Wechsel selbst kritisiert werden kann.

der nicht aufgrund einer positiven epistemischen Evaluierung eines entsprechenden Überzeugungssystems stattfindet, kann natürlich vorkommen – sogar jederzeit und auch während einer epistemischen Untersuchung – doch wenn dies der Fall ist, befolgt man mit eben diesem Wechsel gerade nicht die Methode des Überlegungsgleichgewichts. Das heißt noch nicht, dass dieser Überzeugungswechsel – das damit neu entstandene Ensemble an eigenen Überzeugungen – nicht rechtfertigbar wäre. Ob das neue Überzeugungssystem (und damit der geschehene Wechsel) gerechtfertigt ist oder nicht, müsste dann aber mit der Methode des Überlegungsgleichgewichts untersucht werden, die sozusagen nun »neu angeworfen« werden kann.

Abschließend lässt sich hier exemplarisch festhalten, wie sehr die unterschiedlichen Konsenspunkte miteinander verknüpft sind: Im Fall des eben beschriebenen Respekts für die Überzeugungen, mit denen wir eine Untersuchung tatsächlich unternehmen, könnte man in einem gewissen Sinn auch auf die Auflage des schwachen Fundamentalismus verweisen. Ebenso sind Rationalität und Holismus eng miteinander verknüpft – Rationalität wird vor dem Hintergrund einer holistischen Betrachtungsweise von Überzeugungen als Elemente von Überzeugungssystemen verstanden. Dieser Holismus wird gleichfalls vor dem Hintergrund eines schwachen Fundamentalismus, der auf einen epistemischen Akteur rekurriert, verstanden. Und auch der nächste Punkt – ein minimalistischer Fallibilismus – ist mit der minimalistischen Rationalität eng verknüpft.

6.3.4 *Minimalistischer Fallibilismus*

Ein zentrales Element, das alle Konzeptionen des Überlegungsgleichgewichts teilen, ist eine bestimmte Art von *Fallibilismus* – genauer gesagt eine fallibilistische Haltung, die ein epistemischer Akteur einnehmen sollte:[77] In Bezug auf alle Überzeugungen (oder commitments), welche ein epistemischer Akteur in eine Untersuchung einbringen könnte oder die als Resultat seines internen Rechtfertigungsprozesses entstehen könnten, hat der epistemische Akteur anzunehmen, dass sie prinzipiell hinterfragbar und revidierbar sind.

Diese sehr minimalistische und normative Interpretation des epistemischen Fallibilismus ist weitestgehend kompatibel mit der allgemeinen, etwas

77 Der Ausdruck, der der Wortbedeutung nach auf die Möglichkeit einer Täuschung (»fallere«) oder die Fehlbarkeit (»fallibilis«) unserer Erkenntnisbemühungen hinweist, wurde ursprünglich von Charles Sanders Peirce geprägt. Sein Fallibilismus ist bis auf die Ausnahme von mathematischen Überzeugungen generell. Ein »Fallibilismus« spielt – in unterschiedlichen Interpretationen – eine prominente und explizite Rolle in vielen philosophischen Systemen, etwa denen Bertrand Russells, Karl Poppers oder Hans Alberts. Vgl. Haack 1979; vgl. Heede 1972, 894; vgl. Ganslandt / Carrier 2005, 470f; vgl. Keil 2019, 10–16.

substanzielleren, aber deskriptiven Charakterisierung, die etwa Stephen Hetherington zu Beginn seiner ausführlichen Darstellung des Begriffes Fallibilismus anbietet:

> »Fallibilism is the epistemological thesis that no belief (theory, view, thesis, and so on) can ever be rationally supported or justified in a conclusive way. Always, there remains a possible doubt as to the truth of the belief. Fallibilism applies that assessment even to science's best-entrenched claims and to people's best-loved commonsense views.«[78]

Wenn man sich die behandelten exemplarischen Überlegungsgleichgewichtskonzeptionen in Bezug auf dieses Thema genauer anschaut, wird man feststellen, dass der minimalistisch definierte Fallibilismus eindeutig als Position gemeinsam vertreten wird. Eine substanziellere Position kann im Hinblick auf die verschiedenen Konzeptionen jedoch keine explizite Unterstützung finden:

a) Rawls Charakterisierung der Methode des Überlegungsgleichgewichts beschreibt explizit die prinzipielle Revidierbarkeit aller Überzeugungen, die in den Prozess eingehen oder daraus resultieren könnten und impliziert damit den präsentierten minimalistischen Fallibilismus als Haltung des epistemischen Akteurs.[79] Obwohl er teilweise von bestimmen Überzeugungen als *vorläufigen Fixpunkten* spricht, bei denen wir erst einmal davon ausgehen, dass wir sie nicht revidieren werden im Laufe des Rechtfertigungsprozesses, sind diese Überzeugung – wie alle anderen auch – nicht prinzipiell von einer Revision ausgeschlossen. In seiner *Theorie der Gerechtigkeit* schreibt Rawls:

   > »Wir können [bei dem Versuch ein Überlegungsgleichgewicht herzustellen] entweder die Konkretisierung des Urzustandes oder unsere gegenwärtigen Urteile abändern, denn auch unsere vorläufigen Fixpunkte können ja revidiert werden. Wir gehen hin und her, einmal ändern wir die Bedingungen für die Vertragsposition, ein andermal geben wir unsere Urteile auf und passen sie den Grundsätzen an […].«[80]

   > »Dieser Zustand [das Überlegungsgleichgewicht] tritt […] ein, wenn jemand verschiedene ihm vorgelegte Vorstellungen [Gerechtigkeitstheorien] geprüft

---

78 Hetherington 2019. Obwohl ein Fallibilismus von den meisten zeitgenössischen Philosophen vertreten wird, gibt es erstaunlich wenige »Standardformulierungen«, die klarstellen, was mit der Position eigentlich gemeint ist.

79 In seiner Dissertation verwendet er in diesem Zusammenhang den Ausdruck »fallible« bzw. »infallible« explizit. Vgl. etwa Rawls 1950, 8f.

80 Rawls 1979, 38.

hat und entweder seine Urteile einer von ihr angepaßt hat oder aber an seinen anfänglichen Überzeugungen (und den ihnen entsprechenden Vorstellungen) festhält.«[81]

In The Independence of Moral Theory präzisiert Rawls:

»Although in order to get [the method of reflective equilibrium] started various judgments are viewed as firm enough to be taken provisionally as fixed points, there are no judgments on any level of generality that are in principle immune to revision.«[82]

Über ein einmal erreichtes Überlegungsgleichgewicht schreibt er:

»Doch das Gleichgewicht ist nicht notwendig stabil. Neue Erwägungen bezüglich der Bedingungen für die Vertragssituation können es umstürzen, ebenso Einzelfälle, die uns zur Änderung unserer Urteile veranlassen.«[83]

Daniels, DePaul und Elgin folgen Rawls alle in dieser Hinsicht.

b) Daniels beschreibt im Geiste von Rawls die prinzipielle Revidierbarkeit aller Überzeugungen als ein Grundelement der Methode des Überlegungsgleichgewichts in *Wide Reflective Equilibrium and Theory Acceptance in Ethics*:

»No one type of considered moral judgment is held immune to revision. No doubt, we are not inclined to give up certain considered moral judgments unless an overwhelmingly better alternative moral conception is available and substantial dissatisfaction with our own conception at other points leads us to do so (the methodological conservatism I referred to earlier). It is in this way that we provide a sense to the notion of a ›provisional fixed point‹ among our considered judgments. Since all considered judgments are revisable, the judgment ›It is wrong to inflict pain gratuitously on another person‹ is, too. But we can also explain why it is so hard to imagine not accepting it, so hard that some treat it as a necessary moral truth. To imagine revising such a provisional fixed point we must imagine a vastly altered wide reflective equilibrium that nevertheless is much more acceptable than our own. For example, we might have to imagine persons quite unlike the persons we know. Wide reflective equilibrium keeps us from taking considered moral judgments at face value, however much they may be treated as starting points in our theory construction. Rather, they are always subjected to exhaustive review and are ›tested,‹ as are the moral principles,

81 Rawls 1979, 68.

82 Rawls 1974, 8. Den Ausdruck »infallible« verwendet Rawls hierfür etwa in seiner Dissertation: Vgl. Rawls 1950, 8.

83 Rawls 1979, 37f.

against a relevant body of theory. At every point, we are forced to assess their acceptability relative to theories that incorporate them and relative to alternative theories incorporating different considered moral judgments.«[84]

c) DePaul geht beim Überlegungsgleichgewicht ebenfalls davon aus, dass jede Überzeugung im Rechtfertigungsprozess verworfen werden könnte:

»As a person attempts to bring this sort of order to her moral beliefs [i.e. to bring them in reflective equilibrium], none of the component types of belief are immune to revision.«[85]

Er versucht darüber hinaus die Möglichkeiten zur Revision aller Überzeugungen durch seine Idee des radikalen Überlegungsgleichgewichts und seiner Konzeption der Methode des Überlegungsgleichgewichts namens *Balance and Refinement* zu erweitern.[86]

d) Elgin schließt sich nicht nur der Position an, dass alle Überzeugungen im Verlauf des niemals völlig abgeschlossenen Rechtfertigungsprozesses revidiert werden können,[87] sondern verbindet die Methode des Überlegungsgleichgewichts explizit mit Fallibilität und dem Fallibilismus:

»[…] everything is subject to revision. A system of thought that we can on reflection accept today may be one that we cannot on reflection accept tomorrow. But so long as a system is in reflective equilibrium and the best of explanation of its being so is that it is at least roughly true, it and its components are justified. What results is neither certainty nor skepticism but a fallible, provisional, but reasonable epistemological stance.«[88]

»Epistemology is haunted by the worry is that despite our best efforts we still might be wrong. Nothing in my position immunizes against this worry. The most I can say is that if a consideration is multiply tethered, it is relatively secure. That is far from a guarantee. The permanent possibility of error leads many to embrace fallibilism.«[89]

»Acknowledging our epistemic vulnerability, we should endorse fallibilism, thereby evading skepticism.«[90]

---

84 Daniels 1979, 267; vgl. Daniels 1980a, 102; vgl. Daniels 1980b, 26, 32.

85 DePaul 1993, 13.

86 Vgl. Abschnitt 5.1.3. und 5.1.6.

87 »Forced to admit fallibility, the imperfect procedural epistemology [and thereby reflective equilibrium] demands corrigibility.«, Elgin 1996, 12. Vgl. Elgin 1996, 110; vgl. Elgin 2014, 254f.; vgl. Elgin 2017, 85, 89f.

88 Elgin 2014 254f.; vgl. Elgin 1996, 12.

89 Elgin 2017, 6.

90 Elgin 2017, 291; vgl. Elgin 1996, 15, 121, 132.

Die Methode des Überlegungsgleichgewichts – in allen ihren Konzeptionen – verlangt also vom epistemischen Akteur zumindest eine minimalistische fallibilistische Position einzunehmen und gemäß dieser Position zu handeln.[91] Dies fordert eine Haltung im Geist der Aufklärung, bei der der epistemische Akteur prinzipiell alle Kritik durch den eigenen Verstand zulässt und dabei keine Überzeugung als »heilig« und unbezweifelbar – beziehungsweise gewiss – ansieht.[92] Fallibilismus ist – gerade in der minimalistischen Variante – dementsprechend eine Gegenposition zur epistemischen und psychologischen Gewissheit, wenn man diese beide Formen der Gewissheit (die man getrennt betrachten kann) zusammengenommen so verstehen möchte, dass der epistemische Akteur korrekterweise davon ausgeht, dass es Überzeugungen (commitments) gibt, deren Wahrheit er sicher und transparent erfasst hat und die daher nicht kritisiert oder bezweifelt werden dürfen (»indubitability«) und dementsprechend auch in keinem Fall korrigiert werden können oder revidiert werden dürfen (»incorrigibility«).[93]

Warum eine fallibilistische Haltung, in der alle Überzeugungen demgegenüber stets als revidierbar angesehen werden, vom epistemischen Akteur angenommen werden sollte, wird von den Vertretern der Methode des Überlegungsgleichgewichts allerdings größtenteils nicht explizit beantwortet.[94] Hetherington liefert in seiner bereits zitierten Definition des Fallibilismus die Erklärung, dass alle Rechtfertigung nie abschließend sei, weil ein Zweifel an der Wahrheit der Überzeugungen stets weiterhin möglich ist. Das scheint zu implizieren, dass der epistemische Akteur anzunehmen hat, dass alle Überzeugungen stets auch falsch sein könnten. Eine naheliegende und in dieser Hinsicht etwas substanziellere Interpretation des Fallibilismus wäre daher folgende explikative Erweiterung der minimalistischen Version:

> In Bezug auf alle Überzeugungen (oder commitments), welche ein epistemischer Akteur in eine Untersuchung einbringen könnte oder die als Resultat seines internen Rechtfertigungsprozesses entstehen könnten, hat der epistemische Akteur anzunehmen, dass sie prinzipiell hinterfragbar und revidierbar sind, da er anzunehmen hat, dass sie falsch (unwahr oder inkorrekt) sein könnten.

---

91 Auch Quine akzeptiert prominenterweise, ebenso wie die Proponenten des Überlegungsgleichgewichts, einen solchen Fallibilismus. Vgl. Quine 1951, 40.

92 Dies ist im Einklang mit der Charakterisierung des Fallibilismus von Elgin 2017, 291–309 sowie Tanesini 2008, insbesondere 78–81.

93 Vgl. Reed 2011. Was genau Gewissheit ist, ist laut Reed allerdings zurzeit noch philosophisch nicht befriedigend beantwortet. Vgl. Heede 1972, 894; vgl. Ganslandt / Carrier 2005, 470f.; vgl. Hetherington 2019.

94 Elgin bietet hier die Ausnahme, indem sie ausführlich gegen einen starken Fundamentalismus argumentiert. Vgl. Abschnitt 5.2.2. der vorliegenden Arbeit.

Dies ist eine Definition, die klarerweise über das hinausgeht, was Daniels und DePaul hierzu schreiben. Rawls könnte allerdings in dieser Richtung gedeutet werden, etwa wenn er in *Politischer Liberalismus* schreibt:

> »Da wir […] unsere Vernunft benutzen, um sie selbst zu beschreiben, und da die Vernunft sich selbst nicht transparent ist, können wir unsere Vernunft, so wie alles andere auch, falsch beschreiben. Das Streben nach einem Überlegungsgleichgewicht ist in diesem wie in allen anderen Fällen ohne Ende.«[95]

Auch Elgin äußert sich in dieser Richtung, wie die angeführten Zitate belegen,[96] doch einen Konsens im Hinblick auf eine substanziellere Arbeitsdefinition des fallibilistischen Standpunkts, der im Kern der Überlegungsgleichgewichtsidee zu verorten wäre, gibt es damit noch nicht.

In Bezug auf die vorhin präsentierte substanziellere Arbeitsdefinition des Fallibilismus, würden sich ohnehin mehrere Folgefragen stellen. Insbesondere die zwei folgenden zusammenhängenden Fragen:

a) Lässt sich überhaupt rechtfertigen, dass man als epistemischer Akteur anzunehmen hat, dass alle Überzeugungen auch falsch sein könnten und wenn ja, mit welcher Argumentation?
b) Im Speziellen: Ist die Position, dass der epistemische Akteur davon auszugehen hat, dass alle seine Überzeugungen auch falsch sein könnten vereinbar mit der (oft auch als plausibel angesehenen) Position, dass es bestimmte Aussagen gibt, deren Wahrheit für den epistemisch Akteur gewiss ist oder die gar nicht falsch sein können? Etwa notwendig wahre Aussagen, beispielsweise vielleicht mathematische Wahrheiten wie »2+2=4«, oder Aussagen eines epistemischen Akteurs über sich selbst, die selbstevident sind?[97]

Dadurch, dass letztlich gemeinsam nur eine minimalistische Position des Fallibilismus bezogen wird, die den Fokus auf die geforderte Haltung des epistemischen Akteurs richtet, ohne sie explizit zu erklären, können diese Fragen vielleicht vorerst ausgeblendet bleiben, wenngleich die minimalistische Position selbst dennoch an anderer Stelle begründet werden muss.[98]

95 Rawls 2003, 177. Oder »Bei allen [wohlüberlegten] Urteilen besteht die Gefahr des Irrtums […]« Rawls 1979, 41.

96 Vgl. auch Elgin 1996, 15.

97 Vgl. auch Haack 1979; vgl. auch Hetherington 2019.

98 In Kapitel 8 werden diese Probleme und die Frage, ob die präsentierte Position des Fallibilismus selbst gerechtfertigt ist, erneut aufgegriffen.

6.4 Notwendige und hinreichende Bedingungen

Soweit keine relevanten Punkte ausgelassen wurden, sind nun also die vier Elemente beschrieben worden, die alle behandelten Konzeptionen des Überlegungsgleichgewichts gemeinsam haben: Ein schwacher Fundamentalismus, ein moderater Holismus, eine minimalistische Interpretation von Rationalität und eine ebenso minimalistische Interpretation von Fallibilismus.

Es fehlt allerdings noch ein Arbeitsschritt, um zu einer brauchbaren vorläufigen Definition des konzeptionellen Kerns der Überlegungsgleichgewichtsmethode zu gelangen: Es sollte untersucht werden, ob die konsensualen Punkte auch notwendig sind, um ein Vorgehen als Vereinbar mit der Methode des Überlegungsgleichgewichts auszuzeichnen oder ob es sich nur um Punkte handelt, die in rein kontingenter Weise Konsens sind – bei denen man also nicht davon ausgehen sollte, dass alle Konzeptionen der Methode sie beinhalten müssen. Alle notwendigen konsensualen Punkte wären dann – so zumindest die Arbeitshypothese – gemeinsam hinreichend, um ein epistemisch methodisches Vorgehen als ein Vorgehen im Rahmen der Überlegungsgleichgewichtsidee auszuzeichnen.

Im Folgenden werde ich dafür argumentieren, dass alle vorgestellten konsensualen Punkte, notwendige Elemente einer jeden Überlegungsgleichgewichtskonzeption sind:

a) Der minimalistische Fallibilismus ist deswegen ein notwendiges Element einer jeden Überlegungsgleichgewichtskonzeption, weil das rationale Abwägen zwischen allen alternativen Überzeugungen ein notwendiges Element der Methode ist. Jedweder Abwägungsvorgang, hat wiederum zur Voraussetzung, dass keine der fraglichen Überzeugungen – die als Elemente rivalisierender und zu evaluierender möglicher Überzeugungssysteme zu sehen sind – als gewiss und unrevidierbar angesehen wird. Wäre eine Überzeugung gewiss und unrevidierbar, dann wäre eine Abwägung gegenüber anderen Überzeugungen, wenn dieses Bild überhaupt noch Sinn ergibt, schlicht nutzlos – da der Ausgang des Vorgangs klar wäre. Wir würden kein Überzeugungssystem auch nur beachten, das anstelle der gewissen Überzeugung eine andere konfligierende enthält. Anders ausgedrückt – nur mit dem minimalistischen Fallibilismus ist gesichert, das abgewogen wird und jede Position, die innerhalb eines Abwägungsvorgangs in den Fokus gerät, prinzipiell Unterstützung finden kann, auch wenn sie mit recht starken Überzeugungen konfligiert.

b) Aus der Notwendigkeit des Abwägungsvorgangs ergibt sich auch, dass eine minimalistische Rationalität notwendig ist, die festlegt, wie das »epistemische Gewicht« von Überzeugungen und Überzeugungsensembles festgestellt wird – sozusagen mit welchem Mechanismus operiert wird. Dabei ist die minimalistische Rationalität – die Regel, dass diejenigen Überzeugungen gerechtfertigt sind, die Teil des insgesamt plausibelsten möglichen Überzeugungssystems sind – so basal, dass man Fantasie bemühen muss, um sich alternative Mechanismen vorzustellen: Doch weder der Rekurs auf Autoritäten, noch die zufällig geloste Gewichtung, noch die Entscheidung aufgrund der isoliert betrachteten Stärke der rivalisierenden Überzeugungen passt zu einem intuitiven Verständnis der Methode des Überlegungsgleichgewichts. Der letzte Punkt verweist dann auch bereits auf die Notwendigkeit eines moderaten Holismus.

c) Auch ohne einen moderaten Holismus, ist ein Abwägungsvorgang im Sinn des Überlegungsgleichgewicht undenkbar: Eine Person, die ihre Überzeugungen nicht über inferenzielle Verbindungen miteinander verbunden sieht, wird erstens vielleicht noch nicht einmal durch mögliche Inkonsistenzen oder Konflikte zwischen ihren Überzeugungen beunruhigt und würde diese zweitens wahrscheinlich am ehesten mit Blick auf die isolierte Stärke der rivalisierenden Überzeugungen auflösen. Ein systematisches Gleichgewicht kann aber über einen Abwägungsvorgang nur dann hergestellt werden, wenn alle Überzeugungen als miteinander verbunden gesehen werden und zueinander in Beziehung gesetzt werden. Wer versuchen würde nur zwischen einem Teil seiner Überzeugungen ein Gleichgewicht herzustellen, obwohl er von anderen Überzeugungen weiß, die sein Gleichgewicht erschüttern würden, stellt außerdem bestenfalls lediglich ein enges Überlegungsgleichgewicht her. Es wäre kein besonders gutes Argument für die Notwendigkeit eines Holismus, erneut auf den nahezu einhelligen Konsens in Bezug auf die Weite des Überlegungsgleichgewichtsvorgehens zu verweisen. Doch würde diese Bedingung aufgegeben, würde die Methode des Überlegungsgleichgewichts klarerweise über zu wenig kritisches Potenzial verfügen und sie sollte deswegen vielleicht auch aus dem Grund der wohlwollenden Interpretation als notwendig angesehen werden. Wäre der Holismus nicht moderat eingeschränkt, wäre er ein unerfüllbares Ideal, das uns zu keinem (noch nicht einmal vorläufigen) Ergebnis verhelfen würde.

d) Ein schwacher Fundamentalismus schließlich definiert welche Überzeugungen beachtet werden müssen und welche anfängliche Stärke ihnen zukommt. Auch ohne diese Regel könnte ein epistemischer Akteur weder rational noch holistisch abwägen. Was wären die Alternativen? Wenn alle möglichen oder denkbaren Überzeugungen mit beliebiger Stärke in die Untersuchung eingebracht werden könnten, würde beliebiges oder gar

> nichts aus der Methode resultieren. Unklar wäre auch, wie es möglich sein sollte, die Überzeugungen anderer epistemischer Akteure ohne Umweg – also direkt – einfließen zu lassen (also nicht als Überzeugungen über die Überzeugungen der anderen epistemischen Akteure). Selbst wenn diese Alternative möglich wäre, müssten diese Überzeugungen erstens noch korrekt gewichtet werden können und zweitens wäre unklar, wie sich die verschiedenen Gewichtungen und Haltungen, die verschiedene epistemische Akteure derselben Aussage beimessen können, im Prozess der Gleichgewichtsfindung auswirken sollten. Aussagen akzeptieren und bewerten, was notwendig für das Abwägen im Sinne des Überlegungsgleichgewichts ist, kann nur der ausführende epistemische Akteur.[99]

Dass diese notwendigen Bedingungen für die Methode des Überlegungsgleichgewichts zusammen auch hinreichend sind, ist eine weitergehende Behauptung. Es ist vor allem eine Hypothese, die weiter getestet werden muss: Werden mithilfe der vorläufigen Arbeitsdefinition für einen konzeptionellen Kern der Überlegungsgleichgewichtsmethode tatsächlich alle Konzeptionen erfasst? Und wenn nicht, ist man gewillt eine Konzeption, die sich so bezeichnet, nicht zur Familie der Überlegungsgleichgewichtskonzeptionen zu zählen oder ist man eher bereit die Arbeitsdefinition zu revidieren? Dies sind Fragen, die erst noch beantwortet werden müssen. Doch angesichts der bisher untersuchten Konzeptionen scheint eine Arbeitsdefinition, die darauf aufbaut, die vier Elemente gemeinsam als hinreichend zu verstehen, brauchbar zu sein.

6.5 Eine vorläufige Definition

Zusammengefasst kann man also den konzeptionellen Kern der Methode des Überlegungsgleichgewichts vorläufig wie folgt definieren: Der konzeptionelle Kern der Methode des Überlegungsgleichgewichts beinhaltet folgende notwendige Regelelemente, die ein epistemischer Akteur beachten muss und die gemeinsam hinreichend dafür sind, eine sie konsistent beinhaltende

99 Dieses Problem existiert aber in gewisser Weise auch, wenn der epistemische Akteur eine Gruppe von Personen ist, was ich bisher als möglich zugestanden habe. Hier stellt sich also die Frage, ob eine Gruppe von Personen einen bestimmten akzeptierten Modus der Bewertung haben muss, damit sie als epistemischer Akteur angesehen werden kann. Man denke etwa als eine verfassungsgebende Versammlung, ein Parlament oder Gericht als epistemischen Akteur, die durchaus Abwägungsvorgänge leisten können, selbst wenn unterschiedliche Bewertungen von Aussagen vorherrschen. Vgl. Abschnitt 3.5. der vorliegenden Arbeit.

epistemische Methode der internen Rechtfertigung als eine des Überlegungsgleichgewichts zu betrachten:

1) Einen minimalistischen Fallibilismus, nach dem alle Überzeugungen, die in den Rechtfertigungsprozess eingebracht werden oder die aus ihm resultieren, als stets hinterfragbar und revidierbar betrachtet werden.
2) Einen moderaten Holismus, nach dem alle vom epistemischen Akteur nach reflektiertem Urteil als relevant betrachteten Überzeugungen einschließlich ihrer inferenziellen Verbindungen in dem Rechtfertigungsprozess beachtet werden. Das reflektierte Urteil schließt in dem Fall eine notwendige Begrenzung der Untersuchung durch ökonomische Überlegungen, also etwa verfügbare Arbeits- und Zeitressourcen, ein.
3) Eine minimalistische Rationalität, nach der das mögliche Überzeugungssystem als das gerechtfertigte ausgezeichnet wird, dass angesichts aller Überzeugungen, die ein epistemischer Akteur hat und im Verlauf der Untersuchung entdeckt und kreiert, sowie deren inferenziellen Verbindungen, die höchste Plausibilität hat. Eine Adjustierung der Überzeugungen im Gleichgewichtsvorgang folgt letztlich dieser Evaluierung. Allerdings können im Prozess bis dahin probeweise verschiedene Anpassungsvorgänge durchgespielt werden, um die eigenen Gewichtungen der Glaubwürdigkeit der Überzeugungen zu testen sowie die inferenziellen Verbindungen zwischen den eigenen Überzeugungen aufzuspüren.
4) Einen schwachen Fundamentalismus, nach dem der epistemische Akteur all die Überzeugungen in die Untersuchungen einbringen kann, die er tatsächlich hat und die er epistemisch als mehr oder weniger plausibel gewichten kann. Selbstverständlich muss er dabei, gemäß dem moderaten Holismus, auch Überzeugungen über die Überzeugungen anderer epistemischer Akteure beachten und kann Elemente einbinden, die sich allein aus der Systematisierung der Überzeugungen und der damit zusammenhängenden möglichen inferenziellen Verbindungen ergeben.

In einem Satz: Nach der vorgeschlagenen Definition der Methode des Überlegungsgleichgewichts ist der Versuch eines epistemischen Akteurs ein Überlegungsgleichgewicht herzustellen, ein Versuch rational und ganzheitlich mit den eigenen stets als hinterfragbar angesehenen Überzeugungen umzugehen. Wenn ein Überzeugungssystem durch das reflektierte methodische Vorgehen eines epistemischen Akteurs, das alle vier Regelelemente perfekt beachtet, als gerechtfertigt ausgezeichnet werden kann und dementsprechend von ihm akzeptiert wird, hat der epistemische Akteur ein Überlegungsgleichgewicht geschaffen.

ZWEITER TEIL

Ein vertieftes Verständnis der Methode

KAPITEL 7

Offene Fragen

Auch wenn man die im letzten Kapitel präsentierte vorläufige Definition des konzeptionellen Kerns der Überlegungsgleichgewichtsidee teilt, bleiben selbstverständlich viele Fragen offen. Einige davon wurden ja bereits im Zuge der Argumentation für die vier Grundelemente eines jeden Überlegungsgleichgewichtsvorgehens angerissen: für den minimalistischen Fallibilismus, den moderaten Holismus, die minimalistische Rationalität und den schwachen Fundamentalismus.

Grundsätzlich gilt – gerade gemäß der Methode des Überlegungsgleichgewichts: Jedes dieser vier Grundelemente kann hinterfragt werden. Warum sollte man das durch sie vorgeschriebene Vorgehen akzeptieren? Sie sind zwar sehr allgemein formuliert und oft nicht als ausschließlich beschrieben – etwa schließt die Akzeptanz des schwachen Fundamentalismus nicht aus, dass man in bestimmten Untersuchungsbereichen einen moderaten Fundamentalismus vertreten kann (wohingegen aber ein starker Fundamentalismus durch den minimalistischen Fallibilismus ausgeschlossen scheint) – und darüber hinaus sind es durchaus Positionen, die eine breite Zustimmung erfahren. Doch das heißt noch nicht, dass diese Positionen auch tatsächlich gerechtfertigt sind. Eine Beschäftigung mit den Gründen, die für die Methode sprechen und den bisher offengelassenen Fragen erfolgt in diesem zweiten Teil dieser Arbeit, was zu einem vertieften Verständnis der Methode führen soll.

Am drängendsten erscheint mir eine Konkretisierung und Rechtfertigung des minimalistischen Fallibilismus – denn dabei handelt es sich meiner Ansicht nach um das Grundelement, das die Methode des Überlegungsgleichgewichts am stärksten von konkurrierenden Vorgehensweisen unterscheidet und das – obwohl es derzeit eine breite Akzeptanz erfährt – durchaus voraussetzungsreicher ist, als es auf den ersten Blick scheint. Hiermit möchte ich dann auch die Untersuchung im zweiten Teil dieser Arbeit beginnen (Abschnitt 8.1.). Was ich – vor dem Hintergrund der beschränkten Ressourcen – hier nicht untersuchen werde, sind ausführliche Rechtfertigungen in Bezug auf die anderen Grundelemente: Ich gehe hier vorläufig davon aus, dass sie weniger umstritten sind als ein globaler minimalistischer Fallibilismus. Allerdings wird eine Teilargumentation für den schwachen Fundamentalismus in Abschnitt 10.2. skizziert.

Es gibt allerdings noch eine andere Weise, um zu hinterfragen, ob die Methode des Überlegungsgleichgewichts gerechtfertigt ist: Nämlich die

 | DOI:10.30965/9783969752500_008

Betrachtung von Methoden, die als Alternative empfohlen werden. Eine solche Untersuchung möchte ich ebenfalls zumindest anreißen. (Abschnitt 8.2.).

Ein damit neu auftretendes Problem, das sich mit der Frage beschäftigt, ob eine derartige Rechtfertigung der Rechtfertigungsmethode des Überlegungsgleichgewichts zulässig ist, wird in Kapitel 9 behandelt.

In Kapitel 10 möchte ich mich einer Frage widmen, die bisher schon des Öfteren angeklungen ist: Wenn ein moderater Fundamentalismus vereinbar ist mit der Methode des Überlegungsgleichgewichts, die ja eigentlich nur einen schwachen Fundamentalismus voraussetzt, wie genau ist dies zu verstehen?

Kapitel 11 untersucht ebenfalls eine bereits angerissene Frage: Zwar ist keines der Grundelemente der Methode des Überlegungsgleichgewichts formal gefasst worden, doch das heißt noch nicht, dass man nicht versuchen könnte sie oder die Methode insgesamt zu formalisieren oder zumindest präziser zu fassen. Eine naheliegende Kritik könnte lauten, dass in der Definition lauter Ausdrücke genutzt wurden, deren Bedeutung äußerst unklar ist: Was genau bedeutet eigentlich, dass Überzeugungen andere Überzeugungen stützen oder schwächen? Was meinen wir mit Kohärenz und wann sind wir berechtigt ein Überzeugungssystem als plausibler als ein alternatives Überzeugungssystem auszuzeichnen? Können diese Ausdrücke präzisiert werden und können Teile der Methode oder sie als ganze formalisiert werden und wenn ja, was bedeutet das für den mit der Methode verbundenen Rechtfertigungsprozess?

Dies sind die Fragen, die ich im zweiten Teil dieser Arbeit versuchen werde, zumindest im Ansatz zu bearbeiten. Befriedigende Antworten können dabei nur angedeutet werden – jeder einzelnen dieser Fragen müsste man eigentlich eine eigenständige Untersuchung widmen. Doch die skizzierten Argumente für bestimmte Antworten können – so die Hoffnung – zumindest einen Weg der vertieften Interpretation aufzeigen, der es wert ist, weiter beschritten zu werden und zumindest eine gewisse Anfangsplausibilität besitzt.

Selbstverständlich wären damit noch nicht einmal alle drängenden offenen Fragen angesprochen, aber die ausgewählten Fragen halte ich tatsächlich für besonders dringend. Im Folgenden möchte ich eine nicht abschließende Liste weiterer relevanter Fragen präsentieren, die ich zumindest hier nicht ausführlich behandeln werde:

a) Warum ist das Ziel der Methode – subjektintern explizit gerechtfertigte Überzeugungen – ein epistemisches wertvolles Ziel? Ist dieses Ziel beispielsweise notwendiger Bestandteil von *Verstehen* (*understanding*) oder *reflektiertem Wissen*, die ihrerseits finale epistemische Werte sind? Ich möchte mich Elgin und DePaul anschließen und die Frage genau auf diese Weise bejahen, aber angesichts alternativer Positionen zu epistemischen

Werten und der verschiedenen Konzeptionen von Verstehen sollte man dafür ausführlich argumentieren.

b) Entspricht der Methode des Überlegungsgleichgewichts aus psychologischer Sichtweise ein kognitiver Prozess beim Menschen, der beobachtet werden kann? Wenn nicht, wo gibt es Unterschiede zu den nächstähnlichen kognitiven Prozessen und ist die Methode aus empirischer Sicht überhaupt durchführbar?

c) Wie genau kann man innerhalb eines Überlegungsgleichgewichts begründen, dass die Untersuchung gerechtfertigter Weise zu einem vorläufigen Ende kommt? Wie sehr müssen wir uns dem Ideal des weiten Überlegungsgleichgewichts annähern und was bedeutet es, dass wir wissen, dass das Ideal nicht erreicht worden ist? Welche nicht-ideale Rechtfertigung besitzen Überzeugungen, die nur über ein nicht-ideales Überlegungsgleichgewicht gerechtfertigt sind?

Ich hoffe, dass diese und weitere Fragen, die ich offenlassen muss, an anderer Stelle geklärt werden können.

Das Verständnis der Methode, das ich hier anbieten kann, sollte also vor allem auch als Startpunkt für eine weitere Vertiefung des Verständnisses angesehen werden. Dennoch scheint es mir aus mehreren Gründen gerechtfertigt, hier auch nur ein zu einem gewissen Grad erweitertes Verständnis der Methode bereits zu präsentieren: Erstens beschränken Zeit und Ressourcen die Untersuchung, zweitens wäre der Versuch ein Überlegungsgleichgewicht des Überlegungsgleichgewichts zu gewinnen eine ohnehin endlose Aufgabe, und drittens ergibt eine Ausformulierung und Vertiefung der Argumentation für die Methode nur Sinn, wenn sie sich in eine philosophische Debatte einfügen lässt, sich echter Kritik aussetzt und bewähren kann.

KAPITEL 8

Überlegungsgleichgewicht aus welchem Grund?

Wenn man das Überlegungsgleichgewicht als eine methodische Form ansieht, in rationaler und umfassender Weise mit den eigenen als hinterfragbar angesehenen Überzeugungen umzugehen, dann sollte als erstes jene Form eben auch selbst gerechtfertigt sein.

In diesem Kapitel untersuche ich im Speziellen ob der minimalistische Fallibilismus als bedeutendes Element der Methode gerechtfertigt werden kann (Abschnitt 8.1.) und ob es nicht plausiblere Alternativmethoden gibt (Abschnitt 8.2.).[1]

8.1 Was spricht für einen minimalistischen Fallibilismus?

Die Kernelemente der Methode des Überlegungsgleichgewichts sind eigentlich möglichst schwach formuliert, so dass sie viel Unterstützung erhalten dürften: Es liegt zumindest nicht unbedingt nahe, dafür zu argumentieren, dass man ein Überzeugungssystem als gerechtfertigt annehmen soll, das nach angemessener Reflektion weniger plausibel ist als eine Alternative (gegen die minimalistische Rationalität), dass man relevante Überzeugungen und Theorien bei einer Untersuchung grundlos ignorieren könne (gegen den moderaten Holismus) oder dass sinnvollerweise Aussagen bei der Begründung einer These eine Rolle spielen, von denen man gar nicht überzeugt ist und die auch durch nichts gestützt werden, wovon man überzeugt ist (gegen das Minimum eines schwachen Fundamentalismus). In gewisser Weise gilt auch für den minimalistischen Fallibilismus die Feststellung, dass er nicht auf besonders umstrittenen Annahmen aufbaut: Es wird selten die Position vertreten, dass bestimmte Aussagen und Überzeugungen als nicht hinterfrag- und revidierbar anzusehen sind. Fast alle zeitgenössischen Erkenntnistheoretikerinnen und Erkenntnistheoretiker bezeichnen sich etwa nach Stephen Hetherington – in einem gewissen nicht näher bestimmten Sinn – als Fallibilisten.[2] Dennoch gibt es jedoch mindestens drei Punkte, die eine ausführliche Begründung

1 Ich danke Claudia Brändle, Simeon Imhoff, Tobias Kronenberg, Hans-Jürgen Link und Viktor Schubert für wertvolle Diskussion und Kritik zu diesem Kapitel.

2 »Almost all contemporary epistemologists will say that they are fallibilists« Hetherington 2019. Vgl. Tanesini 2008, 68; vgl. Elgin 2017, 291; vgl. Keil 2019, 12.

© BRILL MENTIS, 2022 | DOI:10.30965/9783969752500_009

des minimalistischen Fallibilismus als Kernelement des Überlegungsgleichgewichts nahelegen:

1. Wie bereits angesprochen benötigen wir eine Erklärung dafür, warum man als epistemischer Akteur die Haltung einnehmen sollte, dass stets alle Überzeugungen als revidierbar und hinterfragbar anzusehen sind. Diese liegt nicht ohne weiteres einfach auf der Hand. Warum also sollte man diese Haltung annehmen?
2. Es gibt bestimmte philosophische Positionen, die solch eine epistemische Haltung ablehnen und einen starken Fundamentalismus befürworten, in dem Überzeugungen existieren, die mit Sicherheit wahr sind. Dementsprechend sollte der epistemische Akteur im starken Fundamentalismus diese Überzeugungen als gewiss und unbezweifelbar ansehen. Wenn derartige Alternativprogramme zumindest formuliert sind und vielleicht teilweise sogar vertreten werden, muss erst gezeigt werden, dass der minimalistische Fallibilismus die plausiblere epistemische Position ist.
3. Wenn der starke Fundamentalismus und die damit verbundene Gewissheit bestimmter Grundüberzeugungen mindestens ebenso plausibel ist wie der minimalistische Fallibilismus und die Methode des Überlegungsgleichgewichts, scheint er die wertvollere Position zu sein, weil wir neben gerechtfertigten Überzeugungen auch garantiert wahre Überzeugungen gewinnen. Dies ist ein zusätzlicher Anreiz dafür, zu überprüfen, ob die Methode des Überlegungsgleichgewichts überhaupt die plausibelste Methode der Rechtfertigung ist.

Was also sind die Argumente, die für den minimalistischen Fallibilismus sprechen?

8.1.1 *Ein (rein) moralisches Argument?*

Wie wäre es, wenn man aus moralischer Sicht für den minimalistischen Fallibilismus argumentiert? Der minimalistische Fallibilismus ist eine Haltung. Haltungen – auch epistemische Haltungen – können nicht nur epistemisch evaluiert werden, sondern auch moralisch. Eine Möglichkeit den minimalistischen Fallibilismus, und damit die Methode des Überlegungsgleichgewichts, als geboten und dadurch gerechtfertigt auszuzeichnen, wäre beispielsweise die moralische Evaluierung als beste epistemische Haltung im Rahmen eines moralischen Konsequentialismus.

Solch ein Argument scheint prima facie auch nicht besonders abwegig zu sein: Man müsste hierzu plausibel machen, dass es moralisch gesehen zu den besten Folgen führt, wenn epistemische Akteure stets annehmen, dass alle ihre Überzeugungen revidierbar und hinterfragbar sind. Eine Gesellschaft etwa, in der eine derart epistemische Haltung verwurzelt ist, wäre wahrscheinlich von extremen Formen des Dogmatismus befreit und könnte dementsprechend eine recht *umfassende* Meinungsfreiheit, Toleranz und Raum für kritische Debatten kultivieren. Wenn man zugestehen würde, dass die gesellschaftliche Akzeptanz des minimalistischen Fallibilismus eine notwendige Bedingung für die Kultivierung einer umfassenden Meinungsfreiheit ist, könnte man versuchen aufzuzeigen, dass etwa die Argumentation John Stuart Mills für die Meinungsfreiheit den minimalistischen Fallibilismus auch aus moralischer Sicht legitimiert.[3]

Eine moralische Argumentation für den minimalistischen Fallibilismus *zusätzlich* zu einer epistemischen Begründung scheint sowohl vernünftig als auch erstrebenswert. Man sollte dabei allerdings nicht den Fehler begehen, den minimalistischen Fallibilismus *allein* über eine moralische Argumentation zu begründen und die epistemische Argumentation zu umgehen. Denn dann würde man meines Erachtens in eine problematische Situation geraten: Eine moralische Argumentation setzt nämlich mindestens voraus, dass die moralische Theorie, auf deren Grundlage man für den minimalistischen Fallibilismus argumentiert, selbst gerechtfertigt ist. Um die moralische Theorie zu rechtfertigen, kann man nun aber nicht einfach die Methode des Überlegungsgleichgewichts verwenden, weil man hierzu nicht einfach die moralische Rechtfertigung des minimalistischen Fallibilismus voraussetzen kann. Wenn möglich, muss man einen derartigen Zirkelschluss vermeiden. Außerdem würde man einen *Ebenenfehler* begehen, denn der minimalistische Fallibilismus – als Element der Methode des Überlegungsgleichgewichts – wäre nur moralisch gerechtfertigt und nicht epistemisch, wenngleich aber epistemische Gründe zuerst gefordert wären.[4]

Die moralische Evaluierung des minimalistischen Fallibilismus interessiert also nur, wenn die zugrundeliegende moralische Theorie bereits epistemisch gerechtfertigt ist – zumindest solange man hier stets von einer internen Rechtfertigung für einen Akteur ausgeht und nicht einfach extern annimmt, dass die moralische Theorie korrekt ist. Was man trotz allem also weiterhin benötigen würde, wäre eine epistemische Rechtfertigung für den minimalistischen Fallibilismus und die Methode des Überlegungsgleichgewichts. Oder alternativ: eine epistemische Rechtfertigung einer anderen Rechtfertigungsmethode, aus der beispielsweise der beschriebene Konsequenzialismus als gerechtfertigt hervorgeht. Denn möglich ist zumindest auch Folgendes: dass eine andere Methode der Rechtfertigung epistemisch gerechtfertigt ist, dass

3 Vgl. Mill, *Über die Freiheit* (vor allem zweites Kapitel). Mill verbindet hier epistemische und moralische Argumente. Vgl. hierzu etwa Niesen 2015.

4 Man könnte auch sagen, dass die *falsche Art von Gründen* gegeben wird.

aber moralisch gesehen darauf hingearbeitet werden sollte, dass (eventuell alle) epistemische Akteure im tatsächlichen Leben die Methode des Überlegungsgleichgewichts akzeptieren und nach ihr handeln.

Vorausgesetzt wir befinden uns in keinem moralischen Notstand, sind wir dann allerdings zuerst weiter mit der epistemischen Frage beschäftigt und sollten klären, ob der minimalistische Fallibilismus epistemisch gerechtfertigt ist.

Allerdings ist es eine wichtige Frage, ob der minimalistische Fallibilismus – und mit ihm das Überlegungsgleichgewicht – sowohl epistemisch als auch moralisch gerechtfertigt ist.[5]

8.1.2 *Ein epistemisches Argument*

Wie könnte ein rein epistemisches Argument für den minimalistischen Fallibilismus aussehen? Ich schlage folgendes vor:

1) Genau dann, wenn ein epistemischer Akteur einen ihm transparenten Zugang zu der faktischen Wahrheit einer Überzeugung (der Korrektheit eines commitments) besitzt oder geschaffen hat und diese Wahrheit (Korrektheit) daher für ihn unfehlbar gesichert ist, existieren Überzeugungen (commitments), die für den epistemischen Akteur legitimerweise endgültig gerechtfertigt und gewiss sind.
2) Nur dann, wenn es Überzeugungen (commitments) gibt, die für den epistemischen Akteur legitimerweise endgültig gerechtfertigt und gewiss sind, gilt nicht, dass der epistemische Akteur die Haltung einnehmen soll, dass alle Überzeugungen (commitments) hinterfragt und revidiert werden können.
3) Es gibt keine Überzeugungen (commitments), die für den epistemischen Akteur legitimerweise endgültig gerechtfertigt und gewiss sind

also folgt:

4) Der epistemische Akteur soll die Haltung einnehmen, dass alle Überzeugungen (commitments) hinterfragt und revidiert werden können.

Dieses Argument beinhaltet eine Erklärung dafür, warum wir die Haltung des minimalistischen Fallibilismus einnehmen sollten (und greift damit die Forderung aus Abschnitt 6.3.4. wieder auf).[6] Wir sollen die Haltung des minimalistischen Fallibilismus nämlich einnehmen, *weil* wir keinen transparenten

---

5 Im dritten Teil der vorliegenden Arbeit möchte ich die moralische Evaluierung mit Fokus auf das Politische und die *Sphäre des Rechten* zumindest ganz rudimentär thematisieren.

6 Ich danke Viktor Schubert für substanzielle Kritik zu diesem Abschnitt. Geert Keil vertritt in *Wenn ich mich nicht irre* eine ähnliche Position und präsentiert viele erhellende Beispiele zu den folgenden Ausführungen. Vgl. Keil 2019.

Zugang zur Wahrheit irgendeiner Überzeugung haben und – so könnte man hinzufügen – daher für jede Überzeugung stets annehmen müssen, dass sie auch nicht wahr sein kann und wir uns irren oder täuschen könnten. Jede Rechtfertigung, die uns keinen transparenten Zugang zu und eine Gewissheit über die Wahrheit einer Überzeugung verschafft, ist nicht endgültig.

Das scheint prima facie plausibel, aber die Frage stellt sich natürlich, wie gut das Argument tatsächlich ist und ob sich alle Prämissen verteidigen lassen.

Die erste Prämisse dient eigentlich nur der begrifflichen Klärung – falls hier begriffliche Anpassungen notwendig sein sollten, wäre zumindest die Gültigkeit des Arguments nicht gefährdet.

Die zweite Prämisse hingegen ist für das Argument zentral. Man könnte versuchen sie anzugreifen, aber dies scheint nicht besonders leicht zu sein: Wenn es keine endgültig gerechtfertigte Überzeugung gibt, wenn also der epistemische Akteur keinen ihn transparenten Zugang zu der Wahrheit irgendeiner Überzeugung hat, warum sollte dann nicht gelten, dass alle Überzeugungen kritisiert und revidiert werden können? Der epistemische Akteur kann ja nicht sicher gehen, dass er nur die richtigen Überzeugungen – die tatsächlich wahr sind – von der Kritik und Revision ausnimmt. Schlösse er Überzeugungen von Revision und Anpassungen aus, die unwahr sind, wäre das aus epistemischer Sicht fatal, insofern wahre Überzeugungen final oder instrumentell bedeutend sind.

Hauptangriffspunkt wäre sicherlich die dritte Prämisse. Man könnte versuchen aufzuzeigen, dass es durchaus endgültig gerechtfertigte Überzeugungen gibt. Dieser Prämisse kommt außerdem nicht allein bereits prima facie eine besonders hohe Plausibilität zu: Vertreterinnen des Überlegungsgleichgewichts sind also unabhängig von Kritik an der Prämisse angehalten, aufzuzeigen, dass die Prämisse korrekt ist und keine endgültig gerechtfertigten Überzeugungen existieren. Dies werde ich im Folgenden versuchen.

Eine Möglichkeit für viele Überzeugungen aufzuzeigen, dass wir annehmen sollten, dass sie falsch sein könnten – dass wir keinen transparenten Zugang zu ihrer Wahrheit haben –,[7] ist es tatsächliche Irrtümer und Täuschungen aufzuführen, die wir in Bezug auf ähnliche Überzeugungen bereits zugestehen würden. Hätten wir einen transparenten Zugang zum Wahrheitsstatus der Überzeugungen gehabt, hätten wir sie nicht fälschlicherweise aufrichtig im epistemischen Sinn für wahr gehalten. Bereits von den antiken Skeptikern, etwa dem *pyrrhonischen Skeptiker* Sextus Empiricus, sind zahlreiche Beispiele für derartige zugestandene Irrtümer überliefert: Etwa, dass einem

7 Keil schreibt in diesem Zusammenhang, dass wir keinen »direkten Draht« zur Wahrheit haben. Vgl. Keil 2019, 21, 49, 90.

der Turm aus der Ferne rund erschien, man aber aus der Nähe konstatieren musste, dass er viereckig ist.[8] Wenn Wahrnehmungsüberzeugungen nicht frei von Täuschungen sind, dann ist uns ihr Wahrheitswert nicht transparent. Sextus Empiricus hält für seine Leser natürlich noch zahlreiche weitere Beispiele für menschlichen Irrtum in diesem und anderen Bereichen bereit. Am bedeutendsten ist aus unserer heutigen Sicht aber natürlich der Beitrag, den die empirisch arbeitende Wissenschaft hierzu leistet: Diese kann nicht nur Irrtumsmöglichkeiten umfassend auflisten, sondern liefert oftmals auch ein erklärendes Verständnis ihrer Bedingungen:

> »[The] list of realistically possible sources of fallibility – philosophers will suspect – could be continued indefinitely. And its scope is disturbingly expansive. Thus, even when you do not feel as though a belief of yours has been formed or maintained in some way that manifests any of those failings, you could be mistaken about that. This is a factual matter; or so most philosophers will say. On any given occasion, it is an empirical question as to whether in fact you are being fallible in one of those ways. [...] Accordingly, many epistemologists have paid attention to pertinent empirical research by psychiatrists, neurologists, biologists, anthropologists, and the like, into actual limitations upon human cognitive powers. Data uncovered so far have unveiled the existence of much fallibility.«[9]

An dieser Stelle könnte man nun einwenden, dass es Überzeugungen gibt, die unabhängig von Empirie eine notwendig wahre Aussage zum Inhalt haben. Egal wodurch man diese Überzeugung dann subjektiv rechtfertigt, es kann nie sein, dass die Aussage selbst falsch ist. Als Beispiel könnte man sich analytisch wahre Aussagen denken, wie »Alle Junggesellen sind unverheiratet«. Man könnte auch mathematische Wahrheiten wie »2 +2 =4« anführen. Wenn diese Aussagen, und die sie beinhaltenden Überzeugungen, nie falsch sein können, wie kann der epistemische Akteur sich dann bei ihnen irren?

Man könnte versuchen sich gegen diese Einwände dadurch zu verteidigen, dass man mit Quine versucht aufzuzeigen, dass unklar ist, was analytische Sätze sein sollen.[10] Aber was kann man tun, wenn man bereit ist zuzugestehen, dass es vielleicht notwendige wahre Aussagen gibt?

Wenn der minimalistische Fallibilismus so formuliert wäre, dass er besagt »Alle Überzeugungen müssen für einen epistemischen Akteur stets hinterfragbar und revidierbar sein, weil jede Überzeugung, die ein epistemischer Akteur haben kann, falsch sein kann« bestünde ein ernsthaftes Problem. Die vorgeschlagene Erweiterung des minimalistischen Fallibilismus jedoch geht nur

8 Vgl. Sextus Empiricus: *Grundriß der pyrrhonischen Skepsis*, I 118.

9 Hetherington 2019.

10 Vgl. Quine 1951; vgl. Quine 1980; vgl. Abschnitt 4.2.4. und 5.2.2. der vorliegenden Arbeit.

davon aus, dass der epistemische Akteur nur stets *annehmen* muss, dass jede *seiner* Überzeugungen auch falsch sein kann, weil er keinen transparenten Zugang zu deren Wahrheit oder Falschheit hat. Dies kann man auch in Bezug auf die beschriebenen notwendigen Wahrheiten begründet behaupten. Meine Überzeugung P, dass N eine notwendig wahre Aussage ist, schließt leider einfach nicht die Möglichkeit aus, dass N keine notwendig wahre Aussage ist. Meine Überzeugung P, dass N eine notwendig wahre Aussage ist, ist selbst nicht notwendig wahr. Dementsprechend können wir uns auch irren bei dem Glauben, dass der Inhalt einer Überzeugung von uns notwendig wahr ist, was heißt, dass wir davon ausgehen müssen, dass auch die Überzeugungen, die wir für notwendig wahr erachten, falsch sein können. Folgerichtig können wir uns auch verrechnen, ohne dies zu merken und unbemerkt logische Fehlschlüsse ziehen – was als weiteres Beispiel für unsere Fehlbarkeit dient. Wer kann mathematisch beweisen, dass gilt »2 + 2 = 4« und gleichzeitig gewiss sein, dass der gegebene Beweis, der durchaus nicht völlig trivial ist, keinen einzigen Fehler enthält?[11]

Doch selbst wenn man dies zugestehen möchte gibt es weitere Kandidaten für Überzeugungen, die mit denen in ihnen enthaltenen Aussagen endgültig gerechtfertigt sind. René Descartes versucht seine Leser durch ein Gedankenexperiment, das erst einmal diesen Status für viele Überzeugungen ausschließt, zu einer solchen endgültig gerechtfertigten Überzeugung zu führen: Nehmen wir an, ein (beinahe) allmächtiger Dämon würde dem epistemischen Akteur beliebige falsche Überzeugungen eingeben. Fast alle Überzeugungen wären dann falsch. Diese Möglichkeit kann man nicht ausschließen, weshalb man für fast alle Überzeugungen annehmen sollte, dass sie genau in dieser Weise falsch sein können.[12] Doch was ist, wenn der epistemische Akteur tat-

11 Vgl. auch Hetherington 2019; vgl. auch Keil 2019, 34–39.

12 An dieser Stelle sollte ein Missverständnis ausgeschlossen werden: Zwar kann einen beispielsweise Descartes Gedankenspiel vom täuschenden Dämon darin bestärken, die eigene epistemische Fehlbarkeit anzunehmen, doch dies heißt noch nicht, dass hieraus ein Skeptizismus folgen müsste, der besagt, dass wir weder gerechtfertigte Überzeugungen noch Wissen besitzen können. (Vgl. Elgin 1996, 120; vgl. Hetherington 2019; vgl. Rawls 1950 238f.) Epistemischer Skeptizismus – zumindest, wenn man den Ausdruck auf die genannte Weise interpretiert – ist damit als Position vom Fallibilismus zu unterscheiden. Fallibilismus lässt die Frage offen, ob es gerechtfertigte Überzeugungen oder Wissen gibt – die meisten Vertreter eines Fallibilismus wollen diese Frage außerdem positiv beantworten. Etwa gerade die Vertreterinnen der Methode des Überlegungsgleichgewichts, die ja eine Methode der Rechtfertigung ist. Elgin schreibt hierzu: »[...] the perennial possibility of error leads to fallibilism, not to scepticism. It leads, that is, to the admission that any result is revocable, not to the conclusion that no result is tenable. Imperfect procedural epistemology [and thereby the method reflective equilibrium]

sächlich auch die Überzeugung ausbildet, dass er existiert und Überzeugungen hat? Ohne dies, wären die kognitiven Vorgänge selbst als auch die Täuschung des Dämons unmöglich. Liegen mit Überzeugungen über die eigene Existenz und die eigenen Überzeugungen und Wahrnehmungen – sofern man sie hat – nicht Überzeugungen vor, die selbstevident und gewiss in dem Sinn sind, dass eben die Wahrheit der Überzeugungen uns transparent ist?[13]

Vertritt man einen globalen Fallibilismus muss man auch dies bestreiten. Hierzu kann man anführen, dass in den Aussagen, die Inhalt dieser Überzeugungen sind, Begriffe verwendet werden, die alles andere als klar sind: Wie sollte man beispielsweise »ich« und »existieren« in dem Satz »Ich existiere« eigentlich sowohl einzeln als auch verbunden verstehen? Angesichts der komplexen philosophischen Positionen etwa zu personaler Identität oder der Abstraktheit des Begriffes der Existenz scheinen dies keine trivialen Fragen mit selbstevidenten Antworten zu sein. Wenn dem so ist, ist allerdings die Selbstevidenz der Überzeugung bezüglich der eigenen Existenz fraglich. Insofern die Überzeugungen, um die es hier geht, eine sprachliche Form haben, sollte man auch hier von Irrtumsmöglichkeiten ausgehen.[14] Elgin argumentiert ähnlich, wenn sie darauf verweist, dass stark fundamentalistische Grundüberzeugungen atomar sein müssten, damit sie gewiss wahr sind, es aber schwierig wäre ein Verständnis von atomaren Begriffen zu entwickeln – Hetherington verweist in diesem Zusammenhang auf Wittgensteins Privatsprachenargument.[15]

Akzeptiert man eine Argumentation in dieser Richtung, wäre vielleicht auch eine letzte weitere sehr grundsätzliche Überzeugung, die man als endgültig gerechtfertigt anführen könnte, betroffen: nämlich eine Überzeugung über die Geltung des logischen Widerspruchsverbots, das beim Argumentieren zumindest immer vorausgesetzt zu werden scheint.

---

affords no guarantees. It admits no criterion whose satisfaction assures that we could not be wrong. But it does offer a consolation: although our best efforts may fail, any failure can be regarded as a temporary setback. So a failure, should it occur, amounts not to a decisive defeat but to a challenge to do better next time.« Elgin 1996, 15. Problematisiert und debattiert werden allerdings Sätze der folgenden Form: »Ich weiß, dass P, aber ich könnte mich auch irren«, sogenannte *concessive knowledge attributions*; vgl. Hetherington 2019; vgl. hierzu auch Keil 2019, 64–69.

13 Vgl. Descartes, *Meditationen über die Erste Philosophie*, AT 17–34 (erste und zweite Meditation); vgl. auch Hetherington 2019.

14 Vgl. auch Hetherington 2019.

15 Vgl. Elgin 1996, 30–34; vgl. Hetherington 2019; vgl. Wittgenstein 1984b, 356–366 (§§243–271).

8.1.3 *Rückzugsoptionen*

Insofern man das präsentierte epistemische Argument für schlüssig hält, kann insgesamt ein globaler, also allumfassender, minimalistischer Fallibilismus akzeptiert werden. Das soll keinesfalls ausschließen, dass nicht weitere und bessere Argumente für den minimalistischen Fallibilismus konstruiert werden können, der ja – zumindest nach Hetherington – durchaus von der Mehrheit der Fachphilosophinnen akzeptiert wird.[16] Bei einer großen Einigkeit in einem Fachgebiet mit ansonsten oft tiefgehenden und stabilen Dissensen sollten starke Gründe für die entsprechende Position sprechen. Elgins Argumentation – wenn man sie nur gegen den starken Fundamentalismus gerichtet interpretiert – ist etwa eine bereits angerissene Alternative mit Überschneidungen zu der hier vorgeschlagenen Argumentation.[17] Dass jedoch auch ernstzunehmende und prima facie plausible Gründe für die Gegenposition angeführt werden können – dafür, dass es endgültig gerechtfertigte Überzeugungen gibt, etwa Überzeugungen über die eigene Existenz oder die Geltung des Widerspruchverbots – muss man in jedem Fall anerkennen.

Falls man dem epistemischen Argument für den minimalistischen Fallibilismus also nicht folgen möchte, könnte man als Vertreterin des Überlegungsgleichgewichts versuchen seine Position einzugrenzen:

Man könnte zugestehen, dass die Methode nicht zur Rechtfertigung aller Überzeugungen dient und einige Überzeugungen beim Versuch ein Gleichgewicht herzustellen stabil gehalten werden müssen. Abwägungen und Anpassungen im Gleichgewichtsprozess würden dann eben nur für Überzeugungen gelten, die eben nicht endgültig gerechtfertigt sind und sich zusätzlich auch nicht aus diesen ableiten lassen. Wenn nun die endgültig gerechtfertigten Überzeugungen nicht besonders zahlreich sind und sich überdies ganz wenige weitere Überzeugungen direkt deduktiv aus ihnen allein ableiten lassen, gilt die Methode des Überlegungsgleichgewichts weiter fast universal:

> »Of course, even if [Descartes] Cogito does in fact succeed, epistemologists all-but-unite in denying that such conclusiveness would be available for many – or perhaps any – other beliefs. Accordingly, we would still confront an all-but-universal fallibilism [...]«[18]

---

16 Vgl. Hetherington 2019.

17 Vgl. Abschnitt 5.2.2. der vorliegenden Arbeit.

18 Hetherington 2019. Rawls scheint eine solche Rückzugsoption als sinnvoll angesehen zu haben: vgl. Gališanka 2019, 142ff. Elgin scheint eine ähnliche Rückzugsoption für möglich zu erachten: vgl. Abschnitt 5.2.1. der vorliegenden Arbeit.

Zumindest so lange, wie es wenigstens in bestimmten Bereichen einige Überzeugungen gibt, die sich nicht aus endgültig gerechtfertigten Überzeugungen ableiten lassen, gilt die Methode des Überlegungsgleichgewichts in bestimmten Untersuchungsbereichen weiter – stets vorausgesetzt, die anderen Regelelemente der Methode sind gerechtfertigt.

Man muss allerdings festhalten, dass solch ein Rückzug auch tatsächlich eine Einschränkung der Methode beinhalten würde, die von keinem der Vertreterinnen der Methode tatsächlich akzeptiert wird. Es ist daher nur eine mögliche Option, die als solche sicherlich erwogen werden sollte, aber die erst dann realisiert werden muss, wenn das epistemische Argument für den globalen Fallibilismus verworfen wird.

8.2 Alternative Methoden der Rechtfertigung?

Angenommen es ist möglich alle weiteren Kernelemente der Methode des Überlegungsgleichgewichts – so wie den minimalistischen Fallibilismus – befriedigend zu rechtfertigen. Auch dann stünde man als Vertreterin des Überlegungsgleichgewichts noch vor einer weiteren Herausforderung: In der Philosophie wird das Überlegungsgleichgewicht durchaus auch mit Hinweis auf bessere alternative Methoden der Rechtfertigung abgelehnt. Können diese Positionen widerlegt werden? Wenn die vier Kernelemente der Methode tatsächlich gerechtfertigt sind, sollte es zwar möglich sein, alternative Methoden als weniger plausibel auszeichnen zu können, doch die Argumentation für diese alternativen Methoden sollte – gerade mit Blick auf den moderaten Fundamentalismus der Methode des Überlegungsgleichgewichts selbst – Beachtung finden und in die Überlegungen einbezogen werden. Eventuell sind in der Argumentation für diese kritischen Positionen nämlich Argumente enthalten, die bisher unberücksichtigt geblieben sind und die die Rechtfertigung der Methode des Überlegungsgleichgewichts sowie ihrer Kernelemente unterminieren können.

In Bezug auf die vorgeschlagenen alternativen Methoden habe ich allerdings die zwei folgenden Vermutungen:

1) Viele Methoden, die in der Philosophie als Alternative zum Überlegungsgleichgewicht für die Rechtfertigung bestimmter Aussagen und Überzeugungen vorgeschlagen werden, sind keine wirklichen Alternativen, sondern werden gerade im Rahmen der Methode des Überlegungsgleichgewichts selbst als Methoden für bestimmte Unterbereiche oder Untersuchungsziele gerechtfertigt.

2) Diejenigen vorgeschlagenen Methoden, die echte Alternativen wären, sind deutlich weniger plausibel als die Methode des Überlegungsgleichgewichts und daher nicht gerechtfertigt.[19]

Ein bereits angesprochenes Beispiel, für den Vorschlag einer alternativen Methode der Rechtfertigung, die eigentlich keine wirkliche Alternative ist, ist die Kritik Peter Singers am Überlegungsgleichgewicht und sein Vorschlag eines moderaten Fundamentalismus in der normativen Ethik. Wäre sein ethischer moderater Fundamentalismus gerechtfertigt, wäre er eingebettet in ein weites metaethisches Überlegungsgleichgewicht, was Singer selber zugesteht, und daher keine wirkliche Alternative sondern der Versuch, im ethischen Bereich, aufgrund seiner speziellen Bedingungen, über die Methode des Überlegungsgleichgewichts vorläufig eine spezielle Submethode der Untersuchung zu etablieren.[20]

Um meine zwei Vermutungen weiter zu erhärten, möchte ich gerne einen weiteren Vorschlag betrachten, bei dem die Methode des Überlegungsgleichgewichts zugunsten einer alternativen Methode verworfen werden soll: Sem de Maagt argumentiert in seinem Aufsatz *Reflective Equilibrium and Moral Objectivity* dafür, dass das Überlegungsgleichgewicht auf Grundlage des *no contact*-Einwands nicht die Objektivität unserer moralischen Urteile sichern könne.[21] Die Methode des Überlegungsgleichgewichts sei jedoch nicht alternativlos: Mithilfe transzendentaler Argumente könne man moralisch objektive Überzeugungen sichern, eine Methode der Rechtfertigung im Ethischen müsse daher auf diesen Argumenten aufbauen:

> »[...] I argue that reflective equilibrium is not the only game in town [...]. I argue that given their own normative ambitions, [...] proponents of reflective equilibrium have reason to take alternative methods of moral justification, and more specifically transcendental arguments, more seriously than they have done so far. I end by sketching the outlines of what this alternative methodology might look like.«[22]

Wie sieht die alternative transzendentale Rechtfertigungsmethode nach de Maagt aus? Klassischerweise baue das transzendentale Argument auf zwei Elementen auf: Der Akzeptanz einer unhinterfragbaren und unhintergehbaren Tatsache – etwa, dass wir uns als handelnde und miteinander interagierende

---

19 Für eine ähnliche Argumentation DePauls siehe Abschnitt 5.1.5. der vorliegenden Arbeit.

20 Vgl. Abschnitt 4.2.3. der vorliegenden Arbeit sowie das Kapitel 10.

21 Vgl. de Maagt 2017a sowie Abschnitt 5.1.1. und 5.1.4. der vorliegenden Arbeit.

22 de Maagt 2017a, 443.

Personen verstünden – und einer logisch notwendigen Bedingung für diese Tatsache – etwa dass wir uns nur als handelnde und miteinander interagierende Personen verstehen können, wenn wir uns gegenseitig als solche anerkennen und damit zugleich ethische Prinzipien, etwa einen kategorischen Imperativ anerkennen. Die Geltung der ethischen Prinzipien folge in diesem Fall zwingend, weil es sich hier ja um die notwendige Bedingung einer unhinterfragbaren und unhintergehbaren akzeptierten Tatsache handele:[23]

> »A transcendental argument is an argument that starts from an inescapable or unquestionable feature of our self-understanding and consequently explores the necessary conditions of possibility of this specific feature of our self-understanding. More specifically, a transcendental argument is an argument that tries to show that a commitment to X is a necessary condition for the possibility of Y – where, given that Y is inescapable, it logically follows that one is necessarily committed to X. [...] In the context of ethics, the starting point of transcendental arguments (Y) is typically a certain conception of action or interaction, and the transcendental commitment (X) includes a universal and categorical principle. [...] Transcendental arguments in ethics aim to show that we are necessarily committed to accepting certain moral principles insofar as we understand ourselves as agents or insofar as we are engaged in certain types of interaction. In other words, instead of looking for standards of moral evaluation independent from ourselves (intuitionism), or for the coherence between our contingently held moral and non-moral beliefs (reflective equilibrium), transcendental arguments aim to make explicit those moral principles that we *necessarily* have to accept given certain *inescapable* aspects of our self-understanding. A successful transcendental arguments in ethics would thus vindicate a practical conception of moral objectivity, because transcendental commitments do not depend on the contingent preferences or projects of individuals, but simply on their self-understanding as agents or their being engaged in certain forms of interaction.«[24]

Als Beispiele für Theorien, die auf einer Rechtfertigung durch solch eine Methode transzendentaler Argumente aufbaut, führt er mehrere Werke an: Christine Korsgaard (*The Sources of Normativity*, 1996), Alan Gerwith (*Reason and Morality*, 1978), Onora O'Neill (*The Public Use of Reason*, 1986), Jürgen Habermas (*Moralbewußtsein und kommunikatives Handeln*, 1983 (in englischer Übersetzung, 1990)) und Stephen Darwall (*The Second-person Standpoint: Morality, Respect, and Accountability*, 2006).[25]

---

23 Vgl. de Maagt 2017a, 460f.; vgl. Brune / Stern / Werner 2017, 1.

24 de Maagt 2017a, 460f.

25 Vgl. de Maagt 2017a, 461; vgl. Brune / Stern / Werner 2017, 2. Interessanterweise lässt de Maagt die transzendentalpragmatische Letztbegründungstheorie Karl-Otto Apels als Beispiel aus, wiewohl diese von Brune, Stern und Werner aufgeführt wird.

Es gibt nun (mindestens) zwei Möglichkeiten, wie man de Maagts Vorschlag interpretieren könnte, die sich dadurch unterscheiden wie man »unhinterfragbar« (»unquestionable«), »unhintergehbar« (»inescapable«) und »notwendig« in diesem Zusammenhang genau verstehen möchte:

1) Erstens könnte man de Maagts Vorschlag so verstehen, dass man als epistemischer Akteur zwar – wenn viel dafür spricht – vorläufig anerkennen kann, dass einige Tatsachen unserer Existenz unhinterfragbar und unhintergehbar erscheinen und dass es substanzielle notwendige Bedingungen hierfür geben kann, dass man aber selbst in diesem Fall weiter hinterfragen kann, ob es sich tatsächlich um eine unhintergehbare Tatsache handelt und die notwendige Bedingung tatsächlich eine notwendige Bedingung ist. Man würde dementsprechend anerkennen, dass man erfolgreiche transzendentale Argumente aufstellen kann, aber in diesem Fall gleichzeitig eine fallibilistische Haltung bewahren, gemäß der man stets kritisch hinterfragen kann, ob man es tatsächlich mit einem erfolgreichen transzendentalen Argument zu tun hat und man alle Begriffe, die darin genutzt werden, auch richtig versteht und diese korrekt sind. Mit dem Aufstellen des transzendentalen Arguments hätten wir also keinen uns transparenten Zugang zu der Wahrheit der damit verbundenen Aussagen erhalten und diese wären nicht endgültig gerechtfertigt, sondern sie könnten – mitsamt dem Argument – revidiert werden, sobald man erkennt, dass sie sich nicht mehr in einem Überlegungsgleichgewicht befinden – sobald man also angesichts aller relevanten Argumente nicht mehr von der Wahrheit oder Korrektheit der Aussagen und des Arguments überzeugt ist. In diesem Fall wäre hier das Aufstellen von transzendentalen Argumenten aber gar keine wirkliche Alternative zur Methode des Überlegungsgleichgewichts, sondern in die Methode des Überlegungsgleichgewichts eingebettet. Tatsächlich denke ich, dass de Maagts Position am besten auf diese Weise zu interpretieren ist. Er schreibt zwar, dass er der Auffassung sei, dass transzendentale Argumente sich nicht auf die Methode des Überlegungsgleichgewichts reduzieren ließen aber gesteht zu, dass dies nur für gewisse Interpretationen des Überlegungsgleichgewichts gelte:

> »Transcendental arguments can neither be reduced to the coherentism of reflective equilibrium nor to foundationalism, or at least in the way these approaches are standardly understood in moral epistemology.«[26]

---

26 de Maagt 2017a, 461. In seiner Dissertation schreibt er hierzu explizit: »[...] I think that all transcendental arguments are fallible [...].« de Maagt 2017b, 89 (Fußnote 37). Vgl. de Maagt 2017b, 89f., 147 (Fußnote 13), 250.

Das Problem bestünde in diesem Fall eher darin, dass de Maagt die Methode des Überlegungsgleichgewichts zu eng interpretiert und diese auch nur als eine Methode der moralischen Rechtfertigung im Blick hat und nicht als generelle Methode der Erkenntnisgewinnung. Sein legitimer Punkt wäre dann, wenn man ihn in dieser Richtung interpretiert, dass man auch als Vertreterin der Methode des Überlegungsgleichgewichts transzendentale Argumente im Untersuchungsbereich der Moralphilosophie berücksichtigen sollte (was natürlich nicht heißt, dass man sie auch tatsächlich akzeptieren muss):

> »Because transcendental arguments are part of the larger coherentist family of which reflective equilibrium is also a member, proponents of reflective equilibrium have no a priori reason to reject transcendental arguments. In addition, because transcendental arguments aim to justify objective moral principles, proponents of reflective equilibrium have all the more reason to take this alternative moral methodology serious before concluding that reflective equilibrium is the only game in town.«[27]

2) Man könnte de Maagts Vorschlag in einer zweiten Lesart aber auch als echte methodische Alternative zur Methode des Überlegungsgleichgewichts begreifen. Das wäre etwa dann der Fall, wenn die Tatsache, dass eine akzeptierte Tatsache unhintergehbar und unhinterfragbar ist, bedeuten soll, dass man – sobald man einmal darauf aufmerksam geworden ist – die Überzeugung, dass die Tatsache der Fall ist, als endgültig gerechtfertigt betrachten muss, weil man einen transparenten Zugang zu ihrer Wahrheit oder Korrektheit erhalten hat. Dies würde dann auch ein endgültig gerechtfertigtes Verständnis dessen umfassen, was als notwendige Bedingung dieser unhintergehbaren Tatsache anzusehen ist. Auf diese Weise wäre die Überzeugung oder das commitment, dass die notwendigen Bedingungen der Fall sind oder gelten, durch einen deduktiven Schluss ebenfalls endgültig gerechtfertigt. Eine endgültige Rechtfertigung ist aber mit der Methode des Überlegungsgleichgewichts unvereinbar – somit wäre hier tatsächlich eine alternative Methode der Rechtfertigung vorgeschlagen. Als Beispiel für ein solches Verständnis transzendentaler Argumente kann Wolfgang Kuhlmanns Position dienen, der in der Traditionslinie von Karl-Otto Apel versucht als Fundament der von ihm vertretenen Diskursethik eine transzendentalpragmatische Letztbegründung aufzustellen.[28] Das Problem hierbei ist

27 de Maagt 2017a, 462.
28 Vgl. Kuhlmann 2017 (der explizit das Überlegungsgleichgewicht bespricht).

allerdings, dass es keine endgültig gerechtfertigten Überzeugungen oder commitments gibt, weshalb – vorausgesetzt das Gegenteil kann nicht plausibel gemacht werden – die vorgeschlagene alternative Methode ungerechtfertigt ist. Hier setze ich natürlich vorläufig voraus, dass meine Argumentation für den minimalistischen Fallibilismus schlüssig ist oder eine schlüssige Argumentation gegeben werden kann.[29]

Wenn man meiner Darstellung soweit folgen möchte, dann wurde meine Vermutung, dass alle alternativen Methoden zum Überlegungsgleichgewicht entweder keine wirklichen Alternativen oder ungerechtfertigt sind, zu einem gewissen Grad bestätigt. Das heißt natürlich nicht, dass die Vermutung in ihrer Allgemeinheit schon befriedigend gerechtfertigt wäre. Um dies zu leisten, sollten wenigstens noch Rechtfertigungen für die drei weiteren Kernelemente der Methode des Überlegungsgleichgewichts aufgezeigt und die wichtigsten vorgeschlagenen Alternativmethoden umfassend untersucht werden (eingeschlossen die reichhaltige Argumentation für transzendentale Argumente, die hier nur skizzenhaft aufgegriffen wurde).

Zum Abschluss dieses Abschnitts möchte ich noch darauf hinweisen, dass einige prominente Methoden in der Philosophie als Anwendungen der Methode des Überlegungsgleichgewichts in Bezug auf bestimmte Untersuchungsziele verstanden werden könnten und dafür zwei Beispiele anführen:

a) Für eine enge Verwandtschaft zwischen dem sogenannten *conceptual (re-)engineering* und der Methode des Überlegungsgleichgewichts plädiert etwa Georg Brun.[30] Man könnte vor diesem Hintergrund etwa dafür argumentieren, dass der Versuch einen Begriff durch *conceptual (re-)engineering* zu verfeinern, auf der begründeten Vermutung basiert, dass der Sprachgebrauch eines bestimmten Ausdrucks problematisch ist und man durch eine Untersuchung mittels der Methode des Überlegungsgleichgewichts diesen Verdacht bestätigen und gerechtfertigte Vorschläge zur Korrektur des Sprachgebrauchs erhalten kann.

b) In Bezug auf hermeneutische Methoden, die etwa mit Hans-Georg Gadamer und dem sogenannten *hermeneutischen Zirkel* verbunden

29 Vgl. Abschnitt 8.1.2. der vorliegenden Arbeit. Vgl. auch Keil 2019, 60ff. Man könnte auch darauf verweisen, dass eine akzeptierte Letztbegründung dazu führt, dass man keinem Gegenargument mehr Beachtung schenken darf, da dieses lediglich irreführend wäre, ein solcher Dogmatismus jedoch inakzeptabel ist. Doch ein solcher Verweis – der Versuch eines *reductio*-Arguments – wäre meiner Ansicht zu schwach ohne zusätzliche Argumente für den minimalistischen Fallibilismus. Elgin präsentiert ein ähnliches Argument, das von Saul Kripkes *On two paradoxes of knowledge* inspiriert ist. Vgl. Kripke 2011, 27–49; vgl. Elgin 2017, 297; vgl. auch Elgin 1996, 24.

30 Vgl. Brun 2017.

werden können, kann man ebenfalls für eine beachtliche Übereinstimmung argumentieren.[31] Unterschiede zur allgemeinen Fassung der Methode des Überlegungsgleichgewichts – etwa ein spezieller Fokus auf die Führung eines Dialogs oder weitere Vorannahmen – ergeben sich für bestimmte Konzeptionen der hermeneutischen Methode vielleicht vor allem mit Blick auf das konkrete Ziel eines hermeneutischen Unterfangens: sie ergeben sich sozusagen dadurch, dass man die Methode des Überlegungsgleichgewichts zum Zweck der Rechtfertigung von interpretativen Aussagen und dialektischen Verständnis von Personen gebraucht.

In diesem Abschnitt konnte der Vergleich des Überlegungsgleichgewichts mit Methoden, die ebenfalls zur Rechtfertigung von Aussagen und Überzeugungen in der Philosophie präsentiert werden, zwar nur angerissen werden. Aber dies hat hoffentlich interessante Fragestellungen für künftige Untersuchungen in diesem Zusammenhang aufgezeigt und etwas zum vertieften Verständnis der Methode des Überlegungsgleichgewichts sowie ihrer möglichen Rechtfertigung beitragen können.

31 Vgl. Ebbesen / Pedersen 2007; vgl. Widdershoven 2007.

KAPITEL 9

Die Metarechtfertigung des Überlegungsgleichgewichts

Unter dem Problem der »Metarechtfertigung« wird in der Epistemologie einem Vorschlag BonJours folgend oftmals folgendes Problem verstanden: Kann für eine Methode der Rechtfertigung auch gezeigt werden, dass sie zumindest verlässlich zu wahren Überzeugungen führt?[1] Klemens Kappel untersucht genau diese Frage explizit unter dem Label der »Metarechtfertigung« (»metajustification«) in Bezug auf die Methode des Überlegungsgleichgewichts.[2] Letzlich untersucht er damit die Einwende, die DePaul als den *no credibility*- und den *no contact*-Einwand bezeichnet hat.[3]

Ich möchte hier nun aber unter dem Problem der Metarechtfertigung etwas anderes verstehen: Nämlich die grundsätzliche Frage, ob man akzeptieren sollte, dass eine Methode der Rechtfertigung dazu genutzt wird, sich selbst kritisch zu hinterfragen und im Erfolgsfall als gerechtfertigt auszuzeichnen. Man könnte hier vielleicht auch von Selbstrechtfertigung sprechen, die man ja durchaus intuitiv zumindest als problematisch einordnen würde.

9.1 Ist die Metarechtfertigung ein Problem?

Was die Frage der Metarechtfertigung für die Methode des Überlegungsgleichgewichts zu einem Problem machen könnte, ist prima facie der Umstand, dass ich, bei einem Versuch der Rechtfertigung des Überlegungsgleichgewichts durch die Methode des Überlegungsgleichgewichts selbst, einfach voraussetze, dass die Nutzung der Methode hierfür auch adäquat ist. Das tue ich, obwohl ich ja erst rechtfertigen möchte, dass die Methode überhaupt das adäquate Mittel zur Beantwortung solcher Fragen ist. Das sieht – im Erfolgsfall einer gelungenen Rechtfertigung – erst einmal nach einer *petitio principii* aus,

1 Vgl. BonJour 1985, 9. Vgl. Steup 1989 für eine andere Verwendung des Ausdrucks »Metarechfertigung« (»metajustification«).

2 Vgl. Kappel 2006, 134.

3 Vgl. die Abschnitte 5.1.1., 5.1.2. und 5.1.4. der vorliegenden Arbeit.

einem »schlechten« Zirkelschluss, der die Korrektheit des gefragten einfach trivial voraussetzt und den man daher keinesfalls akzeptieren sollte.[4]

Aus dem Problem der Metarechtfertigung, so wie ich es dargestellt habe, lassen sich zwei unterschiedliche Fragen ableiten, die ich nacheinander beantworten möchte:

1) Kann man als vernünftiger und verantwortungsvoller epistemischer Akteur eine Metarechtfertigung der Methode des Überlegungsgleichgewichts überhaupt akzeptieren? Oder anders ausgedrückt: Ist es epistemisch adäquat eine gelungene Metarechtfertigung der Methode zu akzeptieren?
2) Angenommen eine erfolgreiche Metarechtfertigung der Methode des Überlegungsgleichgewichts ist epistemisch akzeptabel, hieße das, dass sie dann auch völlig befriedigend wäre?

Die erste Frage möchte ich positiv beantworten, die zweite negativ.

Zur ersten Frage: Es gibt mindestens zwei Gründe, warum die Akzeptanz der Methode bei einer gelungenen Rechtfertigung durch sie selbst epistemisch adäquat ist:

a) Die Metarechtfertigung ist akzeptabel, weil alle vorschlagbaren Rechtfertigungsmethoden davon betroffen sind: Nimmt man sie ernst, muss man sie nutzen, um sich selbst zu rechtfertigen. Nimmt man zur Metarechtfertigung eine andere Methode, ist diese fundamentaler oder man hält die untersuchte Methode für weniger adäquat.[5]
b) Ein weiterer Grund ist, dass es mit der Methode des Überlegungsgleichgewichts möglich ist, sie mittels ihrer selbst, wenn sich rationale Gründe dafür finden, zu überwinden oder zu korrigieren. Ein minimalistischer

4 Das Problem entsteht vor allem, wenn man einen globalen minimalistischen Fallibilismus akzeptiert und das Überlegungsgleichgewicht daher nicht eingeschränkt ist. Oder, wenn es eingeschränkt wird, sich aber aus den Überzeugungen, die endgültig gerechtfertigt sind, keine Rechtfertigung von Rechtfertigungsmethoden in Bezug auf nicht-endgültig gerechtfertigte Überzeugungen ableiten lässt – denn ansonsten bestünde zumindest die theoretische Möglichkeit einer *a priori*-Rechtfertigung des Überlegungsgleichgewichts. Da solch eine Möglichkeit unplausibel ist, meine ich sie hier vorerst ausblenden zu können. Vgl. BonJour 1985 (10, 191–211, 230) für den Versuch eines derartigen Manövers.

5 Wenn man bestimmte Überzeugungen als endgültig gerechtfertigt sieht und sich aus diesen die Methode des Überlegungsgleichgewichts ableiten ließe, könnte man das Problem der Metarechtfertigung für die Methode des Überlegungsgleichgewichts umgehen – aber das würde voraussetzen, dass man sich als Vertreter des Überlegungsgleichgewichts schon auf eine der Rückzugsoptionen festgelegt hat und dass tatsächlich aus einer endgültig gerechtfertigten Überzeugung solch ein inhaltlicher Schluss möglich wäre. Beides zusammen wäre – wie bereits angemerkt – äußerst unplausibel. Im Übrigen würde sich das Problem der Metarechtfertigung dann für die »Methode der endgültigen Rechtfertigung« ergeben.

Fallibilismus ist ja etwa – ohne Probleme – beispielsweise auch auf sich selbst anwendbar: Ob die Kernelemente des Überlegungsgleichgewichts selbst gerechtfertigt sind, ist eine offene Frage und falls nur eines der Kernelemente nicht in einem weiten epistemischen Überlegungsgleichgewicht gerechtfertigt sein sollte (und auch nicht durch kleinere Anpassungen gerettet werden kann), ist die Methode selbst auch nicht gerechtfertigt. Dieser Umstand scheint mir ein ganz bedeutender Grund dafür zu sein, warum gerade die Metarechtfertigung des Überlegungsgleichgewichts akzeptabel ist. Ein positives Rechtfertigungsergebnis ist hier ja nicht automatisch durch die Anwendung der Methode garantiert und bleibt selbst im Erfolgsfall weiter rational hinterfragbar und offen für alle erdenkbaren neuen Gegenargumente. Ob dies bei anderen gelungenen Metarechtfertigungen ebenfalls der Fall wäre, ist fraglich. Eine Möglichkeit des Scheiterns der Metarechtfertigung und der Korrektur durch sie scheint also prima facie etwas Begrüßenswertes zu sein, was die Metarechtfertigung des Überlegungsgleichgewichts zumindest von einem engen, inakzeptablen Zirkelschluss unterscheiden würde – eine Metarechtfertigung des Überlegungsgleichgewichts ist eben gerade nicht trivial. Ein Folgeproblem verdient im Fall der Ablehnung der Methode zwar Beachtung ist aber befriedigend lösbar: Wenn man mittels der Methode des Überlegungsgleichgewichts aufzeigen würde, dass diese selbst nicht gerechtfertigt ist – sondern vielleicht eher eine andere Methode – dann würde dies natürlich die Ablehnung der Methode zu einem gewissen Teil wieder in Frage ziehen, was zu einer scheinbaren Paradoxie führen würde: Entweder die Methode ist korrekt, dann ist sie inakzeptabel, oder sie ist inakzeptabel, aber man kann nicht begründen, warum. Doch in diesem Fall scheint die zweite der beiden Optionen, die dem epistemischen Akteur zur Verfügung steht, klarerweise weniger problematisch zu sein: Er sollte dann annehmen, dass die Methode des Überlegungsgleichgewichts, inakzeptabel ist, da ihre Akzeptanz zu einem Widerspruch führt (und er wahrscheinlich eher vom Widerspruchsverbot, als von einer bestimmten Fassung des Überlegungsgleichgewichts überzeugt sein wird). Das lässt den epistemischen Akteur dann zwar erst einmal ratlos in Bezug darauf, wie er methodisch in Bezug auf Rechtfertigungen vorgehen soll – er hat sozusagen seine epistemische Orientierung verloren –, doch warum die Methode des Überlegungsgleichgewichts inakzeptabel ist, könnte zu einem späteren Zeitpunkt – wenn er wieder eine klare epistemische Zielrichtung und einen vielversprechenden Weg ausmachen kann – immer noch über ein anderes Rechtfertigungsparadigma begründet werden. Es ist also tatsächlich möglich, dass der Versuch einer Metarechtfertigung des Überlegungsgleichgewichts dazu führt, dass man in einer prima facie akzeptablen Weise die Methode verwirft und daher ist diese Metarechtfertigung epistemisch vernünftig und akzeptabel.[6]

Zur zweiten Frage: Obwohl es also durchaus guten epistemischen Gewissens möglich ist, die Methode bei einer gelungenen Rechtfertigung mittels der Methode zu akzeptieren, scheint diese Metarechtfertigung nicht in allen Aspekten völlig befriedigend. Die Metarechtfertigung hat einen blinden Fleck – nämlich, dass die Akzeptanz der Methode zu Beginn der Untersuchung erst einmal eine ist, die noch keine rationale Kritik durchlaufen hat und damit einfach vorausgesetzt wird (auch wenn sie im Folgenden dann rationale Kritik erfährt). Aller Wahrscheinlichkeit nach hat diesen blinden Fleck zwar jede Metarechtfertigung, aber das mildert den Umstand selbst nicht. Es scheint recht klar, dass es ein gewisser Mangel an Kritik ganz zu Beginn der Metarechtfertigung besteht, der erst im folgenden Verlauf der Metarechtfertigung zu einem gewissen Grad beseitigt werden kann.

Eine Möglichkeit diese epistemisch akzeptable, aber nicht-ideale Situation zu interpretieren, möchte ich im folgenden Abschnitt vorstellen.

9.2 Die Methode als Lebensform

Jede gelungene Metarechtfertigung der Methode des Überlegungsgleichgewichts hat einen blinden Fleck – eine weitestgehend unsystematische, kritiklose und daher noch ungerechtfertigte Akzeptanz der Methode selbst, ganz zu Beginn der Untersuchung.

Mein Vorschlag ist, diese Akzeptanz als kulturelle Norm aufzufassen, die zwar meist nicht bewusst befolgt wird, die aber dennoch implizit in Kraft ist und nach der gerade im wissenschaftlichen oder öffentlichen Bereich in liberalen Demokratien agiert wird:[7] Die implizite Akzeptanz der Methode des

6 Dass man mittels der Methode des Überlegungsgleichgewichts diese selbst korrigieren, verbessern oder verwerfen kann, wird auch von den paradigmatischen Vertreterinnen der Methode anerkannt: Rawls schreibt etwa: »Da wir […] unsere Vernunft benutzen, um sie selbst zu beschreiben, und da die Vernunft sich selbst nicht transparent ist, können wir unsere Vernunft, so wie alles andere auch, falsch beschreiben. Das Streben nach einem Überlegungsgleichgewicht ist in diesem wie in allen anderen Fällen ohne Ende.« Rawls 2003, 177. Vgl. auch Elgin 1996, 12–15. BonJour sieht dennoch einen schlechten Zirkelschluss gegeben: Vgl. BonJour 1985, 10, 230.

7 Susanne Hahn spricht in diesem Fall davon, dass die Regel *irreflex* in Kraft ist und die entsprechend sozialisierten Akteure *regelgedeckt* handeln. Vgl. Hahn 2000, 171–174.

Überlegungsgleichgewichts wäre damit – im naiven Sinn des Wortes – auch eine Lebensform. Zur anfänglichen Befolgung der Methode des Überlegungsgleichgewichts werden wir – insofern man annehmen kann, dass die Befolgung nicht schon komplett neuropsychologisch vorgegeben, sondern nur ermöglicht ist – erst einmal erzogen: ob bereits in der Familie oder erst in der öffentlichen Sphäre, wie Kindergarten, Schule, Betrieb, der Universität oder durch diverse halböffentliche Subkulturen. Die Methode des Überlegungsgleichgewichts gründet auf natürlichen Voraussetzungen und kultureller Prägung, bevor sie explizit formuliert, der Kritik der Vernunft unterzogen und durch sich selbst gerechtfertigt werden kann.[8]

Wenn ich in dieser Weise vom Überlegungsgleichgewicht als einer Lebensform schreibe, scheint dies mit einer differenzierteren Verwendung des Ausdrucks, der vor allem auch mit der Spätphilosophie Ludwig Wittgensteins verbunden werden kann, durchaus vereinbar zu sein. So schreibt etwa Rahel Jaeggi, die sich ausführlich mit dem Begriff der Lebensform auseinandergesetzt hat:

> »Lebensformen stellen sich dar als Bündel von sozialen Praktiken, oder, wie Lutz Wingert formuliert, als »Ensemble von Praktiken und Orientierungen« und Ordnungen sozialen Verhaltens. Sie umfassen Einstellungen und habitualisierte Verhaltensweisen mit normativem Charakter, die die *kollektive Lebensführung* betreffen, obwohl sie weder *streng kodifiziert* noch *institutionell verbindlich* verfasst sind.«[9]

Zugespitzt könnte man in diesem Zusammenhang vielleicht behaupten, dass die Ablösung des *Mythos* durch den *Logos* – wenn man mit dem Logos und dem Beginn der klassischen Philosophie und Wissenschaft in der Antike zumindest die impliziten Anfänge der Methode des Überlegungsgleichgewichts sehen möchte – vor allem ein Paradigmenwechsel im Sinne Kuhns war.[10] Ein selbst nicht-rationaler Wechsel der Art und Weise wie Aussagen in bestimmten Teilbereichen des Lebens gerechtfertigt wurden, der eine explizite und rationale Rechtfertigung eines Standards der Rationalität erst möglich machte. Vielleicht könnte man hinzufügen, dass sich diese Lebensform letztlich durchgesetzt und weiterentwickelt hat, sei auch evolutionär bedingt. Doch dies wäre erst einmal

---

8 Damit impliziere ich natürlich, dass tatsächlich viele Bürgerinnen und Bürger in liberalen Demokratien und teilweise auch anderen Gesellschaftsformen in bestimmten Bereichen – z. B. der Wissenschaft – in Bezug auf die Methode des Überlegungsgleichgewichts regelgedeckt handeln. Dies wäre natürlich erst noch empirisch zu stützen.

9 Jaeggi 2014, 77; vgl. Wittgenstein 1984b; vgl. Glock 2010b.

10 Vgl. Abschnitt 5.2.2. der vorliegenden Arbeit; vgl. auch Wittgenstein 1984c, 243f. (§§ 608–612).

eine starke Hypothese, die nach empirischen Belegen verlangt und vom Fokus der epistemischen Fragestellung wegführen kann – unplausibel scheint sie prima facie jedoch nicht zu sein.

Mit Blick auf die Möglichkeit, dass der Versuch einer kritischen Hinterfragung der Methode des Überlegungsgleichgewichts durch sie selbst einen offenen Ausgang hat, könnte man an die berühmte Leiter-Metapher erinnern, die von Sextus Empiricus und später auch Wittgenstein verwendet wurde, um darzustellen, dass durch ein methodisches Vorgehen dieses selbst auch verworfen werden kann: Die Methode wäre in diesem Fall wie eine Leiter, die man nutzen kann, um auf eine höhere, kritischere Ebene emporzusteigen, aber die man – falls man sie von dieser Warte aus für unbrauchbar hält – dann stets auch umstoßen kann.[11] Insofern man die Methode des Überlegungsgleichgewichts aber rechtfertigen kann und sie daher nicht verwerfen will, behält man sich natürlich nur die Option vor, die Methode im weiteren Verlauf letztlich doch aufzugeben – die Leiter also irgendwann später eventuell umzustoßen – verwendet sie aber vorerst weiter zum Aufstieg. In jedem Fall scheint jedoch zu gelten: um die Leiter überhaupt richtig umstoßen zu können, muss man sie auch nutzen, denn »umstoßen« kann man sie nur von einer höheren Ebene als der Startposition – alternativ könnte man sie lediglich einfach links liegen lassen, also nicht beachten. Tatsächlich zeichnet Quine in *Wort und Gegenstand* ein ganz ähnliches Bild (das bereits in einem vorigen Abschnitt zitiert worden war):[12]

> »[…] [N]ur in Bezug auf ein theoretisches System, das seinerseits auf der einstweiligen Anerkennung von Gegenständen beruht, können wir einen kohärenten Anfang machen und die Gegenstände in Frage stellen. Auch wenn es im Hinblick auf den Abschluß keine Begrenzungen gibt, so sind wir doch, was den Anfang betrifft, Einschränkungen unterworfen. Um Wittgensteins Bild an die Stelle von Neuraths zu setzen: Wir können unsere Leiter erst wegstoßen, wenn wir auf ihr emporgestiegen sind.«[13]

Um das Bild noch zu erweitern: Wenn wir die Leiter (die Methode des Überlegungsgleichgewichts) zum Aufstieg nutzen, ermöglicht uns dies, sie bei Bedarf auch an einigen Stellen auszubessern oder zu reparieren, ohne dass wir sie hierzu gleich beiseitelegen oder umstoßen müssten (ähnlich wie bei Neuraths Schiff)[14] – so wird die Leiter immer stabiler und ermöglicht es uns,

11 Vgl. Sextus Empiricus, *Gegen die Dogmatiker*, Buch 2 (*Adversus mathematicos*, Buch 8), 481; vgl. Wittgenstein 1984a, 85 (Satz 6.54).

12 Vgl. Abschnitt 4.2.4 der vorliegenden Arbeit.

13 Quine 1980, 22.

14 Vgl. Neurath 1932, 206.

immer höher hinaufzusteigen – es sei denn, wir wollen auf einer bestimmten Höhe, die Leiter doch umstoßen, was immer möglich bleibt. Ein Umstoßen hätte dann aber vielleicht zur Folge, dass man – immer noch im Rahmen der Metaphorik – den Raum neu denken muss, der Begriff der Höhe sich wandelt oder von anderen Begriffen ersetzt wird.

Metaphorik hat natürlich ihre Grenzen und Fallstricke, doch sie kann, zumindest wenn man Elgin hierin zustimmen möchte, auch durchaus gewinnbringend in den Rahmen eines Überlegungsgleichgewichts eingebunden werden und neue Perspektiven erschließen.[15]

15 Ich möchte diesen Gedanken in Kapitel 11 weiterverfolgen. Vgl. ebenso Abschnitt 5.2.5. der vorliegenden Arbeit.

KAPITEL 10

Überlegungsgleichgewicht und moderater Fundamentalismus

Wenn man der vorgeschlagenen Definition der Methode des Überlegungsgleichgewichts zustimmen möchte, dann wird bei dem Versuch ein Überlegungsgleichgewicht herzustellen vorerst für keine Überzeugung angenommen, dass es sich bei ihr um eine Grundüberzeugung im Sinne eines moderaten Fundamentalismus handelt, da ja nur ein schwacher Fundamentalismus vorausgesetzt wird.

Dass es sich bei einer Überzeugung um eine Grundüberzeugung im Sinne des moderaten Fundamentalismus handelt, würde bedeuten, dass diese Überzeugung eine Rechtfertigung besitzt, die teilweise unabhängig ist von der Stützung durch andere Überzeugungen und die, vorausgesetzt es handelt sich um eine wahre Überzeugung, hinreichend für Wissen ist.[1] Diese Art von nicht-inferenzieller Rechtfertigung, die von einer objektiven Warte aus besteht – ich möchte vorschlagen, hier vor allem einen externalistischen moderaten Fundamentalismus zu betrachten, weil er mir sehr plausibel scheint und häufig vertreten wird – wird im Englischen auch als *warrant* bezeichnet.[2] Diese unabhängige und damit eben (moderat) fundamentale Rechtfertigung der Grundüberzeugung kann auf andere Überzeugungen mittels inferenzieller Verbindungen übertragen werden, womit für die auf diese Weise gerechtfertigten Überzeugungen ein infiniter Regress der inferenziellen Stützung und Rechtfertigung gestoppt wäre, ohne dass man die Unfehlbarkeit der Grundüberzeugungen annehmen müsste (und dies macht man im moderaten Fundamentalismus auch nicht).[3]

An vielen Stellen in der vorliegenden Arbeit wurde nun betont, dass im Rahmen der Methode des Überlegungsgleichgewichts in Bezug auf bestimmte Untersuchungsbereiche – sozusagen durch ein Überlegungsgleichgewicht auf einer übergeordneten Ebene – allerdings durchaus auch ein moderater Fundamentalismus im oben beschriebenen Sinn vom epistemischen Akteur akzeptiert und eingebunden werden kann (die Akzeptanz eines starken Fundamentalismus ist durch die notwendige Bedingung des minimalistischen

1 Vgl. BonJour 1985, 26; vgl. Abschnitt 3.2. der vorliegenden Arbeit.
2 Vgl. zumVerständnis von *warrant* Abschnitt 5.1. der vorliegenden Arbeit.
3 Vgl. BonJour 1985, 26.

 DOI:10.30965/9783969752500_011

Fallibilismus ausgeschlossen, ein reiner Kohärentismus – im Gegensatz zu einem schwach fundamentalistischen Kohärentismus – könnte aber für bestimmte Unterbereiche ebenfalls etabliert werden).[4]

Elgin schildert sehr anschaulich, dass für unterschiedliche Untersuchungsbereiche – die ja auch unterschiedliche Ziele haben – unterschiedliche Submethoden entwickeln werden können. In den Naturwissenschaften etwa, spielt die Intersubjektivität eine zentrale Rolle – wenn Beobachtungen sich nicht wiederholen lassen, verlieren sie dort rasch an wissenschaftlichem Wert – dies muss im künstlerischen Bereich aber nicht unbedingt der Fall sein, wo es unter anderem und je nach ästhetischer Theorie vielleicht eher auf ein verfeinertes Gespür ankommen kann oder ein Relativismus akzeptiert wird, der Differenzen bei den Urteilen für unproblematisch ansieht.[5] Wenn man für einen Untersuchungsbereich tatsächlich einen moderaten Fundamentalismus mit Grundüberzeugungen akzeptiert, wird dies aller Wahrscheinlichkeit nach Auswirkungen auf den Umgang mit Überzeugungen in diesem Bereich bei der Herstellung eines Überlegungsgleichgewichts haben.

Wenn also ein moderater Fundamentalismus in Bezug auf bestimmte Unterbereiche in die Methode des Überlegungsgleichgewichts inkludiert werden kann, dann stellen sich diesbezüglich mindestens zwei zusammenhängende Fragen:

1) Wie genau könnte der moderate Fundamentalismus für bestimmte Unterbereiche begründet und in die Methode des Überlegungsgleichgewichts inkludiert werden?
2) Wie genau würde man in diesen Unterbereichen dann gemäß der Methode des Überlegungsgleichgewichts philosophieren, wenn der moderate Fundamentalismus dort in ein umfassendes Überlegungsgleichgewicht eingebettet ist?

Diese Fragen möchte ich nächsten Abschnitt ein wenig genauer erörtern und danach in einem weiteren Abschnitt kurz versuchen zu begründen, warum eher der schwache Fundamentalismus als ein moderater Fundamentalismus die *Default*-Einstellung der Methode des Überlegungsgleichgewichts ist.

10.1 Der Einbezug eines moderaten Fundamentalismus

Zur ersten Frage: Wie kann ein moderater Fundamentalismus im Rahmen der Methode des Überlegungsgleichgewichts begründet werden und in sie

4 Vgl. die Abschnitte 4.2.3., 4.2.5., 5.1.6., 5.2.1., 5.2.6.; 6.3.1.; 6.5. und 8.2. der vorliegenden Arbeit.
5 Vgl. Elgin 1996, 105f.

inkludiert werden? Grundsätzlich gilt im Rahmen der Methode des Überlegungsgleichgewichts, dass, wenn die Existenz moderat fundamentalistischer Grundüberzeugungen für bestimmte Untersuchungsbereiche akzeptiert werden soll (im Extremfall für alle weiteren Untersuchungen), die Überzeugung, dass es sie gibt, sich in einem weiten Überlegungsgleichgewicht befinden muss.

Man kann also moderate Grundüberzeugungen beispielsweise dann im Sinne des epistemischen Reliabilismus begründen und erklären, wenn dieser als vorläufig gerechtfertigt ausgezeichnet wird. Die von inferenzieller Stützung unabhängige externe Rechtfertigung der reliabilistischen Grundüberzeugungen entstünde dann durch einen von einer externen Warte aus als verlässlich einzustufenden Mechanismus zur Bildung von wahren Überzeugungen in relevanten Kontexten. Es ist laut einem solchen Reliabilismus meist nur möglich, aber nicht notwendig, dass der epistemische Akteur eine entsprechende Überzeugung über diesen verlässlichen Mechanismus zur Bildung von wahren Überzeugungen besitzt – klassischerweise etwa die Bildung von wahren Überzeugungen im Zusammenhang mit unseren Sinnesreizen bei normalen Wahrnehmungsbedingungen. Doch um den Reliabilismus wiederum epistemisch adäquat akzeptieren zu können, und damit auch die reliabilistischen Grundüberzeugungen als solche in die Methode des Überlegungsgleichgewichts einbinden zu können, muss der epistemische Akteur diesen Reliabilismus tatsächlich als gerechtfertigt auszeichnen können – er muss es also für die plausibelste Position erachten, dass ein derartiger Mechanismus tatsächlich (»von der externen Warte aus betrachtet«) existiert. Dafür kann man sicherlich gute Gründe anführen, etwa mit Blick auf die Ergebnisse der Kognitionswissenschaften und die wissenschaftliche Erforschung der Sinnesorgane und Nervenstrukturen von Lebewesen. Ein wichtiger Punkt ist außerdem der weitreichende Konsens in Bezug auf Wahrnehmungsüberzeugungen – eine Wahrnehmungsüberzeugung kann normalerweise intersubjektiv Zustimmung erfahren, was am besten dadurch erklärt werden kann, dass diese Überzeugungen über ihre Sinnesorgane und Reizverarbeitung, für die wir ja ein zunehmendes wissenschaftliches Verständnis entwickeln, in verlässlichem Kontakt mit der Realität stehen. Ich persönlich halte den externalistischen Reliabilismus in Bezug auf Wahrnehmungsüberzeugungen für eine durchaus plausible Theorie, die zu unserem alltäglichen Verständnis von Wissen passt und bin dementsprechend geneigt einen moderaten Fundamentalismus in diesem Zusammenhang zu akzeptieren. Falls die Argumente hierfür tatsächlich schlüssig sind und der Reliabilismus in einem weiten Überlegungsgleichgewicht gerechtfertigt ist, wäre dies also ein konkretes Beispiel dafür, wie moderat fundamentalistische

Grundüberzeugungen in Bezug auf Untersuchungen, die Wahrnehmungsüberzeugungen beinhalten, in die Methode des Überlegungsgleichgewichts inkludiert werden können.

Ob eine solche Inkludierung eines moderaten Fundamentalismus in die Methode des Überlegungsgleichgewichts gelingt oder nicht, hängt also ganz vom entsprechenden Kontext ab. Falls ein moderater Fundamentalismus zwar korrekt sein sollte, aber nicht vom epistemischen Akteur gerechtfertigt werden kann – was natürlich auch möglich ist – könnte man dem epistemischen Akteur zwar von außen betrachtet (angenommen er hat verlässlich wahre Überzeugungen im Sinn dieses moderaten Fundamentalismus) immer noch Wissen zuschreiben; er selbst jedoch könnte dies nicht (intern) gerechtfertigt tun und wäre dementsprechend auch nicht in der Lage, seine Grundüberzeugungen angemessen in die Methode des Überlegungsgleichgewicht zu inkludieren – was eindeutig die epistemisch idealere Situation wäre.

Selbst wenn es aber in Bezug beispielsweise auf Wahrnehmungsüberzeugungen plausibel ist, diese als Grundüberzeugungen im Rahmen der Methode des Überlegungsgleichgewichts auszuzeichnen, heißt dies noch nicht, dass dies auch für andere Klassen von Überzeugungen gilt. Bestimmte moralische Überzeugungen als Grundüberzeugungen auszuzeichnen scheint beispielsweise schwieriger zu sein, weil wir schlechter begründen können, inwiefern sie mit einer moralischen Realität in Kontakt stehen oder objektiv sind. Hinzu kommt, dass wir zwar in Bezug auf manche moralischen Überzeugungen einen großen Konsens beobachten können (»Menschen nur aus Spaß Leid zuzufügen ist moralisch falsch«) aber in Bezug auf andere auch einen enormen Dissens (»Lügen ist moralisch falsch«). Insofern man gerne zeigen möchte, dass die Methode des Überlegungsgleichgewichts auch in Bezug auf moralische Fragen verlässlich zu wahren Überzeugungen führt, also eine Metarechtfertigung im Sinne BonJours oder Kappel gegeben ist, wäre es aber sehr hilfreich auf Grundüberzeugungen im Rahmen der Methode des Überlegungsgleichgewichts verweisen zu können. Genau dies ist das Problem, an dem sich Daniels abarbeitet und für das er letztlich nur die aufschiebende *Antwort à la Wimpy* bereithält, nach der man vielleicht bei einem Fortschritt der Untersuchungen mittels der Methode des Überlegungsgleichgewichts irgendwann einmal bestimmte Grundüberzeugungen auszeichnen kann oder erklären kann, warum das epistemisch in diesem Fall nicht notwendig ist:

> »The accounts of initial credibility we accept for observation reports (say, some causal story about reliable detection) are based on inferences from various component sciences constrained by coherence considerations. Observation reports are neither self-warranting nor unrevisable, and our willingness to grant them

> initial credibility depends on our acceptance of various other relevant theories and beliefs. Such an account is also owed for some set of moral judgments, but it too will derive from component theories in wide equilibrium.«[6]

Solange man im moralischen Bereich keine moralischen Grundüberzeugungen auszeichnen kann und man aber moralische Fragen beantworten möchte und nicht bereit ist, sie nicht als wahrheitsfähig auszuzeichnen, muss man alle moralischen Überzeugungen gleichermaßen beachten und ihnen nur eine schwache anfängliche Glaubwürdigkeit zusprechen (die im Sinne des schwachen Fundamentalismus nicht bereits hinreichend für Wissen ist). Es entscheidet sich also auch hier im Kontext ob moderat fundamentalistisch vorgegangen werden kann – was einem dazu berechtigt, davon auszugehen, dass die Befolgung der Methode verlässlich zu wahren Überzeugungen führt – oder ob man weiter schwach fundamentalistisch vorgehen muss – und es ungewiss ist, ob man verlässlich zu wahren Überzeugungen gelangt; was man allerdings akzeptieren kann, da es dann keine bessere gerechtfertigte Alternative gibt.

Damit zur zweiten Frage: Wie würde sich es äußern, wenn man, beispielsweise, reliabilistische Grundüberzeugungen in die Methode des Überlegungsgleichgewichts inkludiert? Um zu gewährleisten, dass die Methode einen verlässlich zu wahren Überzeugungen führt, muss man die als Grundüberzeugungen gerechtfertigten Überzeugungen besonders beachten und behandeln: Wenn beispielsweise eine Grundüberzeugung mit einer oder mehreren Überzeugungen konfligieren würde, die keine sind, und man sich nur zwischen diesen Überzeugungen entscheiden müsste, so würde man sich für die Grundüberzeugung entscheiden müssen, es sei denn, die anderen Überzeugungen wären durch andere Grundüberzeugungen gestützt. In anderen Worten könnte man dies auch so umschreiben: Es befindet sich das Überzeugungssystem im Überlegungsgleichgewicht, das die meisten oder wichtigsten Grundüberzeugungen enthält, beziehungsweise es ist das Überzeugungssystem auszuwählen, das in Bezug auf die enthaltenen Grundüberzeugungen und ihrer inferenziellen Verbindungen das plausibelste ist.

Das scheint auf den ersten Blick zu einem Vorgehen zu führen, das sich sehr von dem Vorgehen unterscheidet, das von der Methode des Überlegungsgleichgewichts empfohlen wird, wenn kein moderater Fundamentalismus inkludiert ist. Doch je nachdem, welche Überzeugungen als Grundüberzeugungen ausgezeichnet werden, könnte es sein, dass die konkreten Auswirkungen dieser zusätzlichen Regeln im Vergleich zum allgemeinen Vorgehen sehr beschränkt

6 Daniels 1979, 273; vgl. Daniels 1979, 270 (Fußnote 22), 280f.

sind. Wenn etwa Wahrnehmungsüberzeugungen als Grundüberzeugungen angesehen werden, dann wäre zwar eine Theorie, die mit einer Wahrnehmungsüberzeugung konfligiert, abzuändern, solange die Theorie nicht durch andere Wahrnehmungsüberzeugungen gestützt wird, doch letzteres dürfte normalerweise der Fall sein: Dann wäre es auch möglich, die Wahrnehmungsüberzeugung, die im direkten Konflikt mit der Theorie steht, zu verwerfen, was der allgemeinen Beschreibung des Überlegungsgleichgewich tsvorgehens ohne Inklusion eines moderaren Fundamentalismus sehr ähnelt: Sowohl (gestützte) theoretische Prinzipien als auch partikulare Urteile können im Konfliktfall abgeändert werden. Nehmen wir allerdings an, dass es sich bei den Grundüberzeugungen beispielsweise um theoretische Prinzipien handelt, etwa diejenigen moralische Prinzipien, die Singer als Grundüberzeugungen auszeichnen möchte, dann wird ein *top-down*-Vorgehen des epistemischen Akteurs empfohlen, das sich recht stark vom rein allgemeinen schwach fundamentalistischen Vorgehen im Rahmen des Überlegungsgleichgewichts unterscheidet.[7] Zwar wäre dieser moderate Fundamentalismus stets hinterfragbar und alle moralischen Überzeugungen würden Beachtung finden, da es immer auch um die Frage geht, ob der moderate Fundamentalismus selbst begründet ist – doch sofern dies der Fall ist, unterliegen partikulare Urteile stets im Konflikt mit den moralischen Prinzipien.

Gerade Singer scheint jedoch ein Problem dabei zu haben, einen moderaten Fundamentalismus tatsächlich auch zu begründen. Er liefert zwar Argumente dafür, warum wir unseren partikularen moralischen Urteilen nicht trauen sollten – man könne sie auf evolutionäre Prozesse zurückführen, und da die Evolution nicht moralisch verlaufe, habe man keinen Grund anzunehmen, dass evolutionär geprägte Überzeugungen moralisch gesehen auch wahr oder korrekt seien (was allerdings nicht ausschließt, dass sie wahr oder korrekt sind) – doch selbst wenn dies für die Überzeugungen bezüglich bestimmter moralischer Prinzipien nicht gilt, ist das nicht schon ein Argument dafür, dass es sich bei diesen auch um Grundüberzeugungen im Sinne des moderaten Fundamentalismus handelt. Selbst wenn man die *evolutonary debunking*-Argumentation von Singer akzeptiert – und man kann durchaus Gründe gegen diese Argumentation anführen – benötigt man auch Argumente dafür, dass die davon nicht betroffenen Überzeugungen Grundüberzeugungen sind.

7 Der einzige Fall, in dem dann ein partikulares Urteil im Widerspruch zu einem moralischen Prinzip bestehen könnte, wäre, wenn dieses Urteil sich aus einem weiteren gerechtfertigten moralisches Prinzip ableiten ließe und dieses alles in allem plausibler wäre als das rivalisierende Prinzip. Der bottom-up-Prozess bei Grundüberzeugungen etwa im Sinne des Reliabilismus dürfte zu komplexeren und häufigeren Abwägungsvorgängen führen. Vgl. auch Abschnitt 4.2.3. der vorliegenden Arbeit.

Wie kommt es, dass sie in verlässlicher Weise wahr sind? Solange Singer keine überzeugenden Gründe hierfür anführen kann, vertritt er nur, dass bestimmte Überzeugungen im Gleichgewichtsprozess abgewertet werden. Folgerichtig schreibt er auch:

> »Admittedly, it is possible to interpret the model of reflective equilibrium so that it takes into account any grounds for objecting to our intuitions, including those that I have put forward. Norman Daniels has argued persuasively for this ›wide‹ interpretation of reflective equilibrium. If the interpretation is truly wide enough to countenance the rejection of all our ordinary moral beliefs, then I have no objection to it.«[8]

Von dem Versuch einen moderaten Fundamentalismus in die Methode des Überlegungsgleichgewichts zu inkludieren zu unterscheiden wäre also Singers Versuch im Rahmen des Überlegungsgleichgewichts einen quasi-Fundamentalismus zu etablieren: Wenn durch ein Argument in einem Untersuchungsbereich bestimmte Überzeugungen systematisch entwertet werden, die verbleibenden Überzeugungen aber keine eigene Rechtfertigungskraft haben, sondern immer noch auf Kohärenz angewiesen sind, um von einer »anfänglichen Glaubwürdigkeit« zu (zumindest interner) Rechtfertigung zu kommen – sie also nicht gerechtfertigt als Grundüberzeugungen ausgezeichnet werden können – dann hätte man immer noch ein Vorgehen gemäß dem schwachen Fundamentalismus. Der echte moderate Fundamentalismus ist vielleicht von diesem quasi-Fundamentalismus im Vorgehen nicht mehr zu unterscheiden, aber er hat im Gegensatz zu diesem Grundüberzeugungen, die für sich allein genommen verlässlich wahr sind und zu Wissen führen können.

10.2 Die *Default*-Einstellung

Warum ist die *Default*-Einstellung der Methode des Überlegungsgleichgewichts eigentlich der Kohärentismus beziehungsweise der schwache Fundamentalismus und nicht schon der moderate Fundamentalismus? Warum muss also der moderate Fundamentalismus gegenüber dem schwachen erst noch begründet werden?

Eine (zu) einfache Antwort hierauf wäre: Weil nur der schwache Fundamentalismus ein Konsenspunkt aller paradigmatisch behandelten Überlegungsgleichgewichtskonzepte ist. Diese Antwort ist unbefriedigend, wenn man ein vertieftes Verständnis der Methode anstrebt und den konzeptionellen

8 Singer 2005, 347. Vgl. auch Singer / de Lazari-Radek 2014, 112f.

Kern der Methode kritisch betrachtet und hinterfragt, ob er als gerechtfertigt ausgezeichnet werden kann. Wichtig wäre also die Position, dass der schwache Fundamentalismus die *Default*-Einstellung der Methode des Überlegungsgleichgewichts sein sollte, auch durch systematische Gründe zu stützen.

Wenn man befriedigende Gründe dafür angeben kann, warum ein moderater Fundamentalismus erst begründet werden muss und gleichzeitig zugesteht, dass das Minimum eines schwachen Fundamentalismus auch gegeben sein muss, dann hätte man vielleicht auch eine befriedigende Argumentation für ein zweites Kernelement der Methode, für den schwachen Fundamentalismus, neben der Argumentation für den minimalistischen Fallibilismus.[9]

Wie könnte eine mögliche Rechtfertigung für den schwachen Fundamentalismus als *Default*-Einstellung des Überlegungsgleichgewichts aussehen? Mir scheint der schwache Fundamentalismus vor allem vor folgendem Hintergrund als Startposition gerechtfertigt:

Im schwachen Fundamentalismus gehen erst einmal alle anfänglich plausiblen Überzeugungen mit ihrem vollen Gewicht in die Argumentation ein. Möchte man bestimmte Überzeugungen bereits vorher herausfiltern oder bestimmten Überzeugungen bereits vorher einen prinzipiellen Vorrang einräumen, wäre dies zu diesem Zeitpunkt noch unbegründet und in diesem Fall könnte es durchaus sein, dass kritisches Potential der Untersuchung verloren geht, weil bestimmte kritische Überzeugungen gar nicht erst zum Tragen kommen. Hier entsteht also die Gefahr, dass legitime Kritik in der Argumentation verloren geht und das Ergebnis der Untersuchung verfälscht, weil durchaus relevante Überzeugungen im Gleichgewichtsprozess nicht beachtet wurden.[10] Hingegen besteht im anderen Fall – alle Überzeugungen sind erst einmal gleichberechtigt zugelassen – höchstens die Gefahr, dass bestimmte unzulässige Überzeugungen und Argumente korrumpierend auf den Gedankengang wirken – die Gegenargumente, die solch eine Korruption offenlegen und unterbinden können, sind aber auch zugelassen, so dass diese Gefahr geringer oder wenigstens weniger ausweglos erscheint als die Gefahr, in die man sich durch eine dogmatische Beschneidung des Argumentationsraums begibt.

Wenn man dieser Argumentation folgen möchte, läuft das darauf hinaus, dass derjenige, der innerhalb der Methode des Überlegungsgleichgewichts einen moderaten Fundamentalismus etablieren will, die Beweislast dafür trägt, dass dies auch gerechtfertigt ist und die richtigen Grundüberzeugungen

9 Vgl. Abschnitt 8.1. der vorliegenden Arbeit.

10 Es gibt hier also einen engen Zusammenhang mit dem Grundelement des moderaten Holismus.

ausgezeichnet werden können. Insofern man in einem bestimmten Untersuchungsgebiet einen Realismus vertritt oder Objektivität voraussetzt und gleichzeitig behaupten möchte, über die Methode des Überlegungsgleichgewichts verlässlich zu wahren Überzeugungen gelangen zu können, spricht viel dafür, dass man diese Beweislast aber akzeptieren muss. Daniels beispielsweise erkennt gerade aus diesen Gründen an, dass er die Beweislast dafür trägt, dass moralische Überzeugungen (oder eine Untermenge davon) verlässlich seien oder keiner Verlässlichkeit bedürfen:

> »The arguments for scientific realism depend on some causal account of knowledge – e.g., perceptual knowledge depends on reliable detection mechanisms. We are reminded, therefore, of the burden of proof [...] to provide some reliability account of moral judgments (at some level). Suppose we could provide no analogue in the moral case to the causal story we may be persuaded of for perceptual knowledge. If we still wanted to talk about »objective moral truths,« we might retreat to the view that the objects of moral knowledge were »abstract,« that is, more like mathematical objects than the things we can know about through the natural sciences. But our moral realism, then, is open to the worry I earlier expressed about mathematical platonism. [...] To be sure, if our causal accounts of knowledge turn out to be unpersuasive, then the argument for scientific realism may be no better off than this in any case.«[11]

11 Daniels 1979, 280f.

KAPITEL 11

Die Art und Weise mit dem Überlegungsgleichgewicht Philosophie zu betreiben

Eine der Fragen, die bisher bezüglich der Methode des Überlegungsgleichgewichts aufgeworfen wurden, war die Frage, ob es möglich ist, die Methode – oder Elemente der Methode – formal zu fassen. Dies ist aus mindestens zwei Gründen wichtig:

a) Eine formale Fassung der Methode oder von Elementen der Methode würde helfen, die Begriffe, die bislang in der vorläufigen Definition verwendet werden, präziser zu fassen. Bisher waren sie nur umschrieben worden oder es wurde ein mehr oder weniger intuitives Verständnis von ihnen vorausgesetzt. Dieser Zustand der Vagheit – der auch bei den von mir behandelten paradigmatischen Vertreterinnen der Methode vorherrscht – ist bereits des Öfteren beklagt worden. Beispielsweise von Susanne Hahn mit Blick auf DePauls *Balance and Refinement*:

   »Although reflective equilibrium is the focus of the inquiry its ›mechanism‹ is not discussed. DePaul assumes that it functions efficiently without analysing the elements and their possible interrelatedness: e.g., what does it mean that beliefs conflict, how are they revised, what does coherence or committment to a principle mean?«[1]

   Mit einer formaleren Fassung der Elemente der Methode, könnte man diese Forderung einlösen und also präzisieren, was mit den Begriffen gemeint ist, für die ich etwa folgende Ausdrücke verwendet habe: *Plausibilität* und *plausibler, weniger plausibel* und *maximal plausibel; inferenzielle Verbindung; inferenzielle Stützung* oder *Schwächung; Kohärenz*; ...

b) Wenn die Methode vollständig formalisiert werden kann, könnte man die Methode auch maschinell nutzen – man hätte dann sozusagen einen Algorithmus der Rechtfertigung. Das könnte die Art und Weise, wie man mit der Methode des Überlegungsgleichgewichts philosophiert drastisch verändern. Insofern die Methode formalisiert werden kann, sollte man also aufzeigen, ob man die Methode eher als informale Richtlinie,

1 Hahn 1995, 417.

 | DOI:10.30965/9783969752500_012

sozusagen als grobes Paradigma, nutzen soll und dies eher mit einem recht gewöhnlichen Argumentieren in der Philosophie verbunden ist, oder ob man mit ihr streng formal kalkulieren möchte, welche Überzeugungen, gegeben ein bestimmtes Untersuchungsgebiet, für einen bestimmten epistemischen Akteur gerechtfertigt sind.

Beiden Fragen möchte ich mich in diesem Kapitel widmen und mit dem Versuch beginnen, zu skizzieren, wie man eine Formalisierung in Angriff nehmen könnte und welche unterschiedlichen möglichen Wege sie einschlagen könnte (Abschnitt 11.1). Darauffolgend werde ich versuchen, die zweite Frage zu erörtern (Abschnitt 11.2.).

11.1 Formale Entwicklungsmöglichkeiten

Die formale Fassung – oder vielleicht besser: Modellierung – der Methode des Überlegungsgleichgewichts steht erst am Anfang der wissenschaftlichen Bemühungen. Es gibt derzeit sehr wenige explizite Vorschläge in dieser Richtung.[2] Das ist ein außerordentlicher Zustand, wenn man bedenkt, welche Akzeptanz die Methode des Überlegungsgleichgewichts in der Philosophie – besonders in den Bereichen der Moralphilosophie – seit nunmehr über 50 Jahren erfährt.

Die formale Fassung der Methode benötigt formale Mittel: Diesbezüglich ist eine Verknüpfung mit der mathematischen Wahrscheinlichkeitstheorie prima facie eine plausible Möglichkeit. Die Bemerkungen von Daniels zur Formalisierung der Methode gehen in diese Richtung – ich möchte sie an dieser Stelle erneut zitieren:

> »In seeking wide reflective equilibrium, we are constantly making plausibility judgments about which of our considered moral judgments we should revise in light of theoretical considerations at all levels. [...] Brandt characterizes the method of reflective equilibrium as follows. We begin with a set of initial moral judgments or intuitions. We assign an initial credence level (say from 0 to 1 on a scale from things we believe very little to things we confidently believe). [...] Then we propose principles and attempt to bring the system of principles plus

2 Bekannt sind mir hierzu lediglich folgende Publikationen: Thagard 2000, Welch 2014, Yilmaz / Franco-Watkins / Kroecker 2016 & 2017 (die sich auf Thagard beziehen) sowie Vallinder 2018. Derzeit läuft allerdings ein Forschungsprojekt der Universität Bern und des Karlsruher Instituts für Technologie, das unter anderem auch zur Modellierung der Methode mit formalen Mitteln forscht. Ich danke Richard Lohse für seine Hinweise auf Thagard und Yilmaz et al.

judgments into equilibrium, allowing modifications wherever they are necessary to produce the system with the highest over-all credence level.«[3]

und weiter in der folgenden Fußnote:

»Presumably, we could use fairly standard treatments of degree of belief, rooted in probability theory, to formalize what is sketched here.«[4]

Wenn man die Formalisierung der Methode in dieser Richtung beschreiten und damit im Rahmen des *Bayesianismus* ansiedeln möchte, dann könnte man beispielsweise versuchen, die *Plausibilität* verschiedener möglicher alternativer Überzeugungssysteme – angesichts der inferenziellen Verbindungen der enthaltenen Aussagen – wie folgt über die *subjektive Wahrscheinlichkeit* des möglichen Überzeugungssystems zu definieren:

$$\mathit{Plausibility}_{\mathit{System}\ (p_1,p_2,\ldots,p_n)} \overset{\text{def}}{=} \mathit{Probability}\ (p_1 \wedge p_2 \wedge \ldots \wedge p_n)$$

Alle in Betracht gezogenen möglichen Überzeugungssysteme müssten dabei die schwach fundamentalistische und moderat holistische Bedingung erfüllen (wodurch beispielsweise ausgeschlossen wäre, dass eines der Systeme weniger Elemente hat als andere).[5] Auf diese Weise könnte man präzisieren, welche der alternativen möglichen Überzeugungssysteme die Plausibilität maximieren. Damit hätte man jedoch nur einen ersten der Begriffe im Zusammenhang mit dem konzeptionellen Kern des Überlegungsgleichgewichts präzisiert und auch noch nicht erläutert, wie genau er operationalisiert werden könnte.[6]

Mit Blick auf den formalen Rahmen, auf den eine Modellierung der Methode des Überlegungsgleichgewichts zurückgreifen könnte, muss man

---

3 Daniels 1979, 267f. vgl. Brandt 1979, 17–21; vgl. hierzu auch Scheffler 1954 und Goodman 1952, auf die sich auch Elgin bezieht.

4 Daniels 1979, 268 (Fußnote 18).

5 Welche Verbindungen solch eine Fassung der *Plausibilität* (unter Berücksichtigung der Bedingung des moderaten Holismus) zu formalen Fassungen der *Kohärenz* hat, wäre zu untersuchen. Zum formalen Kohärenzbegriff: Vgl. Shogenji 1999; vgl. Olsson 2002 und 2017; vgl. Hansson 2018b. Ich danke Gregor Betz, Richard Lohse und Viktor Schubert für wertvolle Kritik und Diskussion zu diesem und dem folgenden Abschnitt.

6 Um weitere Begriffe zu präzisieren würde ich gerne auf die *Theorie dialektischer Strukturen* zurückgreifen (vgl. Betz 2010 & 2012) und diese modifizieren. Sofern ein epistemischer Akteur alle für eine Untersuchung relevanten Überzeugungen (denen er einen Überzeugungsgrad > 0,5 zuweisen kann) als Prämissen von Argumenten in einer *dialektischen Struktur* darstellen kann, könnte man präzisieren, wann genau eine *inferenzielle Stützung* oder *Schwächung* vorliegt. *Mögliche Überzeugungssysteme* wären hier *komplette kohärente Positionen*. Ob dies ein sinnvoller Modellierungsansatz wäre, müsste aber erst weiter untersucht werden.

ganz generell jedoch einen Pluralismus anerkennen: Eine rationale Abwägung von Gründen für oder gegen eine Überzeugung kann etwa rein bayesianisch fundiert sein (schon hier gibt es allerdings Raum für Variationen), als Alternative hierzu steht jedoch beispielsweise auch die *Rangtheorie* von Wolfgang Spohn (*The Laws of Belief*) zur Verfügung. Spohn selbst verdeutlicht die Alternative zwischen diesen zwei formalen Ansätzen des Abwägungsvorgangs, für die er die Bilder der Federwaage (für seinen Ansatz) und die der Balkenwaage (für den bayesianistischen Ansatz) findet und bezieht sie explizit auf die Idee des Überlegungsgleichgewichts.[7] Die formale Rekonstruktion der Methode des Überlegungsgleichgewichts mit Mitteln von Paul Thagard bietet einen weiteren alternativen Theorierahmen.[8]

Insofern kommen für eine Formalisierung der Methode des Überlegungsgleichgewichts – in Bezug auf verschiedene Aspekte – mehrere theoretische Ansätze in Frage. Der Versuch der formalen Fassung der Methode kann also unterschiedliche Richtungen einnehmen und bei angemessener Beschäftigung mit dieser Aufgabe sollten in Zukunft dementsprechend auch unterschiedliche Modelle entwickelt werden, die in Konkurrenz zueinander evaluiert werden können.

Eine derzeit eher spekulative Entwicklungsmöglichkeit einer solchen Formalisierung, die jedoch durchaus auch beachtet werden sollte, wäre eine Fassung der Methode als informationstechnisches Programm oder eine Einbindung in Verfahren der sogenannten *Künstlichen Intelligenz* unter Rückgriff beispielsweise auf große Mengen an Daten und Rechenkapazität.[9]

11.2 Der Vorrang der informalen Fassung

Eine formale Fassung der Methode kann nicht nur zur Präzisierung zentraler Begriffe dienen, sondern könnte auch die Vorgehensweise bei konkreten

7 Vgl. Spohn 2012, 115ff.; vgl. Chandler 2017.

8 Vgl. Thagard 1989 & 2000; vgl. Harman / Kulkarni 2006.

9 Vgl. hierzu etwa Yilmaz / Franco-Watkins / Kroecker 2016 & 2017: »Instilling trust in autonomous systems requires having confidence that agents have decision-making mechanisms governed by ethical principles. The ability to resolve conflicts among moral principles, duties, obligations, and the consequences is a critical challenge in developing such mechanisms We demonstrate how the Reflective Equilibrium Method and its implementation in terms of a parallel constraint satisfaction mechanism can help manage conflicts and simultaneously assess multiple principles in a context-sensitive manner. The proposed domain architecture and its implementation are used toward developing an Ethical Advisor for training purposes as well as for designing cognitive decision-making models.« Yilmaz / Franco-Watkins / Kroecker 2016.

Untersuchungen exakt bestimmen. Eine solche formale Anwendung der Methode würde von einigen Vertretern der Methode durchaus kritisch gesehen. Etwa von DePaul, der eine formale Anwendung – er schreibt auch von der mechanistischen Interpretation der Methode – mit seiner Idee des konservativen Überlegungsgleichgewichts verbindet. Letztlich möchte er damit seine Kritik an einer Moralphilosophie hervorheben, die persönlich prägende und transformative Erlebnisse nicht als Mittel der moralischen Untersuchung berücksichtigt, denn es ist unklar, wie genau sich dies formal realisieren lassen könnte:

> »On the conservative conception, the method of reflective equilibrium provides an algorithm for theory construction.«[10]

> »I think it is fair to describe the dominant conception of moral inquiry as intellectualist and mechanical. The idea is to perform certain quasi-logical operations on believed propositions, operations that will yield a comprehensive moral theory, and allow evaluations of particular actions, where the operations in question are as close to algorithmic as possible. Even so liberal-minded a methodology as Rawlsian wide reflective equilibrium seems to adopt this picture of moral inquiry. My aim has been to oppose any such mechanical conception. While arguments surely have an important place in any philosophical inquiry into morality, they are not the whole story. A significant part of moral inquiry is concerned with refining our ability to make sensitive moral judgments. We must both seek to improve our judgment, and to fit our judgments together into a systematic moral outlook.«[11]

Rawls scheint zumindest in seiner Dissertation auch Bedenken gegen eine rein formale Anwendung der Methode zu haben, die jedoch eher darauf gründen, dass er bezweifelt, dass die Konstruktion von Forschungshypothesen formalisiert werden könnte:

> »No kind of theory may be mechanically fashioned from the data which it is designed to explain, not even such simple theoretical structures as those studied by moralists. There is always an effort of the imagination involved in the formation of any theory; and no explicit rules are known whereby they can be developed from any body of data. The norms of inductive logic are for the purpose of evaluating the truth of theories once they are formulated. They are not rules for discovery, but canons of proof. Rules for discovery, so far as they exist, are more like directives to sane and profitable study, and reflect techniques which many investigators have found to be helpful in the finding of fruitful ideas. Such directives may be called the rules of heuristic.«[12]

---

10 DePaul 199, 36. Vgl. DePaul 1993, 190, 200f.

11 DePaul 1993, 213f.

12 Rawls 1950, 68. Vgl. auch Abschnitt 4.1. in der vorliegenden Arbeit.

Die Möglichkeiten über algorithmische Mittel, große Datensätze und Rechenkapazität eigenständig Arbeitshypothesen zu formulieren, zu testen und zu verfeinern haben sich zwar seit Rawls Urteil wesentlich verbessert – wenn man seine Kritik jedoch mit Blick auf die Frage interpretiert, ob auf diese oder ähnliche Weise auch alle relevanten philosophischen Argumente für oder gegen eine philosophische These formuliert werden können, scheint ein Kernpunkt des Problems auch weiterhin zu bestehen.

Wenn man allerdings bedenkt, dass algorithmische Modelle in den Wissenschaften nicht nur zur Präzisierung von Begriffen genutzt werden, sondern auch zur Vorhersage und Erklärung und letztlich für die wissenschaftliche Arbeit – ob für die Physik oder Linguistik – neue Wege eröffnet haben, dann stellt sich die Frage, ob die eventuell bestehenden Probleme und Begrenzungen nicht einfach in Kauf zu nehmen sind und der Nutzen die Kosten überwiegt. Hinzu kommt, dass Überzeugungssysteme sehr komplex sind und dass computergestützte Untersuchungen mittels Modellen des Überlegungsgleichgewichts vielleicht zu Ergebnissen kommen, die im Rahmen der Methode adäquater sein könnten, als wenn die Methode durch Menschen genutzt würde. Dies gilt vor allem auch mit Blick auf die Begrenzung des menschlichen Denkvermögens, das derzeit auf einigen Gebieten von sogenannter *Künstlicher Intelligenz* überholt zu werden scheint: Man denke an den Triumph der selbstlernenden Algorithmen im *Schach* oder *Go* gegen menschliche Spitzenspieler. Auch die verbreitete Anlage zu bestimmten Fehlern beim intuitiven probabilistischen Schließen (etwa der *Prävalenzfehler*) könnte ein gutes Beispiel für die Vorteile der formalen Nutzung der Methode sein.[13]

Ich möchte aus diesen Gründen davon ausgehen, dass die Anwendung einer formalen Fassung der Methode des Überlegungsgleichgewichts mit Gewinn zur Bearbeitung von Untersuchungen genutzt werden kann. Gleichzeitig vertrete ich jedoch auch, dass die Anwendung der informalen Fassung der Methode durch Personen einen Vorrang vor der Anwendung der formalen Fassung der Methode unter anderem durch Maschinen hat. Hierfür möchte ich mehrere Gründe anführen:

1. Ob eine formale Fassung der Methode gelungen ist – ob ein Modell der Methode diese auch adäquat repräsentiert – muss selbst gerechtfertigt werden. Hierzu ist natürlich der Rückgriff auf die informale Fassung der Methode adäquat, denn dadurch umgeht man das Problem der Selbstanwendung beziehungsweise der Metarechtfertigung bei der Rechtfertigung der formalen Fassung.[14] Darüber hinaus ist im letzten

13 Vgl. Stich 1993, 83f.
14 Vgl. Kapitel 9 der vorliegenden Arbeit.

Abschnitt (11.1.) bereits begründet worden, dass unterschiedliche Wege eingeschlagen werden können, um die Methode formal zu fassen. Um unterschiedliche formale Fassungen der Methode neutral bewerten zu können ist ebenfalls der Vorrang der informalen Methode notwendig. Generell könnte man angesichts dessen behaupten, dass es vielleicht gerade ein Vorteil ist, wenn bestimmte Kernbegriffe der Methode eine gewisse Vagheit besitzen, da dies für eine umfassende Kritikfähigkeit durch die Methode förderlich ist.

2. Ob alle relevanten Überzeugungen bei der Anwendung einer formalen Fassung der Methode auch tatsächlich beachtet werden, kann nur der tatsächliche epistemische Akteur selbst angemessen überprüfen. Dies würde für bestimmte Anwendungsmodelle Grenzen ziehen: Man könnte etwa nicht einfach einen Algorithmus mit Eingangsüberzeugungen »füttern« und erwarten, dass tatsächlich ausschließlich die für den entsprechenden epistemischen Akteur wirklich gerechtfertigten Überzeugungen als Resultat präsentiert werden. Man müsste stets nachvollziehen, wie der Prozess vonstattenging, wie abgewogen wurde und ob man anhand der Abwägungen nicht bemerken kann, dass relevante Argumente fehlen oder Gewichtungen angepasst werden sollten. Dieses Problem könnte wahrscheinlich durch eine angemessene Interaktion zwischen epistemischem Akteur und Maschine – etwa durch Feedbackschleifen – gelöst werden. Damit wären dann allerdings eben nicht alle Elemente der Methode formal gefasst, was einen Vorrang der informalen Fassung voraussetzt.[15]

3. Wenn der epistemische Akteur durch eine algorithmische Anwendung einer formalen Fassung der Methode seine kritische Untersuchung dergestalt auslagert, dass er noch nicht einmal nachvollzieht, wie ein resultierendes Überlegungsgleichgewicht zustande kam, erhält er zwar eventuell Überzeugungen, die relativ zu seinen eigenen Überzeugungen gerechtfertigt sein könnten, jedoch begreift er dann nicht wirklich,

15 Hierzu ein kleines Beispiel mit Blick auf einen Unterschied zwischen Sherlock Holmes und Dr. Watson: Auch Watson zieht oft korrekte Schlüsse – Holmes allerdings zieht Details in Betracht und untersucht sie auf Relevanz, die Watson einfach ignoriert. Holmes erweitert sein Überzeugungssystem und schließt dabei relevante Überzeugungen ein, weshalb sein Überzeugungssystem im Überlegungsgleichgewicht bleibt und Watsons angepasst werden muss, sobald er durch Holmes auf relevante Tatsachen hingewiesen wird. Das Suchen nach relevanten Überzeugungen und inferenzieller Struktur – angesichts der verfügbaren Ressourcen für die Untersuchung – ist gerade ein Hauptteil der Methode. Solange dies nicht voll formalisiert werden kann, ist eine formale Fassung nur als Hilfestellung und Werkzeug zu gebrauchen, mit dem man kritisch umgehen muss.

warum sie rechtfertigbar sind. Dieses *Begreifen* (im Englischen spricht man in diesem Zusammenhang auch von *grasping*) der Rechtfertigung scheint aber für das epistemische Ziel des Verstehens wichtig zu sein.[16] Wenn der epistemische Akteur selbst gemäß den Richtlinien der Methode (ob bewusst oder unbewusst) handelt, erhält er im Erfolgsfall neben gerechtfertigten Überzeugungen ein solches Begreifen der Rechtfertigung. Lässt er nur gemäß den Richtlinien der Methode rechnen, ohne dies selbst nachzuvollziehen, erhält er höchstens gerechtfertigte Überzeugungen allein. Ein Nachvollziehen der Methode, setzt aber auch schon eine gewisse kritische Distanz voraus und damit den Vorrang der informalen Fassung der Methode.

Diese Gründe sprechen nicht gegen den Versuch die Methode formal zu fassen. Die Nützlichkeit einer formalen Fassung und auch Anwendung habe ich im Gegenteil bereits versucht zu begründen. Die Gründe sollen also nur dazu dienen, die Rolle und Anwendungsmöglichkeiten einer formalen Fassung der Methode adäquat einzuschätzen und einer informalen Fassung der Methode stets einen Vorrang einzuräumen.

Ein solcher Vorrang sollte keine besonders umstrittene Position sein. So schreibt etwa Holm Tetens mit Blick auf den Versuch einer möglichst exakten Definition von Rationalität:

> »Wir Menschen müssen ständig neue Situationen meistern, die wir gar nicht im Einzelnen vorhersehen können. Wir dürfen uns daher nicht an ein Set definitiv abgeschlossener und exakt formulierter Verhaltensregeln ein für alle Mal binden. Wir müssen für das Neuartige einer Situation und für ihre unerwarteten Herausforderungen und Handlungsmöglichkeiten offen sein. Diesem, um es paradox zu sagen, »Zwang« zur prinzipiellen Offenheit situationsangemessenen Verhaltens ist die begriffliche Vagheit aller Explikationen des Ausdrucks »rational« allein angemessen.«[17]

Sven Ove Hansson schreibt einführend zur Philosophie mit formalen Mitteln:

> »In Philosophy, like other disciplines, formal models are useful tools that allow us to express ideas more precisely and to probe their implications. As in other disciplines, we can only use formal models efficiently if we keep track of their strengths and weaknesses. Since all formal models are idealizations, they all have imperfections, and we should never expect to find the uniquely best formal model that will tell us the whole truth and nothing but the truth about some philosophical subject matter. But there can be no doubt that formal models are indispensable tools in philosophical investigations.«[18]

---

16 Vgl. hierzu etwa Baumberger /Beisbart / Brun 2017, 12–17.

17 Tetens 2006, 137.

18 Hansson 2018a, 56.

DRITTER TEIL

Vorläufige Synthese

KAPITEL 12

Das Überlegungsgleichgewicht als Lebensform

Wenn im vorangehenden Teil dieser Arbeit einige der offenen Fragen zur Methode des Überlegungsgleichgewichts befriedigend beantwortet werden konnten oder zumindest klarer geworden sind, ist vielleicht auch ein vertieftes Verständnis der Methode erlangt worden. Wie könnte dieses vertiefte Verständnis zusammengefasst werden? Dies zu erörtern, ist die Aufgabe dieses synthetischen dritten und letzten Teils der vorliegenden Arbeit.

Der erste Abschnitt (12.1.) schlägt anhand des vertieften Verständnisses eine bestimmte zusammenfassende Interpretation der Methode vor, die ich das *Überlegungsgleichgewicht als Lebensform* nennen möchte.

Die folgenden Unterabschnitte versuchen diese Interpretation der Methode in Beziehung zu zwei Themen weiter zu klären: Als erstes soll die Methode in Beziehung zum Konzept des sogenannten *Critical Thinking* gesetzt werden (Abschnitt 12.1.1) und als zweites in Beziehung zu privaten *Konzeptionen des guten Lebens* (Abschnitt 12.1.2.).

Der zweite Abschnitt (12.2.) versucht ein klassisches Fazit der bisherigen gesamten Untersuchung der Methode des Überlegungsgleichgewichts zu ziehen.

Wahrscheinlich wird es sich nicht vermeiden lassen, dass in diesem Schlusskapitel neue Fragen aufgeworfen werden – und es ist durchaus auch Sinn dieses Schlussteils anzudeuten, in welchen Richtungen man versuchen könnte ein Verständnis der Idee des Überlegungsgleichgewichts als Lebensform weiter zu vertiefen. Doch angestrebt wird vor allem, verschiedene Stränge des bisherigen Gedankengangs – besonders auch aus dem Bereich der *Politischen Philosophie* – noch einmal mit der neu gewonnenen Perspektive aufzunehmen und zusammenzuführen, so dass erkennbar wird, warum die Interpretation der Methode des Überlegungsgleichgewichts als Lebensform besonders plausibel ist.

12.1 Ein zusammenfassender Interpretationsvorschlag

Weil ich denke, dass man als Ergebnis der bisherigen Untersuchung behaupten kann, dass die Methode des Überlegungsgleichgewichts am besten als eine Lebensform interpretiert werden sollte, ist es an dieser Stelle sinnvoll, sich noch einmal zu vergegenwärtigen, was eigentlich unter dem Begriff »Lebensform«

 | DOI:10.30965/9783969752500_013

zu verstehen ist. Lebensformen sind – etwa nach der bereits angeführten Definition von Jaeggi –[1]

> »Bündel von sozialen Praktiken [...] und Ordnungen sozialen Verhaltens. Sie umfassen Einstellungen und habitualisierte Verhaltensweisen mit normativem Charakter, die die kollektive Lebensführung betreffen, obwohl sie weder streng kodifiziert noch institutionell verbindlich verfasst sind.«[2]

Der Hauptgrund dafür, die Methode des Überlegungsgleichgewichts als Lebensform zu interpretieren, ist, dass eine zumindest implizite Akzeptanz der Methode – eine Disposition zu ihrer Anwendung und eine entsprechende Fähigkeit – als Grundlage für ihre Metarechtfertigung einfach vorausgesetzt werden muss.[3] Es gibt aber noch weitere Gründe dafür, die Methode prinzipiell als Lebensform zu betrachten.

Das Methode als Lebensform zu betrachten passt etwa gut zu dem Ergebnis, dass es vorrangig epistemische Akteure sind – also Personen oder Personengruppen mit dem Ziel der Erkenntnis – die sich an den Regeln der Methode implizit oder explizit orientieren sollten, um zu gerechtfertigten Überzeugungen gelangen und damit vielleicht Wissen oder Verständnis zu erhalten und dass die informale Fassung der Methode Vorrang vor der formalen Fassung der Methode hat.[4]

Passend ist darüber hinaus, dass ein Verständnis der Methode als Lebensform gut zu den paradigmatischen Konzeptionen der Methode passt: Sowohl DePaul als auch Elgin betonen, dass die Methode nicht rein intellektualistisch verstanden werden darf.

Bei DePaul sollte der epistemische Akteur durch die Anwendung der Methode anerkennen, dass er sein moralisches Empfindungsvermögen durch prägende Erlebnisse verfeinern muss und dies dann auch umsetzen. Die Suche nach den verfeinernden prägenden Erlebnissen – vorzugsweise in Kunst und Kultur – sollte ein Teil seines Lebens werden. Die Methode besteht bei ihm also auch in einer bestimmten Lebensführung und in einem konkreten praktischen Handeln, das nicht rein gedanklicher Natur ist. Wenn man die Methode im Kern ohnehin als eine kulturell eingebettete Lebensform begreift, ist der Schritt zu DePauls *Balance and Refinement* kein besonders radikaler.[5]

1 Vgl. Abschnitt 9.2. der vorliegenden Arbeit.

2 Jaeggi 2014, 77.

3 Vgl. Kapitel 9 der vorliegenden Arbeit.

4 Vgl. Kapitel 11 der vorliegenden Arbeit.

5 Vgl. Abschnitt 5.1. der vorliegenden Arbeit, insbesondere Abschnitt 5.1.6.

Bei Elgin spielen beispielsweise Emotionen eine bedeutende Rolle für ein adäquates Verständnis vieler Sachgebiete. Das bedeutet sowohl den Einbezug der Beurteilung von Emotionen in den Prozess des Überlegungsgleichgewichts als auch die Anpassung von Emotionen an das Resultat des Überlegungsgleichgewichtsprozesses. Auch hier ist die Methode nicht nur Bestandteil eines rein intellektuellen Prozesses, sondern hat Wechselwirkungen mit den emotionalen Fähigkeiten und Dispositionen des epistemischen Akteurs.[6]

Generell steht die Methode natürlich im Zusammenhang mit den Handlungen des epistemischen Akteurs, wenn dieser seine moralischen oder praktischen Fragen mit Hilfe der Methode klärt und motiviert ist dementsprechend zu handeln. Ob ein epistemischer Akteur die Methode nutzt, was selbst als epistemische Handlung zu begreifen ist, hängt von einer Habitualisierung und zusätzlich (falls die Habitualisierung eben auch dazu führt, das die Methode auf sich selbst gerichtet wird) auch von der normativen Evaluierung der Methode ab – die reflektierte Nutzung erfordert sowohl epistemische, als auch moralische Akzeptanz der entsprechenden Akteure: So muss das *volle Überlegungsgleichgewicht* von Rawls oder Daniels von den Bürgerinnen und Bürgern einer gerechten Gesellschaft innerhalb einer liberalen Demokratie als Methode der Rechtfertigung im Rahmen des öffentlichen Vernunftgebrauchs akzeptiert werden – und zwar nicht nur als epistemisches Paradigma und gerechtfertigte Methode, sondern als *commitment*, welches das Handeln der Bürgerinnen und Bürger tatsächlich verlässlich im Rahmen des öffentlichen Vernunftgebrauchs bestimmt. Die Bürgerinnen und Bürger ins Rawls Gesellschaft müssen dazu zwar in gewisser Weise ein grobes Verständnis von der Methode des (vollen) Überlegungsgleichgewichts haben, aber sie müssen es zusätzlich auch tatsächlich anwenden, wenn es darum geht Ansprüche in Bezug auf die Grundstruktur der Gesellschaft zu rechtfertigen – es geht also auch um eine Art reflektierte Fähigkeit oder Know how – eine Kunst – des Überlegungsgleichgewichts, das sowohl verbreitet ist als auch praktiziert wird.[7]

Die Methode des Überlegungsgleichgewichts als Lebensform ist sozusagen der Kern des epistemischen Konsenses einer liberalen Demokratie im Rawlschen Theorierahmen.[8] Der epistemische Konsens muss zwar mehr

---

6 Vgl. Abschnitt 5.2. der vorliegenden Arbeit, insbesondere Abschnitt 5.2.5.

7 Vgl. Kapitel 1 und 3 der vorliegenden Arbeit (insbesondere die Abschnitte 3.4. & 3.5.) Mehr hierzu in Abschnitt 12.1.2.

8 Passend ist in diesem Zusammenhang, dass Rawls' Philosophie und methodisches Verständnis stark von Wittgensteins Philosophie – also unter anderem vom Begriff der Lebensform – geprägt worden ist. So zumindest das Ergebnis der ausführlichen Untersuchung von Andrius Gališanka hierzu. Vgl. Gališanka 2013 & 2019. Vgl. hierzu auch Botti 2019 (insbes. 177).

umfassen als nur die Methode des Überlegungsgleichgewichts – etwa was in der öffentlichen Argumentation oder vor Gericht als Tatsache anzusehen ist oder Rawls' *Bürden des Urteilens* – aber wenn über das Ausmaß des Konsenses Uneinigkeit besteht, kann mit Hilfe der Methode für bestimmte epistemische Positionen argumentiert werden: etwa genau dann, wenn in Frage gezogen wird, ob etwas eine Tatsache ist oder was als Wissenschaft zählt. Probleme dieser Art gibt es in liberalen Demokratien zurzeit etwa mit Blick auf Themen wie den sogenannten *Kreationismus*, die medizinische Nützlichkeit von Impfungen oder die Verlässlichkeit von etablierten Zeitungen und journalistischer Praxis. Wenn noch nicht einmal die Methode des Überlegungsgleichgewichts Konsens wäre, kann öffentlicher Vernunftgebrauch hier schlecht zu Einigung führen.

Eine gelebte Akzeptanz der Methode des Überlegungsgleichgewichts, die für ein Funktionieren der liberalen Demokratie im Rawlschen Theorierahmen notwendig ist, kann, gemäß dem zu Beginn des Abschnitts erneut präsentierten Verständnis des Begriffs Lebensform, durchaus als eine solche bezeichnet werden. Man könnte zwar mit Blick auf die präsentierte Charakterisierung des Begriffs hinterfragen, ob die Methode des Überlegungsgleichgewichts im Rahmen des öffentlichen Vernunftgebrauchs nicht doch zu *verbindlich* für eine Lebensform verfasst ist, wenn die Bürgerinnen und Bürger ein grobes Verständnis der Methode entwickeln müssen und ihr zu einem gewissen Grad bewusst folgen – aber auch in diesem Fall ist sie zumindest nicht in dem Sinn verbindlich verfasst, dass es genau eine Art und Weise gibt, die durchaus verbindlichen aber vagen Regeln der Methode präzise oder gar eindeutig formal zu fassen.

Wenn es bei einer Lebensform vor allem um ein habitualisiertes Verhalten oder Handeln geht, das gemeinschaftlich gelernt und gelehrt wird und zu einem gewissen Grad reflektiert ist, dann sind vielleicht sogar die in der vorläufigen Definition vorgeschlagenen Regeln der Methode zu abstrakt und komplex.[9] Wie wären die Regeln der Rechtfertigung, die in einer gerechten Gesellschaft nach Rawls in Kraft wären, so vereinfacht als grobe Richtlinien zu formulieren, dass sie von den Bürgerinnen und Bürgern außerhalb der akademischen Philosophie gut verstanden werden könnten? Hierzu möchte ich zu jedem der vier Kernelemente der Methode des Überlegungsgleichgewichts einen Vorschlag anbieten:

1) Eine einfache Fassung des minimalistischen Fallibilismus, den Bürgerinnen und Bürger bei der Rechtfertigung beachten können, könnte etwa wie folgt lauten: »Keine Überzeugung ist gewiss – alles kann prinzipiell stets hinterfragt und revidiert werden.«

9 Vgl. Kapitel 6 und insbesondere Abschnitt 6.5. der vorliegenden Arbeit.

2) Die einfache Fassung des moderaten Holismus könnte lauten: »Alle Überzeugungen sind stets im Zusammenhang mit den anderen Überzeugungen zu betrachten, die sie stützen oder schwächen können und man muss nach solchen Überzeugungen suchen, wenn man Zeit dazu hat.«
3) Die einfache Fassung des schwachen Fundamentalismus könnte lauten: »Gehe bei einer Untersuchung stets von dem aus, von dem Du selbst unmittelbar oder mittelbar auch überzeugt bist. Mittelbar kann man von etwas überzeugt sein, wenn man eine Aussage einer anderen Person (direkt oder über ein Medium) aus guten Gründen für glaubhaft hält.«
4) Die einfache Fassung der minimalistischen Rationalität könnte lauten: »Man sollte, ausgehend von den eigenen Überzeugungen, die angemessen erweitert wurden, stets die möglichen Überzeugungen für wahr halten, die zusammengenommen und zusammenbetrachtet die plausibelsten sind.«

Zu jeder dieser einfach formulierten Regeln könnte man sich eine epistemische *Tugend* denken, die einen epistemischen Akteur zu einem der Regel entsprechenden Handeln disponiert. Wenn das Überlegungsgleichgewicht als Lebensform verstanden wird, könnte man versuchen eine Brücke zu den Debatten der *Tugenderkenntnistheorie* zu schlagen und versuchen zu erkunden, inwieweit die Tugenden, die mit den Kernregeln des Überlegungsgleichgewichts verbunden sind, etwa zur Erlangung des Verständnisses eines Sachgebiets notwendig sind.

12.1.1 *Überlegungsgleichgewicht und Critical Thinking*

Der möglichen Verbindung der Methode des Überlegungsgleichgewichts in der Interpretation als Lebensform zur Tugenderkenntnistheorie werde ich hier nicht weiter nachgehen. Aber eine andere mögliche Verbindung, die man erkennen könnte, möchte ich ein wenig genauer betrachten, da man mit ihr den Bogen schlagen kann zur demokratischen Erziehung zu vernünftigen epistemischen Bürgerinnen und Bürgern, die die Methode des Überlegungsgleichgewichts anwenden: Es handelt sich um die Verbindung des Überlegungsgleichgewichts als Lebensform zum Konzept des *Critical Thinking*.

Die Einführung des Ausdrucks »Critical Thinking« geht zurück auf den amerikanischen Pragmatisten John Dewey (*How We Think*, 1910).[10] Dieser definiert *Critical Thinking* – dass er passenderweise selbst meist als »reflective thinking« oder »reflective thought« bezeichnet[11] – wie folgt:

10 Vgl. Hitchcock 2018.

11 Hier ist im Ausdruck bereits die Nähe zum »reflective equilibrium« evident.

> »Active, persistent, and careful consideration of any belief or supposed form of knowledge in light of the grounds that support it, and the further conclusions to which it tends, constitutes reflective thought.«[12]

Nach Dewey wird das reflektierte Denken stets von einer Störung eines mentalen Gleichgewichts angestoßen, das – so kann man folgern – durch das reflektive Denken wiederhergestellt werden soll:

> »[...] the origin of [reflective] thinking is some perplexity, confusion, or doubt. [...]. General appeals to a child (or to a grown-up) to think [reflectively], irrespective of the existence in his own experience of some difficulty that troubles him and disturbs his equilibrium, are as futile as advice to lift himself by his boot-straps.«[13]

Rawls Ausdruck »reflective equilibrium« könnte daher durchaus von Deweys »reflective thinking« inspiriert sein. Dafür spricht auch, dass Rawls ebenso Zweifel und das Vergegenwärtigen von Konflikten zwischen den eigenen Überzeugungen als Antrieb für den Versuch ein Überlegungsgleichgewicht herzustellen sieht. Personen, die ihre eigenen Überzeugungen nicht in diesem Sinn kritisch reflektieren, sind für ihn potenziell fanatisch und undemokratisch:

> »Diejenigen, die meinen ihre Urteile seien stets widerspruchsfrei, sind unreflektierte oder dogmatische Menschen; nicht selten handelt es sich um Ideologen und Fanatiker.«[14]

Kritisch zu denken sei nach Dewey dem Ansatz nach bereits natürlicherweise bei Kindern vorhanden – die hinterfragen, neugierig sind und experimentieren – kann aber durch Erziehung gefördert und zu einem wissenschaftlichen Denken verfeinert werden. Vor allem in den USA griffen Bildungseinrichtungen das Konzept des *Critical Thinking* auf, das mittlerweile aber auch international zunehmend als Bildungsziel propagiert wird und empirisch

---

12 Dewey 1910, 6. Vgl. Hitchcock 2018.

13 Dewey 1910, 12.

14 Rawls 2006, 60. Eine Verbindung der Methode des Überlegungsgleichgewichts über das Konzept des *Critical Thinking* mit der Philosophie des *Pragmatismus* wäre aus systematischer und ideengeschichtlicher Sicht plausibel: *Logischer Empirismus* und *Pragmatismus* stehen historisch in einem Zusammenhang, der für Rawls' Entwicklung der Methode des Überlegungsgleichgewichts relevant ist. Außerdem akzeptieren zeitgenössische Vertreter des Pragmatismus wie Morton White die Methode des Überlegungsgleichgewichts oder betonen wie Richard Bernstein die Bedeutung des Fallibilismus für die demokratische Gesellschaft. Vgl. Botti 2019 (insbes. 13f., 76ff., 87–121, 133f., 146f.); vgl. etwa Bernstein 1989.

erforscht wird. Dabei werden die Fähigkeit und Disposition zu kritischem Denken bei Bürgerinnen und Bürgern eben oft als Voraussetzungen für das Funktionieren einer liberalen Demokratie angesehen.[15] Dass es also nicht nur um eine Methode des Denkens geht, mit der Probleme adäquat bearbeitet und Überzeugungen kritisch hinterfragt werden können, sondern dass wichtig ist, dass diese Denkweise von Menschen in bestimmten Kontexten auch tatsächlich angewendet und akzeptiert wird, passt zur Idee des Überlegungsgleichgewichts als Lebensform. Passend ist auch, dass kritisches Denken vorrangig informal verstanden wird:

> »Derivation of a conclusion from given data using an algorithm is not critical thinking.«[16]

Die Art und Weise, wie der Prozess des kritischen Denkens in zeitgenössischer Forschung beschrieben wird, ist mit den vier Regeln des konzeptionellen Kerns der Methode des Überlegungsgleichgewichts gut vereinbar und deckt sich in vielen Punkten. Hier etwa eine Charakterisierung des Prozesses von David Hitchcock:

> »Perhaps the best way to conceptualize the critical thinking process is as a checklist whose component events can occur in a variety of orders, selectively, and more than once. These component events might include (1) noticing a difficulty, (2) defining the problem, (3) dividing the problem into manageable sub-problems, (4) formulating a variety of possible solutions to the problem or sub-problem, (5) determining what evidence is relevant to deciding among possible solutions to the problem or sub-problem, (6) devising a plan of systematic observation or experiment that will uncover the relevant evidence, (7) carrying out the plan of systematic observation or experimentation, (8) noting the results of the systematic observation or experiment, (9) gathering relevant testimony and information from others, (10) judging the credibility of testimony and information gathered from others, (11) drawing conclusions from gathered evidence and accepted testimony, and (12) accepting a solution that the evidence adequately supports [...].«[17]

So wie die Methode des Überlegungsgleichgewichts mit Blick auf bestimmte Untersuchungsbereiche verfeinert werden kann, können auch Konzeptionen des *Critical Thinking* detailreicher und komplexer sein, als die hier sehr auf den Kern des Konzepts fokussierte Charakterisierung des Prozesses: Etwa wenn als Teil des Curriculums in Kursen zum *Kritischen Denken* formallogische

---

15 Vgl. Hitchcock 2018; vgl. Siegel 1988, 60f., 158 (Endnote 35); vgl. Scheffler 1973.

16 Vgl. Hitchcock 2018.

17 Hitchcock 2018.

Schlussformen gelehrt werden oder auf die Gefahren durch *confirmation bias* und alltäglich anzutreffende und weit verbreitete Fehlschlüsse aufmerksam gemacht wird. Oder wenn bestimmten Sorten von Beobachtungsaussagen besonderes Gewicht zugemessen wird. *Kritischen Denkens* ist ebenso wie die Methode des Überlegungsgleichgewichts angewiesen auf die adäquate Berücksichtigung von zugänglichen Hintergrundinformationen – die konkrete Ausformung des mit diesen Konzepten verbundenen Vorgangs kann von Untersuchungsgegenstand zu Untersuchungsgegenstand stark variieren.[18]

Wenn man zugesteht, dass die Methode des Überlegungsgleichgewichts als Lebensform mit dem Konzept des *Critical Thinking* verbunden werden kann, wäre damit auch eine Verbindung zu ausführlicher empirischer Forschung und pädagogischer Praxis geschaffen, die für eine weitere Vertiefung des Verständnisses der Methode äußerst nützlich sein kann.

12.1.2 *Überlegungsgleichgewicht und das Gute Leben*

Einem möglichen Missverständnis im Zusammenhang mit dem Verständnis der Methode des Überlegungsgleichgewichts als Lebensform sollte an dieser Stelle jedoch vorgebeugt werden: Dass die Methode als Lebensform verstanden wird – zu der Kinder, Jugendliche und junge Erwachsene im Rahmen der Idee des *Critical Thinking* vielleicht sogar staatlich erzogen werden sollten – heißt nicht, dass es sich dabei um eine allumfassende Lebensform handeln muss.

Wenn man beispielsweise dem Rawlschen Theorierahmen folgen möchte, dann ist es in bestimmten Kontexten zwar adäquat die Fähigkeit und die Disposition entwickelt zu haben, die Methode zu nutzen – etwa im Rahmen einer Rechtfertigung einer politischen Aussage – in anderen Kontexten ist aber offen, ob eine solche Disposition und das bewusste Anwenden der Methode adäquat ist oder nicht. Dies liegt daran, dass Rawls' Theorie nur für die Sphäre des Rechten die Anwendung der Methode des Überlegungsgleichgewichts zwingend voraussetzt, aber in privaten Belangen die Evaluierung des richtigen – auch epistemischen – Verhaltens von vernünftigen umfassenden Lehren des guten Lebens bestimmt wird. Solange eine solche umfassende Lehre für den politischen Bereich anerkennt, dass nach der Methode des Überlegungsgleichgewichts als Lebensform vorgegangen werden sollte, müsste man sie als epistemisch vernünftig auszeichnen.

Dies scheint durchaus nicht absurd zu sein, wenn man bedenkt, dass es plausibel ist, in bestimmten persönlichen Bereichen nicht stets die gleiche Kritik gegenüber allen Arten von Überzeugungen zu verlangen, wie im öffentlichen Bereich – also vielleicht politischer Argumentation oder auch in

---

18 Vgl. Hitchcock 2018.

Bezug auf wissenschaftliche Aussagen. Ein Leben, bei dem Aussagen in allen Bereichen stets gemäß der Methode des Überlegungsgleichgewichts gerechtfertigt werden, scheint sich von dem der meisten Menschen und auch deren Vorstellung von einem guten Leben zu unterscheiden. Um dies zu begreifen kann man sich vielleicht zur Verbildlichung den Charakter *Mr. Spock* aus dem fiktiven *Star Trek*-Universum vorstellen, dessen Urteile normalerweise stets rational begründet sind. Dies hebt ihn von den anderen Mitgliedern des *Raumschiffs Enterprise* ab, mit denen er aus diesem Grund zum Teil auch in moralischen Konflikt gerät, bei dem oft nicht offensichtlich klar ist, wer sich im Recht befindet.[19] Vor allem bestimmte spirituell oder religiös geprägte (aber im politischen durchaus vernünftige) Konzeptionen des guten Lebens könnte es vor unüberwindbare Schwierigkeiten stellen, würde das Überlegungsgleichgewicht als allumfassende Lebensform verstanden – zum Beispiel wenn in ihnen ein fundamentaler und unbezweifelbarer Glaube vorausgesetzt wird, der untrennbarer Bestanteil eines guten Lebens sei.[20]

Aus diesen Gründen sollte die Methode des Überlegungsgleichgewichts nicht als notwendig allumfassende Lebensform verstanden werden. Wie genau die Methode des Überlegungsgleichgewichts, selbst wenn sie als Lebensform verstanden wird, begrenzt werden kann, möchte ich im Folgenden kurz skizzieren und zwei Formen unterscheiden, in denen sie eine Begrenzung erfahren könnte:

a) Die erste Form ist eine Art Selbstbegrenzung der Methode: Ebenso wie es vielleicht möglich ist, die Methode nicht nur epistemisch zu rechtfertigen, sondern auch moralisch zu rechtfertigen – Rawls' Theorie des öffentlichen Vernunftgebrauchs enthält mit Blick auf die Stabilität der Gesellschaft eine solche moralische Rechtfertigung – könnte man vielleicht mit einer (durch ein Überlegungsgleichgewicht selbst gerechtfertigten) moralischen Theorie auch begründen, dass aus moralischer Sicht in bestimmten Kontexten nicht nach der Methode des Überlegungsgleichgewichts vorgegangen werden sollte.[21] Man sollte dann in diesen Bereichen Überzeugungen anders rechtfertigen – andere Dispositionen

19 Auf philosophischer Ebene könnte man die Ausdehnung der Lebensform des Überlegungsgleichgewichts auf alle Handlungsbereiche vielleicht mit Bernard Williams »One thought too many«-Kritik assoziieren. Vgl. Williams 1981.

20 Auch Liebe, Freundschaft oder Kunst könnten beispielsweise in bestimmten Konzeptionen des guten Lebens eine fundamentale oder rational nicht hinterfragbare oder hinterfragte Überzeugung verlangen. Das soll natürlich nicht heißen, dass es undenkbar wäre, beispielweise Religion mit (quasi-)allumfassend fallibilistischer Haltung zu leben: Vgl. hierzu vielleicht Brümmer 1998, 155.

21 Vgl. die Abschnitt 3.4. und 8.1.1. der vorliegenden Arbeit.

entwickeln und andere Fähigkeiten anwenden –, aber hätte auf einer Metaebene noch die Disposition und die Fähigkeit dieses Vorgehen mit der Methode des Überlegungsgleichgewichts zu begründen. Vielleicht würde man sich selten auf die Metaebene begeben, wenn die entsprechenden Teilbereiche, in denen eine andere epistemische Lebensform oder gar keine epistemische Lebensform kultiviert werden sollen, sehr umfassend sind, doch diese könnten prinzipiell immer noch epistemisch eingebettet sein in die Lebensform des Überlegungsgleichgewichts.[22] Die Fähigkeit und Disposition die Methode auch anzuwenden, würde zumindest im öffentlichen Bereich einer liberalen Demokratie im Rawlschen Rahmen stets weiter gefördert werden, unabhängig davon, wie sehr die Methode im privaten Bereich Anwendung findet. Die Methode des Überlegungsgleichgewichts wäre hierbei dann sozusagen die dominante epistemische Lebensform neben anderen epistemischen Lebensformen, die von ihr abhängig sind.

b) Man könnte sich als zweite Form der Begrenzung der Methode aber auch denken, dass die Methode des Überlegungsgleichgewichts selbst nicht die dominante epistemische Lebensform ist, sondern eine andere epistemische Lebensform fundamental ist und durch diese erst die Methode des Überlegungsgleichgewichts in bestimmten Teilbereichen gerechtfertigt wird. Wäre es beispielsweise nicht etwa möglich, dass der fundamentale – und zwar im epistemischen Sinn, stark fundamentalistische – Glaube an eine bestimmte göttliche Offenbarung für den politischen Bereich die Methode des Überlegungsgleichgewichts als Methode öffentlicher Rechtfertigung von politischen Aussagen als alleinig adäquat auszeichnet? Solange eine solche religiöse oder spirituelle Offenbarung das politische Modul des öffentlichen Vernunftgebrauchs und den übergreifenden Konsens in sich einbezieht wäre sie im Rahmen der Rawlschen Theorie durchaus als eine der vernünftigen möglichen Konzeptionen des guten Lebens auszuzeichnen.[23]

---

22 Diese Argumentation ist analog zur Argumentation für die Möglichkeit eines *raffinierten Konsequentialisten* (*sophisticated consequentialist*) im Moralischen: vgl. Driver 2012, 100f, 103–106; vgl. Railton 1984. Vorstellbar ist dementsprechend auch der Extremfall, dass man sich aus moralischen Gründen ganz von der Methode des Überlegungsgleichgewichts entfernt – dies wäre, zumindest im Rawlschen Theorierahmen, politisch dann aber eine unvernünftige Entscheidung.

23 Es ist allerdings möglicherweise für die Bürgerinnen und Bürger, die andere Konzeptionen des guten Lebens vertreten – in denen beispielsweise die Methode des Überlegungsgleichgewichts die dominante epistemische Lebensform ist – schwer einzuschätzen, wie

Das Überlegungsgleichgewicht sollte also in erster Linie als politische Lebensform verstanden werden und nicht als eine des privaten Lebens. Und selbst wenn sie auch im privaten Leben die dominante epistemische Lebensform ist, wird sie aller Wahrscheinlichkeit nach nicht allumfassend in dem Sinn sein, dass in allen Kontexten nach ihr agiert werden sollte.

12.2 Ein Fazit

Ziel dieser Arbeit war es, zu einem tieferen Verständnis der Methode des Überlegungsgleichgewichts als einer Methode der internen epistemischen Rechtfertigung beizutragen. Hierzu wurde im ersten Teil der Arbeit versucht, anhand paradigmatischer Konzeptionen der Methode einen konzeptionellen Kern herauszuarbeiten.

Vier Konzeptionen des Überlegungsgleichgewichts wurden hierzu ausführlich untersucht: Vor allem die Theorien des Namensgebers der Methode John Rawls, jedoch auch diejenigen von Norman Daniels, Michael DePaul sowie Catherine Elgin.[24]

Ausgehend von dieser Untersuchung wurde dafür argumentiert, dass der konzeptionelle Kern der Methode aus den folgenden vier notwendigen und gemeinsam hinreichenden Regelelementen besteht:

1) Einem minimalistischen Fallibilismus,
2) einem moderaten Holismus,
3) einer minimalistischen Rationalität, und
4) einem schwachen Fundamentalismus.[25]

Mit Blick auf die vorgeschlagene Definition der Methode des Überlegungsgleichgewichts wurde im zweiten Teil der Arbeit versucht, einige zentrale offene Fragen zu beantworten:

Es wurde dafür argumentiert, dass das zentrale Regelelement des minimalistischen Fallibilismus aus epistemischer Sicht gerechtfertigt ist, da es keine Überzeugungen gibt, zu deren Wahrheit ein epistemischer Akteur einen ihm

stark die Akzeptanz des übergreifenden Konsenses (und damit auch die Akzeptanz der Methode des Überlegungsgleichgewichts als politische Lebensform) durch eine derartige fundamentalistische vernünftige Konzeption des Guten ist. Ein Verständnis dieses Glaubens und auch dessen epistemischer Aspekte sollte dann zumindest öffentlich vorhanden sein.

24 Vgl. die Kapitel 3, 4 und 5 der vorliegenden Arbeit.

25 Vgl. Kapitel 6 und insbesondere Abschnitt 6.5. der vorliegenden Arbeit für eine genauere Darstellung und Erläuterung der Begriffe.

transparenten Zugang hat. Selbst für den Fall, dass es einzelne Überzeugungen gäbe, für die dies zuträfe, stehen Vertreterinnen und Vertretern der Methode des Überlegungsgleichgewichts Rückzugsoptionen zur Verfügung, nach denen die Methode eine quasi-universale Geltung hat. Es wurde außerdem für die These argumentiert, dass alternative Methoden der Rechtfertigung, die in der Philosophie vorgeschlagen werden, entweder mit der Methode des Überlegungsgleichgewichts vereinbar sind oder ungerechtfertigt sind.[26]

Eine *Metarechtfertigung* der Methode des Überlegungsgleichgewichts – hier verstanden als eine Rechtfertigung der Methode durch die Methode selbst – ist zwar nicht völlig befriedigend weil die Akzeptanz der Methode zu Beginn der Untersuchung vorausgesetzt werden muss und daher in einem gewissen Sinn zirkulär ist; sie ist aber epistemisch akzeptabel weil sie eine kritische Untersuchung mit offenem Ausgang zulässt.[27]

Es wurde aufgezeigt, dass die Methode auch einen moderaten Fundamentalismus in einem bestimmten Untersuchungsgebiet rechtfertigen kann, insofern epistemische Grundüberzeugungen ausgezeichnet werden können – ob ein moderater Fundamentalismus vertreten werden kann, hängt also vom Kontext ab. Die Default-Position der Methode ist jedoch nur der schwache Fundamentalismus (der oftmals auch als *Kohärentismus* bezeichnet wird).[28]

In Bezug auf eine formalere Fassung der Methode und eine damit einhergehende Präzisierung der Begriffe aus der Definition der Kernregeln wurden mögliche Wege der Formalisierung skizziert. Allerdings wurde dafür argumentiert, dass der informalen Fassung der Methode ein Vorrang zukommt.[29]

Diese Ergebnisse der Untersuchung lassen sich, so der Standpunkt, der im abschließenden dritten Teil der Arbeit vertreten wird, am plausibelsten dahingehend interpretieren, dass die Methode des Überlegungsgleichgewichts als Lebensform verstanden wird. Die Methode wird dabei von entsprechenden epistemischen Akteuren tatsächlich zumindest implizit akzeptiert: sie haben sowohl die Disposition als auch die Fähigkeit entwickelt in bestimmten Kontexten gemäß der Methode zu handeln. Diese Interpretation der Methode kann man in Beziehung setzen zur Idee des *Critical Thinking*, das als bürgerliche Tugend und Mittel zur personalen Autonomie als Bildungsideal in der Theorie erforscht und in der Praxis angewendet wird. Ein mögliches Missverständnis sollte in Bezug auf die Methode des Überlegungsgleichgewichts als

26 Vgl. Kapitel 8 der vorliegenden Arbeit.
27 Vgl. Kapitel 9 der vorliegenden Arbeit.
28 Vgl. Kapitel 10 der vorliegenden Arbeit.
29 Vgl. Kapitel 11 der vorliegenden Arbeit.

Lebensform ausgeräumt werden: Dass die Methode des Überlegungsgleichgewichts als Lebensform verstanden wird, heißt nicht, dass es sich um eine allumfassende Lebensform handeln muss: Im Bereich des Privaten kann sie akzeptiert werden, muss es aber nicht. Das hier vorgetragene Verständnis der Methode sieht sie vor allem als öffentliche und politische Lebensform.[30]

30 Vgl. Abschnitt 12.1. der vorliegenden Arbeit.

Literaturverzeichnis

Aristoteles: *Nikomachische Ethik*, auf der Grundlage der Übersetzung von Eugen Rolfes, herausgegeben von Günther Bien, Hamburg (4. Durchgesehene Auflage) 1985.

Arnswald, Ulrich / Weiberg, Anja (Hrsg.), *Der Denker als Seiltänzer*. Ludwig Wittgenstein über Religion, Mystik und Ethik, Düsseldorf 2001.

Audard, Catherine: »Sidgwick, Henry«, in: Mandle, Jon / Reidy, David (eds.), *The Cambridge Rawls Lexicon*, Cambridge 2015, 773–776.

Baderin, Alice: »Reflective Equilibrium. Individual or Public?«, in: *Social Theory and Practice*, 43 (1), 2017, 1–28.

Baumberger, Christoph / Beisbart, Claus / Brun, Georg: »What is Understanding?«, in Grimm, Stephen R. / Baumberger, Christoph / Ammon, Sabine, *Explaining Understanding*. New Perspectives from Epistemology and Philosophy of Science, New York / London 2017, 1–34.

Baumberger, Christoph / Brun, Georg: »Dimensions of Objectual Understanding«, in Grimm, Stephen R. / Baumberger, Christoph / Ammon, Sabine, *Explaining Understanding*. New Perspectives from Epistemology and Philosophy of Science, New York / London 2017, 165–189.

Baumberger, Christoph / Brun, Georg: »Reflective equilibrium and understanding«, in: *Synthese*, 2020, 1–25.

Bernstein, Richard J.: »Pragmatism, Pluralism and the Healing of Wounds.«, in: *Proceedings and Addresses of the American Philosophical Association* 63, no. 3, 1989, 5–18.

Betz, Gregor: *Theorie dialektischer Strukturen*, Frankfurt a. M. 2010.

Betz, Gregor: »On Degrees of Justification«, in: *Erkenntnis*, 77 (2), 2012, 237–272.

Bevir, Mark / Gališanka, Andrius: »John Rawls in historical context«, in: *History of Political Thought*, 33 (4), 2012, 701–725.

Blake, Michael: »Burdens of Judgement«, in: Mandle, Jon / Reidy, David (eds.), *The Cambridge Rawls Lexicon*, Cambridge 2015, 74–77.

Brainard, David H. / Hurlbert, Anya C.: »Colour Vision: Understanding #TheDress«, in: *Current Biology*, Volume 25, Issue 13, 2015, R551–R554.

Brandt, Richard B.: *A Theory of the Good and the Right*, Oxford / New York 1979.

Bruemmer, Vincent: »Religious Models and Moral Principles«, in: van der Burg, Wibren / van Willigenburg, Theo (eds), *Reflective Equilibrium*. Essays in Honour of Robert Heeger, Dordrecht / Boston / London 1998, 145–156.

Brun, Georg: »Reflective Equilibrium Without Intuitions?«, in: *Ethical Theory and Moral Practice*, 17 (2), 2013, 237–252.

Brun, Georg: »Explication as a Method of Conceptual Re-engineering.«, in: *Erkenntnis*, 81 (6), 2016, 1211–1241.

Brun, Georg: »Conceptual re-engineering: from explication to reflective equilibrium«, in: *Synthese*, Special Issue Philosophical Methods, 2017, 1–30.

Brune, Jens Peter / Stern, Robert / Werner, Micha H.: »Introduction«, in: Brune, Jens Peter / Stern, Robert / Werner, Micha H. (ed.): *Transcendental Arguments in Moral Theory*, Berlin / Boston 2017, 1–3.

BonJour, Laurence: *The Structure of Empirical Knowledge*, Cambridge, Massachusetts / London 1985.

Botti, Daniele: *John Rawls and American Pragmatism*. Between Engagement and Avoidance, Lanham / London 2019.

Brink, David O: Moral Realism and the Foundations of Ethics, Cambridge 1989.

Brink, David O: »Common Sense and First Principles in Sidgwick's Methods«, in: *Social Philosophy and Policy* 11 (1), 1994, 179–201.

Carnap, Rudolf: »Empriricism, Semantics, and Ontology«, in: *Revue Internationale de Philosophie*, Vol. 4, No. 11, 1950, 20–40.

Chandler, Jake: »Wolfgang Spohn, The Laws of Belief: Ranking Theory and its Philosophical Implications«, in: *Dialectica*, 71, 2017, 141–146.

Cohnitz, Daniel / Rossberg, Marcus: »Nelson Goodman«, in: Zalta, Edward (ed.), *The Stanford Encyclopedia of Philosophy* (Winter 2016 Edition), zuletzt abgerufen 25.01.2019, unter: <https://plato.stanford.edu/archives/win2016/entries/goodman/>.

Copp, David: [Review DePaul 1993], *Philosophy and Phenomenological Research*, Vol. 56, No. 4, December, 1996, 959–962.

Crisp, Roger: »Sidgwick and the Boundaries of Intuitionism«, in: Philip Stratton-Lake (ed.), *Ethical Intuitionism*, Oxford 2002, 56–75.

Daniels, Norman: »Wide Reflective Equilibrium and Theory Acceptance in Ethics«, in: *The Journal of Philosophy*, Vol. 76, No. 5, 1979, 256–282.

Daniels, Norman: »Reflective Equilibrium and Archimedean Points«, in: *Canadian Journal of Philosophy*, Vol. 10, No. 1, 1980a, 83–103.

Daniels, Norman: »On some methods of ethics and linguistics«, in: *Philosophical Studies*, 37 (1), 1980b, 21–36.

Daniels, Norman: *Justice and Justification*. Reflective Equilibrium in Theory and Practice, Cambridge / New York 1996.

Daniels, Norman: »Reflective Equilibrium«, in: Zalta, Edward (ed.), *The Stanford Encyclopedia of Philosophy* (Fall 2018 Edition), zuletzt abgerufen 25.01.2019, unter: <https://plato.stanford.edu/archives/fall2018/entries/reflective-equilibrium/>.

de Maagt, Sem: »Reflective equilibrium and moral objectivity«, in: *Inquiry*: An Interdisciplinary Journal of Philosophy, 60 (5), 2017a, 443–465.

de Maagt, Sem: *Constructing Morality*. Transcendental Arguments in Ethics, Utrecht 2017b, zuletzt abgerufen 14.02.2019, unter: <https://dspace.library.uu.nl/handle/1874/345118>.

DePaul, Michael R.: *Balance and Refinement.* Beyond Coherence Methods of Moral Inquiry, London / New York 1993.

De Rosa, Raffaella / Lepore, Ernest: »Quine's meaning holisms«, in: Gibson, Roger F. (ed.), *The Cambridge Companion to Quine*, Cambridge 2004, 65–90.

Descartes, René: *Meditationes de Prima Philosophie / Meditationen über die Erste Philosophie*, Lateinisch / Deutsch, übersetzt und herausgegeben von Gerhart Schmidt, Stuttgart 1986.

Dewey, John: *How We Think*, Boston 1910.

Driver, Julia: *Consequentialism*, London / New York 2012.

Dufner, Annette: »Überraschende Thesen des klassischen Utilitarismus: Henry Sidgwicks vernachlässigte Vollendung der klassischen britischen Moralphilosophie«, in: *Archiv für Rechts- und Sozialphilosophie* 98 (4), 2012, 510–534.

Ebbesen, Mette / Pedersen, Birthe D.: »Using empirical research to formulate normative ethical principles in biomedicine«, in: *Medicine, Health Care and Philosophy*, 10 (1), 2007, 33–48.

Elgin, Catherine Z.: *With Reference to Reference*, with a Foreword by Nelson Goodman, Indianapolis / Cambridge 1983.

Elgin, Catherine Z.: *Considered Judgement*, Princeton 1996.

Elgin, Catherine Z.: »Non-foundationalist epistemology: Holism, coherence, and tenability«, in: Steup, Matthias & Sosa, Ernest (eds.), *Contemporary Debates in Epistemology*, Chichester (2nd edition) 2014, 245–255.

Elgin, Catherine Z.: *True Enough*, Cambridge MA. / London 2017.

Ernst, Gerhard: [Rezension zu Elgin 1996,] *Zeitschrift Für Philosophische Forschung*, 53, no. 2, 1999, 317–21.

Ernst, Gerhard: *Einführung in die Erkenntnistheorie*, Darmstadt (6. unveränderte Auflage) 2016.

Frigg, Roman / Nguyen, James: »Mirrors without warnings«, in: *Synthese*, 2019, 1–21.

Forst, Rainer: *Das Recht auf Rechtfertigung*. Elemente einer konstruktivistischen Theorie der Gerechtigkeit, Frankfurt a. M. 2007.

Gališanka, Andrius: *John Rawls: the Path to A Theory of Justice*, Berkeley, California (PhD-Dissertation) 2013, zuletzt abgerufen 25.01. 2019, unter: <http://digitalassets.lib.berkeley.edu/etd/ucb/text/Galisanka_berkeley_0028E_13467.pdf>.

Gališanka, Andrius: *John Rawls. The Path to A Theory of Justice*, Cambridge, Massachusetts 2019.

Ganslandt, Herbert R. / Carrier, Martin, »Fallibilismus« in: Mittelstraß, Jürgen in Verbindung mit Carrier, Martin (Hrsg.), *Enzyklopädie Philosophie und Wissenschaftstheorie*, Band 2, 470–471.

Gettier, Edmund L.: »Is justified true belief knowledge«, in: *Analysis* 23 (6) 1963, 121–123.

Gibson Jr., Roger F.: »Quine«, in: Gibson Jr., Roger F. (ed.), *The Cambridge Companion to Quine*, Cambridge 2004, 1–18.

Glock, Hans-Johann: »Familienähnlichkeit«, in: Ders., *Wittgenstein-Lexikon*, aus dem Englischen übersetzt von Ernst Michael Lange, Darmstadt (2. unveränderte Auflage) 2010a, 107–111.

Glock, Hans-Johann: »Lebensform«, in: Ders., *Wittgenstein-Lexikon*, aus dem Englischen übersetzt von Ernst Michael Lange, Darmstadt (2. unveränderte Auflage) 2010b, 200–205.

Glock, Hans-Johann: »Sprachspiel«, in: Ders., *Wittgenstein-Lexikon*, aus dem Englischen übersetzt von Ernst Michael Lange, Darmstadt (2. unveränderte Auflage) 2010c, 325–330.

Goldman, Alvin: »A causal theory of knowing«, in: *Journal of Philosophy* 64 (12), 1967, 357–372.

Goldman, Alvin: »Discrimination and perceptual knowledge«, in: *Journal of Philosophy* 73 (November), 1976, 771–791.

Goldman, Alvin: [Review of Nozick 1981], The Philosophical Review, Vol. 92, No. 1, January, 1983, 81–88.

Goodman, Nelson: »Sense and Certainty«, in: *The Philosophical Review*, vol. 61, no. 2, 1952, 160–167.

Goodman, Nelson: *Tatsache, Fiktion, Voraussage*, übersetzt von Herrmann Vetter, mit einem Vorwort von Hillary Putnam, Frankfurt a. M. 1988.

Goodman, Nelson / Quine, Willard van Orman / White, Morton: »A Triangular Correspondence in 1947«, in: White, Morton, *A Philosopher's Story*, University Park PA, 1999, 337–357.

Gordon, Emma C.: »Understanding in Epistemology«, in: *Internet Encyclopedia of Philosophy*, 2017, zuletzt abgerufen 22.11.2019 unter: <https://www.iep.utm.edu/understa/>.

Haack, Susan: »Fallibilism and necessity«, in: *Synthese*, 41 (1), 37–63.

Hahn, Susanne: Überlegungsgleichgewicht(e). Prüfung einer Rechtfertigungsmetapher, Freiburg i. B. / München 2000.

Hahn, Susanne: [Review of DePaul 1993,] *Erkenntnis*, Vol. 42, No. 3, May, 1995, 413–417.

Hansson, Sven Ove: »Formalization«, in: Hansson, Sven Ove / Hendricks, Vincent F. (eds.), *Introduction to Formal Philosophy*, Cham 2018a, 3–59.

Hansson, Sven Ove: »Coherence«, in: Hansson, Sven Ove / Hendricks, Vincent F. (eds.), *Introduction to Formal Philosophy*, Cham 2018b, 443–453.

Hardy, W. F. R.: *Aristotle's Ethical Theory*, Oxford (2nd edition with unchanged pagination, 1st edition 1968) 1980.

Hare, R. M.: »Rawls' Theory of Justice«, in: Daniels, Norman, *Reading Rawls*. Critical Studies on Rawls' A Theory of Justice, edited with an introduction by Norman Daniels, Oxford 1975, 81–107; erstmals unrevidiert erschienen als »Rawls' Theory of Justice I«, in: *Philosophical Quarterly*, Vol 23 (April), 1973, 144–155 und »Rawls' Theory of Justice II« in: *Philosophical Quarterly*, Vol 23 (July), 1973, 241–251.

Harman, Gilbert / Kulkarni, Sanjeev R.: »The Problem of Induction«, in: *Philosophy and Phenomenological Research*, 72 (3), 2006, 559–575.

Heede, R.: »Fallibilismus«, in: Ritter, Joachim (Hrsg.), *Historisches Wörterbuch der Philosophie*, Band 2, Basel / Stuttgart 1972, 894–895.

Hetherington, Stephen: »Fallibilism«, in: *The Internet Encyclopedia of Philosophy*, zuletzt abgerufen 25.09. 2019 unter: <https://www.iep.utm.edu/fallibil/>.

Herder, Johann Gottfried von: »Kalligone. Von Kunst und Kunstrichterei«, 2. Teil, in: Ders., *Sämtliche Werke*, hrsg. von Bernhard Suphan, Teil 22, Hildesheim (3. Ausgabe, unveränd. Nachdr. der Ausg. Berlin 1880, Weidmannsche Buchhandlung) 1994.

Hitchcock, David: »Critical Thinking«, in: Zalta, Edward N. (ed.), *The Stanford Encyclopedia of Philosophy* (Fall 2018 Edition), zuletzt abgerufen 29.12.2019 unter: <https://plato.stanford.edu/archives/fall2018/entries/critical-thinking/>.

Hobbes, Thomas: *Leviathan*, aus dem Englischen übertagen. von Jutta Schlösser, mit einer Einführung und herausgegeben von Hermann Klenner, Hamburg 1996.

Hookway, Christopher: »Holism«, in: Dancy, Jonathan; Sosa, Ernest & Steup, Matthias (eds.), *A companion to epistemology*, Chichester (2nd edition) 2010.

Hoyningen-Huene, Paul: »Systemazität als das, was Wissenschaft ausmacht«, in: *Information Philosophie*, 1/2009, zuletzt abgerufen 30.08.2019, unter: <http://www.information-philosophie.de/?a=1&t=7158&n=2&y=1&c=1#>.

Hylton, Peter: »Willard Van Orman Quine«, in: Zalta, Edward N. (ed.), *The Stanford Encyclopedia of Philosophy* (Winter 2018 Edition), zuletzt abgerufen 30.01.2019, unter: <https://plato.stanford.edu/archives/win2018/entries/quine/>.

Isaacson, Daniel: »Quine and logical positivism«, in: Gibson, Roger F. (ed.), *The Cambridge Companion to Quine*, Cambridge 2004, 214–269.

Jaeggi, Rahel: *Kritik von Lebensformen*, Berlin 2014.

Kappel, Klemens: »The Meta-Justification of Reflective Equilibrium.«, in: *Ethical Theory and Moral Practice*, 9 (2), 2006, 131–147.

Kelly, Thomas / McGrath, Sarah: »Is reflective equilibrium enough?«, in: *Philosophical Perspectives*, 24 (1), 2010, 325–359.

Keil, Geert: *Quine zur Einführung*, Hamburg 2002.

Keil, Geert: *Wenn ich mich nicht irre*. Ein Versuch über die menschliche Fehlbarkeit, Stuttgart (2. Auflage) 2019.

Kuhlmann, Wolfgang: »Transcendental-Pragmatic Foundation of Ethics. Transcendental Arguments and Ethics«, in: Brune, Jens Peter / Stern, Robert / Werner, Micha H. (ed.): *Transcendental Arguments in Moral Theory*, Berlin / Boston 2017, 247–263.

Kripke, Saul: *Philosophical troubles*, Oxford 2011.

Locke, John: *Über die Regierung* (The Second Treatise of Government), in der Übersetzung von Dorothee Tidow, mit einem Nachwort herausgegeben von Peter

Cornelius Mayer-Tasch, Stuttgart (revidierte Fassung der ersten Ausgabe dieses Verlags von 1966) 1974.

Mäkinen, Jukka & Kakkuri-Knuuttila, Marija-Liisa, »The Defence of Utilitarianism in Early Rawls: A Study of Methodological Development«, in: *Utilitas* 25 (1), 2013, 1–31.

Mandle, Jon, »The Choice from the Original Position«, in: Mandle, Jon / Reidy, David (eds.), *A Companion to Rawls*, Malden / Oxford 2015, 128–143.

Mandle, Jon / Reidy, David A.: Introduction, in Mandle, Jon / Reidy, David (eds.), *A Companion to Rawls*, Malden / Oxford 2015, xv–xiii.

Melamed, Yitzhak Y. / Lin, Martin: »Principle of Sufficient Reason«, in: Zalta, Edward N. (ed.), *The Stanford Encyclopedia of Philosophy* (Spring 2018 Edition), zuletzt abgerufen 21.02.2019 unter: <https://plato.stanford.edu/archives/spr2018/entries/sufficient-reason/>.

Mill, John Stuart: »Über die Freiheit«, mit Harriet Taylor Mill, Übersetzung von Angela Marciniak auf der Grundlage der Übersetzung von Theodor Gomperz, in: Ders., *Ausgewählte Werke*, Band III: Freiheit, Fortschritt und Aufgaben des Staates, herausgegeben von Michael Schefczyk und Christoph Schmidt-Petri, Teilband III/1: Individuum, Moral und Gesellschaft, 303–440.

Müller, Olaf L.: »Fühlen oder Hinsehen? Ein Plädoyer für moralische Beobachtungssätze«, in Verena Mayer / Sabine A. Döring (Hrsg.), *Die Moralität der Gefühle*, Deutsche Zeitschrift für Philosophie Sonderband 4, Berlin 2002, 175–196.

Neurath, Otto: »Protokollsätze«, in: *Erkenntnis*, 3, 1932, 204–2014.

Niesen, Peter: »Über die Freiheit des Denkens und der Diskussion«, in: Schefczyk, Michael / Schramme, Thomas (Hrsg.): *John Stuart Mill: Über die Freiheit*, Berlin / Boston 2015.

Nietzsche, Friedrich: *Also sprach Zarathustra*. Ein Buch für Alle und Keinen, Nachwort von Josef Simon, Stuttgart 2012.

Nozick, Robert: *Anarchy, State, and Utopia*, Oxford 1974.

Nozick, Robert: *Philosophical Explanations*, Harvard, MA 1981.

Nussbaum, Martha: »Equilibrium: Scepticism and Immersion in Political Deliberation«, in Sihvola, Juha (ed.), *Ancient Specticism and the Sceptical Tradition*, Helsinki 2000, 171–197.

Olsson, Erik J.: »What Is the Problem of Coherence and Truth?«, in: *The Journal of Philosophy*, Vol. 99, No. 5, May, 2002, 246–272.

Olsson, Erik J.: »Coherentist Theories of Epistemic Justification«, in: Zalta, Edward N. (ed.), *The Stanford Encyclopedia of Philosophy* (Spring 2017 Edition), zuletzt abgerufen 20.11.2019 unter: <https://plato.stanford.edu/archives/spr2017/entries/justep-coherence/>.

Osvath, Mathias: »Spontaneous planning for future stone throwing by a male chimpanzee«, in: *Current Biology*, Volume 19, Issue 5, 2009, R190–R191.

Parfit, Derek: *On What Matters*, Volume One, Oxford / New York 2011.

Pogge, Thomas: *John Rawls*, München 1994.
Quine, W. V.: »Two Dogmas of Empiricism«, in: *Philosophical Review* 60 (1), 1951, 20–43.
Quine, W. V.: *Wort und Gegenstand.* (*Word and Object*), aus dem Englischen übersetzt von Joachim Schulte in Zusammenarbeit mit Dieter Birnbacher, Stuttgart (Übersetzung der Paperback-Ausgabe von *Word and Object* in der 10. Auflage von 1976, Erstauflage 1960) 1980.
Quine, W. V.: *Ontologische Relativität und andere Schriften*, aus dem Englischen übersetzt von Wolfgang Spohn, Stuttgart (Übersetzung der 2. Auflage von *Ontological Relativity and other Essays* von 1971) 1975; erstmals erschienen als: *Ontological Relativity and Other Essays*, New York 1969.
Quine, W. V. / Ullian, Joseph S.: *The Web of Belief*, New York 1970.
Quine, W. V.: *Theories and Things*, Cambridge MA, / London 1981.
Quine, W. V.: »Reply to Morton White«, in: Lewis Edwin Hahn / Paul Arthur Schilpp, *The Philosophy of W. V. Quine*, Chicago (2nd edition) 1998, 663–665.
Railton, Peter: »Alienation, Consequentialism, and the Demands of Morality«, in: *Philosophy and Public Affairs*, Vol. 13, No. 2., Spring, 1984, 134–171.
Rawls, John: *A Study in the Grounds of Moral Knowledge*: Considered with Reference to the Moral Worth of Character, Princeton (PhD-Dissertation) 1950.
Rawls, John: »Outline of a Decision Procedure for Ethics«, in: *Philosophical Review* 60 (2), 1951, 177–197.
Rawls, John: *Eine Theorie der Gerechtigkeit*, übersetzt von Hermann Vetter, vom Autor revidierter Text für die deutsche Ausgabe, Frankfurt a. M. 1979; erstmals erschienen als: *A Theory of Justice*. Original Edition, Cambridge MA. / London 1971; revidierte Ausgabe: *A Theory of Justice*. Revised Edition, Cambridge MA. / London 1999.
Rawls, John: »The Independence of Moral Theory«, in: *Proceedings and Addresses of the American Philosophical Association* 48, 1974, 5–22.
Rawls, John: »Political Liberalism: Reply to Habermas«, in: *The Journal of Philosophy*, Vol. 92, No. 3, 1995, 132–180.
Rawls, John: *Politischer Liberalismus*, übersetzt von Winfried Hinsch, Frankfurt a. M. 2003.
Rawls, John: *Gerechtigkeit als Fairneß*. Ein Neuentwurf, herausgeben von Erin Kelly, aus dem Amerikanischen von Joachim Schulte, Frankfurt a. M. 2006.
Rawls, John: *Geschichte der politischen Philosophie*, herausgegeben von Samuel Freeman, aus dem Amerikanischen von Joachim Schulte, Frankfurt a. M. 2012.
Reed, Baron: »Certainty«, in: Edward N. Zalta (ed.), *The Stanford Encyclopedia of Philosophy* (Winter 2011 Edition), 2011, zuletzt abgerufen 25.11.2019 unter: <https://plato.stanford.edu/archives/win2011/entries/certainty/>.
Reidy, David A., »From Philosophical Theology to Democratic Theory: Early Postcards from an Intellectual Journey«, in: Mandle, Jon / Reidy, David (eds.): *A Companion to Rawls*, Malden / Oxford 2014, 9–30.

Ritter, Joachim: »Methode [Teil I.]«, in Ritter, Joachim / Gründer, Karlfried (Hrsg.), *Historisches Wörterbuch der Philosophie*, Band 5, Basel / Stuttgart 1980, 1304–1305.

Rousseau, Jean-Jacques: *Abhandlung über den Ursprung und die Grundlagen der Ungleichheit unter den Menschen*, aus dem Französischen übersetzt und herausgegeben von Philipp Rippel, Stuttgart (bibliographisch ergänzte Ausgabe) 2010.

Russell, Bertrand: *Autobiography*, London / New York 2010.

Ryle, Gilbert: *The Concept of Mind*, London 1949.

Sandel, Michael: »Rawls zum Gedenken«, in: Ders., *Moral und Politik*. Gedanken zu einer gerechten Gesellschaft, Berlin (2. Auflage) 2015, 335–339.

Sayre-McCord, Geoffrey: »Coherentist Epistemology and Moral Theory«, in: Sinnott-Armstrong, Walter / Timmons, Mark (eds.), *Moral Knowledge? New Readings in Moral Epistemology*, Oxford 1996, 137–189.

Scheffler, Israel: »On Justification and Commitment«, in: *The Journal of Philosophy*, vol. 51, no. 6, 1954, 180–190.

Scheffler, Israel: *Reason and Teaching*, London 1973.

Schmidt, Michael W.: Die Idee des Überlegungsgleichgewichts als Methodik für die Begründung von Menschenrechten, Karlsruhe 2013 (unveröffentlicht).

Schmidt, Michael W.: »Sidgwick, Reflective Equilibrium and the Triviality Charge«, in: Schefczyk, Michael / Schmidt-Petri, Christoph (eds.), *Utility, Progress, and Technology: Proceedings of the 15th Conference of the International Society for Utilitarian Studies*, Karlsruhe 2021, 247–258.

Schneewind, J. B.: »First Principles and Common Sense Morality in Sidgwick's Ethics«, in: *Archiv für Geschichte der Philosophie* 45 (2), 1963, 137–156.

Schneewind, J. B.: Sidgwick's Ethics and Victorian Moral Philosophy, Oxford 1977.

Schwitzgebel, Eric: »Belief«, in: Zalta, Edward N. (ed.), *The Stanford Encyclopedia of Philosophy* (Summer 2015 Edition), 2015, zuletzt abgerufen 09.04.2019 unter <https://plato.stanford.edu/archives/sum2015/entries/belief/>.

Sextus Emiricus: *Grundriß der pyrrhonischen Skepsis*, übersetzt und eingeleitet von Malte Hossenfelder, Frankfurt a. M. 1985.

Sextus Emiricus: *Gegen die Dogmatiker*. Adversus mathematicos libri 7–11, übersetzt von Hansueli Flückinger, Sankt Augustin 2018.

Shogenji, Tomoji: »Is coherence truth conducive?«, in: *Analysis*, 59 (4), 1999, 338–345.

Siegel, Harvey. *Educating Reason*. Rationality, Critical Thinking, and Education, New York / London 1988.

Siegetsleitner, Anne (Hrsg.): *Logischer Empirismus, Werte und Moral*. Eine Neubewertung, Wien / New York 2010.

Siegetsleitner, Anne: *Ethik und Moral im Wiener Kreis*. Zur Geschichte eines engagierten Humanismus, Wien / Köln / Weimar 2014.

Singer, Peter: »Sidgwick and Reflective Equilibrium«, in: *The Monist* 58 (3), 1974, 490–517.

Singer, Peter: »Ethics and Intuitionism«, in: *The Journal of Ethics* 9 (3–4), 2005, 331–352.

Singer, Peter / de Lazari-Radek, Katarzyna: *The Point of View of the Universe*. Sidgwick and Contemporary Ethics, Oxford 2014.

Skelton, Anthony: »Henry Sidgwick's Moral Epistemology«, *Journal of the History of Philosophy*, Volume 48, Number 4, October 2010, 491–519.

Sosa, Ernest: Reflective Knowledge: Apt Belief and Reflective Knowledge, Volume II, Oxford / New York 2009.

Spohn, Wolfgang: *The Laws of Belief*: Ranking Theory and its Philosophical Applications, Oxford 2012.

Stegmüller, Wolfgang: »Überlegungsgleichgewicht (Reflective Equilibrium). Die Bedeutung des methodologischen Prinzips von J. Rawls in normativen und grundlagentheoretischen Disziplinen und bei der Gegenüberstellung von historischen und systematischen Untersuchungen der Wissenschaften«, in: Lenk, Hans (Hrsg.), *Zur Kritik der wissenschaftlichen Rationalität*, Freiburg im Breisgau / München 1986, 145–167.

Steup, Matthias: »The regress of metajustification«, in: *Philosophical Studies*, 55: 41, 1989, 473–478.

Stich, Stephen P.: *The Fragmentation of Reason*, Cambridge, Massachusetts / London 1993.

Sverdlik, Steven: »Sidgwick's Methodology«, in: *Journal of the History of Philosophy*, Volume 23, Number 4, October 1985, 537–553.

Tanesini, Alessandra: »Virtues, Emotions and Fallibilism«, in: Brun, Georg; Dogluoglu, Ulvi & Kuenzle, Dominique (eds.), *Epistemology and Emotions*, Aldershot / Burlington 2008, 67–82.

Tappolet, Christine: [Review of DePaul 1993,] *Mind*, Vol. 107, No. 426 April, 1998, 473–478.

Tersman, Folke: *Reflective Equilibrium*. An Essay in Moral Epistemology, Stockholm 1993.

Tetens, Holm: *Philosophisches Argumentieren*. Eine Einführung, München (3. unveränderte Auflage) 2010.

Thagard, Paul: »Explanatory coherence (plus commentary)«, in: *Behavioral and Brain Sciences*, 12 (3), 1989, 435–467.

Thagard, Paul: *Coherence in Thought and Action*, Cambridge, Massachusetts / London 2000.

Timmons, Mark: »Catherine Z. Elgin, Considered Judgment«, *Ethics*, 108 (4), 1998, 805–808.

Vallinder, Aron: *Bayesian Variations*. Essays on the Structure, Object, and Dynamics of Credence, London (PhD-Dissertation) 2018, zuletzt abgerufen 17.12.2019 unter: <http://etheses.lse.ac.uk/3854/1/Vallinder__bayesian-variations.pdf>.

van der Burg, Wibren / van Willigenburg, Theo: »Introduction«, in: van der Burg, Wibren / van Willigenburg, Theo (eds), *Reflective Equilibrium*. Essays in Honour of Robert Heeger, Dordrecht / Boston / London 1998, 1–25.

Verkerk, Marian: »The Thinker and the Thinking Process: A Feminist Perspective on the Moral Faculty«, in: van der Burg, Wibren / van Willigenburg, Theo (eds), *Reflective Equilibrium*. Essays in Honour of Robert Heeger, Dordrecht / Boston / London 1998, 115–126.

Welch, John R.: *Moral Strata*. Another Approach to Reflective Equilibrium, Cham 2014.

White, Morton: *Towards Reunion in Philosophy*, Cambridge, MA. 1956.

White, Morton: *A Philosophy of Culture:* The Scope of Holistic Pragmatism, Princeton / Oxford 2002.

Widdershoven, Guy A. M.: »How to combine hermeneutics and Wide Reflective Equilibrium?«, in: *Medicine, Health Care and Philosophy*, 10 (1), 2007, 49–52.

Williams, Bernard: »Persons, Character, and Morality«, in Bernard Williams, *Moral Luck*. Philosophical Papers 1973–1980, edited by James Rachels, Cambridge 1981, 1–18.

Wittgenstein, Ludwig: »Tractatus logico-philosophicus«, in: Ders., *Werkausgabe Band 1, Tractatus logico-philosophicus, Tagebücher 1914–1916, Philosophische Untersuchungen*, durchgesehen von Joachim Schulte, Frankfurt a. M. 1984a, 7–85.

Wittgenstein, Ludwig: »Philosophische Untersuchungen«, in: Ders., *Werkausgabe Band 1, Tractatus logico-philosophicus, Tagebücher 1914–1916, Philosophische Untersuchungen*, durchgesehen von Joachim Schulte, Frankfurt a. M. 1984b, 225–580.

Wittgenstein, Ludwig: »Über Gewißheit«, in: Ders., *Werkausgabe Band 8, Bemerkungen über die Farben, Über Gewißheit, Zettel, Vermischte Bemerkungen*, herausgegeben von G. E. M. Anscombe und G. H. von Wright, Frankfurt a. M. 1984c, 113–257.

Yilmaz, Levent / Franco-Watkin, Ana / Kroecker, Timothy S.: »Coherence-driven Reflective Equilibrium model of ethical decision-making«, in: *IEEE International Multi-Disciplinary Conference on Cognitive Methods in Situation Awareness and Decision Support (CogSIMA)*, San Diego, CA, 2016, 42–48.

Yilmaz, Levent / Franco-Watkin, Ana / Kroecker, Timothy S.: »Computational models of ethical decision-making: A coherence-driven reflective equilibrium model«, in: *Cognitive Systems Research*, Volume 46, 2017, 61–74.

Index